函海

〔清〕李調元 輯

仿萬卷樓原本

人民出版社

第二冊目錄

寶藏論

光緒七年五
重鋟于廣漢

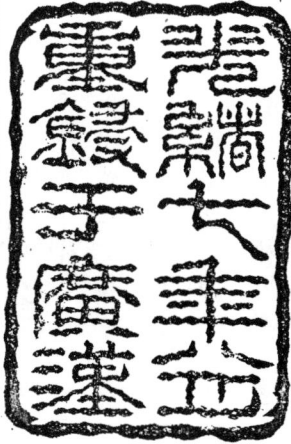

寶藏論

唐　釋　僧　肇　著

廣照空有品第一

空可空非眞空色可色非眞色眞色無形眞空無名無名名之父無色色之母爲萬物之根源作天地之太祖上施元象下列冥庭元象含於大象大象隱於無形爲識物之靈靈中有神神中有身無爲變化各稟乎自然微有事用漸有形名形興未質名起未名形名既兆遊氣亂淸寂兮寥兮寬兮廓兮分兮別兮上則有君下則有臣父子親其居尊卑異其位起教

敘其因然後國分其界人部其家各守其位禮義興行有善可稱有惡可名善人所重惡人所輕於是即是非而競生其智有解其愚有縛上施煩形下無寂樂失自然之志拘物外之約迷無爲之爲動有作之作其名教既行使上下之應諾爾乃聲立五音色立五色行立五行德立五德差之毫釐過犯山嶽律禁未然令防未欲無放蕩之寬有多方之局所以然者爲人而不知足斯爲濁亂之時有弟有師師有所訓弟有所依天地寥落宇宙寬廓中有煙塵淸虛翳朦巍巍之形內神外靈妄有想慮眞一闇冥其妄有識

其眞有或非取而取非得而得是故理則無窮物則無極動兮亂兮內發三毒視兮聽兮外受五欲其心恍恍其身忙忙觸物動作如火煌煌故聖人立正教置眞諆使無知之侶上下相依修無爲息有餘漸至乎如如如如之理同本眞執不可以修證不可以希冀惟寂滅性耳夫眞也者無洲無渚無伴無侶無涯無際無處無所能爲萬物之祖宗非目視非耳聞非形色非幻魂能爲三界之根門其正者先離形亥泯情不依物不拘生可以合大道通神明有用曰神有形曰身無爲曰道無相曰眞應物而號隨物而造常

往常存不生不老理合萬德事出千巧事雖無窮理終一道無有證者無有得者然不證不得恒處心或其心不眞或亂餘人恍然惚然如有魍魎似有思想究兮推兮了無指掌如空忽雲如鏡忽塵彼此緣起而以妄存有妄曰愚無妄曰眞眞冰釋水妄水結冰冰水之二其體不異迷妄曰愚惺眞曰智其冰也冬不可釋其水也春不可結故愚不可卽改智不可卽待漸釋漸消以通乎大海斯可謂自然之道運用元元非念慮所測當可以綿綿不可以勤勤夫進道之由中有萬途困魚止濾病鳥棲蘆其二者不識於大

海不識於叢林人趨乎小衢其義亦然此可謂久功中止不達如理捨大求小半路依止以小安而自安不及大安而安矣其大也恍蕩無涯含識一體萬物同懷應則千變化則眾現不出不沒用無有間有心無形有用無入示生無生示身無身常測不測常識不識爲而無爲得而無得錦象千端水質萬色影分塵界應用無極無形而形無名而名物類相感和合而生生而不生其無有情眾謂之聖眾謂之明種種稱號各任其名然其實也以無爲爲宗無相爲容等清虛同太空究無處所用在其中其得者一其證者

密得則不一證則不密然非不一然非不密其體陰離其用陽微言不盡理行不盡儀斯可謂太微夫山草無窮泉水無竭谷風無休鐘聲無歇物尚如斯何況道乎有必速亡無必久長天地雖變虛空獨常夫學道者習無餘不學道者習有餘無餘道近有餘道疎知有有壞知無無敗眞知之知有無不計於有不有於無不無有無不見性相如如閴然無物而乃用出若不如是多妄多失中有夢慮主習眾疾非凶爲凶非吉爲吉吉凶之事翳障眞一故爲道者不可以同迷夫學道者有三其一謂之眞其二謂之隣其三

謂之聞習學謂之聞絕學謂之隣過此二者謂之眞不學道者亦有三其上謂之祥其次謂之艮其下謂之殃極樂謂之艮極苦謂之殃不苦不樂謂之祥然此三者皆不入眞常斯爲不道騰神浩浩風海波濤心塵動擾悲哉哀哉三界輪迴出沒生死六道去來不可以道濟不可以眞攜衆聖共愍如母念孩所以假化非時忍待有機大道如此古今同儀不可以率爾不可以驅馳神中有智智中有悲悲救不得徒自困疲然謂可度復事如故察察精勤恒與夢慮惶惶外覓轉失元路濁辱清虛情存有處哀哉苦哉不離

煩務夫日隱雲中雖明而不照智藏惑中雖眞而不道何以然者自未出纏也是故疎不可會親不可離其未道者不可妄爲夫決歸者而不顧於後決戰者而不顧於首決學者而不貴於身決道者而不貴於事其入無跡其出無覓了無所得攀緣自寂寂而不生自體無名無名之朴理無外欲恒沙功德宛然自足夫殼居者不知宇宙之寬大形處者不知虛空之廣大故晦中無明明中無晦諸法念念各不相待物隔情離違情難會夫赤棗含蟲內壞外隆沙水同流上清下稠國藏於佞天下不政形藏於心萬物皆淫

所以然者以其有病也故物有靈靈必有妖妖必有欲欲必有心心必有情情動爲欲妖發爲精精惑於神欲惑於眞故爲道者不可以隣夫古鏡照精其精自形古教照心其心自明夫約天地爲上下約日月爲東西約身爲彼此約心爲是非若無彼此是非何爲但以物隨情變情逐物移內外搖動識物乘馳其生也人其死也魂相似相續夢有形身實彼非此實此非彼鳥跡空交奇特以現難思難議陰報陽施冥道罔象因果自應其事如幻種種模面餤水乾城都無實現斯謂不眞惑亂餘人清虛之理畢竟無身夫

神通變化者其猶於龍昇天覆宇宙者其猶於雲凝斯未可貴斯未可眞若取其爲實者而未爲道也或有形而麗或有語而辨或有智而聰或有用而巧若取以爲道者亦未爲善也有必不眞作必不常乾坤尚壞器物何剛唯道無根虛湛常存唯道無體微妙常眞唯道無事古今常貴唯道無心萬物圓備故道無相無形無事無意無心善利群品率益人倫可謂一切物無不實夫萬物有侶唯道獨存其外無他其內無腹無內無外包含太一該羅八冥周備萬物其狀也非內非外非小非大非一非異非明非昧非生

非滅非麤非細非空非有非開非閉非上非下非成
非壞非動非靜非歸非逝非深非淺非愚非慧非違
非順非通非塞非貧非富非新非故非好非醜非剛
非柔非獨非對所以然者若言其內通含法界若言
其外備應形載若言其小包裹彌遠若言其大復入
塵界若言其一各任其質若言其異妙體無物若言
其明杳杳冥冥若言其昧朗照徹明若言其生無狀
無形若言其滅今古常靈若言其麤束入塵盧若言
其細山獄之軀若言其空萬用在中若言其有闃然
無容若言其開不入塵埃若言其閉義出無際若言

其上平等無相若言其下物莫能况若言其成撲散
衆星若言其壞鎮古常在若言其動湛然凝重若言
其靜忙忙物聳若言其歸往而不辭若言其逝應物
還來若言其深萬物同在若言其淺根不可尋若言
其愚計用萬途若言其慧寂寞無餘若言其違有信
有依若言其順物莫能羈若言其通不達微跡若言
其塞出入虛容若言其貧萬德千珍若言其富曠絶
無人若言其新自古宿因若言其故物莫能汚若言
其好無物可保若言其醜物始依然若言其剛摧挫
不傷若言其柔力屈不屈若言其獨恒沙物族若言

其對眞一孤毅故道不可以一名言理不可以一義
宣益略陳其說何能以盡其邊是以斬首灰形其無
以損生金丹玉液其無以養生故眞生不滅眞滅不
生可謂常滅可謂常生其有愛生惡滅者斯不悟常
滅愛滅惡生者斯不悟常生其迷悟二名不見眞成
取捨之意隨虛妄情故常空不有常有不空兩不相
待句句皆宗是以聖人隨有道有隨空道空空不乖
有有不乖空兩語無病二義雙通乃至說我亦不乖
無我乃至說事亦不乖無事以故不爲言語之所轉
也夫鑄金爲人但觀其人不覩其金其名也迷其相

也或所以然者皆失乎眞然則一切皆幻虛妄不實
如幻是幻守眞抱一不染外物清虛太一其何有失
亡心喪意體離衆疾一相不生寂靜凶吉吉猶不隨
凶何所爲吉凶之事二俱無依夫入道之徑內虛外
淨如水凝澄萬象光暎其意不沉其心不浮不出不
入湛寂自如內外不干識物不關各任其一復何用
言夫火不待日而熱風不待月而凉堅石處水天聾
猶光明暗自爾乾濕同方物尙不相借何况道乎王
以萬有爲人人歸於王王依於人合者同一其名曰
佛三界獨尊覺了無物非作而作所作已畢天人之

師正偏知悉權應形事引導衆疾理靜慮無光超慧日普照十方上同下吉不欲異人不欲異塵不欲異義不欲異因平等不二圖通一身可謂大象之眞其理難見假設方便數詰言論任物而現夫欲外者塵欲內者身欲聞者心取塵者爲欲界依形身者爲色界依計心者爲無色界滅此三者名爲道諦諦滅者爲道也然此道者權未正也虛兮妄兮三界不實幻兮夢兮六道無物不遺一法不得一法不修一法不證一法性淨天眞而謂大道乎是以偏觀天下莫非眞人孰得此理同其一倫其學者希其得者微可謂

渺漠而難知其知者師其化者夷無心動作作而無爲無爲而爲無所不爲和光任物物無所羈夫天地之內宇宙之間中有一寶祕在形山識物靈照內外空然寂寞難見其號元元巧出紫微之表用在虛無之間端化不動獨而無雙聲出妙響色吐華容窮覩無所寄號空空唯留其聲不見其形唯惡其功不見其容幽顯朗照物理虛通森羅寶印萬象眞宗其爲也形其寂也冥本淨非瑩法爾圓成光超日月德越太清萬物無作一切無名轉變天地自在縱橫恒沙妙用混沌而成誰聞不喜誰聞不驚如何以無價之

寶隱在陰人之坑哀哉哀哉其爲自輕悲哉悲哉晦何由明其寶也煥煥煌煌朗照十方閴寂無動應用堂堂應聲應色應陰應陽奇特無根虛湛常存瞬目不見側耳不聞其本也冥其化也形其爲也聖其用也靈可謂大道之精其精甚眞萬物之因凝然常住與道同倫故經云隨其心淨則佛土淨任用森羅其名曰聖

離微體淨品第二

其入離其出微知入離外塵無所依知出微內心無所爲內心無所爲諸見不能移外塵無所依萬有不

能羈萬有不能羈想慮不乘馳諸見不能移寂滅不思議可謂本淨體自離微也據入故名離約用故名微深而爲一無離無微體離不可染無染故無淨體微不可有無有故無依是以用而非有寂而非無非無故非斷非有故非常夫性離微者非取非捨非修非學非本無今有非本有今無乃至一法不生一法不滅非三界所攝非六趣所變非愚智所改非眞妄所轉平等普徧一切圓滿總爲一大法界應化之靈宅迷之者則歷劫而浪修悟之者則當體而凝寂夫妄有所欲者不觀其離妄有所作者不觀其微不觀

其微者卽內與惡見不覩其離者卽外起風塵外起風塵故外爲魔境所亂內與惡見故內爲邪見所惑旣內外緣生眞一宗隱是以迷離妄染者所謂凡夫迷染妄離者所謂二乘達本性離者所謂菩薩了了見知三乘無異者所謂平等眞佛然至理幽邃非言說可顯非相示可知夫欲示其相則迷其無相欲顯其說則迷其無說然欲不說不示復難以通其義故元道離微至理難顯夫所以言離者體不與物合亦不與物離譬如明鏡光映萬象然彼明鏡不與影合亦不與體離又如虛空合入一切無所染者五色不

能汚五音不能亂萬物不能拘森羅不能雜故謂之離也所以言微者體妙無形無色無相應用萬端而不見其容含藏百巧而不顯其功視之不可見聽之不可聞然有恒沙萬德不常不斷不離不散故謂之微也是以離微二字蓋道之要也六入無跡謂之離萬用無我謂之微微卽離也離卽微也但約彼根事而作兩名其體一也夫修道者莫不斷煩惱求菩提棄小乘窺大用然妙理之中都無此事體離者本無煩惱可斷無小乘可棄體微者無菩提可求無大用可窺何以故無一法可相應故是以聖人不斷妄不

證眞可謂萬用而自然矣夫求法者爲無所求故無名之朴亦將不欲斯可謂之妙覺夫離微者非妄識之所識非邪智之所知何謂妄識爲六識也何謂邪智爲二智也是以體眞一故非二智所知體無物故非六識所識無有一法從外而來無有一法從內而出又無少法和合而生可謂之大淸可謂之眞精體離一切諸見故不可以意度體離一切限量故不可以言約是以維摩默然如來寂寞雖說種種諸乘並是方便開示悟入佛之知見夫知者知離見者見微故經云見微名爲佛知離名爲法以知離故卽不與

一切煩惱合以見微故卽不與一切虛妄俱無虛妄故卽眞一理顯無煩惱故卽明瑩自然夫離微之義非一非二非以言說可顯要以深心體解朗照現前對境無心逢緣不動勿忘離微之道逐識星馳口說心違理將不實可謂無晝無夜無靜無喧專一不移方乃契會若妄有所取妄有所捨妄有所修妄有所得者皆不入眞實背離微之義壞大道之法也夫眞者所以不合求爲外無所得夫實者所以不合修爲內無所證但無妄想者卽離微之道顯也夫離者虛也微者冲也冲虛寂寞故謂之離微夫聖人所以無

妄想者爲達離也所以有奇特之用者爲了微也微故無心離故無身身心俱喪靈智獨存絕於有無之域泯於我所之居法界自然煌煌盛用而無生也故聖人處無爲而化行不言之教冥理應合寂寞無人是以舍通大象包入萬物譬如虛空普徧周備夫迷者無我立我則內生我倒內生我倒故即聖理不通聖理不通故外有所立外有所立即內外生礙內外生礙即物理不通遂妄起諸流混於凝照萬象沉沒眞一宗亂諸見競興乃爲流浪故製離微之論顯體幽元學者深思可知虛實矣夫色法如影聲法如響

但以影響指陳未足封爲眞實故指非月也言非道也會道亡言見月亡指是以迷離者即爲諸魔愛取諸塵樂著生死夫迷微者即爲外道非分推求橫生諸見夫諸見根本者莫越有無何謂爲有謂妄有所作何謂爲無爲觀察無所得也是以因有無二見即起種種諸見諸見既起即邪見不眞故名爲外道夫生死根本者所謂存亡身存爲生身亡爲滅計著妄想取外境界具足身見愛彼未來殊勝生處受妙果報故謂之魔若體解離者一切不著無所染愛即超魔境界若體解微者一切寂靜無有妄想即超外道

種種邪見故經云微妙甚深離自性也是以微無有見離無有著無見無著寂滅爲樂何謂爲苦以不了微故即內有所思不了離故即外有所依外有所依故即貪內有所思故即緣緣貪既起遂爲魔境所使晝夜煌煌無有暫止具受塵勞故名爲苦何謂爲樂爲了微故即內無所思爲了離故即外無所依外無所依故即無貪內無所思故即無緣無緣故即不爲萬有所拘及諸塵勞所使清虛寂寞無所繫縛自性解脫故名爲樂夫離者理也微者密也何謂爲理不離一切物何謂爲密顯用藏術又離者空也微者有

也空故無相有故形量是以非有非空萬法之宗非空非有萬物之母出之無方入之無所包含萬有而不爲事應化萬端而不爲主是以小室寬容一念多通非心所測非意所識可謂住不思議解脫之力何謂不思議爲體離微何謂解脫爲無所羈離者法也微者佛也和合不二名爲僧也故三名一體一體三名混無分別歸本無名又離者容也微者用也容故含垢用故無侶無侶故即妙化常行含垢故即萬有能處又無眼無耳謂之離有見有聞謂之微無我無造謂之離有智有用謂之微無心無意謂之離有通

有達謂之微又離者涅槃微者般若般若故繁興大用涅槃故寂滅無餘無餘故煩惱永盡大用故聖化無窮若人不達離微者雖復苦行頭陀遠離塵境斷貪恚癡伏忍成就經無量劫終不入眞寔何以故皆爲依正所行住有所得故不離顚倒夢想惡覺諸見若復有人體解離微者雖近有妄想習氣及現行煩惱然數數覺知離微之義此人不久卽入眞寔無上道也何以故爲了正見根本故也又所言離者對六入也所言微者對六識也若混六爲一寂靜無物非五四三非九八七但聖人應機設教對執不同究竟

理中都無名字譬如虛空離數非數離性非性非一非異非境非離境不可言說過於文字出於心量無有去來無有出入夫經論者莫不就彼凡情破彼根量種種方便皆不住於形事者若不住形事卽不須一切言說及以離微之義故經云隨宜說法意趣難解離說種種諸乘皆是權接方便助道之法也然非究竟解脫涅槃譬如有人於虛空中畫作種種色象及作種種音聲然彼虛空實無異相亦無受入變動故知諸佛化身及以說法亦復如是於實際中都無一異是以天地含離虛空含微萬物動作變化無爲

夫神中有智智中有通通有五種智有三種何爲五通一曰道通二曰神通三曰依通四曰報通五曰妖通何謂妖通狐狸老變木石之精附傍人身聰慧奇特此爲妖通何謂報通鬼神逆知諸天變化中陰了生神龍變化此爲報通何謂依通依法而知緣身而用乘符往來藥餌靈變此爲依通何謂神通靜心照物宿命旣持種種分別皆隨定力此爲神通何爲道通無心應物緣化萬有水月空華影象無主此爲道通何謂三智一曰眞智二曰內智三曰外智何謂外智分別根門識了塵境博覽古今該通俗事此爲外

智何謂內智自覺無明斷割煩惱心意寂靜滅有無餘此爲內智何謂眞智體解無物本來寂靜通達無涯淨穢無二故名眞智故眞智道通不可名目餘所有者皆是邪僞僞卽不眞邪卽不正惑亂心生迷於體性是以深解離微達彼諸有自性本眞出於群品夫知有邪正通有眞僞若非法眼精明難可辨也是以俗間多信邪僞少信正眞大教偃行小乘現用故知妙理難顯也夫離者無身微者無心無身故大身無心故大心大心故卽周萬物大身故應備無窮是以執身爲身者卽失其大應執心爲心者卽失其大

智故千經萬論莫不說離身心破彼執著乃入眞實譬如金師銷鑛取金方爲器用若執有身者卽有身礙身礙故卽法身隱於形殼之中若執有心者卽有心礙心礙故卽眞智隱於念慮之中故大道不通妙理沉隱六神內亂六境外緣晝夜惶惶未有休息夫不觀其心者不見其微不觀其身者不見其離若不見離微則失其道要也故經云佛說非身是名大身亦復如是此謂破權歸實壞假歸眞譬如金師銷金爲器滅相混融以通大冶言大冶者爲大道也此大道冶中造化無窮流出萬宗若成若壞體無增減故

經云有佛無佛性相常住所以言融相者但爲愚夫著有相畏無相也所以言相者爲破彼外道著於無相畏有相也所以言中道者欲令有相無相無二也此皆破執除疑言非盡理若復有人了相無法不等不二無取無捨無此無彼亦無中道卽不假聖人言說理自通也夫以相爲無相者卽相而無相也故經云色卽是空非色滅空譬如水流風擊成泡卽泡是水非泡滅水夫以無相爲相者卽無相而相也經云空卽是色色無盡也譬如壞泡爲水水卽泡也非水離泡夫愛有相畏無相者不知有相卽無相也愛無相畏有相者不知無相卽是相也是故有相及無相一切悉在其中矣覺者名佛妄卽不生妄若不生卽本眞實夫無相之相謂之離離體無相也相卽無相謂之微微體非無相也是以爲道者生而不喜死而不憂何以故以生爲浮以死爲休以生爲化以死爲眞故經云起唯法起滅唯法滅又此法者各不相知起時不言我起滅時不言我滅夫大智無知大覺無覺眞際理空不可名目是以涅槃大寂般若無知圓滿法身一切限量相寂滅也

本際虛元品第三

夫本際者卽一切衆生無礙涅槃之性也何謂忽有如是妄心及以種種顚倒者但爲一念迷也又此念者從一而起又此一者從不思議起不思議者卽無所起故經云道始生一一爲無爲一生二二爲妄心以知一故卽分爲二二生陰陽陰陽爲動靜也以陽爲清以陰爲濁故清氣內虛爲心濁氣外凝爲色卽有心色二法心應於陽陽應於動色應於陰陰應於靜靜乃與元牝相通天地交合故所謂一切衆生皆稟陰陽虛氣而生是以由一生二二生三三卽生萬法也既緣無爲而有心復緣有心而有色故經云種

種心色是以心生萬慮色起萬端和合業因遂成三界種子夫所以有三界者爲以執心爲本迷眞一故卽有濁辱生其妄氣妄氣澄清爲無色界所謂心也澄濁現爲色界所謂身也散滓穢爲欲界所謂塵境也故經云三界虛妄不實唯一妄心變化夫內有一生卽外有無爲內有二生卽外有有爲內有三生卽外有三界既內外相應遂生種種諸法及恒沙煩惱也若一不生卽無無爲若有人言我證無爲卽是虛妄若二不生卽無有爲若有人言我證有爲卽是虛妄若三不生卽無三界若有人言定有三界卽是虛

妄是故經云有有卽苦果無有卽涅槃諸聲聞人取證無爲猶有有餘也乃至十地菩薩皆有住地無明微細障也故以一爲無爲以二爲有爲以三爲三界言無爲者有二種一者證滅無爲二者性本無爲言證滅無爲者所謂一切聖人修道其障體如如也故經云一切賢聖皆以無爲法而有差別性本無爲者所謂本來法爾非修非證非人所合非法所契人法本空體淨眞諦故經云實相之理非有爲非無爲不此岸不彼岸不中流是以非有爲故卽不可修學非無爲故卽不可滅證若有修有證者非性本無爲也

故經云一切法以不生爲宗宗若不生卽無無生無生不生不可爲證何以故若有證卽有生若無證卽無生依本太冥夫不生者卽本際也不出不沒猶如虛空無物可比但一切有爲之法虛妄不實緣假相依而有存亡窮其根趣還本實際但一切衆生失本外求跉竮辛苦修習累刼而不悟眞是以將本求末末妄非眞將末求本本虛非實夫本者卽不合求何以故本卽不求本也譬如金不求金也末卽不合修何以故妄不求妄也譬如泥團不可成金也夫身心之法虛假不實俗人多以修身心而覔道者同彼泥

團而覔金也若約身心卽是道者聖人何故說離身心故知非道也若本眞者亦不合修何以故無二法也夫聖人生而不有死而不無無有妄想取捨之心所謂萬生萬死公正無私法爾自然中無我造但彼愚夫妄想內起惑心種種見生故非眞實不能明了然其本際自性清淨微妙甚深體無塵垢是以千聖萬賢種種言論皆是化說於眞非眞說化非化是以本際無名名於無名本際無相名於無相名相既立妄惑遂生眞一理沉道宗事隱是以無名之朴通徧一切不可名目過限量界一體無二故經云森羅及

萬象一法之所印印卽本際也然本際之理無自無他非一非異包含一氣該入萬有若復有人自性清淨舍一而生中無妄想卽爲聖人然實際中亦無聖人法如微塵許而有異也若復有人自性淸淨舍一而生中有妄想自體渾亂卽爲凡夫然實際中亦無凡夫法如微塵許而有異也故經云佛性平等廣大難量凡聖不二一切圓滿咸備草木周徧螻蟻乃至微塵毛髮莫不含一而有故經云了能知一萬事畢也是以一切眾生皆一乘而生故謂之一乘若迷故卽異覺故卽一經云前念是凡後念是聖又云一念

知一切法也是以一卽一切一切卽一故言一切以一法之功而成萬象故經云一切若有有心卽迷一切若無無心卽徧十方故眞一萬差萬差眞一譬如海湧千波千波卽海故一切皆一無有異也夫言一者對彼異情異卽非異一亦非一非一不一假號眞一夫眞一者非名字所說也是以非一見一若有所見卽有二也不名爲眞一又不名爲知一若一知一卽名爲二亦不名爲一若有所知卽有無知有知不知卽有二也是以大智無知而無不知熾然常知常知無知假號爲知非我非所非心非意夫有爲數法

卽有所知若無爲法猶如虛空無有涯際卽無知不知夫聖人所以言知者爲有心有數有爲有法故可知也所以言無知者爲無心無數無爲無法故不可知也若以有知知於無知者無有是處譬如有人終日說空但人說空非空說也若以彼知知無知者亦復如是夫聖人所以或言我知者皆是對迷約事破病餘疑實無二者知無知也所以說無知者爲彼愚夫不了眞一著我我所妄計能知所知故說無知無分別彼愚夫聞已卽學無知猶如癡人不能分別是以聖人因彼虛妄卽言如來了了知見非不知也愚

夫聞已卽學有知由有有知卽有知礙亦名虛知亦名妄知如是之知轉非道也故經云眾生親近惡知識長惡知見何以故彼諸外道前知未來後知過去中知身心身心不淨故不免生死夫一切學無知者皆棄有知而學無知無知者卽是知也然自不覺知復有棄無知而學有知者知卽有覺有覺故心生萬慮意起百思還不離苦彼知二見皆不能當體虛融如理冥契遂不能入眞實也夫眞實者離知無知過一切限量也夫見卽有方聞卽有所覺卽有心知卽有量不了本際無方無所無心無量卽無有見聞覺

知也所以眞一無二而現不同或復有人念佛佛現念僧僧現但彼非佛非非佛而現於佛乃至非僧非非僧而現於僧何以故爲彼念心希望現故不覺自心所現聖事緣起一向爲外境界而有差別實非佛僧而有異也故經云彼見諸佛國土及以色身而有若干其無礙慧無若干也譬如幻師於虛空中以幻術力化作種種色象彼幻人癡故謂彼空中先有此事彼念佛僧亦復如是於空法中以念術力化作種種色相起妄想見故經云心如工伎兒意如和伎者五識爲件侶妄想觀伎衆譬如有人於大冶邊自作

模樣方圓大小自稱願彼金汁流入我模以成形像然則鎔金任成形像其眞實融金非像非非像而現於像彼念佛僧亦復如是大智融金者卽喻如來法身模樣者卽喻衆生希望得佛故以念佛和合因緣起種種身相然彼法身非相非非相何謂非相本無定相何謂非非相緣起諸相然則法身非現非非現離性無性非有非無無心無意不可以一切度量也但彼凡夫隨心而有卽生見佛之想一向謂彼心外有佛不知自心和合而有或有一向言心外無佛卽爲謗正法也故經云聖境界離於非有非無非所稱

量若執著有無者卽是二邊亦是虛妄何以故妄生二見乖眞理故譬如有人於金器藏中常觀於金體不覩衆相雖覩衆相亦是一金既不爲相所惑卽離分別常觀金體無有虛謬喻彼眞人亦復如是常觀眞一不覩衆相雖覩衆相亦是眞一遠離妄想無有顚倒住眞實際名曰聖人若復有人於金器藏中常觀衆相不覩金體分別善惡起種種見而失於金性便有諍論喻彼愚夫亦復如是常觀色相男女好醜起種種差別迷於本性執著心相取捨愛憎起種種顚倒流浪生死受種種身妄想森羅隱覆眞一是以

懷道君子通明達人觀察甚深遠離尋品契合眞一與理相應夫眞一難說約喻以陳究竟道宗非言可示夫眼作眼解卽生眼倒眼作無眼解卽生無眼倒俱是妄想若執有眼者卽迷其無眼由有眼故卽妙見不通故經云無眼無色復有迷眼作無眼者卽失其眞眼如生盲人不能辨色故經云譬如根敗之士其於五欲不能復利諸聲聞人亦復如是唯其如來得眞天眼常在三昧悉見諸佛國土不以二相故卽不同凡夫有所見也悉能見故卽不同聲聞無所見也彼二見者妄見有無然眞一之中體非有無但妄

想虛立得有無也夫聖人說言我了了見或言不見
者但爲破病故說見不見也然眞一理中離見不見
過限量界度凡聖位故能了了見非虛妄也是以非
色法故卽非肉眼所見非證法故卽非法眼所見唯
有佛眼清淨非見非不見了了而見不可思議不可
側量凡夫絶分二乘芥子菩薩羅穀故知佛性難可
見也雖然如是故經云佛性普徧無問凡聖但自身
中體會眞一何用外覔晝夜深思內心自證故經云
觀身實相觀佛亦然夫觀身實相者卽一相也一相
者卽空相也但空無相故卽非垢非爭非凡非聖非

有非無非邪非正體性常住不生不滅卽本際也何
以如來法身眼耳鼻舌乃至身意諸相互用者爲體
眞一也以無限量無分劑故卽法身虛通一切無礙
何以凡夫眼耳諸根不通遂無互用者爲妄想分別
界隔諸根精神有量分劑不通眞一球迷遂無互用
故經云凡夫想識惑妄不通執著根塵而有種種差
別是以聖人通達眞一無有妄心界隔根塵故能同
用無有心量夫何謂眞一以眞無異無異故萬物含
一而生卽彼萬物亦爲一也何以故以本一故卽無
二也譬如檀生檀枝終非椿木也然彼眞一而有種
種名字雖有種種名字終同一義或名法性法身眞
如實際虛空佛性涅槃法界乃至本際如來藏而有
無量名字皆是眞一異名同生一義蓋前三品者亦
復如是夫何以名廣照品者所謂智鑑寬通慧日圓
照包含物理虛洞萬靈故言廣照何謂離微品者所
謂性該眞理究竟元源實際冲虛本淨非染故曰離
微何謂本際品者所謂天眞妙理體瑩非修性本虛
通含收萬物故言本際品也是故合前三品一義該
收出用無窮總名寶藏是以闡森羅之義府論識物
之根由虛洞太淸陰符妙理圓之者體合眞一了之

者密悟元通故明法界之如如顯大道之要者也

寶藏論終

易傳燈

光緒壬午年
鋟於樂道齋

原序

先君總幹幼年習聲律自後習周易不厭𨽻篆由是再更六典紹興初嘗師事東萊呂先生（祖謙）說齋唐先生（仲友）從宋先生（眞卿）書堂因見壁間伏羲先天八卦圖象篤志學易佩服師訓早夜究心嘗應試漕闈兩預薦書皆以是經得名從道義而輕利祿薄奔競而安恬退隱居易堂細研先天之學以六十四卦三百八十四爻係觀國家興衰治亂之時周寶慶間遂作周易大義繼作衍義續作傳燈究先哲之微言期後學於同歸去爻應互體等說越數十載方脫稿先君初意爲子孫衆多皆欲淑以斯文故作是書非欲自侈其學也愚不敢私即取而公之悉鋟諸梓不惟不秘先君之志而先君之學亦於是乎傳矣寶祐丁巳仲春既望孝子徐子東敬繫

易傳燈卷一

宋　徐總幹　撰　綿州　李調元贊庵　校定

易爲聖人明天命之書

周易一書聖人明天命之書也國家之興衰治亂君子小人之消長莫不關乎天命故易書之序之象之爻之辭非明乎天命者莫能通其旨也夫子有云加我數年五十以學易可以無大過矣兹夫子年未至于五十之言也年近五十上徹天命之妙由是學易與易无間故夫子發明卦象有及乎天命者未始不究言也乾之先天天弗違後天奉天時坤之承天時

行有之大順天休命无妄之天命中孚之應天萃之順天命大畜之應乎天兌之順天益聖人通乎天道知天命之關係若此故顯言于書也聖人作篆或言時義時行者皆明天命所臨之時也易之序象爻辭皆所以示天命益文王泄天機以示于書夫子述而明之繼周百世可知也夫子寤寐羲文于千載之上其窮理盡性至命久矣固天縱之將聖何待加數年而後學天命之秘不可得而聞故甯自貶以尊其道其曰加我數年夫子之云不亦宜乎

易言人事

周易與春秋皆聖人言人事之書也春秋言人事于已然而有褒貶誅賞之旨易言人事于未然而有吉凶悔吝之文其體雖異其爲世教同也春秋之關于世敎以一聖人作之而有餘雖有三傳之異同不失聖人儆勸之大義也易之關于世敎以三聖人成之而不足自漢迄今屢更大儒奚啻萬人而莫窮易之閫奧其始言人事于未然者其旨爲難明歟蓋易之作聖人託于八卦奇耦之畫闡于重卦上下之變以剛柔大小言君子小人之情以先後反對言消長盛衰之數无非國家歷代之討彼卦之六十有四言六

十有四之天時也爻之三百八十有四言三百八十有四之人事也聖人設卦觀象其要旨不缺

後之儒者以易道神妙廣大不可以淺缺

立義爻外立變或言爻變或言互體而缺

敎所以爲歷代國家之用者于是諸家缺

矣

三代制度

文王作易該三代制度以爲易象如比九五言王用三驅兹見王田不合圍三面而驅之禮同人九三言伏戎于莽以見伏兵之制如姤九三言包有魚无咎

有包苴之禮巽九二言用史巫紛若吉以見古有大史男巫女巫之制巽六四田獲三品茲見古禮一曰祭祀二曰賓客三曰君庖之禮既濟言婦喪其茀以見古者婦人出行之禮既濟言殺牛禴祭以見古者祭祀有大小之禮井卦言改邑不改井以見在昔井田有井邑之法此皆文王作易用三代制度爲象也又如既濟九三以商高宗伐鬼方爲象如泰六五歸妹六五皆以帝乙歸妹爲象如隨上六言王用亨於西山升六四言王用享于岐山又如明夷之六五言箕子之明夷茲易象之該古今彰往察來其道甚大也

後學差誤

夫子作十翼而發明易道其卦象之幽微剛柔之變化要旨妙義廣大悉備易无餘蘊矣夫子既沒微言已絕後學淺陋莫闚天道之妙至有不明卦義而踳駁爲甚者奚啻百家如訟乃羣剛要君之卦而側作獄訟釋之如比乃羣柔立君之卦而側作朋比釋之未濟彖言不當位謂離之六五也蜀隱者謂三陽皆不當位恐未爲隱也困彖言剛掩謂坎之九二也宋漢上諸先輩謂三陽皆見掩亦恐未爲穩也屯初九利建侯言震體初九行正得民宜建爲侯也非坎體九二降初爲以貴下賤得民建侯也既濟九五東鄰殺牛不如西鄰之禴祭言九五辨小人六四之求君固位不如九三君子之輕於進而得時非謂東鄰之紂不如西鄰之周受福也又如既濟九三高宗伐鬼方三年克之小人勿用象曰三年克之憊也朱以坤爲鬼方坤爲鬼坎爲憊上六之三爲小人也朱之取象亦煩碎矣故有枝離牽合之病或以爻應或以互體或以位爲陰陽或刪削經文或顛倒辭理進諸儒之解亦有任胷臆之患如乾爻之見大人如坤彖之

後得主未免失于破碎經旨而況淺學者乎畧舉數端以覺後學其詳則見于大義一編也

先天八卦

伏羲初畫八卦因而重之神農氏作歸藏初經更本包犧八卦八卦成列而六十四具焉神農氏因之茲邵康節王豫所傳以爲得之歸藏初經者遂有圓圖方圓示于人嘗觀六十四卦之圓圖以乾兌離震巽坎艮坤爲次序其淺學者以其圓而難知序卦之義若方圖之爲圖其直言八卦所重之上體各以乾兌離震巽坎艮坤爲次序其横言八卦所重之下體亦

以乾兌離震巽坎艮坤爲次序余因其圖之直而言所重之上體嘗爲八卦上體所重之旨矣余又因其圖之橫而言所重之下體亦嘗爲八卦下體所重之旨矣茲其方圖橫直之所示伏犧神農作易于天下後世用亦既詳矣夫子既沒漢魏諸儒莫能即此圖以明伏犧神農之教而外爲爻應卦氣互體等說以釋易予切爲易喟嘆也

後天八卦

後天八卦非與先天成列同也其八卦分方本于洛書五行之數爲之排列也蓋五行成數六七八九本

于五行之生數成于土數之五也一水二火三木四金五土五數居中而一二三四皆籍土以成體故六爲水之成七爲火之成八爲木之成九爲金之成故水居坎生乾火居離生巽木居震生艮金居兌生坤土居四正而生乾坤艮巽共成八卦故劉牧言金木水火土之成數生乾坤艮巽四維之卦然不言六七八九所生之畫蓋水數之居坎生乾其六除三守本宮即以三畫轉乾而畫三連三爲乾火數七居離生巽其七除三守本宮即以四畫轉巽而畫三爲巽本數八居震生艮其八留三守本宮即以五數轉艮而畫三爲艮金數九居兌生坤其九留三守本宮即以六數轉坤而畫六即三爲坤茲六七八九生乾坤艮巽共成八卦蓋本乎水火金木之四正推其數以爲四維之卦畫也洛書五行之數生後天子之卦其神妙矣哉然則羲畫八卦之象與洛書五行之數相爲表裏非虛言也

經卦別卦

易之經卦八其別六十有四自聖人以兩卦反對爲序卦而天下學者遂不知八卦之別其別爲何卦蓋每卦有八八八則六十有四也其每卦之八有本于

乾者有本于坤者故聖人有乾坤易門之言且乾之八其別爲何卦坤之八其別爲何卦如坎之八如離之八如兌之八如艮之八如震之八如巽之八其別各有八卦之目蓋震離兌乾四卦之八皆本于乾以乾爲門巽坎艮坤四卦之八皆本于坤以坤爲門蓋乾之八乾乘乾爲乾卦其別則乾生姤訟遯否无妄同人履也坤之八坤乘坤爲坤卦其別則坤生復明夷臨泰升師謙也震乘乾爲大壯其別則大壯生恒解小過豫震豐歸妹也巽乘坤爲觀其別則觀生益家人中孚小畜巽渙漸也坎乘坤爲比其別則比生

屯既濟節需井坎蹇也離乘乾曰大有其別則大有
生鼎未濟旅晉噬嗑睽離也如艮乘坤曰剝其別則
剝生頤賁損大畜蠱蒙艮也如兌乘乾曰夬其別則
夬生大過困咸革隨萃兌也八卦各以乘乾坤爲主
卦其乘乾者則行于巽坎艮坤而後之震離兌也其
乘坤者則行于震離兌乾而後之巽坎艮也八卦各
乘乾坤爲別卦之八乎昨以八卦上體爲八卦所生
之卦則知其別六十有四之旨義矣夫以六十四之
廣大而會之于八又會而歸之乾坤則知易有要領
默識心通易無餘蘊矣

乾上八卦 乾 姤 訟 遯 否 无妄 同人 履

乾重于乾二體皆乾爲積陽之卦陽極生陰故乾處
于巽坎坤之上者爲姤訟遯否四卦皆陰生長于內
之卦姤者乾上巽下巽二陰生而過陽曰姤遯者乾
上艮下艮二陰艮而陽遯曰遯否者乾上坤下坤三
陰盛于內曰否訟者乾上坎下坎一陽自上而來不
克訟而歸逋曰訟若夫乾處于震離兌之上者爲无
妄同人履三卦皆乾處陰于內之卦无妄乾上震下
初九自上而來爲主于內所以處陰陰不爲妄故曰
无妄同人者乾上離下乾處陰于下之中而與之同
爲聚陽所阻乾與大師克之得遇六二故曰同人若
履者乾上兌下乾處陰于下體二陽之上爲柔履剛
兌六三柔不當位而致咥人之凶茲乾處陰之卦曰
履也

乾下八卦 大壯 大有 夬 乾 小畜 需 大畜 泰

乾體皆剛其處于下者莫難于九三蓋乾處乾兌離
震之下曰大壯大有夬乾四卦其九三爻辭皆有君
子小人之言在乾九三有君子之文不言小人也夬
九三有君子之文然先之曰壯於趾征凶則知爲小
人也大有九三有小人弗克之文然先之曰公用享

于天子則知爲君子也大壯九三則兼言小人君子
蓋乾夬大有大壯四卦九三上承九四其九三在重
剛中以君子則吉小人則凶故乾卦九三獨言君子
者以別小人也書不盡言若此之類也若夫乾處於
巽坎艮坤之下者曰小畜大畜需泰四卦九三上遇
陰爻皆有畏謹之義坤上乾下爲泰九三欲進也而
曰艱貞无咎言不汲汲於進也艮上乾下爲大畜九
三九二初九皆爲六四六五所畜矣而九三曰利艱
貞言不苟於隨從也坎上乾下爲需九三欲攻六四
矣而敬慎不敗者不輕於犯難也巽上乾下爲小畜

九三爲六四所畜矣而脫輻反目者雖爲所畜義不從陰故反目不和所謂密雲不雨也蓋上遇坤艮坎者陰道至盛陽未能遽進非艱難敬愼以俟之必至悔吝若巽體六四爲力不足故至反目此小畜大畜之分也君子所宜詳考

坤上八卦 坤 復 明夷 臨 泰 升 師 謙

坤重於坤上下皆坤爲積陰之卦陰極生陽故坤處於震離兌乾之上者爲復明夷臨泰四卦皆陽生長於內之卦復者坤上震下震一陽反於下爲復臨者坤上兌下兌二陽長爲臨明夷者坤上離下離九三

攻陰爲明夷泰者坤上乾下三陽盛於下爲泰坤行於巽坎艮之上者爲升師謙皆坤處陽之卦升者坤上巽下巽不體二陽一陰皆遂其升曰升師者坤上坎下坤用一陽師師用衆爲師謙者坤上艮下艮之下體與坤上正爻无不尙謙曰謙故升師謙三卦坤用陽之卦也

坤下八卦 否 萃 晉 豫 觀 比 剝 坤

坤體皆陰乘其處於下體莫難於六三三處體之尊其上承乾兌離震之陽者曰否曰晉曰豫四卦之上體皆九四陽也故否之六三當乾陽在御之時其志欲進故所包者爲可羞也萃之六三當萃聚之時見畜於下而嗟其失已故无攸利也豫震體在上九四當國六三近四故盱豫有悔若晉當離明在上六三欲求進也衆允其進得上行矣若夫坤之上乘巽坎艮坤四卦爲觀比剝坤上體六四皆陰也當觀之時六三稍近於上而觀我生進退其志不堅決也剝當小人正盛之際六三與上下相失故在剝爲无咎止當惟戴擇君子時六三乍賢乍佞爲比之匪人故可傷也獨坤之六三稍近於上臣位近上則懷畏心故含章可貞明不專也

震上八卦 大壯 恒 解 小過 豫 震 豐 歸妹

先天八卦其震離兌乾皆陽卦皆本乎乾爲易之門故震乘乾曰大壯震挾震主之剛乘乾有行剛以動故曰大壯而行巽坎艮坤之上者爲恒解小過豫者震在上而陽長於下所以處震之壯也恒者震上巽下剛上柔下曰恒解者震上坎下解退震剛下九二曰解小過之震上艮下柔得中而剛而中爲小者過豫者震上坤下三陰下盛而震乘之爲豫若夫震行於震離兌之上者爲震豐歸妹三卦皆震在上而處陰之卦震下震上曰震上震巳泥而下震來而有則

爲震震上離下震處陰於離之中日中見斗曰豐歸妹者震上兌下兄任妹反妹終於此永終知敝爲歸妹自大壯而至恒解小過豫四卦陰所以處壯也震豐歸妹三卦震所以處陰也

震下八卦 无妄 隨 噬嗑 震 益 屯 頤 復

震位於坤陰之左坤陰既極震陽以生故陰極而一陽生於下者震屯頤復是也有陽自上而來者如益无妄隨噬嗑是也陽生於下皆持正守已不敢過爲屯之行正復之修身益不厚事震之虩虩致福无妄之爲主乎內隨之有渝從正皆賢君子之所爲也獨

頤初九之朶頤噬嗑初九之屨校滅趾皆用心過當犯聖人之所戒不免凶咎也然六二以柔乘剛其有難者噬嗑之二震之三屯之二皆遠剛處上不能免咎復二之下仁隨二之係小子无妄二之不敢妄爲益二之弗克違皆得其吉唯頤二之顛頤求養於初故爲失類之凶

巽上八卦 觀 益 家人 中孚 小畜 巽 渙 漸

巽坎艮坤皆陰卦皆本乎坤爲易之門故巽乘坤曰觀巽六四得位於上觀光尚賓故曰觀巽自觀始而行震離兌乾之上爲益家人中孚小畜四卦言巽在

上謂陽處巽之道也巽上震下爲益巽在上而初九自上來損上益下曰益巽上離下爲家人離之初九九三處六二以正家故曰家人巽上兌下爲中孚柔內剛中孚誠化邦故曰中孚巽上乾下六四得位而畜陽故曰小畜自小畜轉行巽坎艮三卦上爲巽所乘爲巽渙漸三卦巽上巽下爲重巽初六六四皆順剛有爲明巽之功也巽上坎下爲渙九二剛來而柔上明巽陰之盛也巽上艮下爲漸剛上柔下明巽之進有功也故曰漸夫巽之處上始乎觀而爲益家人中孚小畜四卦所以處巽也巽行乎巽渙漸三卦以

明巽功之道也

巽下八卦 姤 大過 鼎 恒 巽 井 蠱 升

巽入也一陰在下以巽順之道入乎陽其卦凡八學者當觀初六何道以進二陽在上何道以處蓋巽之處於乾兌離震之下爲姤大過鼎恒如自乾來者曰姤一陰之始遇陽也繫身於剛正之物而得所依故曰繫於金柅貞吉從夬來者曰大過初六能自謹以免咎故曰藉用白茅无咎自大壯來者曰恒初六之始求於陽始有所求而望之深故曰浚恒貞凶自大有來者曰鼎初六能出否以從貴故曰鼎顛趾利出

否鼎大過之初六賢於姤恒之初六矣若巽處於巽坎艮坤之下者爲巽爲井爲蠱爲升蓋自小畜變爲巽卦小畜之三陽有下復者故巽卦初六利武人之貞以制陽也自大畜變爲蠱卦大畜之三陽爲上更所畜矣故蠱卦初六幹蠱以承考也自泰變曰井泰三陽志在於進故升之初六與陽同升也自需變者曰升需之三陽攻坎爲坎所處故卦曰井言畜水於井不與汲用也井初六泥不見食德不足取也四卦初六皆自上來爲志於內隨時以處者也

易傳燈卷二

宋　徐總幹　撰　綿州　李調元贊菴　校定

坎上八卦 比 屯 既濟 節 需 井 坎 蹇

坎上坤下衆陰推戴一陽處九五之位曰比坎九五剛中在上衆陰下戴无一人敢後者故爲此比本乎坤爲易之門行乎震離兌乾之上爲屯既濟節需四卦皆坎在上而陽進之卦故屯者坎上震下其上之坎六四上六輔九五膏澤不流爲陰所害下有震初九居正得民宜建爲侯若既濟者坎上離下下離攻坎三年克之爲憊也坎上兌下兌二陽攻坎苦節故曰節坎上乾下乾三陽需兌以攻坎六四需血出穴故曰需坎二小人得君於上爲下陽所攻至需極矣自需轉而行巽坎艮爲井坎蹇之三卦坎處陽之卦也故井者坎上巽下言以井蓄水不汲用爲廢井故繇辭無喪無得往來井井汔至未繘井未有功巽下二陽皆無與行惻殆如東漢黨錮之禍不見用於君此坎處君子像舊井之不用也若坎上坎下曰習坎重險也上坎上六失道下坎初六失道坎之爲患九二九五皆被患者九二坎有險九五坎不盈其爲小人患明矣若蹇者坎上艮下上坎九五爻爲大蹇之

文坎爲君患雖得朋來而未能免咎也下體之艮皆見險能止以爲知故九三往蹇來反爲內所善故曰蹇也坎體二小人夾輔陽君於上亂政害國讒毀君子易以井坎蹇卦序之學者可不攷哉

坎下八卦 訟 困 未濟 解 渙 習坎 蒙 師

坎陷也一陽陷於二陰之中二陰則爲陷者也其卦凡八凡坎處十下體者九二皆自上來陷故聖人有剛來得中之文訟九二之彖曰剛來而得中故九二爻有歸逋之象困九二之彖曰剛揜言九二見揜於陰而致困九二能以酒食自養故朱紱方來言人君以臣服起用者也茲九二所以爲貞大人吉也初六

六爲困於九二故六二非所困而困又處於剛上所以致不祥之凶解九二自震九四而來因小人致解九二直巳自明故曰獲三狐得中直之道六三處非其分負且乘故致寇至未濟九二自五而來能曳其輪而不行所以貞吉初六不知極而吝六三未濟征而凶皆害二者也訟困未濟解四卦坎處於乾兌離震之下其皆二九自上來陷者也若坎處於巽坎艮坤之下者爲渙坎蒙師與前一義也然坤上坎下爲師五陰用一陽師師則師九二非有上來陷者也渙

九二彖言剛來不窮蓋六四本六二也六二上奪九四之位故九四下爲九二有渙本其機之文言處於二得所安也初六之順於九二六三則志在外故曰渙其躬若習坎之卦上陷人君而又下陷君子後曰重險九二在陷中故曰坎有險求小得初六六三爲陷者也初六失道旣凶六三求之坎坎爲下石之計終无功也小人之陷君子雖能陷其身而自小人視之何功之有清議所不容必不自免其凶也師九二在下得中帥師之主六三處九二之上又欲爲掌兵之權權不出於一所以致凶蒙九二之童蒙求我而爲包蒙納婦子之克家者也而六三行不順不有其

躬而依於九二聖人所戒也

離上八卦 大有 鼎 未濟 旅 晉 噬嗑 離 睽

離中女陰卦也先天八卦二陽夾輔一陰於中權籍二陽也離乘乾爲大有六五得位上下應之曰大有自大有本乎乾爲易之門行乎巽坎艮坤之上爲鼎未濟旅晉四卦皆離在上而陰進之卦故離上巽下諸爻未有用也離上坎下爲未濟九二男之窮故曰未濟離上艮下爲旅離之九三焚之喪僕故曰旅離上坤下爲晉晉下三陰未遂其晉也若離行乎震離

兌之上爲噬嗑離睽三卦離處陰之卦也噬嗑之卦離上震下有位者皆用噬而初上則受罪者離明在上威動於下用刑獄以儆於有位非如乾命震而陰不爲妄此噬而後合幸柔得中而上行也離上離下爲離上離九四上九輔六五以離王公致吉其下離六二黃離元吉故畜牝牛吉也若睽者離上兌下離休二陽夾輔陰君於上多疑寡合愴疾小人故六三輿曳牛掣爲睽也上曰睽異故九四上九孤立於朝爲小事吉也

離下八卦 同人 革 離 豐 家人 既濟 賁 明夷

離處下體六二皆自上來麗乎兩陽之間兩陽所以處此陰也當隨卦而言其義同人之離乃乾處陰於下之中而與之同乾爲九四九三之間乾與大師克之得與二遇也革之下離乃兌之處陰也革六二往離體二陽之中華服於陽已日乃革之故征吉也若離之離乃上離之處陰也六二依於二陽柔麗中正得所麗矣故曰黃離元吉畜牝牛吉也豐下之離乃震處陰也六二在離之中爲二陽所處當豐之時幽暗不明不可以往往得疑疾有孚發若吉家人之離巽處陰也離體在下初九九三嚴於已以正家六二柔順不能有立无所遂但在中饋則吉既濟之離陰失位於上今處於下故六二婦喪其茀喪其爲飾无以爲容勿逐七日得以中順之道得所離也賁上之離君子小人往來爲文故六二在兩陽間得所離爲賁明夷下離當陽剛誅陰之時九三南狩得其大首而六二自上而下順於二陽故用拯馬壯吉順以則也兹離在下八卦各有旨也

艮上八卦 剝 頤 賁 損 大畜 蠱 蒙 艮

艮重坤上一陽秉五陰爲剝者陰剝陽也陽非可剝也五陰恃衆而剝之故艮乘坤曰剝剝本乎坤爲易

之門故艮行震離兌乾之陽也爲頤賁損大畜四卦皆陽生於下之卦若頤者艮上震下艮一上陽震下陽下生四陰中成而陽欲故頤者陰陽交養之卦故聖人有觀頤自求口實之文初九不能自求爲小人所謂致有觀我朵頤之凶賁者艮上震下柔來文剛剛上文柔君子小人之相爲賁也損者艮上兌下損下益上損三益上損剛益柔爲損大而艮上乾下乾三陽爲艮所畜曰大畜若艮處於巽坎艮之上者爲蠱蒙艮于卦爲陽爲陰用也艮上巽下爲蠱剛上柔下與之幹蠱艮上坎下爲蒙九二爲發蒙也艮上艮

下爲艮下不求於上故不獲其身上不求於下故不見其人兹爲上下敵應不相與也所以爲艮也

艮下八卦 遯 咸 旅 小過 漸 蹇 艮 謙

艮者止也陽止於二陰之上非陰止也二陰長於下一陽止於上學者當究一陰何以爲進身之計一陽何以爲處陰之計而或者以爲陽止陰非也故艮重於下者孔八卦其六二皆有進志九三皆有溺二之意然究象辭聖人每非三之與二也遯六二用中順之道固執於陽莫之能解六二依陽以進也九三繫戀於二故聖人以爲畜臣妾則吉而謂其不可自人

也咸六二之咸其腓望陽之來感而貴於居吉則不失矣然九三隨人以爲感聖人以爲吝道也旅六二之即次進得所安而九二在旅爲與下之道聖人所以傷以喪童僕也小過六二過其臣不及其君得所遇於九三矣而九三以陰過盛而乃防之故致從或戕之凶四卦艮重於乾兌離震之下者也若艮處於巽坎艮坤之下者曰漸蹇艮謙漸之六二鴻漸于磐言進得所安也九三之征而不復致二之婦孕孕而不育而聖人爲三之離羣醜也蹇六二盡進窮之節而九三來反爲內所喜而聖人有貞吉與无尤之辭艮六二不拯其隨未退聽於九三而九三之艮其限自以止爲道不復顧於二也謙六二之鳴謙心中自得而九三亦以謙自處然其相得之情觀於鳴謙義可知矣

兌上八卦 夬 大過 困 咸 萃 隨 革 兌

兌重乾上一陰乘五陽爲夬夬決柔也一陰一陽之謂道陰非可決也五陽恃衆而決之故兌乘乾曰夬夬本乎乾爲易之門故兌行乎巽坎艮坤之陰者爲大過困咸萃四卦皆陰生於下之卦若大過者兌上巽下兌之一陰上窮巽之一陰下生爲本末弱陽盛

於中而本末弱爲棟橈之象故曰大過若困者兌上坎下坎之九二乃上剛揜於二爲困困之九二自上而來揜於二也剛揜有言不信初六六三乃爲困於九二者九二以酒食自養故能有慶若咸者兌上艮下爲咸柔上剛下感應相與曰咸萃者兌上坤下坤三陰下盛言人民萃聚也大過咸萃皆陰生長之卦兌行於震離兌爲隨革兌三卦皆處陰上之卦兌上震下爲隨初九乃剛來下柔得衆陰之隨故曰隨兌上離下爲革離之二陽處陰而陰革服也兌上兌下爲兌言陰說訟也兌重於震離兌之上爲隨革兌三

卦言陰之隨而革且說也自夬生大過困咸萃皆陰生於下之卦以至爲隨革兌而陰隨革且說易序兌於後言順天應人厥有旨矣

兌下八卦履兌睽歸妹中孚節損臨

兌者說也一陰處於二陽之上處非其所故求說乎陽冀得所安也故兌體重於八卦之下六三多求說於陽二陽在下雖乎共處此也履六三履剛而處上六三能說而應乾故兌咥人之凶而論其才則不足處也兌六三則曰來兌來說於陽所以凶臨之六三以二陽之長則甘臨亦求說於陽故无攸利歸妹六

三反歸爲娣禮以從人未當也損六三當得友之時无所損也節六三當君子頹畏之際不節而嗟無所歸咎嗟爲君子所誅也睽時上下不相和同之際六三疑爲欲行而輿曳欲順而牛掣雖无初而有終終則遇剛也身處危疑據剛之上處非所安故疑懼如此若中孚則不然疑其致巳或鼓或罷或泣或歌始欲攻之終安其所蓋處位不當故也

上下二體

文王之重卦必嚴於上下二體之辨上爲何卦下爲何卦而後立之卦觀其卦象繫之繇辭以明吉凶其剛柔相推之變先後反對之序無不該於本卦二體之內然後發揮於剛柔而明其爻非於本卦六爻之外而即後姤臨遯泰否六卦爲之母以論外變也非以互體動爻之外取衆而爲辭也如需後有訟需乾三陽在下攻坎出穴之卦訟乾三陽在上一陽歸逋之卦蓋八卦成列乾右有巽坎艮三卦其坎者乾之上陽來陷於二也故訟卦有剛來得中之文爻有不克訟歸逋之文朱漢上不究八卦成列之圖象在其中之語遯因訟曰剛來得中无妄曰剛自外來而爲主於內朱以訟者遯三之二无妄者遯三之初九言

外者皆自外來主謂初二兩爻視三則外矣朱蓋以復姤臨遯泰否言變而不知非易之變象也愚未見內體三爻自分內外也若无妄卦乾上震下其初九有剛自外來爲主於內之文蓋乾之重卦凡八卦乾姤訟遯否无妄同人履皆乾在上所重之卦其下體所乘訟遯无妄者皆乘三男其陽皆自上來而處於內者也朱漢上不以乾重卦爲无妄之所本蓋无妄自否來也否坤之三陰內乘乾而命震以一陽爲主於內故震之一陽自乾外來爲內之主由是陰畏震威不爲妄而邪惡屛息矣茲天之命震爲主自乾而

來而非遯自三之初爲无妄之初九也　重卦之上下二體卽有上下剛柔相推之象本於八卦之成列而後有八卦之相錯數往者以順而數其往知來者以逆而知其來非可指復姤臨遯泰否六卦爲之母而忘爲卦變之往來後之學者不能於毎卦上下論相成相感之理而推聖人觀象之旨不得其要領而於卦外立說或言爻應或言世變或言互體或言變體自以爲立論出於三聖所見之表蓋自漢以下萬人一律吁易道爲異說所汩可勝嘆哉宜王通氏謂九師興而易道微也宜王弼之有陰譎也

元亨利貞

易言元亨利貞凡七處乾坤元亨利貞二處彖謂之四德聖人无所增損其義也自屯而下彖皆作大亨以正釋之而於利之一字不連本文也然後知元亨利貞卦中自有元亨貞之德而文王於貞上斷之以利於貞而已此夫子所以不連利於貞爲卦中之義也屯曰大亨貞隨曰大亨貞无妄曰大亨以正臨曰大亨以正革曰大亨以正皆不連利字者乃知利者文王之斷辭所加也今而後讀元亨爲一句利貞爲一句庶得孔氏之意

貞者事之幹

易有安貞艱貞居貞之辨又有女子貞幽人貞婦人貞武人貞牝馬貞之別其安居與艱皆以字義爲貞也其女子幽人婦人武人等貞皆以人物爲象也貞於安如坤卦安貞訟九四安貞吉貞於居如屯爻利居貞貞於艱如泰九五艱貞无咎明夷利艱貞如大畜九三利艱貞如噬嗑九四利艱貞吉此皆以字義爲貞也其女子貞者貞六二爻言女子貞又幽人貞者履九二爻利幽人貞者歸妹九二之爻貞婦人吉者恒六五之爻貞大人吉者困之彖謂九二也貞丈

人吉者師彖謂九二也蓋以事義爲貞者當詳安居艱難之義以人物謂貞者當詳婦人女子幽人丈人武人之義外有利君子貞大貞小貞皆可詳也貞者事　之幹能詳究聖人立貞之多等之理則知利貞貞吉貞厲貞吝者其義輕重皆可沿而知之矣

其血元黄

易爻以血爲象皆以有所傷爲義非以坎卦爲血也坤上六其血元黄言上六與陽戰兩有所傷也此豈坎卦哉需六四需於血言六四爲三陽所攻有所傷而去也小畜六四言血去以六四結知於君免爲三

陽所害渙上九言血去以九陽明能遠害全身免爲六四所害也小畜與渙皆巽體豈皆坎卦哉諸解者以坎爲血卦見諸爻以血爲象者牽強附會以坎爲說吁亦誣矣

十年三年三歲七日

易以十年三年三歲爲爻象者以爻之吉凶輕重爲久近之數然十年爲數之至重也如貞六二女子貞十年乃字言六二有乘剛之難義不從寇故久而後反常乃字也復上六迷復行師自取其凶十年不克征所以爲凶之至重也又如頤六三拂亂其頤養之

道貞久於拂大悖於道雖十年弗用故皆以十年爲象也外以三年三歲爲象者比之十年爲凶之輕而數至於三耳罹罪之重也如同人伏戎敵剛知其義不可與大師爲敵故至三年不敢興戎也坎上六失事君子道徽纆叢棘凶至三歲不敢免也困初六坐受其困致不明之災在下而爲困於人自罹其困雖三歲不覿也豐上六豐大其屋蔀蔽於家失道無助雖三歲亦不覿也茲易以三年言得凶之重也外既濟以三年克鬼方爲憊未濟以三年伐鬼方爲志行隨爻取象各不同也然易象以三數爲重王三錫命

示賞功之禮書曰三接示康侯之寵田獲三品示得功之多三日不食示於行之義易以三爲貴審矣易衆又以七日言者復之七日來復聖人以爲天行而子夏胡安定伊川蘇氏諸解皆以坤極六位而反於坤之復其數七日凡歷七爻以一爻爲一日故云七日也而震六二喪貝勿逐七日得既濟六二婦喪其茀亦曰勿逐七日得小衆以七日得爲以中道也聖人於復言天行於既濟言中道則七日象數易固有則也奚容以私意度論

利涉大川

文王作卦下辭多以利涉大川爲象或言不利涉大川者或以爻辭中亦言利涉大川者蓋聖人觀卦象之難如需下三陽上諸坎險其事至難如大川之難涉必勇往有爲則事遂故以利涉大川爲象故需之彖曰利涉大川往有功也又如蠱弊難拯如大川之難涉必勇往有爲則事遂故曰利涉大川往有事也如訟之羣剛希冀非望如涉川之難非可勇往利涉故曰不利涉大川入於淵也若夫同人之利涉大川皆以九五與六二之同多有難阻乾與大師克之得與二遇故彖言同人於野亨利涉大川乾行也乾用

大師克相遇故以利涉大川爲象也大畜利涉大川者大畜君子當朝庭養賢之時不家食致吉雖勇往求君有爲亦所利也九三爻言利有攸往與上合志即涉川應天子旨也後益卦利涉大川渙卦利涉大川中孚利涉大川者三卦皆巽體在上六四有功故三卦象辭益言木道乃行渙言乘木有功中孚言乘木舟虛也木即巽六四也六四有功故言木道乃行乘木有功也外爻辭謙初六謙謙卑以自牧雖事之難君子亦可勇往用涉也頤上九既由我頤養於天下難事如涉川之難亦利涉也若夫未濟六三未濟征凶利涉大川蓋六三當未濟而上征則凶雖上征之難亦可勇而有爲而利涉也故水未濟征凶而利涉有爲也苦夫頤六五拂經爲頤居貞則吉則不可涉川爲難事故言不可涉大川也聖人以涉川爲象皆以卦爻事詳之難者立文取譬有利有不利其旨深矣後之學者當自攷之

甲庚先後

蠱卦先甲三日後甲三日言前治後治也未蠱之前前可爲大治矣既蠱之後後尤爲大治也先甲三日言承前治之統也後甲三日言垂後治之統也故彖辭謂終則有始天行也前治已終矣後治今始也蠱所以爲元亨而天下治也巽卦先庚三日言申天命未巳也旅君失國之先天命巳久矣巽君中興之後天命方新也先庚三日天始命於國家者其歷數可謂長矣後庚三日天復命於國家者其歷數尤爲長也故彖辭謂重巽以申命於三日之先知天命之未改也申其命於三日之後知天命之尤長也巽所以行命行事也或者立爲甲庚之圖則非矣

臨八月消

周建子爲正月一陽生爲復二月丑爲臨剛浸而長三月三陽泰四月四陽大壯五月五陽而夬六月乾七月姤一陰生至八月遯二陰浸長則陽遯君子道消故聖人於臨言八月有凶消不久也後至否三陰盛也觀四陰盛也剝五陰盛也至亥月坤純陰用事陰之消陽至此極矣然後至周建子爲陽生之月聖人於臨言八月有凶一臨二陽長之時至八月當二陽長之卦陰長則陽消故至遯時八月有凶聖人戒之於早也吁聖人立陽長卦名有六曰復臨泰大壯夬乾又立陰長卦名有六曰姤遯否觀剝坤益托陰陽消長之序爲君子小人進退之候當二陽之臨爲

可不存二陰之遯於八月哉聖人爲君子慮者切矣

夫婦老少

卦以震巽之長坎離之中艮兌之少可爲夫婦而質之易爻不然益卦爻以上下二體所屬剛柔陰陽爲夫婦之象如漸九三爻言夫征不復婦孕不育蓋夫征言九三也婦孕言六二也九三之征不復而離羣醜故六二之婦孕不育也又漸九五爻言婦三歲不孕終莫之勝吉謂九五之君不庇於六四故六四之婦三歲不孕也又如蒙卦六三爻言勿用取女見金夫有不躬无攸利言六三之陰下求九二以九二爲

金夫有不躬而相從故小象以爲行不順也金夫言剛夫也前輩諸解作人之多金六三說而從之恐聖人取象之意不如是之屑如金夫金柅皆以剛取義也又如大過卦諸爻言老夫女妻老婦士夫有老少之別者以大過卦則過爲象故於爻有老少之辨也九二爻言老夫者言九二也女妻者言初六也九二老夫得初六柔在下而陰生是女妻也故有老夫女妻之象九五上六爻言老婦士夫者士夫言九五也老婦言上六也上六老婦得九五士夫爲可醜也茲夫婦取象又以陰陽老少爲象學者又當詳之

資斧

易自中興之後國家亦多變故矣聖人作巽後爻辭言國家時變不一也雖更歷千萬代其應如響蓋天命所係聖人豈隱於易哉巽上之喪其資斧言中興之君太阿倒持優游不斷之象也兌五之孚於剝言中興之後信讒佞遠忠直而得位於上如漢元帝信許氏殺蕭望之之類也渙五之渙王居蓋後世東遷之象也渙上九血去遠害蓋秦時望夷宮中唐憲敬遇害之象也遂致節九五甘節往有尚得位中之吉如唐稱國舅國爹甘言免患之類也傳至屯蒙屯九

五位於小人之中膏澤不流蒙之重幼順巽幸免至於需之興戎而小人出穴小人窟穴甫除而訟之羣奸已睥睨於旁巽後大變極　幸而師比之眞人勃興師之用象比之推戴明陽之建極未幾同人之陰君大有之柔位明陰之建極由巽而訟歷數可推陰陽建極而天命延長不可測矣

无咎

易之卦爻言无咎者多矣聖人謂无咎者善補過也如睽初九見惡人无咎見惡人以辟咎也離初九履錯然敬之无咎履錯之敬以辟咎也茲補過而免咎

者也有何咎何其咎者小畜初九復自道何其咎吉隨九四有孚在道以明何咎睽六五厥宗噬膚往何咎茲其過咎之必无者也有義无咎者復六三頻復之厲義无咎也解初六剛柔之際義无咎也漸初六小子之厲義无咎也旣濟初九曳其輪義无咎也至大有初九則曰无交害匪咎艱則无妄然有不可歸咎於人者如同人初九出門同人又誰咎也解六三自我致戎又誰咎也節六三不節之嗟又誰咎也然大過上六過涉滅頂凶无咎過涉之凶不可咎也茲取凶之不可怨咎者也有自取其咎者如夬初九

往不勝爲咎不勝而往咎也有无大咎者如蠱九三小有悔无大咎姤九三厲无大咎有終无咎者如習坎六四納約自牖終无咎夬三之衆君子夬夬終无咎也易言无咎多端矣非可一義爲言也雖均曰无咎易爻變易以貢神而明之則存乎人焉乾九三雖危而无咎九四或疑而无咎茲善補過而无咎異乎前之无咎多等者矣

卷二終

易傳燈卷三

宋　徐總幹　撰　綿州　李調元贊菴　校定

六位貴賤

六位之列言貴賤也易首章言卑高以陳貴賤位矣又言列貴賤者存乎位則知爻以位言者明貴賤也常攷於易易言成卦則曰六畫易言效天下之動則曰六爻易言剛柔相推則曰六虛易言列貴賤則曰六位故知位者明貴賤之等也今卽乾卦言之文王畫乾之卦分乾上乾下之體葢有上位下位之辨夫子象傳曰大明終始六位時成亦以龍有潛見惕躍

飛亢之殊于是列爲初二三四五上之位其貴賤之等該於六位中矣然有下而勿用貴而无位者茲爲貴賤之變也若夫他卦六位无非以六爻尊卑爲貴賤之辨故有位不當不當位之言如噬嗑離六五爲不當位未濟離六五亦爲不當位需坎之上六爲不當位履兌之六三爲位不當餘卦言位不當者六多矣皆以剛柔所處之非宜而有位次失當之象聖人繫爻之辭所以斷其吉凶也且屯初九以貴下賤而得民六二以剛柔而有難困九二剛中得貞大之吉而六三乘剛有非所據之凶易明貴賤之分豈不嚴

哉

設卦觀象

聖人於大傳首章曰聖人設卦觀象繫辭焉而明吉凶設卦者謂重卦也謂序卦也蓋八卦皆三畫以立象於是乎重之則有上下之象又於是乎序之則有先後之象聖人觀重卦上下之象則繫辭以明吉凶如屯卦坎上震下坎離在上二陰爲五患而下體震初九有君天下之德見而不失其居則繫辭曰元亨利貞勿用有攸往利建侯茲爲觀象繫辭明吉凶也聖人又序其卦使不紊亂則先後有序如屯序於蒙

之先蒙序於屯之後序需於先序訟於後師先有比小畜後有履皆不可移易如小畜六四得君畜制羣陽其卦居先迨六四出而爲履之六三爲柔履剛於是繫辭曰履虎尾不咥人亨所以明吉凶茲聖人序卦有先後之象也後學不究設卦有重卦序卦之蘊又豈知觀象繫辭明吉凶之理哉此章之後言君子所居而安者易之序也正謂卦有先後之序君子居而安之也又曰居則觀象玩辭謂觀卦象而玩所繫之辭又言動則觀變玩占此謂君子因剛柔相推之變而玩極數所占之得失其居處變動无不推易象

變易從事則天必祐之矣

小大險易

大傳曰卦有小大辭有險易辭也者各指其所之葢大言陽剛君子小言陰柔小人易于君子也其辭易易於小人也其辭險易各指其所適之情也如大過小過大畜小畜皆小大之卦也大過剛過也彖言利有攸往亨其辭易矣小過小者過也彖言可小事不可大事不宜上宜下其辭險也大畜大者畜也傳言尚賢止健　小畜小者畜也彖言密雲不雨皆卦有小大辭有險易也易之所該豈止此哉　五剛決柔利

有攸往大者卦辭也剝柔變剛不利有攸往小者卦辭也姤言女壯勿用取女小者卦辭也臨剛浸長大也遯小浸長小也泰大來吉亨大也否小來不利君子貞小也其辭之險易皆可推也又如大有有大也眾陽應陰彖曰元亨辭易也比小也眾陰比陽彖曰比吉後夫凶辭險也卦六十有四雖乾坤莫不有大小之象其辭所指雖乾坤莫不有險易之指易於大小則齊於卦非偏有所惡也其辭險易則各指其所之非偏有所隱也君子盍可不明其理哉自漢迄今莫有一人推明小大險易之理有能暢而明之則聖

人讀易之旨豈不備哉

極數知來

大傳曰君子動則觀其變而玩其占蓋極數知來之謂占動變之謂事陰陽不測之謂神又曰以卜筮者尚其占君子將有爲將有行也問焉以言受命也如響無有遠近幽深遂知來物非天下之至精孰能與於此又曰占事知來夫觀變玩占非極數何以爲占蓋謂參伍以變錯綜其數通其變遂成天地之文極其數遂定天下之象非天下之至變其孰能與於此此極數通變之言也成文定象皆本於此常時聖人

不於大傳詳參伍錯綜之目後世無傳迄今之人不曉參伍以變錯綜其數之法遂啟後世學者妄爲之說蓋占事本乎參伍錯綜之極數也漢京房關子明諸儒別爲法以爲占筮之學非聖人極數之本理也

大衍五十

聖人言大衍之數五十其用四十有九四十有九爲用則五十之內虛一不用何所象乎苟用其四十有九則聖人亦不必言衍數之五十也自聖人書不盡言遂啟京房馬融荀爽鄭康成董遇顧懽劉牧諸人各立一說言五十之數初无的當之論又或者以天地五十五之數用之爲四十有九者而五十之旨遂爲聖人之虛言若韓康伯言衍天地之数所賴五十用四十有九則一不用也不用而用以之通非數而數以之成斯易之太極也四十九數總爲一者太極也散爲四十九卽太極在其中矣故分而爲二以象兩掛一以象三揲之以四以象四時四時者坎離震兌則六七八九之數也韓又言虛一以象虛无之氣朱震謂一者體也太極不動之數四十九者用也總之則一散之則四十九非四十九之外復有一而有一不用也龔夬謂大衍之數五十總四十有九之成

數合而爲一也此蓍之體也用四十有九者自分而爲二言也此蓍之用也以蓍之體合蓍之用四十九則五十也故一爲虛數四十九爲實數而一者四十九之所生也然李泰伯誚康伯述輔嗣之旨曰衍天地之數所賴者五十聖人以五行天五之數特減其五則未知不減之時如何揲也愚以爲王弼韓康伯言衍天地之數所賴者五十雖聖人十大衍章言天地之數五十有五所以成變化行鬼神而不曾明言於天地數減五爲大衍之五十也蓋大衍者爲衍易用蓍言也四營成易十有八變成卦伸之長之天下

之能事畢矣顯道神德行可與酬酢可與祐神矣其言易變化神妙如此葢當求之說卦生蓍之章卽參天兩地倚數之言研求其理則知太衍五十之蘊矣非可外求其義合於五十之數也如京房馬融荀爽鄭康成諸人皆立異說求異於聖人而不知參兩倚數而求其理豈知參天兩地所以爲五十哉然聖人雖不言虛一數但言其用四十有九則知此一者常用流於四十九之用其四十九數已用畢事而元數五十未嘗不合也其用四十有九者葢四營十八變之餘計老陽老陰少陽少陰之策无不合於四十九

之用數也如三揲九八八外有二十四策茲豈非四十九乎餘皆同也聖人卽策數分老少陰陽其六九之老者爲動爻而七八雖不動其策與乾坤當期當物无以異也

再扐後卦

四營成易謂分二掛一揲四歸奇也十有八變而成卦謂每爻三變六爻有十八變葢初揲不九則五次揲不四則八三揲亦不四則八也其三揲謂三變初揲之變分二掛一揲四歸奇非五則九矣至十再變聖人以五歲再閏故再扐者仍前分二掛一揲四再歸奇於扐故曰再扐此則非四則八也至於第三變聖人以爲後掛者仍前分二掛一揲四歸奇於扐此亦非四卽八也三變則一爻成矣至五歲再閏而下聖人一言曰故再扐而後掛此聖人爲再變及三變立文故曰再扐又曰後掛其文意周足葢再歸於扐其後復掛一以成一爻三變之法明甚豈於再變不再扐三變不掛一哉先輩劉牧諸公以初揲分二象兩掛一象三卽先將左手揲四歸奇又將右手揲四歸奇謂之再扐後掛其二變三變旣无四營之數其差誤殊非聖人衍易之法也更程伊川張橫渠諸先

輩知其不通又變其說又非聖人四營三變之理故愚糾其失於此云夫聖人言歸奇於扐以象閏者葢初變之揲不五則九也先將兩手蓍四四數之歸其奇餘於扐並掛一或五或九也又聖人言五歲再閏故再扐者葢謂次變之揲不四則八也除先得或九之外猶有四十之蓍又一分又掛一揲四歸奇今此再扐不四則八也又聖人言而後掛者葢謂第三變之揲仍前掛一也第三次又分二掛一揲四歸奇今第三揲亦不四則八也此則三變成一爻矣今諸解謂第一變之揲四四數之歸奇於扐以象閏其次變

之揲即不掛一有違再閏再扐之言及第三變之揲亦不掛一有違後掛之言豈可將五歲再閏再扐後掛之言所以爲第二揲第三揲者更不歸奇於扐更不掛一乎今皆自立一説不主聖人再閏再扐後掛之言但自初揲左手著了其次揲三揲只以右手著合於左揲一處便爲揲了違背聖經甚矣即不再扐後掛无再變三變之法然則三變成一爻十有八變而成卦聖人之言非乎先將左手之蓍四四數之其餘者合於掛一處又將右手之蓍四四數之其餘者亦合於掛一處此方是不五則九也若聖人言五歲

再閏故再扐而後掛者蓋與第二第三變立文非謂將右手蓍之餘合於掛一而謂之再閏再扐後掛也

凡八八計二十五外有二十四策係四六數六老陰五四四計一十三外有三十六策係四九數九老陽兩少一多計一十七外有三十二策係四八數八少陰

兩多一少計二十一外有二十八策係四七數七少陽

九六七八

易以九六七八爲陰陽老少之象今易畫三百八十四爻陽爻一百九十二皆以九爲象陰爻一百九十二皆以六爲象聖人既无一爻言七八者先輩亦不曾論及此獨陸續謂陽在初稱初九去初之二稱九二則初復七矣陰則初稱初六去初之二稱六二則初復八矣卦畫七八經書九六七八爲象九六爲爻四者互明此左氏所記卜筮者之某卦之説也陸續雖據卜筮者言七八九六互明之義而易書稱九六不稱七八者其旨未明也大傳大衍章言四營十八變其於七八九六之策无遺策也然策之當期當物只言乾坤則知易爻言九六者只言動爻也聖人見

天下之吉凶悔吝皆生於動則六爻以傚其動故知易之九六无非動爻所以稱九六而不及七八易豈以七八爲變動之爻哉

動爻之卦

易六十四卦每卦一爻動之一卦如一爻動凡六卦二爻動凡十五卦三爻動凡二十卦四爻動凡十五卦五爻動凡六卦不動自一卦全體動自一卦至六十四之卦計四千九十六卦當以本卦之體言卦象之某卦論吉凶羲文聖人不曾作此所之卦象遂至後世占卜者添入八卦納甲五行四獸世應之類揣

測休咎殊非聖人作易本理也若夫大衍蓍數蓋卽蓍求易之法四營成易十有八變成卦八卦小成引伸觸類天下能事畢矣非以此爲占事知來之學也如之卦有不動之爻則如左傳載穆姜占遇艮之八是謂艮之隨蓋艮體上五四三與初皆動只二爻不動以不動爻爲占故爲艮之八也易道變動不窮君子神而明之變而通之則之卦四於九十六卦所以通天下之志斷天下之疑極深研幾開物成務舉在易之一書也若易之設卦聖人只言本卦事理如之卦爲之動爻如乾爻初九動爲姤卦蓋乾爲巽也乾

爲巽於天之下有吉凶休咎之象如左傳周太史所論則可也

極儀象卦

理之無形者難言也聖人每從其實然之形而明其無形之理使天下有所據依而信其言故乾坤難定也聖人卽天地之尊卑而明乾坤之定剛柔難斷也聖人卽動靜之有常而明剛柔之斷變化難見也聖人卽象形之所在而明變化之見蓋據實然者言之則無形者可信也大傳曰易有太極是生兩儀兩儀生四象四象生八卦八卦定吉凶吉凶生大業茲易開物成務冒天下之道者也聖人探易之初會生生之理於太極而明易之本於有聖人究易之終推生生之理於大業而明極之成乎業太極一氣也兩儀陰陽分太極也四象五行分兩儀也八卦吉凶分四象也一氣渾涵故曰太極陰陽既分斯曰兩儀兩儀運而四象行焉是爲四象四象有五行所屬而八卦成列矣方以類聚物以羣分而吉凶生於八卦之象形變化推移著於大業之六十有四其極斯有實理之可言也自極而儀自儀而象理無形也至於有卦則成列已定斯可推吉凶而生大業也大哉易也開

物成務冒天下之道自有而無生物無窮或謂自無而有使其中空虛無實而能生極儀象卦關於大業而有實理之可信乎

易有四象

前章聖人設卦觀象繫辭而明吉凶也其所爲象者何象也卽後章言易有四象所以示也繫辭焉所以告也定之以吉凶所以斷也其四象謂老陽老陰少陽少陰也老陽老陰乾坤也少陽震坎艮也少陰巽離兌也言四象則包八卦矣苟非此之謂則前後兩卦之四象也蓋聖人設卦非說一卦而止也其卦兩

兩反對如屯蒙相連需訟相繼小畜之與履師之與比有如離卦所言兩卦之義每兩卦上下反對故聖人言四象以示繫辭以告定吉凶以斷也如屯卦坎上震下及爲蒙則艮上坎下玆有四象所示又於每卦繫辭以告定吉凶以斷以全四象卦義或者不此之思莊氏謂易六十四卦中有實象有假象有義象有用象非也何氏謂天生神物聖人則之一也天地變化聖人效之二也天垂象見吉凶三也河出圖洛出書聖人則之四也此四事易外別有其功非專易內之物何得稱易有四象劉牧云易有四象所以示

者若繫辭云吉凶者得失之象悔吝者憂虞之象變化者進退之象剛柔者晝夜之象四也既繫辭所陳則與爻卦正協其義孔疏復爲兩儀生四象七八九六所以示之四象則失之甚也七八九六乃少陽少陰老陽老陰之位生八卦之四象非易所以示之四象也然則易有象示及繫辭以告吉凶以斷必別有易書韓宣子聘魯見易象其易之爲象必別有書也後學不究聖人設卦觀象之旨但隨文泥辭見經有兩儀生四象之文又見大傳有四象之目則援引曲解然則大衍章亦有四象之目盍不引據以釋經乎

河圖洛書

大傳曰河出圖洛出書聖人則之或者以爲聖人因圖書之出則之而作易非也河圖之數戴九而履一左三而右七二四之居上六八之居下而五居於中管攝諸數爲五十之縱橫也洛書之數一合五而成六二合五而成七三合五而成八四合五而成九玆一二三四五行之本無非統於中之五而成體也聖人觀於河圖有數有象以縱橫十五之妙配乾坤六九之數其象之白紫者吉象之黃黑者凶此聖人則其圖之用也聖人觀於洛書有數有法以一六爲水

居坎而生乾二七爲火居離而生巽三八爲木居震而生艮四九爲金居兌而生坤本金木水火土正位而明乾坤艮巽之卦乾君坤藏出震齊巽更迭變化旣成萬物玆聖人則其書之用也圖九宮以示道書五行以垂法圖書相爲經緯相爲表裏生成之數合而爲五行象數之妙闡而爲後天雖羲文闡易於前圖書爲則於後其致一也世固有以九宮之所示體爲貪巨文武九星之名推測地理之幽其休咎吉凶驗若符契河圖亦妙矣亦有以五行之理明於五事之應而咎証變見有水不潤下火不炎上等性五行

亦神矣然則河之出圖洛之出書爲聖人之所則端有用於作易之後也

乾坤成列

乾列於上坤列於上成列不紊易從是而運故聖人曰乾坤成列易立乎其中矣乾之右有易曰巽坎艮列於右遂至於坤坤之左有易曰震離兌列於左遂至於乾兹所謂乾坤成列易立乎其中矣使乾坤之體毀而不見則易安從生而有六子分列於左右哉聖人所以先之曰乾坤其易之藴繼然乾坤成列而易立乎其中乾坤毀則无以見易易不可見乾坤或幾乎息矣聖人的因乾坤而見易之緼灼見其易立乎乾坤成列之中也後學者未講究乾坤之成列遂不知易在何處亦不曉乾坤因此而成列也故列乾坤成列之圖而知易立乎乾坤成列之中也

卷三終

易傳燈卷四

宋　徐總幹　撰　綿州　李調元贊菴　校定

八卦成列

夫子於下繫首曰八卦成列象在其中矣蓋伏羲作八卦當時風氣始開文籍未具八卦之作謂爲先天八卦夫子當三代之末晚而學易嘗以書言不盡聖意不可見得八卦之象爲聖意之已盡故其象隱於八卦妙矣八卦之成列非分方也先天八卦具有成列列於左右其體不同雖每卦三畫以象三才其成列位次有往來消長之理故乾三畫在上坤三畫在下而曰乾坤成列坤之左曰震離兌乾自震之離之兌之乾而後巽坎艮坤滋八成列有往來消長之象此象也有妙理存焉茲所謂八卦成列象在其中矣又曰八卦以象告又曰易者象也象也者像也又曰立象以盡意及其重也則曰設卦觀象凡所謂象非以天地雷風水火山澤之物爲象也蓋八卦之畫耳乾三連坤六斷巽下斷兌上闕離中虛坎中滿震仰盂艮覆盌此伏羲所作八卦八列既成有象存焉乾純陽也陽極生陰巽一陰生艮二陰長坤則三陰盛也坤純陰也陰極生陽震一陽生兌二陽長乾則三

陽盛也茲陰陽左右之長盛也然乾之右巽艮之中而有坎乾陽有坎險之難也坤之左震兌之中而有離坤陰有離阻之難也且坤之處下有坎艮震三男列於坤側乾之處上有巽離兌三女列於乾側蓋乾純陽也巽離兌本乾體也陽下降而爲坎艮震之三男坤純陰也震坎艮本坤體也陰上升而爲巽離兌之三女有陰陽升降上下之象故重卦有剛柔相推之變蓋本諸此使八卦不成列何由見此變哉八卦皆三畫以象三才卦各三畫而成體各成列於乾坤之左右其序不紊左右對偶不可移易茲所謂象故

因而重之遂識八八重卦之理後學不講究成列之圖豈知左右消長上下盈虛之象說卦曰天地定位山澤通氣雷風相薄水火不相射聖人以言先天八卦之成列也後學豈知此爲成列之八卦哉所幸陳希夷先生以先天之圖而示人人猶未能盡明其象則羲皇之畫可謂神妙矣乎

八卦重卦

重卦始於八卦之成列使八卦不成列迺雜亂而重之何由知重卦有八卦一體之義故聖人於八卦成列象在其中之下繼以因而重之之語天下但知文王設卦言某卦上某卦下豈知重卦之理哉蓋八卦成列定體不易有象在中則因而重之遂有八卦一體之義其所謂因者因其成列之定體遂以八卦各重於成列之上其上體之重雖有其序而下體則八卦成列定體不易也如以乾重於八卦成列之上則乾重而在上體若乾姤訟遯否无妄同人履茲八卦一體也如以坤重於八卦成列之上則坤重而上體者坤復明夷臨泰升師謙茲八卦一體也又如兌重於八卦成列之上爲夬大過困咸萃隨革兌茲八卦一體也又如艮重於八卦成列之上則爲剝頤賁損

大畜蠱蒙艮茲八卦一體也震巽坎離之重準此推之蓋因先天之成列互以八卦重于上嘗爲八圖非如唐人世應歸魂遊魂之說也然因而重之則曰爻在其中者蓋卦已重遂發揮於剛柔而生爻重則六畫成卦六位成章矣天下後世但曰兼三才而兩之故六六者非他三才之道豈知因而重之之妙哉重則有上下君臣之分有內外出入之變其爻之變動有等曰物曰文從此可攷皆重爻所致也文王始於此而言某卦上某卦下有兩體之象爲設卦盡情僞之理也

剛柔相推

八卦成列旣因而重之卽有剛柔相推之變蓋巽離兌三女卦從乾而處上震坎艮三男卦從坤而處下其震坎艮之陽畫皆是巽離兌之陽下降而爲震坎艮也巽離兌之陰畫皆自震坎艮之陰上升而爲巽離兌也蓋乾位乎上巽離兌无非乾體陰上升而爲巽離兌也故如隨卦兌上震下其上九初六剛上柔下无妄卦震初九自乾來爲主於内訟九二自乾來得中也又如渙巽上坎下其九二自上而來六四自下而上故曰剛來不窮柔得位乎外上同也他卦言

相推者多矣蓋八卦旣重有上下內外之體或自上而下或自下而上玆爲剛柔相推而生變化聖人又曰剛柔相推變在其中矣蓋變動不居周流六虛上下无常剛柔相易无非重而有此變也後學不究卦爻有剛柔相推之變別指二氣爲剛柔之相推釋經遠矣

奇耦君民

陽卦多陰其陰之多不以爲陰卦而以爲陽陰卦多陽其陽之多不以爲陽卦而以爲陰蓋陽卦畫奇震坎艮之體雖多陰而畫爲奇故曰陽卦也陰卦畫耦巽離兌之體雖多陽而畫爲耦故曰陰卦也聖人論卦之陰陽以明多陰多陽之故而斷之曰陽卦奇陰卦耦聖人又卽奇耦而明其德行遂有陽一君二民陰二君一民之辨而明君子小人之道蓋陰陽卦畫皆不離於三陽畫之三一爲君道二爲民道聖人以一君二民君尊治衆爲君子之道陰畫之三二爲君道一爲民道聖人以二君一民君雜治少爲小人之道蓋君子事君之一治民之二故陽畫一君二民君子之道也小人事君者二治民者一故陰畫二君一民小人之道也卽陰陽奇耦而明德行有君子小人

之道存焉由是而知陽卦之震坎艮其畫之一君二民主二而治衆者非君子之道而何陰卦之巽離兌其畫之二君一民主雜而治少者非小人之道而何夫卦畫有君民之分聖人卽奇耦而論德行分君民其明卦辨物正言深得易之藴也

乾坤易門

乾坤奠位於上下故乾坤爲易之門蓋八卦成列震離兌乾爲陽生長之卦玆四卦之門皆以乾始巽坎艮坤爲陰生長之卦玆四卦之門皆自坤始故乾乘乾曰乾自乾而姤訟遯否以至於无妄同人履玆乾

之八卦其門始於乾也其坤乘坤曰坤自坤而復明夷臨泰至於升師謙茲坤之八卦其門始於坤也其震乘乾曰大壯自大壯而恒解小過豫至於震豐歸妹茲震之八卦其門始於乾也巽乘坤曰觀自觀而益家人中孚小畜至於巽渙漸茲巽八卦其門始于坤也離乘乾曰大有自大有而鼎未濟旅晉至於噬嗑離睽茲離八卦其門始於乾也坎乘坤曰比自比而屯既濟節需至於井坎蹇茲坎八卦其門始於坤也兌乘乾曰夬自夬而大過困咸萃至於隨革兌茲兌八卦其門始於乾也艮乘坤曰剝自剝而頤賁損

大畜至於蠱蒙艮茲艮八卦其門始於坤也其始於乾者歷巽坎艮之陰而至於坤又由坤歷震離兌之陽而至於乾始於坤者歷震離兌之陽而至於乾又由乾歷巽坎艮之陰而至於坤八卦之門自乾坤而入故乾坤爲易之門也易者乾坤生生之理乾陽物坤陰物陰陽雖合德而剛柔則有體故其所生之卦以體天地之撰以通神明之德其稱名也雜而不越皆謂所生之卦名雖雜而不越乎序也由是而知乾之四卦始於乾而生三十二坤之四卦始於坤而非三十二豈非易生生之道從乾坤之門而始哉

九卦之德

九卦之德聖人獨於九卦言之而不以他卦者蓋九卦君子在下不違其時之用因時制行聖人美之故於九卦各言德而又重復讚之也履之初九九二處六三柔履剛之下初九素履以往九二幽靜守正故美其德基於履而又讚其履和而至以和行也謙之初六六二處撝謙勞謙之下初六謙卑自牧六二鳴謙守正故美其德執於謙而又讚其謙尊而光以制禮也復初九七日來復能不遠修身致六二之下仁六四之從道故美其德本於復而又讚其小而辨於

物以自知也恒當君子立不易方之時九二能久中而悔亡故美其爲德之固而又讚其恒雜而不厭以一德也損當損下益上之時初九遄往酌損九二中以爲志故美其爲德之修而又讚其損先難而後易以遠害也益當損上益下之時初九大作不厚事元吉无咎故美其盛德之裕而又讚其益長裕而不設以興利也困當剛掩有言不信之時九二剛中自守酒食自養故美其困德之辨又讚其困窮而通以寡怨也井當改邑不改井无喪无得之時九二雖无與九二雖不食而九二剛中不變九三行惻受福而致

六四之井甃上六之勿幕故美其爲德之地而又讚其井居其所而遷以辨義也巽當小人武治小亨之時九二過於用巽紛若其言以免咎九三頻於用巽至於志窮而致吝故美其爲德之制而又讚其巽稱而隱以行權也九卦先後殊時制行不同聖人均論其德前有基柄本固修裕之殊益明其時之可爲也後有辨地及制之別蓋明其時之難處也基培於履柄執於謙本反於復固守於恒修爲於損裕充於益茲其處於平時者德爲可與也困窮而能通井居其所而能謙巽稱而能隱君子處於難居之時其德重

爲可嘉故九卦之序後有困井及巽茲聖人所以作易有憂患也

初上中爻

聖人作易六畫成卦最下一爻曰初最上一爻曰上言初則知上爲終言上則知初爲下故乾初九潛龍聖人以爲下也井初九井泥聖人以爲下也否上九傾否聖人言否終也艮上九敦艮聖人言厚終也雖卦體初上有本末之論其難知於初易知於上何哉二三四五有中爻之稱其二四爲陰三五爲陽何哉王弼亦言初上無陰陽定位其初上固非可定陰陽之位豈无初九初六上九上六之辨乎後之儒者遂以二四爲陰位陰居爲得位陽居爲失位三五爲陽位陽居爲得位陰居爲失位其後章有二與四同功而異位三與五同功而異位之文釋者遂謂二四同陰功三五同陽功而不知易非於初上二爻而分難易之象也易非於中爻而分陰陽之畫也且乾之九二三陰位也陽居二爲失位今九二見龍在田非爲失位也坤之六五五陽位也陰居五爲失位今六五黃裳元吉非失位也以二四三五分陰陽者其爲臆說誤人矣愚以爲下繫易爲書三章皆繫漢儒易緯

之文訛爲夫子之作而誑後世兼有若夫與噫之言與啓論不類信非夫子之筆也若夫子贊易之文典雅醇正辭旨貫通豈三章之可擬哉

兼三爲兩

易有三才之說蓋三畫象三才一畫象天一畫象人一畫象地迨其重也而曰兼三爲兩自兼三爲兩六畫成卦而一卦六畫遂有剛柔雜居迭用之說故道有變動曰爻爻有等曰物物相雜曰文文不當則爲吉凶之生且爻者傚其道之動其爻不無剛柔相乘而生吉凶使聖人兼三爲兩每於六畫中分陰分陽

迭用剛柔立爲爻物文之用以示於六畫卦體之中不亦難而勞乎嘗觀聖人於下繫首章言八卦成列象在其中因而重之爻在其中剛柔相推變在其中繫辭焉而命之動在其中愚以爲此眞文王設卦之正也其兼三爲兩一章疑漢儒作易緯亂於大傳中以惑天下耳目自乾鑿度易緯以兩其三才而言爻應之說專言初應四二應五三應上謂之爻應以剛應柔柔應剛爲得應剛剛柔柔爲不得應其說臆度誤人雖前輩諸解猶守其說以釋易蓋以三畫爲三才雖以道言也然不如三男三女之畫有三陽動陷

止之別三陰入麗說之殊兼乾坤之健順爲八卦成列之象因而重之遂可因上下所重之卦明上下相感相乘之理而知吉凶之生玆乃文王設卦觀象之本旨也若兼三爲兩一章其名甚雜其究非盡善疑非文王所以設卦也豈惟乾鑿度立爻應之說漢京房又立世應之說邵子亦曰有變必有應變乎內者應乎外變乎外者應乎內變乎下者應乎上變乎上者應乎下變之與應常反對也故卦一世者四應二世者五應三世者上應四世者初應五世者二應六世者三應朱漢上亦言在易言應者一十有九皆之

言應如子太叔論迷復凶是也至虞翻始傳其秘然未盡善繫辭曰變動不居周流六虛上下無常剛柔相易世應者相易之一也故曰兩則化一則神此朱漢上惑於兼三爲兩之說遂臆度爲世應之說而不知非文王以易觀象設敎爲國家時用之道也

乾坤險阻

八卦之成列其象不勝窮也莫大於坎離爲乾坤之用蓋陰藉坎以陷陽陽藉離以陷陰陽之被陷於坎陽非不健也故聖人曰乾天下之至健也德行常易以知險陰之被阻於離陰非不順也聖人曰坤天下

下至順也德行常簡以知阻乾以易知險則無坎險之難坤以簡知阻則無離阻之難聖人繼之曰能說諸心能研諸慮定天下之吉凶成天下之亹亹者故變化云爲吉事有祥皆德行易簡所處之妙也故知乾有訟卦訟卦下坎也乾以易處之故訟九二歸逋无眚也坤有明夷卦明夷卦下離也坤以簡處之故明夷六二吉順以則也夬有困卦困下坎也困九二以易處之故九二中有慶也剝有賁卦賁下離也賁六二以簡處之故六二得與上興也大壯有解卦解下坎也解九二以易處之故得黃矢貞吉也觀有家

人卦彖人下離也彖人六二以簡處之故在中饋貞吉也以此而推乾處險以易坤處阻以簡德行易簡所以說心研慮聖人謂乾知險坤知阻其有以哉後學不講究八卦成列之圖乾有坎坤有離豈知乾知險坤知阻其理在易簡哉八卦成列其象無窮大哉伏羲之作八卦也

百物

易道甚大百物不廢凡易爻言魚豕牛之類如黃牛童牛豶豕羸豕牝牛豚魚喪牛包有魚包无魚貫魚牝馬豕負塗月幾望之類者皆象陰柔物類也凡易

爻言羊馬之類羝羊喪羊牽羊乘馬喪馬鼫鼠者皆象陽剛物類也其他以物為象介於石困於石繫於包桑據於蒺藜困於葛藟皆以物之剛柔為象也故姤初六繫於金柅者言繫身於剛得所依也解九二得黃矢者言九二用得中直之道也噬嗑九四得金矢者噬得剛直之道也噬嗑六五得黃金者噬得中剛之理也易道廣大近身遠物皆取為象且乾明君人之道也而言龍之變化有田淵與天之辨漸明君子之道也而言鴻之漸進有磐木陸陵之別易之稱名取類言曲事隱自非化而裁之神而明之豈能觧

類而長旁通其情也哉今說卦之後有乾坤震巽坎離艮兌八章未必夫子所黜之八索也其言物理各從卦類君子烏可不以易者象也象也者像也研窮其旨哉

蓍數卦爻

說卦一章言用蓍求易之法蓍者神物不能自生聖人也贊於神明而生卽神物以求易當先明數聖人參天兩地而倚數天一天三天五倚而為九地二地四倚而為六倚者言偏倚於天地之數取其生數非取成數三天為九兩地為六言九六則七八在其中

矣倚數已定然後觀陰陽之變而立卦如少陰之變兩少一多小陽之變兩多一少老陰之變三揲俱多老陽之變三揲俱少陰陽之變既觀以設卦然後卽卦體而發渾其剛柔以明爻也剛柔之為物具於卦體之中有以發揮之則知剛柔相推之變蓋六爻變易以貢上下无常剛柔相易變動周流出入外內交物位章皆爻之所發揮也蓍數卦爻能事既畢於是作易始則和順於道德而理於義終則窮理盡性以至於命蓋物其由之謂道得乎己之謂德物咸宜之謂義言本乎道德義而不違其用也窮理者格物致

知之學也盡性者成性存存之境也至命者窮神知化之妙也言造乎理性命而无間於天也作易至此貫天人而一致矣學者能即卦辭爻辭而推明之則知聖人作易極其神妙豈苟而已哉

往來逆順

聖人於說卦四八卦相錯數往者順知來者逆是故易逆數也蓋相錯者互爲君臣上下互爲往來出入也其言往來逆順者如泰否二卦言大來小往小來大往之理也以外卦爲往數往者順則是四五上之三爻順數而知其往也以內卦爲來則是三二初之

三爻逆察而知其來也外體三爻從下而往故曰數往者順內體三爻從上而來故曰知來者逆大抵自上而下曰來自下而上曰往自外而內曰來自內而外曰往自上而下曰逆謂之逆以知來自下而上曰順謂之順以數往蓋自初而二而三而四以至於上此爲順數往也自上而五而四而三以至於初此爲逆知來也如无妄卦剛自外來爲主於內訟之剛來隨之剛來渙之剛來逆知其自何而來故曰知來者逆又如噬嗑之柔上行得中損之損下益上上行得柔渙之柔得位乎外而上同順數其往往居於外故曰數往者順也蓋八卦相錯其體既分上下內外順以數外卦之往逆以知內卦之來則本卦之上下兩體順數其所往之自逆知其所來之因要知大易之本本在乎知來之逆數也故總之曰是故易逆數也朱漢上以震離兌乾天之四象也巽坎艮坤地之四象也乾自震左行坤自巽右行數往者以順而數知來者以逆而知耶子曰數往者順順天而行左旋也皆已生之卦知來者逆逆天而行右行也皆未生之卦夫易之[illegible]用逆而成聖人說易故先言易之本易逆數也故六爻自下而起朱漢上言乾自震左行坤

自巽右行是也言順天左旋已生之卦以已生爲往也言逆天右行未生之卦以未生爲來也順數往逆知來以往爲已生以來爲未生則未爲穩也聖人設六十四卦豈有未生已生哉彼曰知來者逆以來爲未生之卦則否也其卦之已生爲何卦卦之未生爲何卦彼亦未之思耳

八卦名義

八卦名義聖人於說卦曰乾健也坤順也震動也巽入也坎陷也離麗也艮止也兌說也蓋乾生三男乾道成男坤生三女坤道成女乾剛健正直坤柔順便

佞震稟乾剛之才而扼于重陰之下始懼而怒終動而出故震曰動也巽稟坤順之性而扼於重剛之下巽懦柔弱順諛便佞巧謀用計以求入於剛故巽曰入也坎之一陽稟剛直之才而陷於兩陰之中故坎爲陷言剛之正直而入於陷中也離之一陽稟坤順之性而麗於兩陽之中故離曰麗言陰之柔順无恥而麗於陽中也艮一陽而止於兩陰之上其才剛健正直剛止於上故艮上有止溺於兩陰之義兌一陰而位於兩陽之上其性巽順佞說說而在上故兌上有陷溺於二陽之義此六子各稟父母之才性而爲

本卦本爻之質故震動巽入坎陷離麗艮止兌說皆言本卦本爻之理及六子之卦重而在上則本性見矣重而在下亦莫不然後儒者但以全卦言其理如震則曰初九震之初也六二亦震也六三亦震也而豈知震則在初九一爻也如巽則曰初六巽之初也九二亦巽也九三亦巽也而豈知巽則在初六一爻也其言坎則曰初六坎之初也九二坎之中也六三坎之三也而豈知坎在中之一爻也以至於離兌艮卦无不以全體而言豈知每卦各有所屬之本爻哉八卦名義各有本爻所屬之理學者當以是求之思

過半矣嘗以八卦所重於上下體者各言其理其爲八卦名義豈不坦然明白哉

序卦反對

易之爲卦有天命存焉聖人卽所重卦象推反對之畫明先後之時蓋卦體有乾坤坎離者其體相衝如前震爲後之艮前艮爲後之震前巽爲後之兌前兌爲後之巽若乾坤坎離者易以上下爲先後也故之於易始其坎上震下爲屯及易變艮上坎下則爲蒙始其坎上乾下爲需及易變乾上坎下則爲訟矣始其坤上坎下爲師及易變坎上坤下則爲比矣始其

巽上乾下爲小畜及易變乾上兌下則爲履矣卦變不窮時變亦不一皆八卦變化推移相爲上下聖人遂以卦畫反對序其先後故前有屯蒙後有革鼎前有需訟後有晉明夷前有師比小畜履後有同人大有謙豫前有泰否隨蠱後有咸恒損益前有臨觀後有遯大壯前有噬嗑賁後有困井前有剝復无妄大畜後有夬姤萃升前有震艮豐旅後有巽兌渙節前有家人睽後有蹇解前有頤大過坎離後有中孚小過既濟未濟茲聖人分二篇之卦每以兩卦反對爲先後明國家治亂盛衰之時焉君子於此可推序卦

之緼矣有能即序卦以推在昔歷代之世變雖繼周

百世可知也愚謂序卦該天命信言也

卷四終

第四函

敷文鄭氏書說

光緒亥年冬
鋟於樂道齋

書自孔子刋定所存僅百篇帝王之規範悉備不幸火於秦傳註於漢而堯舜禹湯文武傳授之奥旨與夫臯益伊傅周召警戒之微機雖老師宿儒皓首窮經枝詞蔓說汗牛充棟曾不能髣髴其萬一而無所考證至于今千有餘歲然心本同然理不終泯自伊洛諸先生力尋墜緒遠紹正學而敷文鄭公得其傳焉探聖賢之心于千載之下識孔子之意于百篇之中雖不章解句釋而抽關啓鑰發精微之藴深功極至要皆諸儒議論之所未及亦可謂深于書者歟學者于此優游玩味之則思過半矣綿州李調元識

敷文鄭氏書說目錄

敷文鄭氏書說目錄畢

敷文鄭氏書說

宋 鄭朴 撰 綿州 李調元雨村 校定

堯典中星

二十八宿環列於四方隨天而西轉自角至箕東方之宿也是謂星火房心爲大火舉中星以見其餘他皆放此自斗至壁北方之宿也是謂星虛自奎至參西方之宿也是謂星昴自井至軫南方之宿也是謂星鳥四方雖有定星而星無定居各以時見於南方天形北傾故北極居天之中而常在天北二十八宿常半隱半見日東行歷二十八宿故隱見各有時必於南方考之惟仲春之月四方之星各居其位故星火在東星鳥在南以殷仲春星昴在西星虛在北至仲夏則鳥轉而西火轉而南以正仲夏虛轉而東昴轉而北至仲秋則火轉而西虛轉而南以殷仲秋昴轉而東鳥轉而東至仲冬則虛轉而西昴轉而南以正仲冬鳥轉而東火轉而北來歲仲春則鳥以轉而南矣循環無窮大要如是堯典考中星以正四時甚簡而明日中宵中春秋分也春陽故舉日秋陰故舉宵月令仲春仲秋皆云晝夜分所以然者春分日在奎行西陸秋分日在角行東陸黃道去極用等故晝夜刻同夏言日永冬言日短仲夏日在井行北陸去極近故晝長夜短仲冬日在壁行南陸去極遠故晝短夜長按鄭氏言中星所在皆自爲考定與註疏舊說不同

象以典刑流宥五刑

象以典刑舜嗣位之初巡狩既畢卽首制刑書何也曰始輕刑也古之世惟肉刑而已聖人之于斬割殺戮豈忍也哉民習乎重不遽輕者勢也時雍之世刑措不用於是制爲輕典五流以宥其大者爲鞭爲扑以待其小者猶以爲未也又爲贖以恕其情之有可矜與法之有可疑者肉刑蓋將無用矣而不敢廢也以示民使終知所避耳古所謂畫象而民不犯者豈虛語哉案此駁漢書引荀卿之說天下之生久矣一治一亂故刑罰之輕重亦隨時之汙隆自虞夏之衰訖于商季意其姦日勝而刑日加重也及周之初頑民未化逮夫百年之間始復虞夏之舊呂刑之書是也唐虞成周所以號泰和之極者以此然五刑三千皆有贖何也人之常情創見則震駭習熟于耳目則易玩因斯民遠罪自愛之心而弛其斬割殺戮可駭之事詳爲贖法以待其有時而入刑者所以養其自愛重犯法之心也嗚呼仁矣舜之贖刑其條目不可得而知矣觀呂刑之序謂之訓夏其詳略之意亦可想也且四凶之惡以孔子誅少正卯言之宜若不可以並生然止于流放竄殛者益以流宥之也其敘四凶之罪于象以典刑流宥五刑諸語已用輕典之後所以不殺歟

然舜之典輕矣猶曰惟刑之恤哉益輕典亦憂其或用也穆王之贖刑已詳矣猶曰朕言多懼者雖贖而猶恐其或誤也嗚呼有國者何可不識此心哉典獄者何可不識此心哉

蒙論堯舜之世一用輕刑之說近熟思之不可不辨觀臯陶所言帝德罔愆以下一節便見聖人之心涵養發生眞與天地同德而物或自逆于理以干天誅則夫輕重取舍之閒亦自有決然不易之理其宥過非私恩其刑亦非恩怒罪疑而輕非姑息功疑而重非過予如天地四時之運寒涼肅殺常居其半而涵

育發生之心未始不流行乎其閒此所以好生之德洽于民心而自不犯于有司非旣抵冒而復縱舍之也夫旣不能止民之惡而無所忌則不惟彼見暴者無以自伸之爲冤而姦民之犯于有司且將日以益衆亦非聖人匡直輔翼使民遷善遠罪之意也

四罪而天下咸服

驩兜共工之徒其惡著於心在堯舜朝久矣而不敢少肆者堯之心如水鏡之於物其妍醜不吾欺也而人之鑑於水鏡者豈得自隱哉彼其心蓋知夫堯之見之如見肺肝恐懼慚縮之不暇而暇惡之肆乎惡無所肆而才爲世用其假息於堯之世宜也聖人之於人雖不可化亦曰姑惟教之化之未格亦曰姑惟俟之俟之久矣而終不吾化則所謂不移之愚而怙終之刑所不得而宥也且堯之得輝被乎四表鳥獸知之而況於人乎民變時雍而況在朝廷之上日邇清光者乎終堯之世而不變是無時而變矣豈得諂在庶頑之列以俟其格哉然四子之心術堯舜知之固也朝廷之士且不知顧方以爲賢而薦之一誅而天下咸服何也自堯舜發其心術之祕而朝廷之士察之矣凡小人之惡未嘗不包蓄然未有終能忍而

不泄者未嘗不掩覆亦未有終能護而不彰者舜興於畎畝之中羣臣天下之所安而小人之所不悅也其所包蓄者泄而掩覆者著矣亦幸而在於用輕典之世哉

而難任人

任人何與乎蠻夷曰遠人不服非內政之不修則邊隙罔閒也任人善以柔佞軟熟而蠱君之心術逢君之所好一爲所惑則必怠忽而荒政或好大而喜功治泰而亂形且兆何以服乎蠻夷故惟敬德不忘安靜無欲者遠人之所慕而小人之無所利者也

五刑有服

舜之繼堯以州則增而益以刑則輕而詳州之益聲教暨遠也刑之輕於變之後也然觀鞭扑流贖之設肉刑宜若遂措而皋陶作士猶曰五刑有服何也聖人愛天下之心雖無刑焉可也力行吾德以善天下之俗俗善矣而又不敢必吾之德能使天下人皆稷契家皆皋夔也此五刑五流猶以並告皋陶歟三就者就輕就重與就輕重之中三居者居遠居近與居遠近之中苟刑人於宥則以輕重遠近斟處蓋原情而用法也說者以原野朝市為三就猶可也（案此鄭康成王肅之說）以四裔與九州千里之外為三居（案此說本孔傳）則非古法之意也何者墨居五刑之至輕宥而流之有五以為輕重之差耳而或以四裔九州千里為三則輕無所準矣故為輕重遠近之說者庶幾得其情乎蓋罪一也而情各有三焉一而三之不厭其詳所以求失情之（闕二字）也如得其情則無厭乎愈詳矣穆王五刑之屬三千而疑赦之罰亦三千非密也寬也其寬者何也使凡有罪者皆得以入于罰也由是言之以情議罪者果無厭乎法之詳也

書序皋陶矢厥謨禹成厥功

古者先德而後力貴謀而賤功故出師必受成于學而折馘執俘反必以告其意深矣惟此義不明然後有廉頗之事而被堅執銳野戰略地者欲以居文墨議論之上此後世之通患也大禹之功非後世之所謂功也聖人猶屈之於皋陶之下其敘書曰皋陶矢厥謨禹成厥功蓋功未有不出於謨而宣力四方者不得先於朝堂之論以此示後世則國正而朝廷嚴驕蹇怨懟之意銷而飛揚跋扈之心不萌上下相安而禍亂不作矣

汝惟不矜

不矜不伐至公無我之心也舉天下之善安而行無所累于心故無驕矜之氣天德也禹之所優而顏子之所願也蓋萬善本吾性之所固有學至于聖賢于性無所加益而缺一焉則不足以為盡性知此則任重道遠惟日不足矣尚何敢矜之有進此而安焉則達乎天德矣

謙受益滿招損

愛人不親反其仁治人不治反其智禮人不答反其敬行有不得者皆反求諸己此帝王之家法也自反而仁矣自反而智且敬矣而人未遽吾聽焉不遽責

夫人也曰是吾仁智且敬有所未盡而姑勉焉爾此帝王之心術也舜之誅四凶禹之戮防風豈惟刑施而民悅哉由其遷善遠罪心化於冥冥之中者益多矣死者一二而生者不可勝算聖人之心亦可以無憾矣其心曰吾居人上而有不中不才之子弟尚足以爲賢父兄乎鳥獸草木不遂其性吾心戚焉斯人也而有死於刀鋸斧鉞者尚足以爲盛德事乎故其視天下之人雖強悍抗戾勞之來之而不知吾仁正之直之而不知吾義輔之翼之而不知吾德忿疾之氣終不設於心而自視歉然若有以深負於吾民也

夫帝王之兵無闕而後動其省躬也至矣其含容隱忍而俟之也久矣其教詔誨諭也勤矣然謂吾兵爲無闕謂吾省躬爲無愧謂吾容之教之爲無餘力遽然自以爲足則非所謂純亦不已謙尊而光樂天而無競任物而無我者故曰滿招損謙受益時乃天道唐虞之君臣其自牧之道蓋如此征苗之後所以班師而不疑也且帝常事親矣何罪之可負何慝之可引夔夔齊慄若無所容其身於天地之間不曰吾子職已修而無罪也吾孝心已盡而無慝也底豫而不格姦即是心無間斷之所感耳然則舉帝是心而感之有苗蓋已然之効孰曰不可而必兵之用哉禹師還而帝德敷干羽舞而苗民格果無用乎兵而可也舜禹益之心其無憾矣

作服汝明

日月星辰之運行以成歲山之鎮物龍之變化華蟲之文明彝取其孝思藻取其潔火取其烈粉米取其利物黼取其斷黻取其辨皆君德也被其象思其義行其德如几杖盤盂之銘如珩璜琚瑀之節奏如干戚羽旄之字闕二如金石絲竹之諧和以警其怠而勉其修以思其闕而補其全以防其邪而輔其正以滌

其昏而開其明夫豈徒致飾以華其躬寓數以示等威而已古之制作者必陳其義以示人簠簋尊彝柷敔筍簴之類物有其飾飾有其義不苟然也況垂衣以臨百官以治萬民豈獨致飾寓數之爲哉服是服者必全是德一德不備則不足以臨民故曰觀其象必惕然而三省焉此亦自牧之一端也左右前後輔弼之臣曰侍君側以獻可替否繩愆糾謬爲職者也觀衣裳之象以默察君之德其全乎其有所不足乎其修乎其亦有所忽乎吁哉之辭更唱互嘆使其君左顧右盼凜乎不敢少肆非深明其義孰能致君於

寡過進德之地乎此舜有汝明之戒望於作耳目之官也蓋古者服以象德謂服是服者宜其有是德以稱之公卿大夫士以下禮章不同必惟德之稱則其義一也然則君天下者其德可不備乎

夔論樂之效

舜憂庶頑讒說曰撻以記之否則威之禹則曰帝光天之下誰敢不遜舜曰皋陶方施象刑夔則曰予樂之作幽如神明而來格賔如虞賓而在位微而鳥獸則率舞靈而鳳凰則來儀況於人乎樂若是況於德乎至此則禹所謂車服以庸亦末也況於撻之威之刑之乎其君臣之閒所相戒相勉者其道則不賞而民勸不怒而民威於斧鉞篤恭而天下平進而至於無聲無臭斯至耳故曰德威惟畏德明惟明有父之尊有母之親後世有作者虞舜弗可及也矣

因民弗忍距于河

桀紂之惡極矣民不忍貳而諸侯不敢亟叛以先王之餘德遺澤在人者不能忘也太康盤游無度固為失德然非若桀紂之暴虐也民遽攜貳而后羿因得以奪之何哉禹彌成五服其德在諸侯未遠也而王室有大難天下莫有勤王之舉而五子御母徯于洛汭亦無有矜憐而恤救之者又何哉蓋嘗謂唐虞之世其民愛之敬之畏之不敢少肆於上而神器之去留一聽於民而不敢為己私有也盛哉唐虞之（闕二字）民也若保赤子若承大祭若臨大威（以下闕七字）之怨惴惴惟恐小失其意而潰裂四出不可收拾也帝者以來其道常然民久習而安焉一旦乃有逸豫游畋之君輕棄其民去其國都歷久弗反恬無愛之畏之之意豈不甚怪矣哉其攜貳而不忍非弗念先王之德也譬如孩提之童安於慈愛之父母勤劬之保傅未嘗有所拂意一旦惸然孤立遇弗友愛之兄棄之而不恤則其愁苦無聊啼號而不禁者非憤其兄乃追念父母之恩耳是則民之貳太康也是乃所以思禹之德也觀歌之一章則知太康之所以失矣大道之行天下為公選賢與能不私其子故堯不以天下私丹朱而傳之舜舜不以天下私商均而傳之禹朱均之不肖固也使朱均賢如皋夔益稷之徒堯舜亦不肯舍聖而授之賢也何者天下者至公之器也傳之賢者至公也天下有聖人焉舍聖而授賢則亦非公也私也堯舜不特不以天下私其子亦不敢與諸皋夔益稷之徒故禹之讓于皋陶誠切懇到

至于數四非僞焉而舜命不易焉循至公之理而已禹治變唐虞法而傳其子啟之賢謳歌獄訟之所歸猶可言也再傳于太康而遂失邦余是以知至公之器不可以爲已有而望子孫之不遺也然禹雖傳之子孫其心與堯舜之心一耳以太康之逸豫苟有聖賢出而代之禹固樂乎天下之得其所也當是時四方諸侯環視而莫之救非厭乎禹德也觀堯舜之至公而知禹之心憂天下之諸侯不恤吾民而不憂吾子孫之失天下也使有恤民者起而正之猶之乎揖遜與賢也何擇焉羿逐太康而立仲康未負於禹也

惟其措心之不出此是以假之而遂歸耳夏書四篇甘之戰非盛德事也五子之歌見命之中絕矣聖人蓋傷之也然則禹之變堯舜與賢之法非矣而何以爲聖蓋自時之汙隆言之禹爲慮天下之審也案此說略本韓子禹問自大道言之賢而與又不可必得則傳子爲常法耳然論唐虞夏之道則甘誓以下爲德衰論夏道之中絕則責有歸焉敘言太康失邦不待絕而罪已見曰昆弟五人須于洛汭雖許其親親之怨亦責五子之不能自強也夫

　　俶擾天紀

帝王之政莫先於畏天平居岌岌然省己修德惟恐天威之來蓋欲銷之於冥冥之中不待其已形而後懼也故二典之書於天人之際至嚴一篇數百言而命羲和之說居其半舜初即位首齊七政其於天道何其謹也以後世觀之某月朔日當食有司必先期以告天子詔百官執事修德刑以待之其日天子易服避殿減膳徹樂百官守局以俟天變其嚴猶如此況堯之君乎司天文者敢有弗虔其職乎酒荒于邑日食不知使君臣上下不得敬戒以祗天譴由後世言之誅不赦可也況守唐虞之法者哉此廢時亂日

之罪所以必征而虞夏之道於是乎不絕矣蓋虞夏之道畏天也有扈之征侮五行而棄三正也雖德衰而至乎與諸侯戰然其事猶虞夏之所謹也逸豫而失邦弗克畏天也昏迷于天象而征伐行焉矣道其復興焉肇位于亂亡之後而舉動若此其知所本矣當是時強臣擅命四方之諸侯必有相和而跋扈者矣仲康之師不先焉而惟廢時亂日之是先可不謂知所本乎可不謂堯舜之用心乎故夏書二篇皆畏天重民之事堯舜禹之心也仲尼定書之意蓋如此允侯往征之者非征伐自侯出也是謀蓋出於允侯

也百官修輔厥后惟明明至工執藝事以諫蓋言先王克謹天戒於未然之前探臣民之言以省己修德不待天戒已形而後懼也日有食之天變之至大者羲和之職推步而前知者也今辰弗集于房不先期以告奏鼓馳走矣而猶罔聞知其罪可勝誅哉其在政典先時後時猶殺無赦況迷天象至此極乎言其罪之重也夫以荒淫之人顛覆厥德則王師之來未必無拒命之事沈湎之居於民上必有汙染俱化之人然非夫人之罪也故玉石俱焚允侯懼焉夫不輕于淫湎之一夫而恐兵威之濫乎無辜戒之至也末

稱威克厥愛以戒衆士猶言弗待刑戮也舍刑戮而言威愛之相勝若曰軍中之事無姑息焉耳則其仁矣觀允侯誓師之言則其賢可知仲康初政能用允侯而舉動若此此其所以反虞夏之道是夏道中興之象而世祚賴以復延聖人所以取是書之意乎先儒於此篇疑焉者蓋以廢時亂政之弗知日食之事爲輕故也其末之思乎案鄭氏此條專以敷正蘇氏書輔

書序伊尹去亳適夏既醜有復歸于亳

夏之衰諸侯不循軌者多矣湯征諸侯始以不祀征葛慢神之大罪也慢神則無所不至亦猶武王數紂之罪也伊尹適夏猶武王觀政于商伊尹復歸亳則桀無復悛改之理然後湯師興焉湯誓之敘曰伊尹相湯伐桀言湯之伐桀必俟伊尹未歸則桀猶可爲也此與予小子既獲仁人敢祇承上帝之意同惜乎汝鳩汝方二篇之亡也觀伊尹往來夏商則克享天心受天明命不專歸之湯復何歸哉嗚呼桀紂之惡極矣湯武之舉遲疑詳緩乃如此魏晉之事固不足道立人之朝君未至於不可諫而謂其君不能者孟子謂之賊其君信不誣矣

書序伊尹相湯伐桀升自陑遂與桀戰于鳴條

之野

伐桀聲罪也升陑不避險阻正兵也與桀戰于鳴條之野危之也何危乎推湯之本心也兵者聖人之所畏雖以至仁伐至不仁鋒刃既接勝負之形不可必勝則出民塗炭之中不勝則天下貿貿然將復何恃以歸寸危之故勝之勝之則予畏上帝之責始塞矣大賚爭戮驅誘之術無遺力焉非得已也其心危也夫揖遜與賢而繼以世及又繼以兵取時變愈下覩古愧烏而不辭天下之惡名以救斯世不避後世之口實以闕二字世昔所未嘗有而自我爲之雖時有汙

隆而理無彼此因時乘理聖之時中而回視唐虞之道有不可及之世下視萬世有亂名實之禍此湯之所甚懼而不忘也雖然後世聖人不幸遇斯世天下望其來蘇如旱雲時雨能不恤吾身起而應之滌煩澡毒舉道暍之人而置之清閟之地澤焦潤枯起復秀之苗於已死之餘湯之所甚懼而不敢釋然者至此可無憾矣故武王曰取彼凶殘我伐用張于湯有光使天下後世無桀則已天下後世而有桀負湯之德居湯之地處湯之時坐視赤子之在水火而不知救其爲慙德抑有甚焉故至仁之舉口實之懼以救

生人以律萬世雖處時之不幸而終無跋疐之象瞻前顧後原始要終委蛇曲折無所不至其道蓋如此孟津之渡升陑之正也牧野之戰鳴條之危也數紂之罪若有凉德焉武王之心其又危於湯哉武庚之不叛則適命不黜不逆其必辟而立之武王之心其無憾矣嗚呼湯之德至是愈光矣而後世亂臣賊子尚敢假其名以欺天下而匹夫匹婦卒不眩其名忠臣義士得以伸其志者由湯武之德皎然可以戶曉也此聖人所以爲時中而無忌憚者不得以亂名實歟

書序湯既勝夏欲遷其社不可作夏社

古者諸侯危社稷則變置社稷諸侯犧牲既成粢盛既潔祭祀以時非有危社稷之行而旱乾水溢則神之責也故變置社稷聖人會萬物於一身通隱顯于一理故立法舉事如此夫旱乾水溢而變社稷則國亡而社稷遷宜矣然桀之亡也豈神之責哉勝夏之後欲遷其社而湯獨不可特屋之以示戒若曰是其君之罪非神之責耳蓋君者民之主一失其道則民失所庇而神失所依屋社而不遷專責君以示戒此作夏社之意也後世有屋社之制討必始于湯理或

然歟使湯之前已舉此義則夏社一篇必不作也

書序遂伐三朡俘厥寶玉

三朡桀所奔也寶玉夏之器璜之類是也胡先生曰古者寶玉世守罔敢失墜以昭先祖之德存肅敬之心告終易代洪璧琬琰天球夷玉兌之戈和之弓垂之矢莫不陳列非直爲美觀也先王所寶傳及其身必全而歸之則可以免矣夫以一器一物傳之先王者猶謹如此況神器之大者乎謹其小所以警其大者寶典之作其以祖宗之物所當常寶而無德則失亦可常乎是義也於顧命之篇見其詳案鄭氏所釋顧命之義今

闕

仲虺之誥

驕心害德雖聖人亦畏之故以舜命征有苗而益以爲病其言曰滿招損謙受益時乃天道况於人乎湯勝夏而還未至國都而慙德形焉此其賢臣所以獨幸而喜夫以將天明威而下順乎民黜伏罪人而上應乎天福善禍淫之道得以不僭塗炭水火之民得以更生自舜禹以降厥功茂矣顧不以爲善而以爲懼不以爲滿而以爲不足是心也崇德之原致治之本也仲虺於是作誥以陳其應天順人之不可已又

因其不自滿假之美而將順之使之終始如一而不忘此心故曰德日新萬邦惟懷志自滿九族乃離又曰能自得師者王謂人莫己若者亡好問則裕自用則小夫驕盈自滿之心其端甚微積而至於恥聞過失好勝人騁辨給眩聰明厲威嚴恣强復則甘受佞辭而邪諂日親惡聞忠諫而正直日疏賢人君子高舉遠引而人君之勢日孤竄斥殺戮肆行而不忌天下之心日離甚則骨肉怨叛而趨於亡矣可不畏哉夫將順其媺則小善可以成德匡救其惡則小惡不能以害善此以道事君者精術之妙用如孝子之聽

於無聲視於無形字闕二 引詩以斷事君之章所謂中心藏之何日忘之故勝夏之慙湯之所以不釋然而仲虺所以爲喜也齊威公勝楚而執濤塗衛獻公入國而頷逆者境變於前而心爲之易位一息之間驕敬異狀血氣之易勝而善心之難存也如此大坰之慙終身勿忘斯可已故以謹厥終惟其始之戒卒焉歸亳之誥有慄慄危懼若將隕于深淵其爾萬方有罪在予一人予一人有罪無以爾萬方之言蓋因仲虺之言益之所警也咎單作書明其居成功之道亦仲虺之意哉然不可得而聽之矣

伊尹放太甲

昔仲尼作春秋其於君臣之分甚嚴至以天討加有罪則雖尊而不廢法雖貴而不弛刑蓋幾於用湯武之權矣是何也嘗觀唐虞之書有曰衆非元后何戴后非衆罔與守邦其稱民后若無輕重者自天爲民立君言之略勢分也孟子則曰民爲重社稷次之君爲輕其稱君民若甚倒置者爲牛羊用人者言之進湯武也故道有正有權正以體常權以通變常不過中變不失正權也者聖人之時中然小人用之則無忌憚是以聖人之語權必凜然有憂天下後世之意

至其身臨之而亦不敢避也太甲之初伊尹作三書以訓之今存者一篇其言祖宗之訓天人之理前世存亡之戒詳矣猶不惠於阿衡則繼以苦言聳動而警懼之其曰惟尹躬先見于西邑夏自周有終相亦惟終其後嗣王罔克有終相亦罔終警懼之至也古之仁人君子立人之朝其君不明度已之不能正也則去之而不食其祿不任其事君子許其爲知幾其情不忍捨去與義不可去者則苦言極諫而繼之以死君子許其爲盡節過此則有孟子所謂貴戚之卿反覆諫之而不聽則易位者迹雖不同要皆君臣之

罔終者也伊尹之於成湯豈獨貴戚之比而其身任天下之重一夫不獲則曰時予之辜又豈拘拘爲賢者之守節哉故曰伊尹爲是言也所以深警太甲也夫危痛警切之言豈伊尹之所忍發吾以爲懼而彼由之以爲常而若弗聞也則其性淪於所習之中而惡且成矣臣甯負王不敢負社稷君子不以罪霍子孟伊尹獨敢負成湯乎是以不得已而出於權而非心之所安也故其自言曰予弗狎于弗順而孔子序書直書之曰放且君薨聽於冢宰三年古之人皆然伊尹何病蓋居憂禮也而未有居於外者君居於外

非王也是啟天下後世篡廢奪攘之漸也是以仲尼定書於湯武伊周之事皆有所甚懼焉仲尼之所懼伊尹因亦懼之矣直書曰放伊尹所不敢辭也夫以伊尹之聖伐桀之事湯不敢自爲遲速進退而一惟命自後子孫之托夫何所疑而營桐宮以居憂邇先王以忠訓畢喪三年冕服奉歸終始之際伊尹亦何憾而其心獨瞿瞿焉至聖人序書猶謂之放以見冠履之分堂階之勢天尊地卑之義毫髮不可紊分寸不可移也以此防民亂臣賊子猶以藉口聖人烏得而不懼故曰聖人之語權必凜然有憂慮天下後世

之意況其用之者敢以爲常而不懼哉然則虞書之言自君上而言也孟子之論救時不得已之意也春秋之法以天道自處兼堯舜湯武之事也書之序春秋之法也其成湯既沒太甲元年伊尹作伊訓肆命徂后云者爲桐宮之營張本以明伊尹之初心也曰太甲既立不明者危成湯之業也曰伊尹放諸桐者伊尹不得已之權而爲法受惡也曰三年復歸于亳思庸叙伊尹之績也太甲克終允德而後歸乃序思庸於歸亳之下者以明喪畢則歸而非放雪伊尹之慚德也曰伊作咸有一德者以明伊尹之於太甲其

出其歸皆志於成其德也夫然後伊尹之志較然昭著於天下後世匹夫匹婦之所共志藉口以濟其私者不得以欺匹夫匹婦夫惟匹夫匹婦不可以名欺則亂臣賊子不得以緣其惡而簒弒奪攘之禍庶幾少息矣聖人於太甲之書反覆致意體常而盡變存正以明權故曰春秋之法或曰伊尹之於太甲能必其悔過否乎曰然使太甲不明故不立之前則湯未必以傳太甲惟其既登尊位乍處崇高富貴而動其欲也故曰既立不明夫動欲於富貴惟置之於不見可欲之地則本心既蝕而復明天理欲晦而復昭矣此必然之理而伊尹所以必太甲之能悔也觀太甲怨艾之言則其知悔也至矣可不謂賢乎不然何以能甘澹泊於三年之久而無過舉也竊意太甲所謂欲敗度縱敗禮者蓋以微見於視聽言動之閒出入起居之際伊尹不待其流而救之故其悔過也易豈若漢羣臣數昌邑之罪也哉觀乎此則霍子孟所謂功者尚不足云矣

有其善喪厥善

伊尹將告歸戒太甲者無自廣以狹人匹夫匹婦不獲自盡民主罔與成厥功傅說戒高宗曰有其善喪厥善矜其能喪厥功蓋未免於戒也若夫禹治水湯勝夏武克商拯民於昏墊塗炭之中其功德大矣益之戒猶曰滿招損謙受益時乃天道仲虺之戒猶曰志自滿九族乃離召公之戒猶曰不矜細行終累大德三代之臣所以告戒其君皆勤勤於是不謀而同何也蓋謙則虛虛則能受天下之善而來天下之賢夫以天下之善歸於己而賢又樂告以善道則內以成德外以出治豈不有餘裕哉滿則寔寔則忠嘉之言不能入而賢者望其顏色而去之以一人之智慮自用於天下小臣諛大臣欺禍亂之形已成而無有告之者俄焉覆亡而不自知此必然之勢也故以禹為武王之聖其於運獨智以馭四海若有餘力而其臣猶不忘此戒而堯舜之盛稱其德者亦不過曰允恭克遜舍己從人取人為善則知所謂謙者帝德王功之所由終也其在周易曰謙謙曰勞謙者自牧之至也曰撝謙曰鳴謙者發於聲音笑貌無所歉也凡卦之體吉凶悔吝錯居六位有吉而無凶有利而無悔惟謙為善然故為天道之所益鬼神之所福人道之所好可以涉大川可以服萬民可以用侵伐可以保終吉聖人極口贊之以示天下後世其意切矣三

代而下時君世主其德之優劣世之盛衰治亂往往其原皆出於此其間能因事省警常懼此心之或怠者其可不謂究物理達治道者哉貞觀八年有星孛於虛危歷於氐太宗問虞世南曰是何妖也對曰願陛下勿以功高古人而自矜大勿以太平而自驕惰克終若始彗何足憂太宗曰吾十有八舉義二十四定天下二十九卽帝位三代以來撥亂之主莫能臻於此頗有自矜之意而輕天下之士此吾之罪也上帝見變良以是乎十有一日而彗滅嗚呼人主一有驕心而星文爲之變異心一知過而天意爲之昭回

帝王於此兢兢而不敢忽良以是也夫以太宗撥亂之才勝殘之仁混一區宇以致太平史臣以此迹湯武庶幾成湯功德兼隆自漢以來蓋未之有而小心兢畏知自矜輕士之害德而深悔之也後世之君未有太宗之功業自以帝王莫及忽天變而不懼棄賢人而不思固無三代之臣而如世南之善救其君之心術亦不可得也豈不殆哉余讀唐會要因竊思太宗之所以能好賢樂善屈己從諫以致貞觀之治者蓋本此心之謙虛而向時驕悍不顧之氣象亦銷矣然其晚年矜己好大勉强聽言或至拂怒導人使諫之風寖不復見豈讓德之衰而驕氣象之老不自克而賢人君子皆已亡邪此又余之所歎息也

惟先格王正厥事

先格王者先格王心之非也祭有常禮謂之典祀不可豐也不可殺也殺則慢神豐則有徼福者焉於豐殺而知心術之差也繹祭禮也高宗之繹其必有加厚而過禮者發於心術之微見於薦享之際此心一動而物祥應焉人君心術不可不謹也如此蓋加厚而過禮是必徼福之心徼福之心萌於畏死而貪生其甚則有淫祀而求神仙如秦始皇漢武帝唐明皇

其心愈遠豈不可畏哉故祖已謂當先格此心於是推天命之常理降年脩短惟在乎人爲而天時應之耳人君之職專在於敬民一舉一動無非繼天爲民者一念之差則舉動失而天意爲之變矣其可容私昵之意於事神乎不聽罪者不知過也孚命者天以祥異戒之其爲甚信而不虛應也

西伯戡黎

文王用師如侵共過密非一也至於武王乘黎則迫于王都而近亦觀政之事也（案漢儒皆以戡黎爲文王事鄭氏以爲武王乘黎本蘇氏書說）祖伊所以恐歟祖伊既曰天既訖我商命疑

若不可救矣然奔走告于王戒之甚切者猶冀其萬一也使紂一旦悔過自新則武王不必用兵而商之天命可復延此亦武王之本心也不有康食者謂祭無益犧牲粢盛既于凶盜也不虞天性者昏棄厥遺王父母弟不迪也不迪厥典者狎侮五常也祖伊之言即武王數紂之言先儒謂武王觀兵之後紂若悔過不過存其社稷宗廟封諸商爲二王之後不復北面事之此豈武王之心哉

書序一月戊午師渡孟津

序云一月戊午蓋商正已當絕而周正未建故不稱

正月武王有一月壬辰征伐商之文蓋武王興師之時亦已不用商正也若夫商正未當絕則孟津之師未舉矣經稱十三年當依序文作十一年史記云武王克商二年訪箕子而洪範亦云十三祀訪箕子可見也

牧誓

序云武王戎車三百兩虎賁三千人與受戰于牧野作牧誓則武王謂紂爲獨夫謂予有三千人同心同德不誣矣經云四伐五伐乃止六步七步乃止不獨自嚴整爲不可破之勢亦恐鋒刃施於克奔者故戒徐徐進退彼拒則擊之不拒則不至妄擊也王者之師整暇矜審蓋如此嗚呼仁哉

書序武王勝殷殺受立武庚以箕子歸

序稱勝商殺紂亦誅獨夫紂之義也然於此言者不畀九疇彝倫攸斁之義也以箕子歸則彝倫叙而天錫武王矣箕子佯狂去國有不臣武王之意武庚既立則箕子可歸矣箕子之歸爲洪範九疇非爲武王也其後受封於朝鮮則武王亦不敢臣之也

立政

立政以用人爲本以卹獄爲先故一篇之書言宅後

即及庶獄始言庶言次言庶獄庶事而不及庶言末止言庶獄而不言庶事而曰勿誤其意深矣終篇又命司寇蘇公敬獄蓋國祚之長短全在德刑之相勝周家卜世之永仁勝殘也故以長我王國屬之司寇

呂刑

古者重刑無贖到穆王好巡幸無財用遂造贖法五刑皆有贖墨百鍰劓惟倍剕倍差宮六百鍰大辟千鍰聖人存此篇所以記法之變然其間亦多好語有不輕于用刑底意先儒論流宥五刑謂刑之重者金作贖刑謂刑之輕者又曰重刑不可贖金贖者鞭扑

二輕刑耳

敷文鄭氏書說終

敷文鄭氏書說　二七

第四冊

洪範統一

光緒七年辛巳夏鐫于賓蓬

原序

洪範九疇聖人經世之大法太極渾然之先其道已具三才旣判之後天畀之聖人而實任彜倫攸敘之責行虖古今不可泯沒天地由之而萬化顯其用聖人以之而斯民獲其所非區區操天下者所能與也由五行至五紀安行乎皇極者也由三德至福極輔成乎皇極者也皇極居于五主張綱維是者也疇雖有九其統則一自漢世儒者爲災異之說乃以五行五事皇極庶徵福極五者合而求災異之應而于八政五紀三德稽疑四者離不相屬其後爲史又皆祖述漢儒獨歐陽唐史紀災異而不言事應眉山之學亦以福極于五福不相通悉歸于皇極之建不建嗚呼洪範九疇果可以意離合之乎昔者天畀之禹禹傳之箕子箕子以是諫受不聽武王以之歸遂作洪範明夷之六五曰箕子之明夷利貞明入地中明夷天道在地君道在臣六五君位而箕子居之以洪範之在箕子也洪範天道也君道也而可易窺乎善湘幼業書長無所聞竊謂漢儒離合之說非洪範之本旨遂撰洪範統一庶幾成歐陽眉山之志然未知有得于箕子否也開僖三年中秋前五日趙善湘叙

洪範統一

宋　趙善湘　撰　綿州　李調元　校定

惟十有三祀王訪于箕子王乃言曰嗚呼箕子惟天陰騭下民相協厥居我不知其彝倫攸叙

商曰祀周曰年洪範周書稱祀蓋箕子自叙其事而周史因而書之也王訪于箕子就見之也武王可使箕子歸周不能使箕子朝王道不可屈也方念天下之民未安其居彝倫不得其叙道在箕子而可臣致之乎武王訪之不失爲尊訪而問之遂陳洪範箕子不爲失節武王所以聖箕子所以仁

也乃言者徐然後言曰嗚呼箕子者感嘆之辭武王何心于有天下以彝倫之失其叙天命在周武王不獲已而有之然箕子亡國之宗臣也始見之頃甯無蘁然于心乎惟天陰騭下民莫不欲安其居而輔相協和之則在有土之君受不能相協民居使至于亂武王代興未知彝倫攸叙其心恐懼訪箕子而後問武王之心天之心也所問天之道也天錫禹洪範九疇而傳之箕子箕子不得其位行之而武王以箕子歸首及于此洪範之傳不在武王乎

箕子乃言曰我聞在昔鯀陻洪水汨陳其五行帝乃震怒不畀洪範九疇彝倫攸斁鯀則殛死禹乃嗣興天乃錫禹洪範九疇彝倫攸叙

箕子之于武王亦難矣徐然後言見其不獲已之意欲陳九疇而先及鯀禹之事蓋言得道者昌失道者亡也堯之時洪水爲害四岳舉鯀以治鯀陻洪水汨陳其五行不能相協民居彝倫斁矣故天怒而殛之不畀洪範九疇殛之者舜而舜以天殛之故曰帝乃震怒不畀洪範九疇彝倫攸斁天豈不欲畀鯀鯀不能循乎自然之道績用弗成鯀自

棄于天雖欲畀之不可暨禹之興地平天成六府三事允治天乃錫禹洪範九疇彝倫攸叙天豈以之私禹禹能平治水土彝倫復得其叙則洪範九疇在禹矣雖欲不錫之亦不可天固何心于其間哉亦猶受自絕于天斁其彝倫箕子之諫不聽是天不畀洪範九疇武王應天順人而汲汲以彝倫攸叙爲問則洪範九疇亦在武王矣實天錫之也箕子可得而不陳乎箕子爲此數語然後陳九疇

一也

初一曰五行

此九疇之始也九疇何始于五行天一生水地二生火天三生木地四生金天五生土自有天地而五行生焉故洪範九疇始乎五行也或曰洪範九疇五行五事五紀庶徵皆五而皇極經世書其數皆四何也曰五行之于土五事之于思五紀之于歷數庶徵之于風皆皇極經世之道也經世書主於皇極故其數四而已以皇極足之五矣

次二曰敬用五事

此以下皆自然之敘天地分而水火木金土爲天地之五行人生乎天地之閒而貌言視聽思爲人

之五行得於形象之初而根於固有之性其道則一也聖人出而天下治苟不先敬此五事則吾身之五行先汩之矣何以致彝倫之敘耶

次三曰農用八政

天地有此五行矣聖人敬用此五事矣所以施之天地之閒者宜孰先焉經曰惟天地萬物父母惟人萬物之靈亶聰明作元后元后作民父母八政者豈非父母斯民之急務乎政非獨此八者而此八者亦天地自然之序有不可或闕也農農事也八政自一曰食至八曰師無非養民皆本之於農事苟不知務本則八政何由自致其用注曰農厚也按釋文馬氏曰食爲八政之首故以農名之趙氏以務本釋農字合於古訓

次四曰協用五紀

八政本於天地閒之固有而見於聖人五事之敬用天運乎上地成乎下聖人擅域中之大而不明乎天道則政亦乖矣故治歷明時取法於天凡有不協於五紀者皆當致其察也如是則甯有悖違天道之政爲民害乎

次五曰建用皇極

皇乃皇皇上帝之皇大之不可名言也說文解字

通釋曰極棟也屋脊之棟言衆木之極至也經曰會其有極歸其有極言之甚明不曰大中者言皇極之道有非大中之所能盡也九疇之數以五爲極九疇之敘以極爲五始于五行終於六極皆皇極爲之用也皇極不建則九疇不敘而彝倫斁矣

次六曰乂用三德

一二三四五天地之生數也六七八九十天地之成數也天地之數止於五一五爲六以五而成乎一也皇極之道中立於五至一之理不可易矣然日中必昃有中必有不中所以抑其過而勉歸於

中則在夫建極之君曰正直曰剛克曰柔克所以成乎皇極之道也乂治也惟聖人能致其乂所以爲建極之道歟

次七曰明用稽疑

三德所以輔乎皇極者也然大道既分皇極之用散在萬殊無精粗無大小如是而爲道如是而非道如是而可如是而不可吾恐不能無疑於其間遂立卜筮而稽之曰明用稽疑則稽疑當主乎明苟無明見則流於邪說矣

次八曰念用庶徵

雨暘寒燠風之在天者實本於聖人之一身知所以稽疑而不知驗之於天則此一念差天時從之惟聖人視天人爲一致念念不敢忘有不順於上則修身省行於其下常恐五事之敬有時而虧而五者之應不以其叙也如是而聖人修己之道備矣

次九曰嚮用五福威用六極

九疇何爲止於九以言乎天地生成之數則當止於十也曰不然夫數之有一非一也數之始也昔之爲太極而後之爲皇極者乃一也一判而爲數數始乎一而其一遂遷焉至兩儀生四象四象生八卦而所謂一者乃復居乎四八之中是爲五也故九疇之數止於九建極之數也非生成之數也嚮勸也威戒也聖人斂福以錫民猶恐其忘之故其終復以五福六極勸且戒焉凡是九疇皆有叙而不紊所以爲聖人經世之大法

一五行一曰水二曰火三曰木四曰金五曰土

太極始分而爲乾坤乾一變而爲坎坤一變而爲離是生水火乾再變而爲震坤再變而爲兑是生木金水火得乾坤之中氣木金得乾坤之偏氣是

爲四象也土者坤之承乎乾而厚載物者也合乾坤之氣而成位乎下故行水火木金之中而爲統一之道也

此是說天地間之生數萬物之始無非水也故曰天一生水地以六成之地二生火天以七成之天三生木地以八成之地四生金天以九成之天五生土地以十成之大約天生之則地成之地生之則天成之不過只是陰陽獨陰不生獨陽不生陰陽既合此五行之所以生也

水曰潤下火曰炎上木曰曲直金曰從革土爰稼穡

五行曰五材所以爲民用水潤下火炎上木曲直
金從革土稼穡皆固有之性而見之於發用也土無定用故無定稱爰亦用也凡行乎水火木金之中者皆土之用獨言稼穡舉其養民之大者水火木金而非土用稼穡則民不得而自養也

潤下作鹹炎上作苦曲直作酸從革作辛稼穡作甘
此五行養民之味也鹹苦酸辛味之不適於口者人皆安之而不以爲異必其鹹苦酸辛而甘者也甘味之美者也爲五味之主也五味非甘而人或有嗜之者嗜之偏也

二五事一曰貌二曰言三曰視四曰聽五曰思
人稟天地之靈以生出與物接則有五事焉貌言視聽思皆一事也而貌言視聽悉本于心思之發用當無一不致其思也貌而後言言而後視視而後聽亦自然之叙也

貌曰恭言曰從視曰明聽曰聰思曰睿
貌言視聽人之四象也思貌言視聽之皇極也曰恭曰從曰明曰聰曰睿皆其固有之發用貌恭言從視明聽聰而不有思睿立乎其中則必有過不及之差矣睿通乎微密之盡也

恭作肅從作乂明作哲聰作謀睿作聖
肅乂哲謀聖修已之成德也然肅乂哲謀皆修已之一德而所以集大成者作聖也苟肅非聖之肅乂非聖之乂哲非聖之哲謀非聖之謀則必有差矣不足以言成德也孟子曰伯夷聖之清者也柳下惠聖之和者也

三八政一曰食二曰貨三曰祀四曰司空五曰司徒六曰司寇七曰賓八曰師
凡是八者皆養民之急務不可或闕也本末先後亦有其叙先儒言之詳矣

四五紀一曰歲二曰月三曰日四曰星辰五曰歷數
歲月日星辰天之四象也歷數歲月日星辰之皇極也

五皇極皇建其有極斂時五福用敷錫厥庶民惟時厥庶民于汝極錫女保極
五福者皇極之福也合天下之道而歸于聖人之建極則五福斂于聖人之一已敷皇極之敎而使天下皆歸于皇極則天下之福自聖人錫之故曰斂時五福用敷錫厥庶民至民化其上日用而不知所以錫汝保極于汝極也

凡厥庶民無有淫朋人無有比德惟皇作極

此以下言凡者皆其條目也庶民之無淫朋無比德惟在于一人作極也

凡厥庶民有猷有為有守汝則念之不協于極不罹于咎皇則受之而康而色曰予攸好德汝則錫之福時人斯其惟皇之極

此皇極之君用人之道也五福之四攸好德皇極之君待天下如是忠厚彼或曰予攸好德則信而用之與其攸好德之福吾將勉之歸于皇極之道也

無虐煢獨而畏高明人之有能有為使羞其行而邦其昌

既用之而有不虐煢獨畏高明有能有為咸進其行則汝之國昌矣

凡厥正人既富方穀汝弗能使有好于而家時人斯其辜于其無好德汝雖錫之福其作汝用咎

五福之二曰富既富以祿而不忠于國為時罪人矣主雖欲錫之福彼不知攸好德適足以為累也

無偏無陂遵王之義無有作好遵王之道無有作惡遵王之路

此以下重複言之即皇極之敷言也無偏陂無好惡所以戒其臣民一遵于皇極之道也

無偏無黨王道蕩蕩無黨無偏王道平平無反無側王道正直

蕩蕩平平正直皆皇極之形見於發用者也欲其遵皇極之道故以皇極之發用告之

會其有極歸其有極

既告之皇極之發用又告之皇極之指歸蕩蕩平平正直會其有極也言所遇皆極也當知吾心元有此極出而求之亦此極也

曰皇極之敷言是彝是訓于帝其訓

此曰者申言之無偏無陂以下既敷陳而言之此又申言之曰此皇極之敷言乃教化之常訓合乎天道天之訓也不可違之

凡厥庶民極之敷言是訓是行以近天子之光

此言皇極之君不以勢位臨天下凡庶民能行是訓則可以近天子之光華固無貴賤之閒也

曰天子作民父母以為天下王

此曰者斷之之詞觀皇極之君教民之心纖悉曲盡非至不可教則未嘗不盡此心而教之誠如父

母之於子弟故末章斷之曰此父母斯民而王天下也

六三德一曰正直二曰剛克三曰柔克平康正直彊弗友剛克燮友柔克

無反無側王道正直此皇極平康之治也然世變推遷固有之性不能勝其偏陂好惡之私或剛或柔聖人不得已而用之彊弗友者失之剛燮友者失之柔皆非中道也剛克柔克所以抑其偏而歸之皇極之道也

沈潛剛克高明柔克

沈潛似和燮而有不可測故亦剛克高明似弗友而可以理服故柔克之剛柔異用而悉歸于中也

惟辟作福惟辟作威惟辟玉食臣無有作福作威玉食臣之有作福作威玉食其害于而家凶于而國人用側頗辟民用僭忒

作福作威玉食人君之事臣之有作福作威玉食不可也五者君之道六者臣之道臣而迫於君故防微杜漸不得不謹所以爲皇極之道也

七稽疑擇建立卜筮人乃命卜筮曰雨曰霽曰蒙曰驛曰克曰貞曰悔凡七卜五占用二衍忒立時人作卜筮三人占則從二人之言

註曰善鈞從衆亦皇極也

汝則有大疑謀及乃心謀及卿士謀及庶人謀及卜筮

心爲皇極之宗必先謀及乃心然後卿士庶人卜筮

汝則從龜從筮從卿士從庶民從是之謂大同身其康彊子孫其逢吉

謀之乃心既從矣而卿士龜筮庶民亦皆從焉是安行乎皇極之道也宜乎得福之厚后世擧事動

是違衆故治少而亂多也

汝則從龜從筮從卿士逆庶民逆吉卿士從龜從筮從汝則逆庶民逆吉庶民從龜從筮從汝則逆卿士逆吉

或從或逆亦從衆事有權時之宜則從衆者亦權宜之中也

汝則從龜從筮逆卿士逆庶民逆作內吉作外凶

三逆二從逆者衆其事非關乎外則猶可也

龜筮共違于人用靜吉用作凶

自以爲可行而卿士庶民卜筮皆以爲不可苟違

乎衆則凶隨之矣後世自用之君違衆而好不難者果何利哉

八庶徵曰雨曰暘曰燠曰寒曰風曰時

雨暘燠寒風天之生物五德也雨以潤暘以乾燠以長寒以成皆其德之一也不有風行其閒則固而不化物必有靡於浸淫枯於焦杓腐於蒸蘊絕於凝冱者矣故雨暘燠寒不能違乎風皆沴氣也何以生物聖人以是驗五事之敬案詩正義引鄭注曰風土氣也凡氣非風不行猶金木水火非土不處也趙氏之說本諸鄭氏

五者來備各以其叙庶草蕃廡一極備凶一極無凶

五者來備則生殖極其盛一極備凶者皇極不建則五者應不以時而凶備矣一極無凶者皇極建而五者之來各以其叙而福備矣極一也備凶無凶之異皇極之建不建也

曰休徵曰肅時雨若曰乂時暘若曰哲時燠若曰謀時寒若曰聖時風若曰咎徵曰狂恆雨若曰僭恆暘若曰豫恆燠若曰急恆寒若曰蒙恆風若

五行之一曰水五事之一曰肅庶徵之一曰雨五行之二曰火五事之二曰乂庶徵之二曰暘五行之三曰木五事之三曰哲庶徵之三曰燠五行之四曰金五事之四曰謀庶徵之四曰寒五行之五曰土五事之五曰聖庶徵之五曰風案鄭注曰木氣為雨金氣為暘火氣為燠水氣為寒土氣為風趙氏完五行所屬本吳氏仁傑與鄭義異是三者其一理歟曰一理也水雨肅皆坎之象也火暘乂皆離之象也木燠哲皆震之象也金寒謀皆兌之象也土風聖則行乎四象之中坤承乎乾之象也水火木金土雨暘燠寒風生於天地之初而肅乂哲謀聖生於人倫秉彞之始皆稟此氣雨暘燠寒風為在天者肅乂哲謀聖為在人者水火木金土為在天地之閒者其氣未嘗不相通財成輔相使上

下流通而無閒其責則歸於代天子民之君矣故肅乂哲謀聖有不敬于下則雨暘燠寒風不時應於上影響之從不可誣也狂僭豫急蒙肅乂哲謀聖之反也蒙昧也一昧於道則狂僭豫急隨之惟聖罔念作狂惟狂克念作聖聖狂相反一念之閒耳故肅乂哲謀之不麗乎聖則為狂僭豫急之昧矣天時應乎上宜雨暘燠寒之不以時也時與恆天與人初無二本孟子曰孔子聖之時者也子思曰君子而時中惟聖人有此時故上天之時應時之本于人也恆時之反也以人事之恆而感天時之

恊亦理之所必至也嗚呼五事可不敬乎

曰王省惟歲卿士惟月師尹惟日歲月日時無易百穀用成乂用明俊民用章家用平康日月歲時旣易百穀用不成乂用昏不明俊民用微家用不甯庶民惟星星有好風星有好雨日月之行則有冬有夏月之從星則以風雨

此言天位天工皆當取象于天時大小各有其職毋相侵越亦猶一日之積而成月一月之積而成歲不可得而易也順此則年穀豐登而家國治反是則年穀不登而國家不甯其驗明矣星則庶民

之象也有好風有好雨民之情也日月之行有冬有夏月之從星則以風雨此歷數之不可違而民情之不可忽也庶徵之驗旣求之于五事而又以天時之五紀參乎王卿士師尹庶民之象正理一貫達乎上下箕子及此可謂盡乎天人之際矣

九五福一曰壽二曰富三曰康甯四曰攸好德五曰考終命六極一曰凶短折二曰疾三曰憂四曰貧五曰惡六曰弱

皇極福之極六極凶之極皆此理之極至故推言順乎皇極則曰壽曰富曰康甯曰攸好德曰考終命五福應之也違乎皇極則曰凶短折曰疾曰憂曰貧曰惡曰弱六極應之也人誰不慕五福而畏六極至是其知所向矣嗚呼皇極之君其聖矣乎箕子有其德而無其位也洪範一書亦庶幾于素王乎

河出圖洛出書而八卦九疇以數示人八卦虛中之數也九疇建極之數也其道一也何以言八卦虛位而包皇極于內皇極居中而運八卦于外此八卦九章相爲表裏也道不虛行待人而後行天不以道畀聖人則八卦可以無九疇

天不能不以道畀聖人則八卦無九疇何以顯其用故聖人建極而天地之化成矣託數以喻道天實闡其祕論道而遺其數後世儒者晦之也或曰易之八卦未嘗不自爲用而何待乎洪範皇極之建曰八卦伏羲氏之卦也卦有八而伏羲氏畫之卽洪範之建極也文王重而爲六十四孔子繫之而十翼備皆是道也洛書未出則九疇建極之道默用于聖人之經世九疇旣著則洪範之書遂爲經世之大法易與洪範固無二本也嗚呼伏羲畫八卦而王天下禹叙九

疇而興有夏至殷之衰八卦在羑里九疇在明
夷武王勝殷以箕子歸而洪範復歸于周卜世
三十卜年八百而過其歷者良有以也有天下
者監于茲焉善湘又叙

洪範統一卷一終

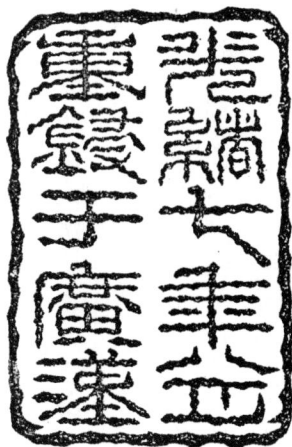

光緒七年立
重鋟于賨漢

孟子外書

序

坊間有四家孟子注曰揚子雲也韓文公也李習之也熙時子也中興史志以爲依託信也然三家者依託而熙時子非依託也乃熙時子依託三家也熙時子者誰相傳即公非先生劉貢父也貢父因李泰伯不喜孟子爲此以示之也注中往往用泰伯語也熙時者曉然也讖也越絕參同契之流也孟子外書四篇趙臺卿不取也故不顯於世賴四家注附刊於後而熙時子且注之也是以傳也則熙時子之功不淺也四家注依託不足傳而孟外書四篇不可不傳也遂序而存之也碧梧老人馬廷鸞書

孟子外書四篇附錄

麻沙新刊四家孟子注僞作無疑也至其附外書四篇頗有精義且流傳已久似非全僞者先師夢奠無從就正耿耿於懷莫能自決云涪翁晏淵謹記

孟子題辭又有外書四篇性善辨文說孝經爲正予鄉新喻謝氏多藏古書有性善辨一帙則知與文說孝經爲正是謂四篇右蘆浦筆記一條

吾友叔祥客濟南得孟子外書見寄惜第四篇爲正殘闕不全眞秘册也案劉昌詩筆記云新喻謝氏多藏古書異本有性善辨一帙蓋即是書自宋以來流傳絕少雖斷珪碎璧尤當寶貴之昔趙氏斥外書爲不能閎深與內篇弗類故其書遂不顯於世然漢時引孟子者謂之博文則內外篇均在博文之列何可存內而佚外哉

武原胡震亨跋

孟子外書四篇目錄

孟子外書四篇卷一

宋　熙時子　注　左綿　李調元　贊菴　校

性善辨第一

孫卿子自楚至齊見孟子而論性（荀卿名況楚人遯漢諱易荀爲孫見賢遍反）孟子曰有善無惡天也有善有惡人也（言天之賦性但有善而無惡其有善惡乃人後起之私）孫卿子曰有善有惡天也有善無惡人也（言性本有善惡聖人以學勝之方能有善無惡）孟子曰率天下之人而迷性本者必自子始矣

孟子曰虎狼知父子蠭蟻知君臣而況於人乎故人之性善今人之性不善皆失喪其性故也（喪息浪反）

孟子曰性善也堯舜不勝其美習不善也桀紂不勝其惡（勝平聲）性無不善而欲害之水無不清而物污之是豈水性也哉

曼邱不擇問於孟子曰夫子焉學（曼邱姓不擇名齊人曼音萬）孟子曰魯有聖人曰孔子曾子學於孔子子思學於曾子子思孔子之孫伯魚之子也子思之子曰子上軻嘗學焉是以得聖人之傳也（子上名白）

孟子曰舜生於姚墟禹生於石紐湯生於蒲南文王生於台疆千年一聖猶旦暮也（姚墟石紐蒲南台疆並地名）

孟子曰太山之高參天入雲而瞽者莫之見也黃河之濤衝擊如雷而聾者莫之聞也甚矣人不可不學也（此章戒人不學而猶一如聾瞽也）

孟子三歲而孤孟母賢攜孟子以居始舍近墓孟子幼嬉戲爲墓間事踴躍築埋孟母曰此非所以居我子也乃去舍市又嬉戲爲賈衒事孟母曰此亦非所以居我子也徙學旁乃設俎豆揖讓進退孟母曰此真可以居我子矣（此即世俗所傳孟母三遷事）

孟子幼誦其母方織孟子輟乃復誦母知其諠也呼而問之曰何爲輟對曰如有失復得母乃引刀斷其織以此戒之自後孟子不復諠矣（輟中止也諠譁也）

孟子妻獨居踞孟子入戶視之白其母曰婦無禮請去之母曰何也曰踞母曰何以知之曰我親見之母曰乃汝無禮也禮不云乎將入門問孰存將上堂聲必揚將入戶視必下不掩人不備今汝往燕私之室入戶不有聲令人踞而視之是汝之無禮也非婦無禮也孟自責不敢去婦（踞列女傳作袒）

孟子處齊爲客卿居常有憂色擁楹而歎孟母見曰子擁楹而歎若有憂色何也對曰軻聞之君子稱身而正位不爲苟得而受賞不貪榮祿今道不用於齊願行而母老是以憂也孟母曰婦人之禮精

五飯羃酒漿縫衣裳而已故有閨內之修而無境外之志易曰无攸遂在中饋詩曰無非無儀惟酒食是議以言婦人無擅制之義而有三從之道也故幼則從乎父母嫁則從乎夫夫死則從乎子禮也今子成人也而我老矣子行乎子義吾行乎吾禮子何憂也五飯稻黍稷麥菽五種之飯羃彌筆反

孟子遊於莒有曾子講堂焉孟子登堂彈琴而歌二三子和之莒父老曰久矣夫不聞此音也聖人之徒也和去聲夫吾扶切

孟子曰人皆知以食愈飢莫知以學愈愚人皆知糞

其田莫知糞其心糞田莫過利苗得粟糞心易行而得所欲何謂糞心博學多聞何謂易行一性止淫也專一其性禁止其淫行去聲

孟子謂子石曰卵有毛信乎公孫龍字子石趙人爲堅白異同之辨者子石曰信孟子曰何爲其然也子石曰卵無毛雞無翼孟子曰雞而烹之可食然則子腹亦有雞與此章孟子之闢邪說與音余

孟子曰筦敬仲仁故齊威公亦仁筦敬仲義故齊威公亦義吾於河廣知德之至也河廣宋威夫人所作此章言齊威公存衛亡國之德威元作桓校

徐辟將之秦孟子曰秦虎狼之國也子何遊焉辟音璧

徐辟對曰山東之國無可與者蘇子來招故將必往蘇子蘇秦也孟子曰夫蘇子天下之至無信人也天下之大不義人也子何交焉夫音扶徐辟對曰辟之祖自南州遷於郟鄏今五世矣於蘇爲甥且辟蘇之自出也南州徐國也郟鄏洛陽也自出謂蘇氏之甥孟子曰然則姑贈子以言不約縱不連橫不爲威屈不爲利疚以守子義以全子生斯可矣縱音宗

凡十五章

庚子四月四日抱經校

孟子外書四篇卷一

孟子外書四篇卷二

宋 熙時子 注 左綿 李調元贊菴 校

文說第二

孟子曰文其說不若文其心文勝者不陋質勝者可久（言人徒騁才辯而文其說不若篤實好學而文其心不陋文采可觀也可久經久不敝也）

孟子曰士貴立志志不立則無成

孟子曰君子爲已小人爲人爲已者逸而泰爲人者（一作乎）勞而危（爲去聲）

孟子曰人不可以不知天凡事可以對天則知天矣

孟子問於子上曰敢問聖人之教（聖人謂孔子也）子上曰言仁不言暴言義不言利言禮不言邪言信不言詐此聖人之教也

子上謂孟子曰舜之誥禹曰人心惟危道心惟微惟精惟一允執厥中子其識之（此心傳也識音志）

公明高問於孟子曰詩云不敢暴虎不敢馮河又云如臨深淵如履薄冰何謂也（公明高孟子門人馮皮冰反）孟子曰君子之學敬而已矣

孟子曰言不可不慎也言巧則天刑之（或改作刻）言肆則人害之大雅云無言不讐無德不報（此章補金人銘所未及）

梁襄王問戰於孟子孟子曰戰危事也臣未之聞也

孟子去梁梁襄王追之及諸東桑孟子曰爲吾謝梁王勿忘先王之禮遇也再拜登車而去（東桑地名未詳所在）（爲去聲）

萬章從遊於牛山之上孟子喟然嘆曰此齊景公流涕之所也而其骨已朽矣萬章曰古之人何以不朽孟子曰太上有立德其次有立功其次有立言此之謂三不朽古之人皆有死君子雖死而求其不死者若小人則未死而已死矣

陳仲子卒孟子誄之曰吁嗟仲子廉潔以保貞兮求名而得名兮數齊國之高士舍仲子其誰儔兮惟山高而水流千古一於陵兮吁嗟仲子名長存兮可慰於九泉兮（數舍並上聲於音烏）

蚳鼃隱於萊（丁氏公著云鼃古蛙字萊國名後屬齊今萊州也隱居當在致爲臣而去之後）孟子使人問之以書且遺之粟曰介士也（使遺並去聲）

萬章問曰子庚何人也（子庚泄柳字）孟子曰古之高人也上不臣天子下不事諸侯易曰不事王侯高尚其志

子叔問曰文王囚於羑里孔子厄於陳蔡何以繫易也（子叔孟子門人）孟子曰夫易憂患之書也安樂而不知易君子吉小人凶憂患而不知易小人吉君子凶

是以君子不可以不知易也夫音扶樂音洛

孟子去齊宿於晝王蠋請見孟子見之蠋晝邑人請見奚遍反王蠋曰夫子何以久於齊也孟子曰久於齊非我志也蠋曰我固知非夫子之志也齊王外好善而心不好夫子去國亂將至矣蠋是以憂也孟子去數年而齊國果亂好去聲

滕文公卒葬有日矣天大雨雪及牛目羣臣請弛期太子不許惠子諫曰昔者王季葬渦山之尾欒水齧其墓見棺之前和文王曰先君欲見羣臣百姓矣乃出爲帳三日後葬今先公欲小留而撫社稷故使雪甚弛期而更爲日此文王之志也孟子曰禮也弛緩也惠子名施渦山欒水未詳所在修書亦有此文大同小異爲去聲更平聲

凡十七章

孟子外書四篇卷二

孟子外書四篇卷三

宋 熙時子 注　左綿 李調元贊菴 校

孝經第三

孟子曰孝經者曾子傳於孔子諸弟子不得而聞也

孟子曰曾子之孝士之孝也故孔子先以事親事君立身告之

孟子曰天下之孝文王也諸侯之孝魯釐公也卿大夫之孝孟莊子也士之孝曾子輿也庶人之孝大連少連也魯釐公之孝無考豈以詩有壽母之文而稱之歟釐僖同少去聲

孟子曰舜生五十而不失其孺子之心綦毋氏邃曰鄭氏禮記注引之

孟子曰孝者順德也父子親兄弟睦夫婦和人人齊其家而天下平矣

孟子曰樂正子春生孝也茅亶死孝也劉氏熙曰孝亶騶大夫喪母哀毀而死

樂正子春年九十矣使其孫克學於孟子告之曰昔者聖人之門顏子以仁曾子以孝季路以勇伯韻以智各以所得聞於天下傳於後世汝往矣庶幾其有一得乎綦毋氏邃曰伯韻端木賜也

孟母之喪門弟子各治其事陳臻治貨季孫刻治車

咸邱蒙治器萬章治綫充虞治槻公都彧治饌陳代治牲樂正克治儀公孫丑治賓客治平聲孟子三日不食哭不止門弟子請曰古者五十不毀孟子曰五十也乎哉吾母死吾猶孺子也記孟子居母喪之孝盡禮盡哀鱄子弔見之流涕自責曰今而知聖人之道遂棄墨而歸儒者鱄子爲墨子之學鱄他端反

孟子曰傳言失指圖景失形言治者尚覈實此乃循名責實之義景影同

梁惠王曰先王用李悝盡地利至於今賴之先王謂文侯孟子曰非古也古莫善於莇莇者殷法雖周亦莇

也地有餘利則民有餘地無餘利則君有餘損下以益上非古也綦毋氏遂曰莇讀如藉陸氏德明曰與助同

孟子三見齊宣王而不言事丑子曰夫子何以三見齊王而不言高氏誘曰丑子即公孫丑世本云齊末公子公子朝之子字子景以字爲氏亦曰景丑孟子曰我先攻其邪心邪心去則無不正矣書曰格其非心

孟子去齊子敖餞於犖門子敖王驩字程氏曾曰犖門齊南門犖力博反再舉觴孟子辭而去子敖曰夫子盍賦詩孟子曰子大夫欲我賦詩乎不曰堅乎磨而不磷不曰白乎涅而不緇磷讀如連與堅爲韻白讀如裴緇讀如哉爲韻四語本孔子之辭孟子以其賴詩故以爲詩而賦之此章見孟子之待小人不惡而嚴涅乃結反

屋廬子曰無爲而治何如孟子曰有心於無爲非無爲也虞舜先勞而後逸者也屋廬子初爲黃老之學故以淸靜無爲問孟子恐其有流弊也舉虞舜以告之

孟子曰矯枉不可過直此章即不爲已甚之意

孟子曰天下有道諸侯有王東遷以後天下無王五伯之罪也綦毋氏遂曰諸侯有王鄭氏周禮注引之伯音霸

孟子曰有遠慮者無遺策無深謀者有敗機

孟子曰敬老愛幼推心於民天下如運掌中也

齊人伐趙桃應將問於孟子孟子曰毋嗜殺將心也

勿爭功將才也與士卒同甘苦將道也將去聲毋音無

孟子說齊宣王而不說淳于髡侍孟子曰今日說公之君公之君不說意者未知善之爲善乎說齊說公竝音稅不說音悅淳于髡曰夫子亦誠無善耳昔者瓠巴鼓瑟而潛魚出聽伯牙鼓琴而六馬仰秣魚馬猶知善之爲善而況君人者也孟子曰夫電雷之起也破竹折木震驚天下而不能使聾者卒有聞日月之明徧照天下而不能使盲者卒有見今公之君若此也夫音扶卒音猝淳于髡曰不然昔者揖封生高商而齊人好歌杞梁之妻悲哭而莒人稱詠夫聲無

細而不聞行無隱而不形夫子苟賢居魯而魯國之削何也(揖封生齊善歌人高商商謂之高者好行竝去聲夫音扶)孟子曰不用賢削何有也吞舟之魚不居潛澤度量之士不居汙世夫藝冬至必彫吾亦時矣詩曰不自我先不自我後非遭彫世者歟(藝樹藝五穀也夫音扶度徒洛反)

騶衍請受業於孟子孟子曰吾老矣不能偕子遊於九州之外也(以衍好為大言且多荒誕不經之說故孟子拒之如此)

凡二十章

孟子外書四篇卷三

孟子外書四篇卷四

宋　熙時子　注　左綿　李調元贊菴　校

為正第四

孟子曰為正以心為邪以心心之所之邪正因之故君子存心而不放

孟子曰道不遠人人之為道而遠人不可以為道堯舜之道非遠人也人不自思之爾

孟子曰人謂孟嘗君好士吾不信也(孟子言孟嘗君不過好名非眞好士也好去聲)

高子問於孟仲子曰詩曰維天之命於穆不已何謂也孟仲子曰大哉天命之無極而美周之禮也孟子曰否不然維天之命於穆不已蓋曰天之所以為天也於乎不顯文王之德之純蓋曰文王之所以為文也純亦不已(於穆音嗚於乎音嗚呼)

高子問於孟子曰夫嫁者非已所自親也衛女何以得編於詩也(夫音扶)孟子曰有衛女之志則可無衛女之志則殆夫道二常謂之經變謂之權懷其常道而挾其變乃得為賢夫衛女行中孝慮中聖權如之何(夫音扶行中竝去聲)

邾婁繆公問政於孟子曰為政之道奚先孟子曰省

刑罰薄稅斂愛民之政也非是則無所為政也君其勿信倖臣之言

孟子過鄭見鄭莊公鄭國名高氏誘曰世本鄭莊公名頵孟子道性善言必稱文王道去聲莊公曰聞夫子之言昭然若發矇矣

孟子老於騶燕昭王使樂間迎之孟子不往或問曰夫子何以不往孟子曰以吾愛齊王之知是以不往也且燕王霸才也亦非王天下之主也使王並去聲

凡八章以下闕

孟子外書四篇卷四

蘇氏演義

光緒七年五月
重鋟于廣漢

蘇鶚字德祥秦之武功人唐光啓二年進士作蘇氏演義一編陳振孫稱其考究書傳正訂名物辨訛證誤有益見聞尤果溪以家藏本刻之尤本傳布絕少予數求之不得忽從友人處借得鈔本因急爲梓行

童山李調元序

蘇氏演義卷上

唐 蘇鶚 撰　綿州 李調元雨村 校

風者告也號也河圖記曰風者天地之使乃告號令耳凡風動則蟲生故風字從虫

雪者脫也如物之雪脫又曰眉也釋名曰綏也水下遇寒而綏綏然下也

堯禪位於舜舜復禪位於禹經史稱其聖德汲冢竹書乃云堯禪位後爲舜王之而相州湯陰縣遂有堯城舜禪位後爲禹王之任昉云朝歌有獄基爲禹罝虞舜之宮劉子元引竹書以爲撫實非也夫堯舜夏

禹聖人也位以禪氏爲盛德後聖仰而傚之凡善惡必書謂之良史湯武王聖人也湯放桀於南巢武王伐紂伯夷叔齊不食周粟而經史不爲之諱則豈獨諱舜禹之事而反褒之乎知小說者之爲濫矣蓋堯之耄舜功之高舜之耄禹功之高耄者必怠於政事功高者人心之所歸聖人知進退存亡之道將以副天下之人心不得不禪其位也後儒意以爲篡奪而取禪代之名如曹孟德司馬仲達之流則不然也既退之後無覩事無聽政必處數十畝之宮數雉之城以兵衛護之將奉其舊君也而後人覩其餘址不以爲聖人避燥濕居退休之所遂謂之堯城舜宮若舜爲禹王又安得南巡乎述異記云會稽山有虞舜巡狩臺下有望陵祠帝舜南巡葬於九疑山民思之立祠又云湘水去岸三十里有相思宮望帝臺昔舜南巡狩而沒葬於蒼梧之野堯二女娥皇女英追之不及相與慟哭淚下沾竹悉成斑文又禹遷舜於蒼梧皆非稽古之談若有遷徙之事必有鴆毒之患則安得終於壽考 十六行舜爲禹王句疑有脫誤

春秋左傳載豢龍氏事至今曹州定陶城東北三十里尚有豢龍氏池其村亦有土基古老傳云豢龍池

者飲馬池也櫪者槽櫪也即今以內廄爲飛龍乃豢龍之義也

歷山有六一河州二齊州三冀州四濮州雷澤又其二不聞又云畊之與漁宜皆在雷澤史記注云歷山在河東雷澤今屬濟陰然則舜之耕不在此明矣演義云歷山其二不聞豈此山乃其一耶梁江文通題歷山詩云愁生白露日思起秋風年落葉下楚水別鶴噪吳田嶂氣陰不極日色虧半天酒至情蕭瑟憑尊還惘然文通會稽永與人所題乃此山也 按此條有史記注以下係施宿會稽志中語永樂大典聯屬于蘇氏演義之後殊爲舛誤今演義原本別無可考姑仍其

舊

史記云禹娶𡍮塗山氏今塗山有四一者會稽二者渝州即巴南舊江州是也亦置禹廟於其間三者濠州亦置禹廟酈道元水經云周穆古廟誤爲塗山禹廟左傳注云塗山在壽春東北即此是也其山有鯀禹啟三廟又有五諸侯城四者文字音義云嵞山古之國名夏禹娶之今宣州當塗縣也此嵞山旣爲古侯國禹娶之則宜矣據禹之蹤跡所在會稽最多昔禹會塗山執玉帛者萬國防風氏後至禹誅之其身長三丈其後得骨節而專車言滿一車也述異記云

至今南中有防風氏人皆長大越俗祭防風神奏防風古樂截竹長三尺吹之音如狗嘷三人被髮於庭

按此下語氣未完恐有割裂

晉地里志云蒲坂有雷首山伯夷叔齊所居故曰晉陽山又隴西地名首陽東有鳥鼠山亦謂之首陽山又杜豫云登邢山山上有塚制作甚儉云鄭大夫祭仲塚或云子產塚東向新鄭城又言洛陽之東首陽山之南有小山西瞻宮闕北望夷齊因以洛水圓石爲墓象邢山之葬焉杜元凱阮嗣宗博學君子固不應以誤名首陽耳魏文帝陵於首陽即此是也論語

注以蒲坂者爲是恐亦誤也今洛陽石橋店東十里已來大道之北當高山山巔有一塚乃杜豫塚也首陽北望正與河陽城相對北去河陽二十餘里

今濮州有偃朱城一云丹朱城學者又云舜偃塞丹朱之所遂謂之偃朱城誤也蓋舜禪位之後築城以爲丹朱偃息湯沐之地實非偃塞之義劉子元又引竹書云舜篡堯位立丹朱城俄又奪之皆非也丹朱之有城如周封祿父微子之義蓋爲二王之後也

媪陵媪云婦人之美稱媪陵在沭州陳留縣東北即漢高祖母陵也高祖之祖曰豐公其妻夢赤鳥若龍

戲已而生太上皇名執嘉執嘉媪是爲昭靈后名含始遊洛陽池有玉雞銜赤珠出刻曰玉英天以此命含始吞之後又夢與神遇遂生高祖豐公媪及太公媪傳祀俱未見其姓時俗不識媪字誤爲温婆陵其陵之東有昏城焉古老相傳其城非人工所築乃因鬼功而成謂之昏城又有蛟龍村附於昏城即可驗降龍之地也且漢祖稱唐堯之後劉累之子孫自秦徙魏自魏徙梁自梁徙豐陳留乃大梁也即媪遇赤龍於昏城豈非居梁之時遊洛之日而過此耶其後昭靈崩復葬於梁可驗降龍之地又云媪乃梁之人

高祖生於豐長於沛太上皇本東西南北人也今豐縣有龍霧橋豐人又謂媼遇龍之所即未必然也今豐縣有漢祖廟云本漢祖降生之宅其廟最靈邑人乃敬事之酈道元水經云媼遇戰而亡其後招魂葬之有赤龍於水沐浴其身而後人於椁内道元云昏城者秦始皇東遊至此值昏霧不散迷失道路遂謂之昏城乃誤說也其東北接故濟陽縣後漢世祖父爲濟陽令生世祖其年嘉禾合穟故名之爲秀媼既遇龍於昏城而生高祖秀復生濟陽地土之靈若是耶

陳留圖經云漢封張良爲留侯陳留是也今縣遂置留侯廟此乃誤耳漢祖與功臣起豐沛閒所封多不忘於舊地即今滕縣東有留侯廟是舊留地封子房之處漢紀云高祖遇張良於留即是此也

紫塞秦築長城土色皆紫漢塞亦然故稱紫塞焉丹徼南方土色赤故稱丹徼爲南方之極也塞者塞也所以擁塞兵戈也徼者繞也所以繞避外國使不得侵中國也（按此條又見古今注）

今長安城北故漢城中咸宜宮前有石麟太中八年宣宗遊於北城覩石麟臆前有八分書字遣近臣摹之曰大夏眞興二年陽平公造石麟時俗呼爲石馬大誤也陽平公赫連勃勃之子宋高祖破姚泓遣其子義眞留守於長安而後復爲勃勃破之遂以陽平公鎮其地咸宜宮亦漢制也

沈釀者鄭宏文靈帝文鄉嗇夫行官入京洛未至宿一埭埭名沈釀於埭逢故舊友人四顧荒郊村落絶遠酤酒無處情抱不伸乃以錢投水中勸酬飲盡多酣暢皆得大醉因便名爲沈釀川明日分首而去宏仕至尚書省者省也謂省察天下簿書之所蔡邕獨斷云省者本號禁中言門戶有職不得入也漢孝元

皇后父大司馬平陽侯名禁是避之改爲省中

縣者懸也謂懸賦稅戶口法令以示於下民大篆縣字從県（音梟）從系者斷罪人之首倒懸謂之梟即是古文𦣻（音首）字倒書也上三短畫象人之髮下象頭面之形今人多用此梟字系字上一古文爪（側絞反）下字從於糸爪者手也又從於糸皆從懸繫之貌古文懸字無從心者後隸文始相傳用

坊者方也言人所在里爲方方者正也曲者詰曲也古文匚（音方）[illegible]（音曲）字象方物曲物之形又曰方類也易曰方以類聚居者必求其類夫以藥術爲方者亦以

同類之物成乎方也今坊字從土蓋隸爲欲强別白
遂不惜於文繁耳篆文方字尙如此作
周禮云二十五家爲社各樹其土所宜木今村墅閒
多以大樹爲社樹蓋此始也
寺者司也官有所司存釋名曰寺者嗣也謂官曹相
嗣續其中非也許愼云篆文寺音寺字從㞢又從寸言
寺者掌法度之所寸者手之象謂如手持尺寸以度
其典章耳佛寺爲寺亦佛祠也祠者祀者祭祀之義
也
觀者樓觀也又曰觀平聲可以於其上望焉亦曰觀者

謂屋宇之壯觀古每門樹兩觀於其前所以標表宮
門也闕者缺也門觀也出於門兩旁中閒有道遂謂
之闕蓋門觀者闕於中閒也
屋者具也謂具世人寢興之所又曰止也息止之處
或問愚曰屋舍皆人所居屋何由從尸舍何由吉凶
吉不同何也對曰屋非凶耳且尸者施也說文曰如
人宴息弛其手足又云施設與居之具則不謂於屍
柩耳又云掌也言屋室爲人之掌可以依歸焉尸字
以象屋室之形若以便爲尸柩即不可也如尼居履
等字從尸則又豈皆凶意也

苑者囿也援也謂墻之圍圍者也白虎通云苑囿在
東方蓋生養萬物之處今漢諸苑在舊長安城北煬
帝築東都西都爲放縈苑皆不取其東也
垣者援也人所依以爲援衛也案此條見古今注
鈎欄漢成帝顧成廟有三玉鼎二眞金爐槐樹悉爲
扶老鈎欄畫飛雲龍角於其上也按此條亦見古今注
蚩者海獸也漢武帝作柏梁殿有上疏者云蚩尾水
之精能辟火災可置之堂殿今人多作鴟字見其吻
如鴟鳶遂呼之爲鴟吻顏之推亦作此鴟劉孝孫事
如作此蚩尾既是水獸作蚩尤之蚩是也蚩尤銅頭

鐵額牛角牛耳獸之形也作鴟鳶字即少意義按漢以宮殿多災術者言天上有魚號鴟星宜爲其像冠於屋以禳之唐以來寺觀殿宇尙有爲魚形尾指上者不知何時易名鴟吻狀亦不類魚尾見張師政倦遊雜錄
程雅問董仲舒曰何謂三王對曰三王三明也按古今注曰程雅問董仲舒曰何謂三皇五帝對曰三皇三才也五帝五常也三王三明也五霸五嶽也此本但存一條疑大典割裂編之而又有遺脫也
進士者可進受爵祿者也王制曰大樂正論造士之
秀者以告於王而升諸司馬曰進士造士者成士也
能習禮而成其士也樂正者掌國子之教今之祭酒
司業也司馬者夏卿主正官也黃帝時常光爲大司

馬掌建邦之九法尚書云司馬統六師平邦國大樂正以造士之秀者移居於司馬司馬以進士之賢者以告於王而定論言各置其所長也論定然後官之任官然後爵之位定然後祿之夫秀才茂才孝廉之科其來尚矣漢之秀才對策故武帝有策秀才文孝廉者孝悌廉讓也學行俱至始得舉孝廉漢朝顯重此科後漢尚書令左雄欲限年四十已上方可舉察胡廣駮之茂才異行者不拘年限又東漢法雄舉胡廣孝廉京師試章奏爲天下第一自吳魏晉皆以郡舉孝廉察秀才故州郡長史別駕皆赴舉察漢朝又懸四科取士一曰德行高妙二曰通經學三曰法令四曰剛毅多畧近代以諸科取士者甚多武德四年復置秀才進士兩科秀才試策進士試詩賦其後秀才合爲進士一科

伍伯一伍之伯也伍人曰伍五長曰伯故稱伍伯一曰戶伯漢制兵吏五人一戶一竈置一伯故云戶伯亦名火伯以爲一竈之掌也漢諸公行則戶伯率其伍以導引也古兵士服韋弁今戶伯服赤幘纁衣素裳韎弁古之遺法也（此條見古今注）

俗呼外舅爲泰山一云古詩言結根太山阿謂結姻親故也一云泰者高廣之貌可以依倚也今人咸云安知泰山亦是取廣大之意耳開元中封東岳後各賜緋時人因謂泰山緋又道經中有泰山丈人丈人者長也周制八寸爲尺人長一丈曰丈夫即今人八尺是也夫者男子之美稱亦曰壯也大也從也許慎云篆文夫（音夫）字上畫象冠簪之貌下從大象人之形也

母者乳也篆文女（音女）字加二短畫謂之母（音母）二短畫象乳之形遂云無乳曰女有乳曰母皆類人之形許慎又云二畫短或象懷姙者則何必象雙姙乎乃誤說也

蒼史篇女曰嬰男曰兒嬰者盈盈也女之貌也又嬰字從賏（音嬰）賏者貝也寶貝纓絡之類蓋女子之飾也兒者孺也（音儒）謂嬰兒孺孺然輸輸然幼弱之象也亦曰孺子與孺同義籀文兒字從囟（音信）從人象小兒頭囟之未合又云囟（音信）字又有作此者隸文多作此顖（音信）今見篆書兒字往往從而此大誤也而字說文象人頤頰之毛又有髡者古人剃眉鬚之刑剃眉鬚者刑中最輕者也謂而字卻爲面字點畫不繁而可成

也如人剃眉鬚眉鬚復生面復全也司馬遷答任少卿書云其次鬄毛髮嬰金鐵受辱髠刑則剃毛髮有類於而之形今用而字者不過於語助而已

俗呼奴爲邦今人以奴爲家人也凡邦家二字多相連而用時人欲諱家人之名但呼爲邦而已蓋取用於下字者也又云僕者皆奴僕也但論語云邦君樹塞門樹猶屏也不言君但言邦此皆委曲避就之意也今人奴拜多不全其禮邦字從半拜因以此呼之說文曰奴者古之罪人也婢者卑也奴者徒也徒役卑賤之義古之伎（音奴）字從人邊作女周禮云男子入奸罪隷女子入奸舂槀蓋謂此也

婚姻之禮坐女於馬鞍之側或謂此北人尚乘鞍馬之義夫鞍者安也欲其安穩同載者也酉陽雜俎云今士大夫家婚禮新婦乘馬鞍悉北朝之餘風也今娶婦家新人入門跨馬鞍此蓋其始也

風流者態度之貌風者風味風規風格流者傳也行也謂有風可以爲法度有味可以流傳於後人遂謂之風流

醋大者一云鄭州東有醋溝多士流所居因謂之醋大一云作此措字言其舉措之疎謂之措大此二說恐未當醋大者或有擡肩拱臂攢眉蹙目以爲姿態如人食酸醋之貌故謂之醋大大者廣也長也（上聲）篆文大字象人之形（按此眼集醋大言其峭醋冠四民之首一說衣裳儼然有不可犯之色犯必有驗比於醋而更驗一說新鄭有貪士以駝負醋巡邑而賣邑人指其醋駝而號之又云鄭州東有醋溝溝東尤多甲族以甲乙敘之故曰醋大四說皆非言其能舉措大事也）

藝者藝也毛詩云藝之言種蒔也今以人蘊蓄其能謂之藝者如百穀之有種也從草從埶謂埶持苗稼之實以散種也（按藝从蓺非从埶鵠說非）今之藝字又從云云者詞語之氣而有所云也能者獸也許愼云熊之類字亦象獸之形其足佀鹿能走堅中故稱賢能而强壯者爲能傑也今人以多藝者謂之藝能蓋慕此名耳

任昉云堯使鯀治洪水不能其任遂誅鯀於塗山化黃熊入於羽泉鯀禹之父而後會稽人祭禹廟不用熊曰遊羽泉之化也爾雅又云三足鼈謂之熊（奴來反）蓋出水爲熊人水爲能（奴登反）冬化爲雉春化爲蜄謂無不能也

從容者踟躕容與之貌卽從（讀與舂同）容是也學記云善待問者如撞鐘叩之小者則小鳴叩之大者則大鳴待其從容然後盡其聲謂善問學者必待盡其詞理委曲之意卽更問答如撞鐘之聲以待盡其從容虛

徐杳褭來去之音也禮記正義云謂舂擊以聲之形容言撞之爲體必待其擊者每一舂爲一容然後盡其聲如善問答者待其一問然後乃盡其義理今人言從容者蓋自此也從讀爲舂士恭反蓋從人以其本作從疾容反遂相傳而呼之

狼狽者事之乖舛也狼者豺也狽者狼之類神異經云狽無前足一云前足短不能自行附狼背而行如水母之有蝦也若狼爲巨獸或獵人逐之而逸即狽墜於地不能取濟遂爲衆工所獲失狼之背故謂之狼狽狽字者形聲也大獸也貝者背也以狽附於狼

背遂犬邊作貝貝者北海之介虫陸居爲猋在水名蜬凡貨賄之字皆從貝者蓋古之貨也篆文象介虫之形即玳瑁之類也

滑稽者詼諧也滑者渾也謂物之圓轉若戲弄之不定稽者考也實也言一有詼諧戲弄之言二有稽實之理漢書東方朔滑稽是也

婁羅者幹辦集事之稱世曰婁敬甘羅非也按此二條從曾慥類說補入

龍鐘者不昌熾不翹舉貌如藍鬖拉搭解縱之類

拉颯者與龍鐘繿縷之義畧同

漢書注乾沒兩字云得利曰乾失利曰沒蓋務於穿鑿不欲淺近荒俗之意解之殊不知道理之所未當且乾沒之義如陸沉之義陸沉者因陸沉之水又曰陸地而沉不待在於水中也乾沒者言乾在於地沒在於水貨殖之事或在於陸地或沒於水又言物之極不利者乾地而沒不特沉於江湖也故謂之乾沒魏志傅嘏云恪心不傾根不竭本寄命洪流自取於乾沒乎裴松之注漢書注云得利爲乾失利爲沒於理未解乃云乾者乾燥也不取其乾燥反沉沒之也毛詩小旻章云築室于道謀句是用不潰於成注云

潰遂也箋云如當道築室得人與謀所謂路人意不同顧不得成遂也皆慕容垂訪苻堅代晉亦引此語令堅不用廣訪朝臣以亂聖慮今俗云當道造屋三年不成是由此也恪又云問路不行詩云如彼行邁謀是用不得於道是也

古之神人有獬豸獻聖帝帝問何食曰薦草廌字從豸蓋因豸所食爾今又以薦字爲廌字未知自何始也篆文廌象獸有角尾四足之形若爲薦進之字則無意義豸爲廌乃謂同用古文灋字從豸從水非從廌也謂法律之正遂從於豸法律之平遂從於水即

㕙豕明矣臭者氣之總名從自從犬篆文㕣音自字象口鼻之形從犬者謂犬能尋臭而知其路後人依違撰從遂從自下作死實非稽古之制也只如田夫民爲農百念爲憂更生爲甦兩隻爲雙神蟲爲蠶明王爲聖不見爲覔美色爲艷口王爲國文字爲學如此之字皆後魏流俗所撰學者之所不用按顏之推云蕭子雲改易字體邵陵王頗行僞字前上爲草能傍作長之類是也至爲一字惟見數點或妄斟酌遂更轉移北朝喪亂之餘書跡猥陋甚於江南乃以百念爲憂言反爲變不用爲罷追來爲歸更生爲蘇先人爲老如此非一徧滿經傳

獲字從犬謂獵有所獲也

陸法言著切韻時俗不曉其韻之淸濁皆以法言爲吳人而爲吳音也且唐韻序云隋開皇初儀同劉臻等八人詣法言論音韻因吳楚則多傷輕淺燕趙則多傷重濁秦隴則去聲爲入梁益則平聲似去此蓋研窮正聲削去紕繆也豈獨取方言鄉音而已哉洎孫愐等論音韻者二十餘家皆以法言爲首出薛道衡隋朝之碩儒與法言同時嘗與論音韻則豈吳越之音而能服四方之名人乎蓋陸氏者本江南之大姓時人皆以法言爲士龍士衡之族此大誤也法言本代北人世爲部落大人號步陸孤氏後魏孝文帝改爲陸氏及遷都洛陽乃下令曰從我入洛陽皆以河南洛陽爲望也當北朝號四姓穆奚于皆位極三公比漢朝金張許史兼賀婁蔚謂之八族後魏征西將軍東平王陸俟生馥歸騏驎馥皆相繼爲黃門侍郎驎孫爽隋中舍人生法言正言正言隋朝承務郎

日重光月重輪羣臣爲漢明帝作也明帝爲太子樂人作歌詩四章以贊太子之德一曰日重光二曰月重輪三曰星重暉四曰海重潤漢末喪亂後二章亡舊說云天子之德光明如日規輪如月衆暉如星霑潤如海太子皆比德焉故云重也以下六條皆見古今注

淮南王淮南小山之作也王服食求仙遍禮方士遂與八公相攜俱亡莫知所往小山之徒思戀不已乃作淮南王之曲焉

吳越曲吳人以歌其地也

平陵東翟義門人所作也王莽殺義義門人作歌以怨之

武溪深乃馬援爲征南之所作也援門生爰寄生善吹笛援作歌以和之名曰武溪深其曲曰滔滔武溪一何深鳥飛不度獸不能臨嗟哉武溪多毒淫

箜篌引朝鮮津卒霍里子高妻麗玉所作也子高晨

起刻船而櫂有一白首狂人被髮提壺亂河流而渡其妻隨呼止之不及遂墮河水死於是援箜篌而鼓之作公無渡河之曲聲甚悽惋曲終自投河而死霍里子高還以其聲語妻麗玉玉傷之乃引箜篌而寫其聲聞者莫不墮淚飲泣焉麗玉以其曲傳鄰女麗容名曰箜篌引焉

易曰龜爲卜策爲筮周禮云玉瓦原三兆皆灼龜之文如玉瓦原坼裂之文也古文卜音卜字象龜支兆之文卜法云大曰兆旁出文曰支支者如草木有枝葉俗云十字不全爲卜大謬爾梁川子曰卜者鑽龜之

聲卜者攴普木反許愼云攴者小擊之音從卜下從又篆文攴字作攴象右手之形即是以手擊物成聲也凡子日不卜者謂龜爲元武之精元武水神子爲本王之日蓋不敢鑽灼之或爲不筮者非也古文龜篆文龜二皆龜俱象龜之形大戴禮云甲蟲三百六十神龜爲之長說苑云靈龜五色似金似玉背陰向陽上高象天下平法地柳氏龜經云龜一千二百歲可卜天地之終始天子之龜一尺二寸諸侯之龜八寸大夫之龜六寸士之龜四寸其龜有紫靈者黃靈者公羊云有青純者碧靈者又千歲青髯者出於蔡地有金線者甲開皆如金線縈絡有千里路端直者光明通瑩如金玉者已上皆神龜卜必有靈所以龜經云欲得知龜聖但看千里徑欲得知龜神視骨如白銀欲得龜語質其色黃如日欲得龜有靈其色乃帶青又龜中有王其形尤小於常龜巢蓮者遊於葉之上者得非王乎其千里路取端直千里路前上又文下徹第一橫文不偏曲者是爲王也雖千百無一二矣或爲人得之而衆龜悉從焉得者寶藏之不可施於鑽灼每卜則置於諸龜間以祝之而諸龜皆有靈其腹下豎文謂之千里路五行支兆之文悉以千里

路爲準也凡支頭上向千里路下向外者爲金兆也支頭上向外下向千里路者爲火兆也堅爲木兆平爲土兆下垂而細者爲水兆夫金兆之長者爲艮金豎剛短者爲鉛錫柔鈍火之兆長者爲光明炳煥短者爲煨燼炲煤木兆之長者爲舟檝林木短者爲槎柟枯朽土兆之長者爲山陵墟阜短者爲泥滓塵垢水兆之長者爲江海河淮短者爲洼涔陰淺昔楚元君夢人披髮而告曰予爲淸江使河伯漁者豫且得予元君乃訪豫且以白龜五尺獻於元君元君得之將捨之衛平請刳之以卜七十鑽無遺策仲尼曰

龜能夢於元君不能避豫且之網智能七十鑽無遺策不能免刳腸之患如是者智有所不知神有所不及也史記曰神龜出江水中盧江郡歲將生龜尺二寸者二十枚輸之大官以吉日刳取其甲千歲乃尺二寸也

筮者蓍蒿之屬生千歲而生百莖易以爲數天子之蓍九尺諸侯之蓍七尺大夫五尺士三尺蓍生滿百莖者其上有雲覆之其下龜守之將筮於易者必操其易蓍五十易云大衍之數五十其用四十有九衍者天地之數所賴者五十也四十有九數之極也其

一不用者以不用爲用蓋天地之心也天地之本者天地以大靜無爲爲本其一不用者乃大靜之義故復卦云復其見天地之心乎王輔嗣注云天地雖大富有萬物雷動風行運化萬變寂然至無是爲本矣分而爲二以象兩卦一以象三才揲之以象四時四揲之以成其文繫詞云成天下之亹亹者莫大於蓍龜古文筮字從竹從巫竹者筮之類巫者舞也舞以降神謂之巫巫字象舉兩袂而舞者也

蘇氏演義卷上

蘇氏演義卷下

唐 蘇鶚 撰 綿州 李調元 雨村 校

急就篇曰以竹爲書牋謂之簡釋名云簡者編也可編錄記事而已又曰簡者畧也言竹牒之單者將以簡畧其事蓋平板之類耳

牘者讀也以尺二寸之木爲之簡又獨也言單獨而用也既可書而讀誦又執以見於尊者形類今之笏但不刲其角荀悅漢紀云武帝與單于書以尺一牘辭曰皇帝敬問單于單于報以尺二牘印封皆大字辭曰天地所生日月所置匈奴大單于敬問漢皇帝

是也

牋者編也古者書紀其事以竹木編次而爲之與此箋同義古文或從前下作木又曰薦也謂書其事皆可薦進於尊者南朝上太子以牋

表者白也言其情旨表白於外也傳云下言於上曰表表者本裳上衣表字從毛下作衣蓋古者以羽皮爲焉論語云當暑袗絺綌必表而出之言非私便之服表者衣上之衣今之言表啟者蓋披露於外也

檄者告誓之流史記注云檄者皎也辭理皎然令知我意非也顏思古注急就篇曰以木爲書長三尺曰

檄檄者激也以詞旨慷慨發動之意又曰檄激也陳琳檄魏武帝祖君彥激隋煬帝皆此類焉戰國策曰張儀檄楚而始得名

誥者告也言布告王者之令使四方聞之今言告身受其告令也

觚者稜也學書之牘或以記事削木爲之其形或六面或八面面面皆可書以有稜角遂謂之觚今或呼小兒學書簡爲觚木文選又云操觚進牘急就篇云奇觚與衆異皆此義耳或云觚者筆類誤也班固賦曰上觚稜而栖金爵此乃闕角者也文字音義云觚

者酒器受二升論語注禮器一升曰爵三升曰觚爲筆者誤也

論衡曰斷木爲槧釋名曰槧者漸也板長三尺者也可以書紀其事漸者言當書漸漸而長也鉛槧者鉛黃之用塗改其字故謂之鉛槧

程雅問曰堯設誹謗之木何也答曰今之華表木也以横木交柱頭狀若花也形似桔槔大路交衢悉施焉或謂之表木以表王者納諫也亦以表識衢路秦乃除之漢始復修焉今西京謂之交午木（案此條見古今注）

五明扇舜作也舜廣開視聽求賢爲輔故作秦漢公卿士大夫皆得用之魏晉以後非乘輿不得用矣（案此條見古今注）

鹵者鼓也簿者部也謂鼓駕成於部伍者也古文鹵（音鹵）字象鹽田之形安定有鹵縣蓋西方之鹹地也鹵字與西字上文同類蔡邕獨斷云鹵簿以備大駕他不常用古文鹵（音西）字亦有如是作者

五輅衡上金雀者朱鳥也口銜鈴鈎爲鑾所謂和鑾也（按原本脫此五字據古今注校增）禮云行前朱雀或謂朱鳥者鸞鳥也前有鸞鳥故謂之鸞鸞口銜鈴故謂之鸞鈴今或爲鑾事一而義異也（按此條見古今注）

金斧黃鉞也三代通制用之以斷斬今以金斧黃鉞爲乘輿之飾武王以黃鉞斬紂頭故王者以爲戒大將軍出征特加黃鉞者以銅爲之以黃金塗刃及柄不得純金也得賜黃鉞則斬持節將也（按此條見古今注）

鍠秦制也今乘輿諸公王妃主通建焉（按古今注云秦始皇改鐵鉞作鍠）

鐵斧元鉞也諸公王得建之太公以元鉞斬妲己故婦人以爲戒漢制諸公亦建元鉞以太公秉之助武王斷斬故爲諸公之飾焉（案古今注連上金斧爲一條而句亦小異）

節者操也瑞信也謂持節必盡人臣之節操耳又曰

制也言使臣仗節制置於四方節之始制三禮義宗曰長一尺二寸春秋握節而死者蓋此節也秦漢已還易之旌幢之形其制漸長數尺餘出使之臣節盛於碧油囊令啟路者雙持於馬上天子之命節制於閫外也及高宗改刺史爲節度使漢蘇武陷匈奴中十九年長執漢節據此豈能大長乎古文卩(音節)字蓋象古之節有符合之象卽篆文㔾(音印)字從爪(則絞反)從印者信也爪者手也謂執政之所持古之諸侯裂地而封皆佩所封之印其當代位者皆傳所司之印則古者持節類於持印夫守國者用玉節守都鄙者用

角節使山國者用虎節使土國者用人節使澤國者用龍節關用符節貨賄用璽節道路用旌節此皆節之等制也三禮義宗云天子以圭爲節天子大圭尺有二寸以四鎭之山爲飾也尺二寸者法十二辰也上公鎭桓圭九寸侯鎭信圭七寸子鎭穀圭五寸男鎭蒲圭五寸凡諸侯之圭璧各依其命數大小也謂之鎭者皆受之於天子以爲瑞信鎭撫國家也皆謂之命圭者言皆受命而得故朝覲宗遇則執焉夫瑞節者有五種一曰鎭圭二曰牙璋三曰穀圭四曰琬圭五曰琰圭鄭元云邦節者有五種用之鎭圭以鎭

守邦國牙璋以起軍旅牙齒也是兵之象穀圭則用和歡聘女也上飾禾稼之象琬圭無鋒角象文德也以治德結好用之琰圭有鋒芒象傷害征伐誅討也諸侯使大夫來聘執以命事故使爲瑞節凡天子諸侯之使節尺有二寸有金節玉節玉節爲瑞節行事之時所執以徵召四方者也金節者道路有持以爲信也人龍虎三節皆以金鑄之使卿大夫聘於諸侯乃爲行道所執之信則非行事之時瑞節也故鄭元云鎭圭玉節琬圭之徒但云使者之瑞節鎭圭琬圭之屬是也二者使節龍虎人形是也三者符節旌節

管節是也夫云道路用旌節關門用符節都鄙用管節皆以竹爲之商由市者卽司市者與符節古者買符之關終軍棄繻皆節之類也

牛亭問冕旒以繁露者何荅曰綴玉而下重如繁露也(案此條見古今注但綴玉而下句古今注作綴珠垂下)

今人以朱衣爲朱紱乃大誤也夫紱者必也韠者蔽也鄭元云太古蔽膝之象冕服謂之紱其他謂之韠皆以韋爲之故曰蔽韋韠也急就篇云襌(音單)衣蔽膝也顏師古注云亦謂之襜詩云赤韍在膝之服徐廣車服儀制曰古者韍今之蔽膝也明堂位曰有虞氏

始服韍鄭云韍冕服之韍舜始作也以尊祭服昔先王食鳥獸之肉衣其羽皮而韍字遂從於韋韋者皮也春秋正義云戰國時以韍非兵飾乃去之漢明帝復制韍用赤皮魏晉以還易之以絳紗韍字遂有從糸者古文巿音韍一從巿象巿有連帶之形說文云天子朱韍諸侯赤韍大夫葱衡士無韍有韐音夾又音袷韐者合也言韍合於兩膝之間韍者謂之膝前韍以爲韍然韍既古之祭服其制度止於皮韍膝者也玉藻云韠下廣二尺上廣一尺長三尺韠者韍也今

蓋於袍上圓領小袖本非古服卽趙武靈王用以習射是始也後周武帝始令袍下加襴北齊主好衣朱衣妻太后崩高湛不肯去朱袍衣素是也隋朝公卿好著黃袍唐天德四年制令三品衣紫五品衣緋絳衣綠袍與韍制大相類明矣

漢書制乘輿黃赤綬四采黃赤縹紺涫黃爲圭長二丈九尺九寸五首諸侯王赤綬四采赤黃縹紺涫赤圭長一丈二尺三百首太皇太后皇后皆與乘輿同長公主天子貴人與諸侯王同綬者所加也諸國貴人相國皆綠綬三采綠紫紺涫綠圭長二丈一尺二百四十首公侯將軍紫綬二采紫白涫紫圭長一丈七尺百八十首公主封君服紫綬九卿中二千石二千石青綬三采青白紅涫青圭長一丈七尺百二十首自青綬以上縌皆長三尺二寸與綬同采而首半之案此條見古今注

縌者古珮璲也佩綬相迎受故曰縌紫綬以上縌綬之間得施玉環玉玦云千石六百石黑綬三采青赤紺純青圭長一丈六尺八十首四百石五百石長同四百石二百石黃綬一采涫黃圭長一丈五尺六十首自黑綬以下縌皆長三尺與綬同采而首半之

百石青紺綬一采婉轉繆織織長一丈二尺凡先合單紡爲一系四系爲一扶五扶爲一首五首成一文文采涫爲一圭首多者系細首少者系麤皆廣一尺六寸也漢末喪亂玉佩之法絕而不傳魏侍中王粲識古佩法始更制焉案此條見古今注

孔穎達引考工記云大圭長三尺天子服之是天子斑長三尺也許愼云圭者上圓下方法天地也公執桓圭九寸侯執信圭伯執躬圭皆七寸子執穀璧男執蒲璧皆五寸笏度長短之異復與今制不同隋書禮儀志禮圖云笏度二尺有二寸中博二寸其殺六分去一

青囊所以盛印也奏劾者則以青布囊盛印於前示奉王法而行也非奏劾日則以青繒為囊盛印於後也謂奏劾尚質直故用布非奏劾日尚文明故用繒自晉朝以來劾奏之官專以印居前非劾奏之官專以印居後（按此條見古今注）

幗魏武帝所制也初以軍中服之輕便又作五色幗以表方面也（按此條見古今注）

貂蟬朝服也貂者取其有文采而不炳煥外柔易而內剛勁也蟬者取其清虛識變也在位者有文而不自耀有武而不示人清虛自牧識時而動也

兩漢京兆河南尹及執金吾司校尉皆使人導引傳呼使行者止坐者起四人皆持角弓違者則射之有乘高窺瞰者亦射之魏晉設角弓而不用焉（按原本并上為一條今據古今注校正）

牛亨問曰自古有書契已來便應有筆世稱蒙恬造筆何也答曰蒙恬始造秦筆耳以枯木為管鹿毛為柱羊毛為被所謂蒼毫非兔毫竹管也

又問彤管何也答曰彤者赤漆耳史官載事故以彤管用赤心記事也詩靜女篇靜女其孌貽我彤管

孫興公問曰世稱黃帝鍊丹於鑿硯山乃得仙乘龍上天羣臣援龍鬚鬚墜而生草曰龍鬚有之乎答曰無也有龍鬚草一名縉雲草世人為之妄傳至今有虎鬚草江東亦織以為席號曰西王母席可復是西王母乘虎而墮其鬚也（牛亨問曰至此三條原本並作一條文復訛舛今據古今注校正）

天子赦天下必竪以雞以其有五德風雨如晦雞鳴不已取其告令之象金者雞之飾也又以雞屬西方金之位歷象云雞星動即有赦

陽燧以銅為之形如鏡照物則影倒向日則火生以艾承之則得火也（此條見古今注）

魏武帝以瑪瑙石為馬勒硨磲為酒椀（此條見古今注）

孫權時名舸為赤馬言如馬之走陸也又以舟名馳馬（此條見古今注）

北齊楊愔字遵彥為吏部尚書昔嘗遭厄履危一飡之惠酬答甚厚性命之讎赦而不問及典選取士多以言貌恩舊時致謗言有選人魯漫漢自言猥賤獨不見識愔曰卿前日在光子恩坊騎禿尾草驢以方扇障面見我不下云何不識因謂曰名以定禮漫漢名不虛竟不為選用今俗以惡於已者謂何處見不下驢蓋始於此也

侯白字君素魏郡鄴人始舉秀才隋朝頗見貴重博聞多知諧謔辯論應對不窮人皆悅之或買酒饌求其言論必啟齒發題解頤而返所在觀之如市越公甚加禮重文帝將侍從以備顧問撰酒律笑林人皆傳錄

魏文帝宮人絕寵者有莫瓊樹薛夜來陳尙衣（案陳字古今注作田）段巧笑四人日夕在側瓊樹乃製蟬鬢縹緲如蟬翼故曰蟬鬢巧笑始作錦衣絲履紫粉拂面尙衣能歌舞夜來善爲衣裳一時冠絕（按原本作隋文帝誤今改正）

順宗時南海貢奇女盧眉娘年十四能於一尺綃上繡法華經七卷字如粟米點畫分明細於毛髮又作飛仙蓋以絲一縷分爲三縷染成五綵於掌中結爲傘蓋五重中有十洲三島天人玉女臺殿麟鳳之象而外列執幢奉節之童亦不啻千數其蓋闊一丈秤之無三數兩自煎靈香膏數之則紕硬不斷上歎其工謂之神助因令止於宮中每日食胡麻飯二三合至元和中憲宗嘉其聰慧賜金鳳環以束其腕眉娘不願住宮中度以黃冠賜號逍遙及後神遷香氣滿室弟子將葬舉棺覺輕即撤其蓋惟有偶屨而已後人海人往往見乘紫雲遊於海上羅浮處士李象先作盧逍遙傳（案此條本見杜陽雜編此書更不互載則條恐永樂大典誤編入演義也今姑存之）

近代學者著張虬鬚傳頗行於世乃云隋末喪亂李靖與張虬鬚同詣太原尋天子氣及謁見太宗知是眞主六醜圖云北齊徐之才家貧割所居門外地以養親忽賓客會中有言徐六賣卻門前地之才第六也盧思道恐辱之才乃止之曰不用道時人遂因之用言成戲而今酒令名徐六者蓋此始也

烏孫國有青田核莫測其樹形實之至中國者但得其核耳得清水則有酒味出如醇美好酒核大如五

六升瓠空之以盛水俄而成酒劉章時得三核集賓客設之常供二十人飲一核盡一核所盛已復中飲飲盡隨更注水旋盡成不可久置久則苦口不可飲名曰青田壺（案此條見古今注）

今人以酒巡匝爲婪尾又云婪貪也謂處於座末得酒爲貪婪

金陵記江南計吏止於傳舍閒及時就路以馬殘草瀉於井中而謂已無再過之期不久復由此飲遂爲昔時莝刺喉死後人戒之曰千里井不瀉莝杜詩畏人千里井注諺云千里井不反唾疑唾字無義當爲

巫謂爲巫所哽也案玉臺新詠載曹植代劉勲妻王氏見出而爲之詩曰人言去婦薄去婦情更重千里不瀉井況乃昔所奉遠望未爲遲踟躕不得共觀此意乃是嘗飲此井雖舍而去之亦不忍唾也此足見古人忠厚其理甚明

黄帝之初有蚩尤氏兄弟七十二人銅頭鐵額食啗砂石制五兵之器而變化雲霧世本及呂氏春秋皆云蚩尤作五兵謂戈殳戟酋矛夷矛也黄帝誅之於涿鹿之野涿鹿屬冀州任昉述異記曰冀州有蚩尤神謂蚩尤人身牛蹄四目六手涿鹿間往往掘地得

髑髏如銅鐵者即蚩尤骨也齊梁尚有蚩尤齒長二寸堅不可碎秦漢間說蚩尤牛耳鬢如劒戟頭有角與軒轅鬭以角抵人人不能向冀州舊樂名蚩尤戲其民兩兩三三頭帶角而相觝即角觝之戲蓋其遺制也其後人通以角勝之戲爲角觝焉或獨以兩人競力爲角觝非也齊魏之閒太原村落中祭蚩尤神向不用牛頭漢武時太原有蚩尤神晝見龜足蛇首疫其里人遂立祠漢紀云武帝元封三年作角觝戲以享外國朝獻者而三百里內皆觀之此角觝乃角勝也蓋始於戴角遂有是名耳抵與觝同用此抵字

非正文

牛亨問曰草木生類乎答曰生類也又曰有識乎答曰無識也又曰無識甯得爲生類也答曰物有生而有識者有生而無識者有不生而有識者有不生而無識者夫生而有識者蟲類也生而無識者草木也不生而無識者水土也不生而有識者鬼神也

牛亨問曰將離別贈之以芍藥者何答曰芍藥一名可離故將別以贈之亦猶相招召贈以文無文無一名當歸也欲忘憂贈以丹棘丹棘一名忘憂使人忘其憂也欲蠲忿贈以青棠青棠一名合歡則忘忿也

芙蓉一名荷花生池澤中實曰蓮花最秀者一名水且一名水芝一名水華色有赤白紅紫青黄紅白二色差多花大者至百葉又有金蓮花青蓮花碧蓮花千葉蓮花石蓮花雙蓮花早蓮花

烏蓮花細六葉色多紅綠紅者紫點綠者紺點俗謂之僊人花一名連纈花一名鳳翼（按古今注烏蓮葉如烏翅一名烏羽一名鳳翼花大者其色多紅綠紅者紫點綠者紺點俗呼爲仙人花一名連纈花較此條尤詳）

蘘荷似蘠苴而白蘠苴色紫花生根中花未敗時可食久置則銷爛不爲實矣（按古今法尚有葉似薑宜陰翳地種之常依陰而生）

十四字

茶蓼也茶紫色蓼青色其味辛且苦食之明目或謂紫葉者爲香荼或謂青葉者爲青荼亦以紫色者爲紫蓼青色者爲青蓼其長大而不苦者爲馬蓼

白楊葉圓青楊葉長柳葉亦長細

蒲楊生水邊葉似青楊

移楊圓葉弱蒂微風大搖一名高飛一名獨搖

水楊蒲楊也枝勁細紉作矢用或言萑苻亦水楊也

赤楊霜降則葉赤材理亦赤

苦蒧一名苦蘵子有裹形如皮弁始生青熟則赤裹有實按二字据古今注補正圓如珠子亦隨裹青赤長安兒童

名爲神珠亦曰王母珠亦曰皮弁草

虎豆一名虎沙按古今注尚有似貍豆而大實似小兒拳三句

貍豆一名貍沙一名獵涉案古今注尚有葉似葛實大如李核可啗三句

營豆葉似葛實長尺餘可蒸食一名營菽按古今注尚有一名治營句

馬豆一名馬沙按古今注尚有似虎豆而小實大如指亦可食句

枳椇子一名木錫實形拳曲花在實外按八字据古今注補入味甘如餳蜜也一名樹蜜一名木實一名白石一名白實木蜜生南方合體皆甜嫩枝一作軟皮及葉皆可生啗味如蜜解煩止渴其老枝及根幹堅不可食細破煮之煎以爲蜜味倍甘美

九穀者黍稷稻粱三豆二麥是也按自草木生類至此十九則皆見古今注

秀繡也草木之花如綺繡者從禾從乃禾者和也二月種八月收得時中和之氣遂名曰秀

烏文木出交川色黑有文

蘇枋木出扶南林邑外國取細破煮之以染色

紫檀木出扶南面色紫亦謂之紫旃

燕一名天女又名摯鳥

吐綬鳥一名功曹

雀一名嘉賓言棲集人家如賓客也

秦始皇有名馬七一曰追風二曰白兔三曰躡景四曰奔雷五曰飛翮六曰銅爵七曰神鳧

鷄名燭夜又曰翰音狗曰黃耳豬一名參軍事古今注豬作猳疑誤羊一名髯主簿按烏文木條至此凡八則皆見古今注

世目無朋侶者爲獨蓋名也許愼云北嚻山有獸名獨狢焉其狀如虎白身豕鬣似馬尾行止無伴遂名曰獨

紺蝶一名蜻蛉似蜻蛉而色元紺遼東人謂之紺幡亦曰童幡亦曰天鷄好以七月羣飛闇天海邊夷

食之謂海中青鰕化爲之也按自此至末皆見古今注

蛺蝶一名野蛾江東人謂之撻末按古今注作木又作木色白背青者是也按古今注有此七字其大者或黑色或青斑曰鳳子一名鳳車一名鬼車生江南柑橘園中原本脫落今據古今注增補

蜻蛉一名青亭一名胡蝶色青而大者是也小而黃者曰胡梨一曰胡離小而赤者曰赤卒一名絳騶一名赤衣使者好集水上一名赤弁丈人原本脫落據古今注增補

莎鷄一名促織一名絡緯一名蟋蟀絡緯謂其鳴聲如紡績也促織謂其鳴聲如急織也

促織一名促機

蟋蟀一名吟蛩秋初生得寒乃鳴濟南人謂之嬾婦

蝘蜓一曰守宮一曰龍子善於樹上捕蟬食之其五色長細大者名爲蜥蜴其短而大者名爲蠑螈一曰蛇醫大者長三尺其色元紺善螫人一曰緑螈一曰元螈

牛亨問曰蟻名元駒者何也答曰河內人並河而居見人馬數千萬皆如黍米遊動往來從旦至暮家人以火燭之人皆是蚊蚋馬皆是蟻故今人呼蚊蚋曰黍民名蟻曰元駒也

牛亨問曰蟬名齊女者何也答曰齊王后忿而死尸變爲蟬登庭樹嘒唳而鳴王悔恨故世名蟬曰齊女也

結草蟲一名結葦好於草末折屈草葉爲巢窟處處有之

蜣蜋一名蛣蜣一名轉丸一名弄丸能以土包屎轉而成丸圓正無斜角古今注有莊周曰蛣蜣之智在于轉丸三句

蠅虎一名豹子按古今注尚有蠅狐也形似蜘蛛而色灰白善捕蠅一名蠅蝗凡十八字此本當有脫落

長蚑蠨蛸也身小而足長故謂之長蚑

魭子一名魚子好羣浮水上曰白萍按古今注曰白萍魚赤尾者曰觸一曰魭或曰雌者曰白魚雄者曰觸魚子好羣泳水上者名曰白萍較此尤詳

兗州人謂白鯉爲白騏按古今注曰兗州人呼赤鯉爲赤驥呼青鯉爲青馬謂黑鯉爲元駒白鯉爲白騏黃鯉爲黃雉較此爲詳此本當有脫落也

江東人謂童子魚爲土父謂鼉爲河伯使者按古今注尚有呼青衣魚爲婢一句

鼈一名河伯從事

烏賊一名河伯度事小吏

彭越子似蟹而小揚楚閒每遇寒食其俗競取而食之或傳云漢醢布覆彭越醢於江遂化爲蟹因名彭

越子恐音誤說此蓋彭蜎子矣蜎蝦文人語訛以蜎子爲越子彭越有名於世故習俗相傳因而不改據崔正熊云彭越子小蟹也亦曰彭蚑子海邊塗中食土一名長卿其有螯大者名擁劒一名執火其螯赤故也晉司徒蔡謨初過江誤食彭蜞子以爲蟹吐下以至委頓他日言於謝尙尙曰卿讀爾雅不熟也

蘇氏演義卷下

程氏考古編

光緒七年辛巳
夏鋟于廣漢

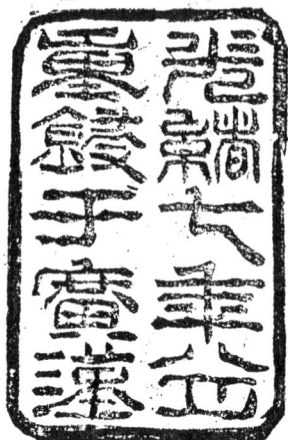

程氏考古編序

考古編者宋程大昌所雜論經義異同及記傳謬誤而作也大昌字泰之休寧人紹興二十一年進士歷官權吏部尚書出知泉州以龍圖閣直學士致仕卒謚文簡事載宋史本傳大昌深于經術學問湛深于諸經皆有論說于易學尤精所著有易原一書苦思力索四年而成其學力可知矣此書于各經皆反覆推闡務明大義如論刑官之象魏張掖之鮮水以及荀子子弓之非馯臂後漢章懷太子之注叚熲皆確有典據非泛爲摭拾與鄭樵輩之橫議相去不知幾何其于洪邁之容齋隨筆固不相亞也大昌所著尚有演繁露十六卷續六卷已有刊本惟是本互相傳寫故先校行云羅江李調元雨村撰

程氏考古編目錄

卷一

卷二

卷三

卷四

卷五

卷六

卷七

程氏考古編目錄畢

程氏考古編卷一

樂道齋重校

宋　程大昌　撰　綿州　李調元雨村　校定

詩論序

三代以下儒者孰不談經而獨尊信漢說者意其近古或有所本也若夫古語之可以證經者遠在六經未作之前而經文之在古簡者親預聖人授證之數則其審的可據豈不愈于或有師承者哉而世人苟循習傳之舊無能以其所當據而格其所不當據是敢於違古背聖人而不敢於是正漢儒也嗚呼此詩論之所爲作也

詩論一

詩有南雅頌無國風其曰國風者非古也夫子嘗曰雅頌各得其所又曰大雅云又曰人而不爲周南召南未嘗有言國風者予於是疑此時無國風一名然猶恐夫子偶不及之未敢遽自主執也左氏記季札觀樂歷敘周南召南小雅大雅頌凡其名稱與今無異其列敘諸國自邶至豳其類凡十有三率皆單紀國土無今國風品目也當季札觀樂時未有夫子而詩名有無與今論語所舉悉同吾是以知古固然非夫子偶于國風有遺也蓋南雅頌樂名也若今樂曲

之在某宮者也南有周召頌有周魯商本其所從得而還以繫其國土也二雅獨無所繫以其純當周世無用標別也均之爲雅音類既同又有別爲大小則聲度必有豐殺廉肉亦如十二律然既有大呂又有小呂也若夫邶鄘衛王鄭齊魏唐秦陳檜曹豳此十三國者詩皆可采而聲不入樂則直以徒詩者之本土故季札所見與夫周工所歌單舉國名更無附語知本無國風也

詩論二

春秋戰國以來諸侯卿大夫士賦詩道志者凡詩雜

取無擇至考其入樂則自邶至豳無一詩在數也享之用鹿鳴鄉飲酒之笙由庚鵲巢射之奏騶虞采蘋諸如此類未有或出南雅之外者然後知南雅頌之爲樂詩而諸國之爲徒詩也鼓鐘之詩曰以雅以南以籥不僭季札觀樂有舞象箾南籥者詩而推之南籥二南之籥也箾雅也象舞頌之維淸也其在當時親見古樂考凡舉雅頌率參以南其後文王世子又有所謂胥鼓南者則南之爲樂古矣詩更秦火簡編殘缺學者不能自求之古但從世傳訓詁遞相授受於是剏命古來所無者以爲國風參匹雅頌而文王

南樂遂包繞於國風部彙之內雖參卓見亦莫敢出衆疑議也杜預之釋左氏亦知南籥當爲文樂矣不勝習傳之久無敢正指以爲二南也劉炫之釋鼓鐘雖疑雅南之南當爲二南亦不敢自信惟能微出疑見而曰南如周南之意而已矣諸儒既不敢主二南以爲南而詩及左氏雖皆明載南樂絕不知其節奏爲何音何類其贊頌爲何世何王惟鈞命決之書敘載四夷凡樂適有名南者鄭氏因遂采取以傳足其數孔穎達輩率皆因襲其說凡六經之文有及於南者皆指南夷南樂以應塞古制甚無理也且夫周備

古樂如韶夏濩武各取一代盛極者用之何有文王象舞而獨采夷樂以配此其誤謬不待辨而白也假設其時欲以廣取爲備乃四夷之樂獨取其一何名爲備反覆討究凡諸儒之所謂南者揆之人情則無理質之古典則無據至于箾之舞象籥之奏南凡季札之所親見者明言其爲文王之詩苟是南也而非二南之南則六經夫子凡其謂南者果何所指也此予所以敢違諸儒之說而斷以爲樂也

詩論三

周之燕祭自雲韶等類兼采異代以外其當代之樂

帷南雅頌三者隨事配用諸序序所爲作其言其音大抵皆入律可奏也淸廟之詩凡三十一其不指言祭祀者八而皆作之於廟也至于商十二詩其存者主皆配身以祀知非徒詩也魯之頌雖不皆于祀乎用之而其始作也固已得請爲頌矣其節奏必皆依頌成聲也得齒于商周而無嫌也語曰夫子自衞反魯然後樂正雅頌各得其所又曰師摯之始關雎之亂夫關雎亂于師摯雅頌得所之於樂正之後非樂而何子謂伯魚曰女爲周南召南矣乎爲之爲言有作之義旣曰作則翕純皦繹有器有聲非但歌詠而

已夫在樂爲作樂在南爲鼓南賓之論語則知三年不爲樂之爲吾以是合而言之知二南二雅三頌之爲樂無疑也

詩論四

南雅頌以所配之樂名邶至豳以所從得之地名史官本其實聖人因其故未嘗少少加損也夫子自衞反魯然後樂正雅頌各得其所其曰得所者復其故列云也旣曰復其故列則非夫子𠛬爲此名也季札觀魯在襄之二十九年夫子反魯在哀之十一年卻而數之六經之作上距季札無慮六十餘年詩之布於南於雅於頌於諸國前乎夫子其有定音也久矣則不待夫子旣出而𠛬以名之也學者求聖人太深曰六經以軌萬世其各命之名必也有美有惡或抑或揚不徒然也重以先儒贅添國風一名參錯其間曰詩之目萬世不敢輕議又從而例其義曰一國之事繫一人之本謂之風言天下之事形四方之風謂之雅雅者正也言王政之所由廢興也政有小大故有小雅焉有大雅焉頌者美盛德之形容以其成功告于神明也四者而大小高下之辨起從其辨而推之有不勝其駁者矣頌愈于雅康宣其減魯僖乎雅

加于風則二南其不若幽厲矣先儒亦自覺其非又從而支離其說曰風有變風雅有變雅不皆美也夫同名風雅中分正變是明有璵璠命之而曰其中實雜碔砆不知何以名爲也且其釋雅曰雅者正也則雅宜無不正矣已而覺其詩有文武焉有幽厲焉則雅宜正而變爲政自政而變爲大小廢興其自相矛盾又如此又有大不然者東周之王位號以世雖齊威晉文其力足以無上而頫首歸尊稱之曰王不可少變信如先儒所傳實有國風而風又非王者總統列國之稱則夫夫子問黍離于衞鄭其遂以天王之

尊下五列國矣累百世儒者至此不敢極辨蓋皆心知其不然而無所以爲歸宿故甯　置之不談而已此皆是於信四時而分美惡故雖甚善傅會者愈鑿而愈不通也且詩書同經夫子刪定詩有南雅頌猶書之有典謨訓誥誓命也誥之與命謨之與訓體同名異世未有以優劣言者其意若曰若特其名云爾若其善惡得失自有本實不待辭費故也是故秦穆之誓上同湯武文侯之命參配傳說世無議者正惟不眩于名耳而至于詩之名目獨譊譊焉是非謂之不知類也乎

詩論五

國風之名漢人盛言之而絜著篇首則自毛氏始載記遷史凡援說國風或引爲自己所見或託以夫子所言蓋皆沿之前傳不足多辨載嘗究求其原則左氏荀況氏既云爾矣曰風有采繁采蘋曰風之所以爲風者取是以文之也是時去孔子不遠已有若言矣左氏之非耶明前輩多疑之其最不掩者有曰虞不臘矣世未更秦未有臘名也是不獨不與夫子同時亦恐世數相去差遠矣又況其託說于君子曰者乃明出左氏臆見故知指采繁采蘋爲風援引頌文冠商魯其上皆春秋以後語非如　季札所列是其魯府古藏本眞也豈可槩徇世傳疑其授諸夫子也哉荀況之出雖附近夫子其源流乃出子弓子弓者古云仲弓也雍之所得既非參賜之比而況之言又不純師也中庸率性子思親授之其家而成性存誠克己復禮皆易論語中夫子筆舌所出也況乃槩曰人性本惡其善者僞也若以善爲非性則禮也道義也皆非天賦而自外來設使已欲已克本性已成元無此禮本無放失循何而復不藴道義則本自無有亦何存之得存哉此其學術已明戾夫子不可信據

矣猶有可諉曰傳授或偏見解不至至如唐虞象刑典謨既嘗兩出又皆虞史所書亦帝舜本語而況直曰治古無象刑而有肉刑也夫六經明有其文者況猶忽志以爲無有則譊詩爲風其可堅信以爲有所傳授乎

程氏考古編卷一

程氏考古編卷二

宋 程大昌 撰 綿州 李調元雨村 校定

詩論六

漢人贊目國風以參雅頌其源流正自況出也何以知其然也漢之詩師莫有出申公之先而其詩派亦無能與魯詩爲匹者申公之師則浮邱伯而浮邱伯者荀況門人也高后時浮邱伯嘗遊京師文帝時申生又以精詩爲博士郎劉歆所謂詩始萌芽者也漢詩自毛公以外得立學官者凡三家齊轅固事景帝始爲博士獨韓嬰在燕申生在魯最爲早出然終西

都之世魯派之盛如王臧孔安國王武韋賢賢子元成嘗皆以詩顯名爲世所宗轅韓之學絕不能抗則漢世詩派大抵皆自況出也譬之水然源濁則流濁所受則然何怪乎況說之蔓衍於漢哉左氏之生在況先後則未易亟斷然而撥標風名以比雅頌則二子同於一誤也抑嘗深求其故則亦有自蓋札之言詩嘗曰其衛風乎又曰泱泱乎大風也哉是語也謂康叔太公之餘風形見於是者若此其盛云云左荀之在當時其必尊信札言而不究其所以言意札之謂風者與雅頌配對又會十三國者徒 詩而無他名徒國而無附語遂並齊衞二詩槩取風名加配諸國于是乎風與雅頌遂有名稱與之相敵後儒因又加國其上而目曰國風毛氏正采國風之目分置十三國卷首而作大序者又取司馬遷四始而（御名同音）大之遂明列其品曰風雅頌分爲四詩是謂四始詩之至也四始立而國風之體上則擠拔二南使其體不得自存又上則包并后稷平王使王業王位下齒侯國其失如此究求所使皆左荀二子誤認季札本意而已此其誤之所起而可攷者如此然是說也予雖有見而去聖人絕遠乃欲以百世末學冐數千載積

久尊信之語於儒家俱無疑議之後多見其不知量也矣然其敢於自信者季札夫子格言遺訓交相證定非愚而臆出說焉耳矣

詩論七

周官之書先夫子有之其籥章所歛遂詩有豳雅豳頌而無豳風則人可以見成周之前無風而有詩雅頌正與季札所見名稱相應也大師比次詩之六義曰風也賦也比也雅也頌也列以爲六蓋類而暢之猶曰詩之各有其理者如此而已耳鄭司農於此遂取季札衛風一語以實其說而曰國風者古固已有

如大師所掌也是鄭氏亦覺六經夫子無言之有風者而特並沿六義以證夫風之有本耳故子得以斷謂左荀之失起于誤認札語也且鄭不知此之六目特釋其義而未嘗以命其名也試言其類吉甫之贈申伯也自敘所著曰其詩孔碩其風似好是正六義中取風以爲之義者也然而夫子釐雅頌以正其所而崧高部彙自屬大雅足以見雅之體可以包風之義不得抗雅其證甚明也若參六義言之謂雅頌與風俱居六義之一而風當匹敵雅頌則夫賦比興三體者今無一詩以行于世豈夫子而肯不論當否盡

刪剟無遺矣乎此皆可以理推而知其不然者若不信周官季札夫子而堅據荀況左氏漢儒以爲定則正恐舍形狥影失本大遠也

詩論八

周禮籥章龡豳詩豳雅豳頌則豳疑于入樂矣然予嘗取周官凡嘗及樂者反覆推考以類證類然後知籥章之謂豳詩豳雅豳頌者非今七月等詩也蓋自大司樂以下詩之入樂者皆枚類其篇著名如九夏之王夏肆夏大射之騶虞貍首是其證也而未嘗有如籥章所龡豳詩雅頌三體無分其爲何篇何名者也夫既於籥章無所主指固不可億其爲詩矣設如所云卽詩雅頌自是三類使一類但有一詩豈其不爲三詩乎今考諸豳爲詩凡七獨七月一篇與迎氣所祭相入至鴟鴞已下六篇皆明指周公居東時事既與迎氣祈祭絕不相類又無緣可混雅頌以爲名鄭氏必欲附會乃取七月而三分之曰此風也此雅也此頌也一詩而雜三體吾不敢億斷其然乎不也然獨質諸論語夫子以雅頌得所始爲樂正則雅頌混爲一詩其得爲正乎其既不正豈不爲夫子之所刪削也乎且又有不通者用以入樂其全奏乎抑

斷章而龡乎使其全奏則一樂所舉凡三奪其倫籥章其失職矣使斷章而取自應別七月而三奏之不應雜三體以爲一詩也鄭氏既欲曲取七月以實籥章而籥章所龡詩也雅也頌也是已鼎立爲三細而推之三者之中詩之名既可以該括雅頌而七月一詩又域于諸儒所謂國風中若從籥章之舊而謂之詩則是于四始獨遺國風于是又捨籥章本文而自出己語獨改豳詩以爲豳風而曰此詩卽籥章氏所龡者也此可以見其遷就無據之甚矣歐陽文忠公疑別有豳詩于今不存所謂理至之言不得不服者

吾取以爲斷也蓋古今事有偶相類者夫子聞韶于齊而齊亦有角招徵招釋者讀招如韶後世因其語而和之曰角招徵招是誠韶之遺音在齊者今去古日遠安前人此說不有傳授亦不敢必謂知其非也頼孟子載此詩本語曰畜君何尤又從而辨之曰畜君者好君也然後今世得以知爲景公君臣相說之之樂而非舜韶也今鄭氏以籥章所龡之豳詩雅頌適與豳同而遂取是三體於七月之詩則失招同于韶且又在齊其可以指以爲虞舜九成者矣天下事正不可如此牽合也

詩論九

詩序世傳子貢爲之皆漢以後語本無古據學者疑其受諸聖人噤不敢議積世既久諸儒之知折中夫子者亦嘗覺其違異而致其辨矣予因參已意而極言之夫子嘗曰關雎樂而不淫哀而不傷是說也夫子非以言詩也或者魯太師摯之徒樂及關雎而夫子嘉其音節中度故曰雖樂矣而不及于淫雖哀矣而不及于傷皆從樂奏中言之非以敘列其詩之文義也亦猶賓牟賈語武而曰聲淫及商者謂有司失傳而聲音奪倫耳非謂武王之武實荒于無檢也今序誤認夫子論樂之指而謂關雎詩意實具夫樂淫哀傷也遂取其語而折之曰憂在進賢不淫其色哀窈窕思賢才而無傷善之心焉是關雎之義也其與夫子之語既全不相似又隱之關雎則有之殊無一語可以附著于淫哀傷也夫其本聖言而推之者尚破碎如此其他何可泥名失實而不敢加辨也歟至他序失當與詩語不應則有昭然不可掩者矣蕩之詩以蕩蕩上帝發語召旻之詩以旻天疾威發語蓋采詩者摘其首章要語以識篇第本無深義今序因其名篇以蕩乃曰天下蕩蕩無綱紀文章則與蕩

蕩上帝了無附著于召旻又曰是閔也閔天下無如召公之臣也不知閔天疾威有關無臣之意乎凡此皆必不可通者而其他倒易時世舛誤本文者觸類有之又如絲衣之序引高子曰以綴其下自是援引他師解詁以釋詩意決非古語世儒於其不通者則姑歛默而闕疑焉大抵疑其傳授或出聖門焉耳然則不能明辨著序者之上名則雖博引曲論深見古詩底蘊學者亦無敢主信也矣

詩論十

謂序詩爲子貢毛公鄭元蕭統輩也者謂子夏者不

知序之道三疑其爲漢儒附託者韓愈氏也詩之作託興而不言其所從興美刺雖有指著而不斥其爲何人子夏之生去詩亡甚遠安能聽及而補著之歟韓氏所謂知不及者至理也范爗之傳衛宏曰九江謝曼卿善毛詩宏從受學作毛詩序善得風雅之旨于今傳於世而鄭元作毛詩箋也其致著傳授明審如此則今傳之序爲宏所作何疑也然而以子夏而較衛其上距古詩年歲遠近又大不侔旣而以子夏追述而宏何以能之曰爗固明言所序者毛傳耳則詩之古序非宏也古序之與宏序今混并無別然有

可攷者凡詩發序兩語如關雎后妃之德也世人之謂小序者古序也兩語以外續而申之世謂大序者宏語也鄭元之釋南陔曰子夏序詩篇義合編遭戰國至秦而南陔六詩亡毛公作傳各引其序冠之篇首故詩雖亡而義猶存也元謂序出子夏失其傳矣至謂六詩發序兩語古嘗合編至毛公分冠者元之在漢蓋親是也今六序兩語之下明言有義亡辭知其爲秦火以後見序而不見詩者所爲也毛公於詩第爲之傳不爲之序則其申釋先序辭義非宏而孰爲之也以鄭元親見而證先序秦故有之序以六序綴語而例三百五篇序語則古序宏序昭昭然黑白分矣

詩論十一

宏之學出于謝曼卿曼卿之學出于毛公故凡宏序文大抵祖述毛傳以發意指今其書俱在可覆視也若使宏序先毛而有則序文之下毛公亦應時有訓釋今惟鄭氏有之而毛無一語故知宏序必出毛詩後也鄭氏之于毛傳率别立箋語以與之别而釋序則否知純爲鄭語不族表別也又況周自文武以後魯自定哀以前無貴賤朝野率皆有詩詩之或指時

事或主時人則不可槩定其決可揆度者必因事乃作不虛發也今其續序之指事喩意也凡左傳國語所嘗登載則深切著明歷歷如見苟二書之所不言而古書又無明證則第能和附詩辭順暢其意未有一序而能指言其人其事也此又有以見序之所起非親生作詩之世目繫賦詩之事自可以審定不疑也然則爗謂續序之爲宏作眞實錄矣且夫詩之古序亦非一世一人之所能爲也采詩之官本其得於何地審其出于何人究其主于何事具有實狀致之太師上之國史國史於是采案所以綴辭其端而藏

諸有司是以有幾篇兩語而後世得以目爲古序也詩之時世上自周下迄春秋歷年且千百數若使非國史隨事記實則雖夫子之聖亦不得鑿空追爲之說也夫子之刪詩也擇其合道者存之其不合者去之刪采既定取國史所記二語者合爲一篇而別著之如今書序之未經散裂者史記法言敍篇傳之同在一帙者其體制正相因也經秦而南陔六詩逸詩雖逸而序篇在毛公訓傳既成欲其便于討求遂釐別諸序各置篇首而後衛宏得綴語以紀實其曰此六詩者有其義而亡其辭也此又其事情次比可得而言者然也

詩論十二

予論二南國風既與左荀漢儒大異而世之信四子蓋略與夫子等若非卽四子之說而有以屈服之則予猶不能自信而能取信于人乎左荀漢儒其理若事既詳辨之矣而予意所鄉欲求典刑來自有夫子或如季札觀魯之類辨之而極其明指之而不可易乃有以立今信而釋前疑也世遠無古書可考則不免試于毛傳乎求之求之既久忽于析類標卷之閒見其名稱畧與札同而時有贅出者因從贅出者而刪削之其類例所列乃遂上與札言配合無閒因得以確然自信曰季札所見品式其尚未磨而毛公之誤其尚可正也哉蓋自周南以及召南邶風十三國小雅大雅頌此古詩之名品次第略見札語而亦毛傳散在篇卷者然也毛氏之標篇記卷也於二雅三頌每一更卷特曰某詩之什卷第若干而其或雅或頌則別出一簡列置在方未嘗舉而加諸記卷之首也獨至于周南召南十三國者則皆枚數國名什而繫諸各卷詩名之上如曰周南關雎傳第一邶栢舟傳第三而後別出國風一目布之左簡二體既異而

其書類例由此不能自相參合且多與札語牴牾矣以毛氏之所自標者而參較言之則二南十三國者之比雅頌既皆長添國王于每卷之上矣以查諦而較毛傳則二南十三國之左遂又贅添國風一名以已例則自爲差戾矚札語則有所增溢蓋嘗詳而求之則知其所從差而正其所以譌削去國風二字而下周南召南與夫自邶至豳凡十三國名者補置今毛氏國風部位則二南十三國二雅三頌皆列至毛詩二字之下而標卷悉用詩名截然一貫無有殊異而三百十有一篇者與季札所見名稱位置色色相

合矣其樂名之附國土者則周南召南周頌雅頌魯頌固爲一類其徒詩之繫國土者則十三國而無樂名又自一類其大小二雅不繫國土者志調又自一類彼此參會悉無舛誤此予所以得循毛傳以正毛失而喜古則未泯者此毛傳篇卷散裂難考今取其本目著之于前而用予所意定者隨著之後苟信予說而卽此觀之不待求之毛傳固已昭昭可覩已

程氏考古編卷二

程氏考古編卷三

宋 程大昌 撰 綿州 李調元 校定

毛氏

周南關雎詁訓傳第一

毛詩 國風

今定

關雎詁訓傳第二

毛詩 周南

召南視此正定

毛氏

邶柏舟詁訓傳第三

毛詩 國風

今定

柏舟詁訓傳第三

毛詩 邶

自鄘以下至豳視此正定

毛詩

南有嘉魚之什詁訓傳第十七

毛詩 小雅

雅頌獨去某詩之什者其同類詩多一卷不

能盡受則析十詩以爲一卷是之謂什非別

有義類與前二南諸國不同也

毛氏

文王之什詁訓傳第十六

毛詩　大雅

清廟之什詁訓傳第二十六

毛詩　周頌

駉詁訓傳第二十九

毛詩　魯頌

那詁訓傳第三十

毛詩　商頌

已上自南有嘉魚篇卷已後並毛氏本不標題無所更定蓋雅頌自爲一體不受混雜故比之古則亦無增損也夫[illegible]不經混雜故得本其矩度以格二南國風標卷之誤而後與季札觀魯者同歸一律

詩論十三

孔子世家古詩三千餘篇及至孔子去其重取可施於禮義者三百五篇然而今詩之著序者顧三百一十一篇何也龔遂謂昌邑王曰大王誦詩三百五篇王式曰臣以三百五篇諫讖緯之書知樂緯詩緯尙書璇璣鈐其作於漢世者皆以三百五篇爲夫子刪采定數故長孫無忌輩推本其說知漢世毛學不行諸家不見詩序不知六詩亡失也然則先漢諸儒不獨不得古傳正說而宗之雖古序亦未之見也夫既無古序以總測篇意則往往雜采他事比類以求歸宿如戰國之人相與賦詩然斷章取義無通槩成說故班固總齊魯韓三家而折衷之曰申公之訓燕韓之傳或取春秋雜說咸非其本義也然則古序也者其詩之喉襟也歟毛氏之傳固未能悉勝三家要之

有古序以該括章指故訓詁所及會一詩以歸一貫且不至於漫然無統河間獻王多識古書於三家之外特好其學至自卽其國立博士以教與左氏傳偕行亦爲其源流本古故耳然終以不得立于夫子學官故竟西都之世不能大顯積世旣久如左氏春秋周禮六官儒之好古者悉知本其所自特加尊尙而毛傳始得自振東都大儒如謝曼卿衛宏鄭衆賈逵鄭元皆篤嗜傳習至爲推廣其教而萬世亦皆師承昔之三家乃遂不能與抗則古序之於毛公其助不小矣班固之傳毛也曰毛公之學自謂出於子夏則

亦以古序之來不在秦後故以子夏名之云耳毛亦未必能得的傳而眞知其出於何人也若夫鄭元直指古序以爲子夏則實因仍毛語無可疑也子夏之在聖門固嘗因言詩而得襃予矣曰起予者商也則漢世共信古序之所由出者必以此也然子貢亦嘗因切磋琢磨而有會于夫子之意其曰賜也始可與言詩已矣是亦夫子語也而獨以序歸之子夏其亦何所本哉

詩論十四

古者陳詩以觀民風審樂以知時政詩若樂語言聲

音耳而可用以察休戚得失者事情之本眞在焉故也如使采詩典樂之官稍有增損則雖季札師曠亦未以用其聰與智矣是故詩之作也其悲歡譏譽諷勸贈答既一一著其本語矣至其所得之地與夫命地之名凡詩人之言既已出此史家甯舍國號以從之無背少易夫其不識眞如此所以足爲稽據也及其裒輯既成部居已定聖人因焉定之以南者既不雜雅其名雅者亦不參頌其不爲南雅頌而爲徒詩者亦各以國其地繫之卒仍其舊聖人豈容一毫加損哉知此說者其於詩無遺例矣故南一也而有周召以分陜命之也頌一也而有周商魯以時代別之也詩陳於夏而類著於邠周人因后稷先於賦詩之地也自七月以後多爲周公而作察其言往往刺朝廷之不知邠大夫其實爲之也在盤庚時商已爲殷且頌又有殷武今其頌乃皆爲商唐叔封唐在夔父時已爲晉矣至春秋時實始有詩今其目乃皆爲唐又其甚者三監之地而唐叔得國時已統於衞今其詩之在頃襄文武者乃復分而爲三邶鄘衞凡此數者猝而視之若有深意徐而考實證類正從民言之便熟者紀之耳本無他意也後世事有類此者中國

有事于北狄惟漢人爲力故中國已不爲漢而北虜猶指中國爲漢唐人用事於西故羌人至今尚以中國爲唐從共稱謂熟者言之古今人情不甚相遠也王黍離諸篇既從詩而非樂不可以參之南雅頌故以詩合詩雜置列國如冀州之在禹貢下同他州不必更加別異知于帝都之體無損也不獨此也木瓜美齊而列於衞猗嗟刺魯而繫諸齊召穆之民勞衞武賓之初筵不附其國而在二雅推此類其言之若事爲之說則不勝其說而卒不能歸一也今一言以蔽曰本其所得之地而參貫此彼俱無疑礙故知其

爲通而可據也且夫子嘗自言述而不作六經惟春秋疑於作而夏五郭公亦因故不改乃至於詩特因其舊而去取焉其肯自已立程耶故因其所傳之樂而命之名本其所作之地而奠其列是所謂信以傳信也亦所謂述而不作也

詩論十五

或曰衞公之言南也曰化自北而南也今二南之詩有江沱漢汝而無齊衞鄘晉則其以分地南北爲言不無據也曰十五國單出國名而周召獨綴南其下以漢人義類自相參較則既不一律矣而謂其時化

獨南被未能北及者意其當文王與紂之世也然而紂猶在上文王僅得以身受命而居西爲伯召公安得伯爵而稱之況又大統未集周雖有陜陜外未盡爲周周雖欲限陜而分治之召公亦於何地而施其督涖也又如甘棠之詩正是追詠遺德疑其倘在召公國燕之後于是時也周之德化既已統被天下無復此疆爾界矣騶虞麟趾蓋其推而放諸四海無不準者豈復限隔何地而曰某方某國甫有某詩也則宏之卽周召分地而奠南北者非篤論也周公居中王畿在焉故所得多后妃之詩召公在外邶皆侯服則諸侯大夫士庶人皆有詩可采亦各隨其分地而紀繫其實宏乃因其及后妃也而指爲王者之化因其在侯服也而命爲諸侯之風然則王化所被一何狹而不暢耶此皆不知南之爲樂故支離無宿耳

詩論十六

或曰古語或曰周道闕而關雎作又曰康后晏朝關雎作戒使南而果樂也安得純爲文王之樂也曰從作詩者言之固可命以爲作從奏樂言之又豈不得謂之作乎關雎文王固已有之爲夫晏朝者之不能憲祖也遂取故樂奏之以申儆諷其曰作猶始作翕

如之作則雖人更百世南更萬奏猶不失爲文樂也宏之序魚麗也固嘗枚數棠棣列著文武內外之治是爲文武之詩矣至其正序棠棣乃曰閔管蔡之失道故作棠棣焉夫文武之時安知管蔡失道而預作一詩以待之耶左詩所說蓋曰厲王怨鄭欲引狄以討除之其於國閱墻外禦之義全與文武不類于是召穆公糾合周族歌文王所從燕樂兄弟者以感動王其于棠棣言作蓋振作之作而非著作之作且又弔二叔而封同姓者明言周公爲之而宏之於二義皆迷失其本遂謂閔管蔡而著此詩此其爲誤豈不

重復可笑哉苟疑夫關雎作於康后而非文王之南其以棠棣之作於召穆公者例而言之斯釋然矣

詩論十七

或曰子以徒詩不爲樂則籥章之於豳詩嘗并豳雅豳頌而比竹以歙矣則安得執爲徒詩也曰此不可億度也古來音韻節奏必皆自有律度如從今而讀雅頌等之其爲詩章焉孰適而當爲雅孰適而當爲頌也迺其在古必有的然而不可混亂者所謂雅頌各得其所者是也然則列國之詩其必自有徒詩而不堪入樂者不可强以意測也或曰頌則有美無刺

可以被之管絃矣雅之辭且具譏怨親出其時而可明播無忌歟曰此不可一槩言也若其隱辭寓意雖諫古刺今者詩之樂之皆無害也至其片言政乖民困不可於朝燕頌言則或時人私自調養而朝廷不知亦不能絕也朝廷不知而國史得之錄以示後以見下情壅於上聞而因爲世戒是或自爲一理也歟其可悉用常情而度固古事哉或曰季札所觀之詩其名若次皆與今同而獨無商魯二頌是魯雖有詩而不得其全豈得盡據札語而證定他詩也曰此其所以古而可信也僖雖有頌未必敢與周頌並藏商頌雖雅周大師以存魯未必遂亟得之後經夫子鳩集刪次乃爲今詩則札之觀魯其不見宜也故曰詩序今與經文並置于學官如是說行獨祭何旨不相悖也周餘黎民靡有孑遺崧高維嶽峻極于天周民其果無餘乎崧嶽其果極天乎而聖人存之不廢蓋不以甚辭妨實理也詩而一語不附事實聖人且所不刪則序之發明于詩爲不少矣而又可廢乎記禮之書萬世通知漢儒所爲今其有理者亦偕古經列置學官則於詩序乎何疑

正朔一

三正之別寅丑子異正是也而或者有議焉曰紀月

之次首寅訖丑而十二數具者百代之所同也其作意更改者如秦紀用十月以首一歲則誠異矣而驗其月建斗杓直亥紀數盈十者未之有改也然堯正仲春實占星鳥后稷公劉在虞夏間勤相農事其時詩亦準流火以定七月則皆建寅也至於春秋本周歷以紀記時變襄二十八年春書無冰定元年十月書隕霜殺菽皆紀異也使周歷而首寅月則斗建寅卯水不堅凝月次在亥霜能殺菽何足異也由是推之謂變歲初而不移月數者非也班固劉歆之論歷

及西漢諸儒之釋經皆曰夏商周之相繼也寅丑子相變是謂天地人三統終則復始如循環也五三遠矣其傳故無幾然猶有可考者莫偹于詩書詩書斷自唐虞以下爲世凡五其叛建丑子者惟商周二代自唐迄夏卽皆建寅不相復也高堂隆謂舜更堯歷首歲以子堯同少昊首歲以亥皆不與詩書合不足據也然則占三從二則帝王建寅者居其大半豈得謂之相復哉

正朔二

夫子嘗取四代凡制而折衷之於時獨欲行夏蓋歲若始丑則蕤賓不爲夏中既違天矣而未遠也若其始子以占則月方建午時已紀秋豈不全與天背哉故惟循夏建而後四氣各襲其位也周人亦知建子之不足以正時矣特牽於舊傳謂不自立一制則無以見歷數之歸己則自不容不改矣而于朔易嗣歲之間酌求其當欲建丑耶則不能有革於商將建寅耶則夏人固已先已爲之則其勢不得不出於子也子雖改建而稽求天令惟寅爲協於是參酌三正兩占而並用焉既叛自紀子以爲正月旋復標寅以爲正歲此非徒虛存兩名也歷象所著自有參考夏

時之制然存其間世或習矣而不察也然則夏時得天不必待夫子而後論定蓋武王周公其已知矣而歷考先秦古書不見改子用寅起秦何世則秦之什月其爲變爲酉當究所宿而後因革之由是始可考定也班固之言曰漢興襲秦正倪寬之論漢歷曰推傳序文則令夏時也太初歷法其在立冬小雪則曰於夏爲十月商爲十一月周爲十二月則秦漢十月皆建亥也月令雖經漢儒潤益然其氣令悉本呂覽呂覽者不爲所著之秦書也孟冬之月日在尾昏危中旦七星中則秦之十月建亥甚明特甚改用夏時未見所始耳

正朔三

秦既襲夏首寅則正月者其歲初也不此之始更十月而歲垂盡顧取以爲首何也史謂本五勝水王之月是然矣然周之正月既可易之以爲中冬則月而建亥何爲不可建之以爲中冬也凡此之意秦固明知而終以不背者正惟夏時得天不敢屈天以徇已也然則周人兼正月正歲而兩著焉吾於此有稽也周雖首子以月月數而占星定歷修祠舉事仍按夏時不皆自用其制也六官職掌凡曰孟春仲春季春

中夏中秋中冬者皆周正也而龜人釁龜筮人相筮特變常文而命曰上春故鄭司農以爲上春者以夏正言也山虞仲冬斬陽木仲夏斬陰木是周正辰戌之月矣柞氏因其已伐而刊剝水火焉則特别異其時而用冬夏二至蓋斬者人也藉人事以信其歷雖用辰戌可也刊焉剝焉如水火而化焉苟非其時人力徒施故不容不用二至也辰戌用而周歷信二至用而正歲存求之六官不止一事也五圭表景以迎日推算筴圓丘方澤以祠祀天地適當二至者旣皆明著其期以應正歲氣序矣至其天令已及人事當

舉而會其令序不在二至無所表别則又異其文而明標之曰正歲十有二月如凌人斬氷杜子春以爲夏正之十二月者是也夫正歲有十二月周歷亦有十二月令凌人也越六官正月常列而冠以正歲者以明所用者建寅之十有二月而非周之十有二月也蓋至此甞正歲以冠其月而周制用夏者益明白矣

程氏考古編卷三

程氏考古編卷四

宋　程大昌　撰　綿州　李調元雨村　校定

正朔四

馮相氏掌十有二歲十有二月二十八星之位辨其致事以會天位縣而觀之歲一歲云不過積月十二而同足以其數疑若無分於年矣至太史之職又有所謂正歲年以序事頒之於官府都鄙者苟其歲也年也無所殊異而兼舉兩語則周公所書其亦有時而衍文矣諸家至此俱不能究窮其别時不明夏周固有明制不可推也爾雅敘載歲之在辰者於夏曰

歲於商曰祀周曰年而唐虞曰載郭璞從而明之曰歲取星行一次年取禾更一熟今用其言質之詩書論語具如璞語非臆說也期三百有六旬有六日以閏月定四時成歲是夏人以星名歲之所本也舊穀既没新穀既升必從食稻以命一朞則是周人所爲因禾命年之則也何以卒歲曰惟改歲每歲孟春皆夏語也作十有三載乃同則是禹在唐虞間語亦猶箕子歸周陳言而猶推本其來曰惟十有三祀不相雜也若夫周之稱年則純一無他矣秦誓伐商自奄天下三年而追數舊事亦曰惟九年大統未集迨武

王克商之後周公輔政之久商周之亭國方嶽之朝狩悉以年紀而論語之　百年三年父母之年亦首末如一也是凡涉歲年者夏周之制無一語相亂也馮相氏所掌十有二歲者以當歲之一星亘乎十二次者言之也石氏所謂一星終者是也其曰十有二月則具十二朔晦者是也占星知歲循歲數月而天時人事孰當從周孰當行夏可以參合無牾故曰以會天位也天位可會則以夏乘周其無爽矣於是事之可以遵周者循子正以立歲事之不得不以行夏者則本正歲以若天故歲與年可以交相正而時令

先後可以授之官府都鄙矣今六官歲年異文者若生齒大比則以三年至其大計羣吏誅賞則必於三歲等之為三十六月焉其大比大計必各有需時待挾始得施其會計者故三年三歲不一其制惜不得盡聞其詳也

正朔五

漢祖入關也以十月又會五星聚見東井遂仍秦故十月為歲首其謂十月者固秦之十月而其正月亦仍秦建寅也太初元年夏五月正歷以正月為歲首顔師古曰未正歷前歲首以十月今以建寅之月為正月是也前世歷家如邊韶之徒謂太初改元易朔行夏之正者誤也起歷而改用丁丑元紀歲而首建寅月者武帝也若夫始寅而數以次比于二晦朔者秦人已然不始武帝也王莽閏位當初始元年十一月遂改漢正以其年十二月朔為建國元年正月之朔以鳴雞為候則改寅用丑矣更始改元不足三年決未暇及正朔事而光武受命於更始三年遂改建武其置社稷立郊兆復舊服色皆著於史而正朔改否輒無所書固未見其改丑爲寅矣魏文之在黄初事事改漢而獨循用漢正明帝以黄龍見山莊縣有

司曰魏得地統正當建丑於是遂以青龍五年三月為景初元年四月夫文帝正朔用漢而明帝改漢用丑則是東都固嘗用寅矣而范爗雖於歷志亦不紀序也明帝之正雖議改丑然不及三年而齊王芳以夏正得天亟更其建於是又改景初四年建寅之月為正月而以景初三年建丑之日為後十二月葢至此而歲復首寅也

正朔六

明帝詔改丑正也其言曰景初之歷春夏秋冬孟仲季月雖與正歲不同至於郊初迎氣杓祠蒸嘗巡狩

蒐田分至啓閉班宣時令中氣早晚敬授民事皆以正歲斗建爲歴數之序夫明帝之謂正歲者卽周之正歲也其謂晷初歴乃明帝自制之歴也丑爲正月明帝可得而改也四氣之應夏時者明帝雖欲强正意見不容易也故凡當若天者仍周正歲爲斷而其率然見丑特虛名耳宜乎正始以爲難用而復建以寅也漢魏去古不遠正始之爲臣又多博雅今其改歴建丑而不敢移革正歲其必有所受之則周家正月正歲兼著於時者是其祖也獨怪夫歴家自三其術者曰歴數已定推而上之近則獲麟遠則堯典又

遠而開闢其天行歴算皆可復其疎密爲説甚美而其疇人自相攻駁固皆其見失實矣至有不待考歴而知者子丑寅旣有三建而月之固周闕十二辰者無古今也商之代夏改正爲丑則其年當虛十二月矣周之代夏用子更丑秦之十月改闕古亥于其改建之閒法當虛月不以入歴也類而推之王莽代漢改丑則初始之年亦無十二月明帝自靑龍而改景初其歴亦當盡十一夫其旣虛一月矣則十日日十二辰之相配者其年其歴必當取一甲子有半而附之它月歴家不聞於此有所稽驗持旣數歲年而誇張其算曰吾之歴卻見遠古不知憑何氣數以驗天行耶

象刑一

舜典曰象以典刑臯陶謨曰方施象刑惟明是唐虞固有象刑矣而去古旣遠說者不一荀況記時人之語曰象刑墨黥慅嬰共艾畢菲對屨殺赭衣而不純也漢文帝詔除肉刑曰有虞氏畫衣冠異章服以爲戮而民不犯今法有肉刑三而姦不止武帝之策賢良曰唐虞畫象而民不犯應劭曰二帝但畫衣冠異章服而民不犯也孝經緯曰三王無文五帝畫象三

王肉刑畫象者上罪墨象赭衣雜屨中罪赭衣雜屨下罪雜屨而已白虎通曰畫象者其衣服象五刑也犯墨者蒙巾犯劓者以赭著其衣犯髕者以墨蒙其髕象而畫之犯宮者屝扶未反犯大辟者布衣無領凡此數說者雖不能會歸于一要其大致皆謂別異衣服以愧辱之而不至於用刑此遠古而譌傳也禹之稱舜曰與其殺不辜甯失不經特不殺不辜耳而未嘗去殺也怙終賊刑刑故無小是未嘗置刑不用也戰國之時未經秦火已謂象刑者示辱而已無所事於刀鋸斧鉞也荀況旣知其不然而又不能別援古

典以當其有無特能推理以辨而曰以爲治耶則人固不觸罪非獨不用肉刑亦不用象刑矣人或觸罪矣而直輕其刑是殺人者不死傷人者不刑也此數語者雖堯舜復出無以易也揚雄曰唐虞象刑惟明夏后肉辟三千不膠者卓矣雄以肉辟始夏則眞謂堯舜之刑無刀鋸斧鉞也此蓋漢世之所通傳故文武二帝詔語亦以爲然也肉刑之制孔穎達輩會集傳記皆不能知其所起然而劓刑椓黥苗氏固已有之帝舜斥數其虐特以不能差罪而遂至於淫用耳則肉辟所起豈復待夏后氏之世哉且舜之刑五服

五用明有所施而此時未有笞杖徒若無肉刑其閼罪而五服之法服罪而五用其刑以何器具而行其論決也況象刑之次每降愈下者方有流鞭扑撻明謂象刑止于示辱則是正麗五刑者反可以異服當刑而惡未入刑者乃眞加之流鞭扑撻焉是何其不倫也此自可以理料也

象刑三

孔安國之傳象刑曰象法也法以用刑也以象爲法於義既迂而法以用刑似非六經語度故世之以爲疑至荀況氏出疑異冠服之不足以懲也遂作意直詆以爲無有故其言曰象刑不生於治古起于亂今也象刑虞書嘗兩出又親紀舜語若舍之不據則堯舜不足祖典謨不足經矣然則何以曰古無全制則當參其類而求之類既相比則當推其理以究之待其彼此相質相說以解則古制見矣夫既謂象則必有形可繪有狀可示也既其可繪可示則凡謂爲象者其必於刑象焉求之豈容泛言也歷象日月星辰雖書其軌度於歷然璿璣玉衡正是模寫天形星晷以致之於書故夏諫義和謂其昏迷于天象也觀象作服則誠以日月山龍加采色而繪之於衣後世宗

本其制而差降之其最下者亦以象服爲名則象刑云者是必模寫用刑物象以明示民使知愧畏而可他求泛說哉第世言象刑者不究其本而直謂畫象可以代刑則人不信耳

象刑三

周之闕名象魏魏者取其巍巍然也象者實有六典事物之象書著其上也司寇之職正月則垂刑象之法于象魏使萬　民觀刑象挾日而斂之此其爲制正本有處也既名爲象且又可垂可斂則不止巍然徒闕而已其觀之上必有具焉則畫刑爲象者其是

象刑四

矣周言刑象命其形也虞言象刑著其成也其實一也六官皆有職六職皆有具治教政禮刑工隨其事物有圖寫之其繪事屬刑者則刑官取而垂之魏闕是爲刑象由刑象以推唐虞則象刑云者以有象而名可類推也魯哀公二年大跔公宫公立于象魏之外命藏象魏曰舊章不可亡也夫指象魏之象以爲舊章而可藏焉則凡周禮在魯者尚皆有象也管仲對齊威公曰昔吾先王世法文武設象以爲民紀式權以相應比綴以度韋昭曰設象者設教象於象魏也夫象設於魏而遺魏可以自見是象不附魏自得名象魏而無象則觀闕耳象可以離魏而言設則刑之可以循象而爲職守是殆一制也況仲之所言象也度也權也皆形器也則象刑之爲畫象又何疑哉聖人之設刑也蓋期人之不犯而其肯以不犯者非有畏焉則有恥也道之以德齊之以禮世之知義者固遂有恥且格不待致警矣上之不入於德禮而下之未至於無顧藉則墨劓剕宮大辟之用刀鋸斧鉞鑿之具先事繪象以昭示之使其觀具生警以不及犯則唐虞之象刑是皆以其昭昭使人昭昭也不愚其民忠厚之至者也

夫子之言曰不教而殺謂之虐莊周曰慝爲物而愚不識皆告世之教飾無素者也蓋周人布刑象之法大司寇垂之象魏小司冠宣之四方則既詳矣猶以爲未也則有執木鐸以警者執旌節以達者窮民而讀者書五禁於門閭者論刑罪於邦國者其上下相承極其重複正慮不知者之設觸也以此言之則藉藻色以暴昭其可愧可畏者正聖人忠厚之意也經之言曰象以典刑流宥五刑鞭作官刑扑作教刑金作贖刑象流鞭扑皆士師致刑之具也自流以下不獨出五刑之刑外亦皆加輕焉故惟象之所繪是其一代刑辟之大者也典之爲言與典三禮之典同舜之致戒蓋曰循象以掌常刑用流以宥輕罪鞭以警有位扑以懲不率金以贖其可恕眚災而應赦怙終而不改則皆隨其麗法者加操縱焉則舜之刑於此數者皆相須而不可相無也然至于制中弼教帝以其功歸之皋陶特曰方施象刑惟明而流鞭扑贖皆不在數則象刑者其一代刑典之大者也雖然有刑而後有象刑者實用也象者假設也從假設者以名其刑似舉影明刑不本其本何也曰此所以見聖人

期無刑之意也及其未用而設警以先則不待入畏而後知畏也世之有魑魅魍魎人固不願與之相直也然天地間不能無此種物怪也聖人范金肖物著諸鼎以示之則山行草茇者知畏而預爲之辟也此其鑄鼎象物之意與畫象而期不犯之意同也以期不犯者名其刑而使見者不及於犯則刀鋸斧鉞椎鑿皆付之不用聖人之欲也示之以畏而民應之以不畏則其假設者爲實用也故曰方施象刑惟明也其後成王之刑以義斷制則自名其刑義刑穆王之訓夏明贖則聖人本其制而命之曰贖刑亦各賓其

實而已矣

象刑五

謂異衣冠之爲象刑不足以得其實矣而不無所本也司圜掌收教罷民凡害人者弗使冠飾而加明刑焉大司寇凡萬民之有非過未麗於法而害於州里者桎梏而坐諸嘉石夫秋官所掌既有三典五刑以明正糾詰矣而又有加桎梏而坐石以恥之者又有赭冠飾而書版以辱者則於其起居服用寘有意乎以別異行懲艾矣而又古者典刑希簡傳政不詳載國之時刑辟滋衆已有傷時慕古者曰古能以畫衣代刑而今獨不能其在荀況固已聞之至漢而傳益訛諸儒遂附和其說以爲誠然鄭元之於司圜因有弗使冠飾之文而遂用以證實其語曰不冠而著墨幪若古之象刑也夫象以典刑揆諸舜典則在流贖之先而加桎梏去冠飾質之司寇顧在五刑糾慝之外設使其制誠嘗轄刑不過刑不過若畢命之殊異井疆也秦人之赭衣徒隸也漢世之胥靡闕春也本非正在用刑之數則安可以刑餘之輕者而證古制大典也哉且夫舜命臯陶作士而授以制刑之則類皆差五刑而三其服即五服而三其就其所爲制淺

深綦嚴密無不曲盡而槩謂示恥可以去殺固無惑乎後世之不信也於是結繩理暴秦之緒干戚解平城之圍遂爲迂古者之口實抑不思有太古之民則結繩雖簡豈不足以立信有舜禹之德則干戚非武亦豈有不能屈服强梗之理哉彼其結繩舞干特致其至而非其所從致也苟以民頑俗薄而疑象刑之無能有懲是特不究其所從致者耳三后恤功以期多賴伯夷降典以折未然民日遷善遠罪既與刑忘矣而猶時有不肅故畫象以示而發其愧畏之機是畫象者可以昭愧畏而非以致其愧畏也欲知畫象

之爲刑助其必循本以觀乃有得哉

程氏考古編卷五

宋　程大昌　撰　綿州　李調元雨村　校定

三宅三俊

周公作立政三言三宅三俊孔安國曰大罪流之四裔次九州之外次中國之外意如五宅之有三居然是其所爲三宅也正有直剛柔三德如洪範所陳是其所爲三俊也然立政所書顓爲用人而作雖以司寇謹罰終竟其文要其叮嚀庶獄特居準人職事之一耳三代本末有序凡其施置卒常先德後刑安有未及用賢而遽飭刑罰恐非聖人彝序亦非立政任

人本指也王氏必謂孔子外立三居以混正意遂順飾本文而别爲之言曰已命以位已任以事則爲三宅其才可宅而未踐此位則爲三俊此於經文無忤矣然有不通者周公之稱成湯曰克用三宅三俊夫三宅三俊槩言克用而猶謂三俊爲未用之才何哉古今法制固不得而同然人情事可以意想也且使此三人者見謂爲俊拔而顯之不知其將處之何地若明命其才實試以職則當併已用未用而數之且將參耦而六不得止云三宅也若始下一等而小試之不居其位且未有職掌可以程名豈容虛並三宅

而假立稱謂也哉詳復考之皆不安愜故予嘗反求諸經而推知其實也宅乃事宅乃牧宅乃準此即三宅所起而在夏后氏之世者也周公陳此三宅固云夏叔而其時三俊之名未立也暨湯文武而後甫曰克用三俊灼見三俊詳求其故蓋事牧準三官也人君處以此職使安其位使任其事則隨其官而命之曰宅事宅牧宅準如堯以百揆處舜則曰納于百揆舜以處禹則曰使宅百揆納也宅也皆自上處下之言也既居此位既升此職而總其見處者之地則曰三宅三宅云者即所居官命之如百揆之初以揆度

百事得名及其既已受命遂如後世三公六卿正爲官稱非如自上處下初語矣此宅事宅牧宅準所從命名以爲三宅者然也三宅既爲官稱則隨其職業所能勝任以名言其才其德故得並附二宅而名之三俊也

三宅三俊二

天下職任多矣常伯總率百官常任謹戒百事準人平處刑罰三者關繫治亂最爲要切故舉天下之大而能擇人以處三職則于君道遂無餘事此夏人舉要致詳之意而商周承之以爲治本者也湯之興也用是人居是職則誠安其位而無讒邪傾間之慮虞名若人之有若才則誠當其才而無名浮實失之僞此非成湯自立此模也知夏制而敬承之故于三宅之三俊既能信用而四方萬里遂于夏法乎見德也文武之造周也以言乎夏制則知其指而不謬以言其時髦則又能灼見其蘊而無失故周之治亦遂追夏軼商也然則夏之此制施諸用人如方圓必于規矩不可舍而他之何也爲其執要而致詳故也孔安國求其說而不得顧推而入之五流三居者殆因三宅無義民一語也夫籲俊而訓德先夏之所以宅人

而其國因以大競者也合三職而一無義民者末夏之所以不能嗣往而至於荒墜厥緒者也其宅同其所從宅者異故治亂由此乎分經意明甚何有幾微以及用刑也哉

三宅三俊三

自虞夏以及成周事日益多官日益　衆其分職任事者不患乏人顧成王之資不及文武則其操總之法尤當得要故夏之三宅在成王時尤爲用人會最也二帝三王官稱之著于詩書者已自不同特不知事牧準其在三代各爲何官何名而周公之陳三宅

世更三代名同一軌雖其意尙或可想而制不可強言也且庶言庶獄既分授職則三宅也者其居虞周以在九官六卿之列然而庶謹所寄實將審處幾康且有參總萬幾之象則非法守所能拘圉矣載考之古禹作司空而上兼百揆周公爲師而下任冢宰則此之庶謹又未必非大臣之所兼總也然則此三職者以授任則甚重以擇任則甚要故官制世異而委寄常同理極其當雖聖人復起有不能易者殆此制之類也雖然桀紂之世三世未嘗虛位也而其所從宅者非禹湯之所以宅也故周公既枚數三代當否

以爲之鑒又極舉文王用心以爲之戒其曰惟克厥宅心乃克立兹常事司牧人以克俊有德者得夏禹宅人之指而擇其所以宅也言獄謹罔攸兼罔敢知者慮其或有纖毫疑貳則不安所宅也當其致戒則曰既已俾亂則自一話言勿以致疑及其申告則曰能宅之則必用之能用之則必能細繹之是然後可以責其安位也故宅之爲義如人安宅其宅也轉徙無定固不足以爲宅相攸不審與夫居之不安亦皆不足以爲宅故夏之剏制固已諏德而審所宅商用循之則曰嚴惟丕式曰克之三有宅心曰惟克厥宅心其式其心率皆準夏以言也此又一書之要旨也

舜論

孔子曰無爲而治者其舜也歟夫何爲哉恭已正南面而已矣揚雄以其意見言之曰襲堯之爵有堯之道法度彰禮樂著垂拱而視天民之阜也無爲矣雄之若言殆重華協帝之義疏耳而非舜之所以無爲也竟水功制象服舉十六相去四凶肇十有二州封十有二山濬川皆非堯故而又時巡考制一歲之閒車轍馬跡率常周徧天下安得謂爲垂拱坐視也郎孟子曰舜明于庶物察於人倫由仁義行非行仁義

也夫惟察知事物情狀而循理以行不自作爲其斯以爲無爲也歟故由仁義行雖曰知至至之而實非自爲如此之仁自爲如此之義也易之無思無爲箕子之無作好惡成王之無作聰明聖人之無常心皆一致也若曰心思作爲言語好惡悉屏除謝絕付之無有直偶人矣而治道安所自出也孟子曰舜居深山之中與木石居與鹿豕遊其所以異於野人也幾希及其聞一善言見一善行若決江河沛然莫之能禦也方其理不當作則忘世自適非獨不異野人亦將不異於土石無爲之至矣舉世言行苟有一善則

果於有行如江河沛然莫之禦過則其作爲孰勇於是繫辭之贊易曰無思也無爲也寂然不動感而遂通天下之故又曰聖人以此洗心退藏于密吉凶與民同患夫其既洗而寂其密也其不動也人以爲土石野人也及應感而通與民同患人以爲江河沛然也而木石江河不殊一舜故曰在已無居形物其著其動若水其靜若鏡其應若響古之聖人莫不皆然而舜特其可得而見者也世之言無爲者不入於楊子則入于釋氏楊之説雖與孔子異見亦未失理也釋之説則棄人倫蔑禮法以空爲至自空以上無指

焉施諸一夫獨善者猶不害也若舉而措諸天下則應感出治以何爲哉關尹喜之言曰知而忘情能而不爲眞知眞能也發無知何能情發不能何爲聚塊也積塵也雖無爲而非理也揆之於易有藏有感者之言也若遇事當應猶復寂然則聚塊積塵而已耳天下何賴焉故夫水土稼穡禮樂刑政舜皆能之而能不爲也以其該而照其偏焉稷契皋夔孰可尸是孰可主彼當其可而授之模不强其所不能爲不致其所不可遂則凡所分命亦非舜而自爲區處也因事而擇人因人而授任理固如是也使舜不能

高出其表而見其當然則區處之初已太失當況自親之歟故曰發無知何能爲則人并與無爲之所自出而言之矣世謂老釋一律吾不信也及其以此之爲而致之無爲則孔子之謂恭也正南面而已者其何所似哉釋囚封墓散財發粟列爵分土敦信明義紛紛更搬而猶曰垂拱以治其眞垂拱哉

禹論

孔子曰禹吾無間然矣菲飲食而致孝乎鬼神惡衣服而致美乎黻冕卑宮室而盡力乎溝洫禹吾無間然矣夫無閒云者有所非間之對也是故貢捐之得以立義曰孔子稱堯曰大哉堯稱舜曰盡善禹曰無

禹入聖域而不優也夫功非聖人之極致而其力量大小常於此焉發見也不稽其功孰測其有禹之出也地平天成六府三事允治萬世永賴其敷命所承與重華所協幾幾乎莫可高下則三聖相襲似難作兩觀也而捐揣切夫子本語一猶實有等差者何也曰此不可從事爲之末而究辨之也若孔子必有爲言之也湯之伐夏也內省卻顧其于揖遜實有慙色仲虺作誥以開釋其意顧於弔伐救民者不數數然而特詳言其不自私已以素信于天下者曰不邇聲

色不殖貨利德懋懋官功懋懋賞用人惟已改過不吝克寬克仁彰信兆民凡湯之慙慙其伐夏而自君也今其所立既以癯身爲物而爲夷夏之所信戴惟恐誅弔之不先此豈私一已而富有天下者所能得此乎民哉舉玆以旃而湯之自慙者解矣此事理之相形而話言之知要者也禹之傳啓也德固無慊于堯舜而迹則近於私已也故萬章之問孟子曰人有言至于禹而德衰不傳於賢而傳於子夫萬章既舉人言以問則是語也由來已久夫子亦必已聞耳矣而不足正與之辨也時究其非間所起而陰用其所

不然者折之若曰人之樂乎爲君者爲其聚四海之利以供已私也爲其天下皆爲我勞而我無所用力也今從其宮室衣服飲食而卑之而惡之而菲之則凡其自奉者殆不豐於匹夫矣至於黻冕鬼神凡爲天下出度者則致極而不敢溥甚者胼胝手足傷切膚理不子其子而極力疏瀹無遠不暨則豈肯以天下私其不可傳之子孫哉吾無間然之語重復而叮嚀蓋不折其疑而默解其所從疑也聖人之言其高遠而不可淺觀大抵如此也且夫天下之道二是與非而已耳入是則無非蹈非則無是苟從其對而明之則不待斥言枝削而意會了然矣子貢未知衛輒之舉見黜於夫子乎否也則借夷齊以嘗之夫子既許夷齊以仁則輒蒯之不仁在所不問也子貢之於輒蒯設不問之問夫子之於禹有不辨之辨故聖賢不辭費也

夫子一

堯舜禹湯文武此六君子者位在德元力足以管攝天下凡所施置勢兼畏慕則在動也隨固易易然也夫子終身匹士無所資憑而當時推尊萬世主信六君子之言動政教反依其言以行此其間有必無器

而民趨不令而人孚者矣陳子禽問於子貢曰夫子之至于是邦也必聞其政求之與抑與之與子貢曰夫子溫良恭儉讓以得之夫子之求之也其諸異乎人之求之與溫良恭儉讓殆從子禽所見言之耳而夫子能使所至之國不問何侯不問何事悉虛心有訪焉所謂如有政吾其與聞者盛德所薰非枚數一二者可究也日之麗天與春爲生與夏爲育秋之物以堅冬之物以藏方其位當而勢順未覺大異也六君子者之事也明已入地轉晝爲夜百川井泉噓氣上蒸若將雨而出雲然雖枯田蔓草根荄毛甲悉傳

滋液如麻粟如珠玑均被霑洽夫何自而然也至陽莫過雖隔越九地無不透徹也此夫子之德之盛非阨窮在下之所能掩者也德至是矣則誠於此者自形於彼其豈有所用力也哉夫子嘗諭志于人曰老者安之朋友信之少者懷之此三語者從常以觀僅能相安于無事耳然以一身而付億億萬以無作而應有待不施敬養而老者自爾安不立要約而朋友自爾信無所拊輯而血氣方剛者自爾歸慕槩其規撫以準古治是爲何所肖似哉無告之民易以凌虐而能使天下俱不能虐窮困之士難以申達而至公

至明自不堙伏此其爲效豈人人而思事事而察者之所能哉達則堯舜窮則夫子其致一也子貢嘗曰我不欲人之加諸我也吾亦欲無加諸人子曰賜也非爾所及也夫我不上人所得自制也人或我加自非德力藹著使其人望焉而意已消渠肯但已故曰非爾所及也此聖賢之分也

夫子二

期不喻而後命命不喻而後說說不喻而後辨此立德者淺深之別也商人作誓而民始畔周人作會而民始疑比之有虞氏未施信於民而民信者絕相遠

也彼其畫刑象示愧畏而民用不犯則固不免於期矣而命辨說者三泯于無見也夫子嘗語子貢曰予欲無言蓋期乎此也學如子貢聞若語而猶測 以語言之常意其無以關通彼已也則隨獻所疑曰子如不言則小子何述焉此其於夫子所指不翅胡越遠矣夫子蓋傷世人無復足以喻此者則又從而申之曰天何言哉四時行焉百物生焉天何言哉而子貢無所復叩非不叩也不知所叩也四時於其當行而自行百物於其應生而自生舍天則無所稟令而天豈臨事旋出此令歟此夫子之所自期而欲屈于

無位者也子貢之學晚而益進蓋嘗因文章之舊聞得性天於自悟其見益非往比故其稱述夫子曰夫子之得邦家者所謂立之斯立道之斯行綏之斯來動之斯和此即古之從欲以治四方風動者之所爲者也使賜也而早悟此理則無言之誨吾知如一以貫之之唯無所不說之愚矣魯居天下其比齊楚秦晉亦已小矣夫子一爲司寇而出妻避境餘年儲價者皆遁逃斂戢至于墮郈毀費三家雖肆不敢斥其逼已則必有不怒而威於斧鉞者矣讙鄆龜陰之田向也坐受侵辱至是一兵不陳齊人章章奉板以復

其德力所致彼大於秦楚齊魏之勢能爾矣乎 少須暇之其於不令有孚殆不難矣天其未欲平治天下故于堯舜但能袒襲之而已無能有所究達也臨河接淅伐木削迹至一身無所容而識者不以參諸孚感之間特曰此亦妄人也而已以堯爲父而有朱以舜爲兄而有象以周公繼述文武而民不靖不起于外而起於王宮邦君室則他人何詠焉天之方春凝冰之山窮髮之境無不萌敷華實至于木之無根者石之無氣者焦然其猶大冬而人不曰天德不足以徧覆也此有以畀彼無以受則一木之枯一石之

頑豈足以格聞大生之德哉

程氏考古編卷五

程氏考古編卷六

宋 程大昌 撰 綿州 李調元雨村 校定

中庸第一

夫子之設教也以人之未進是則不躐等以告故論語一書皆仁義禮樂之具至爲道日損以上無詔焉夫子思之著書也以道道苟在是則德發所見展竭無餘不問世之能與乎否也而遂逆設以待故論語所載率寓遠指於近言之中而中庸所書并出眞見於難言之地此非子思而敢戾於夫子也其所指各有以也夫子嘗曰二三子以我爲隱乎吾無隱乎爾

又曰不憤不啓不悱不發舉一隅不以三隅反則不復也此夫子之心也故賢如子貢而性天道尚不得聞親如伯魚而過庭之訓僅止詩禮非有靳也度其可受而授之其所施有分量也若夫子思之措意則有異矣自天命之性率而修之以爲世教自修道之教浸而復之至于無聲無臭豈惟聞言能受者世難其人若親見聖人而得其所受亦絕難其謂也方夫子在也擇人以告而應機而唯者不過一二子苟去聖日遠又不得天下英才以教而徒執反隅故法則恐微言由已而絕故備極書所得以待知者此子思

所以異於夫子也子思之傳是爲孟子孟子之門猶有公孫丑萬章告子樂克之徒相與難疑答問然課其所詣尚未得與七十子班其況有聖於參賜也哉此七篇之書又不容已也

中庸二

由夫子之雅言以達之其所不言則爲子思者亦難爲辭矣於是酌其可言與其不容言者而時出一意焉體道妙以立本而使人有所準向資物象以證妙而使人有所發寤是爲從無可寄言者而必與之言故機緘如是其委曲也是理也通庸一書莫不皆然

而取證于天地者尤多且有序也其曰至誠可以造化育可以參天地特言其可耳至不息而久以極乎博厚高明則直與天地配矣建諸天地而不悖則言行在民莫不敬信覆載所及莫不尊親亦旣大矣然猶有待於作爲也至于淵淵其淵浩浩其天則人之敬信也不以言動人之畏勸不以賞怒君子之至於斯也篤恭而無作而天下自平雖動容出辭亦且泯於不有稽其所宿其在堯舜夫子則無名也無言也而於上天之載則無聲也無臭也不復有倫可擬也天命之性於此乎復而修道之教遂如魚兔之筌蹄

矣蓋子思談道其序之可考者如此而能發難言之妙於可以循求之域則假物之助多也趙岐之贊孟子曰長於譬喻辭不迫切而意已獨至孟子自謂與人立辯非其得已而肯從設喻以矜已長也哉惟其借世人之共知者以據發其所未知故辭不費而理已明也此又孟子之學源流出於子思者也

中庸三

凡中庸援琴瑟神鬼山石河江者則專以取喻也其本天地爲言者一以證類一以指實也域中有四大天也地也道也正相配對也惣攝覆載者固出於道而模高厚以爲道則者舍天地莫與明也體是道而

在上則爲帝爲王而隱約在下雖匹士亦聖人也故凡語及天地卽是聖人非止以類證類而已也高明博厚者固天地也誠之形而著久而證者其於載物成物亦天地也今其論道正及天者功用相當達者信之未達者思焉無有轉而之他者也惟其發凡未幾卽援鳶魚躍飛以爲初入之證最其參四大而明道要者也諸儒至此皆紛紛無宿殆不究全書本指而剽剟一言一句以鑿出聽見焉耳中庸之書旣以高明博厚者爲道而亦通之天地聖人矣凡其高厚

固皆不可究窮而事物之在高厚閒必有證焉可稽以驗也用此證而語人其言雖小而理不可訾其究雖大而物莫能尙即至愚可以共知共行而聖人莫得究知究能者是然後見飛躍之可以察上下也鳶之飛豈能極天之高魚之躍豈足以究地之厚寥廓（御名同音）之間飛者得以凌厲平地之下躍者以之自出則謂高且厚固不誣也此之不誣豈徒虛設說哉飛躍之在高厚求道者之於道要功及尺寸則象已及尺寸功在尋丈則證相亦及尋丈進仁義則仁義見進禮樂則禮樂形舉茲以旃天雖蒼蒼而高茫茫

而深其分際亦皆昭然在目矣此上下之理所得由此而察也前乎子思固有指天地以喻道者矣然其侈贊其大而不能借物以明大則受斯言者其口唯然而心不釋然其於求道之心不免有所不足也今其即魚鳶以驗高厚也則有準矣飛躍所及分際以明分際明而高厚顯天地之大雖未可遽窮而亦可以意想矣是故上下之際察於語小莫破之初而天地之道察於語大莫載之後此正匹夫匹婦之可知可行而達諸聖人之莫知莫能子思蓋以此賅括初終而示人以至道之要也合中庸一書言之自誠明

旣一以後凡言天地者不歸諸聖人則歸之君子以斯道在焉故也至其書初言及天地則皆宿之於道而不傳之以人蓋其曰戒曰矯曰擇曰遵方飾身以求而未能擬道以參身故人自人天地自天地未能一也由此而言則矯戒擇遵二者正其飛躍之地也粗有績用可以稽證而未及乎知至至之者也故子思以若言者而著之於初也學者徒玩其辭而不究其序意謂聖賢之言俄而可度則其造理也淺則相與求諸高遠而入之艱深至其甚也倣擬浮屠氏之相問荅焉大抵設隱行怪務爲不可攻詰而子思之

假物明理者益以背矣子思豈亦有憂於此哉其曰道不遠人人之爲道而遠人不可以爲道因取伐柯近則以喻其解則夫人之相習爲深相欺爲高者在其當時容已有之後世何訾焉

中庸四

孟子序善信美以及聖神即夫子學立知縱之義疏階等也學而至于顏子不遷怒不貳過則喜怒哀樂之有中視聽言動之皆禮進乎大而幾于化矣莊周窺見其等而傳事以言則曰回也近仁義矣進禮樂矣少焉又曰忘仁義矣忘禮樂矣此數語也殆如用

孔門尺度而準其所造毫釐不差也仁義禮樂固未足盡道苟不於仁義禮樂焉而求其日益日損則亦無以爲鳶魚飛躍之候矣飛躍之證見而上下之察明則樂正子之學中乎二下乎四不待經孟子而其等亦已可明矣子貢曰賜也何敢望回回也聞一以知十賜也聞一以知二孟子曰禮之實節文所以從兄事親者也樂之實樂斯二者而不去者也樂則生生則烏可已也不知手之舞之足之蹈之也此與朋來而悅人不知而不愠者同其所有也諸如此類皆學力之等序道之證也夫子之於學者雖不明言其

等而答問所及尚可考也舍其細而言其大則一以貫之不惟參賜之外莫得預聞而是語之發亦非參賜之敢有請也參之承言而唯固進其等矣賜方以多學而識爲擬則夫夫子之期賜者高而賜之等尚下也故夫子顧由而歎曰知德者鮮矣子之歎蓋嘆賜也賜而見歎則天下之不如賜者多矣子思孟子安得如許英才而次第之則中庸之作俟聖人於百世之後七篇之作寄聞見於五百年之遠若之何而可已哉

莊子一

莊周之書大抵以無爲至以有爲初其內篇之首寓意於逍遥游者是其特起一書類例示化有人無宗本而人多不察也夫遊而至於逍遥則意欲鄉而神已達了無形迹得爲拘閡矣其曰遊豈眞遊哉精神之運心術之動念慮所及莫非遊也其遊也與聖人過化之過同也其不遊也與聖人存神之存同也而可求諸足迹踐履間哉夫遊而得至於此則旣從心不踰距而猖狂蹈大方矣借欲舉以告人亦將無地可以寄言則夫託物以喻遊而絶迹以明無乃其出意立則與人致覺者也是故鳩之決起鷃之騰躍鯤

鵬之搏擊列子之御風雖大小精粗絶不倫等率皆於假物乎言道非徒設譎怪以騁辯博而已也二蟲笑鵬物是未及乎培風者也不風之籍而羽翰之恃正如下愚自用不從格物以求致知雖作勢而上槍枋榆翔蓬蒿稍起輒墮無與爲力焉故也鵬搏扶搖上至九萬里由北海望南海背負靑天而風反在下無一物能爲隔礙則假物之效殆極于是是猶躐善信而至美大超乎其爲大人亦旣洪矣然有不能逍遥者勢資之翼翼資之風其人也以物曾不若列子謝棄行迹御風泠然更爲無著也凡此三義者每上

愈況以至列子則至矣盡矣不可以有加矣然亦必有泠然者以供其御而非能自往自復也反覆致意既已詳盡然後直抉其奥而爲之言曰此雖免乎行猶有所待也若夫乘天地之正而御六藝之辨以遊無窮者彼夫且惡乎待哉夫其以有待無待譬喻有無淺深而鵬與列子皆未得爲逍遥則其化有復無之指其不因事而自著矣哉得此說而通之凡其寓言所向雖精密荒唐意緒不一而要其歸宿及礫塵垢無適而非至理也古今多罪周之詆訾堯舜孔子則相與引繩排根一切斥爲異端此爲世立教者所

當然也然而虞仲夷逸隱居放言身中清廢中權尚見稱於夫子則周之所以自處者清淨無欲而其所排棄者又皆推見禮法敗壞之自而歸諸見素抱樸之域其折衷輕重有深意雖甚放其言亦隱遯疾邪者之常不足多責也若夫談道之極深見蘊奥或時假設古人事爲以發其欲言之心肖寫世間物象以達其難言之妙凡魯論周易微見其端者至周而播發展暢煥乎其若有狀可覩而有序可循何可少也夫子嘗曰君子不以人廢言又曰三人行必有我師焉擇其善者而從之則周之言其當槩廢乎至于故言已極太無町畦周亦自傷其過也則又取治道本末而究言其精加九變五木使遇堯舜君出爲陳之其眞蕩放無檢如槌提絶滅所云也哉

漢丞相封侯

漢書公孫洪傳丞相封侯自洪始史記亦記洪以相得封而不言始洪也按申屠嘉傳孝文十六年嘉爲丞相因故邑封爲始安侯史漢語皆同漢關内侯得爲爵不得爲侯故無食邑嘉之食始安也以嘗從高祖故孝文特加之恩非常制也嘉雖以恩特得食邑固是關内侯耳及其拜相迺即始安故邑眞封列侯

是嘉正用拜相侯也以百官表考之漢自置相以來蕭何曹參王陵陳平審食其周勃灌嬰張蒼皆以故侯相至繼蒼而相即嘉也是前乎嘉者無以未侯而相者也嘉之後爲周亞夫衞綰竇嬰田蚡又皆故列侯也至陶靑劉舍許昌薛澤四人雖無傳可考百官表明著澤以平棘侯相則是因相得侯則是嘉始也於功臣侯表亦明言嘉從高祖食邑五百戶用丞相侯而其傳洪輒遂忘之則司馬遷不言始洪者其當時親見之詳也

唐初對御草制

明皇雜錄上相蘇頲命當　中書舍人蕭嵩草制嫌其不工因詬謂曰國之環珽其父名也撤帳中屏風賜嵩坐使就改定久之乃成仍不精審恚曰蕭嵩虛有其表耳又嘗欲相張齊　夜閒直宿爲誰知其爲中書侍郎常沆郎召入寢殿謂曰朕欲命相記其人而忘其名今爲侯伯沆曰豈張齊邱耶卽命草詔仍令宫人持燭沆跪御榻前援毫而成又唐會要則天嘗引中書舍人陸餘慶入令草詔餘慶回惑至晚意不能裁一詞按此三事皆于榻前受旨蓋此時代言未歸北門所居召者中書舍人中書侍郎也其後唐

末一事憲宗時李吉甫除中書侍郎平章事與裴垍同草吉甫制吉甫草武元衡制垂簾揮翰兩不相知書制之後乃相慶賀禮絶之敬生于座上則又在院中豈唐初時亟對御草定不以歸院乎

婦人拜

國史王貽孫傳太祖嘗問趙普拜禮何以男子跪而婦人不跪普訪禮官無有知者貽孫曰古詩云長跪問故夫卽婦人古亦跪也唐天后朝婦人始拜而不跪普問所出對云大和中有幽州從事張建章著渤海國記備言其事普大重之子按後周天元靜帝天象二年詔內外命婦皆執笏其拜宗廟及天臺皆俛伏如男子據此詔特令于廟朝跪則他拜不跪矣張建章所著武后時婦拜始不跪者始至此始并於廟跪禮去之而建章紀之不詳耶周昌諫高帝呂后見昌爲跪謝曰微君子太子幾廢用戰國策蘇秦過洛其　嫂蛇行匍匐四拜自跪而謝隋志皇帝册后后先拜後起皇帝後拜先起則唐以前婦拜皆跪伏也

程氏考古編卷第六

程氏考古編卷七

宋 程大昌 撰 綿州 李調元 雨村 校定

唐試通晝夜

唐人嘗有題詩試闈者曰三條燭盡鐘初動九轉丹成鼎未開殘月漸低人擾擾不知誰是謫仙才讀此知其爲夜試矣而未知自夜以始耶抑通晝夜也白樂天集長慶元年重考試進士事宜狀伏準禮部試進士例許用事　策兼得通宵得通宵則思慮精用書策文字不錯然重試之日書策不容一字木燭只許兩條迫促驚忙幸皆成就與禮部所試不同縱有瑕病或可矜量其曰通宵則知自晝達夜前詩言盡三燭而此止得兩燭皆可略存唐制也

御藥院掌禮文

御藥院本以按驗秘方合和御藥爲職今兼受行典禮及貢舉事雖會要亦不言所自按東京記太慶殿北崇政殿御藥院殿東北橫門外有御書院掌供御筆硯紙墨等物殿西爲邇英延議二閣講諷之所也殿西北即後苑苑有太清樓龍圖閣所傳書籍以此言之自崇政殿後多藏書講藝之地或緣御書院與御藥院相比併命當御書內侍掌之耶

古書傳訛

孝經曰富貴不離其身然後能保其社稷後漢詔引其語除去不字或疑東漢近古其語爲是今觀鹽鐵論文學所引孟子乃曰居今之朝不易其俗而成千乘之勢不能一朝居與今孟子文意皆大異蓋當時借其語爲證或不盡循其故不可便執鹽鐵論爲漢語而非今孟子之傳也

立武后

高宗欲易置中宮顧命大臣合力諫諍皆不之聽竟廢王氏立武氏武故太宗人才也而立之其於世間

公議若略無畏渾者矣然其立詔曰武氏往以才行選入後庭譽重椒闈德光蘭掖朕昔在儲二特荷先慈遂以武氏賜朕事同故君之錫已經八載必能訓範六宮母儀萬姓可立爲皇后夫其委曲自就如此是猶有恧心焉韓褚諸人旣犯必死以諫君能用此微諷如王珪之於廬江王妃或有萬一耶惜其能死而不知出此固知期期不奉詔者不能成事也彼留侯之定國本也未嘗正與高帝辨當否也獨念四老人者帝不能致而爲太子致之則帝知天下之大老旣以歸心而太子有不必易也故帝意所以自回無

待致諫也然則天下事豈不以諫哉其後武氏得志變唐爲周勢焰又非初立時比駱賓王馳檄天下明指聚麀之醜而后曾不能設一語以自解説反歎宰相失人乃知事犯公義不獨心不可欺口亦不能自文也

古詩分韻

梁天監中曹景宗立功還武帝宴華光殿聯句令沈約賦韻獨景宗不預固啓求賦詩韻已盡惟餘競病二字景宗操筆而成所謂歸笳鼓競者是也初讀此了未曉賦韻韻盡爲何等格法偶閲陳後主集見其

序宣猷堂宴集五言曰披鉤賦詠逐韻多少次第而用座有江揔陸瑜孔範等三人後主韻得迸格白赫易夕擲斥拆唶字其詩用韻次前後正同曾不攙亂一字乃知其説是先書韻格也爲鉤坐客均探各據所得循序賦之正後世次韻格也唐世次韻起元微之白樂天二公自號元和體曰古未之有也抑不知梁陳間已嘗出此但其所次之韻以探鉤所得而非酬和先倡者是小異耳又楊衒之洛陽伽藍記載王肅入魏舍江南故妻謝氏而娶元魏帝女其故妻贈之詩曰本爲薄上蠶今爲機上絲得遂騰去頗憶纏綿時其繼室代答先謝正次用絲時兩韻則亦以唱和爲次矣謝氏詩三句原本有脱字

君子貴乎道者三

古人立信蓋有説事植德而不能孚者其於暴慢鄙倍亦有以力驅勢禁而不貴卻者夫君子安能以容色辭氣之間能人之所不能也宗廟社稷之中未能敬于民而民敬蓋有本也孔子曰我戰則克祭則受福先戰言克先祭期福豈取辦於臨事之後哉此所以貴乎有道也苟有道矣立之斯立動之斯和從欲以治四方風動無不如志也

後漢傅會讖語

光武以應讖起信之既篤凡出政定制拜易宰相亦奉以從事故終漢之世人人宗尚遂以成俗凡事有不與之應者亦皆牽合文致之蔡邕獨斷引河圖曰九世會十世以光十一以興自高帝以至光武于世次適在十一上不應九下不在十一於是漢人曲爲之説曰兄弟不相爲後成哀平雖三世相繼爲帝然從長沙定王而昭穆之光武視元帝爲父行而成兄也哀侄也平孫也皆不得以上光武光武世次當繼元不繼成也于是高惠文景武昭宣元是爲八世而

光武世實在九此其傳會非不巧也然成哀平實嘗爲帝乃云兄弟不應相後故讖文黜成哀平而躋元武以曲就世次當九之文旣昭昭無理矣更以其說自攻其說則文旣惠正兄弟也若弟帝而兄不得數如光武之于成帝然則惠先乎文正當黜矣惠而當黜則自高至光才八世耳今欲其減之至八則斥成哀平使在世數之外欲其增之至九則惠文雖以弟繼兄亦槩數之以當世數其不可笑哉

發運司

祖宗朝歲漕東南米六百萬石支京師一歲之用故

自眞至泗置倉所七轉相灌注由江達淮由淮達汴而於眞州置發運司以總之眞雖川廣荆襄江淮閩浙水陸之衝狀初時置使之意不專爲漕事葢有權水旱制低昂之策存乎其閒若不使之設揔諸路則有無不肯相通運動不動故旣分道各有漕臣而又揔置發運之司是其置官本意也于是京師歲計止用六百萬擔而發司所儲嘗有二千二百擔別有糴米可以糴一千二百萬擔又在此七倉儲米之外每歲之春撥發見米上供至九月閒不待秋苗起催而其年歲計六百萬擔已達中都矣此六百萬已給給用而見粟猶有六百萬是歸歲上供更有指準設有水旱災傷蠲租折額亦未至乏供則又以糴本之千二百萬者轉于他郡糴賤而饒積旣有餘遂可斟量諸郡豐凶而制其取予如其年兩浙歉江東西豐卽糴諸江東西以足浙額却以江東西賤價而責輸於浙浙旣比本土得輸賤價而江東西粒米狼戾又可貿易成錢不至甚賤傷農所謂兩利而交贍法之美者也至蔡京用事擬置直達綱江船徑達于淮而上泝于汴轉般倉由此遂廢因取向來糴本之可支兩歲者往資妄用其後又取直達船供花石綱之餘

者方以運糧自此不獨規模盡廢而儲蓄掃地矣乾道戊子六部食會板曹陳巖叟侍郎言之陳晉公恕之後也宜知本末

緡錢省陌

憲宗時昭蔡用兵經費屈竭皇甫鏄建議內外用錢每緡墊二十復抽五十元和十二年民閒墊陌有至七十者穆宗卽位京師鬻金銀十兩亦墊一兩糴米鹽百錢墊七八京兆尹柳公綽以嚴兵禁止之尋以所在用錢墊陌不一詔從俗所宜內外經用每緡墊八十淮宗末京師用錢八百五十爲貫每貫纔八十

五河南府以八十爲百後至五代漢隱帝時王章爲三司使取緡錢之以八十爲陌者每陌又減三錢卽今之官者錢所由始也

張平叔請官糶鹽

平叔嘗議官自糶鹽韓退之駮之東坡曰平叔者不知何人但必自小人也按唐食貨志穆宗命河北罷權鹽戸部侍郎張平叔議權法弊請立糶法詔公卿議其可否韋處厚韓愈條詰之平叔屈服

詩窮乃工

白樂天題李杜詩卷歷敘二公流落而詩名動四夷

者末乃曰天意君須會人間要好詩此歐公所謂非詩窮人窮而後工者也

子沈子列子

公羊稱子沈子曰注云子沈子後師也沈子稱子冠氏上者著爲師也不但言子曰者辟孔子也其不冠子者他師也此說有理或曰非也列禦寇弟子稱其師曰子列子釋者曰子者男子之通稱其門人亦得交相命之其曰子列子猶言女之列子蓋宗而親之之辭也其味尤長

昭武廟立像

春明退朝錄孟州汜水縣武牢關內城山上有唐昭武廟按李德裕會昌一品集載昭武廟乃神堯太宗塑像今殿內有二人立而以冠傳付之皃或云二帝塑像不在但存侍者故也予按唐會要天寶元年舊同秀言元元皇帝降遂置廟於太甯坊及東都積善坊命工採石爲元元皇帝聖容又採石爲元聖容侍立於元元之右衣以王者袞冕之服又於像東刻石爲李林甫陳希烈之狀由此言之宋次道謂爲武廟者必非元元皇帝廟而立二人者未必非李林甫陳希烈也當時郡國皆有元元廟張巡起兵睢陽率衆

哭於元元皇帝廟是也當時東都之像斲石爲之而他處摶土以塑乎又王仁裕入洛記華清宮溫泉有七聖堂當堂塑元元皇帝以太宗高中睿元肅及竇太后兩面行列侍立俱冠劍　袞冕洒掃甚嚴仁裕以蜀俘歸後唐華清更涉兵亂不知其幾而所見尚如此則昭武廟所塑立侍者未必非高祖太宗像也唐以老聃爲祖則雖立侍而傳冠服不以爲嫌

武宗用道士趙歸眞言斥佛教

唐史臣贊武宗除去浮屠之法甚銳而躬受道家之籙服藥以求長年以此見其非明知不惑者特志偶

好惡耳按唐會要武宗志好神仙以道士趙歸眞爲道門兩街教授博士歸眞乘間排毀釋氏言非中國之教宜盡去之帝乃澄汰天下僧尼宣宗卽位遂發歸眞罪竄之海外據此而言則武宗力排釋氏正是主用道士偏語不止志偶好惡而已也

史記稱武帝

史記周陽由傳武帝卽位吏治尙循謹由最暴酷還不應稱武帝殆褚先生輩語也

皇甫湜未必肯師退之

退之抗顏爲人師嘗曰湜籍輩雖屢指教未知其果

不叛去否湜之論業曰韓吏部之文如長江秋漲千里一道衝飈激浪紆流不滯然而施于灌溉或爽于用推此言也是殆未純北面也又翔之祭愈曰我游自徐始得兄交覩我無能待予以友是豈嘗肯就弟子之列

漢特祭滕公

漢舊儀宗廟祭功臣四十八食堂下惟御僕滕公祭於廟門外塾用一壺酒四脡骨滕公嘗脫孝惠魯元于難而斥少帝立文帝其功爲要故特祭之不知祭於外塾其制度何出

後九月

漢初不獨襲秦正朔亦因秦歷秦以十月爲首不置閏當閏之歲無問何月率歸餘歲終爲後九月漢紀表及史記自高帝至文帝其書後九月皆同是未嘗定閏也至太初元年改用夏正以建寅爲歲首然猶歷十四歲至正和二年始於四月後書閏月豈史失書耶抑自此始置閏也

六奇祕計

平城之圍史家但言用陳平祕計以得免難應劭曰平畫美女以紿閼氏言將獻之以奪其寵閼氏懼而與之關說師古曰應氏之語出桓譚新論譚意其當

然耳非傳記所說也按匈奴傳帝使使後遺閼氏閼氏因言漢主有神迺得開圍一角則雖未必紿獻美女而解圍之籍閼氏已不容諱其祕而不傳蓋恥之也六奇之策如行金閒楚僞遊縛信大抵不憚行詐往往猥而可恥至於賂遺閼氏又特不武故尤欲掩祕也然天下後世終可欺歟當時持賂傳言不能以一陳平獨任其事必有往來其閒豈特四知而已則安可盡掩也

後山用僧句意

吳僧錢塘白塔院詩曰到江吳地盡隔岸越山高陳後山詩話鄙其語不文曰是分界堠子耳及後山在錢塘仍有句曰語音隨地改吳越到江分如此如李光弼用郭子儀旗幟士卒而號令所及精彩皆變者也

程氏考古編卷七

程氏考古編卷八

宋 程大昌 撰 綿州 李調元雨村 校定

華清宮生荔枝

長安回望繡成堆山頂千門次第開一騎紅塵妃子笑無人知道荔枝來說者非之謂明皇帝以十月幸華清宮涉春輒回是荔枝熟時未嘗在驪山然咸通中有袁郊者作甘澤謠載許雲封所得荔枝香笛曲曰天寶十四年六月一日貴妃誕辰駕幸驪山命小部音聲奏樂長生殿進新曲時南海適獻荔枝因名荔枝香開天遺事帝與妃每至七月七日夜在華清宮游宴而白樂天長恨歌亦言七月七日長生殿夜半無人私語時則知杜牧之詩乃當時傳信語也世人但見唐史所載遽以傳聞而疑傳信最不可也

子司

禮部之于太常戶部之于司農諸曹如此等類今世通謂子司蓋唐人已有其語而制則異也六部分二十四司司有郎均之爲郎而結銜以本部者爲頭司餘爲子司也若吏部則封勳已下皆以子司目之非如今人指所隷寺監之謂也故唐志所書六部頭司郎官則曰爲尚書侍郎之貳其不結本曹八銜者則

否是頭司子司之別也

中書舍人封還詔書

給事中繳敕即塗歸故事也或問予中書舍人封敕何始徧考無之予按舊唐書正觀二年太宗謂侍臣曰中書門下機要之司詔敕有如不便皆須執論比來惟覺阿順遂無一言諫諍若惟書敕行文書何須擇人以相委付自今以後詔敕疑有不穩必須執之又六典中書舍人所職曰制旣行有誤則奏而更正之六典李林甫之所預修也以林甫之專君而於改敕之文不敢變沒者以有太宗詔語也凡此皆舍人

得封敕本祖也塗歸之制唐雖有之中葉已廢故李藩塗敕而吏驚乞故蓋久不振舉故也歐陽文忠志胡宿墓曰皇祐初胡宿知制詔封還內侍楊懷敏除副都頭制仁宗問前有此故事否文彥博對曰唐給事中袁高不草盧杞制近富弼亦封還詞頭上乃改命舍人草制自兩舍人封還詞頭者相繼然則唐制雖許封還而其季末遂無振職者故仁宗發問也

年四十而見惡焉

自童年進修積至四十在孔子以身立教則為不惑在世人通範則為強仕蓋學而至此自當強立不反矣於斯時也而過惡方且見著不掩則其人所立止此不進矣若猶有善行可以蓋藏其惡未至發見則猶有望也

凌煙功臣

呂溫贊凌煙功臣其序曰至若張亮侯君集之跋扈敢沒其名用彰天刑蓋集于圖像後方以罪誅當其臨決太宗謂曰今而後惟見公之畫象而已豈當時為帝有見象之言遂不敢毀撤耶故呂溫得以譏行黜削也盧元卿法書記王廙等帖正觀十三年褚遂良已下列名于後其中一行有吏部尚書公五字無

姓名元卿注已下係侯君集初同書犯法後揩名則當時亦緣太宗意雖揩名尚不在位著也

名宮闕

唐東都有殿名正觀（正字本犯嫌諱今改用正）在含殿北煬帝所造唐因之不改世人擬定宮室年號名稱苟衰季已嘗有之則雖已建已行猶亟改避正觀紀年其治效亞次三代豈亡隋殿名所得而汙以此知禍福無不自已求其在區區小數間也

外國地里書難信

五天竺皆釋氏地西天竺與波斯接五竺皆在長安

西南唐史記其地去都城九千六百里以其東行所經諸國及中州地里併數之尚不及萬里唐史信世之所傳謂爲幅圓三萬里則已夸矣僧元奘西域記乃言五印度境周九萬里一何荒誕之甚耶又案波斯在五天竺西則波斯通中國其泛海而東蓋環越五竺之境矣且使不盡越九萬里者而以其半爲數則波斯之人豈有能至中國者哉又言奘以正觀三年往至十九年回其間以年計自當得五千餘日而已三分其日之一以爲居止詢訪之日則其在行者不過十年不知十年之力何以能周徧九萬里而經

涉他國地里又未在數此可見其妄甚明也元奘釋子也既欲張大釋教則所夸國土略如釋語之誕無疑也丙申十一月晦讀元奘記書之以見外國地里難考者類如此

王書樂毅論

歷代以樂毅論爲大令正書第一陶隱居之啓梁武乃曰心疑近摹而不敢輕言今時果謂爲梁世模本也梁晉相去絕近既皆不以爲眞則誠僞矣正觀十三年褚遂良敍禁中大令書五卷遂以樂論爲第一黃庭經次之其刖敍援太宗教語爲證曰此論誠眞蹟也此恐誤也梁經侯景之亂所藏王書悉燼于火何以此論獨得不毀豈其搨迹猶好而帝獨過賞以此其眞耶太平公主後從禁中取而有之以織袋龔置奩中及其敗入咸陽老嫗手吏迹捕急嫗欲滅迹亟投爨竈香聞數里此徐浩建中四年所記也若武平一所記則又不然曰太平敗其黨薛宗允懼罪乃以賂岐王遂歸岐邸不禁棄也二說如此未知孰是然元五年寘大王眞蹟爲百五十八卷以黃庭經爲正書第一無蘭亭樂毅則開元時眞本不存明矣今世傳本必是模搨又未必正是當時傳本按褚遂

良武平一皆言正觀中嘗敕馮承素等搨本賜長孫無忌等六人人間遂有六本其內本之經褚河南敍錄者凡接縫及卷首卷尾皆印正觀二年以識今傳本久皆無之知是搨之又搨不疑也

蘭亭

蘭亭眞本傳徽之徽之傳七世孫智永智永傳弟子辯才辯才本正觀中歸禁中後入昭陵褚遂良受敕敍次王書在十三年蘭亭著錄在行書第一武平一謂正觀搨本是勅温韞等搨賜房元齡已下八人及賜皇太子諸王近臣則蘭亭之傳世者亦又轉模搨

本者也未知今世石本其摸諸温韜所出者耶抑當時轉搨本也故今世傳本亦自相異同

黃庭經

晉書謂換鵝者道德經也世或用爲黃庭人輒笑之按褚遂良武平一記當時親見皆是黃庭遂良仍列正書五卷之二且曰六十行與山陰道士者以是驗之知爲黃庭不疑大令書其最爲後世貴重者三蘭亭樂毅論與黃庭也蘭亭既入昭陵樂毅論開元間已亡惟黃庭非太宗所甚愜意故更太平不取得在御府至潼關失守眞跡爲張通儒持向幽州不知何

在

王僧虔論書

南史王僧虔傳齊高帝與僧虔賭書謂曰誰爲第一對曰臣書第一陛下亦第一笑曰卿可謂善自爲謀張懷瓘書斷所 載小不同而差有理曰臣書臣中第一陛下書帝中第一

羅池碑

退之羅池廟碑云春與猨吟兮秋鶴與飛若以常體論之當曰秋與鶴飛故超上一字以取勁健蓋騷體也東皇太一曰吉日兮辰良又曰璆鏘鳴兮琳瑯老

杜曰紅稻啄殘鸚鵡顆碧梧棲老鳳凰枝皆其比也集古錄得其碑本猶疑之然而歐公猶疑之不知公最好古何以疑此

民獻十夫

管蔡世家太史公曰管蔡作亂天下皆疑惟同母之弟成叔冉季之屬十八爲輔 是以諸侯凡十家故因附之世家夫此十八者即大誥之謂民獻十夫者耶

廟在郡國亦名原廟

漢書叔孫通傳通說惠帝曰願益爲原廟渭北衣冠

月出遊之上乃詔有司立原廟原廟之名始此原者如原蠶之原既有太廟又有此廟是取重再爲義也張舜民言漢陵皆在原上意取高原名之其說甚新然予按史記高帝紀令郡國諸侯各立高祖廟以歲時祠及孝惠五年思高祖之悲樂沛以沛宮爲高祖原廟則原重之說是也後光武又嘗幸豐祠高祖于原廟則豈其爲高原之謂哉以是推之廟之立于郡國者得稱原廟也

李藩塗詔

元和五年王諤以錢千萬賂中貴求兼相位宰相李

藩權德輿奏密旨曰王譔可兼宰相宜即擬來藩以爲不可遂以筆塗兼相字復奏上德輿失色縱不作奏豈可以筆塗詔耶藩曰勢迫矣出今日便不可止日且暮何暇別作奏德輿尋亦上疏陳事遂得止崔氏曰此乃不諳故事者之妄傳史官之謬記耳旣稱奉密旨宜即擬來自得擬狀中陳論固不暇塗詔矣凡欲降白麻若商量于中書門下皆前一日進狀書然後付翰林草麻制又稱藩曰勢迫矣出今日便不可止尤爲疏闊蓋由史氏以藩有直亮之名欲委曲成其美豈所謂直筆哉予以唐制考之藩之塗詔盡

用塗歸故事特其所用之地比本制差大耳按開元凡敕加階入三品并授官及勳封甲并諸色闕等進畫出門至下省重加詳覆有駮正者宜便即落下以墨塗訖仍於甲上具述事由并牒中書省唐志凡有司奏抄侍中旣審則給事中駁正違失詔敕不便者塗竄而奏還謂之塗歸考功以二十四最考內外吏凡制敕不便有執奏者進其考予揔此三者觀之唐世不許獨許其塗詔仍且進考以賞之顧立法許塗官階勳封擬狀及他詔敕有所處分者耳而藩所塗歸乃論相密旨故權德輿失色謂應別奏不應徑塗也本傳又在藩先爲給事中制有不便就敕尾批卻吏驚請聯他紙亦是墨塗敕狀久無舉行者而藩驟爲之故吏以爲驚也當憲宗之欲用王譔也其時容諫之意未替藩故爲激切以回帝意且恐旣降密旨或時不待擬狀徑命學士草麻則誠無及故曰日暮不暇別奏也崔氏以常時待進擬者疑其得擬狀更以狀數陳不知藩意也

法從

今世通稱侍從爲法從豈以其從法駕故耶按漢制大駕八十一乘卽公卿奉引至法駕三十六乘惟河

南尹執金吾洛陽令奉引公卿不在其中則謂侍從爲法從似未當

魏證寢

封氏見聞錄魏證正寢輟太宗小殿爲之開元中焚於火子孫哭三日朝士皆弔然白樂天請出內帑錢贖還此第乃云此寢太宗輟殿材所爲不可不自朝廷與贖卽似是正觀初所賜尚在封氏顧云開元時已燼于火兩說必有一誤未知孰是

冠者五六人

論語曾點曰冠者五六人童子六七人姑以意言之

非決定語也啓顔録載北齊石　筩取二語者雜組其數以傅會七十二子用爲優戲初時見之止付一笑耳及觀漢舊儀載漢雩祀舞人七十有二其說正以五六冠者爲三十人六七童子爲四十二人則石優戲語漢儒固已用爲實事此其轉誤與小孤嫁彭浪亦何異也丁亥十月十九日夜觀漢舊儀書

天地在限

人言天地之大無所終窮然日南在中國之南開北戶以南納日影天竺在中國之西則又必開東戶以受西景舊唐書天竺傳則日之所昱中於中土而已可知古

人土圭量地之法而古地里近遠則雖在五三侯服之內亦有差別矣

行不由徑

古井地之制道路在溝洫之上略如棋枰皆方直不頗行必遵之毋得斜冒取疾野廬氏禁野之橫行徑踰者修閭氏禁徑踰者皆其證也晚周此禁雖存人往往棄蔑不守獨澹臺滅明不肯踰逸自便則其平日凡所趨操必有截然不出禮度之外者如非公事不見邑宰亦其類也子游舉此以答聖人得士之問正亦舉末明本豈可指此謂爲末節而不足見人也哉後世形容霍光者亦曰進止皆有常處郎僕射竊識視之不失尺寸以見其端審之極跬步無失也

程氏考古編卷八

程氏考古編卷九

宋　程大昌　撰　綿州　李調元村雨　校定

周太祖葬劍甲衮冕

歐陽公五代史論郭周太祖遺命葬劍甲各一於河中大名葬衮冕各一于河東澶州以爲不知其旨予讀世宗實錄具載太祖遺語甞曰按行衮壙深坎於下各封土爲陵㝡立城闕旣曰各封則不止一處意在設疑以罔盗耳盗見其封土立闕則必穿發若一處無得則他處不更覬望此太祖意而史或不察也以是知史又不厭于詳也然周祖此智竟可疑人予漢諸陵皆發惟霸陵牟以德葬以儉初獨得免久亦不能全也張釋之所謂使其中無可欲雖無石槨又何戚焉者確論也霸陵之不免也盗意其富有天下必有可欲焉者史載溫韜㮣發唐陵獨乾陵不可近近之輒有風雨此不可曉然者甞記唐人有一書備載乾陵之役每鑿地得土一車卽載致十里外换受沙礫以囘實之方中故方中不復本土而皆積沙壅之此防盗者之巧思也土受潤則相著穴之爲數尺隧道可徑入矣沙礫散燥不相粘著非盡徙而他之雖欲取徑闕隧無由而可凡盗之至于發陵者類

皆乘亂承閒暫至亟去無能持久徐運以虛其積者也故雖有劇盗穿穴不竟必皆舍去人見其不竟也遂從而神之以爲有風雨驅迫其實不然也然設此巧者誰乎錮鐲漆絮費而不工矣

僧尼拜天子

唐志道士女官僧尼見天子必拜今不拜非禮也

忩

孟子孝子之心爲不若是恝徐鍇曰說文無恝字至心部忩字引孟子爲釋乃用忩字從心從介其義爲忽與孟子文不同凡說文引六經論孟多異今文不獨點畫偏旁雖其語意皆不同也古今傳寫魚魯相變聞聖賢本指必多而不可究詰也

舞馬起於景龍閣

世傳舞馬銜杯上壽起於開元非也中宗時已有之景龍文館記殿中奏蹀馬之戲宛轉中律遇作飲酒樂者以口銜杯臥而復起吐蕃大驚卽不起開元時矣

六典

韋述集賢記注開元十年陸堅爲起居舍人奉詔修六典張燕公以委徐堅後繼張始興李右相開元二

十六年奏草上遂廢詔下有司百僚表賀至今在院亦不曾行用据述此言即六典書成而不以頒用也然白樂天詩陽城不進矮奴曰城云臣案六典書任土貢有不貢無道州水土所生者止有矮民無矮奴吾君感悟璽書下歲貢矮奴宜悉罷即是陽城嘗援六典爲奏得罷貢矮奴豈是成而不用即桑維翰傳晉天福五年詔廢翰林學士按唐六典歸其職于中書舍人而端明殿學士樞密院學士皆廢則六典之書五代猶遵用之不知韋述何以言不用也元祐諸公議更元豐故事則痛詆六典以爲未嘗頒用殆有激而云耳

伏生口訛

史記堯本紀載書欽哉欽哉惟刑之靜哉徐廣曰今文尚書云惟刑之謐哉司馬貞索隱云案古文作恤哉今文是伏生口誦恤謐相近遂作謐也

北景

劉昫舊唐志景州北景縣名屬日南郡晉將灌邃政林邑王范佛破其國五月五日即其地立表表在北而日影在表南九寸一分故自北景以南皆北戶以向日也昫去北景後漢書皆爲北景說者曰日中人影與日相比此說迂從其日景之自北射南因以北景名之最爲明徑也且其郡自名日南則景爲北景固相應矣

左藏火禁

唐左藏令凡藏院之內禁人然火則今左藏火禁唐有之矣

食其

漢相酈審趙三人皆名食其以六國衛有司馬食其並慕其名索隱項羽紀

戚夫人生里

水經沔水部洋川者漢戚夫人所生處也高祖蠲復其鄉更名洋川縣表夫人載誕之祥也按史記呂后紀高祖爲漢王得定陶戚姬蘇林曰清河國有姬里題門作姬謂題其門爲戚姬門也據此即戚姬必定陶人其里門猶有題表則非生於洋川明矣或者姬家因亂自定陶轉徙洋川而高祖以王漢中時得之則有理若謂生洋川而改縣名以表其異則洋川自是水名無表異之義漢傳外戚曰高祖爲漢王二年立孝惠爲太子後漢王得定陶戚姬愛幸生趙隱王如意又高五王傳如意闕四字以高帝即位之九年立爲趙

王張良傳漢十二年上從破黥布歸愈欲以如意易太子葢高帝之起爲沛公者三十爲漢王者四年至即帝位後在位十二年欲立如意爲太子通爲漢王時止十六年帝不以如意爲少恐是爲沛公之二年攻定陶時得之耶則如意十七八矣

郝靈荃

開元間得然啜首者唐史爲郝靈荃白樂天新豐折臂翁注云郝雲岑雲岑者豈其字或藩官耶

臺諫納副本

祖宗時臺諫論列宰執未得命章疏不出無納副本

例趙抃論陳執中至數十章執中不見也元祐間孫覺劉摯蘇轍王巖叟梁燾論蔡確韓縝確既出別次待罪而縝安位如故覺乞以前后章疏示之至六年九月中丞鄭雍正言虞策皆論右僕射劉摯摯已待罪暨宣押對後自辨之奏曰面承聖諭乃知臺諫言王鞏事外又言臣牢籠章御名同音邢恕此即因宣諭乃知所言之事元無副本也元符三年正言陳瓘論左丞蔡卞言願以劾臣章示卞使卞自爲去就後凡六章徽宗諭輔臣曰臺諫劾卞已十餘章當令　卞知自爲去就眾方白遣吳伯舉諭之遂降瓘及龔夬章付三省是皆無納副本事不知示副起自何時

中書舍人七員

故事外制不過六員熙寧九年闕一員神宗不欲獨試李獻命蘇頌同試遂溢數乃特恩也

虯鬚傳

李靖在隋嘗言高祖終不爲人臣故高祖入京師收靖欲殺之太宗救解得不死高祖入靖史不言所以蓋諱之也虯鬚傳言靖得虯鬚客資助遂以家力佐太宗起事此文士滑稽而人不察耳又杜詩言虯鬚似太宗小說亦辯人言太宗虯鬚鬚可以掛角弓是

虯鬚乃太宗矣而謂虯鬚授靖以資使佐太宗可見其爲戲語也

進馬匹二十千

今退馬每匹八緡錢二十當價案文潞公熙寧五年諸監牧計馬價匹爲緡錢十五即令一馬二十千又是後來價踴時所定矣一馬之直僅十有五緡而前輩負進爲臺符之所督取者甚多不知何以富韓公薨背文潞公更爲其家作奏乞不追所負馬價錢

書後謹空

補沈括筆談云前世卑者致書于尊書尾作敬空字

如從尊鱉卑但于空紙批所欲言曰及某人如今批荅之類故紙尾結言敬空者示行卑不敢更有他語也

黃帝合而不死

史記律書五帝詔曰乃者有司言星度未之定也廣延宣問以理星度未能察也蓋聞昔黃帝合而不死名察度驗定清濁起五部建物氣分數諸家至此爲說各異至謂不死爲仙仙既無預律歷又名察度驗皆無人訓釋其義予以爲武帝病言歷者之於星度膠執而泥苟用其說概皆推步不行惟黃帝舊法嘗

總會星辰次舍部位而其法可以展轉推求如律呂相生不至死泥故曰合而不死也其曰不死猶今語之謂得活法而在王通則爲圓機也史記黃帝推筴之語曰黃帝得寶鼎神策是歲已酉朔旦冬至得天之紀周而復始於是黃帝迎日推筴後率二十歲復朔旦冬至凡二十推三百八十年此其謂終而復始者正展轉相生法故孟康謂黃帝作歷歷終復始無窮已之意此其說有理而可據者也既已得其終而復始之法則星可推歷可起故曰名察度驗名察者以星之名而考察其所次度驗者即其躔度以其知

所行故清濁五部氣物分數皆可稽考而歷立矣

土風

后稷以播種啓封其後世竟以農事王天下周公封魯周之禮樂在焉夫子實出其地惟聖與賢固天生德然隨其地見聞所甚著者而精之故周之農政魯之禮樂遂冠萬世而造極焉則山東出相山西出將何怪哉

裹行

唐太宗愛張昌齡翠微頌命于通事舍人裹供奉亦馬周御史裹行之義也是時周爲裹行久矣通鑑一百八十九

進止

奏劄言取進止猶言此劄之或留或卻合稟承可否也唐中葉遂以處分爲進止德宗貞元末昭義李長榮薨遣中使察軍情立帥言面奉進止令此軍取大將抜與節鉞者是也按此即得命令徇軍情所向則有定旨無復可否矣其言進止非也敬宗時諫官劉棲楚叩頟龍墀諫上晏朝作樂牛僧儒宣曰所奏知門外候進止棲楚出金吾仗待罪已而宣慰令歸當棲楚待罪時處分未出其白進止是也而不曉文義者習而不察槩謂有旨爲有進止如王堂底所載凡

宣旨皆云有進止者相承之誤也

不怨

管仲奪伯氏駢邑能使伯氏無怨諸葛亮貶斥李平廖立亮死二人皆飲泣世以此高管葛能服人固矣然而無有見焉傳咸有言曰受堯之誅不能不稱堯之直臣無枉則伯氏李廖引義自分亦賢矣盧懷謹知其才不及姚崇事事聽和無所可否人譏之爲伴食司馬光曰古謂人之有技若己有之者于懷謹有取也鄭綮作相有天下事可知之語古今所共鄙笑然亦與楊賜陳耽每拜公卿輒以先于陳實爲媿意

亦何異顧綮無以自立耳去其心即耽賜之心也世之無能而妬嫌者不惟不肯自降又從而文之以訾短他人者皆是也劉蕡對策以直言不入等其時得第者凡二十二人獨李郃能曰劉蕡不第我輩厚顔乞回所授以旌蕡直孟子謂齊王曰王之爲都者臣知五人焉知其罪者惟孔距心郃之謂矣

程氏考古編卷九

程氏考古編卷十

宋 程大昌 撰 綿州 李調元雨村 校定

祿薄不可養廉

漢宣帝詔曰今小吏皆勤事而奉祿薄欲其毋侵漁百姓難矣其益吏百石以下奉劉崇僭位以其土地所入少宰相奉錢月止百緡節度使止二十緡自餘薄有資給而已故其國中少廉吏

當時人言時事有不同者

唐志太宗設官七百三十一員曰吾以此待天下士亦足矣曹確傳乃曰太宗著令文武官六百四十三

謂房元齡曰朕設此待天下賢士工商雜流不可假之以官與賢者同坐食也則其設員多少不同也賈捐之言元狩六年貫朽不可較此時帝在位已二十六年築朔方定兩粤通巴蜀戸口減半無財給用既已算及商車安得貫朽事也陸贄言天下府兵八百府居關中者五百舉天下不敵關中之半唐志正觀開天下十道置府六百三十四關内二百六十有一則關中置府僅居天下三十一耳論古事者若以爲其時親見必勝傳聞豈不反爲所誤哉

荀卿稱子弓乃仲弓

楊倞曰荀卿言及子弓常與仲尼相配漢儒林傳有馯臂子弓江東人受易者馯臂傳易之外是無所聞荀卿所稱非馯臂也子弓仲弓也曰子著其爲師也馯音寒楊倞注荀子元和時人

賢書獻祖廟

今禮部進士奏名已取其試文自上而下十八者錄奏焚獻攢宫相傳承平時故事不知起何時案歸田錄焚御史卷十以上於貞宗影殿豈即其始耶然古亦有本周卿大夫獻賢能之書于王登于天府天府者祖廟之守藏在焉凡官府鄉州及都鄙之治中皆

于此乎受而藏之治中者鄭司農以爲治職簿書之要也夫簿書之要尚即廟藏之則賢書從藏固其宜也漢文帝之策賢良曰悉陳其志毋有所隱上以薦先帝之宗廟下以與萬民之休利然則尚矣書曰用命賞于祖賚之詩曰大封於廟也蘇秦說燕王曰臣東周之鄙人而王親拜之於廟而禮之于庭夫封拜賞皆即廟以行示不敢專以尊祖也則賢書藏實其開時賢中一事耳

秦已前已曾刻石

始皇二十六年刻石瑯琊臺其文曰古之帝者地不過千里刻金石以自爲紀秦皇帝一海内以爲郡縣羣臣相與誦皇帝功德刻于金石夫秦既引古帝紀刻金石者以爲其時刻石本祖秦以前不嘗銘功鐘鼎其必已有入石者矣第金可久石易磨泐故古字之在後世有得諸鐘鼎而無得之石刻者其堅脆不同理固然也

歐公易亡

歐陽公謂記禮者引易語曰差若毫釐謬以千里今易無之疑易亦不全或曰此繇辭也古嘗有之爲後人所削如元者善之長前乎孔子之文言矣此說于

理可通而無據也太史公傳引此語裴駰曰易無此語易緯有之豈史遷時已有易緯耶抑爲緯者反傳古語以信其書耶

平陽公主

衛青傳青既尊貴而平陽侯曹壽有惡疾就國長公主問列侯誰可者左右皆言大將軍遂詔尚平陽公主然則青尚主時主夫曹壽故無恙也武帝所爲大率如此

對揚

唐人以得見進對爲對揚如太宗時羣臣言事者上

多引古今抑之多不能對劉揚洎上書曰陛下降恩旨假慈顔猶恐郡下未敢對揚是也其意葢取書對揚天子休命爲語其實非也傳説之謂對揚者受天子美言而荅揚之于外成王謂君陳爾乃順之于外曰斯謀斯猷惟我后之德夏侯勝出道帝語而曰堯言布於天下若是者可以名爲對揚今劉洎所云者對耳非揚也然其誤違約軌責彌曰今者對揚何得乃爾反覆是其誤之起已自後周矣

以征伐利歸臣下利不歸人主説和

嚴安上書武帝曰今徇南夷朝夜郎降羌僰畧歲州

建城邑深入匈奴燔其龍城議者美之此人臣之利非天下之長策也唐武德五年突厥大入高祖遣鄭元璹往諭之璹説頡利曰今掠虜所得皆入國人于可汗何有不如復修和親坐受金帛又皆入可汗府庫孰與棄積年之歡而結子孫無窮之怨乎頡利引兵還葢言中其實利害切於其身故能以言語回鷙悍也富韓公慶歷利議世傳授此意爲説虜遂就和然韓公前後語錄皆不載此語不知説者本何書予嘗辨之

便道之官

漢蕭望之自御史大夫爲太子太傅望之所在新舊官俱在朝者而曰便道之官何也按漢官舊儀載御史大夫初拜策曰惟五鳳三年正月乙巳御史大夫之官皇帝延登親詔之曰云云據此卽是入見延登而後之官者是其常也今望之自大夫爲太子太傅許不入謝徑往受任故曰便道也便道云者猶曰卽行不得入見也

春夏行刑

古者春夏不行刑曰惡與天之生長相拂也然或罪狀已白停刑以待秋冬於事情殊不便然世人習見

日久王莽地皇元年以出軍故春夏斬人都市百姓震懼則以驟見而駭非莽罪也今且勿問其事出于何人軍師所向呼吸成敗兵興逗撓得待秋冬而誅乎以此知天下事駭衆者難以强也

貴粟

漢文景勸農之詔曰黄金珠玉饑不可食寒不可衣時平歲豐未知此語深切事情也唐兵圍王世充洛陽城中絹一疋直粟三升服飾珍玩賤如土芥讀史至此始知文景生爲帝子而自知民生要物眞賢聖也唐史載正觀四年斗米三四錢故行千里者不齎

糧明皇天寶三載海內斗米率爲錢十三青齊間斗米三錢道路列肆具酒食以勞行人此孟子所謂菽粟如水火而民無有不仁者也漢武隋煬輕農重邊竭國力招致胡虜圖爲美觀而道設酒肉以示奢是當時已爲夷類所笑安得以正觀開元貢富盛者示之乎

官俸有傔錢

今外官給烽驛券其色目有傔錢入有衙官本唐制也唐制在官者給防閤伏身白直親事守當等人以供役使已乃敕身當是役者出錢代役數各有差開

元二十四年令百官防閤庶僕俸食雜用以月給之總稱月俸則始以所入防閤白直等顧錢正供百官俸入也今其事日遠而給券者猶載其初色目多少之則

殺一不辜

殺一不辜而得天下仁者不爲然牧野之戰血流漂鹵豈盡有罪者乎荀子曰凡誅非誅其百姓也誅其亂百姓者也百姓有捍其賊是亦賊也前徒倒戈攻于後以北非反攻也遁而相戕也至于知悔來歸則在所不殺故曰不迓克奔也

馮商續史記

張湯傳賢注如淳曰班固目錄馮商長安人成帝時待詔金馬門受詔續太史公書十餘篇顏師古曰劉歆七略云商與孟柳俱待詔頗序列傳未卒會病死然則史記亦有馮商之文不獨褚先生也

通侯

漢高紀通侯諸將注言功德通於王室非也本文爲徹侯徹之爲言槩五等侯爵不分高下皆得爲　侯也其後避五帝諱始改徹爲通則安得通于王室之義漢又有關內侯在二十等爵名之內爲其不給食

遂不在侯數則知得入五等侯籍始通稱爲侯也其後改爲列侯卽是以其列於五等言之

立講

舊講筵雖當講者亦坐仁宗富于春秋乃立侍便於指示遂爲故事 名氏家塾廣記

唐李賢注令鮮水誤

段紀明傳追東羌至令鮮水上李賢注令鮮水名今在甘州張掖縣界一名合黎水一名羌谷水此說非也在張掖者名鮮水趙充國所謂治湟陿以西橋令可至鮮水上者是也今此紀明所追東羌乃在上郡

其下言追及霆武谷可見也

史記語爲漢書所更

史劉敬傳諸侯初起時非齊諸田楚昭屈景莫能興漢曰非齊諸田楚昭屈景莫與史陸賈傳一歲中往來過他客率不過再三過數見不鮮毋久溷公爲也漢數擊鮮毋久溷女爲也

水經不純桑欽書

河水右瀆東北逕長樂郡武彊縣故城東酈曰長樂故信都也晉太康五年改從今名按杜佑以欽所紀有後漢和帝時地名疑其人出和帝以後今此旣改信都從長樂則晉太康閒事也議者以爲後人誤以酈注加之本云然此所訂正信都改爲長樂乃酈所注則不得謂以爲酈注而入之經

菑縣

史稱漢武帝菑縣主章帝惡其聲與災近改爲考城今按靳歙縣傳擊邢說軍菑南破之則高帝時已爲菑縣矣豈班固追書乎

秦穆公以人從死

古今罪秦穆公以人從死非也此自其國俗嘗有願徇者而三良亦在願中耳田横死其二臣亦穿冢以從是時横已失國豈能强之使徇乎詩曰如可贖兮人百其身者傷其自欲從徇不可救止更代也恐非穆公遺命使然也秦獻公元年下令止從死者然則自穆公以至康共其國俗旣以願徇爲義固亦不立法禁故獻公旣葬出子知非令典始以國法絶之

以絹準贓

古者金作贖刑或百鍰五十鍰皆差其坐罪輕重聽贖至漢世又以金價計賍故其謂十金法重不忍相暴章者是也自唐至今計贓例皆以絹始自北齊高叡等爲武成定律變古贖金之制使以中絹代典至唐世定令贖罪雖行用銅而計贓則遂用絹價其制以犯罪之處中絹爲佑至開元十六年敕定爲五百五十則用絹績罪雖始于北齊而用絹直計贓則始於唐也穆王訓夏贖刑以鍰配罪孔穎達言入黄銅二十兩爲一鍰也漢言蜀罰金幾兩黄金也則唐世用銅有本也

稅不可合其名爲一

崔琳爲三司使議者患民稅多吏日得爲姦故除其名合以爲一公以謂合而沒其名一時之便後有興利之臣必更增之議者不能奪歐文琳碑

少艾

孟子曰人少則慕父母知好色則慕少艾有妻子則慕妻子趙岐曰艾美好也世因其語遂以少艾爲少好之女也徧思經傳絶無有以艾爲好之文或曰艾古女字也傳久而訛離析其體則女轉爲艾此說似有理而孟子之書不經焚毁歷世諸儒無有以疑改易其本用之字者記在三館注少監聖錫言衢有士子陳其所見求質于汪曰少當讀爲少長則習騎射之少艾當爲義則不勞曲說而義自明矣信哉斯言也凡古書言懲艾之艾皆音刪艾卽刪也懲艾言者

懲絶之也詩曰庤乃錢鎛奄觀銍艾亦以刈讀是其證也慕少艾云者知好色則慕差減于孺慕之時矣至有妻而慕妻子則所謂孝衰于親之時不止於稍艾而已也此之爲艾亦衰減之意也

程氏考古編卷第十

唐史論斷

光緒七年孟冬錢子齋達

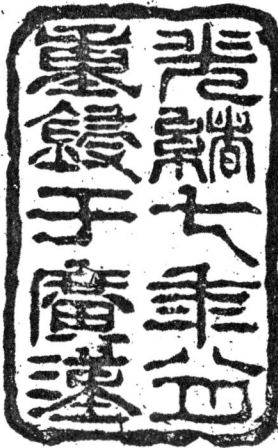

唐史論斷序

古之史尚書春秋是也二經體不同而意同尚書記治世之事作教之書也故百篇皆由聖人立不以惡事名雖桀紂之惡亦因湯武之事而見不特書也但聖賢順時通變言與事各有所宜爲史者從而記之有經聖人所定典謨訓誥誓命之文體雖不一皆足以作教于世也春秋記亂世之事立法之書也聖人出于季世覩時之亂居下而不能治故立夫中之法裁判天下善惡而明之以王制是聖人于衰亂之時起至治之法非謹其文則不能正時事而垂大典矣

此尚書春秋之體所以不同也然尚書記治世之事使聖賢之所爲傳之不朽爲君者爲臣者見爲善之效安得不說而行之此勸之之道也其間因見惡事致敗亂之端此又所以爲戒也春秋記亂世之事以褒貶代王者之賞罰時之爲惡者衆率辯其心迹而貶之使惡名不朽爲君者爲臣者見爲惡之效安得不懼而防之此戒之之道也其間有善事者明其心迹而褒之使光輝于世此又所以爲勸也是尚書春秋記治亂雖異其于勸戒則大意同也後之爲史者欲明治亂之本謹勸戒之道不師尚書春秋之意何

以爲法至司馬遷修史記破編年體創爲記傳益務便于記事也記事便則所傳取故奇異細碎之事皆載焉雖貫穿羣書才力雄俊于治亂之本勸戒之道則亂雜而不明矣然有識者短之謂紀傳所記一事分爲數處前後屢出比于編年則文繁此類固所失不細殊不知又有失之大者失史之記事莫大乎治亂君令于上臣行于下臣謀于前君納于後事臧則成否則敗成則治之本敗則亂之由此當謹記某年君臣有謀議將相有功勳紀多不書必俟其臣歿而備載于傳是人臣得專有其謀議功勳也尙書雖不

謹編年之法君臣之事年代有序羲和之業固載于堯典稷契皋陶之功固載于舜典三代君臣之事亦猶是焉遷以人臣謀議功勳與其家行細事雜載于傳中其體便乎復有過差邪惡之事以召危亂不于當年書之以爲深戒豈非失之大者或曰春秋雖編年經目其事傳載本末遷立紀傳亦約是體故劉餗史例曰傳所以釋紀猶春秋之傳焉此可見遷書之不失也答曰春秋聖人立法之書也立法故目其事而斷之明治亂之本所目之事或一句或數句國之典制罔不明人之善惡罔不辨左氏史官也見聖人之經所目之事遂從而傳之雖不能深釋聖人之法記事次序一用編年之體非外春秋經目獨爲記也遷之爲紀也周而上多載經典之事固無所發明至秦漢紀並直書其事何嘗有法紀無法傳何釋焉此乃餗附遷而爲之辭也或曰史之體必尙編年紀傳不可爲乎答曰習尙紀傳久矣歷代以爲大典必論之以復古則泥矣有能編列君臣之事善惡得實不尙僻怪不務繁碎明治亂之本謹勸戒之道雖爲紀傳亦可矣必論其至則不若編年體正而文簡也甫嘗有志于史竊慕古史體法欲爲之因讀唐之諸書

見太宗功德法制與三代聖王並後帝英明不逮又或不能守其法仍有有荒縱狠忌庸懦之君故少治而亂多然有天下三百年由貞觀功德之遠也唐書繁冗遺略多失體法事或大而不具或小而悉記或一事別出而意不相照怪異猥俗無所不有治亂之迹散于紀傳中雜而不顯此固不足以彰明正觀功德法制之本一代興衰之由也觀高祖至文宗實錄敍事詳備差勝于他書其間文理明白者尤勝焉至治亂之本亦未之明記事務廣也勸戒之道亦未之著褒貶不精也爲史之體亦未之具不爲編年之體

君臣之事多離而書之也又要切之事或有遺略君臣善惡之細四方事務之繁或備書之此于為史之道亦甚失矣遂據實錄與書兼采諸家著錄參驗不差足以傳信者修為唐史記舊之之文繁者刪之失志就者改之意不足而有他証者補之事之不要者志之要而遺者增之是非不明者正之用編年之體所以次序君臣之事所書之法雖宗二經文意其體略與實錄相類者以唐之一代有治有亂不可全法尙書春秋之體又不敢僭作經之名也或曰子之修是書不尙紀傳之體可失不為書志則郊廟禮樂律

歷災祥之事官職刑法食貨州郡之制得無遺乎荅曰郊廟而下固國之巨典急務但記其大要以明法度政教之體其備儀細文則有司之事各有書存為史者難乎其載也自康定元年修是書至皇祐四年草具遂作序述其意更竢刪潤其文後以官守少暇未能備具逮嘉祐元年成七十五卷是年冬卧病久慮神思日耗不克成就且就其編帙粗成一家況才力不盛敘事不無疎略然于勸戒之義謹之矣勸戒之切而意遠者著論以明焉欲人君覽之人臣觀之備知致治之因召亂之事自邪正之效煥然若繪畫于目前善者從之不善者戒之治道可以常興而亂本可以預弭也論九十二首觀者無忽不止唐之安危常為世鑒矣

散朝大夫尙書刑部郎中充天章閣侍制兼侍讀
上輕車都尉賜紫金魚袋孫甫之翰撰

唐史論斷目錄

卷上

卷中

唐史論斷上

宋　孫甫　之翰撰　綿州　李調元　校定

高祖

名突厥兵

論曰義師之起本救世亂若威德漸盛則四夷欵附矣故周武興師致庸蜀羌髳微盧彭濮之衆助牧野之戰漢高平定天下亦有北貉燕人梟騎之助今唐師方起當以德義爲勝何乃聽文靜一時之謀遽求助于突厥斯自小也財帛皆寶皆民力所致當舉義之始許之夷狄可乎不盡賂之又自失信後突厥恃

其微功連歲入寇盖由茲失策也

立建成爲太子

論曰立太子必嫡長者使天下之人心有繫以止爭奪之患也行之乎世固爲常法若夫大公之世子不賢尚求聖人以傳大位況長子不賢次子聖乎安得局于常法也唐有天下本秦王之謀秦王功德之大海內所屬望其勢可終爲人臣乎建成自舉義以來無一事可稱道但以年長使居聖子之上至愚者亦知其不可也雖秦王以常禮讓胡不虛其位待天命之歸乎況受禪之初天下未定何汲汲于立太子也

善哉宋王憲讓太子之言曰時平則先嫡長世難則歸有功此萬世不易之論也

殺劉文靜釋裴寂

論曰恩與刑人主之大權也恩當其功刑當其罪則中外咸勸戒矣反是道何以服人心裴寂劉文靜俱以佐命爲大臣文靜才畧功名過寂遠甚高祖任情親寂而疎文靜文靜失律則除名及與寂有隙出怨言遂聽寂之譖而殺之寂當將相之任怯而無謀屢爲賊敗既入朝不加深罪幸矣顧待彌厚可乎施恩于寂太優用刑于文靜太暴二者俱出于私非聖子

功德之大人心恚矣

殺劉世讓

論曰兵之用間爲神妙者以其術之不可窺也高祖歷戰伐多矣用兵之事不可謂不曉劉世讓素有忠義之名既以知邊機使備突厥方制其要害功效甚明突厥使人入朝言世讓有異謀殊不知世讓既荷任用已有功效何故與突厥通謀況突厥入寇本以馬邑爲便今得其地守之是阨其入寇之路也世讓經畫如是戎人反言與己國通謀其情固易察耳高祖不察而殺世讓何昏暗之甚也

復置十二軍

論曰國之用武固常事不可一日懈也中夏之廣外夷之衆雖太平之世黠惡者畏威服德而不敢動其心常幸國之有事起而爲患爾則武備可一日懈乎況大亂初定人心未甯便欲爲安逸之態而偃武事及突厥入寇乃謀遷都以避經世之畧何其淺也賴秦王堅議不行謬策今復置十二軍以教諸府之兵制國之威自此盛矣

太宗

放宮人

論曰古之明王嬪御之數著于經典者可見也漢之後宮及數千賢如魏桓者不肯出任矣益人君廣置嬪御其損有三侈費甚也內寵多也怨女衆也侈費甚則困民力內寵多則競私謁怨女衆則傷和氣人君之德所損如是賢者以爲難諫止而不願仕也況隋煬荒虐自古無比强取良家女置後宮者固無其數高祖初入關放離宮之人還親屬此得美事之一節及受禪安然有其後宮欲不荒恣得乎賴聖子承之立矯其過計出三千之衆使天下聳動歌詠唐之盛德也

即位改元

論曰或問春秋書國君即位必于元年正月朔新君踰年即位改元也此書即位踰年豈春秋之法乎答曰尚書記天子傳位改元之法舜則曰月正元日禹則曰正月朔旦春秋即位改元之法本于此聖人以舜禹之法爲天下之至正也然顧命康王之誥記成王崩康王既爲天子乃釋冕反喪服蓋以先君不書所終之年天子即位不可一日而虛故于柩前即位明先君傳授之意不及行舜禹之法也但踰年稱君改元亦同其道矣以天子不待踰年即位則諸侯可

知也春秋一國之史聖人修之遂見天下大法莫若舜禹至正也元年初即位說者引康誥之文爲定以謂新年正月必改元正位百官以序國史書即位以表之此雖明不待踰年即位元年見新君之法不知聖人因而存舜禹之道也況魯侯即位雖稱元年必書王正月者上以明王道之序下以見諸侯奉王制而即位也若夫修天子之史可不知書元年即位之法乎又後代事艱天子繼統必待踰年稱君勢有不便矣故當依實書之雖略變古法其曰以即位踰年改元亦所以法尚書定位春秋改元見新君之意也

魏鄭公論致治不難

論曰帝王興治之道在觀時而爲之觀時在至明至明在至公至明則理無不通至公則事無不正通于理故能變天下之弊正其事故能立天下之教弊變教立其治不勞而成矣孔子曰苟有用我者期月而已可也三年有成則聖人之意可見矣或曰孔子言善人爲邦百年然後勝殘去殺又言王者必世而後仁何謂也答曰孔子教爲邦者久之之辭也爲邦若非聖哲或行仁政未能變通時事功業不速必中道而止故教以久行仁政乃有成功也若以聖哲之道

則期月可也但後之爲天下者雖欲興起治道多非聖哲之才不能通究時弊以道變之務速其功以行一時之事故所爲駁雜莫復前古之治也觀魏公之論誠得聖人之意文皇能納其言而不惑奸人之論力變時弊以行王道嗚呼明哉大亂之後興立教法不急其功致時太平德流于後嗚呼公哉

中書門下議事使諫官預聞

論曰太宗之任諫官眞得其道夫天下之務至廣也軍國之機至要也雖明主聽斷賢相謀議思慮之失亦不能免一失則爲害不細必藉忠良之士諫正夫

忠良之士論治體補國事乃其志也能密有所助則亦志伸而道行豈必欲彰君過而取高名哉當君相議事之際使諫官預聞得以閒說或有闕失從而正之天下但覩朝政之得宜不知諫者之何言上下誠通國體豈不美乎況大臣論事以諫官規正于人君之前安有不公之議茲亦制御大臣使之無過之術爾若以諫官小臣不可預聞國議必衆知闕失方許諫正事或已行而不可救過或已彰而不可言故剛直之臣有激訐不顧以爭之者君從之猶掩其過君或不從則君之過大臣之罪愈大矣太宗任諫官可謂得其道

責封倫舉賢

論曰封倫真奸人太宗真能照鑑奸人之情者也大臣之職薦達人材固非細事天下之大中外之任可容一日乏才乎然人之才有能有不能者器而使之衆職舉矣豈有人主責其舉賢已未嘗推薦但言天下無奇才異能上欲欺主之明下欲蔽天下之善此真奸人也蓋奸人之不樂進賢其情有三保位固寵常懼失之以賢者既用必建立功業掩己之名見己之過名滅過露則位不能保寵不能固此不樂進賢之情一也又奸人立私必人附己乃引之賢者懷才安命進退以道固不肯趨附奸人以謂不附己而引之則不知己之恩不知己之恩則不爲己之黨此所以不樂進賢之情二也奸人無至公待人之心心既不公知人不明雖遇賢才不能深識慮引而進之或有大過爲己之累此不樂進賢之情三也封倫之情正在于此太宗以前代未嘗乏人折之使慚懼無辭可謂能照鑑奸人之情者也國有奸如封倫者世世不無人主能照其情而責之則公卿悚動賢者進矣

定朝廷之制

論曰太宗定天下之功固天授神武英才不待贊論而赫赫于無窮矣其朝廷之制又如是宜乎正觀之治也夫定官之員不務多而務擇賢則不賢者又安得用矣大臣議事使諫官御史史官並從而入或正其失或糾其非或書其過則爲大臣者安敢不正議矣諸司長官正衙奏事使衆臣共聞之屬官不得奏本司外事苟非至公之事人不敢言則陰邪之事自絶矣疎賤之人言事者令門下司引奏又置立伏馬以備急事則天下之情無不達矣內侍皆黃衣給事宮掖則奸人無所附而事權不假于人矣數者皆朝

廷之大法爲人君者能遵行之雖未能及正觀之治朝廷必尊而天下可治也何哉官少而賢必擇之精也大臣不敢曲議必聽之明也諸司官無邪言必制之公也言事者無壅而人情盡達必采之詳也內侍不預事必制之嚴也數者非太宗英睿不能盡其道人君資性至此者鮮矣然設官少而務擇賢使諫官輩預聞大臣之議而救其失諸司奏事明陳于庭疎賤者言事無壅不任內侍以事必久其制而能力行之雖不逮太宗之英睿朝廷豈不尊天下豈不治也

任用房杜

論曰人主之任大臣不可不專亦不可專若深知其人可付國事不專任之何以責成功葢任專則責重責重則人必盡其才力也若知人未至而專任之苟無成功則有敗事又或竊擅威福有難制之患二者惟在人主審之不可一失失則事機難追矣太宗可謂能審任人之術者也知房喬杜如晦之賢而付以國事房杜方盡心職事已著功效陳師合以平常之見欲移主意如晦奏其事意似不廣然慮小臣開言漸害于事公言之耳太宗不惑師合之言喬如晦荷信任如是敢不盡其才力乎此所以成太平之治也然有太宗之明房杜之賢則可以專任而不容人言人主知人未至當審其付任不可執此以爲法

殺盧祖尚

論曰人主操天下之勢不可一日失威令威令一失則下起慢上之漸漸若不止則綱紀弛而權移于下何以操天下之勢利故曰人主不可一日失威令也然威令之行不可過中過中則暴暴則人心離矣太宗之用威令誠得其術故內外之臣聞一令罔不靡然從之此無他聰明之性至公之心剛嚴之體御于內外也盧祖尚丁其時苟其任乃委曲思慮以身爲

計遂成驕慢之態宜乎獲罪矣然殺戮刑之極施于驕慢之罪此似過中人臣驕慢則殺之復有罪之極者何以加刑若祖尚之罪逐于遐裔而永棄之未至失威失令也

魏公不事形迹

論曰人臣之任國事莫若知無不爲一存形迹非公忠之道也且如有賢才滯于下或已之親舊也或權勢之親戚也以此避賢而不舉又如臣下忤犯主怒枉爲人譖將被刑戮將行竄逐其人或已之親舊也或權勢之親舊也以此避黨而不辯又如有奸惡之

人將爲國家之患其人或己之所不足者或權勢之所不足者以此避疑而不言凡此之類皆所謂存形迹也人臣存形迹爲身之謀爾非所以爲國之計也夫有賢未用國之失也殺逐無辜君之過也奸人將起時之患也爲人臣者知國之失而不陳見君之過而不正觀時之患而不救但曰我存形迹此罪不細故謂非公忠之道也温彦博因魏公爲人所譖遂言人臣須存形迹此不忠之言也賴魏公自陳太宗尋悟其事非君臣相信幾失大公之道

房杜相業

論曰或問房杜之相謀議施爲不見赫赫之事而世大賢之何也答曰宰相之功何必赫赫觀時事何如耳房杜自秦府遇主講天下事固詳太宗即位遂命作相付任之專不與他相同乃得盡心助治致時太平以事明之其功可見宰相之任莫先乎正官職用賢才若官得其才宰相總其大要庶事舉而天下治矣正觀元年房杜定文武官六百四十員官既少則才可擇才可擇則官不濫官不濫則職自舉况公于取士各盡其才此房杜得佐主興治之要道也以至臺閣規模典章文物皆其所定又防奸邪抑權倖各有著法大概如此不惟一時之治固足以垂憲于後也其他軍國機務雖謀誠不著每籌事太宗從之以太宗之英睿專任二相而從其所籌其賢又可知也即正觀時事之治二相之功可見矣或曰正觀四年天下大治太宗惟稱魏公之力不及房杜何也答曰正觀之初太宗求治方切魏公專論王道封倫橫議以沮之太宗不惑奸言力行王道及天下之治也嘉賢人之論足以明道故稱魏公之力嫉小人之言惜不能使之慚悔故恨封倫之不見其言自不及房杜也然魏公議臣也房杜宰相也魏公論其治體房杜

助其施爲爾後世賢房杜而不見其功者惟詳觀太宗專任之意正觀時事之要可也

魏鄭公温彦博論處置降虜

論曰安邊之術其難哉以太宗之英明魏公之辯論豈不能察夷狄之情定安危之計何至細温彦博曲議處虜内地仍擇酋長備官京師慮之不審乃如是乎夷狄之態弱則服人强則爲患禮義不能移其性仁恩不能懷其心從古而然也頡利之敗其部落之降者豈慕德義而來正爲逃死之計耳置之塞外分酋長以主之足示好生之德何過處置有差也蓋太

宗以雄才大略平突厥意破亡之餘不能爲患但以大度畜之至仁懷之夸大威德以示萬方世故忽其事也不然彥博之議突厥餘衆若遣居河南綏懷德惠終無叛逆此固妄言豈能惑其聰明哉及數年有變始徙降戎塞外乃悔今日之失也

命李靖爲僕射

論曰太宗之明李靖之賢君臣之心可無間矣況靖深入虜地方成大功安得容讒人之言且謂靖軍無綱紀致以虜中奇貨散于亂兵之手此不識事體之言也靖善用兵法令素整以少精騎深入虜中無綱

紀安能成功乎虜中奇貨若果有之散之兵衆正得其宜突厥凌中國久矣一日平之張天威雪國恥安邊甯人非靖盡心兵衆盡力何以成此功且寶貨散之軍衆是上不奉君欲下足恩衆心故謂正得時宜但不知寶貨之有無爾太宗爲君何至以奇寶爲意凊疑賢將尚賴仁明之德不行重責靖之忠誠無所觖望不然君臣之間兩有大過矣及數月始悟其事命靖爲相亦足見其功德宜罪讒人以戒于後世可也

封禪不著于經

論曰封禪之文不著于經典秦漢諸儒用管仲說以爲帝王盛德之事大無此禮故秦皇漢武行之儀物侈大自謂光輝無窮然封禪之後災異數至天下多事益繁費生靈于動和氣所致則崇尚此禮惡足以當天意哉況此禮不著于經典也司馬遷作封禪書引經典之文但巡守之禮耳帝王巡狩每至方嶽必燔柴以告至非謂自陳功于天也帝王治天下能以功德濟生民致時太平則天必祐之以永久之福郊祀之禮足伸其報何待自告其功也太宗謂事天至誠埽地足以致敬何必登山封數尺之土此實至誠論

命李靖討吐谷渾

論曰天子善任人而能主威柄則大臣不驕大臣不驕則中外自肅太宗以吐谷渾拒命一日謂侍臣曰欲李靖爲帥討之靖功名之大爲當世勳臣首方以老病居家聞其言亟見執政請行太宗使大臣如是功名不逮于靖筋力未衰于靖者敢驕慢乎人臣不敢驕慢則各盡才節人臣各盡才節天下事不足治矣天子使人至是者無他善任人而能主威柄也

閫權萬紀言利

論曰觀太宗罪萬紀言利眞得天子之體天子爲天下所尊非止威勢之重由仁德之高也仁德之本莫大乎愛民愛民之要莫先乎節用用之有節天下貢賦之入歲有餘矣何至殫山澤之利以困人力乎然自三代之衰秦漢而下人君好利者多由所爲侈大而用無節也天下貢賦之入不足以充其費奸人得以言利矣人君顧所用不足必說其言而從之好言利日甚人力必窮人力窮則危亂自至縱未至危亂天子言爲令動爲法以好利聞于天下豈其休哉太宗斥言利之臣無他能自節用外謹制度絶權倖無

過費耳正觀一朝其事可見初出宮人三千天下固已頌其仁愛及宮中欲修一殿則想秦始皇之過不起其役體不耐熱公卿請營一閣以避繁暑亦念漢文罷露臺之意不從其請將幸東都勅預修乾陽殿給事中張元素極言隋室修乾陽勞民之事嘉其言立止出降長樂公主勅有司資送倍于長公主魏鄭公引故事言長公主尊于公主豈得以親愛厚資送于長公主上納其言遂不越禮其設官之制命宰相定員位文武官止六百四十員多得才得能而無冗食其養兵之法畿內及諸路府兵止六十萬惟元從禁軍三萬及府兵番上或出征者有所給外皆散之農畝而養焉其行賞之事功者厚賢者禮內無嬖人私其恩外無倖臣竊其澤天下歲入之物有餘用矣故薄賦歛厚風俗其道德與前代聖主並所爲自天子之體矣嗚呼爲天子者皆可以至是可至是而不至者由所爲侈大制度不立權倖不抑所致耳所爲侈大物力固難以給若制度不立則庶事無節而冗費益甚權倖不抑則奸人競附而私恩益廣天子雖獨尚儉德亦何能省用太宗自節其用復能謹制度絶權倖所以不取山澤之利不困生民之力而財自

豐爲天子而得其體著仁德于無窮也

魏鄭公諫諍

論曰魏公以忠直稱歷數百年而名愈高李翺論修史之法則曰假如傳魏徵但記其諫諍之詞足以見正直是魏公得諫諍之道其言足以傳信于後也正觀十年魏公三上言疏乃諫諍之著者然不過諫侈逸明任人平刑賞辨忠邪及引前代治亂爲說未嘗深言君過亦不及安危大計詳味其意尤見當時高致夫不深言君過君無大過也不及安危大計君能自主威福了天下大事也君無大過能了大事眞英

主也但政有小失則諫之引前代治亂爲戒使不至于甚此所以爲忠也魏公事英主力贊治道以成太平之治見其小失尚孜孜諫諍以防其甚如事中常之主天下未治其君或有大過魏公之諫必危切至安危大計必忘身以爭也葢輔相之道不至此不足以爲忠魏公之心後之爲相者宜詳之

以高昌爲州縣

論曰中夏之于四夷天分內外之地也故嗜好不同服用不類禮義所不能化人情所不可通地形險固自限其所帝王能以德服而威制之使不能爲中夏

患則上策也安可恃其盛大之勢因夷狄拒命而伐之遂強有其地一強有其地不惟中夏之人苦戍守之勞又使諸戎謂中夏利其土壤各懷怨懼竢時乘隙合從爲患矣以太宗威勢州縣高昌之地雖保無他魏公尚以爲不可則帝王威勢之不逮太宗者慎無貪戎土以起大患也

立晉王爲太子

論曰王者立太子以嫡以年以德固有常禮若嫡年與者或昏庸或過惡固不可不擇于諸子也擇之之法取衆望決己意則天下歸心矣太宗英主也斷大事未嘗有疑晚年牽愛不能定一子泰長而有過立晉王無疑何至投床自苦取決于無忌之言太子君之副社稷之本豈使一臣立之仍命拜謝賴太子良善人情可屬無忌終不擅其恩不如是必起亂階矣

親征高麗

論曰正觀中天下治平四夷賓服天子威德甚盛太宗諫兵師尚功名其志甚銳以此不衰怠之意臨天下可預防患難求保太平之業也但因一遠夷之臣殺主害民復侵陵鄰國詔罷兵不聽然彼有事豈預中國之事命一二將帥出師境上示征討救援之勢

使畏威懷德足爲天子能事何至決親征之計乎忠賢交諫莫非苦言李勣一言堅不可動遂舉中國數萬之衆驅之異域輕其性命已似忍心況以萬乘之尊與遠夷爭勝又自輕之甚雖平遼東數城破延壽大軍何足益其威德若延壽納對盧之計危可測乎此葢太宗英雄自恃忽于深慮李勣順意生事遂成誤計且初議伐遼褚遂良諫止其事太宗然之勣至追述延陀犯邊聖策本欲追擊由魏徵苦諫致失事機以此激之遂定親征之議及敗延壽之衆太宗下馬謝天則危心可知矣詔從行軍人戰死者加勳級

牓殯地則中國士衆殞命于遠夷可知矣天子荷宗廟社稷之重爲天下生靈之主一旦不因中國之事履危難輕人命威德無了損乎且李勣追咎魏徵諫擊延陀事謂之失策如延陀犯邊太宗命將禦之大破其衆足示中國之威不追擊之亦未爲失高麗本不敢犯邊何至親征乎勣順意生事無以逃其罪矣房喬忍死上表懇諫伐遼賢哉

劉洎賜死

論曰劉洎賜死據舊史所書由褚遂良之所譖也然伐遼之行大宗乃諭洎輔翼太子之意洎有誅大臣

之對時已責其疎健太宗至自遼東不豫洎謁見而深憂之或言誅大人之事亦與前疎健之語何異倘爲遂良所奏大宗疊前怒殺之迹其狀　近于是矣若洎止憂聖體絕無他語又引馬周自明周對無洎不異太宗何至偏信遂良遽誅大臣乎况洎有罪而周隱之又安得正罪洎而不責周也蓋遂良後諫廢立皇后事以忠直被譴奸人從而譖搆之惟恐其無罪故劉洎之子訴冤李義府助之賴樂彥瑋力辨其事遂良譖洎之言當出于此矣又正觀實錄本敬播所修號爲詳正後許敬宗專修史之任頗以愛憎改易舊文則遂良譖洎之事安可信乎

後宮不著名

論曰帝王于後宮恩寵過厚非賢德者鮮不干預時事著名于外蓋寵過厚則言易入言易入則事可動後宮至可動帝王以事則奸邪附之著名于外又况親屬竊恩競爲勢氣勢內寵至此小則破家之禍大則爲國之患必然之勢也太宗在位歲久後宮不無寵嬖但外不聞何人耳惟徐充容以恩顧稱絕不干預外事復能諫爭君失則正觀宮闈之政可知矣後代不能遵守神龍中上官昭容等招權于外廣植奸

黨天寶中楊貴妃倚勢于時務強親屬國事既亂數婦人及其家皆不免誅戮噫上世淳風既往人主之尊爲天下所奉制度必如古簡樸或不能則宮室服用既過于古矣雖英明之君爲外物所誘必有侈樂之意意有侈樂于後宮豈無所嬖寵在人情未爲大過也既嬖之居處服玩充其欲足矣何至容其私謁以干國事使戚屬依倚之以作勢奸人附之以竊權氣燄既成必生禍患而後已則人君于後宮或有嬖寵能以正觀爲法不惟不使亂政亦所以安全之也

降李勣爲疊州都督

論曰君待臣以道臣卽以道報之君待臣以利臣亦以利報之此歷代君臣之常理也太宗用李勣有本有末其謀謨智力立功立事爲大臣固宜然也以其不負李密尤信其心使爲輔太子正爲此節勣雖高勳重望位尙書預中書門下事寵厚亦已至矣使輔太子敢不盡其心力乎何至無故譴逐使太子他日授以僕射且人受恩于父兄未有不厚其子弟者況天子以大位授人又寵信之豈于太子不盡其心力耶然勣忠義之士但風氣英豪非感激不能盡節一日無故逐之使不無怏怏太子雖授以僕射勣之機

心豈不曉其利誘乎至廢立皇后之際不肯盡忠雖勣無大臣節亦太宗以利啓其心也

高宗

命李勣爲僕射同中書門下三品

論曰唐采魏晉而下歷代任宰相之制以僕射侍中中書令爲正宰相故僕射爲二品侍中中書令爲三品同中書門下三品由李勣自尙書授詹事詹事卑于尙書藉其輔翼太子故授之同中書門下三品者得預聞國政此侍中中書令之任也令勣授開府儀同三司又改授僕射品已高而曰同三品故蘇冕會要駁其事曰李勣還開府儀同三司又改僕射開府從一品僕射從二品今反同三品者豈不與立號之意乖乎杜佑通典曰同中書門下三品當以階卑官高令所給祿秩全品耳據此似非位署後同三品者正記初命率不以爲位號也

褚遂良諫廢立皇后

論曰高宗卽位數年奉先帝成法以臨天下頗得守文之體一日昏惑自恣不奉天戒雖前代荒亂之主少過之者天子之貴嬪御之衆何至私先帝才人使逞陰譎之計構陷中宮爲國大醜且高宗自晉邸升

皇儲卽位之年地震于晉久而不止是必天意以陰盛爲戒也太宗臨終顧無忌遂良稱好兒好婦是以國家事付託于大臣也武氏詭計初行方議廢立遂良以死爭之是不負先帝付託也嗚呼先帝付託于臨終天地示戒于連年大臣力爭于所議稍近中常之主當知事理甚明不可不念況高宗幼爲聖父教訓正人輔導豈全不辨事理乎但內惑嬖者之計外納奸人之言上不奉天戒次不遵父命下不顧忠議狥一時之欲以至于此心知王皇后無過而惘之及爲嬖者戕賊亦卒不問此又孱弱之態甚矣使文武

之臣蕃夷之長共朝嬖者此又亂禮之甚前代未之有也卒使嬖者擅人主之權害宗室殺大臣幾移宗社實高宗之過也然高宗之過雖奸黨所贊亦由勣微言于志甯顧望所致再李勣荷先帝付託于志甯任宰輔之重若稍助遂良及無忌韓瑗來濟之言奸黨豈能助乎是極諫高宗之過者遂良也成就高宗之過者李勣志甯也故書曰右僕射河南郡公褚遂良諫廢立皇后降潭州都督書其官爵明大臣之任也諫廢立明廢者不當廢立者不當立也因諫而降明無罪也遣勣志甯立皇后不書其官但名之明勣

志甯無大臣節賤之也書臨軒立后而不曰帝見高宗無人君之體也

即位改元

論曰人君即位之年謂之元年元始也人君布政自此始故首月謂之正月取其正始之義也厥後以數繼之終于一世此前古不易之法也至漢文惑方士之言改後元年始變古制孝武因事別立年名歷代帝王皆遵尚之唐武德正觀雖爲年號亦終其身高宗不奉祖宗之法且在位七年矣而謂之元年于理安乎若以立太子之始得以改元不知天下事統于天子乎太子乎事不師古而至于此由大臣昧于經義也

長孫無忌黔州安置

論曰人主之惑讒言由不知其人爲蔽耳高宗于許敬宗非不知其人也如敬宗修太宗實錄移威風賦事高宗明知不足傳信修史倚書下其手他事固不可信矣鞠獄之際事外言所嫉之人其大罪豈得信乎况于忌親則元舅位則三公忠亮之誠許國甚至一奸人譖之不自臨問遂竄遐裔此非不知敬宗之誣謗無忌之非辜正欲快嬖者之意使元舅以勳德

重望寃死遐徼不惟昏塞之過實不仁不孝之甚也

殺上官儀

論曰易有君不密失臣之戒春秋有君漏言之譏聖人垂法使人君與臣下謀議不可輕說漏露致罹其患故申于易著于春秋丁甯如是也况君乘怒自謀使臣預議一日推過于臣而殺之豈人君之道高宗立武后過惡爲極甚矣后延邪人行厭勝法廢之固宜方與上官儀定議后遽自申訴茲以不密所致若便行廢黜后亦何所爲反懼后怒言儀教我此乃媢人童子之態遂使奸人得以乘后之意搆皇太子大

臣殺之士大夫無事被逐者甚衆后威權日盛養成簒奪之勢皆由高宗不君也

乾封改元

論曰太宗以功德平治天下其朝廷之事則賢才在位法度施設其生民之樂則刑罰幾措歲時屢穰其四夷之服則大者來臣小者安帖前古聖王之治何以加焉尙謂封禪盛德之事慮己所爲未當天心終不行其禮高宗在位十餘年雖賴先帝遺德生民安業四夷不動柰朝廷之事奸人亂政忠賢竄戮天子廢殺臨朝聽斷則中宮垂簾威福不專于己此大亂

已見有何功德可以告成盍狥后之欲舉希闊儀物誇耀天下耳登封之後歲饑民困日食彗見連年不已豈非功德之薄妄告于天又干乘萬騎之行勞費民力干動和氣所致與奸人預慮天時不順先引漢乾封故事建爲年號若以歲旱爲乾封則民之饑困災變頻仍是果天佑哉爲天下者切戒于此勿輕議盛德之事

追尊祖宗自稱天皇后稱天后

論曰謚所以尊名也古之天子諸侯卿大夫善名雖多惟取一大善爲稱不使名浮于實也歷代帝王謚號或實或虛不能盡如古制然必以祔廟之始一二字爲定也唐高祖起義兵雖出太宗之謀然親平大亂成就王業謚武宜矣太宗以武功定天下即位之後行王道致太平推誠人心幾致刑措綱紀號令與古治同謚文宜矣今高宗曰神堯不惟越禮適所以辱之高宗與于堯之道安可擬議况稱曰神堯人必謂其名不稱旣知不稱豈非辱之太宗加武于聖此不爲過但號廟久定而增其名又豈禮乎二后號神聖尤乖其實孟子曰大而化之之謂聖聖而不可知之之謂神豈中宮之位可當其號此武后自欲尊大

妄稱天后高宗遂稱天皇因追尊祖宗二后用掩其迹嗚呼天子狥后之欲僭大其稱瀆祖宗亂典禮此高宗之過也高宗之過亦由大臣有司不守經義逢君之惡所致爾

郝處俊諫令后攝政

論曰處俊諫高宗不令武后攝政可謂社稷之臣也自上官儀被殺高宗爲后所制奪其威權內外畏之無敢忤其意者高宗雖困目疾欲令攝政亦勢逼而然處俊不顧禍患懇諫其事至引魏文不許皇后臨朝爲證是時處俊之心止知有社稷之計不知有身

計也言既激切又得義琰為助雖昏主悍后義不能違夫人臣事君見大過而不敢言臨大節而不敢當者正欲保位避禍也處俊當后擅權上下威逼之際忠言確論力救其事義琰協心助為之言二公終保大位不罹其禍如于志寧輩預廢立皇后之議顧望不言乃保位避患之意也然終不免譴黜一刺史而歿但得畏懦不忠之名為世所罪又豈能保位避禍乎然則事君者固不可自計利害也邪正在于所守禍福繫于所值所守者節也不可不固所值者時也此不可必惟能不失忠義大節則窮通死生賢矣

劉仁軌請李敬元統兵禦吐蕃王師覆敗

論曰王者能知人能駕馭臣下則不敢欺矣為將相者不忌賢不私怨則國事濟矣李敬元不練邊事與劉仁軌立異此廟堂之上恥所不能忌其賢而違其議也仁軌知李令非將帥才決請鎮守使之敗辱此恃其功名欺君以逞私怨也高宗不察李令不能統兵但徇仁軌意遣之尋致兵師敗衂自損國威此昧于知知人之明失馭臣之術一舉而君臣之間俱不免過然仁軌之過大矣

中宗

裴炎請太后歸政太后殺之

論曰裴炎死雖由直議迹其本末自取之也武后篡奪之朝勢非一朝一夕為之方欲因事立威震懼悍中外然後行其所謀中宗即位之初固寵后父炎力爭之因有讓國之言蓋一時忿激之詞也炎諫于外武后制于內一孱主豈能有為何得因一時忿激之詞便謂不堪輔佐遽行廢立蓋炎自以忤意預憂禍及遂附武后為之謀爾殊不知后既能廢帝立少子天下之權皆出于己其勢至此事肯已乎況素有異謀也炎方區區諫正其過又請復政少子盜欲取人

奇寶已預其謀既使得之乃以廉恥為責令歸其寶言得從乎言既不從禍可免乎故曰炎之死亦自取之也夫為人臣者雖當盡力于事在擇主之正與不正爾主不正而盡力鮮有不罹其禍者蓋共事之時知其計畫所長用心所向得志之後必慮復與人謀則不利于己故有忌之之意炎與劉禕之程務挺輩相繼被戮皆自取之也

不稱武后年名

論曰武后僭竊位號唐史臣修實錄撰國史者皆為立紀繫后事于帝王之年列僞周于有唐之史名體

夫亂史法大失矣後史臣沈旣濟奏議曰中宗以始年登大位季年復大業雖尊名中奪而天命未改足以首事足以表年昔魯昭公之出也春秋歲書其居曰公在乾侯君雖失位不敢廢也今請併太后紀合中宗紀每于歲首必書中宗所居曰某年春正月皇帝在房陵太后行某事改某制則紀稱中宗而事述太后俾名不失正禮不違常此得春秋之法足正唐史之失也故從其所議書武后事于中宗紀中武后改年是皆妄作今起嗣聖繼以景龍武后所改但存其名備證它事而不以表年焉所以正帝統而黜僭

號也

狄仁傑薦張柬之爲相

論曰觀武后用張柬之爲相見其任賢之術也武后臨朝僭竊二十餘年所用之人奸正相半蓋后俊智之性有過于人謂不用奸人無以成己欲不用賢人無以庇己過然持大權者多賢才也如狄仁傑姚元崇相于內婁師德郭元振將于外天下事何慮乎故雖兇殘不道不至禍敗者以此也當仁傑從相國才謀之士不乏于時尙孜孜訪于二相求大才以備任用二相立薦柬之立命作相其推心不疑如此則向之任用之意可知矣豈非得任賢之術也一娼僭天下大號恣行兇虐尙以大相付得其人久不禍則爲人君者能推誠任賢天下豈有憂患乎

廢武后

論曰舊唐史書武后傳位于中宗蓋史官諱其事也然桓彥範傳書武三思以武后爲彥範等所廢常深憤怨又于武后實錄書彥範請太后復辟卧不語事是廢之爲實今迹其實事書柬之彥範等遂廢武后所以明大法也唐之天下高祖太宗之天下也高祖傳受于太宗及其崩也以子託后后擅威權乃逼奪

其位僭竊大號恣行兇虐毒流內外踰二十年不道至此若終身無禍何以作戒于後況實廢之安可諱也若以中宗武后之子也彥範等奉子而廢母于事不順是不達其理春秋莊公元年三月夫人遜于齊此莊公之母也以悖亂之事去其氏貶之則春秋之法可見矣武氏奪嗣君之位變唐國號凶歲虐法爲害歲久安得無所貶也況書廢武氏者廢其僭竊之號强大之權復后之位爾復后位所以奉祖宗之統豈不順乎故用春秋之法爲唐貶絕罪人且作戒于後也

韋后安樂公主進鴆帝

論曰中宗眞天下下愚之人不可移之性也前代人君如太甲者中人之性爾始以失道爲大臣所廢遂能深思前過自新厥德暨復正位享國永年中宗即位之初過寵后父因大臣切諫有不道之言爲母所廢流離艱苦凡十五年賴祖宗功德入人至深天下之心繫于後嗣故忠義之臣出死力以救始得復歸京師及正位昏庸之態又甚于前崇寵韋氏使預國政縱其奸惡一不爲意忠臣諫而不納奸人進而得計賢者罷罪邪者受寵紀綱法度紛然無一條理是中宗歷憂患二十年未嘗省過也未嘗修己也人情邪正都不曉也世事美惡都不辨也昏昏然何等人爾故復位數年孱惑如故豈非下愚之人不可移之性歟卒至兇頑逆女結邪謀而終由以至愚自貽其禍也

唐史論斷卷上

唐史論斷中

宋　孫甫　之翰撰　綿州　李調元　校定

睿宗

景雲年

論曰古之人君即位必踰年而改元者先君之年不可不終也繼大位不可無始也一年不可二君也先君之年不終則後嗣急于爲君而忘孝心矣繼大位無始則布政立事無以正本矣一年二君則國統不一而民聽惑矣典法如是之重人君敢不謹其事歟睿宗于中宗雖兄弟之序然繼其位則同于先君安得不待踰年而改元盍大臣昧于經義而然也今書景雲年者不可分中宗所終之一年爲二又不可記睿宗之始年謂之二年故變其例所以戒無禮而正不典也

傳位皇太子使主細務

論曰睿宗以次子平王賢而有功取內外屬望之意從長子辭讓之誠立爲太子又以時多難上象示變知行事不當天意遂傳位于子寔大公之心安宗社之計也奈何爲姝　所惑雖傳位而不授以政使太子稱帝而主細務自稱太上皇而斷大事此體豈正

乎故養成一妹　惡致奸人黨附從而逆謀頼太子英果先事誅之不然內難可測乎蓋睿宗雖有大公之心而明斷不至也惜哉

玄宗

相姚元崇

論曰天子任輔非知其忠推誠待之何以責成功輔臣苟天子之知非素蘊策畫通達時務盡節行之何以稱大用明皇之用相姚元崇之事君得其道矣初明皇以崇可相將召之張說輩纔言交結一不能動遂以大柄付之崇荷其信任之意力救時弊行之不

疑數十年紛亂之政旬日而變紀綱法令卓然振起非君臣相得之誠至深至悉何以及此然為姚崇則易為明皇則難自中宗復位承武后暴政之餘且為韋庶人所制用奸貪去忠良官職無敘紀綱大亂重以太平暴橫不改其惡中外人心思治甚切崇有才智固能觀時事之弊知變之之術一日當圖改順人心行之不難耳明皇居藩邸已憤時弊之甚即位之始銳意求治任崇固宜但張說有輔翊舊勳素親倚方居左右與崇不協崇雖才過于說適在疏遠不任說而任崇此所以為難也嗚呼人主知疏遠之臣可用付以大柄推誠待之使盡其心以成開元治平之業後之人主固宜以此為用賢之法也

開元神武皇帝尊號

論曰古天子之稱曰皇曰帝王蓋稱其德也秦不顧德之所稱但自務尊極故稱皇帝然亦未有尊號也至漢哀帝始有聖劉太平之號此其可為法乎高祖太宗各有功德俱無尊號高宗狥武后之意始稱天皇中宗從韋庶人之欲乃號應天二宗并為婦人所制紀綱號令不由于己其行事紛亂果合天理乎而稱曰天皇號曰應天是妄自尊大但取千萬世罪與

笑耳明皇以賢繼位祖宗善惡之事聞見固熟何故忘高祖太宗之實德襲高宗中宗之虛名蓋臣下諂諛不守經義逢君之過而然也故所上表明言何必稽古此人臣不忠之言耳人君行事不可泥古之迹又不可不稽古之道泥古迹則失于通變之機不稱古道無以成大中之法況明皇英偉之主忠亂雄俊臣下當以古道諷之尙虞越逸可得更言何必稱古以導其侈心乎

酸棗縣尉袁楚客上疏諫娛樂

論曰開元二年明皇方勤政治用才傑百度具舉內

外無事實有承平之風聽政之暇頗事娛樂以人之常情觀之天子當承平之時稍有娛樂未爲大過然深計遠慮之士已憂之矣蓋人情大抵好逸憚勞志氣稍充目前無患鮮有不驕墮者驕墮不已憂患遂至此事勢之常也況萬乘之貴爲天下所奉又當內外無事恃此自樂怠之志必從而生奸人窺其情益求美物作奇伎以奉之心說意快以寵其人一寵之則奸人之徒爭奪其計矣奸人得計時政必壞日復一日亂亡自此人君好逸樂之常勢也故楚客一窺明皇娛樂之意以太康失道不聽五弟所說禽荒色

荒甘酒嗜音峻宇雕墻之戒遂至失國秦穆公崇飾宮室由余訊其勞民能改其過乃與霸業之事上疏言之以止驕逸之漸明皇雖容其言而娛樂不改其意自以大功卽位方任賢才致天下無事我娛樂何害哉所以忽其言不聽蓋明皇才俊性英豪向在藩邸歷知民間事觀韋庶人之黨勢危社稷遂起兵討之能成大功茲乃成情而爲也及卽位勵精政事委信賢佐命盡除前日之弊然英豪之性不能純入于道見時無事乃以娛樂爲意殊不知娛樂浸久志意漸昏奸邪乘間以進自致危亂也但明皇雄才大畧雖務娛樂猶倚任正人以了國事德澤之廣入人甚深故久而後致天寶之亂若中材之主不及明皇才畧復不能任賢致天下無事如開元時稍縱娛樂不待久而亂矣或曰人主當天下無事時不可自樂乎曰天下之大政務之廣堯舜至治之世尚曰兢兢業業一日二日萬幾戒慎若此後世之治望堯舜遠矣一時無事得不慎其微乎然人主聽斷之暇宴樂以節游幸以時其不樂乎況天下奉之意無不滿何必從禽獸廣聲色使奸人得以窺其欲耶後世必法堯舜常保儉德恐有不能但或皆好于物不可使有形

或倦怠于事不可使有迹外或有恩倖之臣權不可假內或嬖寵之人言不可惑嗜好一形則小人極新美之事曲奉其欲而有所希矣倦怠一露則邪臣陳安逸之趣迎導其意而有所要矣假恩澤之權則黨附必衆而擅恩威矣惑嬖寵之言則私謁盛行而政令撓矣明皇在位旣久四事皆不能慎故起天寶之亂然則天寶之亂原于楚客上疏之年矣

盧懷愼遺表薦宋璟盧從愿

論曰太宗嘗賜魏徵手詔言晉何曾不忠之罪蓋謂曾窺見武帝奢逸之心不能切諫但有後言也觀懷

愼與宋璟等所言頗似何曾之意然懷愼與曾言同而意則異矣曾自以脅縱爲時所訊見主之過默而不言此正保位爾其與子孫竊言又欲取名于後世也懷愼淸儉有節性復公正非懷固祿寵之人也其生方勤政治未有深過但以高識見其萌芽不聞切諫此亦可責能與璟等深言且力薦之是使諫正于後以此論之懷愼與曾會言同而意異也夫大臣德望有素無保位懷祿之迹若覩主微過而不言又能薦賢者諫正于後尙可掩過如德望著見主過而不言又不能力薦賢者使之諫正此懷祿固位之人雖

竊一時富貴千載萬世識者視之當爲罪人矣

用李林甫平章事

論曰帝王之命輔相或自知其人或人臣所薦必名德有素才能已試者始可恊天下之望林甫先圖郎官源乾曜薄其才行不許郎官不可爲則其人不賢衆所知矣及宇文融引之爲黨歷中丞侍郎無一善績可稱雖爲韓休所薦休之言亦未必能信于主但武妃力士內爲之助遂至大用爾假如明皇以林甫是韓休所薦休有一時之名其言雖可信豈不思武妃力士已之嬖寵者也林甫爲近臣能使嬖寵者爲之言其人奸佞可知矣假加惑嬖寵之言不辯其佞旣相之後能議何事況不知學術有何所長任之也是林甫凡百奏請但能希意旨以取恩寵耳況人臣奏請之事若有合于主意當攷其經世濟民理道明白始可無疑若事事合于主意是明有所希而然也況本因嬖寵而用又奏請之事皆合己意帝王稍明理道者豈不復慮哉况明皇天資不爲不明一日昏惑都無念慮遂使奸臣權終亂天下則嬖寵之爲患也如此夫帝王荷宗社之重主生靈之命不得賢輔何以興起治道求賢輔無他術必取名德有素才能

累試者可矣若名德未著才能未彰但取嬖寵之言而命之以迎意希旨而任之是上忘宗社之重下輕生靈之命天下不亂不可得也林甫任用浸久內則起大獄引楊國忠使倚貴妃勢以害忠良致其權力外則保任藩將使專節制利其夷狄賤類無入相之路養成祿山凶威則天寶之亂林甫致之也噫天子一聽嬖寵之言任奸人相國以其迎意希旨而寵之起大亂已罹播遷之禍民陷死亡之難後世人主得不戒之哉

張九齡請斬安祿山

論曰人君有忌心則賢者不能立事軍國之務至衆一人之智固不能了必藉賢者謀議也賢者謀議多出衆人之見非英睿求治之君往往不諒其心或以忤意歉或以立異惡之奸邪希旨之臣摭疑似之事從而讒毀則人君忌之矣既忌之不惟謀議難合且欲鬬一時怒氣多方沮之雖理道明白亦不從也賢者爲人君所忌如此欲立事得乎九齡以高才直道輔相之位值明皇倦于政治獻聞讜言方且倚任李林甫奸臣謀議固無所合及奏祿山逆狀此先覺獨斷之論非非常人可明其以將校敗衄請行軍法此

有何難明之理況祿山素無賢名又無大功本以勇鋭可用今戰而敗衄則勇鋭亦不過人不知以何功德可贖罪也是明皇特以九齡議論堅正多所違忤又聽奸言讒間久有忌心因不從其言而沮之也噫賢者忠于國而君忌之謀議之事雖理道明白不從其言在賢者無負于國矣但人主內倚奸言外養大惡遷播之辱歸咎何人哉

刑罰幾措推功李林甫牛仙客

論曰或問開元二十五年明皇用奸人逐賢相戮直臣殺三子此國事大失人道幾喪也有何德化尚致天下訟獄希少曰國政善惡皆有後効明皇即位之初勵精政事從姚崇宋璟張九齡之徒繼爲輔相盡心贊助故德化被于人間風俗既厚獄訟幾息及在位漸久怠于政治雖奸邪乘間而進尚有忠賢任事未至大害于政及罷免賢相專任奸人直臣言事遂遭殺戮三子無辜俱已讒死其他流貶者不可勝道此固君之大過但惡在于內而未及于民前日爲善之效流風未改故獄訟尚希也林甫自以專任經歲奸跡漸露取天下一善事掠之爲功將以掩罪徐嶠輩小人得希其意妄托微物用爲靈異上以罔主心

下以愚民聽明皇惑其事從而賞之自此擅威權起大獄奸惡日甚無所不爲天寶之亂乃爲惡之效也爲君爲相者勿以目前善迹便爲己功當顧己之行事如何耳善惡之事未有不效者也

册忠王爲皇太子

論曰國之廢立太子可容易哉其立之也非嫡不可非長不可非賢不可開元初明皇立瑛爲太子非嫡也非長也但以母善歌舞寵之遂立其子立之固容易耳然立之二十餘年名分久定雖不聞大善亦不聞有大過可容易廢之乎不惟廢之復殺之矣此雖

貴妃妖惑林甫賊計所致迹其本末亦由張說之過也明皇諸子皆非中宮所生可愼擇賢者立之可矣何必卽位之初急立太子益方寵瑛母用悅其意耳立之歲久中外不聞其過人心有奉矣開元十七年忠王領河北元帥與百官相見張說退而言曰嘗觀太宗寫眞圖忠王奇表實類聖祖社稷之福也太子在上而說稱忠王奇表比之聖祖事果使乎益熖成方振說侍讀東宮知其異事謂王當受天命故因事言之使衆知耳亦或有結王之意說事明皇不惟東宮之舊復贊先天監國之事情義至密非他相可比

故任用以來言必從計必行觀忠王之事豈無密謀潛議也若果以瑛之才不能任唐事忠王賢足以代之何不定計退瑛于藩而立忠王使父子之際無大過何得密稱忠王之善而無所定計計雖不定明皇意已移矣天子于太子有移意則嬖寵奸賊之言入之易爾以此論之豈非張說之過也不然二十五年張九齡以直被黜朝廷之士知明皇方惡直言林甫方肆凶計誰復開口敢謀國事明皇于林甫之言無不聽納惟立壽王瑁事不聽而卒立忠王也然瑛之才遠不逮忠王無以辯之但以國有太子而說稱忠王之美又不贊定立子之計使處置得所終致明皇殺子之惡說無以逃其罪矣

用聚歛臣王鉷

論曰正觀十年治書侍御史權萬紀奏銀坑事太宗惡其言利遂斥之不令立朝詳味當時致治之風堯舜何以加焉天子富有天下惟患德義之不充不患財用之不足正觀中天子勤勞政治敦尚儉德非賢者不厚禮非功臣不寵賜內無嬖人專其恩外無奸臣竊其澤所用固有節所歛固不厚但慮人才未盡用生民未盡蘇意常不足爾天子務德義如此所以

言利之臣不能治也天寶之初天子厭倦萬機日恣侈逸內有嬖人擅其寵外有奸臣導其欲恩倖寖廣用度日增常入之物不足以充其費必誅剝生民而後已此所以言利之臣必用于時也韋堅以漕運寵楊愼矜以積財進至王鉷任用則剝割極矣民以咸死邊追理舊課詔恩給復而廣收脚費冤痛之聲徧于天下鉷方以所聚之物謂之羨餘納于內庫以奉天子私費嗚呼天子之費豈有私乎且天子爲生民主民勤勞以奉之財賦之入固有常數入旣有常用得無節乎故行賞于人使內外稱之曰宜也施惠于

人使內外稱之曰宜也今乃恣奢逸廣徧賜賚寵之家競爲僭侈權倖之輩各極其欲是明皇用聚斂之臣剖肌膚槌骨髓以快姦人女子之心爾快奸人女子之心而取天下之怨欲天下不亂不可得也王鉷聚斂極矣繼以楊國忠用事尤恣無名之取故明皇私費滋廣而內庫盈積季年之亂復資盜賊之用是明皇寵姦巧之臣竭生民之力始則奉私慾終乃爲賊資也世之論治亂者多謂繫之時數今以太宗明皇之事驗之太宗斥言利之臣而天下自治明皇用聚斂之臣而天下自亂然則治亂果繫于時數乎後

之王者宜鑒于此

中官輔璆琳稱祿山不反

論曰人主信任中官無甚于明皇也祿山領三道兵權勢力至重又請蕃將以代舊將反計可知楊國忠以貴妃之親極公相之位明皇寵信言無不從及奏祿山逆狀流涕言之是必欲感悟主心也然明皇竟未知之信酒使璆琳往察其狀是信國忠之意未及于中官也其意曰國忠我之寵丞相也但祿山有功不無忠嫉則其言未必忠于我也璆琳日在左右我所親信委之以事必盡忠于我也以此待璆琳之意過于國忠及爲璆琳所誤遂成大亂雖誅之何益後之人君信待中官者可不愼哉

肅宗

李光弼斬御史崔衆

論曰將帥專閫外之事不行法不尙威固難以立功然行法尙威止以制服部下將士使一聽吾令盡力于事也若天子遣使于軍中有所違犯亦有戮之則置朝廷于何地況靈武初基大亂未定爲將帥者固當盡忠義之心尊奉王室以起盛大之勢尙慮威靈未張安得爲强横之態以輕朝廷卽崔衆奉詔交兵

驕慢將帥此固有罪奈奉朝命何不論奏其狀乞行國法于時天子方倚注將帥無不從之理天子從之而行法則將帥尊朝廷威二事俱濟矣何至忿其無禮遂行軍法朝廷召任其人堅拒王命至言宣敕則斬中丞拜宰相此强横之甚矣且穰苴之斬壓軍以苴起卑下未爲將士信服故請君之寵臣監軍因其有犯而行法立威以濟國事非已有所忿也光弼受將帥之任功効已著威名已高不待戮衆而三軍信服矣況衆爲御史奉朝命交兵又非監軍之比以驕慢戮之是因忿而行法至有斬宰相之語豈非强横

之態也將帥之臣遇朝廷微弱强横自恣此固跋扈者常事且光弼忠賢不當如是蓋暗于大體忿而不思也光弼將帥之才傑出于時平賊之功高于諸將晚爲讒人所間大節微虧蓋不能去强横之態也惜哉

賊陷睢陽害張巡

論曰宰相舉事繫天下利害常盡大公之心尙慮智謀不用或至敗事况挾不平之意乎房琯之爲相也與賀蘭進明有私怨進明帥河南既兼御史大夫是假風憲之威以重其任琯又用許叔冀爲都將亦兼

大夫均其官使不爲下此宰相乘不平之氣舉事爾遂使睢陽危迫而進明不救忠賢數人爲賊所害甯民之衆罹其荼毒或曰賀蘭進明好進之人巡遠功名既高固有嫉之之意雖無許叔冀爭權未必出兵救援則睢陽陷賊是進明之罪不係房琯之過也答曰進明先授攝御史大夫不滿其意遂極言排琯交憾愈深此固好進之人及帥河南權任甚重琯或慮其難制則用大將以分其權則當擇賢才任之使共力國事奈何叔冀一校險人爲都將復重其官與節帥等是正使各尙氣勢不相下爾豈宰相大公之意也不然進明雖好進于巡遠功名無不嫉意當南霽雲求救忠義憤發言詞哀切足以感激于人稍異木石者必動心進明亦非全然凶狠不知情意者安得絶無救意豈非有悼而然耶或曰韓愈作張巡傳後敘止言進明嫉巡遠聲威功績出己之上不肯出師不言叔冀事答曰愈叙張巡事以李翰所作傳尙有遺落據汴徐間老人言有所書爾老人傳當時事又豈能窺進明之情况愈所書止曰遺事故不盡其本末唐史高適傳載移書許叔冀使釋憾同援梁宋此事尤足證明則房琯挾怨用人致睢陽陷沒頗爲得

寔嗟夫琯以時名作相不能立大功輔大業已負肅宗倚任之意又挾怨用人致敗國事則琯之流落以没非不幸也後之爲相者戒之

烏承恩爲史思明所害

論曰李光弼謀史思明事何不度事機不顧國體之甚思明爲祿山逆黨罪不容誅但能從耿仁智忠義之言以范陽一道歸于朝廷雖險詐之心未可全信已能斷安慶緒之黨表歸順之節天子命之節帥封之王爵恩寵方厚未見復叛之迹何遽遣人圖之也若以叛逆之罪險詐之情必不可留亦須國威兵力

足以制服其心赫然命誅之示天下去惡之法何至方降國命之際乃遣人爲之副介使潛結部曲圖之此豈國體也況河北殘寇尚未平定叛逆之黨方觀國之恩信厚薄爲向背之計思明既以歸順被寵隨而圖之使叛者決其計此又豈事機也使思明復叛大亂兩河毒生民敗王師凶勢之甚數年始平由茲失策矣噫光弼賢將謀乃如是之失後之謀國事者得不深慮之

九節度使討安慶緒

論曰用師不立統帥固鮮成功又況內臣監其事也

慶緒反于東都兇勢已去雖有衆數萬尚據相州人心賊氣不同前日一子儀一光弼討之沛然有餘力何必二帥并命既以二帥俱元勳難于相統故不立元帥雖失用師之法別無維制猶可成功何至假魚朝恩觀羣容宣慰之名朝恩內臣天子所親信者也天子親信之臣而觀軍容且復宣慰是主一時之事也既主其事必有預謀盡作恩威取功名之意然子儀光弼以元勳自任必不曲從也諸鎮之將觀其勢肯不附托乎肯無畏避乎他將各自爲謀子儀光弼盡力于事命令不能制于衆矣措置如是欲不敗不可得也故數月間不能平定殘寇九鎮之師卒潰而歸河南之民大罹其毒由茲措置之失也

李峴降蜀州刺史

論曰肅宗逐李峴不唯爲內臣所制亦昏暗然也峴之名德爲時信重作相未踰月謀論風采已能聳動中外及論毛若虛奸回致崔伯陽等無罪譴逐此固易明之事一縣尉捕捉殺馬坊卒非兇暴之甚安敢行法李輔國言卒之冤伯陽等按覆之具得其狀獨若虛附會輔國不言其冤肅宗不信伯陽等公正之言但憑若虛奸奏豈非爲輔國所制既枉逐正人宰

相辨之復以爲累且對侍臣言峴專權逐之遠郡獨爲寬法是果不能辯曲直察枉正昏暗之甚也輔國一閹人以護從微勞寵用過分遂致强横撓亂國法公卿百官承附者衆峴既爲相首論其狀輔國尋讓任用雖出忿意是亦知懼也一閹人强横天子不能制大臣不敢忤賢者作相首挫其鋒若任之歲時必能制其奸惡不至于甚峴方盡心國事無所畏避肅宗以爲專權而逐之養成輔國之勢卒至大惡噫肅宗中興之主也以過寵內臣遂昏憒至此惜哉

代宗

僕固懷恩留賊將分帥河北

論曰僕固懷恩留賊將之降者分帥河北以爲巳授此固不忠之罪然觀其情有所憚而爲之也肅宗寵信內臣爲將帥之患郭子儀討平大亂收復二京元勳厚德天下瞻望但不與魚朝恩相協爲其讒間遂罷兵權李光弼戰伐盡力動有奇功才謀忠冠于諸將亦爲朝恩所撓致有敗屻懷恩前從子儀知其事矣後事光弼憚其嚴而不附遂與朝恩協議以敗其功又施其計矣以李郭之功不能固其權任況他帥乎又觀代宗卽位之始程元振輩用事于內甚于朝

恩來瑱居將相之任一不從元振請記無罪而殺此懷恩所以不肯盡忠也若懷恩止慮賊平寵衰他無所憚則其父子力戰不踰年平定劇賊一門之內死王事者四十餘人此豈欲養賊乎何巳平大盜而存其餘孽是必有所憚而然爾人主將帥使之盡忠有常道矣駕御之術賞行之典固不可失機會能不容權倖之人間其恩沮其謀使內有所憚外無所撓天下有事卽當大任而無他憂天下無事則苟脅寵而不衰替則盡忠者衆矣肅代皆寵內臣過厚待將相不至使懷恩猜貳自爲身謀狡計一生河北非天子有矣

顔眞卿降峽州

論曰君之逐臣也或自見其過或爲人所言自見其過必無忌心可矣爲人所言尤當觀其狀察其情也顔眞卿立朝議論風節時無倫比元載作相方引用私黨惡人之言遂請百官言事必先咨宰相而後上聞眞卿極論其事以謂蔽塞言路過于林甫國忠時中外傳布稱眞卿言爲當故載深銜之因眞卿攝祭太廟以祭器不修言于朝遂誣以誹謗而逐之其祭器不修衆所共見況繫有司之事言之豈爲誹謗哉

代宗雖非英睿之主亦非昏庸眞卿之賢理宜知之載怨眞卿之情理宜察之何不能辯其事而逐眞卿豈非以載方擅權不能違其意乎代宗行事素尚寬厚且容宰相擅權而逐賢臣則尚寬之爲害也如此夫君之爲國也必有駕馭大臣之術有主張賢人之力然後大臣不敢擅權賢人得以立事代宗不過是道故元載積惡眞卿不容于立朝大歷之政法度廢弛由此致也

李寶臣爲馬承倩所辱復叛

論曰天子遣使方鎭所以禮將帥恩軍民察事機也

非謹厚有識之人惡可充其任况方鎭承朝廷姑息養成跋扈之勢久矣一日有奉詔立功者遣使撫勞尤在擇人天子但信任內臣不擇而使可乎河北自天寶末爲賊所據至寶應中始平之僕固懷恩奏賊將之降者李臣田承嗣輩分帥諸鎭遂擁强兵署置將吏擅其土地不貢不覲交相規結勢不可破凡十餘年間朝廷止以日前未叛爲安不能制馭也大歷十年田承嗣叛會李寶臣與之有隙表請討之代宗遂命出師寶臣果能與李正己破承嗣之衆擒其將歸之京師是讐怨已深功效已著此天賜之機使唐

統制河北也于是時朝廷當選賢明公勤之臣使勞其師恩其軍以厚禮安之正言諭之則前日桀黠之心必盡變今日已成之效必盡力乘勝破滅承嗣魏博自歸朝廷命賢帥守之寶臣正己自以有功于國各荷恩奬欲不效順不可得也苟復跋扈必有一先動者別帥討之尤易爲力豈非天使唐統制河北之機耶今乃使中官劉清潭勞賜將士所至高會不時進發故恩賞失時已沮三軍之氣矣又遣中官馬承倩宣勞寶臣尤見貪愚之人不知廉耻不識事宜寶臣遺之百縑承倩詬罵擲于道中寶臣慙怒復與承

嗣相結正己竊之亦不盡力於是玩養承嗣朝廷不能制不數年河北叛亂遂成横流之勢則天子任使內臣可不鑒哉

李栖筠卒

論曰天子擇宰相患不能知其人故所用或不賢賢者或不用代宗於元載知其不賢也於李栖筠知其賢也知不賢而久用之知其賢而不大用何哉大歷六年代宗察載姦貪故任栖筠爲御史大夫使制之自是數年栖筠雖盡公忠之節而載姦貪日甚卒不能制蓋宰相任天下事御史大夫主風憲權固不侔

况載內結倖臣外植姦黨栖筠並相守道寡援尙慮未勝一風憲職誠難制之也代宗旣知其賢胡不罷載而相栖筠何至使憂憤而終也必以載有內外之助未易可罷則內外之黨能惑人主始爲之助代宗知載姦貪旣已不惑其黨安能爲助旣不能助又何憚而不罷也至十二年發載罪誅之內援者戮外黨者逐又何難哉豈非稔載之惡俟其極而去之也殊不知稔其惡數年間亂國事害生民多矣蓋代宗優柔雖察載之惡而斷之不蚤遂使姦臣大害於國賢者憂憤而終惜哉

德宗

開零陽渠城原州

論曰楊炎爲宰相論內庫之弊使財賦一均有司言租庸之害定兩稅以便天下才力頗稱其任矣及建議浚零陽渠不從嚴郢之言以起民怨城原州不納段秀實之計以致兵叛何其自敗功業也宰相之任固當竭才力以興國事苟謀議未至安得不從人之善況浚渠之事嚴郢引內園種稻之費以明之利害甚顯何故不從其言也原州之議秀實欲農隙興功是將安衆而立事又何故不納其計也不惟不從且

伉其人矣蓋炎自恃才力方持大權不欲天下之人一違其議故樹威如此殊不思宰相之議繫天下利害必在於是耳未至於是有違之者安得不從也從於善人稱賢矣已有賢名則何損才力何害大權乎茲至公之道也炎雖有才而心不公故不能成就功業卒至覆敗後之爲相者戒之

楊炎貶崖州司馬賜死

論曰楊炎懷九載私思仇劉晏而害之此固大罪正名誅之宜矣然炎之害晏本出私怨德宗殺炎又非公法始炎譖晏言嘗託附獨孤妃欲立韓王德宗不察虛實便以晏不利於已至遣使先殺晏後詔以忠州叛罪之此君與相俱以私心殺害勳賢仍誣其罪用掩已過是上欺於天下欺於人中外寃惜固不能已也炎懼人言之多奏遣腹心使於四方言殺晏之事本由君怒以解已罪德宗聞之又惡殺勳賢之事乃在已怒炎有意誅之若下詔述已聽讒殺賢之過深自責雪晏之枉優加贈典正炎之事肆諸市朝猶可戒已失道明國常憲使姦險者知懼忠憤者快心反擢用盧杞姦惡益甚於炎乃加炎他罪殺之此豈公也爲君爲相逞私欲如是相欲無禍君欲不危難哉

陸贄論吐蕃疾疫退軍

論曰觀陸贄論吐蕃情狀不足助國討賊適足爲患此賢者遠識也中國有事藉夷狄之力未有不爲大患者彼荒遠貧苦之俗習爭鬬賊殺之事一旦引之中國彼窺其利必當動心也且高祖初起義兵得突厥數百人爲助遂恃微功貪求不已後連歲人寇爲關中患近十年高廟至欲遷都避之肅宗以慶緒之亂藉廻紇助兵雖與將師同收二都至許之害生民取貨賄茲固中國之醜又歲許賂遺及以帝女下嫁

僅得一二年無事及遣兵助攻相州諸鎮軍潰迴紇亦奔此豈能必勝也代宗以朝義未平復藉迴紇兵力雖得數千人來助驕橫兇悖元帥僚屬皆朝廷近臣多所鞭撻而死所過剽刼尤甚於賊賴僕固懷恩盡力始能同滅朝義代宗恩賞姑息無所不至曾未數年已入寇畿甸矣中國藉夷狄之力其患如此非特古事爲驗乃唐事寔然德宗熟聞而親見也聞見而不能鑒又欲藉吐蕃之力蓋當賊泚之亂車駕播遷艱危之中復行誤計耳吐蕃桀黠甚於諸戎結贊好謀尤多姦詐德宗雖遣使賂遺促其發兵已與賊

泚交通爲觀變之計賴天祐唐祚使遘疾疫而退不然陸贄所慮進兵畿郊不却不前外奉國家內連兇逆兩受賂遺且恣剽刼王師不得伐叛庶民不得保生賊雖耗亡我已困竭其勢至此唐祚危矣則中國雖衰不可假夷狄明矣不幸有事惟推至誠任人以激忠義天下之大臣民之眾必能盡力於國苟藉夷狄之力未有不爲大患也

盧杞姦邪

論曰李勉以盧杞姦邪天下皆知獨德宗不知所以姦邪此勉知其一不知其二也杞姦邪惑主固有其術其始未能辯也及以大罪貶竄德宗復念之此由性所合爾蓋德宗性忌盧杞性險而臣希主所忌之意而行其險計此固易合也當李懷光赴難奉天杞懼言己之罪故沮其朝見致懷光怨望以叛德宗悟其事已逐杞矣悟其事是辯其奸邪矣既辯而復念之蓋當危難則不敢徇己之情懼臣下不盡力于平賊也賊既平復歸京師又欲肆己所爲顧朝廷之臣未有如杞能希其意者故念之念之必將用之豈非性所能合也賴忠賢力諫其事杞復早死不然杞必再用用則天下再亂矣人主性忌者宜戒之

李晟論張延賞過惡

論曰初德宗用延賞相舊史言李晟與延賞不協表論其過故改授僕射初疑以爲晟恃功挾怨以沮延賞及詳其本末乃晟忠于德宗非恃功挾怨也晟雖一代元勳位崇官極常慕魏鄭公之爲人思致君如貞觀之治事有當言犯而無隱至德宗相延賞表論其過者知延賞非宰相器也但德宗注意延賞必欲大用乃喻晟與之釋憾會劉元佐韓滉入朝以德宗意功晟表薦延賞晟不得已言之此又見晟不敢恃功固拒主意爲强臣之態也延賞既相爲德宗寵待

言無不從齊居相位雖無顯赫才業言事薦賢頗稱純直延賞嘗與不足逐之遠郡怒晟不解以讒言罷其兵權又忌柳渾忠直擠之罷相本嫉晟社稷大功欲用劉元佐李抱眞輩收復河隴以高之遂建議減官收俸料以助軍既罷晟兵權抱眞輩不平遂亂邊任又減官詔下衆言不便延賞復請量留數員以解謗譏作相數月銳意報冤舉事輕脫如此固非宰相器則晟之表論其過豈非忠于德宗乎但德宗好奸人必使延賞作相尚以早卒未能大害天下不然時政亂矣或曰李晟言延賞不可大用于主誠忠矣然

將帥方成大功領兵權進退宰相可乎答曰將帥賢如晟名德爲下信服如晟者見天子命相非其人言之可矣不及晟者未免爲強橫也

疑忌李晟

論曰李晟自偏將至節度使謀無不成戰無不勝威名忠義爲衆信服天子有將帥如此固可久任也況平大亂爲一代元勳仁明之德忠直之節無賢不肖知之矣天子得不久任之乎德宗既委晟西北之任吐蕃畏之收河隴制諸戎必矣遂因入寇揚言以間晟且曰召我來何不具牛酒晟尋遣將出虀授以箭制大破之以晟之元勳復有是功効稍有識者可辨吐蕃之情矣張延賞懷怨于晟承間讒之德宗遂惑罷晟兵權使奉朝請蓋德宗之性疑忌之甚也若止惑延賞讒言何故貞元三年罷晟兵權是年延賞死至九年晟死其間七年吐蕃數爲寇竟不任晟兵權但使奉朝請終身焉豈非忌晟之甚也晟之元勳令德時無與比尚疑不任他帥窺之肯盡力乎他帥不盡力不惟邊患不弭據方鎮而復爲跋扈計者往往有焉知天下疎忌賢臣少畏憚也聽讒忌賢其患如此後代觀之宜爲深戒

宰相崔損便僻固位

論曰天子置宰相所以助治國事安社稷泰生民也德宗用宰相但說奉己爾崔損歷官清要無善可稱一奸人裴元齡薦之遂用爲相居位八年畧無能效惟過爲恭遜兼事便僻以中天子意德宗雖知衆議不容寵之終身焉是不求助國但悅奉己者明矣助國之相非無其人德宗未嘗久用也如蕭復清潔守正才識高遠論張鎰必禍言官者干政識盧杞奸邪莫非深切姜公輔博學純正好論時事奏拘賊泚幾止其亂柳渾方直慷慨敢言憂平涼之會爲戎所詐

尋如其言陸贄善文辭識事機奉天作詔使武夫感激使懷光軍定李晟移軍致專力平賊之識凡論天下事無不得其體要顧此數人者才能謀議咸有先覺至忠之効誠助國之相也德宗用之不越一年具以罷免復加譴逐益忌其言直又爲姦人所間也賢者旣逐小人任用故藩臣跋扈于外宦官專權于內法令不整朝綱日紊但容容然務行姑息之政以苟日前無事殊不知宗社辱矣生民病矣萬乘之體屈矣然人主多悅恭遜便辟之人者以其循嘿不忤于己爲退靜耳殊不知此類無才能無績効果退靜何

由得至左右也是必密爲邪佞之計干進于時奸庸得志者以其附己趨向相合引而進之矣人主悅此類何不思國之設官自宰相至百執事皆取其稱職苟不稱職但爲恭遜便辟何補于事哉人主何不察人之本末而用之所用者有何才力立事有何勳勞濟物有何謀議助國有何風著時由賢者所薦耶由權倖所引耶以事驗之賢不肖分矣若不驗以事但曰其人恭遜也人臣于天子豈有不恭之理但觀所爲何如苟以循嘿爲恭此正不恭之大者蓋循嘿之人見君之過不言也見事之失不救也時之安常保

其寵時之危不預其事奸人之意則曰我以不忤意得位君失道國不治我之寵不衰何必忤意而自令失位也庸人之意則曰我無才能君以循嘿而貴我君失道國不治豈我能救哉姑嘿以固其寵爾此豈非不恭之大者乎忠賢則不然見君過必言見事失必救其意曰我之君豈不古之明王哉我贊我助必至于聖而後已君之聖則時安而民泰我居位無媿矣若不言其過不救其失陷君于不明則時不安而民不泰我竊位之罪人也故盡心于國知無不爲其意如是豈非恭之大者乎人君以忤己反謂之不恭

多疎棄之此不思之甚也雖有人臣固有美節可貴者如李靖在貞觀中任僕射功名盛大恂恂退遜似不能言李鄘在元和中風績甚高自淮南師召爲宰相鄘知倖臣所薦竟辭不拜韋澳在大中閒任京兆尹才望甚著宣宗欲命判戶部澳嫉縉紳貪位敗教堅辭其任此可謂之退靜矣若無才無功過事恭遜何足謂之退靜此正奸庸固寵之術爾

唐史論斷下

宋　孫甫　之翰撰　綿州　李調元　校定

憲宗

李絳料魏博事勢

論曰李絳料魏博事勢請憲宗不用兵遂收其地此眞廟堂之謀與之同列者得不推其賢贊其謀以濟國事安可異議耶河北自天寶之亂陷賊廣德初雖平之尋爲强臣所據傳付其家各爲子孫業至元和中六十年矣德宗常以魏博叛逆遣將討之反致大亂憲宗又以鎮定叛命出兵伐之卒不能平蓋三鎮

相爲勢援復結河南叛臣膠固其力不可卒破也及田季安死懷諫一稚子領軍府事李吉甫利其幼弱建議用兵以取魏博此固常人之見殊不知三鎮相結正爲子孫計一稚子雖可取奈他鎮救援何必又如前日伐鎮州之失策也李絳獨以先覺之明論河北諸鎮用部將之計令均管軍馬不偏任一將故力敵權均爲變不得又當主帥威權能制死命此策在賊中固便今魏博之勢一童子爲帥不能領事必偏任一將所任者權重衆心不服則六十年均任之計爲賊中患矣衆既起變必歸軍中一寬厚之人部將忽起主兵權懼它鎮攻討非納疆土歸朝則存立不得此必然之勢也絳料千里末形之事如見憲宗英明從之不兩月魏博軍中有變如絳所料部將田興以六州版籍請命于朝是絳之算如神眞廟堂之謀也初吉甫請用兵討伐絳料其勢堅止用兵當論未形之事以平常之見尚可異議及田興請命事已効矣猶請遣中使宣勞以觀其變待回日處置賴絳力爭不已憲宗頗有英斷不待使回授田興節度之命使諸鎮畏威知恩平定兩河自茲而始以絳之賢明忠亮視吉甫爲何人乎吉甫亦忠智可稱非庸常奸

回之人也但恥智畧不逮于絳故有橫議以撓其謀至使內臣援助幾敗國事遂成奸回所爲也夫宰相謀謨係天下休戚已有不逮理當博採同列嘉謨固當贊助若宋璟與蘇許公同相明皇璟剛正多所裁斷蘇順其美奏對則爲之助故璟得盡其才爲開元賢相蘇亦獲美名于時若絳與吉甫權德輿同列絳吉甫列于憲宗前論事形于言色其詣理者德輿亦不能爲之發明故時論以循默貶之然則宰相之任能了軍國大事此固大才上也若智謀不至能從同列之議而贊助焉亦其次也若不能發明同列議論

循默不言斯爲下矣若吉甫撓絳正論又與內臣相結幾敗國事雖有他節可觀此一事不得不爲奸回也後之爲相者切戒之

用裴度相

論曰前代以來天子有興治平亂之志而或功不成事不立者明斷不足也以天子之尊有明斷之才何爲而不可盍當興治平亂之時必究事機詳利害任賢者去時弊數者之類君不能獨計必謀之臣臣未必皆賢必有異同之論若辨之不至則惑惑則其事不待難或行之一奸人沮則半道而止矣此明斷不

足之患也憲宗用裴度爲相使平寇斷可謂明斷至矣憲宗以河北藩臣不奉朝命方有平定之志吳元濟于河南近鎮擅襲父位且放兵肆刼命將討之鎮鄆二賊同惡相援乞赦元濟之罪憲宗不許但委武元衡經畫其事又得裴度贊其大計鎮鄆二賊乘兇忿恣行逆計至遣其黨于都下害武元衡及傷裴度中外惶駭且虞不測有獻計者請罷裴度官以安賊心憲宗大怒曰裴度一人足以破賊此眞英主之言也夫能知裴度之賢足以破賊明之至也京師凶賊竊發殺害宰相不撓用兵之計斷之至也宜乎不數年誅除宿盜平定兩河盡復高祖太宗之土宇非明斷之才何以至此夫用兵困難事加六十年叛渙之地朝廷恬于姑息一旦決討征討止由明斷遂果有功若軍國之事不至如此之難者天子以明斷行之豈有不成乎

李鄘辭平章事

論曰李鄘辭平章舊史謂鄘雖出入顯重素不以公輔自許此記事者不能知賢人心迹也鄘初爲李懷光從事不顧凶逆氣燄而奮其忠義以郎官使徐州諭叛兵禍福使之帖息任京兆著剛嚴之名鄘之風

節如此元和初拜鳳翔節度使是鎮舊用武將有神策行營之稱初受命必詣軍修謁鄘奏罷之其不附宦者有素矣及鎮淮南會吐突承璀監軍承璀方貴寵鄘亦剛嚴自處差相畏重未嘗相失承璀歸朝薦鄘憲宗用其言乃命作相鄘與承璀不相失者與天子貴寵臣共事不可下不可慢百事及禮而已我謹于禮彼亦不能驕彼不驕則不能撓我事矣鄘之意止于此豈欲其薦己哉君子進用于時不可失其正況宰相之任安可由宦者引用此所以懇辭其任正與前不受神策行營之稱同爾若謂鄘不以公輔輔

自許則凡任者非至懦之品誰不欲至貴位大者思行其道小者思濟其欲況鄜之賢已位方鎮何不自許爲宰相也鄜耻爲宦者所薦不顧宰相之貴以全名節史官不能發明其事以戒世之奸邪卑很附權倖以進而不知耻者乃謂鄜素不以公輔自許其不知賢人之心迹甚矣

注意相

論曰古人謂天下安注意相天下危注意將此非通論夫天下安固注意于相天下危亦宜注意于相也相得人則將自出矣今觀唐事大可驗德宗建中

以兩河亂銳意平定時得馬燧李抱真李晟輩數名將任之竟不能平魏博淄青之亂反致大變者相不得人也所相者盧杞無公忠之心無經營處置之才雖有名將功不克成也憲宗自卽位有興復大業之志首得杜黄裳陳安危之本啟其機斷又得武元衡裴珀李絳裴度謀議國事數人皆公忠至明之人故能選任將帥平定寇亂累年叛涣之地得爲王土四方之人再見太平者相得人也則所謂天下危亦當注意于相相得人將自出矣非其驗與或曰建中之間叛者李希烈田悦朱滔皆劇賊非元和中劉闢李錡盧從史王承宗吳元濟李師道之比也故馬燧輩不能平希烈等數賊高崇文輩能平闢等數叛臣也此由賊之强弱將之用力難易何繫于相之事焉答曰希烈等雖劇賊過于闢等然馬燧李抱真李晟之將亦過于高崇文李光顔李愬之徒矣將才賊勢正兩相等前後成功異者實係于相也建元中和之事難以疏舉今舉一二顯者證之馬燧輩敗田悦于洹水悦奔魏州城中敗卒無三二千人皆夷傷未起日夕竢降燧等若乘勝進取獲田悦收魏博反掌間耳時河北劇賊惟悦悦既平李納勢孤望風自降況朱

滔未叛等河北既無事河南諸賊無黨援何能爲哉但燧與抱真不和遷延不進致悦嬰城固守且誘朱滔等同叛遂成横流之勢蓋燧窺朝廷之事盧杞所爲險薄專招怨仇必無公平之法故少所畏憚敢乘私忿之心不了國事也杜黄裳薦高崇文討劉闢崇文固盡心國事黄裳尚慮未果成功以其所憚者制之論之曰若不用命嘗以劉澭代汝黄裳既薦名將復以能者制之崇文不得不速于立功也裴度請督戰淮西諸將聞之無不用命知度必能賞功罰罪也以此證之天下安危皆係于相豈不章章然乎然相

之賢非天子之明不能任此又見憲宗之明也憲宗之明能任賢相則德宗以政柄付之奸人果何如主哉元和之治建中之亂後之君天下者宜鑒之

裴度罷相位

論曰憲宗用數賢相故能平治天下然數相中裴度功尤大惜乎以成大功遽爲奸人所擠罷去相位何前日用度之明後罷度之昏也當淮西之亂鎮運連謀變起都城宰輔被害時不用度賊勢莫遏天下亂矣憲宗既以明斷用度度得盡其才經營國事故朝政日修國威日振平淮西服鎮州收淄青四方欣欣

再見平世度之大功如是若久任貞觀之治可復也但憲以世難漸平有侈樂之態奸人皇甫鎛本以聚斂進用至爲宰相度極陳鎛奸惡之狀一不聽納鎛自知公議不容益以狡計固寵會內出陳朽庫物付度支鎛以善價賣之用給邊軍將士大怒焚其所賜度入言之鎛于人主前引足指靴曰此乃內庫物也臣以二十得之其堅如此此真奴僕之態憲宗罷奴僕之臣不顧忠臣之奏竟以鎛言罷度相位何昏暗如此蓋憲宗中智可上可下之主也當患難則能用忠良稍無事則必悅奸佞用忠良所以成己之事說

奸佞又以濟己之欲故前之用度其明出中智之上懼患難之大也後日寵鎛其昏在中智之下見世事之平也又素寵內臣吐突承璀承璀方用事鎛以賂結之奸計日行度不得不罷也度既罷鎛得專養君欲自固恩勢憲宗方蕩然自得謂天下無事惟慮年壽之不長侈樂之不極鎛進方士以長生惑之宦官衆多日益親寵不數月爲金丹所悞忿怒不常宦官遂起逆謀矣前日用賢能平天下後日寵奸不保其身以憲宗中智以上之主功業以成威福甚盛一日昏惑尚取大禍後之人君功業威福不逮者得不爲戒

穆宗

失河北

論曰長慶失河北穆宗昏主崔植杜元穎輩庸才皆不足議迹其本由憲宗失之也元和十年憲宗用裴度至十四年兩河平定天下藩鎮無跋扈之臣時方治平憲宗遂有驕逸之意以奸人皇甫鎛爲相逐度出鎮憲宗既逐度穆宗止得用崔植元穎輩矣逐賢相任常才欲天下無事不可得耳所以復失河北也一賢者相凡四年平定天下數常才相不二年河北

復亂所謂天下安危皆係于相事豈不明哉或曰憲宗用裴度相雖平定兩河然鎮之受代在蕭俛段文昌崔植作相之時幽之納土在元穎作相之後二鎮雖復失之本亦由數相得之何關裴度事耶答曰長慶初得幽鎮雖在植輩作相之時然本由裴度能定兩河致國威大振鎮州覩諸賊伏誅無所援助納德棣貢受于朝憂夕懼不敢保首領鎮既懼幽自攝伏矣致國威如是非度而誰植輩相穆宗得鎮得幽乘時得之耳有何施爲乎亦猶李林甫牛仙客初相明皇尙致天下獄訟稀少也況蕭俛段文昌建議銷兵先已失策則植輩常才可知也兼不止失幽冀鎮魏博亦爲賊臣所據矣若憲宗既平天下深念安危之本不縱驕逸不任奸人使度久于其位經制國事以固本業穆雖中常之主顧大勳德爲輔必不至荒僻奸邪倖臣憚宰相剛正必不敢肆其所爲藩鎮懼宰相威略必不敢跋扈若是天下豈有事乎憲宗既已逐賢相穆宗爲君僅及中智數常才相之衆邪倖惑之朝政不修法度廢弛藩臣何憚而不亂也長慶君臣之事不足議其本由憲宗失之也

敬宗

韋處厚乞相裴度

論曰韋處厚不顧李逢吉兇威而斥其黨不念裴度舊隙而言其賢此公忠之性過人而益之以至明也當昭愍卽位以童年方倚大臣大臣李逢吉兇人也欺天子幼弱大植朋黨專報私怨有所貶逐者百僚賀于中書以明快意其奸兇氣燄至此在朝之人孰敢犯之處厚一侍臣孤直自立任郎官日常爲裴度困事貶官逢吉于度亦所深怨也處厚犯權臣之威稱其所怨復不念已之隙力言其賢益以逢吉所爲乃兇狂之態我公直無過何畏彼哉度雖嘗逐我未知我耳河北之亂非度不能平定當天子憂憤之時度方爲逢吉所抑不得大用我近臣也安得以有隙而不言其賢哉是公忠之性過人而益之以至明也夫公忠則專討國事而不爲身謀至明則深辨事理之歸處厚盡是道宜乎位至宰相才業名德一出于天下也

昭愍遇害

論曰昭愍十年六卽位非上智之性不無童心然能納韋處厚忠言辨李逢吉奸黨知裴度大賢而召之復相從李程之諫輟土木之役得李德裕奏令罷進

繚綾聽裴度陳論止東都巡幸復數視朝勤于聽政以此觀之本非荒暗之主若忠賢久于輔道亦庶幾漢昭之比也但爲内臣惑亂極其荒僻而崩原其事迹不止昭愍之過乃近臣積習之患也何以驗之緣内臣仇士良致仕戒其黨曰今日爲諸君言久遠之計天子莫教閑閑則讀書讀書則近文臣重文臣則廣納規諫減玩好省游幸則吾輩恩澤漸薄權力不重諸君常以毬獵聲樂惑亂之游幸之所極奢侈盡奇技使一處盛於一處如此則不暇讀書不親萬機不知外事吾輩恩澤永無疎間觀士良之言則内臣

奸巧惑亂人主之術盡見矣夫功業之君在位歲久如憲宗者不能免内臣之惑況冲年之君卽位之初乎雖忠賢輔導于外間數日一見率不過數刻接對所言者多逆意之事奸巧内臣窮日夜惑亂所言者多狥欲之事在冲年之君中人之性何理勝之哉既惑亂之又慮冲年之性喜怒無定或責罰之禍及乃行弑逆之謀凡七年之間弑逆再矣後之人主得不凛凛乎

文宗

貶杜元穎

論曰杜元穎事憲宗爲翰林學士穆宗卽位自司勳員外郎加中書舍人不周歲用爲宰相時議詞臣進用之速未有其比宜[illegible]所學盡忠節以輔時治苟謀議有失但竭心于事亦可見大臣報國之節何得畧無能效著聞于時已負國矣及出鎮于蜀遇昭愍冲年卽位首進罨畫打毬衣五百事自後廣求珍異玩好之具貢奉相繼用圖恩寵以至纖息掊斂大取軍民之怨不忠無識一至于此人臣已爲將相矣若守正獲寵此固至榮然于將相之位又何以加若守正自固而爲主所疎矣已必無過亦不爲辱至于名位

亦未必失何乃遇人君冲年專道侈欲以圖恩寵恩寵果深欲何爲哉如李裕德在浙西昭愍凡有宣索再三論奏罷其貢獻此以生民爲意不奉君之侈欲也觀德裕之賢視元穎爲何人益元穎窺憲宗晚年及穆宗長年卽位多縱侈樂厚織人二長君尚若此昭愍童年尤當奢逸遂專以侈靡奉之殊不知竊時作事而不正者事極而禍變起矣使元穎不誅歛民人專奉君欲未必不入登三事苟不登三事外不失方面之任内不失尚書僕射之位反以圖寵之故專務誅剝以取衆怨蠻賊乘隙大害一方坐是貶死遐

裔後之爲將相者可不戒哉

辨朋黨

論曰人君惡臣下朋黨者以其植私而背公欺聰明竊威福亂國政也朋黨爲患如是誠不可不防然在辨之精耳辨之不精君子爲小人所陷矣葢君子小人各有其徒君子之徒以道合小人之徒以利合以道合者思濟其功此同心于國事非朋黨也以利合者思濟其欲此同心于私計乃朋黨也二者混淆並進非明君曷易辨之君不能辨則君子爲小人所擠必矣葢君子之徒見義則鋭意以進誠其言直其議

不能曲防非意之事小人窺之懼君子道行則不便于己取疑似之跡讒之于君矣君子被讒又耻自辨但守道自信而已小人之徒不然見利則詭計以進巧其言曲其意復彌縫其隙用心無所不至勝于人便于己險薄邪佞皆可爲所以常勝于君子也君子小人之情狀如此非君之明曷能辨也前代之君辨者少而不辨者多其事不能疏舉直以唐之四事論之君至明則人不能誣人以朋黨君雖明爲情所惑則不能察小人之黨辨君子之不黨君雖明而弱雖能辨君子小人而不能制其黨君明不足雖察其有

黨而不能辨其情之輕重貞觀中蕭瑀謂房喬輩數大臣相黨常獨奏云此等相與執權有同膠漆陛下不細暗知但未反耳太宗謂瑀曰爲人君者須駕馭英才推心待士卿言不亦甚乎何至于此時房喬輩同心國事知無不爲瑀雖非小人但以性剛躁復多猜惑妄言喬輩朋黨太宗英明方辨其事不然數賢何以免責不惟不免其責且無以盡其才謀助成治平之業矣此所謂君至明則不能誣人以朋黨也元和末裴度崔羣同相度以勲德羣以仁賢爲天下瞻望及皇甫鏄以聚斂進復結倖臣取相位中外大以

爲非度羣累言鏄邪險之寔狀宗反疑度羣朋黨寵鏄愈甚至謂度等曰人臣事君但力行善事自致公望何乃好植朋黨度對曰君子小人未有無徒者君子之徒則同心同德小人之徒是謂朋黨帝曰他人之言亦與卿言相似豈易辨之夫以度羣之大賢視鏄之邪黨如鸞皇之與蚊虻人人可見而憲宗惑之葢方務邪樂惡忠而喜佞也觀初用度羣之意非爲不明一日昏惑至此此所謂君雖明爲情所惑則不能察小人之黨辨君子之不黨也昭愍卽位其相李逢吉大植朋黨朋報仇怨排裴度逐李紳欺君冲幼

畧無所憚賴韋處厚不顧凶險氣敢言度之大賢雪紳之非韋昭愍深信處厚之忠許度復相憫紳貶逐然不能誅李逢吉之奸黨此所謂君雖明而弱雖辨其君子小人之徒不能制其黨也至文宗辨德裕宗閔之黨大惡之然觀二李之過似均而情之輕重則異矣宗閔輩在元和中對賢良策深詆時病李吉甫作相怒其言薄其恩命故宗閔憾焉後宗閔得用排李德裕及其相與者德裕得用亦排宗閔及其相與者故交怨不解其過似均矣但德裕未相在穆宗昭愍朝論事忠直有補于時所歷方鎮大著功效又裴

度常薦之作相爲宗閔輩所沮而罷遂領鎭南雖因監軍王踐言入言維州事文宗召之歸朝遂命作相本由功名用也及秉政羣邪不悅竟爲奸人李訓鄭注所諂引宗閔代之宗閔未相絕無功效藉閹任侍郎日結女學士宋若憲知樞密楊承和求作相以此得之及其出鎭也又由訓注復用此德裕之賢與宗閔不侔矣又德裕所與者多才德之人幾于不黨但剛強之性好勝所怨者不忘所與者必進以此不免朋黨之累然比宗閔之奸則情輕也文宗但以其各有黨嫉之不能辨其輕重之情明已不足矣又聽訓注所譖朝之善士多目爲二李黨而逐之此所謂君明不足雖察其朋黨而不能辨其情之輕重也夫太宗之明爲人君者當法之憲宗之惑爲人君者當戒之昭愍之弱爲人君者當勉之文宗之明爲人君者當深思之深思之術尤在盡心焉且有人言于君曰某人朋黨也若其人道未信功未明君當詰之曰朋黨有何狀言者必曰相援以欺君也君又當詰之曰所欺者何事若陳所欺之事害于國病于人圖于利其狀明白此朋黨無疑大則罪之小則疎之宜矣若言者不能陳害人圖利之狀此乃誣人以朋黨也大

則罪之小則疎之亦宜矣又或言者陳似是之狀未甚明白君當審其人與言者位不相逼乎素無仇怨乎何人以公議進何人以權倖用何人論議有補于國何人才行有稱于時復參驗他臣而究其本末則言者與被言之人是非辨矣人君能如此臣下豈有朋黨之事或曰何以能如是荅曰在明與公或曰中智之主性有所蔽安得明與公兩盡也曰不聽左右偏言則明矣不以悅意親之不以忤意疎之則公矣

制内臣

論曰內臣贈官非古典也然于此見旌善之事焉內臣自武后稱制始預事尚未有招權著名者明皇朝力士以權寵擅名李林甫楊國忠安祿山輩皆因之取將相林甫等既致時亂力士貶死遐裔矣肅宗朝李輔國以扈從微勞過受恩寵至專掌禁兵故輔國脇遷明皇升黜將相兇橫既極盜殺之于家矣肅宗寵魚朝恩始命為觀軍容使代宗寵之又加天下觀軍容使朝恩驕橫既甚勢不可容遂使之自縊矣代宗又寵程元振使典禁兵元振奸險擅權大為將相之害代宗避狄陝州詔諸鎮兵赴援將帥懼元振誣

譖多不敢至及柳伉極言其狀元振貶死荒徼矣德宗寵竇文場霍仙鳴命為神策中尉繊人裴均輩附之往往外取方鎮內取要官文場仙鳴輩權任既盛內臣亦嫉之仙鳴被毒以死文場甚懼堅乞致仕僅免于禍憲宗寵吐突承璀至委鎮州征討之任卒無功効尋以其黨納賄事所連出為淮南監軍後復寵任妄議太子為穆宗誅死文宗寵王守澄奸惡既甚竟至賜死自明皇以後內臣以罪誅死與貶者不可勝紀但力士等八人以權力著名于時此內臣之尤甚者然三誅死二貶死一為盜殺一毒死文場禍至

而避亦好名不朽以此觀之內臣取恩既盛鮮有不罹禍者葢受恩不知紀極恣其所為以至過惡之甚也惟順宗朝俱文珍以剛直著稱又有翊戴憲宗之功位至右衛大將軍知內侍省事不聞驕暴之名及其卒也贈開府儀同三司文宗朝馬存亮雖在中尉不與王守澄同惡力止其屠害宋申錫家屬又有保衛昭愍之功權寵既盛能奉身以退是年卒贈揚州大都督茲二人者生獲令名死有光寵為善之效也天子任內臣能常以力士存亮等善惡之效示之無使權寵之過不惟不害國事亦足以保全之也

鄭覃言開成政事

論曰鄭覃言開成政事元年二年好三年四年卽漸不好頗得其實楊嗣復不顧理事但謂覃譏已要君求退意不容覃至有上累聖德之言此奸人計也開成初覃與李石同相贊文宗為治議論勤切文宗勵精亦甚聽納加內置赦令一通以時省覽勅長吏奉行不違恩及天下紫宸與宰相及諸司官論事各舉職以郭承嘏任給事中有封駁之益不令外任湖南進羨餘錢令收貯以備水旱徐州稅色害人悉使除罷王彥威進度支錢羨餘物求寵給邊軍衣賜不時

黜授衛尉卿嘉李石剛直之議沮內臣仇士良威勢不使撓權此元年二年之政事也至三年仇士良遣盜刺石文宗罷石政事使之出鎮朝廷待將相舊禮一皆寢罷以滋士良之勢中書門下奏事各挾所見動成忿競無至公同心之稱又奏改舊制不令僕射尚書等論朝廷事文宗取後宮之言議廢皇太子雖宰輔及憲官等論執得以不廢然太子尋薨于太陽院仇士良用軍中誣謗之事枉害五千餘家此三年四年之政事也以是觀之鄭覃之言豈非得實嗣復但恨覃沮已引用李宗閔之黨遂乘此指爲瑕釁盡

力排之覃與嗣復同相況居四輔之首既言政事二年不及一事亦自言其過嗣復不共謀國事求其失而更之但快憤心以覃言爲過又罷覃獨當國政又何所施爲哉不踰年禍敗蓋自取之也

不能制內臣

論曰文宗在位十五年好節儉尚仁惠納爭諫重儒術時與大臣論國事勤勤懇懇以致太平爲志茲可謂仁愛之主然資性優柔乏明斷之才求治雖切卒成孱弱之態足見人君之體明斷爲大也若乏明斷雖勤政無過亦不免于孱弱矣文宗自即位惡內臣暴橫有除去之意又以其黨方盛不能公然處之遂密諭學士宋申錫與外廷謀之乃命申錫作相是豈其權任使之立事也申錫方有謀王守澄竊之使本軍校誣申錫罪文宗不思倚任申錫本意至與大臣等久議不辨諫官懇論其事震怒斥之竟不出告者付外廷勘鞫雖賴衆議稍辨其狀申錫竟不免貶逐當時君出告者付外廷推究守澄雖巨惡詭迹顯露其黨曷敢付之況馬存亮輩本不與之同心去之何難旣去守澄其黨見天子明斷如此安敢復驕橫也此機既失仇士良權力日盛士良嫉宰相李石剛正

遣盜圖之幾于致害中外皆知士良所爲文宗若法憲宗用裴度意益厚石且推變起之端正士良典刑其黨見天子明斷如此安敢出死力救之自取刑戮二事俱失內臣氣勢愈盛天子垂涕而不能制矣後之人君切鑒之

武宗

殺陳王安王

論曰武宗殺陳王安王又欲殺李珏等不惟禍狠之過乃不思召後代之亂也文宗繼昭愍即位晚節無子以陳王昭愍之子立爲儲貳李珏之議得其正矣

及文宗大漸仇士良矯詔立武宗武宗文宗之弟于次序不若陳王之正然旣卽位陳王李珏何罪乃聽士良之譖乘褊狠之性也已殺陳王矣又欲殺珏雖輔相懇救其事然竟逐之是使大臣當立儲貳之際不得正議也正議者獲罪則後之大臣當國嗣之議不敢忠言矣臣不敢忠言則天子之子必長年而大賢可無他慮若幼而未有賢名或無子孰敢正議其立者大臣不敢正議國嗣何時而定爭奪患起何所不至豈非召後代之亂耶如嗣復立安王之議乃爲不正然必事狀明白中外所知乃可罪之以戒後之

挾私而議國事者如事狀曖昧甯知非譖又安可罪哉

李德裕讓太尉

論曰李德裕自穆宗至文宗朝歷內外職任奏議忠直政績彰顯遂當輔相之任然爲邪佞所排不可就功業及相武宗英主始盡其才回鶻在邊先請待以恩好及其侵軼乃援劉沔石雄成筭使之平蕩得中國大體上黨拒命舉朝憚生事不欲用兵德裕料其事勢奏遣使魏鎭先破聲援之謀且委征討之任魏帥遷延其役使王宰領帥直趨磁州據魏之右魏帥憚全軍以出又以王宰少有顧望令劉沔領軍直抵萬善示代宰之勢宰卽時進兵太原之亂楊弁結中使張皇其事德裕折中使奸言使王逢將陳許易定兵進討太原兵戍于外者憚客軍攻城幷屠其家經歸擒弁盡誅叛卒此皆獨任其策不與諸將同謀大得制御將帥用兵必勝之術上黨旣平太尉之命賞其功也得裕懇辭而後受者懼位高而禍至耳旣知其禍何不益修仁德以保功名反益剛强之性取怨于人竟爲奸邪所陷是知禍而不知避也夫得位而立大功名人之所難也保其功名人之所易也立功

名非天賦大才不能保功名乎其心無怨忌足矣德裕能其難者不能其易者惜哉

不能駕馭李德裕

論曰人君于大臣得委任之道又得駕馭之術則大臣得盡心于事以成勳業而推公于人不敢竊威福矣二者一不可失惟太宗得之貞觀中陳思合上披士論意間房杜則立行竄逐蕭瑀奏中書門下朋黨則折其妄言竟黜于外可謂能委任矣然中書門下議事必命諫官御史史官隨入或正其失或糾其過或書其非李靖以老疾家居欲復使爲將一言于朝

靖已起而統兵可謂能駕馭矣使大臣各成功名不敢驕橫其道其術如此武宗用李德裕頗得委任之道故德裕盡其才謀獨當國事時之威令大振者委任之至也但武宗性雄毅觀前朝法令不行紀綱衰替將大振威令知德裕才首命作相德裕謀畧動合其意故專任之委任既專權勢自重權勢既重天子始不悅之則怨者得窺其隙而攻之矣彼勢已重而怨者攻之肯帖帖乎必至于禍而後已嗚呼武宗英主知賢相而任之不能駕馭尚致太專之弊中常之主不知人而任之又不能駕馭爲害大矣或曰既稱

英主賢相何待駕馭而無過答曰君臣之性皆雄毅則銳于行事而或不思則喜怒有時而過行事不無不平武宗自未免此累安能察德裕之情德裕于牛僧儒李宗閔輩相怨之久人人所知乎上黨之際奏逐僧儒輩明恃功成而報怨僧儒雖非大賢嘗位宰輔矣德裕之言有何顯狀至貶之遐裔宗閔已出遠郡刺史亦不因顯過而流竄御史崔元藻按事有異是舉其職乃不復驗而黜之柳公權方以才望爲集賢學士無故罷職是一狗德裕之意任其才從其謀高其位厚其禮可矣何得一狗其意耶若德裕言人之罪其狀明白固自當從事或不明豈得不詢驗其狀若不然當有所制也有所制則德裕無過矣或曰武宗英主能任大臣而不能駕馭中常之君何以盡委任之道駕馭之術答曰惟至公可矣至公者不以合意悅之而不察其過不以違意怒之而不知其賢人君用大臣平其心如是則委任之道駕馭之術庶幾矣

宣宗

貶李德裕

論曰李德裕以傑才爲武宗經論夷夏屢成大功振

舉法令致朝廷之治誠賢相矣但宣宗久不得位又不爲武宗所禮蓄怨已深德裕是用事大賢自不容矣況德裕性褊少恕不忘怨仇與宗閔輩相排斥凡十數年畧無悛意宗閔固奸人常任宰輔爲遠郡刺史矣復乘成功之際誣其罪而流竄牛僧儒雖宗閔黨然有一時名望斥之遐裔物議豈平王涯賈餗之禍本仇士良誣謗中外所知德裕于二人不聞有隙但怨李訓陷已而忿及涯餗子孫避禍于上黨者已爲亂兵所害又爲勑書實涯餗之罪言已戮其後嗣布告中外夫宗閔已逐涯餗子孫已戮尚聲其罪以

快忿心則在朝之人常有不足者得不懼乎不惟不足者懼凡有勢位于朝非大賢至公之人鮮不畏矣蓋大賢至公自知才用不在德裕下彼雖大任我亦能施爲或德裕專權不容我之施設但彼之謀國無失足矣何須功効出于我哉此所以無畏也如白敏中令狐綯輩才能望德裕絕遠又固寵保位無至公之心于德裕雖無隙意然德裕用不便于已故乘人主有不容之意盡力陷之也無隙者尚爾常不足者可知矣

小節

論曰宣宗久居藩邸頗知時事故在位十三年尙儉以恤人隱謹法令以肅臣下恩厚宗室禮重宰相至于微行亦察取士得失焚香以讀大臣奏疏誠好德之君也然知人君之小節而不知其大體懿安太后嫡母也不能盡禮奉之反致暴崩爲世所駭李德裕有濟時才不能容而逐之令狐綯功德無聞復容子綯賄有紊時政至懿宗朝諫臣疏綯之罪曰大中威福又欲行于今日則當時事可知也其河湟歸順夷夏粗安乃承武宗用德裕之後威令已盛而然也不然宣宗用敏中輩于時何所經畫哉至寵爰子不定儲位裴休奏請乃曰若立太子便是閒人此尤昧人君大體也卒至內臣爭立嗣君幾至于亂是宣宗區區爲善止于小節耳

懿宗

令狐綯縱賊

論曰令狐綯大臣也當同國休戚天下有患可救則力救之況帥淮南一道小寇入境方憂討除未敢爲暴部將察其必敗之勢討之甚易不討必至禍亂綯乃曰長淮以南他不爲暴聽其過去餘非吾事也豈大臣憂國之意真庸人苟且之見耳尋致大亂屠害

十數郡生靈集天下兵討之周歲方平則綯之罪不容誅矣綯爲武宗寵待位極將相一日致國患如此其後罪露懿宗止命罷爲太子太保罰典如是何以戒大臣奸庸不忠之罪宜乎天下大勢去也

用韋保衡路巖相

論曰唐自天寶而下巨盜繼起時有忠傑將相救世定亂加以元和會昌英主賢臣功業甚盛故歷年滋久大勢不衰懿宗居位因中智以下之才復將相不賢于前世天下日以多事矣兵亂淮徐蠻寇蜀方連年用兵民力困獘于時人君勤勞政事倚任忠賢尙

可救時之患懿宗乃用韋保衡路巖作相納賄樹私大衆時政刑殺無辜甚衆大臣忠諫逐之遐裔保衡與巖乘勢陷人恣行貶逐二凶爲患中外所憂懿宗方崇奉佛教泰然自安故國政多僻而時事不理賢才既逐而忠諫無聞生民困斃德澤不及于天下大勢自是去矣

僖宗

鄭畋罷相

論曰咸通衰亂之後僖宗童年繼位政在內臣固無遠謀以救世患難雖宰相王鐸崔彥昭有一時名望

亦非雄傑之才不能力正時事及鄭畋當政謀議要切多中事機但同列盧携奸庸不忠與內臣田令孜相結沮畋之言不克施用夫巢賊本負販之民非祿山輩但因飢年驅細民刼財物資朝夕之用耳何至成大亂由朝廷衰微邪臣謨討任高駢宋威輩皆奸險無節爭功忌能玩寇久權養成賊勢賊勢既盛駢以重兵居天下之衝反閉壁自固賴畋作帥于岐以謀破賊振國之威復傳檄諸鎮激以忠義致勤王之師大集關中賊勢既蹙雁門兵至得以平之況僖宗避難之初賊乘勢而西非畋遏其鋭危亂可測乎又以忠謀致諸鎮勤王之舉畋雖去鎮不親平賊其功則由畋也僖宗賞畋之功復命輔政雖在亂世亦秉朝綱令孜兇橫怒畋公正與奸黨誣譖罷之僖宗孱弱不能主張賢相之事固無所制國祚必致于亡也

李克用討朱全忠

論曰巢賊之平克用爲功臣之首雖麄猛之人朝廷恩賞至厚夙性豪雄不無感激可一時倚賴矣全忠出于巢黨力屈來降都統王鐸崇奬過分已受同華節帥不因立功朝廷又與宣武大鎮克用追賊還過其地全忠邀之軍府密謀殺害克用既免不舉兵報

怨奏討甚得人臣之體以降賊害功臣是賊心不悛況帥宣武未久凶勢未張本無功名可以贖罪討之正得事宜若乘克用兵鋒詔近鎮助之破全忠必矣兇賊既除使克用感恩可以倚賴諸鎮觀之亦未必敢爲相噬之計天下或未至橫流也僖宗懦弱輔相庸暗宦官暴横一無經遠之謀失此機便卒致諸鎮交亂巨盜肆逆三百年宗社喪于盜手噫

昭宗

朱全忠篡逆

論曰昭宗即位世已亂矣雖尊禮大臣博求賢傑志

欲與復而大臣竭忠者杜讓能一人而已其他無不與方鎮相結方鎮藉大臣爲援大臣欲固權位亦結方鎮爲重孔緯有一時名望尚與朱全忠交通崔昭緯輩固宜交邠岐矣內外將相不忠天下大勢橫流以至于此昭宗欲何施爲乎加之輕信易動動而無謀何以制服諸鎮賊臣也然賊臣之心亦可以恩信結一時之可倚者莫如太原太原有平賊大功爵賞已厚但爲全忠所圖蓄忿不解昭宗若加之恩意虜性勁直感恩必深太原順則河東近輔魏鎮舊帥豈有不順之勢數鎮既順使讓能賢相經營于內復引

同心之賢贊助時政宦官暴橫者去之姦人害政者逐之朝廷漸治國威可漸振矣奈何不能用讓能之言聽張濬孔緯之計許全忠舉兵致太原拒命太原跋扈賊臣得以協制朝廷讓能知勢不可爲但以死許國可謂大忠矣自是諸鎮交亂車駕不能寧處復留兇逆之人久爲輔相與巨盜晝篡逆之計乃亡唐祚哀哉

唐史論斷卷下畢

附錄

司馬溫公題跋

孫公昔著此書甚自重惜常別緘其藁于笥必盥手然後啓之謂家人曰萬一有水火兵及之患他財貨盡棄之此笥不可失也每公私少間則增損改易未嘗去手其在江東爲轉運使出行部亦以自隨過亭傳休止輒取修之宣州有急變乘馹遽往不暇挈以俱行既行後金陵水火及轉運解舍弟之子察親負其笥避于沼中島上公在宣州聞之亟還入門問曰唐史在乎察對曰在乃悅餘無所問自壯年至于白

首及成亦未嘗示人文潞公執政嘗從公借之公不與但錄魏徵姚崇宋璟論以與之況他人固不得而見也元豐二載察自陽翟來洛陽以書授光曰伯父平生之志萃于此書朝廷先嘗取之留禁中不出今沒二十餘年家道益衰大懼此書散逸不傳于人故錄以授子光昔聞公有是書願見而未之得得之驚喜曰子覗我兼金不如顧無以爲報請受而藏之遇同好則傳之異日或廣布于天下使公之德業煒燁乎千古庶幾亦足以少報乎時冬至後五日涑水司馬光書

歐陽文忠公所作墓誌節文

公博學强記尤喜言唐事能詳其君臣行事本末以推見當時治亂每爲人說如身履其間而聽者曉然如目見故學者以謂𣈆歲讀史不如一日聞公論也所著唐史記七十五卷論議宏贍書未及成卒于家公旣卒詔取其書藏秘府

蘇東坡答李方叔書節文

録示孫之翰唐論僕不識之翰今見此書凜然得其爲人至論褚遂良不譖劉洎太子瑛之廢由張說張巡之敗繇房琯李光弼不當圖史思明宣宗有小善

而無人君大畧皆舊史所不及議論英發暗與人意合者甚多又讀歐陽文忠公志文司馬君實跋尾益復慨然然足下欲僕別書此文入石以爲之翰不朽之託何也之翰所立于世者如此雖無歐陽公文可也而况欲託字畫之工以求信于後世不已陋乎

曾南豐所作行狀節文

公博學强記其氣溫其貌如不能自持及與人言反覆經史上下千有餘年貫穿通洽不可窺其際而逆覩其家初未嘗蓄書蓋旣讀之終身多不忘也所著唐史記七千五篇以謂巳之所學治亂得失之說具于此可以觀公之志也公歿有詔求其書

曾南豐經進隆平集節文

孫甫字之翰許州人天聖五年同學究出身八年再舉登進士第杜衍在樞密府薦之除秘閣校理累擢天章閣待制河北都轉運使留待講卒年六十贈右諫議大夫著唐史書七十五卷每言唐君臣行事以推見當時治亂若身履其間聞者釋然

曾南豐寄孫之翰古詩一首

孫侯腹載天下書崔嵬豈啻重百車伏羲以來可悉數孰若自作何有餘更能議論恣傾倒萬里一瀉崑

爲渠誰爲胸中斡太極元氣浩浩隨卷舒昔來諫官對天子何穢不欲親芟鋤不容乃獨見磊落出走並海飄長裾孫侯風節何所似雪洗八荒看太虛親如國忠眼不顧舊若張禹手所除歸來已絕褒貶筆進用祗調敷倉儲合持詩書白虎論更護日月金華居萬世深根固社稷百年舊 休田廬素識孤生愛茅屋久將老母求山砠秋歸願事九江獲夜出未倦安豐漁孔明苟欲性命遂孟子豈病王公疎塵埃未得見此樂太息一付西江魚

後序

諫議孫公以淵源之學忠讜之論被遇昭陵遂擢寘諫苑嘗稱唐太宗規模法制有三代王者之風故平生多喜言唐事每嘆舊史猥雜不足以垂戒後世乃倣春秋編年法修成唐史記七十五卷其間善惡昭然可爲龜鑑者因著論以明之篇目凡九十有二皆君相之事業臺諫之紀綱非徒爲是區區空言也其史記全書自公殁取留禁中世所可得而見者論斷而已予家藏是本久矣埸來掌教延平會朝廷寬鏤書之禁應本朝名士文集有益于學者皆許留傳乃

出此書與學錄鄭傳聘蔡攻舊史重加審定鋟木于頖宫以與學者共焉因念自古賢人君子著書立言益將以明道言之所傳道之所以明也是書成于嘉祐之初迄今百有餘歲而後顯豈其傳若有所待耶乃若公進退出處之大概見于涑水廬陵南豐東坡四先生之論述可以表信于世茲不復敘云紹興丁丑十月既望新安張敦頤書

南劍州州學

准　轉運衙牒據本學申檢准

紹興令諸司私雕印文書先納所屬申

轉運司選官詳定有益學者聽印行今搜求到孫諫議唐史論斷九十二首校正了畢欲將本縣學書庫錢雕行申乞依

條委官詳定當司除已牒南劍州通判王朝奉詳定外牒本學照會續准

轉運衙牒據詳定官申尋將前件文字逐一詳定實有益于學者牒本學照會施行今鋟板印行者

紹興二十七年十一月　日

學　錄　劉　光

學　錄　鄭　待聘

學　正　鍾　世英

校勘官左奉議郎充南劍州州學教授張敦頤詳定官左朝奉郎通判南劍州軍州主管學事王筠左朝散郎添差通判南劍州軍州主管學事王以詠右朝奉郎知南劍州軍州主管學事、

許　與古　準嘗見此書于周南仲家乃蜀本也後徧求之而未得至此見友人劉和甫有此書欲求得

之乃云此書舊鋟板于其家塾因欝攸之變不復有
矣慨嘆久之校正其本鋟板于東陽倅廳之雙檜堂
以廣其傳端平乙未郡丞黄準命工鋟板

烏臺詩案

光緒七年五月重鋟于廣漢

烏臺詩案一冊宋陳振孫直齋書錄解題作烏臺詩話十二卷蜀人朋九萬錄東坡下御史獄公案附以初舉發章疏及謫官後表章書啓詩詞等而成之者今所得宋本合爲一冊不分卷次梭百川書志載烏臺詩案一卷云宋祠部員外郎直史館知湖州遭時羣小搆成詩禍拘禁之卷案也據此則是書流傳有二本此本遇朝旨等字俱擡頭其爲宋人足本無疑摘官後文乃後人附益之耳蓋此爲百川書志所見之本非直齋書錄所見之本也綿州李調元雨村識

烏臺詩案　一　第六函

東坡烏臺詩案目錄

東坡烏臺詩案

宋　朋　九　萬　撰

監察御史裏行何大正劄子

御史臺根勘所元豐二年七月四日准中書批送下太子中允權監察御史裏行何大正劄子臣伏見祠部員外郎直史館知湖州蘇軾謝上表其中有言愚不識時難以追陪新進老不生事或能牧養小民愚弄朝廷妄自尊大宣傳中外孰不嘆驚夫小人爲邪治世所不能免大明旁燭則其類自消固未有如軾爲惡不悛怙終自若謗訕譏罵無所不爲道路之人則又以爲一有水旱之災盜賊之變軾必倡言歸咎新法喜動顏色惟恐不甚今更明上章疏肆爲詆誚無所忌憚矣夫出而事主所懷如此世之大惡何以復加昔成王戒康叔以助王宅天命作新民人有小罪非眚乃惟終不可不殺蓋習俱汚陋難以丕變不如是不足以作民而新之况今法度未完風俗未一正宜大明誅賞以示天下如軾之惡可以止而勿治乎軾所爲譏諷文字傳於人者甚衆今獨取鏤板而鬻於市者進呈伏望　陛下特賜留神取進止元豐二年三月二十七日垂拱殿進呈

聖旨送中書

監察御史裏行舒亶劄子

太子中允集賢殿校理權監察御史裏行舒亶劄子臣伏見知湖州蘇軾近謝上表有譏切時事之言流俗翕然爭相傳誦忠義之士無不憤惋且　陛下自新美法度以來異論之人固不爲少然其大不過文亂事實造作讒說以爲擂奪沮壞之計其次又不過腹非背毀行察坐伺以幸天下之無成功而已至於包藏禍心怨望其上訕讟慢罵而無復人臣之節者未有如軾也蓋　陛下發錢以本業貧民則曰贏得

兒童語音好一年强半在城中　陛下明法以課試郡吏則曰讀書萬卷不讀律致君堯舜知無術陛下興水利則曰東海若知明主意應教斥鹵變桑田陛下謹鹽禁則曰豈是聞韶解忘味邇來三月食無鹽其他觸物卽事應口所言無一不以譏謗爲主小則鏤板大則刻石傳播中外自以爲能其尤甚者至遠引襄漢梁竇專朝之士雜取小說燕蝠爭晨昏之語旁屬大臣而緣以指斥乘輿蓋可謂大不恭矣然臣切考歷古以來書傳所載其間擾攘之世上之人雖有失德之行違道之政而逆節不軌之臣苟能正其短以動搖人心亦必回容顧避自託於忠順之名而後敢出此恭維　陛下躬履道德立政造士以幸天下後世可謂堯舜之用心矣軾在此時以苟得之虛名無用之曲學官爲省郎職在文館典領寄任又皆古所謂二千石臣獨不知　陛下何負於天下與軾輩而軾敢爲悖慢無所畏忌以至如是且人道之所自立者以有義而無逃於天地之間者義莫如君臣軾之所爲忍出於此其能知有君臣之義乎夫爲人臣者苟能充無義之心往以爲利則其惡無所不至矣然則　陛下其能保軾之不爲此乎昔者治古

之隆責私議之殊說命之曰不收之民狃于姦宄敗常亂俗雖細不宥按軾懷怨天之心造訕上之語情理深害事至暴白雖萬死不足以謝聖時豈特在不收不宥而已伏望　陛下體先王之義用治世之重典付軾有司論如大不恭以戒天下之爲人臣子者不勝忠憤懇切之至印行四冊謹具進呈取進止元豐二年一月二日崇政殿進呈奉

聖旨送中書

國子博士李宜之狀之

國子博士李宜之狀昨任提舉淮東常平過宿州靈

壁鎮有本鎮居止張碩秀才稱蘇軾與本家撰靈璧
張氏園亭記內有一節稱古之君子不必仕不必
不仕必仕則忘其身必不仕則忘其君譬之飲食適
於饑飽而已然士罕能蹈其義赴其節處者安於故
而難出出者狃於利而忘返于是有違親絕俗之譏
懷祿苟安之弊宜之看詳上件文字義理不順言不
必仕是教天下之人必無進之心以亂取士之法又
軾言必不仕則忘其君是教天下之人無尊君之義
虧大忠之節又軾稱譬之飲食適於饑飽而已然士
罕能蹈其義赴其節宜之詳此卽知天天下之仕與

不仕不敢忘其君而獨軾有不必仕則忘其君之意
是廢爲臣之道又軾稱處者安於故而難出出者狃
於利而忘返於是有違親絕俗之譏懷祿苟安之弊
顯涉譏諷乞賜根勘

御史中丞李定劄子

右諫議大夫權御史中丞李定劄子臣切見知湖州
蘇軾初無學術濫得時名偶中異科遂叨儒館及
上聖興作新進仕者非軾之所合軾自度終不爲朝
廷獎用銜怨懷怒恣行醜詆見於文字衆所共知或
有燕蝠之譏或有賣漿之比其言雖屬所憾其意不
無所寓訕上罵下法所不宥臣切謂軾有可廢之罪
四臣請陳之昔者堯不誅四凶而至舜則流放竄殛
之蓋其惡始見於天下軾先騰沮毀之論　陛下稍
置之不問容其改過軾怙終不悔其惡已著此一可
廢也古人教而不從然後誅之蓋吾之所以俟之者
盡然後戮辱隨焉　陛下所以俟軾者可謂盡而傲
悖之語日聞中外此二可廢也軾所爲文辭雖不中
理亦足以鼓動流俗所謂言僞而辨當官侮慢不循
陛下之法操心頑愎不服　陛下之化所謂行僞
而堅言僞而辨行僞而堅先王之法當誅此三可廢

也書刑故無小知而爲與夫不知而爲者異也軾讀
史傳豈不知事君有禮訕上有誅肆其憤心公爲詆
訾而又應制舉對策卽已有厭獎更法之意　陛下
修明政事怨不用已遂一切毀之以爲非是此四可
廢也而尚容於職位傷教亂俗莫甚於此臣伏惟
陛下動靜語默惟道之從興除制作肇新百度謂宜
可以於變天下而至今未至純著殆以軾輩虛名浮
論足以惑動衆人故也臣叨預執法職在糾姦罪有
不容其敢苟止伏望　陛下斷自天衷特行典憲非
特沮乖慝之氣抑亦奮忠良之心好惡旣明風俗自

革有補於世豈細也哉取進止元豐二年七月二日
崇政殿進呈奉
聖旨後批四狀并冊子七月三日進呈奉
聖旨送御史臺根勘聞奏

御史臺檢會送到冊子

檢會送到冊子題名是元豐續添蘇子瞻學士錢塘集全冊內除目錄更不抄寫外其三卷並錄付中書門下奏據審刑院尚書刑部狀御史臺根勘到祠部員外郎直史館蘇軾爲作詩賦并諸般文字謗訕朝政及中外臣僚絳州團練史駙馬都尉王銑爲罸蘇

軾譏諷文字及上書奏事不實按并劄子二道者

供狀

祠部員外郎直史館蘇軾年四十四歲本貫眉州眉山縣高祖祜曾祖杲並不仕祖序故任大理評事致仕累贈職方員外郎父洵故任霸州文安縣主簿累贈都官員外郎軾嘉祐二年進士及第初任河南府福昌縣主簿未赴任間應中制科授大理評事鳳翔府簽判覃恩轉大理寺丞磨勘轉殿中丞差判登聞鼓院試館職除直史館丁父憂服闋差判官誥院兼判尚書祠部權開封府推官磨勘轉太常博士通判杭州就差知密州州磨勘轉祠部員外郎就差知河中府未到任改差知徐州未滿就移知湖州元豐二年四月二十一日到任歷仕舉主陝西轉運副使陸詵舉臺閣清要任使提點兩浙刑獄晁端彥舉外擢任使權兩浙提刑潘良器京東安撫使向京並舉召還侍從權京東路轉運副使王居卿轉運判官李察並舉不次清要任使安撫使陳薦蘇澥舉外涉侍從提舉李清臣舉不次外擢任使提刑孔宗翰奏乞召還禁近軍判章　奏乞召置侍從安撫使葉康奏乞顯用提舉李孝孫乞召還侍從安撫使賈昌衡奏乞召

還近侍軾任鳳翔府簽判日爲中元節假不過知府廳罰銅八斤任杭州通判日不舉駁王文敏盜官錢官員公按罰銅八斤皆公罰別無過犯款招登科後來入館多年未甚進擢兼朝廷用人多是少年所見與軾不同以此撰作詩賦文字譏諷意圖衆人傳看以軾所言爲當軾與張方平王詵李清臣黃庭堅司馬光范鎮孫覺李常曾鞏周邠蘇轍王鞏劉摯陳襄錢藻顏復盛僑王紛錢世宏吳琯王安上杜子方戚秉道陳珪相識其人等與軾意相同即是與朝廷新法時事不合及多是朝廷不甚進用之人軾所以將

譏諷文字寄與如後

與王詵往來詩賦

一與王詵干涉事記熙寧二年軾在京授差遣王詵作駙馬後軾去王詵宅與王詵寫作詩賦并蓮花經等本人累經送酒食茶果等與軾當年內王詵又送弓一張箭十枝包指十箇與軾熙寧八年成都僧惟簡託軾在京求師號軾遂將本家元收畫一軸送與王詵稱是川僧畫覓師號王詵允許當年有秘丞柳詢家貧干軾軾爲無錢得犀一株送與王詵稱是柳秘丞犀欲賣三十貫王詵云不須得犀遂送錢三十貫與柳詢軾於王詵處得師號一道當年內有相國寺僧思大師告軾於王詵處與小師覓紫衣一道仍將到吳生畫佛入涅槃一軸董羽水障一（徐熙畫海棠本芍藥梅花雀竹各一軸趙昌畫折枝）花一軸朱繇武宗元畫鬼神二軸說與王詵知後將佛入涅槃及桃花雀竹等與王詵朱繇武宗元畫鬼神軾自收留於詵處換得紫衣二道與思大師當年軾將畫三十六軸各有唐賢題名託王詵令人裝褙其物料手工並是王詵出備當年軾通判欲赴任王詵送到茶藥紙筆墨硯鯊魚皮紫茸氊翠藤簟等軾留下十一月到任熙寧五年內王詵送到官

酒十瓶果子兩篰與軾熙寧六年內遊孤山詩寄詵除無譏諷外有誤隨弓旌落塵土坐使鞭箠環呻呼以譏諷朝廷新法行後公事鞭箠之多也又曰追胥保伍罪及孥百日愁嘆一日娛以譏諷朝廷鹽法收坐同保妻子移鄉法太急也又曰歲荒無術歸亡逋鵠則易畫虎難摸意取馬援言畫鵠不成猶類鶩畫虎不成反類狗言歲既饑荒我欲出奇畫賑濟又恐朝廷不從乃以畫虎不成反類狗也并戲子由云任從飽死笑方朔肯爲雨立求秦優意取東方朔傳侏儒飽欲死及滑稽傳優旃謂陛楯郎汝雖長何益乃雨立我雖短幸休居言弟轍家貧官卑而身材長大所以比東方朔陛楯郎而以當今進用之人比侏儒優旃也又云讀書萬卷不讀律致君堯舜知無術是時朝廷新興律學軾意非之以謂法律不足以致君於堯舜今時又專用法律而忘詩書故云我讀萬卷書不讀法律蓋聞法律之中無致君堯舜之術也又云勸農冠蓋鬧如雲送老虀鹽甘似蜜以譏諷朝廷新開提舉官所至苛細生事發擿官吏惟學官無吏責也弟轍爲學官故有是句又云平生所慚今不恥坐對疲氓更鞭箠是時多徒配犯鹽之人例皆饑貧

言鞭箠此等貧民軾平生所慚今不恥矣以譏諷朝廷鹽法太急也又云道逢陽虎欲與言心知其非口喏唯是時張靚俞希旦作監司意不喜其人然不敢與爭議故毀詆之爲陽虎也又山村詩第三首云烟雨濛濛雞犬聲有生何處不安身但令黄犢無人佩布穀何勞也勸耕軾意言是時販私鹽者多帶刀杖故取前漢龔遂令人賣劍買牛賣刀買犢曰何爲帶牛佩犢意言但將鹽法寬平令人不帶刀劍而買牛犢則自力耕不勞勸督也以譏諷朝廷鹽法太峻不便也又第二首云老翁七十自腰鐮慚愧春山筍蕨

甜豈是聞韶解忘味邇來三月食無鹽意山中之人饑貧無食雖老猶自採筍蕨充饑時鹽法峻急僻遠之人無鹽食動經數月若古之聖人則能聞韶忘味山中小人豈能食淡而樂乎以譏諷鹽法太急也第四首云杖藜裹飯去怱怱過眼青錢轉手空贏得兒童語音好一年强半在城中意言百姓雖得青苗錢立便於城中浮費使却又言鄉村之人一年兩度夏秋稅又數度請納和預買錢今此更添青苗助役錢因此庄家子弟多在城中不着次第但學得城中語音而已以譏諷朝廷新法青苗助役不便又差開運

鹽河詩云居官不任事蕭散羨長卿胡不歸去來留滯愧淵明鹽法星火急誰能卹農耕薨薨曉鼓動萬指羅溝坑天雨助官政泣愁淋衣纓人如鴨與猪投泥相濺驚下馬荒隄上四顧但胡瀰淺露不容足又與牛馬爭歸田雖賤辱豈識泥中行寄語故山友慎勿厭藜羹軾爲是時盧秉提舉鹽事擘畫開運鹽河差夫千餘人軾於大雨中部役其河只爲般鹽既非農事而役農民秋田未了有防農事又其河中間有湧沙數里軾宣言開得不便軾自嗟泥雨勞苦羨司馬長卿居官而不任事又愧陶淵明不早棄官歸去

也農事未休而役夫千餘人故云鹽事星火急誰能卹農耕又言百姓已勞苦不易天雨又助官政勞民轉致百姓疲役人在泥水中辛苦無異鴨與猪又言軾亦在泥中與牛羊爭路而行若歸田豈識於此哉故云寄言故山友慎勿厭藜羹而思仕宦以譏諷朝廷開運鹽河不當以妨農事也軾於上件年分寫上件詩賦與王詵熙寧六年春軾爲嫁甥女問王詵借錢二百貫其年秋又借到錢一百文自後未曾歸還又熙寧八年內王詵曾送到官酒六瓶并果子藥等與軾亦嘗有書簡往復當年并熙寧九年內作薄薄

酒又水調歌頭一首復有杞菊賦一首并引不合云
及移守膠西意其一飽而始至之日齋館索然不堪
其憂以非諷朝廷新法減削公使錢太甚齋醞廚薄
事皆索然無備也軾又作超然臺記云始至之日歲
比不登盜賊滿野獄訟充斥意言連年蝗蟲盜賊獄
訟之多非諷朝廷政事闕失并新法不便所致及云
齋廚索然日食杞菊以非諷朝廷新法減削公使錢
太甚又於上件年分節次抄寫上件詩賦等寄與王
詵熙寧九年軾寫書與王詵為一婢秋蟾欲削髮出
家作尼并有相識僧行杭州人各求祠部一道當說

與王詵自後來取約熙寧十年二月到京王詵送到
茶果酒食等三月初一日王詵送到簡帖來日約出
城外四照亭中相見次日軾與王詵相見令姨嬸六
七人出斟酒下食數內有倩奴問軾求曲子軾遂作
洞仙歌一首喜長春一首與之次日王詵送韓幹畫
馬十二疋共六軸求軾跋尾不合作詩云王良挾矢
飛上天何必俯首求短轅意以騏驥自比譏諷執政
大臣無能盡我之才如王良之能馭者何必折節干
求進用也當月軾又薦會傳神僧為王詵寫真乞得
紫衣一道四月赴任徐州王詵曾送到羊羔兒酒四

瓶乳糖獅子四枚龍腦面花象版裙帶繫頭子錦段
之類與軾九月間軾託王鞏到京見王詵時覓祠部
一兩道與相知僧十月內王鞏書來云王詵已許諾
未取今年八月二十八日供出與王詵相識借得錢
物并寄杞菊賦超然臺記題韓幹馬詩與王詵因依
又隱諱不曾作開運鹽河詩寄王詵情由蒙會問到
王詵狀并被王詵申送到開運鹽河詩賦軾於九月
二十三日至二十七日方具實招其騰日遊孤山詩
戲子由詩山村詩元准
聖旨係降印行冊子內詩其後杞菊賦超然臺記韓

幹馬詩開運鹽河詩即不係　朝旨降到冊子內

　與王詵作寶繪堂記

一與王鞏干涉事熙寧五年內鞏言王詵說賢兄與
他作寶繪堂記內有桓靈寶之走舸王涯之複壁皆
留意之禍也嫌意思不好要改此數句軾答云不使
則已即不曾改軾先與將官雷勝并同官寄居等一
十八人出獵等詩各一首計十首并無譏諷軾後挑請
定國將此獵詩轉示晉卿都尉當輸我一籌也王鞏
字定國王詵字晉卿王詵令書表司張遵寄軾詩十
一首并後序云子瞻所寄新詩并獵會事迹誇六一

時之樂余因回示報樂侍寢清歌者雲英等凡十有一輭效子瞻十家之詩各以其名製詞一篇寄子瞻不知却復輸此一籌否其意說富貴作樂飲燕卽無譏諷軾字子瞻輩向眞廟朝裏尊禮楊大年時人稱之今王詵尊禮子瞻亦同年兩軾言到家逢着難時節王詵言向因世居事後也曾到登對奏知今後不敢與人往還上乃宣諭詵云如温良之士大夫往還亦自無害軾言次第自家是不温良底也其上件詩不係冊子內

與李清臣寫超然臺記并詩

一與李清臣干涉事熙寧九年軾寫超然臺記寄李清臣其譏諷已在王詵項內聲說熙寧十年軾知徐州日六月內李清臣因沂山龍祠祈雨有應作詩一首寄軾其詩曰南山高峻層北山亦峭崒坐看兩山雲出沒雲行如驅歸若呼始覺山中有靈物鬱鬱其焚蘭罩罩其擊鼓祝屢祝巫屢舞我民無罪神所憐一夜雷風三尺雨嶺木兮蒼蒼溪水兮央央雲散諸峯互明滅東阡西陌農事忙廟閉山空音響絶軾後作一首與李清臣其詩云高田生黃埃下田生蒼耳蒼耳亦已無更問麥有幾蛟龍睡足亦解慚二麥枯時雨如洗不知雨從何處來但聞呂梁百步聲如雷試上城南望城北際天菽粟青成堆饑火燒腸作牛吼不知待得秋成否半年不雨坐龍慵但怨天公不怨龍今年一雨何足道龍神社鬼各言功無功日盜太倉粟嗟我與龍同此責勸農使者不汝容因君作詩先自劾此詩除無譏諷外有不合言本因龍神慵懶不行雨卻使人心怨天公以譏諷大臣不任職不能燮理陰陽卻使人怨天子以天公比天子以龍神社鬼比執政大臣及百執事軾自言無功竊祿與大臣無異當時送與李清臣來相謔戲笑言承見示詩

只是勸農使者不管恁他事李清臣答弟轍二首於詩後批云可求子瞻和云匙飯盤蔬強少留相逢何物可消憂緣君未得酒中趣與我漫爲方外遊草亂不容移馬迹山雄全欲逼城樓濟時異日須公等莫狎翩翩海上鷗軾卻作詩二首和李清臣其內一首云五十塵勞尚足留閉門卻欲治幽憂羞爲毛遂囊中穎未許朱雲地下遊無事會須成好飲思歸時欲賦登樓羡君幕府如僧舍日向城西看浴鷗朱雲漢成帝時乞斬張禹漢成帝欲誅之朱雲曰臣得下從龍逢比干遊足矣龍逢夏桀臣比干商紂臣皆因諫

而死軾爲屢言新法不便不蒙施行以朱雲自比意言至明之世無誅戮之事故軾未許與朱雲地下遊王粲是魏武時人因天下亂離故粲在荆州依託作登樓賦賦中有懷鄉思歸之意軾爲屢言新法不便不蒙施行有罷官懷鄉思歸之意亦欲作此賦也軾又用弟轍韻與李清臣六首內一首云城南短李好交遊箕踞狂歌總自由尊主庇民君有道樂天知命我無憂醉呼妙舞留連夜注云邦直家中舞者甚多閑作新詩斷送秋瀟灑使君殊不俗樽前容我攬鬚不清臣字邦直再次元韻有一首云東來嘗恨少朋遊得遇高人蘇子由已皆不言天下事相看俱道世間憂新詩定及三千首囊別幾成二十秋南省都臺風雪夜問君還記劇談不轍字子由清臣差修國史軾賦詩二首送清臣其詩內一首云珥筆西歸近紫宸太平典策不緣麟付君此事全書漢載我當時舊過秦門外想無千斛米墓中知有百年人看君兩眼明如鏡休把春秋坐素臣謂軾於　仁廟朝曾進論二十五首皆論往古得失賈誼漢文帝時人追論秦之得失作過秦論史記載之軾妄以賈誼自比意欲李清臣於國史中載軾所進論故將詩與李清臣軾在臺於八月二十

八日准問目據軾供到與人往還詩有所未盡軾供出所與清臣唱和詩即不係　朝旨降到册子内

次韻章傳

一與章傳干涉事章傳字傳道熙寧六年正月作詩次章傳韻和答云馬融既依梁班固亦事竇效顰豈不欲頑質謝鐫鏤所引梁冀竇憲並是後漢時人因時君不明遂躋顯位驕暴竊威福用事而馬融班固二人皆儒者並依託之軾詆毀當時執政大臣我不能效班固馬融苟容依附也其上件詩係印行册子准

朝旨降到者

送劉述吏部

一與劉述干涉事熙寧八年四月十一日軾作詩送劉述云君王有意誅驕虜椎破銅山鑄銅虎聯翩三十七將軍走馬西來各開府是時朝廷遣使諸路點檢軍器及置三十七將官軾將謂今上有意征討胡虜以譏諷朝廷諸路遣使及置將官張皇不便又云南山伐木作車軸東海取鼉攡戰鼓汗流奔走誰敢後恐乏軍資汚刀斧保甲連村團未徧方田訟牒紛如雨邇來手實降新書決剔根株窮脈縷詔書惻怛

信深厚吏能淺薄空勞苦以譏諷朝廷法度屢更事目煩多吏不能曉又云況復年來苦饑饉剗嚙草木啖桑土今年雨雪頗應時又報蝗蟲生翅股發來洗盞欲强醉寂寞空齋臥空甑公廚十日不生烟更望紅裙踏筵舞註云近齋厨索然可笑又云近來屢得山中信只有當歸無別語猶將鼠雀偷太倉未肯衣冠挂神武意謂邇來饑饉飛蝗蔽天之甚以譏諷朝廷政事闕失新法不便之所致也又云酒食無備齋廚索然以譏諷朝廷行法減削公使錢太甚公事既多旱蝗又甚二政巨藩尙如此窘廹所以言山中故人寄信令歸但

軾貪祿未能便挂衣冠而去也又云四方冠蓋鬧如雲歸作二浙湖山主以譏諷朝廷近日提舉官所至生事苛碎故劉述之官觀歸湖山也軾在臺八月二十二日准問目仰軾供具自來做過是何文字軾說曾寄劉述吏部上件詩因依其詩卽不係
朝旨降到冊子內

寄周邠諸詩

一與周邠干涉事軾熙寧五年六月任杭州通判日遂旋寄所作山村詩其譏諷意已在王詵項內聲說幷留題徑山詩其譏諷已在蘇轍項內聲說及和述古舍人冬日牡丹絕句有譏諷意已在陳襄項內聲說卽節次寄與周邠熙寧六年因往諸縣提點到臨安縣有知縣大理寺丞蘇舜舉來本縣界外太平寺相接軾與本人爲同年自來相知本人見軾復言舜舉數日前入州郡被訓狐押出軾問其故舜舉言我擘劃得户供通家業役鈔規例一本甚簡前日將去呈本州諸官皆不以爲然呈轉運副使王庭老等不喜差急足押出城來軾取其規例看詳委是簡便因問訓狐事舜舉言自來聞人說一小話云燕以日出爲旦日入爲夕蝙蝠以日入爲旦日出爲夕爭之不

決訴之鳳凰鳳凰是百鳥之王至路次逢一禽謂燕曰不須往訴鳳皇在假或云鳳皇渴睡今不記其詳都是訓狐權攝舜舉意以話戲笑王庭老等不知是非隔得一兩日周邠李行中二人亦來臨安與軾同遊徑山蘇舜舉亦來山中相見周邠作詩一首與軾卽無譏諷次韻和答兼贈舜舉云餔餔醉方熟酒面喚不醒奈何效燕蝠屢欲爭晨暝其意以譏諷王庭老等如訓狐不分別是非也元豐三年六月十三日軾知湖州有周邠作詩寄軾軾答云政拙年年祈水旱民勞處處避嘲嘔河吞巨野那容塞盜入蒙山不

易搜事道攻因懶孔孟扶顛未可責由求此詩自言
遷徙數州未蒙朝廷擢用老於道路并所至遇水旱
盜賊夫役數起民蒙其害以譏諷朝廷政事闕失并
新法不便之所致也又云事道故因懶孔孟扶顛未
可責由求以言已仕而道不行則非事道也故有懶
於孔孟孔子責由求云危而不持顛而不扶則將焉
用彼相矣顛謂顛仆也意以譏諷朝廷大臣不能扶
正其顛仆軾在臺於九月十四日准問目有無未盡
事軾供出上件詩因依不係　朝旨降到冊子內

與子由詩

一與弟轍干涉事熙寧四年十月軾赴杭州時弟轍
至潁州相別後十一月到杭州本任作潁州別子由
詩云至今天下士去莫如子猛爲弟轍曾在制置條
例充檢詳文字爭議新法不合乞罷說弟轍去之果
決意亦譏諷朝廷新法不便也當年十二月內軾初
任杭州寄子由詩云獨眠林下夢魂好回首人間憂
患長殺馬破車從此誓子來何處問行藏又云眼看
時事力難勝貪戀君恩退未能意謂新法青苗助役
等事煩雜不可辨亦言己才力不能勝任也熙寧六
年內遊徑山留題云近來愈覺世議隘每到勝處差

安便以譏諷朝廷之用人多是刻薄褊隘之人不少
容人過失見山中寬閑之處爲樂也其詩係　朝旨
降到冊子內

杭州觀潮五首

一熙寧六年任杭州通判因八月十五日觀潮作詩
五首寫在本州安濟亭上前三首並無譏諷至第四
首云吳兒生長狎濤淵冒利忘生不自憐東海若知
明主意應教斥鹵變桑田蓋言弄潮之人貪官中利
物致其間有溺而死者故　朝旨禁斷軾謂　主上
好興水利不知利少而害多言東海若知明主意應
教斥鹵變桑田言此事之必不可成譏諷朝廷水利
之難成也軾八月二十二日在臺虛稱言鹽法之爲
害等情由遂次隱諱不說情實二十四日再勘方招
其詩係冊子內

和黃庭堅古韻

一元豐元年二月內北京國子監教授黃庭堅寄書
二封并古詩二首與軾其書內一節云伏惟閣下學
問文章度越前輩大雅豈弟博約後來立朝以正言
見排補郡輙上課最可謂聲實於中內外稱職其古
風六首第一首云江梅有嘉實結根桃李場桃李終

不言朝露借恩光孤芳忌皎潔冰霜空自香怙來知
鼎實此物升廟廊歲月坐成晚烟雨青已黃得升桃
李盤以遠亦見嘗終然不可口擲置官道傍但取本
根在棄捐庸何傷第二首云長松出澗壑千里聞風
聲上有百尺蓋下有千歲苓小草有遠志相依在平
生醫和不病世深根且固蒂人言可醫國何用大早
計大小材則殊氣味苦相似軾答書一對除無譏諷
外云觀其文以求其人必輕外物而自重者今之君
子莫能用也今之君子謂近日朝廷進用之人不能
援進庭堅而用之也及依韻答和古風云嘉穀臥風

雨莨莠登我場陳前謾方寸玉食慘無光以譏今之
小人勝君子如莨莠之閒奪嘉穀又云大哉天宇閒
美惡更臭香君看五六月飛蚊隱回廊茲時不少假
俛仰霜葉黃期君看蟠桃千歲終一嘗顧我如苦李
全生依路傍紛紛不足惜悄悄徒自傷意言君子小
人進退有時如夏月蚊虻縱橫至秋月息比庭堅於
蟠桃進必遲自比苦李以無用全生又詩云憂心悄
悄慍于羣小以譏諷當時進用之人皆小人也元豐
元年二月三十日軾作文同學士祭文一首寄黃庭
堅看此文除無譏諷外云道之難行哀哉無徒豈無

友朋逝莫告予意言軾屢曾言新法不便不蒙朝庭
施行是道不行軾孤立無徒故人皆舍之而去無有
相告語者以譏諷當今進用之人與軾故舊者皆以
進退得喪易其心不存故舊之義軾在臺於九月二
十三日准問目據軾供說其閒隱諱有未盡者比聞
北京留守司取問根驗得軾元寫去黃庭堅譏諷書
并祭文於六月十六日再奉取問軾將寄黃庭堅文
字看詳軾方盡供答其意并不係　朝旨降到冊子
內

與王紛作碑文

一元豐元年六月王紛寄到曾祖禹偁內翰神道碑
示軾求軾題碑陰軾於當月五日寄與王紛此文除
無譏諷外不合云使其不幸而立於眾邪之間安危
之際則公之所爲必將驚世絕俗使斗筲穿窬之流
心破膽裂意謂今日進用之人爲眾邪又言今時所
行新法係天下安危故言眾邪之間安危之際也又
謂
天子今時進用之人皆斗筲穿窬之流皆以譏諷朝
廷進用之人并新法不便也又云紛紛鄙夫亦拜公
像何以占之有泚其顙亦以譏諷今時進用之人謂

之鄙夫言拜公之像心愧而汗顏也軾在臺於九月三日准問有無盡供答因依即不係　朝旨降到冊子內

與劉邠通判唱和

一熙寧三年劉邠通判泰州軾作詩云君不見阮嗣宗臧否不挂口莫誇舌在齒牙牢是中惟可飲醇酒言當學阮籍口不臧否人物惟可飲酒勿談時事意以譏諷朝廷新法不便不容人直言不若耳不聞而口不問也熙寧四年十月內赴杭州通判到揚州有劉攽并館職孫洙劉摯皆在本州偶然相聚數日別後軾作詩三首各用逐人字為韻內寄劉邠詩云去年送劉郎醉語已驚眾如今各漂泊筆硯誰能弄我命不在天羿彀未必中作詩聊遣意老大慵譏諷夫子少年時雄辨輕子貢邇來再傷弓戢翼念前痛廣陵三日飲相對恍如夢况逢賢主人白酒潑春甕竹栖已渾手灣口猶屢送羨子去安閑吾邦正喧鬨言杭州監司所聚是時初行新法事多不便也熙寧六年九月內軾和劉邠寄泰字韻詩云白髮相看兩故人眼看時事幾番新以譏諷朝廷近日更立新法事尤多也當年十一月內劉邠聞人唱軾新作詩一首

相戲寄軾即無譏諷軾和本人詩一首云十載漂然未可期那堪重作看花詩門前惡語誰傳出醉後狂歌自不知刺舌君今猶未戒炙眉我亦更何詞相從痛飲無餘事正是春風最好時除無譏諷外不合引賀拔惎以錐刺其子舌以戒言語事戲劉邠又引郭舒狂言為王敦炙其眉以自比皆譏時人不能容狂直之言也軾八月二十日准問目具述作文字供說已在前項

與湖州知州孫覺詩

一熙寧五年十二月作詩因任杭州通判日蒙運司差往湖州相度隄堰利害因與湖州知州孫覺相見軾作詩與孫覺云若對青山談世事直須舉白便浮君軾是時約孫覺并坐客如有言及時事者罰一大盞雖不指時事是亦軾意言時事多不便更不可說說亦不盡又云天目山前淥浸蕪碧瀾堂下看銜艫作堤捍水非吾事閑送苕溪入太湖又次年寄詩云徙倚和原上淒涼晚照中水流天不盡人遠意何窮問牒知泰過看山識禹功稻濃初吠蛤柳老半書蟲倚背風翻白蓮腮雨退紅追遊慰遲暮覓句效兒童北望苕溪轉遙憐震澤通烹魚得尺素好在紫髯翁

上件詩除無譏諷外不合云作堤埒水非吾事閑送苕溪入太湖軾爲先曾言水利不便却被轉運司差相度堤埒軾本非興水利之人以譏諷時世與昔不同而水利不便而然也軾在臺於九月三日供狀時不合云上件詩無譏諷外再蒙會勘方招其詩係印行冊子內

送錢藻知婺州

一熙寧三年三月作詩送錢藻知婺州舊例館閣補外任同舍餞送席上衆人先索錢藻詩欲各分韻作送行詩錢藻作五言絶句一首即無譏諷軾分得英

字韻作古詩一首送錢藻云老手便劇郡高懷厭承明聊紆東陽綬一濯滄浪纓平生好山水未到意已清過家父老喜出郭壺漿迎予行得所願愴恨居者情吾君方急賢日旰伏延英黄金招樂毅白璧賜虞卿子不少自愧爲義空崢嶸古稱爲郡樂漸恐煩敲榜臨分敢不盡醉語醒還驚此詩除無譏諷外言朝廷方急賢才多士並進子獨遠出爲郡不少自強勉求進但守道義意譏當時之人急進也又言靑苗助役既行百姓輸納不前爲郡者不免用鞭箠催督醉中道此語醒後還驚恐得罪朝廷以譏諷新法不便之故也元豐三年三月內軾曾將相識僧行脚色寫書與弟轍令送與錢藻問錢藻房弟駙馬都尉錢景臻求祠部紫衣各一道既不識景臻其祠部亦不曾取上件冊子內

送張方平

一熙寧四年五月中軾將赴杭州張方平陳乞得南京留臺本人有詩一首送軾軾只記得落句云最好乘湖遊禪扉其餘不記即無譏諷卻有一詩送本人云無人長者側何以安子思意以子思比方平之賢言朝廷當堅留要任不可令閑也元豐元年八月內

張方平令王鞏將詩一卷來徐州題封曰樂全堂雜詠折開看乃是張方平舊詩今不記其詞即無譏諷軾作一詩題卷末其詞云人物已衰謝微言難重尋清談未足多感時意殊深軾言晉元帝時衛玠初過江左不意永嘉之末復聞正始之音軾意言晉元帝時人物衰謝不意復見張方平之文章才氣以譏諷今時風俗衰薄也意以衛玠比方平故云清談未足多感時意殊深言我非獨多衛玠清談但感時之人物衰謝微言難繼此意殊深遠也又云少年有奇志欲和南風琴荒林蜩螿亂廢沼蛙蟈淫遂欲掩兩耳

臨文但噫喑意言軾少年本有志欲和天子薰風之詩因見學者皆空言無實雜引佛老異論之書文字雜亂故以荒林廢沼比朝廷新法屢有變改事多荒廢致風俗虛浮學者誕妄如蜩螗之紛亂故遂掩耳不欲論文也又云蕭然王郎子來自緱山陰云見浮邱伯吹簫明月岑遺聲落淮泗蛟鼉爲悲吟以王子晉比王鞏以浮邱伯比方平也顧公正王度祈招繼愔愔據左氏楚靈王欲求九鼎於周求地於諸侯其臣令尹子革諫王其詩曰祈招之愔愔式昭德音思我王度式如玉式如金形民之力而無醉飽之心楚

靈王不能用以及於難其事節止於此但軾不全記其詞軾欲張方平勿爲虛言之詩當作譏諷朝廷政事闕失如祭父作祈招之詩也軾封題云上還宣徽太尉丈文表姪蜀人蘇軾謹封令王鞏將與張方平收御軾於九月三日准問目有無未盡即供具析元不係冊子內

和李常來字韻

一熙寧八年六月李常來字韻詩一首與軾即無譏諷軾依韻和荅云何人勸我此中來絃管生衣甑有埃綠蟻沾脣無百斛蝗蟲撲面已三回磨刀入谷追窮寇灑涕循城掩棄骸爲郡鮮懽君莫笑何如塵土走章臺此詩譏諷朝廷新法減削公使錢太甚及造酒不得過百石致管絃生衣甑有塵及言蝗蟲盜賊災傷饑饉之甚以譏朝廷政事闕失及新法不便之所致也軾九月十四日准問目有無未盡軾供曾和李常等詩即不係冊子內

爲王安上作公堂記

一元豐元年七月爲王安上作公堂記軾知徐州滕縣贊善大夫范純粹修葺本州廨宇極齊整本官替去軾作滕縣公堂記一首與范純粹交代知縣王安

上寺丞立石在本縣即不曾寄范純粹其記多不具載此記大率譏諷朝廷新法已來減削公使錢裁損當直公人不許修造屋宇故所在官舍例皆壞陋也軾准問目有無不盡供說因依即不係冊子內

揚州贈劉摯孫洙

一熙寧四年十月軾赴杭州通判到杭州有劉摯爲作臺官言事謫降湖南并一般館職孫洙劉攽皆在揚州偶然相聚數日別後軾作詩三首各用逐人字爲韻內贈劉摯詩云詩寄劉摯因循不曾寫寄本人口曾與孫洙詩一處寫寄孫洙其贈劉摯詩云莫落

江湖上遂與屈子隣意謂屈原放逐潭湘之間而非
其罪今劉摯亦謫官湖南故言與屈子相隣近也緣
是時聞說劉摯爲言新法不便責降既以屈原非罪
比摯即是謂摯所言爲當以譏諷朝廷新法不便也
又云士方在田里自比渭與莘出試乃大謬芻狗難
重陳莊子詆毀孔子言孔子所言皆先王之陳迹也
譬如已陳之芻狗難再陳也軾意以譏諷當時執政
大臣在田里之時自比太公伊尹及出而試用大謬
戾當便罷退不可再施用也上件詩係冊子內并元
豐元年九月十八日寫書寄劉摯云定國見臨數日

有詩可取王鞏字定國及次韻黃魯直詩有譏諷在
黃庭堅項內聲說訖

次韻潛師放魚詩

一元豐五年四月中作次韻潛師放魚詩一首軾知
徐州日有相識淅僧道潛來相看同在河亭上坐見
人打魚其僧買魚放生後作詩一首即無譏諷軾依
韻和詩一首與本人云疲民尚作魚尾赤數罟未除
吾頰泚左傳云如魚頳尾橫流而方揚（註云魚勞則尾赤）亦是
時徐州大水之後役夫數起軾言民之疲病如魚勞
而尾赤也數罟謂魚網之細密者又言民既疲病朝
廷又行青苗助役不爲除放如密網之取魚也皆以
譏諷朝廷新法不便所以致大水之灾也軾在臺於
十月十二日准問目有無未盡軾供因依不係　朝
旨降到冊子內

知徐州作日喻一篇

一元豐元年軾知徐州十月十三日在本州監酒正
字吳琯鎖廳得解赴省試軾作文一篇名爲日喻以
譏諷近日科場之士但務求進不務積學故皆空言
而無所得以譏諷朝廷更改科場新法不便也軾在
臺於九月十三日准問目有無未盡軾供說因依係

冊子內

爲錢公輔作哀辭

一元豐元年軾知徐州熙寧七年五月軾自杭州通
判移知密州道經常州見錢公輔子世雄是時公輔
已身亡世雄要軾作公輔哀辭軾之意除無譏諷外
云載而之世之人兮世悍堅而莫答此言錢公輔爲
人方正世人不能容爲公輔曾繳王疇樞密詞頭因
此謫官後來朝廷亦不甚進用意以譏諷責降公輔
非罪及朝廷不能進用公輔也又云子奄忽而不返
兮世混混吾焉則意以譏諷今時之人正邪混淆不

分曲直吾無所取則也軾於九月准問目供出因依不係降到册子內

與僧居則作大悲閣記

一熙寧八年軾知徐州日有杭州鹽官縣安國寺相識僧居則請軾作大悲閣記意謂舊日科場以賦取人賦題所出多關涉天文地理禮樂律歷故學者不敢不留意於此等事今來科場以大意取人故學者只務空言高論而無實學以譏諷朝廷改更科場法度不便也軾在臺九月三日准問目供具因依不係降到册子內

與凫繹先生作文集序

一熙寧七年軾知密州日顏復寄書與軾云為先父諱太初自號凫繹先生求作文集引序軾遂譏諷朝廷更改法度使學者皆空言不便也軾於九月三日准問目有無未盡軾供出因依不係降到册子內

和陳述古十月開牡丹四絕

一熙寧六年任杭州通判時知州係知制誥陳襄字述古是年冬十月內一僧寺開牡丹數朶陳襄作詩四絕軾當和云一朶妖紅翠欲流春光回照雪霜羞化工只欲呈新巧不放閑花得少休又云當時只道鶴林仙解遣秋花發杜鵑誰信詩能傳造化直教霜枿放春妍又云花開時節雨連風猶向霜林染爛紅漏泄春光私一物此心未信出天工又云不憤清霜入小圃故將詩律變寒暄使君欲見藍關詠更請韓郎為染根此詩皆譏諷當時執政大臣以比化工但欲出新意擘劃令小民不得暫閑也其詩係册子內

寄題司馬君實獨樂園

一熙寧十年司馬光任端明殿學士提舉西京崇福宮在西洛葺園號獨樂軾於是年五月六日作詩寄題除無譏諷外云先生獨何事四方望陶冶兒童誦

君實走卒知司馬撫掌笑先生年來效喑啞四海蒼生望司馬執政陶冶天下以譏諷見在執政不得其人又云兒童走卒皆知姓字終當進用司馬光字君實曾言新法不便與軾意合既言終當進用亦是譏諷朝廷新法不便終當用司馬光光却喑啞不言意望依前攻擊九月三日准問目供說不合虛稱無有譏諷再勘方招其詩不係降到册子內

送曾鞏得燕字

一熙寧三年內送到曾鞏詩簡曾鞏字子固是年准勅通判越州臨行館閣同舍舊例餞送眾人分韻

軾探得燕字韻作詩一首送曾鞏云醉翁門下士雜遝難爲賢曾子獨超軼孤芳陋羣妍昔從南方來與翁兩聯翩翁今自憔悴子去亦宜然賈誼窮適楚樂天老思燕邪因江鱠美遽厭天庖羶但苦世論隘聒耳如蜩蟬譏諷近日朝廷進用多刻薄之人議論褊隘聒喧如蜩蟬之鳴不足聽也又云安得萬頃池養此橫海鱣以此比曾鞏橫才也又熙寧五年十一月二十三日軾荅曾鞏書除無譏諷外其間有賦役毛起鹽事峻急民不聊生意言新法不便煩碎如毛之穴又加鹽事太急處刑罰民不堪命軾在臺隱諱蒙

會到曾鞏狀曾被人申送到上件簡帖九月十七日方招其詩元係准
朝旨降到印行冊子內簡帖即不係降到冊子內

湖州謝上表

一元豐二年四月二十九日赴任湖州謝上表云臣荷先帝之誤恩擢置三館蒙
陛下之過聽付以兩州　陛下知其愚不適時難以追陪新進察其老不生事或能牧養小民軾謂館職多年未蒙不次進用故言荷　先帝之誤恩擢置三館蒙　陛下之過聽付以兩州又見　朝廷近日進用之人多是少年及與軾議論不合故言愚不適時難以追陪新進以譏諷　朝廷進用之人多是循時迎合又云察其老不生事或能牧養小民以譏諷
朝廷多是生事擾擾以奪農時上件表係元准　朝旨坐到事節

遊杭州風水洞留題

一熙寧七年爲通判杭州於正月二十七日遊風水洞有本州節推李佖知軾到來在彼等候軾到乃留題於壁其卒章不合云世上小兒誇疾走如君相待今安有以譏世之小人多務急進也其詩即不曾寫

與李佖當年再遊風水洞又云世事漸艱吾欲去永隨二子脫譏讒意謂朝廷行新法後來世事日益艱難小人多務讒謗軾度斯時之不可以合又不可以容故欲棄官隱居也今年十一月二十日本臺准杭州十月十四日公文抄錄到上件詩一首於十一月二日准問目軾便具招當時即不係降到冊子內

和劉恕三首

一熙寧六年軾任杭州通判有秘書劉恕字道原寄詩三首軾依韻和即不曾寄張師民師民者亦不曾識除無譏諷外云仁義大捷徑詩書一旅亭相誇綬

若若猶誦麥青青腐鼠相勞嚇高鴻本自冥顛狂不用喚酒盡漸須醒此詩譏諷朝廷近日進用之人以仁義爲捷徑以詩書爲逆旅倶爲印綬爵禄所誘則假六經以進如莊子所謂儒以詩書發冢故云麥青青又云小人之顧禄如鵰鳶以腐鼠嚇鴻鵠其溺於利如人之醉於酒酒盡則自醒也又云敢向清時怨不容直嗟吾道與君東坐談足使淮南懼歸去方知冀北空獨鶴不須驚夜旦羣鳥未可辨雌雄廬山自古不到處得與幽人仔細窮軾爲劉恕有學問性正直故作此詩美之因以譏諷當今進用之人也恕於

是時自館中出監酒務非敢怨時之不容焉融謂鄭康成吾道東矣故比之汲黯在朝淮南寢議又以比恕之直又韓愈云冀北馬羣遂空言館中無人也嵇紹昂昂如獨鶴在雞羣又淮南子雞之將旦鶴知夜半又以劉恕比鶴謂衆人爲雞也詩曰具曰予聖誰知烏之雌雄意言今日進用之人君子小人雜處如烏不可辨雌雄其詩在册子內

送蔡冠卿知饒州

一熙寧五年二月內大理少卿蔡冠卿准敕差知饒州軾作詩送之曰吾觀蔡子與人遊掀逐笑語無不可平時儻蕩不驚俗臨事迂濶乃過我横前坑穽衆所畏布路金珠誰不裹迴來變化驚何速昔號剛强今亦頗憐君獨守廷尉法晚歲却理鄱陽柁莫嗟天驥逐羸牛欲試良玉須猛火世事徐觀眞夢寐人生不信長坎坷知君决獄有陰功他日老人酬魏顆除無譏諷外云横前坑穽衆所畏以譏當時朝廷用事之人有逆其意者則設坑穽以陷之也又云布路金珠誰不裹以譏諷朝廷用事之人有順其意者則以利誘之如以金珠布路也夫云迴來變化驚何速昔號剛强今亦頗以譏士大夫爲利所誘脅

變化以從之雖舊號金剛今亦然也又云憐君獨守廷尉法言冠卿屢與朝廷爭議刑法以致不進用却出守小郡也又云莫嗟天驥逐羸牛軾以冠卿比天驥以進用不才比羸牛軾意以譏諷朝廷進用之人不當也又云欲試良玉須猛火良玉經火不變然後爲良言冠卿經歷險阻折挫節操不改如良玉也又云世事徐觀如夢寐人生不幸長坎坷爲冠卿屢與朝廷爭議刑法致不進用言人事得喪古來譬如夢幻當時執政必不常進冠卿亦不常退故云人生不信長坎坷也其詩係册子內

為張次山作寶墨堂記

一熙寧五年內軾往通判杭州日太子中舍越州簽判張次山有書求軾作本家寶墨堂記除別無譏諷外云蜀之語曰學書者紙廢學醫者人費此言雖小可以喻大世好功名者以其未試之學而驟出之於政其費人豈特醫者之比乎軾以謂學醫者當知醫書以窮疾之本原若今庸醫瞽伎投藥石以害人性命意以譏諷朝廷進用之人多不練事驟施民政喜怒不常其害人甚於庸醫之末習八月二十四日准問目供說因依即不係　朝旨降到冊子內

送杜子方陳珪戚秉道

一熙寧五年杭州錄參杜子方司户陳珪司理戚秉道各為承勘本州姓裴人家女使夏沈香投井姓裴人家女亦在內身死不明事當時夏沈香只決臀杖二十放後來本路提刑陳睦舉駁上件公事差秀州通判張若濟重勘決殺夏沈香前項三官因此衝替意提刑陳睦及勘官張若濟駁勘不當致此三人無辜失官軾作詩送之云秋風瑟瑟鳴枯蓼船閣荒涼夜悄悄正當逐客斷腸時君獨歌呼醉達曉老夫平生齊得喪尚戀微官失輕矯今君憔悴歸無食五斗未可秋毫小君今失意能幾時月啖蝦蟆行復皎殺人無驗中不快此恨終身恐難了徇時所得無幾何隨手已遭憂患繞期君已似種宿麥忍飢待食明年趁此詩除無譏諷外云今君失意能幾時月啖蝦蟆行復皎意比盧仝月蝕詩云傳聞古來說月蝕蝦蟆精盧仝意比朝廷為小人所蒙蔽也軾亦言杜子方等本無罪為陳珪張若濟蒙蔽朝廷以致衝替逐人後當感悟牽復云循時所得無幾何隨手已遭憂患繞意謂張若濟不久自為公事也此詩係冊子內

與王鞏作三槐堂記并眞贊

一元豐二年八月九日與王鞏寫次韻黃魯直詩所有譏諷在黃庭堅項內聲說及十月中王鞏書來求軾作本宅三槐堂記并其父王素字仲儀眞贊除無譏諷外云吾儕小人朝不謀夕相時射利皇卹厥德庶幾僥倖不種而獲不有君子其何能國言祖宗朝若無此有德君子安能建國乎以言王旦父子也其眞贊除無譏諷外云平居無事商功利課殿最誠不如新進之士至於緩急之際決大策安大衆呼之不來麾之不散唯世臣巨室為能意以譏諷當今進用之人止可商功利課殿最而已若緩急安衆決策須

舊臣有德之人素所畏服者又云使新進之人當之雖有韓白之勇良平之奇豈能坐勝有才而德望未隆者縱有韓信白起之勇張良陳平之智亦不如世臣宿將人素畏服成功速也又云彼蹇人子既陋且蹇終勞永憂莫知其賢意以譏諷當今進用之人出於貧賤意見鄙儉空多勞憂不足爲利也軾八月二十四日准問目供具因依卽不係

朝旨降到冊子內

謝錢顗送茶一首

一熙寜六年軾任杭州通判日因本路運司差往潤州勾當公事經過秀州錢顗字道安在秀州監酒稅曾作臺官始於秀州與之相見得顗作詩一首送茶與軾復與詩一首謝之除無譏諷外云草茶無賴空有名高者妖邪次頑獷以譏世之小人乍得權用不知上下之分若不諂媚妖邪卽須頑獷狼劣又云體輕雖欲强浮泛性滯偏工嘔酸冷亦以譏世之小人體輕浮而性滯泥也又云其間絕品非不佳張禹縱賢非骨硬亦以譏世之小人如張禹雖有學問細行謹飭終非骨硬之人又云收藏愛惜待嘉客不敢包裹鑽權倖此詩有味君勿傳空使時人怒生癭以譏

世之小人有以好茶鑽要貴者聞此詩當大怒也上件詩係到冊子內

送范鎭往西京

一熙寜十年二月三日范鎭往西京軾作詩送之軾昨知密州得替到闕城外借得范鎭園安泊鎭鄉里世舊也其詩除無譏諷外云小人眞闇事閑退豈公難意以諷今時小人以小才而享大位闇於事理以進爲榮以退爲辱范鎭前爲侍郎難進易退小人不知也又云言深聽者寒軾謂鎭舊日多論時事其言深切聽者爲恐意言鎭當時所言皆不便事也軾九月三日在臺准問目供出其詩卽不係降到冊子內

祭常山作放鷹一首

一熙寜八年五月軾知密州內於本州常山泉水處祈雨有應軾遂立名爲雲泉九年四月癸卯立石常山之上除無譏諷外云堂堂在位有號不聞以譏諷是時京東連年蝗旱訴聞隣郡百姓訴旱官吏多不接狀依法檢收災傷致令怨傷之聲盈於上下當時之人耳如不聽故記有嗟呼之詩也去年祭常山回與同官習射放鷹作詩一首題在本州小廳上除無譏諷外云聖朝若用西凉簿白羽猶能效一麾意取

西涼州主簿謝艾州文本書生也善能用兵故以此自比若用軾爲將亦不減謝艾也故作放鷹詩云聖朝若用軾爲將不減尙父能鷹揚軾在臺供說即不係冊子內

後杞菊賦并引

一熙寧八年秋軾知密州濰水縣著作佐郎盛僑後杞菊賦并引其詞內譏諷情意已在王鞏項內聲說

同李杞因獵出遊孤山作詩四首

一熙寧五年軾任通判杭州於十二月內與發運司勾當公事大理寺丞杞因獵出遊孤山作詩四首內

第二首有譏諷其意已在王詵項內聲說

徐州觀百步洪詩

一熙寧十年知徐州日觀百步洪作詩一篇即無譏諷有本州教授舒煥字堯文和詩云先生何人堪並席李郭相逢上舟日殘霞明滅日腳沉水面沉雲天一色磷磷石若鐵林兵翻激奔衝精甲日岸頭旗幟簇五馬一櫓飛艎信末下入夜寒生波浪間汗衣如逐秋風乾相忘河魚互出沒得性沙鳥鳴間關委蛇二龍乃神物遊樂諸溪誠爲難築亭種柳恐不暇天下龍雨須公還上件詩意無譏諷所有山村詩即不曾寄呂仲甫

張氏蘭皋園記

一元豐二年三月二十七日與張碩秀才撰宿州靈壁鎮張氏蘭皋園記即無譏諷

中使皇甫遵到湖州勾至御史臺

一今年七月二十八日中使皇甫遵到湖州勾攝軾前來至六月十八日赴御史臺出頭當日准問目方知奉　聖旨根勘當月二十日軾供狀時除山村詩外其餘文字並無干涉時事二十二日又虛稱更無往復詩等文字二十四日又虛稱別無譏諷嘲詠詩

賦等應係干涉文字二十四日又虛稱即別不曾與文字往還三十日卻供通自來與人有詩賦往還人數姓名又不說曾有黃庭堅譏諷文字等因依再勘方招外其餘前後供析語言因依等不同去處委是忘記誤有供通即非諱避軾有此罪衍甘伏　朝典

十月十五日奉　御寶批見勘治蘇軾公事應內外文武官曾與蘇軾交往以文字譏諷政事該取會驗問看若干人聞奏至十二月二十一日准中書批送下本所伏乞勘會蘇軾舉主奉

聖旨李淸臣按後聲說張方平等並收坐奉

聖旨王珪說執政商量等言特與免根治外其餘依
次結按聞奏又中書省劄子權御史中丞李定等准
元豐二年十一月二十八日劄子蘇軾公事見結按
次其蘇軾欲乞在臺收禁聽候勑命斷遣奉
聖旨依奏按後收坐人姓名
王鞏 王詵 蘇轍 李清臣 高立
僧居則 僧道潛 張方平 田濟 黃庭堅
范鎮 司馬光 孫覺 李常 曾鞏
周邠 劉摯 吳琯 劉攽 陳襄
顏復 錢藻 盛僑 王紛 戚秉道

錢世雄 王安上 杜子方 陳珪
已上係收蘇軾有譏諷文字不申繳入司
章傳 蘇舜舉 錢顗 蔡冠卿 呂仲甫
劉述 劉恕 李杞 李有聞 趙杲
李孝孫 伸伯達 晁端彥 沈立 文同
梁交 關景仁 張次山 徐汝奭 吳天常
劉瑾 李佖 晁端成 邵迎 陳章
楊介 刁約 姜承顏 張援 李定
毛國華 劉勛 沈迴 許醇 黃顏
畢錫 孔舜亮 歐陽修 焦千之 孫洙
岑象之 張先 陳烈 張吉甫 張景之
李庠 孫弁
已上承受無譏諷文字
御史臺根勘結按狀
御史臺根勘所今根勘蘇軾王詵情罪於十一月三
十日結按具狀申奏差權發運三司度支副使陳睦
錄問別無翻異續據御史臺根勘所狀稱蘇軾說與
王詵道你將取佛入湼槃及桃花雀竹等我待要朱
繇武宗元畫鬼神王詵允肯言得
一熙寧三年已後至元豐三年十一月十五日德音

前令王詵送錢與柳校丞後留僧思大師畫數軸并
就王詵借錢一百貫并爲婢出家及相識僧與王詵
處許將祠部來取并曾將畫與王詵裝褙并送李清
臣詩欲於國史中載所論并湖州謝上表譏用人生
事擾民准 勑臣條不得因上表稱謝妄有詆毀仰
御史臺彈奏又條海行條貫不指定刑名從不應爲
輕重准律不應爲事理重者杖八十斷合杖八十私
罪又到臺累次虛妄不實供通准律別制下問按推
報上不以實徒一年未奏減一等合杖一百私罪
一作詩賦等文字譏諷朝政闕失等事到臺被問便

具因依招通准律作匿名文字謗訕朝政及中外臣僚徒二年准勑罪人因疑被執贓狀未明因官監問自首依按問欲舉自首又准刑統犯罪按問欲舉而自首減二等合比附徒一年私罪係輕更不取旨

一作詩賦及諸般文字寄送王詵等致有鏤版印行各係譏諷朝廷及謗訕中外臣僚准

勑作匿名文字嘲訕朝政及中外臣僚徒二年情重者奏裁准律犯私罪以官當徒者九品以上一官當徒一年准 勑館閣貼職許為一官或以官或以職臨時取旨據按蘇軾見任祠部員外郎直史館并歷

太常博士其蘇軾合追兩官勒停放准勑比附定刑慮恐不中者奏裁其蘇軾係情重及比附并或以官或以職奏

聖旨蘇軾可責授檢校水部員外郎充黃州團練使本州安置不得簽書公事

東坡烏臺詩案附錄

宋神宗元豐二年己未下知湖州蘇軾獄貶為黃州團練副使分註云軾自徐徙湖上表以謝又以事不便民者不敢言以詩託諷庶有益於國中丞李定御史舒亶摘其語以為侮慢因論軾自熙寧以來作為文字怨謗君父交通戚里逮軾赴臺獄詔定與知諫院張璪御史何正臣舒亶等雜治之定等媒櫱以為誹謗時事鍛鍊久之且多引名士欲置之死太皇太后曹氏違豫中聞之謂帝曰嘗憶仁宗以制科得軾兄弟喜曰吾為子孫得兩宰

相今聞軾以作詩繫獄得非仇人中傷之乎捃至於詩其過微矣宜熟察之帝曰謹受教吳充申救甚力帝亦憐之會同修起居注王安禮從容白帝曰自古大度之君不以言語罪人軾以才自奮謂爵祿可立取顧碌碌如此其心不能無觖望今一旦致于理恐後世謂陛下不能容才帝曰朕固不深譴也行為卿貰之第去勿漏言軾方買怨於衆恐言者緣以害卿也王珪復舉軾詠檜詩曰根到九泉無曲處世間唯有蟄龍知以為不臣帝曰彼自詠檜爾何預朕事軾遂得輕比舒亶又言附馬

都尉王詵輩公爲朋比如盛僑周邠固不足論若司馬光張方平范鎮陳襄劉摯皆略能誦說先生之言而所懷如此可置而不誅乎帝不從但貶軾黃州團練副使本州安置弟轍及詵皆坐謫貶張方平司馬光范鎮等二十二人俱罰銅初鮮于侁爲京東轉運使以王安石呂惠卿當國正人不得立朝嘆曰吾有舉薦之權而所列非賢恥也遂舉劉摯李常蘇軾蘇轍劉邠范祖禹等及知揚州會軾自湖赴獄親朋皆絶與交道出廣陵侁往見之臺吏不許通或曰公與軾相知久其所往來文字

書簡宜焚之勿留不然且獲罪侁曰欺君負友吾不忍爲以忠義分譴則所願也至是以舉吏累謫主管西京御史臺見續資治通鑑綱目

東坡烏臺詩案終

烏臺詩案跋

烏臺詩案一册宋蜀人朋九萬撰蓋蘇軾由祠部員外郎直史館知湖州遭時羣小舒亶等搆成詩禍拘禁之原案也附以初舉發章疏及謫官後表章書啓詩詞等而成之直齋書錄解題作烏臺詩話十三卷明百川書志作一卷今所得宋本合爲一册不分卷次則非十三卷之舊本矣書中遇朝旨等字俱擡頭豈爲宋人刪併之與抑所附章疏表啓皆後人附益之歟童山李調元跋

藏海詩話

光緒七年五
重鋟于廣漢

詩盛於唐而唐人無所謂詩話之目也歷攷書目有詩格詩式詩評等名自宋歐陽氏作詩話一卷司馬光有續詩話一卷其自序云歐公文章聲名雖不可及然紀事一也故續之此外蘇軾劉攽陳師道葉夢得俱有傳本洵屬虔人津筏其書世多有之余從友人處借得宋人吳可藏海詩話一卷諸所論列皆唐宋人詩而不及漢魏且多近體而鮮及樂府歌行固疑於此道中僅涉藩籬者然其所言皆中窾會初非若茫無所見之徒誇摭拾也因爲序而梓之以附歐馬諸賢之後童山李調元序

藏海詩話卷一

宋 吳可 譔　綿州 李調元 校

明不虧書（案明不虧姓名諸書不載未詳何人）題畫山水扇詩云淋漓戲墨墮毫端雨溼溪山作小寒家在嚴陵灘上住風烟不是夢中看後二句騷雅

葉集之詩云層城高樓飛鳥邊落日置酒清江前明不虧詩云故鄉深落落霞邊雁斷魚沉二十年寫盡彩牋無寄處洞庭湖水濶於天落霞邊不如飛鳥邊三字不凡也

老杜詩云行步欹危實怕春怕春之語乃是無合中

有合謂春字上不應用怕字今卻用之故爲奇耳

杜詩敘年譜得以考其辭力少而銳壯而肆老而嚴非妙於文章不足以至此如說華麗平淡此是造語也方少則華麗年加長則漸入平淡也

五言詩不如四言詩四言詩古如七言又其次者不古耳

便可披襟度鬱蒸度字又曰埽不如埽字奇健葢便可二字少意思披襟與鬱蒸是眾人語埽字是自家語自家語最要下得穩當韓退之所謂六字尋常一字奇是也

蘇州常熟縣破頭山有唐常建詩刻乃是一徑遇幽處葢唐人作拗句上句既拗下句亦拗所以對禪房花木深遇與花皆拗故也其詩刻近時人常見之（按歐陽修詩話亦作遇幽處）

凡作文其間敘俗事多則難下語

唐末人詩格雖不高而有衰陋之氣然造語成就今人詩多造語不成

畫山水者有無形病有有形病有形病者易醫無形病則不能醫詩家亦然凡可以指瑕鐫改者有形病也混然不好不受鐫改者無形病而不可醫也

余題黃節夫所臨唐元度十體書卷末云游戲墨池傳十體縱橫筆陣埽千軍誰知氣壓唐元度一段風流自不羣當改游爲漫改傳爲追以縱橫爲眞成便覺兩句有氣骨而又意脉聯貫凡看詩須是一篇立意乃有歸宿處如童敏德木筆花詩主意在筆之類是也

前人詩如竹影金鎖碎竹日靜暉暉又野林細錯黃金日溪岸寬圍碧玉天此荊公詩也錯謂交錯之錯又山月入松金破碎亦荊公詩此句造作所以不入七言體格如柳子厚清風一披拂林影久參差能形

容出體態而又省力

白樂天詩云紫藤花下怯黃昏荆公作苑中絶句其卒章云海棠花下怯黃昏乃是用樂天語而易紫藤為海棠便覺風韻超然人行秋色裏家在夕陽邊有唐人體韓子蒼云未若村落田園靜人家竹樹幽不用工夫自然有佳處盖此一聯頗近孟浩然體製

世傳酒債尋常行處有人生七十古來稀以謂尋常是數所以對七十老杜詩亦不拘此說如四十明朝是飛騰暮景斜又云羈棲愁裏見（案羈棲原本誤作饑凄今改正）二十四回明乃是以連綿字對連綿數也以此可見工

部立意對偶處

余題王晉卿畫春江圖累十數句事窮意盡輙續以一對云寒烟烱白鷺暖風揺青蘋便覺意有餘

木蘭詩云磨刀霍霍向猪羊向字能回護屠殺之意而又清輕北郊不種田唯移松與柏松柏未生處留待市朝客又貧女詩照水欲梳妝搖搖波不定不敢怨春風自無臺上鏡二詩格高而又含不盡之意見於言外

老杜句語穩順而奇特至唐末人雖穩順而奇特處甚少盖有衰陋之氣今人才平穩則多壓塌矣

和平常韻要奇特押之則不與衆人同如險韻當要穩順押之方妙

秦少游詩十年逋欠僧房睡準擬如今處處還又晏叔原辭唱得紅梅字字香如處處還字字香下得巧

工部詩得造化之妙如李太白鸚鵡洲詩云字字欲飛鳴杜牧之云高摘屈宋豔濃薰班馬香如東坡云我攜此石歸袖中有東海平生五千卷一字不救飢魯直茶詩煎成車聲繞羊腸其因事用字造化中得其變者也

學詩當以杜為體以蘇黃為用拂拭之則自然波峻

讀之鏗鏘盖杜之妙處藏於內蘇黃之妙發於外用工夫體學杜之妙處恐難到用功多而效少

凡裝點者好在外初讀之似好再三讀之則無味要當以意為主輔之以華麗而中邊皆甜也裝點者外腴而中枯故也或曰秀而不實晚唐詩失之太巧只務外華而氣弱格卑流為詞體耳又子由叙陶詩外枯中膏質而實綺癯而實腴乃是叙意在內者也

凡詩切對求工必氣弱寧對不工不可使氣弱凡文章先華麗而後平淡如四時之序方春則華麗夏則茂盛秋冬則收斂若外枯中膏者是也盖華茂盛已

在其中矣
孟郊詩云天色寒青蒼朔風吼枯桑厚冰如斷文短日有冷光此語古而老
老杜詩本賣文爲活翻令室倒懸荆扉深蔓草土銼冷疎烟此言貧不露筋骨如杜荀鶴時挑野菜和根煮旋斫青柴帶葉燒益不忘當頭直言窮愁之迹所以鄙陋也切忌當頭要影落出秋來鼠輩欺猫死窺瓮翻盆攪夜眠聞道狸奴將數子買魚穿柳聘銜蟬聘字下得妙銜蟬穿柳四字尤好又狸奴二字出釋書

春陰妨柳絮月黑見梨花登臨獨無語風柳自揺春鄭谷詩此二聯無人拈出
椎床破面棖觸人作無義語怒四鄰尊中歡伯見爾笑我本和氣如三春前兩語本粗惡語能煆鍊成詩語眞造化手所謂點鐵成金矣吹折江湖萬里心折字雙使魯直飲酒九首公擇醉面桃花紅焚香默坐日生東一絶其體效飲中八仙歌
東坡詩已有小舟來賣餅會公卷已有小舟來賣魚學者當試商略看優劣如何
量大嫌甜酒才高笑小詩卑枝低結子接葉暗巢鶯雙聲字對䅽瓊洲渚青瑶嶂付與詩翁敢琢磨善用材料
風來震澤帆初飽雨入松江水漸肥又盧襄詩眼饞正得看山飽梅瘦聊須著雨肥善用飽肥二字
陳子高詩云江頭柳樹一百尺二月三月花滿天裊雨拖風莫無賴爲我繫著使君船乃轉俗爲雅似竹枝詞
大書文字隄防老剩買溪山准備閑隄防准備四字太淺切
荆公詩云黄昏風雨打園林殘菊飄零滿地金擷得

一枝還好在可憐公子惜花心東坡云秋花不似春花落寄語詩人子細看荆公云東坡不曾讀離騷離騷有云朝飲木蘭之墜露夕餐秋菊之落英案此事西清詩話作歐陽修語高齋詩話則與此所紀同胡仔漁隱叢話辨其皆出依託
隱岀古松云勁節端爲百木長治朝無復五株封又和上元云化國風光原有象春臺人物不知寒立意下語好
細數落花因坐久緩尋芳草得歸遲細數落花緩尋芳草其語輕清因坐久得歸遲則其語典重以輕清配典重所以不墮唐末人句法中蓋唐末人詩輕佻

耳
看詩且以數家爲率以杜爲正經餘爲兼經也如小杜韋蘇州王維太白退之子厚坡谷四學士之類也如貫穿出入諸家之詩與諸體自化便自成一家而諸體俱備若只守一家則無變態雖千百首皆只一體也

石曼卿詩云水活冰無口枝柔樹有春語活而巧

俞聖梅詩云遠鐘撞白雲無合有合

寒樹邀棲鳥晴天卷片雲邀卷二字奇妙案杜詩作落日邀雙鳥晴天卷片雲若本卷云作養

李光遠觀湖詩云默運乾坤不暫停東西雲海烨陽精連山高浪俄兼涌赴壑奔流爲逆行默運乾坤四字重濁不成詩語雖有出處亦不當用須點化成詩家材料方可入用如詩家論輸墨氣骨頭重乃此類也如杜牧之作李長吉詩序云絶去筆墨畦畛此得之矣又如焠字亦非詩中字第二聯對句太麤生少鍛鍊

白鷗沒浩蕩萬里誰能馴沒若作波字則失一篇之意如鷗之出沒萬里浩蕩而去其氣可知又沒字當是一篇暗關鍵也蓋此詩只論浮沉爾今人詩不及

古人處惟是做不成案此語出蘇軾志林蓋論宋敏求之輕改杜詩此引之而沒其名氏

野性終期老一村全勝白髮傍朱門使傍朱門則不類若改白髮爲微祿則稍近之矣

耻爲家貧賣寶刀又云不爲家貧賣寶刀耻字不如不字

矯首朱門雪滿衣南來生理漫心期青衫愧我初無術白眼逢人只自悲悲苦太過露風骨

北嶺山礬取次開清風正用此時來平生習氣難料理愛著幽香未擬回山谷詩云學者自公退食入僧

定心與篆香俱寒灰小兒了不解人意正用此時持事來韓子倉云全用此一句有甚意思不欲其此時來用得此語甚妙故人相見眼偏明子倉云當有律度豈容如此道

歐公云古詩時爲一對則體格峭健

七言律詩極難做蓋易得俗是以山谷別爲一體

七言律一篇中必有剩語一句中必有剩字如草草杯柈供笑語昏昏燈火話平生如此句無剩字東坡玉盤盂一聯極似樂天又次韻李端叔謝送牛戩畫笑指塵壁間此是老牛戩牛戩做不著此一句蓋語

意不足也

蔡天啓坐有客云東湖詩叫呼而壯蔡云詩貴不叫呼而壯此語大妙擘開蒼玉巖椎破銅山鑄銅虎何故爲此語是欲爲壯語耶弄風驕馬跑空去趁兎蒼鷹掠地飛山谷祉中人皆以爲笑坡暮年極作語直如此作也案此處語意未明當有脫誤

杜牧之河湟詩云元載相公曾借箸憲宗皇帝亦留神一聯甚陋唐人多如此或作云唯老杜詩不類如此格僕云遷轉五州防禦使起居八座太夫人不免如小杜子蒼云此語不佳杜律詩中雖有一聯驚人

不能到亦有可到者僕云如蜀相詩第二聯人亦能到子蒼云第三聯最佳四更山吐月殘夜水明樓此一聯後餘者更到了又舉三峽星河影動搖一聯僕云下句勝上句子蒼云如此者極多小杜河湟一篇第二聯旋見衣冠就東市忽遺弓劍不西巡極佳爲借箸一聯累耳

高荷子勉五言律詩可傳後世勝於後來諸公柳詩風驚夜來雨驚字甚奇琴聰云向詩中嘗用驚字坡舉古人數驚字僕云東風和冷驚羅幙子蒼云此驚字不甚好如柳詩月明搖淺瀨等語人豈易到

歐公稱身輕飛鳥過子蒼云此非杜佳句僕云當時補一字者又不知是何等人子蒼云極是

汪潛聖舊詩格不甚高因從琴聰詩乃不凡如春水碧泱泱羣魚戲渺茫誰知管城下自有一濠梁乃是見聰後詩也

東坡詩不無精粗當汰之葉集之云不可於其不齊不整中時見妙處爲佳參寥細雨云細憐池上見清愛竹間聞荆公改憐作宜又詩云暮雨邊秦少游曰公直做到此也雨中雨傍皆不好只雨邊最妙又云流水聲中弄扇行俞清老極愛之此老詩風流醞籍

諸詩僧皆不及子蒼云若看參詩則洪詩不堪看也

孫詩云雁北還下還字最不好北歸北向皆妙獨還字不佳

有大才作小詩輒不工退之是也子蒼然之劉禹錫柳子厚小詩極妙子美不甚留意絕句子蒼亦然之

子蒼云句句如小家事句中著大家事不得若山谷詩蟒詩用與虎爭及支解字此家事大不當人詩中如虎爭詩語亦怒張乏風流醞籍之氣南窗讀書聲吾伊詩案南窗讀書四字原脫據黃庭堅本集補入亦不佳皆不如羊詩醞籍也曾吉父詩云金馬門深曾草制水精宮冷近

題詩深冷二字不閑道若言金馬門中水精宮裏則閑了中裏二字也此詩全篇無病大勝與疎山詩觔根雉子無人見不當用雉子字葢古樂府詩題有雉子班雉字晃雞自是佳對杜詩有鳳子亦對晃雞案鳳子字出韓偓詩此可以稽證也金陵新刻杜詩注云稚子筍也此大謬古今未始有此韓子蒼云冷齋所說皆非初未嘗有此說

傾銀注瓦驚人眼韓子蒼云瓦當作玉葢前句中已有老瓦盆此豈復更用瓦字瓦與銀玉固有異其爲醉則一也

軒墀曾寵鶴當用軒車非軒墀河內尤宜借寇恂非河內功曹非復漢蕭河不特見漢書注兼三國志云爲功曹當如蕭何也此說甚分明劉貢父云蕭何未嘗爲功曹劉極賅博何爲不能記此出處也

何顒嘗見陳無已李廌嘗見東坡二公文字所以過人若崔德符陳叔易恐無師法也

師川云作詩要當無首無尾山谷亦云子蒼不然此說

東湖云春燈無復上暮雨不能晴昌黎云廉纖晚雨不能晴子蒼云暮不如晚昌黎云靑蛙聖得知注彥章云燈花聖得知子蒼云蛙不聖所以言聖便覺有味燈花本靈能預知事輒言聖得知殊少意味

旋題倪巨濟作謝御書表用之子蒼云乃椽頭非題榜也

彈壓山川見淮南子彈出山川壓而止之僕看後漢黨錮傳榮華丘壑正可爲對新燒炊火案炊字字書不載謂之熰火見蘇武傳燒湯謂之燂湯見內則案內則二字原本脫去今補入竈中燒火謂之煬竈見戰國策案戰國策三字原本缺今補入曉天赤如霞者謂之陰淪見爾雅案爾雅無此文王逸楚詞註引陵陽子明經曰淪陽者日沒已後赤黃氣也又廣雅引之作淪陰此葢誤廣雅爲爾雅又舛亂其文耳汗

曰盬汗浮瀝曰覆甌見淮南子

子由曰東坡黃州以後文章余遂不能追逐

蔡天啓云米元章詩有惡無凡孫仲益韓子蒼皆云子蒼又云師川詩無惡而無凡不知初學何等詩致如此無塵埃也

葉集之云韓退之陸渾山火詩浣花決不能作東坡葢公堂記退之做不倒碩儒巨公各有造極處不可比量高下元微之論杜詩以爲李謫仙尙未歷其藩翰豈當如此說異乎微之之論也此爲知言

東坡豪山谷奇二者有餘而於淵明則爲不足所以

皆摹之

山谷詩云淵明千載人東坡百世士出處故不同風味要相似有以杜工部問東坡似何人坡云似司馬遷蓋詩中未有如杜者而史中亦未有如司馬者又問荔枝似何物似江瑤柱亦其理也

某人詩云男兒老大遂功名杜詩功名遂乃佳遂功名則不成語矣

范元長云前輩言學詩當先看謝靈運詩東坡謝李公擇惠詩帖云公擇遂做到人不愛處

陳子高云工部杜鵑詩乃摹寫庾信杜鵑詩（案今本庾信集無杜鵑詩）

窮途俗眼還遭白但不如途窮返遭俗眼白（案此二句又不相屬疑有訛脫）

徐師川云工部有江蓮搖白羽天棘夢青絲之句於江蓮而言搖白羽乃見蓮而思扇也蓋古有以白羽爲扇者是詩之作以時考之乃夏日故也於天棘夢青絲乃見柳而思馬也蓋古有以青絲絡馬者庾信柳枝詞云空餘白雪鵝毛下無復青絲馬尾垂（案庾信集作楊柳歌空餘白雪作獨憶飛女子）又子美驄馬行云青絲絡頭爲君老此詩後復用支遁事則見柳思馬形於夢寐審矣東坡欲易夢爲弄恐未然也

蘇叔黨云東坡嘗語後輩作古詩當以老杜北征爲法老杜詩云一夜水高二尺強數日不可更禁當南市津頭有船賣無錢即買繫籬傍與竹枝詞相似蓋即俗爲雅

張嘉父云長韻詩要韻成雙不當成隻鋪叙詩要說事相稱郤拂體前一句叙事後一句說景如惆悵無因見范蠡參差烟樹五湖東又如我今身世兩相違西流白日東流水

次韻伯氏寄贈蓋郎中喜學老杜之作末句云獨抱遺編校舛差（音叉）蓋郎中惠詩云云次韻觧之末句云

貢成何賤勝夫差（音茶）兩差字不同音何故作同音押韻必有來歷姑記之以俟知者詩見建本重編南昌文集卷第四十一押韻夫差音叉不音茶當以押韻爲證

吳申李詩云潮頭高捲岸雨脚半吞山然頭不能捲脚不能吞當改捲作出字吞作歛字便覺意脉聯屬

凡作詩如參禪須有悟門少從榮天和學嘗不觧其詩云多謝喧喧雀時來破寂寥一日於竹亭中坐忽有羣雀飛鳴而下頓悟前語自爾看詩無不通者

幼年聞北方有詩社一切人皆預焉屠兒爲蜘蛛詩

流傳海內忘其全篇但記其一句云不知身在綱羅中亦足爲佳句也

元祐間滎天和先生客金陵僦居清化市爲學館質庫王四十郎酒肆王念四郎貨角梳陳二叔皆在席下餘人不復能記諸公多爲平仄之學似乎北方詩社王念四郎名莊字子溫嘗有送客一絶云楊花掩亂繞烟村感觸離人更斷魂江上歸來無好思滿庭風雨易黃昏王四十郎名松字不雕僕寓京師從事禁中不雕寄示長篇僅能記一聯云舊菊籬邊又開了故人天際未歸來陳二叔忘其名金陵人號爲陳

角梳有石榴詩云金刀劈破紫穰瓢撒下丹砂數百粒諸公篇章富有之皆曾編集僕以攜家南奔避寇往返萬餘里所藏書盡厄於兵火今屈指當時社六十餘載諸公佳句可惜不傳今僅能記其一二以遺盱川好事者欲爲詩社可以效此不亦善乎

藏海詩話卷一終

益州名畫錄

光緒七年立夏鐫于廣漢

益州名畫錄序

虞曹外郎致仕李畋述

大凡觀畫而神會者鮮矣不過視其形似其或洞達氣韻超出端倪用筆精緻不謂之功傳采炳縟不謂之麗觀乎象而忘象意先自然始可品繪工於彀中揖畫聖於方外有造物者思維是得之江夏黄氏休復字歸本通春秋學校左氏公穀書暨摭百家之說鷇丹養親行達於世恬如也加以游心顧陸之藝深得厥趣居常以魏晉之奇蹤隋唐之懿迹盈縑溢帙類而珍之適值博雅之士款扉求見則倣茅屋拂榻塵架而陳之娛賓賞心萬慮一泯及其僧舍道居靡不往而玩之環咸忘倦蓋益都多名畫富視他郡謂唐二帝播越及諸侯作鎮之秋是時畫藝之傑者游從而來故其標格模楷無處不有聖朝伐蜀之日若升堂邑彼廨宇寺觀前輩名畫纖悉無圮者迨淳化甲午歲盜發二川焚劫略盡則牆壁之繪甚乎剝廬家秘之寶散如决水今可觀者十二三焉噫好事者為之幾希矣黄氏心鬱久之又能筆之書存錄之也故自李唐乾元初至皇宋乾德歲其間圖畫之尤精取其目所擊者五十八人品以四格離為三卷命曰

益州名畫錄書來詔余有陶隱居之好恨無畫之癖首覬讀之序以見託且曰畫之神妙功格往躅前範黃氏錄之詳矣至如蜀都名畫之存忘繫後學之明眛斯黃氏之志也故其書婉而當博而有倫體而不亂信夫學者得意忘象觀前賢之逸軌然後考黃氏之四格則思過半矣非獨鳴圖畫之譽于坤維者哉

時景德二年五月二十日序

益州名畫目錄

江夏 黃休復 纂

畫之逸格最難其儔拙規矩於方圓鄙精研於彩繪筆簡形具得之自然莫可楷模出於意表故目之曰逸格爾

逸格一人

孫位

大凡畫藝應物象形其天機迥高思與神合創意立體妙合化權非謂開廚已走拔壁而飛故目之曰神格爾

神格二人

趙公祐 范瓊

畫之於人各有本情筆精墨妙不知所然若投刃於辦牛類運斤於研鼻自心付手曲盡元微故目之曰妙格爾

妙格上品七人

陳皓 彭堅 張騰

趙溫奇 趙德齊 盧楞伽

張素卿

妙格中品十人

辛澄　李洪度　左全
張南本　高道興　房從真
趙德元　常粲　常重胤
黃筌

妙格下品十一人

李昇　張元　杜齯龜
刁光胤　蒲師訓　趙忠義
黃居寶　黃居寀　李文才
阮知誨　張玫

畫有性周動植學侔天功乃至結嶽融川潛鱗翔羽

形象生功者故目之曰能格爾

能格上品十五人

呂嶤　竹虔　周行通
孔嵩　石恪　杜措
杜宏義　杜子瓌　杜敬安
蒲延昌　趙才　程承辯
邱文播　阮惟德　楊元真

能格中品五人

陳若愚　張景思　麻居禮
僧楚安　滕昌祐

能格下品七人

姜道隱　禪月大師　張詢
宋藝　李壽儀　僧令宗
邱文曉

益州名畫錄卷上

江夏　黄休復　纂

逸格一人

孫位

孫位者東越人也僖宗皇帝車駕在蜀自京入蜀號會稽山人性情疎野襟抱超然雖好飲酒未嘗沈醉禪僧道士常與往還豪貴相請禮有少慢縱贈千金難留一筆惟好事者時得其畫焉光啟年應天寺無智禪師請畫山石兩堵龍水兩堵寺門東畔畫東方天王及部從兩堵昭覺寺休夢長老請畫浮漚先生

松石墨竹一堵倣潤州高座寺張僧繇戰勝一堵兩寺天王部衆人鬼相雜矛戟鼓吹縱橫馳突交加戛擊欲有聲響鷹犬之類皆三五筆而成弓弦斧柄之屬並掇筆而描如從繩而正矣其有龍拏水洶千狀萬態勢欲飛動松石墨竹筆精墨妙雄壯氣象莫可記述非天縱其能情高格逸其孰能與於此邪悟達國師請於眉州福海院畫行道天王松石龍水兩堵並見存不知其後有何所遇改名遇矣景朴者蜀人也蜀廣政年輒於應天寺門西畔畫西方天王及部從兩部以對孫遇筆識者比之蹄涔巨浸未嘗分之一焉慮誤後人因附而正之

神格二人

趙公祐

公祐者長安人也寶歷中寓居蜀城攻畫人物尤善佛像天王神鬼初贊皇公李德裕鎮蜀之日賓禮待之自寶歷大和至開成年公祐於諸寺畫佛像甚多會昌年海例除毀唯存大聖慈寺文殊閣下天王三堵閣裏內東方天王一堵藥師院師堂內四天王并十二神前寺石經院天王部屬並公祐筆見存公祐天資神用筆奪化權應變無涯罔象莫測名高當代時無等倫數仞之墻用筆最向風神骨氣唯公祐得

之六法全矣

范瓊

范瓊者不知何許人也開成年與陳皓彭堅同時同藝寓居蜀城三人善畫人物佛像天王羅漢鬼神三人同手於諸寺圖畫佛像甚多會昌年除毀後餘大聖慈一寺佛像得存洎宣宗皇帝再興佛寺三人於聖壽寺聖興寺淨衆寺中興寺自大中至乾符筆無暫釋圖畫二百餘間墻壁天王佛像高僧經驗及諸變相名目雖同行狀一無同者自淳化五年咸平三

年兩遇兵火得存三寺筆蹤大聖慈南廊下藥叉大將和修吉龍王鬼子母天女五堵謂之十七護神北廊下石經院門兩金剛東西二方天王中寺大悲院門上阿彌陀佛及四菩薩院門兩畔觀音像藥師像石經板上七佛四仙人大悲變相大將堂兩畔南北二方天王文殊閣下北方天王及天王變相此寺畫壁自唐至今年紀深遠彩色故暗重粧損者十四五矣聖壽寺大殿釋伽像行道北方天王像西方變相殿上小壁水月觀音浴室院旁西方天王大悲院八明王西方變相并大中年畫此寺壁畫年祀亦遠倒

損者十四五矣聖興寺大殿東北二方天王藥師十二神釋迦十弟子彌勒像大悲變相並咸通畫其中西方一堵甚著奇工精妙之極也焉蒭瑟磨像兩堵設色未半筆蹤儼然後之妙手終莫能繼自聖壽聖興兩寺佛僧范瓊親描並見存

妙格上品六人

陳皓 彭堅

陳皓彭堅者不知何許人也開成中與范瓊寓止蜀城大中年府主杜相公悰起淨衆等寺門屋相國知三人中范瓊年齒雖低手筆稱冠矣因請陳彭二公各畫天王一堵各令一客將伴之以幔幙遮蔽不令相見欲驗雄之強弱至畫告畢之日相國與諸府寮徹其幃幕南畔仗劍振威者彭公筆北畔持弓奮赫者陳公筆二公筆力相似觀者莫能昇降大約宗師吳道元之筆而傳采拂澹過之畫之六法一曰氣運生動是也二曰骨法用筆是也三曰應物象形是也四曰隨類賦采是也五曰經營位置是也六曰傳移模寫是也斯之六法名輩少該唯此三人俱盡其美矣

張騰

張騰者不知何許人也大和末年偶止蜀川於諸寺壁圖畫亦多會昌年除毀皆盡大中初佛寺再興於聖壽寺大殿畫文殊一堵普賢一堵彌勒下生一堵浴室院北對范瓊畫持弓北方天王一堵大聖慈寺文殊閣下畫報身如來一堵並騰之筆見存

趙溫奇

趙溫奇者公祐子也幼而穎秀長有父風父歿之後於大聖慈寺文殊閣內繼父之蹤畫北方天王及梵王帝釋大輪部屬大將堂大將部屬并梵王帝釋普賢閣下南方天王華嚴閣上畫東西二方天王梵王帝釋中興寺大殿文殊普賢及天王部衆並溫奇筆

見存

趙德齊

德齊者温奇子也乾寧初王蜀先主府城精舍不嚴禪室朱廣遂於大聖慈寺大殿東廡起三學延祥之院請德齊於正門西畔畫南北二方天王兩堵院門舊有盧楞伽畫行道高僧三堵六身賴德齊遷移至今獲在光化年王蜀先主受昭宗勅置生祠命德齊與高道興同手畫西平王儀仗旗纛旌麾車輅法物及朝真殿上皇姑帝戚后妃嬪御百堵已來授翰林待詔賜紫金魚袋蜀光天元年戊寅歲蜀先主殂逝

再命德齊與道興畫陵廟鬼神人馬及車輅儀仗宮寢嬪御一百餘堵大聖慈寺竹溪院釋迦十弟子并十六大羅漢崇福禪院帝釋及羅漢崇真禪院帝釋梵王及羅漢堂　文殊普賢皆德齊筆見存議者以德齊三代居蜀一時名振克紹祖業榮耀何多

盧楞伽

楞伽者京兆人也明皇帝駐蹕之日自汴入蜀嘉名高譽播諸蜀川當代名流咸伏其妙至德二載起大聖慈寺乾元初於殿東西廊下畫行道高僧數堵顔真卿題時稱二絶至乾寧元年王蜀先主於寺東廊起三學院不敢損其名蹟移一堵於院門南移一堵於門北一堵於觀音堂後此行道僧三堵六身畫經二百五十餘年至今宛如初矣西廊下一堵馬鳴提婆像二軀雖遭粉飾猶未損其筆蹤餘者重粧皆昧前跡蜀中諸寺佛像甚多會昌年皆盡毀

張素卿

道士張素卿者簡州人也少孤貧性好畫在川主譙國夏侯公孜宅多見隋唐名畫藝成之後落拓無羈束遂衣道士服唯畫道門尊像高貴之家少得其畫者乾符中居青城山常道觀焚修至中和元年僖宗

皇帝遣使與賜紫道士杜光庭封丈人山為希夷公癸卯歲素卿上表云五嶽既已封王丈人位居五嶽之上不可稱公是歲勅宜改封五嶽丈人為希夷真君素卿賜紫素卿有老子過流沙圖五嶽朝真圖九皇圖五星圖老人星圖二十四化真人像太無先生像素卿於諸圖畫而能敏速落筆之後下筆如神自始及終更無改正今龍興觀甚有畫壁年深皆盡頹損餘張百子堂板龕內門兩畔龍虎兩軀素卿筆見存王蜀先主修青城山丈人觀請素卿於丈人真君殿上畫五岳四瀆十二溪女山林溪沼樹木諸神及岳

瀆曹吏詭怖之質生於筆端上殿觀者無不恐懼又
於節州開元觀畫容成子董仲舒嚴君平李阿馬自
然葛元長壽仙黃初平葛永璝竇子明左慈蘇躭十
二僊君像各寫嵩初賣卜賣藥書符導引時真筆蹤
灑落彩畫因循當代名流皆推畫手蜀檢校大傅安
公思謙好古博雅唐時名畫人皆獻之黃筌滕昌祐
石恪皆在其門館賓禮優厚甲寅歲十一月十一日
值蜀主誕生之辰安公進趙卿所畫十二僊真形十
二幀蜀主躭玩欲賞者久因命翰林學士禮部侍郎
歐陽烱次第讚之命翰林待詔黃居寶八分書題之

凡有禳奏於玉局關懸供養乾德三年聖朝克復吏
部侍郎呂公餘慶蜀日求古畫圖書並將進呈斯
畫預焉

妙格中品十八人

辛澄

辛澄者不知何許人也建中元年大聖慈寺南畔創
立僧伽和尚堂請澄畫焉纔欲援筆有一胡人云僕
有泗州真本一見甚奇遂依樣描寫及諸變相未畢
蜀城士女瞻仰儀容者側足將燈香供養者如驅今
已重粧損矣普賢閣下五如來同坐一蓮花及鄰壁
小佛九身閣裏內如意輪菩薩並澄之筆見存

李洪度

洪度者蜀人也元和中府主相國武公元衡請於大
聖慈寺東廊下維摩詰堂內畫帝釋梵王兩堵笙竽
鼓吹天人姿態筆蹤妍麗時之妙手莫能偕焉會昌
前諸寺圖畫亦多除毀後餘此一處

左全

左全者蜀人也世傳圖畫跡本名家寶歷年中聲馳
闕下於大聖慈寺中殿畫維摩變相師子國王菩薩
變相三學院門上三乘漸次修行變相降魔變相文

殊閣東畔水月觀音千手眼大悲變相極樂院門兩
金剛西廊下金剛經驗及金光明經變相前寺南廊
下行道二十八祖北廊下行道羅漢六十餘軀多寶
塔下倣長安景公寺吳道元地獄變相當時吳生畫
此地獄相都人咸觀懼罪修善兩市屠沽經月不售
王蜀時令雜手重粧已損惟存大體也大中初入於
聖壽寺大殿畫維摩結變相一堵樓閣樹石花雀人
物冠冕蕃漢異服皆得其妙今見存

張南本

張南本者不知何許人也中和年寓止蜀城攻畫佛

像人物龍王神鬼有金谷園圖勘書圖詩會圖白居
易叩齒圖高麗王行香圖今聖壽寺中門賓頭盧變
相東廊下靈山佛會大聖慈寺華嚴閣下東畔大悲
變相竹溪院六祖興善院大悲菩薩八明王孔雀王
變相並南本筆相傳南本於金華寺大殿畫明王八
軀纔畢有一老僧入寺躑躅于門下初不知是畫但
見大殿遭火所焚其時孫位畫水南本畫火代無及
者世之水火皆無定質唯此二公之畫冠絕今古僖
宗駕回之後府主陳太師於寶歷寺置水陸院請南
本畫天神地祇三官五帝雷公電母岳瀆神仙自古

帝王蜀中諸廟一百二十餘幀千怪萬異神鬼龍獸
魍魎魑魅錯雜其間時稱大手筆也至孟蜀時被人
模搨竊換真本鬻與荊湖人去今所存偽本耳（偽本淳化年遭賊擾攘已皆散失）

高道興

高道興者成都人也攻雜畫觸類皆長尤善佛像高
僧光化年高宗勑許王蜀先主置生祠命道興與趙
德齊同手畫西平王儀仗車輅旌旗禮服法物朝真
殿上皇姑帝戚后妃女樂百堵已來授翰林待詔賜
紫金魚袋及先主殂逝再命道興與德齊畫陵廟鬼

神人馬兵甲公王儀仗宮寢嬪御一百餘堵今大慈
寺中兩廊下高僧六十餘軀華嚴閣東畔丈六天花
瑞像並見存

房從真

房從真者成都人也攻畫甲馬人物鬼神冠絕當時
有寧王獵射圖羌人移居圖陳登斫膾圖冷朝陽王
昌齡常建宣宗入京圖蒲師訓與其筆法王蜀先主
於浣花龍興寺壁畫夫人堂合水津起通波侯廟諸
從真畫甲馬旌旗從官鬼神授翰林待詔賜紫金魚
袋今寶歷寺九丈天王閣下天王部屬諸神並從真

筆後人重粧已損蒲師訓因再修之

趙德元

趙德元者雍京人也天福年入蜀攻畫車馬人物屋
木山水佛像鬼神筆無偏擅觸類皆長獨步川中標
名大手其有樓殿臺閣向背低昂代無此者有朱陳
村圖豐稔圖漢祖歸豐沛圖盤車圖臺閣樣入蜀時
將梁隋唐名畫百本至今相傳裴孝源公私畫錄云
自魏晉以來終于貞觀秘府并人間畫共集成二百
九十八卷二百三十卷是隋唐官本十三卷是左僕
射蕭瑀進二十卷楊素家得三卷許善心進十卷高

平縣昔佐女張氏所獻四卷安福進十八卷先在秘府無得處人名唯有天和年月集賢校理張懷瓘云昔武帝博雅好古鳩集名畫令鑒者數人共詳名氏燕定品格供御賞玩及侯景作亂江陵府將陷元帝先焚內庫書畫數萬卷深可歎息其後帝王亦有燕愛人多進之又盈秘府天后朝張易之奏召天下名工修諸圖畫因竊換真本私家收藏僞本將進納易之歿後薛稷所得稷歿之後岐王所獲岐王慮帝忽知乃盡焚爇吁天下重寶再經灰燼當時天府所藏多涉於僞人間所畜或乃是真者畫頻經焚燒積年

散失能秘在者得非稀世之寶耶蜀因二帝駐蹕昭宗遷幸自京入蜀者將到圖書名畫散落人間固亦多矣杜天師在蜀集道經三千卷儒書八千卷德元將到梁隋及唐百本畫或自模搨或是粉本或是墨跡無非秘府散逸者本相傳在蜀信後學之幸也今福慶禪院隱形羅漢變相兩堵德元筆見存

常粲

常粲者雍京人也咸通年路侍中巖牧蜀之日自京入蜀路公賓禮待之粲善傳神雜畫有七賢像六逸像女媧伏羲神農像謂之三皇圖立釋迦像五天胡僧像孔子西周問禮像名醫下蟲像楞蒲圖龍樹騎丹圖先賢卷軸至今好事者收得爲後學師範矣玉局化壁畫道門尊像甚多王蜀時修改後頹損已換今大聖慈寺悟達國師知元眞粲之筆見存

常重胤

重胤者粲之子也僖宗皇帝幸蜀回鑾之日蜀民奏請留寫御容於大聖慈寺其時隨駕寫貌待詔盡皆操筆不體天顏府主陳太師敬瑄遂表進重胤御容一寫而成內外官屬無不歎駭謂爲僧繇之後身矣宣令中和院上壁及寫隨駕文武臣寮眞殿上御容

前寫西川節度副大制置指揮諸道兵馬兼供軍使太師中書令成都尹潁川郡王陳敬瑄義成軍節度使中書令王鐸門下侍中韋昭度檢校司徒守太子太保鄭畋檢校司徒鄭延休翰林學士承旨守兵部尚書樂朋龜翰林學士守禮部尚書杜讓能翰林學士戶部侍郎崔凝翰林學士中書舍人沈仁偉翰林學士中書舍人侯翮尚書左僕射裴璩禮部尚書蕭太常禮儀使牛叢左散騎常侍楊堪右散騎常侍柳涉右散騎鄭頊左諫議大夫李紹鯿右諫議大夫蕭說尚書左丞知中朝御史中丞盧澤給事中李輝給

亭中宋旦中書舍人鄭欣比部郎中知制誥蘇循尚書右丞判戶部張禕尚書吏部侍郎張讀尚書刑部侍郎充集賢殿學士李燠尚書禮部侍郎知貢舉歸仁澤行在十軍司馬工部侍郎判度支秦韜玉御容後寫左神策軍觀軍容使護軍中尉田令孜右神策護軍中尉觀軍容使西門思恭內飛龍使知內侍省楊復恭內樞密使田匡禮內樞密使李順融宣徽南院使劉景宣宣徽北院使田獻銖左衛大將軍右守悰左金吾大將軍劉巨容行在諸軍馬步都虞侯趙及諸司使副一百餘員寫授駕前翰林待詔賜緋魚

袋自駕歸京韋相國昭度授西川節制陳太師與監護田軍容令孜拒命據城王蜀先主時爲行軍司馬重圍三年陳太師田軍容以城降既克下王先主拜僖宗御容于時繪壁百寮咸在唯不見陳太師田軍容真因問二公何無寫貌寺僧對云拒扞王師近方塗抹先主曰某豈與丹青爲參商遽命重寫常待詔曰不必援毫乃援皁莢水洗之而風姿宛然先主嘉賞賜以金帛常公自言我畫爛採擢之外兩淋水洗終無剝落者矣衆嘆所謂前無去者後無繼者僞通王宗裕性多猜忌或於滕變意欲寫貌無人久見謂常待詔曰頗不熟視審觀可乎常公但諾之王曰夫人至矣立斯須而退翌日想貌姿容短長無遺毫髮其敏妙皆此類也玉局化寫王蜀先主爲使相日真容後移在龍興觀 院壽昌殿上大聖慈寺 普院泗州和尚真華亭張居士真寶歷寺請塔天王寧蜀寺都官土地並重允筆見存

黃筌

黃筌者成都人也幼有畫性長負奇能刁處士入蜀授而教之竹石花雀又學孫位畫龍水松石墨竹斅李昇畫山水竹樹皆曲盡其妙筌早與孔嵩同師嵩

但守師法別無新意筌既無宗孫李學力因是博贍損益刁格遂超師之藝後唐莊宗同光年孟令公知祥到府厚禮見重建元之後授翰林待詔權院事賜紫金魚袋至少主廣政甲辰歲淮南通聘信幣中有生鶴數隻蜀主命筌寫鶴於偏殿之壁警露者啄苔者理毛者整羽者唳天者翹足者精彩體態更愈於生往往生鶴立於畫側蜀主歎賞遂目爲六鶴殿焉尋加至內供奉朝議大夫檢校少府少監上柱國先是蜀人未曾得見生鶴皆傳薛少保畫鶴爲奇筌寫此鶴之後貴族豪家竟將厚禮請畫鶴圖少保自此

聲漸減矣廣政癸丑歲新搆八卦殿又命筌於四壁
畫四時花竹兔雉鳥雀其年冬五坊使於此殿前呈
雄武軍進者白鷹誤認殿上畫雉爲生掣臂數四蜀
王歎異久之遂命翰林學士歐陽烱撰壁畫奇異記
以旌之筌有春山圖秋山圖山家晚景圖山家早景
圖山家雨景圖山家雪景圖山居詩意圖瀟湘圖八
壽圖今石牛廟畫龍水一堵見存　蜀八卦殿壁畫
奇異記　僞翰林學士歐陽烱撰述夫龍圖鳳紀初
宣上古之文帝室皇居必蘊非常之寶是以書美鍾
張之翰畫稱顧陸之蹤代有其人朝無乏事今上睿

文英武聖明孝皇帝御極之一十九載九功惟叙七
政斯齊化溢升平俗登仁壽天惟行健動則總覽萬
機道法自然靜則無遺一物將欲權衡三代拱揖百
王宸襟所適諒超化表嘗於大殿西門創一小殿藻
井之上輪排八卦故以爲號焉其御座几按圖書之
外非有異於常者固不關於聖慮其年秋七月上命
內供奉檢校少府少監黃筌謂曰爾小筆精妙可圖
畫四時花木蟲鳥錦鷄鷺鷥牡丹躑躅之類周于四
壁庶將觀矚焉筌自秋及冬其工告畢間者淮南獻
鶴數隻尋令貌于殿之間上曰女畫畢矣其精彩則

人過之筌以下臣末技降堦曲謝而已至十二月三
日上御斯殿有五坊節級羅師進呈雄武軍先進者
白鷹其鷹見壁上所畫野雉連連掣臂不住再三誤
認爲生類焉上嗟歎良久曰昔聞其事今見其人遂
令所進呈者引退無至搊損茲壁因目筌爲當代奇
筆仍令宣付翰林學士歐陽烱紀述奇異微臣拜手
因得叙其事焉伊昔大舜垂衣作繪乃彰於象物宗
周鑄鼎覩形可禦於神姦漢號靈臺唐稱煙閣圖畫
之要史策攸傳公私雖見於數家今古皆言於六法
六法之內惟形似氣運二者爲先有氣運而無形似

則質勝於文有形似而無氣運則華而不實筌之所
作可謂兼之不然者安得粉壁之中奮霜毛而欲起
絲毫之下混朱頂以相親而又覩彼白鷹盼乎錦雉
儀丹青而可測狀若偎叢掣絛鏇以難停勢將掠地
遂契重瞳之鑒假以好生俄回三面之仁眞疑害物
稽諸往牒少有通神圖海獸以騰波秦朝賈譽畫池
龍而致雨唐室垂名至於誤點成蠅徒成小巧不成
似太安可勝言況茲殿也迴架盼回高臨爽塏瑤池
水滿浮鏡裏之樓臺玉樹風輕鏁湖中之日月聖上

以勵詠墳典親講政刑崇制禮作樂之名極侍問安親之孝允文允武無怠無荒故士有一技一藝皆升陟褒賞如奎者焉激東海之波濤雖方聖澤拱北辰之光耀永固皇基誠非末士之常談可紀至尊之所御臣職叨翰苑譽之儒林因廣聖模聊同畫品恭承宣命實愧菲辭旹廣政十六歲歲次癸丑十二月記

益州名畫錄卷上終

益州名畫錄卷中

江夏　黄休復　纂

妙格下品十一人

李昇

李昇者成都人也小字錦奴年纔弱冠志攻山水天縱生知不從師學初得張藻員外唐時名士善畫山水山水一軸玩之數日云未盡妙矣遂出意寫蜀境山川平遠心思造化意出先賢數年之中創成一家之能俱盡山水之妙每含豪就素必有新奇桃源洞圖武陵溪圖青城山圖峨眉山圖二十四化山圖好事得之為箱篋　後學得之以為亡言師明皇朝有李將軍擅名山水蜀人皆呼昇為小李將軍蓋其藝相匹爾悟達國師自京入蜀重其高手請於聖壽寺本院同居數年因於廳壁畫出峽圖一堵霧中山圖一堵既而又請於大聖慈寺真堂內畫漢州三學山圖一堵彭州至德山一堵時稱悟達國師真堂四絕常粲寫真僧道盈書頴李商隱讃李昇畫山水今見存

張元

張元者簡州金水石城山人也攻畫人物尤善羅漢當王氏偏霸武成年聲跡喧然時呼元為張羅漢荆

湖淮浙令人入蜀縱價收市將歸本道前輩畫佛像羅漢相傳曹樣吳樣二本曹起曹佛興吳起吳棟曹畫衣紋稠疊吳畫衣紋簡畧其曹畫今昭覺寺孫位戰勝天王是也其吳畫今大聖慈寺盧楞伽行道高僧是也元畫羅漢吳樣矣今大聖慈寺灌頂院羅漢一堂十六軀見存

杜齯龜

杜齯龜者其先本秦人避祿山之亂遂居蜀爲齯龜少能博學涉獵經史專師常粲寫真雜畫而妙於佛像羅漢王蜀少主以高祖受唐深恩將興元節度使

唐道襲私第爲上清宮塑王子晉爲遠祖於上清祖殿命齯龜寫大唐二十一帝御容於殿堂之四壁每三會五臘差太尉公卿薦獻宮內殿堂行事齋宮職掌並依太清宮故事又命齯龜寫先主太妃太后真於青城山金華宮授翰林待詔賜紫金魚袋今嚴君平觀杜天師光庭真大聖慈寺華嚴閣東廊下祐聖國師光業真並齯龜筆見存

刁光胤

刁光胤者雍京人也天福年入蜀攻畫湖石花竹貓兔鳥雀性情高潔交游不雜入蜀之後前輩有攻花雀者頓減價矣有師問筆法者黃筌孔嵩二人親授其訣孔類升堂黃得入室刁公居蜀三十餘年筆無暫暇非病不休非老不息卒時八十以來豪貴之家及好事者收得其畫將爲家寶傳視子孫大聖慈寺燋盛光院明僧錄房窗旁小壁四堵畫四時雀竹廣政中黃居寀重粧雀蝶精奇轉甚三學院大廳小壁花雀兩堵光胤畫時年已耄矣

蒲師訓

蒲師訓者蜀人也幼師房從真畫人物鬼神蕃馬長興年值孟令公改元興修諸廟師訓畫江瀆廟諸葛

廟龍女廟及先主殂畫陵廟鬼神蕃漢人物旗幟兵仗公王車馬禮服儀式縱橫浩瀚莫不周至授翰林待詔賜紫金魚袋甲寅歲春末蜀王昶夜夢一人破帽故襴龐眉大目方臉廣頦立于殿堦跛一足曰請脩理之言訖寢覺翌日因檢他籍見此古畫是前夕所夢者神故綃穿損畫之左足遂命師訓令驗此畫是誰之筆師訓對云唐吳道元之筆曾應明皇夢云痁者神也因令重修此足呈進後蜀王復夢前神謝曰吾足履矣上慮爲祟即命焚之青城山丈人觀真君殿內五嶽四瀆部屬諸神張素卿筆廣政中山水

泛溢衝損數堵蜀王命師訓曰素卿之筆公往繼之可矣四堵師訓筆也（今丈人觀聖朝廣其殿宇重新興創別畫無舊跡矣）王蜀先主祠堂東畔正門東畔鬼神一堵寶歷寺天王閣下天王部屬房從真筆後人粧損師訓再修兼自畫兩堵大聖慈寺南廊下觀音院門兩金剛鄰壁請塔天王並師訓筆見存

趙忠義

趙忠義者德元子也德元自雍襁負入蜀及長習父之藝宛若生知孟氏明德年與父同手畫福慶禪院東流傳變相一十三堵位置鋪舒樓殿臺閣山水竹

樹蕃漢服飾佛像僧道車馬鬼神王公冠冕旌旗法物皆盡其妙冠絕當時蜀王知忠義妙於鬼神屋木遂令畫閔將軍起玉泉寺圖於是忠義畫自運材斸基以至丹楹刻桷皆役鬼神疊拱下梯地架一坐佛殿將欲起立蜀王令內作都料看此畫圖枋栱有準的否都料對曰此畫復較一座分明無欠其妙如此授翰林待詔賜紫金魚袋先是每年杪冬末旬翰林攻畫鬼神者例進鍾馗焉丙辰歲忠義進鍾馗以第二指挑鬼眼睛蒲師訓進鍾馗以母指剜鬼睛二人鍾馗相似唯一指不同蜀王問此畫孰為優劣荃以師訓為優蜀王曰師訓力在母指忠義力在第二指二人筆力相敵難議升降並厚賜金帛時人謂蜀王深鑒其畫矣今衙北門大安樓下天王院自濮陽吳公（行營）鎮蜀之日創興其中有唐時名畫數堵及高道興杜齯龜房從真趙德齊畫佛像羅漢經驗變相廣政初忠義與黃荃蒲師訓合手畫天王變相十堵以來各盡所能愈於前輩淳化五年甲午兵火焚盡今餘王蜀先主祠堂正門西畔鬼神大聖慈寺正門北墻上西域記石經院後殿天王變相中寺六祖院傍藥師經變相並忠義筆見存

黃居寶

黃居寶字辭玉荃之次子也畫性最高風姿俊爽前蜀畫太湖石皆以淺深黑淡嵌空而已居寶以筆端皴（上七賞反）擦（下七葛反）文理縱橫夾雜砂石稜角峭硬如虬虎將蹲厥狀非一也其有畫松竹花雀變態舊規皆如湖石之類授翰林待詔賜紫金魚袋不幸早亡秀而不實者也

黃居寀

居寀字伯鸞荃少子也畫藝敏贍不讓於父蜀之四主崇奢宮殿苑囿池亭世罕其比居寀父子入內供

奉迨四十年殿庭墻壁門幃屏幛圖畫之數不可紀錄授翰林待詔將仕郎試太子議郎賜金魚袋准南通好之日居寀與父同手畫四時花雀圖青城山圖峩眉山圖春山圖秋山圖用荅國信使命將發秋山全未及畫蜀王令取在庫秋山圖入角居寀與父奉命別畫經方方畢工更愈於前者翰林學士徐光溥進秋山圖歌以紀之廣政甲子歲蜀王令居寀往葛仙山修葢仙化回至彭州棲真南軒畫水石一堵自未至酉而畢敏而復妙者也今見存居寀有四時野景圖湖灘水石圖春田放牧圖當時卿相及好事者

得居寀子父圖障卷簇家藏戶寶爲稀世之珎今衙廳餘理毛喙苔鶴兩堵水石兩堵龍門圖一堵武侯廟龍水一堵並居寀筆見存聖朝克蜀之後居寀赴京頗爲翰長陶尚書穀殊禮相見因收得名畫數年請居寀驗之其中秋山一圖是故主荅准南國信者畫絹縫之内自有銜名陶公云此是淮王所遺看之果符其說聖朝授翰林待詔朝請大夫寺丞上柱國賜紫金魚袋淳化四年充成都府一路送衣襖使時齒六十一於聖興寺新禪院畫龍水一堵天台山圖一堵水石兩堵工夫雖少大體宛存僞學士徐光溥

秋山圖歌

天與黃筌藝奇絕筆精迴感重瞳悅運思潛通造化工揮毫定得神仙訣秋來奉詔寫秋山寫在輕綃數幅間高位向背無遺勢重巒疊幛何孱顏目想心存妙尤極研巧裁能狀不得珎禽異獸皆自馴奇花恠木非因植崎嶇石磴絕游蹤薄霧冥冥藏半峰娑羅掩映迷仙洞薜荔纍垂纖古松月檻參差錦鱗出星壇斑駁翠苔封傍岸牛羸行嚼草過橋僧老坐搘筇屈原江上嬋娟竹陶潛籬下芳非菊良宵祇恐鶴鳴啼晴波但見鴛鴦浴暮煙羃羃鎖村塢一葉扁舟橫

野渡颸颸白蘋欲起風黯黯紅蕉猶帶雨曲沼芙蓉香馥郁長汀蘆荻茲藪蔌鴈過孤峰帖遠青鹿傍小溪飲殘綠秋山秀兮秋江靜江光山色相輝映雲迸飛泉濺釣磯雲分落葉擁樵逕張藻松石徒稱奇邊鸞花鳥何足窺白旻鷹逞凌風勢薛稷鶴誇警露姿方原畫山空巉巖峭壁枯槎人見嫌孫位畫水多洶湧擊湍怒濤人見恐若教對此定妍媸必定伏膺懷愧悚再三展向冕旒側便是移山回磵力大李小李滅聲華獻之愷之無顏色鬢鬚垂綸渭水濱吾皇覩之思良臣依稀荷甫傳巖野吾皇覩之求賢者從茲

仄展復懸旌宵衣旰食安天下才當老人星應候願與南山俱獻壽微臣稽首貢長歌丹青景化同天和

李文才

李文才者華陽人也攻畫人物屋木山水善寫真至及周昉之亞也蜀廣政中荊南高太王令郎務丁晏入蜀請文才寫興義門兩雙石笋兼徵其故實將歸本道文才告道士范德昭皆云真珠樓基或云是海眼未審孰是德昭曰吾聞諸至人斯乃蠶叢啓國鎮蜀之碑中以鐵柱貫之下以橫石相連埋于地際上有文字言歲時豐儉兵革水火之事諸葛曾掘驗之

真珠樓基海眼皆非也蜀人少知云出圖方記未詳廣政末主置真堂大聖慈寺華嚴閣後命文才寫諸新王文武臣僚等真授翰林待詔將仕郎試太子司議郎賜緋魚袋畫未畢聖朝弔伐盡已除毀三學院經樓下西天三藏真定惠國師真華嚴閣迴廊下奉聖國師真應天寺無智禪師真並文才筆見存

阮知誨

阮知誨者成都人也攻畫女郎筆蹤妍麗及善寫真王氏乾德年寫少主真於大聖慈寺三學院經樓下孟氏明德年寫先主真於三學院真堂內寫福慶公主真玉清公主真於內庭知誨兩朝多寫皇姑帝戚渥澤累遷授翰林待詔銀青光祿大夫檢校尚書左僕射兼御史大夫上柱國

張玫

張玫成都人也父授蜀翰林寫貌待詔賜緋玫有超父之藝尤精寫貌及畫婦人鉛華姿態綽有餘妍議者比之張萱之儔也孟先主明德年於大聖慈寺三學院置真堂玫曾與故東川董太尉璋寫真先主惡之不爲寫已乃命阮知誨獨寫已真文武臣僚玫之筆也令並塗抹無畫蹤矣授翰林待詔賜紫金魚袋玫有自漢

至唐洎蜀君臣像三卷

能格上品十五人

呂嶤 竹虔附

呂嶤者京兆人也唐翰林待詔自京隨僖宗皇帝車駕至蜀授將仕郎守漢州雒縣主簿賜緋魚袋令大聖慈寺華嚴閣上天王部屬諸神及工波利真並嶤之筆見存竹虔者雍京人也攻畫人物佛像聞成都創起大聖慈寺欲將吳道元地獄變相於寺畫焉廣明年隨駕到蜀左全已在多寶塔下畫境遂與華嚴閣下後壁西畔畫丈六天花瑞像一堵

周行通

周行通者蜀人也攻畫人物鬼神蕃馬戎服器械氈帳鷹犬羊鴈之類及川原放牧盡得其妍有李陵送蘇武圖奪馬圖三困圖射鵰圖陰山七騎圖蜀人皆傳周胡蕃馬爲妙行通多髯故也

孔嵩

孔嵩者一名京蜀人也幼攻花雀長遇刁處士入蜀師其筆法至晚年巿畏衣服言論動止俱斆刁公在蜀公侯門四十餘載圖畫甚多人皆寶之黄筌於石牛廟畫龍一堵黄居寀於諸葛廟畫龍一堵嵩於廣

福院畫龍一堵蜿蜒怪狀不與常同逼視遠觀勢欲蹺躍時人異之此三公畫龍宗師孫位孫宗顧凱之曹弗興行龍之筆謝赫古畫錄云弗興之筆代不復傳秘閣之內一龍而已魏赤烏元年冬十月（此赤烏是具太祖年號非魏武帝）武帝游青溪見一赤龍自天而下凌波而行遂命弗興圖之武帝讚曰赤烏孟冬不時見龍青溪深澗奮鬣來空有道則吉無德則兇匪兼雲雨靡帶雷風弗興畫畢未讚奇工我因披閱蘊隆忡忡至宋文帝時累月亢旱祈禱無應乃取弗興畫龍置於水上應時畜水成霧經旬霶霈其所畫流落人間至

今相傳

石恪

石恪字子專成都人也幼無羈束長有聲名雖博綜儒學志唯好畫攻古體人物數張南本筆法有田家社會圖鬢靈開峽圖夏禹治水圖新羅人較力圖陳子昂盧藏用宋之問高適畢構李白孟浩然王維賀知章司馬承禎仙宗十友圖嚴君平拔宅升僊圖五星圖南北斗圖壽星圖儒佛道三教圖道門三官五帝圖雖豪貴相請少有不足圖畫之中必有譏諷焉城中寺觀壁畫亦多兵火後餘聖壽寺經閣院元女

堂六十甲子神龍興觀仙遊閣下龍虎君並見存

杜措

杜措者蜀人也幼慕李昇山水長亦勤學廿年中書文不捨令大聖慈寺六祖院傍地藏菩薩竹石山水一堵并院內羅漢閣上小壁翠微寺禪和尚真三學院經堂上小壁太子捨身餵餓虎一堵善惠仙人布髮掩泥一堵並措之筆見存

杜宏義

杜宏義者蜀州晉原人也攻畫佛像羅漢今寶歷寺東廊下一堵文殊西廊下一堵普賢支行道高僧十

餘堵見存蜀人相傳杜老朱羅漢爲妙老朱宏義小字

杜子瓌

杜子瓌者成都人也擅於賦采拂澹偏長唯攻佛像王蜀時於龍華東禪院畫毗盧佛據紅日輪乘碧蓮花座每誇同輩云某粧此圓光如日初出淺深瑩然無筆玷之迹見存

杜敬安

敬安子瓌子也美繼父蹤妙於佛像今大聖慈寺普賢閣下北方天王三學院羅漢閣下無量壽尊並敬

安筆蜀城寺院敬安父子圖畫佛像羅漢甚衆蜀偏覇時江吳商賈入蜀多請其畫將歸本道孟氏明德年授翰林待詔賜金魚袋

蒲延昌

蒲延昌者師訓養子也筆力遒健甚得師法廣政中進畫授翰林待詔賜緋魚袋時福感寺禮塔院僧模寫宋展子虔師子于壁延昌一見曰但得其樣未得其筆爾遂畫師子一圖獻通進王昭遠公有嬖妾患痁是夕懸於臥內其疾頓減王公召而問其神異延昌云宋展氏子虔於金陵延作寺佛殿之內畫此二師子患人因坐壁下或有愈者梁昭明太子偶患風恙御醫無減吳興太守張僧繇模此二師子密懸寢堂之內應夕而愈故頭曰辟邪有此神驗久矣展氏古本師子一則奔走奮迅一則回擲咆哮僧繇後亦繼之二師子翻身側視鬃尾俱就八分牙爪似二龍拏珠之狀其本至今相傳延昌於諸葛廟壁畫亦多兵火後餘聖壽寺青衣神廟神鬼人物數堵見存

趙才

趙才者蜀人也攻畫人物鬼神甲馬廣政年才與蒲師訓子父較敵其藝浣花甘亭侯廟頗當神廟鬼神

人物旗幟甲馬及資福寺門南北二方天王甲午歲兵火倒損已盡今存諸葛廟第三門兩畔鬼神兩堵見存

程承辯

程承辯者眉州彭山人也攻畫人物鬼神當孟氏廣政中與蒲師訓蒲延昌趙材遞相較敵其藝皆推妙手兼善雕刻機巧人物鬼神怪異禽獸之類奇絶當時今彭山縣洞明觀天蓬黑殺元武火鈴一堂存耳山王堂遊變神鬼一堵見存

丘文播

且文揣者漢州人也後改名潛攻畫山水人物佛像神僊今新都乾明禪院六祖漢州崇教禪院羅漢紫極宮二十四化神仙皆文揣筆見存其有花雀文揣男餘慶畫

阮惟德

惟德者知誨子也襲承父藝美繼前蹤子父同時入內供奉畫貴公子夜宴圖宮中賞春圖宮中戲鞦韆圖宮中七夕乞巧圖宮中熨鐵圖宮中按舞圖宮中按樂圖皆畫當時宮苑亭臺花木皇妃帝后富貴之事精妙頗甚授翰林待詔將仕郎試太常寺齋郎賜

緋魚袋蜀廣政初荆湖商賈入蜀竟請惟德畫川樣美人卷簇將歸本道以爲奇物

楊元真

楊元真者石城山張元外族也攻畫佛像羅漢兼善粧鑾當王氏武成中善塑像者簡州許侯東川雍中本二人時推妙手今聖興寺天王院天王及部屬熾盛光佛九曜二十八宿天長觀龍興觀龍虎宮并雍中本塑大聖慈寺熾盛光佛九曜二十八宿華嚴閣下西畔立釋迦像并許侯塑皆元真粧肉色髭髮衣紋錦繡及諸禽類備著奇功時輩罕及今四天王寺

壁畫五臺山文殊菩薩變相一堵元真筆見存

真二十二處

蜀自炎漢至于巨唐將相理蜀皆有遺愛民懷其德多寫真容年代既遠頹損皆盡唯唐杜相國及聖朝呂侍郎二十二處見存六處有寫貌人名一十六處亡失寫貌人姓氏皆評妙格

杜相國鴻漸真在大慈寺　崔相國寧真在龍興寺

韋太師皐　高太尉崇文真在大慈寺

武相國元衡真在聖壽寺　段相國文昌真在資福寺兩任護軍

從事真在大慈寺普賢閣下　李太尉德裕真在大慈寺

楊侍中嗣復真在聖壽寺　李相國固言真在龍興寺護軍從事

真全　崔相國鄲真在大慈寺護軍從事真

全　杜相國真在淨衆寺兩任護軍從

事真全皆陳詵筆　白令公敏中真在福感寺

魏相國謩真在中興寺護軍從事真全　吳太尉行魯真在四天王寺

夏侯相國孜真在聖壽寺　牛尚書叢護軍從事真全

高相國駢護軍從事真全　陳太師敬瑄常侍詔筆

蕭相國鄭護軍從事真全　呂侍郎餘慶真在聖壽寺王繼之模寫

韋相國昭度常侍詔筆已上真在大慈寺

王司徒建真在龍興觀常侍詔筆

益州名畫錄卷中終

益州名畫錄卷下

江夏　黃休復　纂

能格中品五人

陳若愚

道士陳若愚者左蜀人也師張素卿畫遂衣道士服師事素卿受其筆法王氏永平年廢興聖觀爲軍營其觀有五金鑄天尊形明皇御容一軀移在大聖慈寺御容院供養餘道門尊像殿堂皆就龍興觀起立今精思院北帝殿是也殿上壁畫有青龍君白虎君朱雀君元武君四像並若愚筆見存

張景思

張景思者金水石城山張元之裔也斯乃一族世傳圖畫佛像羅漢景思王氏永平年於聖壽寺北廊下畫降魔變相一堵見存

麻居禮

麻居禮者蜀人也幼師張南本筆法親得其訣光化天福年聲跡已喧資簡邛蜀州寺觀壁畫甚多今聖壽寺偏門北畔畫八難觀音一堵見存

僧楚安

僧楚安蜀州什邡人也俗姓句氏攻畫人物樓臺有

明皇幸華淸宮避暑圖吳王宴姑蘇臺圖此二圖皆畫於墻壁圖簇團扇之上其墻壁圖簇團扇大小雖殊功夫並無減者奇巧如此當時公侯相重皆稱妙手今大聖慈寺三學院大廳後明皇帝幸華淸宮避暑圖一堵楚安筆見存僧惠堅者蜀人也亦好圖畫而最謬焉廣政中三學院僧請畫姑蘇臺一堵對句楚安避暑宮圖識者以爲無鑒之甚也今亦見存恐後人誤認故附而正之

滕昌祐

滕昌祐字勝華先本吳人隨僖宗入蜀以文學從事

唯昌祐不婚不仕書畫是好情性高潔不肯趨時常於所居樹竹石杞菊種名花異草木以資其畫殁時年齒八十有五初攻畫無師唯寫生物以似爲功而已有蟲魚圖蟬蝶圖生菜圖折枝花圖折枝果子圖雜竹樣造夾紵果子隨類傅色並擬諸生攻書時呼勝書今大聖慈寺文殊閣普賢閣蕭相院方丈院多利心院藥師院天花瑞像數額並昌祐筆也其畫蟬蝶草蟲謂之點畫蓋唐時陸果劉褒之類也其畫折枝花下筆輕利用色鮮妍蓋唐時邊鸞之類也

能格下品七人

姜道隱

姜道隱者蜀州綿竹人也年纔齠齔盡日不歸父母尋之多於神佛廟中書處纔見及長爲人木訥不務農桑唯畫是好不畜妻孥子然一身常戴一竹笠布衣草履筆墨而已雖父母兄弟亦罕測其行止人皆呼爲木柔頭蜀語謂其鬔髮蓬鬆僞相趙國公吳知其性迹請畫屏風相公問何姓名蜀語對云姜姓無名相國曰既無名何不以道隱名之自此始名焉宋王趙公庭隱於淨眾寺創一禪院請道隱於長老方丈畫山水松石數堵宋王與諸侍從觀其運筆道隱未嘗回顧

旁若無人畫畢王賜之十縑置僧堂前拂衣而去他皆放此今縣竹縣山觀寺多有畫壁見存

禪月大師

禪月大師婺州金溪人也俗姓姜氏名貫休字德隱天復年入蜀王先主賜紫衣師號師之詩名高節宇內咸知善草書圖畫時人比諸懷素師閻立本畫羅漢十六幀龐眉大目者朶頤隆鼻者倚松石者坐山水者胡貌梵相曲盡其態或問之云休自夢中所覩爾又畫釋迦十弟子亦如此類人皆異之頗爲門弟子所寶當時卿相皆有歌詩求其筆唯可見而不可

得也太平興國年初太宗皇帝搜訪古畫日給事中程公羽牧蜀將貫休羅漢十六幀為古畫進呈

偽翰林學士歐陽炯禪月大師應夢羅漢歌

西嶽高僧名貫休高情峭拔陵清秋天教水墨畫羅漢魁岸古容生筆頭時幀大絹泥高壁閉目焚香坐禪室或然夢裏見真儀脫下袈裟點神筆高握節腕當空擲窸窣毫端任狂逸逡巡便是兩三軀不似畫工虛費日悴石安排嵌復枯真僧列坐連跏趺形如瘦鶴精神健骨似伏犀頭骨麤 倚松根傍巖縫曲綠腰身長欲動看經弟子擬同聲瞌睡山童欲成夢

不知夏臘幾多年一手揞頤偏袒肩口問或若共人語身定復疑初坐禪案前臥象低垂鼻崖裏老猿斜展臂芭蕉花裏刷輕紅苔蘚文中暈深翠硬 節杖矮松牀雪色眉毛一寸長繩關梵夾兩三片線補衲衣千萬行林間落葉紛紛墮一印殘香斷煙火皮穿木屨不曾拖筍織蒲團鎖長坐休公休公逸藝無人加聲譽喧喧遍海涯五七字詩一千首大小篆字三十家唐朝歷歷多名士蕭子雲吳道子若將書畫比休公只恐當時浪生死休公休公始自江南來入秦于今到蜀多交親詩名畫手皆奇絕覷你凡人事事

瓦棺寺裏維摩詰舍衛城中辟支佛若將此畫比量看最是人間為第一

張詢

張詢者南海人也爰自鄉薦下第久住帝京精於小筆中和年隨駕到蜀與昭覺寺休夢長老故交遂依托焉忽一日長老請於本寺大慈堂後留少筆蹤畫一堵早景一堵午景一堵晚景謂之三時山蓋貌吳中山水頗甚工畫畢之日遇僖宗駕幸茲寺盡日歎賞王氏朝皇太子簡王欲要遷於東宮為壁泥通枋移損不全乃寢前命今見存

宋藝

宋藝蜀人也攻寫真王蜀時充翰林寫貌待詔模寫大唐二十一帝聖容及當時供奉道士葉法善禪僧一行沙門海會內侍高力士於大聖慈寺元宗御容院上壁今見存

李壽儀

道士李壽儀者邛州依政人也壯年慕道於本縣有德觀為道士齋醮之外專精畫業人呼為李水墨多畫道門尊像往來青城山丈人觀宗師張素卿筆法每點簇五嶽四瀆部屬歸家習學之如此數年簡州

開元觀有張素卿畫十二還君一堂乾德四年遭火所焚廣政中壽儀往彼焚香齋潔模寫將歸邛州天師觀西院上壁其畫但窮精粹筆力因於素卿神彩氣運有過時流一堂六堵見存

僧令宗

僧令宗丘文播異姓弟也攻畫山水人物佛像天王令大聖慈寺三學院下經樓院下兩畔四天王兩堵放生池揭帝堂內六祖並令宗筆見存

丘文曉

丘文曉播弟也攻畫花雀人物佛像今淨衆寺延壽禪院天王祖師及諸高僧竹石花雀二十餘堵廣政癸卯歲文曉與僧令宗合手描畫今見存

有畫無名

大聖慈寺六祖院羅漢閣上峨眉山青城山羅浮山霧中四堵中和年畫不留姓名評妙閣中品

三學院舊名東廚院門兩畔畫東北二方天王兩堵王蜀先主脩改後移在院內北廊下亡失姓名評能格上品

多寳塔下南北二方天王彌勒佛會師子國王菩薩普賢閣外北方天王不記畫人名姓評能格中品

聖壽寺東廊下維摩詰堂內畫居士方丈花竹芭蕉山水松石風候雲氣三堵景福年畫不留姓名評能格中品

昭覺寺大悲堂內四天王兩堵堂外觀音一堵寺門後兩畔東西天王兩堵並中和年畫不知畫人名姓評能格中品

無畫有名

益州學館記云獻帝興平元年陳留高朕爲益州太守更葺成都玉堂石室東別創一石室自爲周公禮殿其壁上圖畫上古盤古李老等神及歷代帝王之像梁上又畫仲尼七十二弟子三皇以來名臣耆舊

云西晉太康中益州刺史張收筆古有益州學堂圖今已別重糚無舊迹矣劉瑱齊永明十年成都刺史劉悛再脩玉堂禮殿靈宇嚴肅悛弟瑱性自天真時推妙手畫仲尼四科十哲像并車服禮器今已重糚別畫無舊蹤矣

薛少保者名稷天后朝位至太子少保文章學術名冠當時而好圖畫畫品錄云秘書省有薛少保畫鶴時稱一絕又聞蜀郡多有公畫盧求成都記云府衙院西廳少保畫鶴與青牛并少保目眉州司馬遷移

文記今改舊制無畫蹤矣
王宰者大歷年家于蜀川善畫山水樹石意出像外故杜甫歌云十日畫一水五日畫一石能事不受相促迫王宰始肯留真跡壯哉崐崘方壺圖掛君高堂之素壁巴陵洞庭日本東赤岸水與銀河通中有雲氣隨飛龍舟人漁子入浦漵山木盡亞洪濤風尤攻遠勢古莫比咫尺應須論萬里焉得并州快剪刀剪取吳松半江水今蜀中寺觀亦無畫蹤唯好事者收得書品錄定為妙格
韋偃者京兆人也寓止蜀川善畫馬韓幹之亞也故

杜甫歌云韋侯別我有所適知我憐君畫無敵戲拈禿筆掃驊騮欻見騏驎出東壁一匹齕草一匹嘶坐看千里當霜蹄時危安得真致此與人同生亦同死蜀中寺觀亦無筆蹤唯好古者收得書品錄定為妙品
浣花龍興寺成都記云本正覺寺內有前益州長史臨淮武公元衡并從事五人具朝服繪于中堂淳化五年兵火後無舊蹤矣
成都記云府衙西北前益州五長史真李太尉德裕文記今無畫蹤唯文字相傳爾

重寫前益州五長史真記
益州草堂寺成都記云寺在府西七里去浣花亭三里列畫前長史一十四人節度使職不帶尹則帶長史非今賓佐也代稱絕跡余嘗於數公子孫之家獲見圖狀乃知草堂繢事靡不造真昔巖野旁求徒聞審像稽山高謝唯上鎔金孰若托之丹青妙畫神照然楚國祠廟魯王宮室暨北邦文翁舊館皆圖歷代卿相粲然可觀唯有慕於前良曾莫究於形似與夫年代既遠遺像猶存入虛室而煙霞暫披拂浮埃而瑤林斯覩余以精廬甚古畫壁將傾乃選其功德尤著五人模於郡之廳所追惟二漢臺閣皆

有圖寫黃霸于定國雖宰相名臣不得在畫像之列卓子師德行君子而居功臣之右今之所取其在茲乎采色既新光靈可想儼若神對吾將與歸因敘其事以貽來哲大和四年閏十二月十八日劍南西川節度副大使知節度事銀青光祿大夫檢校兵部尚書兼成都尹御史大夫贊皇縣開國伯李德裕記
胡氏亭畫闕　檢校尚書司空員外郎賜緋魚袋郭圖撰　藝遊而至者則神傳焉神傳者國寶矣墨妙之於藝又加　貴焉浮圖澂梁熾今國力不能追也故藝之至者雖鴻德巨儒亦伍於工徒矣唐故宰相

薛公稷畫人神品以名之重時加貴之成都静徳精舍有壁二堵雜繪鳥獸人物態狀生動乃一時之尤者也吾后帝宇之五年汗𤼶帖吏萬方無事於是大去蠹人之疾以浮圖氏爲最詔走御史監毁域内之祠凡雲構山峙之宇一時而壞百工之名跡隨去焉胡氏璩文而好古惜少保之迹不存於鄉廼操斤挾黨力剟於頹垔之際得人三十七頭馬八足又於福勝祠獲展氏子虔天樂二十五身及鄉之名工李氏感天樂十二色皆神傳異跡陷于茅亭之壁長者之車益滿門矣任愚子若訣時寓蜀壯君好事之心亡

於壓覆於是染醉毫紀其始於石會昌五年五月二日記今畫無舊迹石記在三學山廨院東北此院是胡璩宅

益州名畫録卷下終

山水純全集

光緒壬午年
鋟於樂道齋

山水純全集序

山水純全集宋韓拙撰原本一篇今佚其一拙本宣和間畫院中人其所論多主于格律不以點染爲工逸情適性超然筆墨之外者概未之及所謂自成一家言也羅江李調元雨村撰

韓氏山水純全集目錄

韓氏山水純全集

宋 韓拙 撰

論山

凡畫山言丈尺分寸者王右丞之法則也山有主客尊卑之序陰陽逆順之儀其山各有形體亦各有名習山水之士好學之流切要知也主者衆山中高而大也有雄氣敦厚傍有輔峯叢圍者嶽也大者尊也小者卑也大小岡阜朝揖於前者順也無此者逆也客者不相下而過也分陰陽者用墨而取濃淡也凹深爲陰凸面爲陽山有高抵大小之序以近次遠至於廣極者也洪谷子云尖曰峯平曰頂圓曰巒相連曰嶺有穴曰岫峻壁曰崖崖下曰岩岩下有穴而名岩穴曰山大而高曰嵩山小而高曰岑鋭山者高嶠而纖峻也卑小尖者扈也小而衆山歸叢者名羅圍也言嶴涉者山三重也兩山相重者謂之再木𡸣也一山爲伾小山曰岌大山曰峘岋謂高而過也言屬山者相連屬也言嶧山者連而絡驛也絡繹者羣山連續而過也山岡者其山長而有脊也言翠微者近山傍坡也山頂衆者山巔也岩者洞穴是也有水曰洞無水曰府言堂者山形如堂室也言嶂者如幃帳

也言小山則大山鮮不相連也言絶景者連山斷絶也言屋者左右有山夾山也言礙者多小石也平石者盤石也多草木者謂之岵無草木者謂之垓石戴土謂之崔嵬石上有土也土戴石謂之砠土上有石也土山曰阜平原曰坡坡高曰壠岡領相連掩映林泉漸分遠近也言谷者通路曰谷不相通路者曰壑窮瀆者無所通而與水注者川也兩山夾水曰澗陵夾水曰溪溪中有水曰宜畫盤曲掩映斷續伏而後見也山有四方體貌景物各異東山敦厚而廣博景質而水少西山川峽而峭拔高聳而嶮峻南山抵小

而水多江湖景秀而華盛北山闊墁而多阜林木氣重而水窄東山宜村落薪鋤旅店山居宦官行客之類西山宜用關城棧路羅網高閣觀宇之類北山宜用盤車駱駝樵人背負之類南山宜江村漁市水邦山閣之類但加稻田漁樂勿用車盤駱駝要知南北之風故不同爾深宜分別山有四時之色春山豔冶而如笑夏山蒼翠而如滴秋山明淨而如洗冬山慘淡而如睡之說四時之氣象也郭氏曰山有三遠自山下而仰山上背後有淡山者謂之高遠自山前而窺山後者謂之深遠自近山邊低坦之山謂之平遠

愚又論三遠者有近岸廣水曠闊遙山者謂之闊遠有烟霧溟漠野水隔而髣髴不見者謂之迷遠景物至絶而微芒縹渺者謂之幽遠以上山之名狀當備畫中用也兼備博雅君子之問若問而無對爲無知之士不可不知也或詩句中有諸山名雖得名郎不知山之體狀者惡可措手而製之凡畫全景者山重疊覆壓咫尺重深以近次遠或由下增疊分布相輔以卑次尊各有順序又不可太實仍要嵐霧鎖映林木遮藏不可露體如人無依乃窮山也且山以林木爲衣以草爲毛髮以烟霞爲神采以景物爲粧飾以

水爲血脉以嵐霧爲氣象畫若不求古法不寫眞山惟務俗變採合虛浮自爲超越古今心以自蔽變是爲非此乃懵然不知山水格要之士難可與言之嗟乎今人是少非多拘今亡古爲多利之所誘奪博古好今學者鮮矣倘或有得其蘊奧者誠可與論也彼嗟古傲今悔慢宿學之士適足以此言爲戲耳

論水

夫水者有緩急淺深此爲大體也有山上水曰涀涀謂出於高陵山下有水曰潺潺謂其文溶緩山澗間有水曰湍湍而漱石者謂之湧泉岩石間有水潩潑

而仰沸者謂之噴泉言瀑泉者巔崖峻壁之間一水飛出如練千出分瀉於萬仞之下有驚濤怒浪湧讓騰沸噴濺漂流雖黿鼉魚鱉皆不能容也言濺瀑者山間積水欲流而石隔鎊中猛下其片浪知滚有石迎激方圓四析交流四會用筆輕重自分淺深盈滿而散漫也言淙者衆流攢衝鳴湍疊瀨噴若雷風四面叢流謂之淙也言沂水者不用分開一片注下與瀑泉頗異矣亦宜分别夫海水者風波浩蕩巨浪捲翻山水中少用也有兩邊峭壁不可通途中有流水漂急如箭舟不停者硤水可無慰於此也言江湖者

注洞庭之廣大也言泉源者水平出流也其水混混不絶故孟子所謂源泉混混不舍晝夜是也惟溪水者山水中多用之宜畫盤曲掩映斷續伏而復見以遠至近仍宜烟霞鎖隱爲佳王右丞云路欲斷而不斷水欲流而不流此之謂歟夫砂磧者水心逆流水流兩邊急而有聲中有灘也夫石磧者輔岸絶流水流兩邊洄環有文中有石也言壑者有岸而無水也然水有四時之色隨四時之氣春水微碧夏水微凉秋水微清冬水微慘又有汀洲烟渚皆水中人可往而景所集也至於漁瀨雁濼之類畫之者多樂取以見才調况水爲山之血脈故畫水者宜天高水闊爲佳也

論林木

夫林木者有四時之榮枯大小之叢薄咫尺重深以分遠近故木貴高喬蒼逸健硬筆迹堅重或麗或質以筆迹欲斷而復續也且或輕或重本在乎行筆高低暈悉由於用墨此乃畫林木之扼要也洪谷子訣曰筆有四勢觔骨皮肉是也筆絶不可斷謂之筆纏轉隨骨謂之皮墨迹剛正而露節謂之骨伏起圓混而肥謂之肉尤宜骨肉相輔也肉多者肥而軟濁也

苟媚者無骨也骨多者剛而如薪也勁死者無肉也迹斷者無觔也墨而質朴者其眞也墨微而怯弱敗其正形其木要停分而有勢不可太長太長無勢力不可太短太短者俗濁也木皆有形勢而取其力無勢而亂作盤曲也乏其勢也若只要剛硬而無環轉者虧其生意也若筆細脈微者怯弱也大凡取舍用度以木貴蒼健老硬其形甚多或聳而迸枝者或曲折而俯仰者或躬而若揖者或如醉人狂舞者或如披頭仗劍者皆松也又若怒龍驚虬之勢騰龍伏虎之形似狂怪而飄逸似偃蹇而躬身或披側倒趄飲

於水中或巔崚倒崖而身復起爲松之儀其勢萬狀變態莫測凡畫根者臨岸倒起之木其根起伏出拔土外狂而且迸也其平立之木當以大根深入崖中傍迸小根方宜出土也凡作枯槎橋木務要巉巖空耳且松者公侯也爲衆木之長亭亭氣槩高上盤於空勢鋪霄漢枝迸而覆掛下接以貴待賤如君子之德周而不比荆浩曰成材者氣槩高幹不材者抱節自屈有偃蓋而枝盤頭低而腰曲者爲異松也皮老蒼鱗枝枯葉少者爲古松也右丞曰松下離於弟兄謂高低相亞亦有子孫謂新枝相續爲幼松者其梢

淩空而聳出其針交結而蔭重也且柏者若侯伯也訣曰柏下叢生要老逸而舒暢皮宜轉紐捧節有紋多枝少葉節眼嵌空勢若蛟龍身去復回蕩迭縱横乃古柏之狀也幼柏者葉密枝迸梢聳拔也檜者松身柏皮會於松柏故名曰檜其枝横肆而盤屈其葉散而不定古檜之體也餘種羣木難以具述惟楸梧槐柳形儀各異大槩有葉之木貴要豐茂而蔭鬱至於寒林者務森聳重深分布而不離宜作枯梢老槎背後當用淺墨畫以相類之木伴和爲之故得幽韻之氣清也林巒不用明白尤宜烟嵐映帶誠爲咸熙深得乎妙用者哉梁元帝云木有四時春英夏蔭秋毛冬骨春英者謂葉細而花繁也夏蔭者謂葉密而茂盛也秋毛者謂葉疎而飄零也冬骨者謂枝枯而葉槁也其有林巒者山岩石上有密木也有林麓者山腳下林木也林迥者遠林烟暝也大要不可狂斜倒起隱淡直立辨其形質可一一分明又云質者形質備也雜木取其大綱用墨點成淺淡相等林木者山之衣也如人無衣裝使山無儀盛之貌故貴密林茂木有華盛之表也木少者謂之露骨如人少衣也若作一窠一石務要減矣

論石

夫畫石者貴要磊落雄壯蒼硬頑澀礬頭菱面層疊厚薄覆壓重深落墨堅實凹深凸淺皴拂陰陽點均高下乃爲破墨之功也且言盤石者平大石也然石之狀不一或層疊而秀潤或崔嵬而顛嶮有崖岩嵯峩者有怪石崩坍者或直者入水而深不可測者或根石浸水而腳石相輔者崪屼嶙峋千怪萬狀縱横放逸其體無定而入皴紋多端也有披麻皴者有點錯皴者或斫磔皴者或横皴者或均而連水皴紋者一畫一點各有古今家數體法存焉昔人云石無十

步眞山有十里遠况石爲山之體貴氣韻而不貴枯燥也畫之者不可失此論也

論雲霧烟靄嵐光風雨雪霧

夫通山川之氣以雲爲總也雲出於深谷納於愚夷弇日揜空渺渺無拘昇之晴霽則顯其四時之氣散之陰晦則逐其四時之象故春雲如白鶴其體閑逸和而舒暢也夏雲如奇峯其勢陰鬱濃淡靉靆而無定也秋雲如輕浪飄零或若兜羅之狀廓靜而淸明冬雲澄墨慘黯示其玄溟之色昏寒而深重此晴雲四時之象春陰則雲氣淡蕩夏陰則雲氣突墨秋陰

則雲氣輕浮冬雪則雲氣慘淡此陰雲四時之氣也然雲之體聚散不一輕而爲烟重而爲霧浮而爲靄聚而爲氣其有山崩之氣烟之輕者雲捲而霞舒雲者乃氣之所聚也凡畫者分氣候別雲烟爲先山水中所用者霞不重以丹青雲不施以彩繪恐失其嵐光野色自然之氣也且雲有浮雲有出谷雲有寒雲有暮雲雲之次爲霧有曉霧有遠霧有寒霧霧之次爲烟有晨烟有暮烟有輕烟烟之次爲靄有江靄有暮靄有遠靄雲霧烟靄之外言其霞者東曙曰明霞西照曰暮霞乃早晚一時之氣暉也不可多用凡雲霞烟霧靄之氣爲嵐光山色遙岑遠樹之彩也善繪於此則得四時之眞氣造化之妙理故不可逆其嵐光當順其物理也風雖無迹而草木衣帶之形雲頭雨脚之勢無少逆也如逆之則失其大要矣繼而以雨雪之際時雖不同然雨有急雨有驟雨有夜雨有欲雨有雨霽雪者有風雪有江雪有夜雪有春雪有暮雪有欲雪有雪霽凡雨雪意皆本乎雪色之輕重類於風勢之緩急想其時候方可落筆大槩以雲形其雨雪之意則宜暗而不宜顯也又如爾雅云天氣下而地不應曰雪言暗物而輕也地氣登而天氣應

曰霧言暝物而重也風而雨之爲霾言無分遠近也陰風重而爲曀言無分於山林也此皆不時之氣也霏雪之流至於魚龍草莽之象呂氏之言甚明鸞翔鳳翥之形陸機之論深得然窮天理之奧掃風雪之候曷可不深究焉

論人物橋彴關城寺觀山居舟車四時之景

凡畫人物不可麁俗貴純雅而幽閑其隱居傲逸之士當以村居耕叟漁父輩體貌不同切觀古之山水中人物殊爲閑雅無有麁惡者近之所作往往麁俗殊乏古人之態言橋彴者通船曰彴彴者以橫木渡

於溪澗之上但人迹可通也關者在乎山峽之間只一路可通傍無小谿方可用關也城者短堞相映樓屋相望須當映帶於山掩林木之間不可一一出露恐類於圖經山水所用唯古堞可也畫僧寺道觀者宜横抱幽谷深岩峭壁之處唯酒斾旅店方可當途村落之間以至山居隱遯之士放逸之徒也務要幽僻有廣土處可畫柴扉房屋平林牛馬耕耘之類也有廣水處可畫漁市漁灤及捕魚採菱晒網之類也言舟船者大曰舟小曰船漁人乘者爲艇隱逸所乘曰船或插以綱罩或旋以絲綸者漁艇也或爲木屋

或作棚幔者遊船也以小槳所搖者謂之飛航獨一本所造者謂之相槽於山水中所宜用者其舟船游漾輕浮不可重載其餘江海巨載之舟於山水中少用也品四時之景物務要明乎物理度乎人事春可畫以人物欣欣而舒和踏青郊遊翠陌競秋千漁唱渡水歸牧耕鋤山種捕魚之類也夏可畫以人物坦坦於山林陰映之處或以行旅憩歇水閣亭軒避暑納涼翫水浮槳浴鶴江湖驍汲涉水過渡之類也秋則畫以人物蕭蕭翫月採菱浣紗漁笛搗帛夜舂登高賞菊之類也冬則畫以人物寂寂圍爐飲酒慘冽遊宦雪笠寒人驟轎運糧雪江渡口寒郊雪臘履冰之類也若水野之間春兼於禽鳥者可畫以燕雀黃鸝夏畫鸂鶒鷗鷺秋畫征鴻羣鶩冬宜畫以落雁鳴鴉今各舉其大槩耳若能知此以隨時製景任其才思則山水中裝飾無不備矣

論用筆墨格法氣韻病

夫畫者筆也斯乃心運也索之於未狀之前得之於儀則之後黙契造化與道同機握管而潛萬象揮毫而掃千里故筆以立其形質墨以分其陰陽山水悉從筆墨而成吳道子筆勝於質爲畫之質勝也嘗謂

道子山水有筆而無墨項容山水有墨而無筆此皆不得全善惟荆浩採二賢之能以爲已能則全矣蓋墨用太多則失其眞體損其筆而且濁用墨太微即氣　而弱也過與不及皆爲病耳切要循乎規矩格法本乎自然氣韻必全其生意得於此者備矣失於此者病矣以是推之其愚俗之可論歟凡未操筆當凝神著思豫在目前所以意在筆先然後以格法推之可謂得之於心應之於手也其用筆有簡易而意全者有巧密而精細者或取氣格而筆迹雄壯者或取順快而流暢者縱横變用在乎筆也然作畫之病

者眾矣惟俗病最大出於淺陋循卑昧乎格法之大動作無規亂推取逸强務古淡而枯燥苟從巧密而纏縛詐僞老筆本非自然此謂論筆墨格法氣韻之病古云用筆有三病一曰版二曰刻三曰結何謂版病腕弱筆痴取與全虧物狀平扁不能圓混者版也刻病者筆迹顯露用筆中凝勾畫之次妄生圭角者刻也結病者欲行不行當散不散似物凝碍不能流暢者結也愚又論一病謂之礶病筆路謹細而痴拘全無變通筆墨雖行類同死物狀如雕切之迹者礶也凡用筆先求氣韻次採體要然後精思若形勢未

備便用巧密精思必失其氣韻也以氣韻求其畫則形似自得於其間矣且善究其畫山水之理也當守其實實不足當棄其筆而筆有餘實爲質幹也華爲華藻也質幹本乎自然華藻出乎人事實爲本也華爲末也自然體也人事用也豈可失其本而逐其末忘其體而執其用是有畫者惟務華媚而體法虧惟務柔細而神氣泯塡俗病耳惡知其守實去華之理哉若行筆或麄或細或揮或勾或重或輕者不可一一分明以布遠近似氣弱而無畫也其筆太麄則寡其理趣其筆太細則絶乎氣韻一皴一點一勾一斫

皆有意法存焉若不從古畫法只寫眞山不分遠近深淺乃圖經也焉得其格法氣韻哉凡畫有八格石老而潤水淨而明山要崔嵬泉宜洒落雲烟出沒野逕迂迴松偃龍蛇竹藏風雨也

論觀畫別識

瓊瑰琬琰天下皆知其爲玉也非卞氏三獻孰別其荆山之姿而爲美騂騮騄驥天下皆知其爲馬也非伯樂一顧孰别冀北之駿而爲良若玉之無別安得瓊瑰琬琰之名馬之無別豈分騂騮騄驥之駿別玉者卞氏耳識馬者伯樂耳天下後世亦無復以加諸

是猶畫山水之流於世也隱造化之情實論古今之賾奧發揮天地之形容藴藉聖賢之藝業豈賤隸俗人得以易窺其端倪蓋有不測之神思難名之妙意寓於其間矣凡閱諸畫先看風勢氣韻次究法法高低者爲前賢家法規矩用度也儻生意純而物理順用度備而格法高固得其格者也雖有其格而家法不可揉雜者何哉且畫李成之格豈用雜於范寬乎如字法顔柳不可以同體篆隸不可以同攻故所擬不一則所用有差信乎然矣歸古驗今善觀乎畫者焉可無别歟然古今山水之格皆畫也通畫法者得

神全之氣攻寫法者有圖經之病亦不可以不識也
以近世畫者多執好一家之學不通諸名流之迹者
眾矣雖博究諸家之能精於一家者寡矣若此之畫
則雜乎神思亂乎規格難識而難別良由此也惟節
明其諸家畫法乃爲精通之士論其別白之理也竊
天文者然後證丘陵天地之間雖事之多有條則不
紊物之眾有緒則不雜蓋各有理之所寓耳觀畫之
理非融心神善縑素精通博覽者不能達是理也畫
有純質而清淡者僻淺而古拙者輕清而簡妙者放
肆而飄逸者野逸而生動者幽曠而深遠者昏暝而

意存者眞率而閒雅者冗細而不亂者重厚而不濁
者此皆三古之迹達之名品參乎神妙各適於理者
然矣畫者初觀而可及究之而妙用益深者上也有
初觀而不可及再觀而不可及窮之而理法乘異者
下也畫譬如君子歟顯其跡而如金石著乎行而合
規矩親之而溫厚望之而儼然易事而難悅難進而
易退動容周旋無不合於理者此上格之體若是而
已畫由小人歟以浮言相胥以矯行相尚近之而取
侮近之而有怨苟媚諂以自合勞詐僞以自蔽旋爲
交構無一循乎理者此卑格之體有若是而已儻明

其一而不明其二達於此而不達夫彼非所以能別
識也昔人有云畫有六要一曰氣氣者隨行運筆取
象無惑二曰韻韻者隱露立形備儀之俗三曰思思
者頓挫取要凝想物宜四曰景景者制度時用搜妙
創奇五曰筆筆者雖衣法則運用變通不質不華如
飛如動六曰墨墨者高低暈淡品別深淺文彩自然
似非用筆有此六法者神之又神也若六法未備但
有一長亦不可不採覽焉畫有眞可傳於世不自顯
其名者所謂有實則名自得故不期顯而自顯也畫
有一時雖獲美名久則漸銷所謂以譽過於實者數

不期銷而自銷矣凡觀畫者豈可擇於冠蓋之譽但
看格清意古墨妙筆精景物幽閑思遠理深氣象脫
洒者爲佳其未當精絕惟眞巧密者鮮鑒矣世有王
晉卿者戚里之雅士也耕獵於文史放思於圖書每
燕息之餘多戲於小筆散之於公卿之家多於當蒙
青眼左顧每闞畫必見召而同觀之論乎淵奧構其
名實偶一日於賜書堂東掛李成西掛范寬先觀李
公之跡云李公家法墨潤而筆精烟嵐輕動而對面
千里秀氣可掬次觀范寬之作如面前眞列峰巒渾
厚氣壯雄逸筆力老健此二畫之跡眞一文 武也

余嘗思其言之當眞可謂鑒通骨髓矣其格法之要切須知之方能定其優劣明其是非可謂精通善鑒者哉畫不遇識如客行於途無分於善惡也不亦悲夫今有名卿士大夫皆從格法聖朝以來李成郭熙公穆宋復古李伯時王晉卿亦然信能悉之於此乎按畫譜荆浩河內人號洪谷子博雅好古今山水專門頗得意趣間嘗謂吳道子山水有筆而無墨項容山水有墨而無筆浩兼二子所長而有之蓋有筆而有墨者見落筆蹊徑而少自然有墨而無筆者去斧鑿痕而多變態故王洽之畫先潑墨縑素取高下自然之勢而爲之浩介乎二者之間則人與大成兩得之矣

論古今學者

天之所賦於我者性也性之所資於人者學也性有顓蒙明敏之異學有日益無窮之功故能因其性之所悟求其學之所資未有業不精於已者也且古人以務學而開其性今之人以天性恥於學此所以去古逾遠而業逾不精也昔顧愷之夏月登樓家人罕見其面風雨晦瞑飢寒喜怒皆不操筆唐有王右丞杜員外贈歌曰十日畫一水五日畫一石能事不受相促迫愷之王維後世眞跡絕少後來得其髣髴者猶可絕俗正如唐史論杜甫謂殘膏賸馥沾渥後人蓋前人用此以爲銷日養神之術今人反以之爲圖利勞心之苦古之學者爲已今之學者爲人昔人冠冕正士宴閑餘暇以此爲清幽自適之樂唐張彥遠云書畫之術非閭閻之子可學也奈何今之學者往往以畫高業以利爲圖金自墜九流之風不修術士之體豈不爲自輕其術者哉故不精之由良以此也眞所謂棄其本而逐其末矣且人之無學者謂之無格無格者謂之無前人之格也豈脫落格法而自爲超越古今名賢者歟所謂寡學之士則多性狂而自蔽者有三難學者有二何謂也有心高而不恥於下問惟憑盜學者爲自蔽也有性敏而才高雜學而狂亂至不歸於一者自蔽也有少年夙成其性不勞而頗通慵而不學者自蔽也難學者何也有謾學而不知其學之理苟僥倖之策惟務作僞以勞心使神志蔽亂不究於實者難學也若此之徒斯爲下矣夫欲傳古人之糟粕達前賢之閫奧未有不學而自能也信斯言也凡學者宜先執一家之禮法學之成就方可變易爲已格則可矣噫源深者流長表端者影正

則學造乎妙藝盡乎精粹蓋有本者亦若是而已

山水純全集後序

張懷

嘗謂世之論畫者多矣稽古逮今瑣瑣碌碌亦其偏見持以僻說蔽其天地之純全不識古今之妙用幾何哉不可數而名計也然畫之祖述於古有自來矣顯於唐虞備於商周尊於天子用於宇宙明於日月山林之形別於鳥獸魚虫之跡制之冠蓋袞冕設之鐏罍鼎品六經具載百代祖繼迨此而下雖世不乏然未備其體或工於一物長於片善無復有能超越而能盡其純全妙用之理者也且畫者闢天地元黃之色泄陰陽造化之機掃風雲之出沒別魚龍之變化窮鬼神之情狀分江海之波濤以至山水之秀麗草木之茂榮翻然而異蹶然而趨挺然而奇妙然而怪凡識於象數圖於形體一扶疎之細一蟵蠓之微覆於穹窿載於磅礴無逃乎象數而人爲萬物之最靈者也故合於畫造乎理者能盡物之妙昧乎理則失物之眞何哉蓋天性之機也性者天所賦之體機者人神之用機之發萬變生惟畫造其理者焉能因性之自然究物之微妙心會神融默契動靜於一毫投乎萬象則形質動蕩氣韻飄然矣故昧於理者心

爲緒使性爲物遷汨於塵坌擾於利役徒爲筆墨之所使耳安足以語天地之眞哉是以山水之妙多專于才逸隱遯之流名卿高蹈之士悟空識性明于燭物得其趣者之所作也況山水樂林泉之奥豈庸魯賤隷貪懦鄙夫至於麤俗者之所爲也豈其盡於山水誠未可以易言也今古之跡顯然而著見於域中者不爲不多矣略究形容而推之遥岑疊翠遠水沉明片帆歸浦秋雁下空指掌空間若睨千里有得其平遠者也雲輕峯秀樹老陰疎溪橋隱逸樵釣江村棧路曲逕崢嶸層閣漱石飛泉去騎歸舟人少有得

其全景也若松柏老而亂怪羣木茂而蓊鬱臨流碧澗崖古林高此乃其樹石者也木葉披岩千山聳翠烟重暝斜之勢林繁如葉葉有聲此得其風雨者也畫至於通乎源流貫於神明使人觀之若覩青天白日窮究其奥釋然清爽非造理師古學之深遠者罔克及此今有琴堂韓公純全以名宦簪履之後家世儒業自垂髫誦習之間每臨筆硯多戲以窠石旣冠從南北宦遊嘗於江山勝槩爲所樂者圖其所至之景宛然而旋踵於前繼而工畫於山水則落筆驚世不苟名於時但遊藝於心術精神之間至於爛額隽頭窮年皓首過於書籍傳癖未嘗一日捨乎筆墨有恐學之不及也藉古今之妙而宇宙在乎手順造化之源而萬化生乎心故研精思極深得其純全妙用之理者其南陽純全公之畫歟公自紹聖間擔簦之都下進藝爲都尉王晉卿所愜薦於今聖藩邸繼而上登寶位授翰林書藝局祗候累遷爲直長秘書待詔今已授忠訓郎公未嘗苟進迄今祗以畫爲性之所樂頃者出示以平昔編纂胸臆蘊奥俾僕以補文釋意然所集山水之論莫不纖悉備載且指物而各敘其説言筆墨華藻可居典實博古續今增加證識

分雲烟嵐霧山水林木關城橋彴傳其筆墨之妙講其氣暈之病通四時景物識三古精華一句一事粲粲然使後學者覽而爲樞筈筆要顧不偉歟當南陽接朋友則講論古今爲文章至於理邃如藏珠之蚌蘊玉之石學者不可輕易其文當求其理信乎公之論畫如珠玉之秘於此焉如公之畫純於古不雜於後代故其立論集曰純全庶幾博雅君子爲之傳於無窮也宣和辛丑歲冬十月二十有四日夷門張懷

邦義後序

山水純全集畢

月波洞中記

光緒壬午年
鐫於樂道齋

原序

醫卜者皆術也醫而不驗非所謂良醫也卜而不應非所謂善卜也愚之神術非敢稱善謂無所不應矣素非伎者昨因求士假術以講道夫相者先相出氣重者爲貴輕者爲賤若人內心神有千尺之索是行也串滿者爲大貴取盡者爲大殺此索係鐘呂二眞人爲證也穿滿者眉有曲鈎者積行人也取盡者眉毛散逆及斷者麤硬者爲有災無德夫相者天地之元機聖賢之蘊奧取禍福而無差定生死而有則遇之於相師始自鐘呂之太白山石室中有逸人陳仲

文傳之三鄉張仲遠余因得之而不敢隱故傳於世斯誠神異術也又云相術九篇乃老君題在太白山鳩靈溪月波洞中七星南龕石壁間如有志人念得斯九章精通其象廣拜道術赤烏二十年七月二十三日序 按序失撰人姓名

月波洞中記序

月波洞中記

吳　張仲遠　傳本　宋潘時竦刊行

仙濟　燕雀之志嘗思瓜下之食腸不盈於百粒聲不遠於五畦翱翔藩籬之下其氣量亦自足矣鸞鳳之志一舉千里非梧桐而不棲非竹實而不食鳴於朝陽天下稱其慶志度氣象固有自殊也是知有衝天之翼者必不肯棲托桑榆有方外之材者必不肯貪求名利志之所向趣舍以此觀之志趣遠近氣量深淺自可見矣

九天元微　凡欲相人先視其首頭者五臟之主百體之宗四維八方並須停正左耳爲東方右耳爲西方鼻爲南方玉枕爲北方左頰爲東南角右頰爲西南角左壽堂爲東北角右壽堂爲西北角方爲既正乃視其骨骨法九般皆貴相也無異骨終難入貴所謂九骨者一曰顴骨二曰驛馬骨三曰將軍四曰日角五曰月角六曰龍宮七曰伏犀八曰巨鼇九曰龍角東西兩嶽高戍爲顴骨勢入天倉爲驛馬耳齊爲將軍骨左眉上隱隱而起者名曰日角骨右眉上隱隱而起者名曰月角骨遶眼圓起者名龍宮骨鼻上一骨起者至腦名曰伏犀骨耳兩畔溝腦骨高者名曰巨鼇兩眉毛入邊地稍高似角者

名曰龍角骨亦名補角骨以上九骨皆三品之相八額上骨圓大名曰天成骨顴勢入耳名壽骨兩耳後骨起名玉堂骨亦曰玉階骨項後骨起如雞子者名天柱骨亦貴相也

冥度　尺宅從髮際至地部一十三部位左右東西共二百三十五位其部分衆多其象類參雜若定取紋理黑子則吉凶之理淼然難見要其大只在於骨法神氣但先相其骨法觀其神氣則貴賤自明矣凡骨形已見以手揣而識之者名爲骨法骨形未見以眼看而識之者名爲骨氣骨法則止知見定之形骨氣則未見未來之事是知能辨骨氣者元於法也神有餘者形或不足形有餘者神或不足或俱有餘或俱不足視其骨察其心則神形可見蓋形麗於骨而神宅於心此是其主不必廣尋也經云心者形之主形者心之命也神主其心心主其形形體端足魂魄周全四體屈伸神精不散君臣相合四支相助自然之理者能知神者在於心心能清靜則神自生矣是故神稍清形稍緊者必爲富貴人也神稍濁形稍慢者必知其貧賤也老君之歌曰百劫廣修異骨生骨肉不合神非靈嶽收旌旗骨上生先看骨肉不聽聲

玉柱相成千萬兵次看地食廣能平天倉地庫連滿賊龍宫日月應天庭神形清潔君呼名審神察形自有程有此骨者必榮祿在天府仙洞經云天地之內人最靈直見一生推豪英

靈嶽　凡人受氣懷胎皆稟五行隻月男雙月女得其偏者形骨必俗稟其粹者神氣必全形有厚薄故福有淺深神有明暗故識有智愚雖吉凶貴賤紛綸不齊而神見於動作形備於骨法善惡有相可得而知今以精神氣色才智骨法次第考核設九成之徵以觀之一曰精神二曰魂魄三形貌四氣色五動止

六行藏七瞻視八才智九德行凡精彩分明爲一成魂神慷慨爲二成形貌端凝爲三成氣色明淨爲四成動止安詳爲五成行藏合義爲六成瞻視澄正爲七成才智應速爲八成德行可法爲九成又有九骨一曰顴骨二曰驛馬三將軍四日角五月角六龍宫七伏犀八巨鰲九龍角已上九骨凡有一骨起者亦爲一成老君歌曰顴骨成權合主兵驛馬分茅列土八將軍骨起將軍位日角月角佐明君龍骨清明好宫勳伏犀剌史隱衡門巨鰲遠貽尙書榮龍角玉枕三台臣九成八成臣中尊五成六成臣中成三成四成五品人一成二成有微勳有之不成不白身無成無骨永沉淪三品貴者皆識人識人必貴自通神靜魂清淨貴人親君須識覽洞中文

幽隱　凡人氣血之成出於毛髮毫白者主壽黑子上生毫者主貴相若頭髮老來勝者不宜壽鬢髮少白不宜壽眉耳生長毫者至壽眉生白毫玉堂骨起仙人之相背上生毛主學道術背上生毛凶惡之人兩眉上或臂上生毛主慈孝有祿腹上生毫大富膝下生毛者少官祿足下生毛者極仙品人若足生黑子有祿之人一孔三毫富貴之身圓面豐頂後面連

山勢起髮少者富貴之相也

河嶽　凡相人面五嶽欲其相朝四瀆欲其不混形神備足富貴之相所謂五嶽者頤爲恆嶽額爲衡嶽鼻爲嵩嶽左顴爲泰嶽右顴爲華嶽所謂四瀆者眼爲淮耳爲江口爲河鼻爲濟高成曰嶽深厚曰瀆嶽欲成而瀆欲淸若更精彩自足有威有儀眉接對無僞信行不欺此乃形神備足矣凡人言辭審正聲音安詳瞻視尊貴舉止沉隱折旋俯仰諸凡安貼使人見之不覺悚然生敬者蔡澤云第一上相之人有此威儀老君歌曰五嶽早成終不貧圓頭項短足珠珍

耳有垂珠度百春驛馬骨成主萬人巨鰲骨圓倚書身虎頭燕頷主騎兵鳳頭千闕受其榮從少至老不識貧如同靈鶴在凡羣又歌曰江淮河濟湛然清四海之中必振聲五嶽並無一嶽毁一年福盡一年生五嶽成來四瀆濁其人不富有官榮闕法原缺各分明爲丈位列三台貴爲武權持萬騎兵

心隱　夫欲相之必先試之性行相外乃得其真欲知其性行者察之於眼驗之于口則可見矣心者神明之舍目其竅也其神內守而其外明鑒故觀其眼可以知其心矣心主于火目主于木火木相生乃分

輪理心有五輪故目有五等所謂五等水火木金土之精也目如初月者屬水如鑾鈴者屬火如破梯者屬木如臥弓者屬金如圓杏者屬土初月之目壬癸之精水流不遠無信之相也鑾鈴之目丙丁之精禮樂情懷似火之德也破梯之目甲乙之精贍視瞬息似木之性直其間亦有虛妄不實者蓋木身雖直而果味不同故也臥弓之目庚辛之精弑父弑君陣亡兵死天生露精是也圓杏之目戊己之精忠孝信行似土之德言者心之聲也靈氣漏露發而成響神靜則辭寡神躁則辭多是以既察之于目又驗之于口多言數窮不如守中周廟金人三緘其口君子欲訥于言而敏于行故知多言無益最減人相凡人言語無統緒好撫人短處自持已長處此人也輕薄無德衆所共惡摧挫失志禍從斯起矣夫聰明豁達者少逋執迷勾留者多滯是以君子之性通而不執小人之性執而不通君子有將來不期身貴而自貴雖不徼福而福自至焉小人無此去自望身榮而多得禍焉故曰凡欲相之必先試之凡閱人必詳察其骨狀似載棟樑者貴人也眼有神而魚尾遠者主有大祿天勢圓大旍亭廣博心目分明品位自崇瞬息不定

贍視不常心性不定之人也羊眼四白死於道路蜂目猪眼毒而多淫大小不等眉頭屈曲若下視者皆壽短之相精神不定目急者無信瞳子微小赤脈亂侵者並主惡死目下小者爲善相四大猖狂不自斂衣食必破除經云重瞳者未必爲貴眇目者未必爲賤仔細觀察相可知矣

貴德　金毛五色是鸞鳳之衣紫綬金章是朝天之服故知神不貴者其形永不期也人受天地五行之正氣一月精血凝二月胚胎成三月統血脈四月形體就五月能動轉六月毛髮生七月筋脈至八月臟

腑具九月穀氣在胃十月百神修具出于子亥之門然後成人蘊胚胎之眞粹稟靈骨于幽冥情欲旣萌遂生禍福事雖未兆神已先知發于五神是爲五色布在面部吉凶可知青憂白哭黑病赤災惟有黃色獨主喜慶更須紀四時瞻察隨本相以相生則災福之理昭然自見夫貴人者含靈受烝稟之于天和血脈形神降之于精髓山有玉而草木鮮水懷珠而波瀾媚人有貴氣者形神骨肉自然異于常倫無藝無才亦有大祿雖處貧賤之中人自欽仰此貴人之苗也但看禮度接對行步笑語精神自在異於衆人貴

人一見便加愛重保護願其顯達者是也老君之歌曰三品貴者皆識人此其象也賤人者雖能語而無神雖有形而無骨視其氣則不潤察其色則無光手足失墜筋節不續舉指慷慴作事乖違其精神語笑禮度接對一見可知更不在相也經云懷石投于江湖雖千年而不潤白玉投于沙泥至刧盡而轉明形薄者不可以任重神濁者必難以當祿元氣失者視之不遥元氣勝者望之愈遠氣貴者望之如雲霄氣賤者望之如糞土其根本深淺亦可知矣經云莽蒼無色終年貧黃髮亂垂乞爲伶腹淺尻薄無屋薪忽行視後多孤辛腦髮半垂少失親鶴頂結露不用論區區終日沒精神肉多口大蠐螬身縱得公卿命早屯更有掉腰蛇行人雖年百歲守孤貧

玉枕　兩耳上平爲百會前爲額後爲腦前爲星堂後腦爲玉枕枕之骨凡一十八般皆公侯富貴之相也今具骨法如後○車軸凵仰月⌒覆月口方枕冂一字)(背月卍十字八八字◎玉環⌒右撇⌒左撇☰三關○雞子㊅山字◎◎連枕∴品字⊤垂針▽懸針經云凡人有此骨者皆貴相如作僧道雖不貴有此玉枕者皆主壽凡人稍有玉枕但有骨微起者貴

主祿壽旺平下無者祿壽難遠婦人有之皆亦主貴矣

政和四年六月將仕郎充高郵軍學教授潘時竦校正

此下缺

之戊火爲難彼此雖同而實異蓋巳之難火是我尅他亥之難金是他來尅我要審言之宮中局乾壬申人卦氣若命居於此有本年祟關氣歲駕殿與驛馬貴人又得木局主用爲本然天理此宮以金火月爲三限須夜生則吉晝生減力若火交金金交月則爲可三限之用若金獨行又爲難火月夜生最爲用故爲身主用財又勝以水火爲田財夜獨行則宜夜用並行則宜晝用若夜中水火交行却是客星攻主木爲官星木守命木居寅爲命官入垣木居福德遷移皆爲吉用木入未得上盤亥字甚佳木臨八烝于辰

或者金傷爲碍不知八烝辰宮有金則忌辰之無金則是申子辰爲水局是水生木爲吉只木入酉與太陰居酉此爲申命入鬼鄉不可以身居閒極論此宮是無閒極蓋以酉金尅木也金在木左右若春月見之則不甚害乃春木盛而金柔不足畏也夏月金星背馳于西南乃夜中見之火盛金衰金不犯分更以夜生爲三限主是金星不能傷我惟秋金主煞

耳限十五年　耳若無珠者不貴若有珠者不貴何也難得正舍而生謂不得地也珠若生垂謂得地也向外貼者爲失地也若正月十五夜珠係白珠最爲上也若青白色光潤是也如豌豆大帶五顆者必建節若八月夜珠者次也四五品官也若帶三顆者合取一品係磁白珠也白榮潤六七品官也帶兩顆者有官無職若五月十五夜珠者下也係粉紅者是也如豌豆大帶五顆者四五品官也若帶三顆者如豌豆大七八品官也如三四顆者八九品官也有無官職如兩顆者無官而有權若粉紅者不光澤而圓者姉五月珠者多饒服弱反覆此巳上三等珠多要圓者貴不圓者減半取富貴輕向外貼是自立也若向裹貼者長富要耳貼輪而厚取富貴準也左耳不牢

妨父右耳不牢妨母不牢者無根也薄而無垂也

額限十年　若重額者爲人多樂也若天庭骨正者入廟堂又爲天頂者承以蔭爲白色光潤明也上至髮際下至眉齊若額不似熨者不貴熨者是明也如兩重額者合取二齊鬓生向前者初年多滯及犯了額者堪一齊也婦人有重額者多饒貧賤也多額者額上有附肉是也必食離合之財左額上有痣者陽人多不在家亡也若陽人有三骨者額上身邊骨起是也必過長上之基若有天倉是富人之根本若滿者富貴也不滿者反是夭短髮際下者必夭壽若山

根源不正平生三破左壁好者食祖基右壁好者食其妻祿合自立外財

眉限四年　若眉細長稀疎正平有彩者貴黑濃麁無光者不貴若陰人得正陰眉者平生多樂也若陽人得陽眉平生亦多樂也陰人得陽眉者敗陽人得陰眉者濫陽人有眉者必食陰人重疊之財若眉重者是眉上有肉附高也若男子眉不停者出子於眾母也如眉散逆必先棄前妻後就富妻此人命短及絕嗣有大德者減半若有勾者小背向下曲者是積行人也陽人陰眉散者必定妨妻多也向在小背者

妨兩三箇也散在大背者妨三五箇也若陰人得正陽眉者及散者妨五七夫若陽眉不正及散者妨兩三夫若十分陽眉散者必落娼陽人眉有角者是眉毛三五根成縷也必見兩三個妻也眉生四角者必見三五箇妻也眉角盛者妻多也若眉眼相近者不宜初子也注異有聖眉者合得陰人之財眉上有附肉高者是也注異有聖眉句疑有脫誤

眼限六年　眼中有神者貴無神者不貴必為人昏暗若七分內神者及第十分內神狀元取一齊眼裏有學神旺者為樂有才神者小貴夫剛骨有肉者積財巨萬剛骨不正者亦積財巨萬額上有若指甲潤者是剛骨也若正者三品官也不正者五六品官也婦人有剛骨者多妨夫及出子於眾父也三品以上貴能兼富四品以下富能兼貴眼裏無學神者或不秀者不高貴也視低無學神如無目人戲其三鼎婦人眼內有神者下也目斜視好殺也曰正視者平也豎睛平視者平安多遭冤枉之事眼神散者多發疾眼屬南方日月之宮是神之所舍外照萬物或開或閉灼然不見或秀或媚或威或惡長守黑白分明視物有力回顧有常掌三公之位不可逃也睛有三角

騎外露赤縷貫睛區區覓食相之下也眼中有三點神者必建節有兩點神五品官若眼左眼下有臥蠶者目下光潤如臥蠶之狀必主食僧道之祿若右眼下有臥蠶者必食陰人之祿若左下胞勻硬主三子之數右眼下胞勻硬主六子之數左右視高及神明者孫子多也於內有顯子也夫則覷其妻妻則覷其夫行業者為先謂如夫帶三子妻帶七八子者夫有行也有眼有眉紋者一個兄弟兩眉紋者是兩個兄弟若眉紋在裏者兄弟不得力有父紋者兄弟父子不到頭上胞為父下胞為子父宮胞硬則父送其子

子宮胞硬剛子送其父眼若悲啼兩角白仁多者兄弟多饒琛毋也若眼胞下迎上不過月餘上迎下不過百日兩相併若是早亡者有殺人者難殺在眼若壘睛垂視及斜視下視爲殺不散者澄湛爲上也 一

鼻限十年　若鼻不直聳者不貴有節必兩姓也若鼻近上有節者祖姓不真近下有節者自姓不眞鼻不藏竅不富如富者必側近有庫也若鼻壓四十五大破也聳者貴有庫者足鼻肥兩端紅潤者是也若有仙庫者足富貴有俗庫者足財庫在仙庫之下單庫者下半雙庫者雙也若鼻懸紋者多移落他鄉鼻

小及人中蹇者平生多動搖也眉過目人富也如狠目虎視全者富貴不全者富而不貴也只可同憂不可同樂

上下唇限二十年若口不方者不貴是一齊之齒四海之方圓合要方開要圓齒齊密者取富貴准也若齒有三十六個者大貴如稀少者及唇掀者賤如四海方圓高得助也唇紅齒白宮貴之苗也

頦限五年鬚疎鬚美者富貴得助頦下　有成脊肉者足富頦中有黶者限外有餘壽命七十有三勒腰黶者七十八不過減三年八九十者看餘豐滿也頦下旋生脊肉在頦骨下必主近有權也

論八限　眉耳額限初主耳限八限之先不欲焦黑及有粥衣主腎職有疾而不貴如猴人有者不妨世人只知無珠者不貴如貴者何也輪廓分明紅潤有力環也太抵耳不欲向前不欲低于眉謂耳低于眉不要反輪必破祖也風門不欲小無學之人也不欲上廣下狹父母早亡也虎形上尖下闊猴形人亦上尖熊形人上下勻停獸形下狹上延也如反輪不破祖下狹早亡父母風門小而有學者何也看其高于眉紅潤有氣也主初年駁雜當細辯之如行運男左

女右交生日後起有缺者在襁褓中有疾驗也十五生日交額十年之限也額有長理主早年不遂心有亂紋如波者小貴前三日不似熨者不貴也如貴者何也必是日月角分明及伏犀高顯天倉骨入兩府邊地弔庭輔骨此數骨爲之剛骨有一於此限至亦貴重額正者入廟堂陽人有三骨額上面邊有者是也川字骨正者五品人如有尅陷及瘢疵黑痣者八九品官須自立謂早年無可得之勢婦人額有骨者賤天中有圓骨主棄前夫就後夫此乃無德主殘疾於老年要日月角分明陽人若眉兩角上有山林字

主二千石祿婦人有者國夫人有山水字者主少年榮顯年邁必有求道之志太低要廣平有骨不欲鬢侵于馬主初年多滯山林鈌者子孫稀婦人亦如此子孫多者老年亦不得力也陽人兩額角有立紋主殺婦婦人有者主殺夫天庭遠無紋黃老之徒也天庭短者主夭淸鑒云有天者貴也頭是 有人者壽也鼻是主富貴兩全有地者富也頤是 豐滿重者亦富貴兩全二十六日生日後交眉限眉者左爲紫氣右爲月孛不欲相敗如小角散者主婦女防夫如一字者主有學竪立者不善終兩眉如八字男客亡女不正如斷

者及不光澤麄破者不等者有瘢痣者謂之眉殺斯人也無德陽眉者疎而秀有彩若男子得之平生多樂也陰眉者黑濃細者女人得之爲正妻婦人得陽眉爲正妻者何也必是墻壁平正及額好者爲貴男子得 陰眉平生多樂者何也必是有靑彩之色男有陽眉而覆眼者主榮婦人有陰眉極濃厚散者主身不榮此賤相也有角者是正妻無應驗者何也主眉上

必是峻高山林鈌也以上三限者是初主眉上

輔附馬食外飜祿重眉者主身閑有財帛婦人有者必伶俐 眼限鼻限上爲中主 眼者人之瞻視欲白睛少者貴三點神者及餘限有力者主建節眼神忽然出散者七日身亡上下臉相逆而塌四七日亡也如定者不妨止于大病如有紅絲貫睛者不善終正虎形人不妨下視斜視偷視者多陰賊女不貞烈孤淫之婦也男子眉眼相迎顏色黑者嫉妬奸猾之人不可相交婦人如眼有烏及濕者謂之寡婦守空牀之象婦人若神光不散顧盼有常精神不亂視姪邪主貴有夫人之稱眼偷視斜視下視看人不休者及言語多笑而媚者主娼妓之才也眼不欲露印不欲深臥蠶要明潤此全相也若臥蠶無光潤土色者

更亂紋出交侵者不貴孤獨之人也男子龍視虎望鷹視富貴兩全交三十六生日後鼻限山根爲始鼻梁平直準圓者貴也如不聳直貴者何也必有明潤之氣梁曲者男婦主淫山根若有紋者初年遭苦主三十六有災也年上紋者主門戶成敗壽上有者身多臨災準頭有主作事無成年上白者忽而見主傷財壽上忽而見者主獄亡準上有白色者主八相閑有傷損虎形人鼻露竅者不妨鷹鶴形人準尖年高壽低其餘露竅者四十五大破也如兩郡有庫者不妨臨年亦傷財有仙庫者富貴雙全蘭臺紅潤者是

也淨庫者減半若廷尉是也俗庫者蘭臺廷尉如潤似見不見紋者傷子雖有亦不孝四十六生日後交上唇欲要方　人中欲深長者主衣祿不缺人中上廣主初年得子下廣晩年得子人中勻停深長者主生貴子發達人中下闊者少閑上闊者老鰥許負云人中深長一世吉昌人中廣平養子不成人中漫漫無子可憐如不正及瘢痣者有妨此乃上唇之輔助也上唇紅潤者貴及紋理曲者定有災掀露齒者不睦六親好說是非無德之人也欲要下唇相應有氣不掀露爲贊相唇紅齒白富貴之苗若不言而自動

者是非之人也婦人亦如此爲人不和此二限而中主　下唇須爲末限　下唇欲紅西瓜子上下相應無缺陷亂紋者上唇爲君下唇爲臣相得爲潔淨言四海方圓者是也開要圓合要方承漿潤者衣食不缺世人只知齒露不貴露齒貴者何也必是人中深長唇紅齒白故舉一隅不以三隅反斯之謂也頦者地也豐滿及兩倉不陷主庄田奴僕金帛成家之象也若尖薄者主末年貧賤也無倉庫奴僕不全之相也若有亂紋侵者主失所移落也此二限爲末主俱十五年也

耳起不倒高如眉鼻不昂準頭齊三處皆應少年名播天下　此下原本脫落

耳詩

無輪　富貴詩　金木雙全廓無輪　風門容指主聰明
耳　榮華曰　端圓聳準朝羅計　富貴榮華判合名
輪飛　賤　詩　金木生衣一世貧　輪飛廓散主艱辛
廓散　曰　于中亦有爲官者　終是區區不出羣
耳珠　貴　詩　輪廓分明分外奇　耳珠朝口祿無虧
朝口　曰　常常紅潤主清貴　年少登科衆共知
耳內　貴　詩　耳白覷來勝面容　多才飽學祿盈豐

生毫　曰　當爲扶助朝中相　孔內生毫貴不同
圓耳　詩　耳損圓圓有數般　若然輪薄不須觀
損壽　曰　極嫌輪廓無分曉　六月炎天也道寒
耳反　孤獨　詩　耳反無珠福祿慳　更加黧黑禍綿綿
無珠　曰　木星若得無凶陷　却許將來壽數堅
耳輪　詩　枯淡輪翻貼肉生　耳珠無墜少精神
枯淡　曰　一生爲事無成就　雖有文章未顯榮
兔耳　無祿　詩　兔耳常忘卓且舒　上尖下大薄皮膚
聳起　曰　妻兒弟兄多無力　財祿宮中不至餘
平垣　壽　詩　耳如平垣喜非常　家道興隆有吉昌

耳富 曰 可與彭祖石崇並 富而必壽壽而康

齊眉 壽福詩 耳生輪廓起齊眉 此相如逢終不虧

耳祿 曰 實利虛名皆有分 一生福祿享耆頤

小 無祿詩 耳珠小墜又何如 東奔西走有事無

耳墜孤 曰 命淺可憐福祿薄 刑妻害子一身孤

反 末主詩 人如兩耳反生珠 歷盡風波沒坦途

耳珠好 曰 富貴少年誰敢許 老來佳景屬桑榆

墜 有福詩 耳若珠垂好墜輪 更兼風色與精神

耳輪 曰 一生衣食長溫飽 便是安閑享福人

佛性善詩 耳名佛耳不堪言 心善性慈極好閑

耳 曰 一柱名香經一卷 自然清福樂平安

反 少福 詩 凡人有此反輪耳 平生勞碌無休止

輪 曰 因何心地不安閑 招得相形能若是

小 中平 詩 小珠耳相本風流 也有歡娛也有愁

珠 曰 終是喜多愁却少 知機平穩老來休

方 詩 方耳原來相貌奇 聳白生來壽不虧

耳 曰 細小色黧命短薄 若還堅厚足豐衣

額其峻如立壁其廣如覆盂明而澤方而長者貴壽之相左側者妨父右側者妨母其上欲得不塌不尖無亂紋無凹無凸反此者迍蹇日月稜角而起者二千石印堂至天庭有骨隱而見者少年榮達又云二十八歲

邊地山林皆欲豐廣坑陷者貧賤

郭宗觀人有四學堂一曰眼爲官學堂為長而清有官而壽二曰額爲祿學堂其圓而正主忠信踈缺而小主狂妄也四曰耳門之前爲外學堂耳前豐滿光潤主文學聲響反此庸愚

額有黑氣顯者橫災於旬日內面若塗膏主獄亡兩地倉有黑氣者噎食病死承漿地閣有黑氣者主酒食有毒傷死七日內顯青色在承漿者主酒食而鬪爭青合有紅色者主七日內有遺災奸門有白氣者主妻有私通及傷害自身也有青紅色者主有祟日

月角忽然紅色起者主十日內得財也似紅不紅者主百日內得財鼻直有白氣色者主孝服井部有黑氣者主犯災金匱有青黑色者主傷財門閣有青色者主凶事入宅有黑色起于兩頰者四十日身亡

羅計星位 眉欲踈而秀平而闊主智信仁義秀而長者性聰敏眉過眼者豐富眉不覆眼者乏財左有旋紋者妨父右有旋紋者妨母麄濃者愚賤下壓眼者貧賤斜卓者性豪急頭起尾下者懦弱眉頭交者貧薄少兄弟不得力生毫長一二寸者主壽眉促而愁者孤獨骨稜起者迍否眉毛短骨起者性剛一眉爲人無

信義眉心有旋毛兄弟隻居自卓力稍得縱有妻兒氣不合又兩合恰如一字之狀又得鼻孔不昂耳孔容指此乃三處皆應此人有行義但執性剛强中年大發

人之有行也積於心而行於眉眉小角有似曲鉤者父母積德也自身多有行也故曰行在眉取盡者為大煞或二眉等而促及短破斷者字與紫氣有缺者為取盡臨事當細辨之

印堂名紫氣星 印堂闊而平二眉不相連更得蘭臺廷尉之處皆朝大貴矣主子孫顯達若狹而連主賤不習好人專習小輩祖業破盡妻子難為又無實學碌碌人也

鼻為中岳其形如木云云黯黑灰薄者不賤則夭隆高有梁者主壽而小者夭賤山根不得壓折勾紋者苦窮忙山根不折鼻梁不曲常常明朗晚年榮祿主妻賢淑若是無肉與人不足可宜善守不可與人交接

五嶽及有小氣所管衡如滿月南嶽泰如雞卵是東嶽華若方銀西嶽嵩若發圓中嶽恒如倒堤北嶽五嶽全者及餘皆好無尅陷者食祿主貴乾雍州陷者無　宅艮兗州陷者無食祿震青州陷者少仁德巽徐州陷者孤苦戌豫州陷者無田土此九州如有缺陷陷者限至必應雍州白色常潤冀州青黑色主酒色上亡兗州青紅色主吉昌青州青色吉豫州黃色其次常改青憂黑橫白凶赤官事黃吉隨四季觀之

虎頭龍腦將軍輔相之形額上有七相之紋理合乾坤之道龜鶴體官職富貴之資雀躭身亡家破宅之兆頭尖腦薄浪走他鄉露齒結喉失于鄉井女要脣紅齒白舉動去就低回男要耳鼻肥圓舉止祇敬嚴威畏見男貌似女女作男形眼光彩大而雄聲皮膚麁而行步大女人之窮相也眉小眼細面白聲雄接對失詳語話軟弱此男女之窮相也有威可畏貴人相也有形堪敬福人也有色可重媚人也骨格隆峻道義人也擁肉肥光徒使人也面貌凸凹庸賤人也眼多紫色剛烈人也眼多赤色惡性人也眼多白色淫邪人也眼多黃色疾病人也眼多青色真貴人也眼目低垂離別人也眼帶雌雄百般人也

雜論印堂項腰足　印有紅字宜官兩道紋者主刑一道印者破印不善有八字者貴潤者得助行滿無瘢痕痣者貴有雙條細者貴無肉成敗多也腰欲圓不欲滿足欲方厚此貴相也眉不欲早生毫年壯不

欲早肥肥不欲氣喘夭相也印堂闊而不富何也多是崚高不平臍乃一身脈胳所聚之地欲得深大深大者福壽之人也淺小者極下愚亦夭乃臍深容李富貴自起不可太突無智無慧臍生毛者主大貴生近陰者主下賤愚僻臍圓如錢富貴百年又云臍為五臟之總欲深潤不欲淺凸紫黑者為上有橫紋者主有壽

神骨馬相　神者藏于目男子有者貴骨在額天倉有氣色者馬在兩天倉兩頰骨耳邊謂之貴人有驅馬乘其駟馬車若求進之人若駟馬不肥塵暗者終

身不貴縱有成立亦不多時馬有白色者主行人半途而迴有紅黃色主吉昌有青黑色者主道路死亡之象

正猴人建節單猴人萬貫像猴人足富貴主立要猴形貧賤正牛形人二品熊形人四品偏熊人萬貫行熊敗熊貧賤正虎形人建節像虎形人七八品官畫虎形人十萬貫虎形人萬貫臥虎病虎形貧賤心疵鳳形人作宰輔猴形倉庫陷者身背向前合齒細青脣高耳不分明鼻高年壽低眼上輪覆下面眉如角弓天圓而短頰高聳眉行掉臂單猴有尅陷像猴要猴人笑語無度行不依經虎形上尖下闊頭短而圓項麄背骨高有肉髻眼白睛帶紅黑睛帶黃鼻山根微低年壽闊鼻頭露竅口闊紅潤聳肩行頦方指短脚短腰背微曲食如連雷睡乃哮吼秉生殺之權像人有尅陷者有一於此不為像人也畫虎人腰長睜目手足發有威風中行變低頭坐握手視物不轉睛權虎人減半餓虎面肥身瘦眼無神容貌不光澤牛形人面長項禿鬢稀額有肉角行步詳緩有心謀眼有紅縷鼻聳直頦微尖麄也正熊人面方頭圓項麄行不掉手腰軟身上毛髮多愛拭脣鼻準圓頦方耳

聳上下勻停故也行熊敗熊氣清身瘦不識綱常少信實也鳳形眉細長鬢清疎每有凌雲之志鼻衡直身細長餘外形當細求之不出乎此類也

聲至喉而沉響者貴在喉而出響者須自立發于中年先響而後破者無朋友獨强主先富後貴先低而後高遠主不得祖力中年貴發於千人之上善相也前後勻響者無破也主長富貴婦人有此聲者欲清而輕氣欲調而不急主榮貴旺夫自身守郡國夫人先高後低者妨前夫主淫先低後高主祖不高須自立亦妨前夫重濁遠振者主富妨夫多矣重濁而短

者主身貧賤若破者鬬亂之人也主夫不和若八限中無氣終身貧賤不令相也前言千尺之索者行也穿滿者太貴取盡者爲太殺行在眉鍾呂二眞人爲證也

夫形以養血血以養氣氣以養神故形全則血全血全則氣全氣全則神全也孟子今夫蹶者趨者是氣也而反動其心是知神能養血與氣神托氣而能安也氣不和則神暴而不安能安其神者其爲君子乎宜細而辨之乃爲善也寤則神遊於眼寐則神遊于心是其神出于形爲形之表也亦猶日月之光在萬

物而其神固在于日月之內也夫眼明則神清昏則神濁清者貴濁者賤清者寤多而寐少濁者寤少而寐多能觀其寤寐則知人貴賤也

斷及第　若面壯上耳有圓珠額似覆平眼中秀有神初年及第額要圓眼要神或有秀若鼻聳直中年及第眼要神秀鼻要附耳四海方圓末年及第三齊必正四品官也四齊入入廟堂若四齊有一缺必建節三齊之下二齊之上定難立也若虎形人必建節偏虎形人四五品官權虎形人主十萬貫睡如哮吼食如連雷畫虎萬貫飢虎貧賤正熊人八品官　偏熊人三萬貫行熊敗熊主貧賤猴人入廟堂正猴人建節象猴人足富貴偏猴人三萬貫單猴人萬貫要猴人貧賤依此五行之理推其富貴貧賤以類推之觸類而長之其他一切飛行之狀皆可知也所以舉一隅則不以三隅反母猪肥人肥在二十年以下十五以上者不過三十七八亡也知食不淋漓者善終猔猪肥人肥在二十以上二十五以下如不食肉善終若食肉者不過四十五六亡也若四十以上肥者謂之福肥長壽如婦人骨頭尖者必棄前夫後寵富夫此人無德主殘疾夭亡及絶嗣積德減半又注馬

在左右倉肉高彩紅色如小錢大是也剛骨如指甲紅潤者在天中是也又人有五像南人似北人貴北人似南人賤南人面如雞子北人面如斗底樣是也

斷富貴　神骨馬像者俱全大富貴雖十指如瓬瓦雙全然後足下要平平若神骨馬像俱不全者亦常人之命也相云非高命也夫人有駟馬乘其駟馬車生在孔雀之窩初年建節生在孔雀之門中年建節生在仙鶴之家末年建節在孔雀之家馬速貴速賤繫也富貴要聰明指甲如瓬瓦足下更平平止於富也

凶暴五章　眉尖眼雙竪赤縷貫瞳神氣亂精

神急凶亡不保身　骨節麄無比言高似虎威鼻梁垂劒脊凶暴必身危　羊眼口尖掀身麄坐更偏尖焦神氣露因此喪天年　鬢反若無德凶亡爲氣豪眼斜賢更避須中小人刀　横肉三拳面微徵貫赤筋目圓睛白凸性暴是凶八

惡死五章　刑殺帶豪强知君主惡傷眼頭尖尾大心暴必强艮　眉亂凶神起雙眸帶殺光額尖通口聚虎口遇豺狼　兩眼傾如劒雙眉起似鎗莫教身帶殺垂淚赴輒幢　睡眼開還合惟嫌露白睛假饒形相善生不保前程　口闊無收拾形麄眼帶凶莫教神氣暴賊死向山中

疾病五章　粥衣生兩耳面色帶黑塵旣竭天精位也暗看看喪其身　黄點滿天倉乾黑色不揚也應脾有疾積久見身亡　缺五字　日高氣不舒髮焦髭鬢赤肺病定難除青氣浮光見脣焦眼肉乾木肝也衰嫌面黑尤忌鼻頭酸　神亂及神痴心君定可疑脉闕須見血傷損更無時

夭折五章　縮脣並露齒神迷色帶烟三長連二短那得保終年　肉重皮膚急神强氣不舒結喉并露齒應死在中途　氣短精神慢眉濃眼色乾鬢焦神更白指日伴青鸞　睛黑雲烟起形虧骨不隆眼斜神更亂四九定歸空　口細背前凸頭低視不昂肥人如氣促妻子守空房　許負謂七寸之面不如一寸之心七寸之面易見一寸之心難測積行者難相損已益人爲樂帶殺人難相害人安已爲樂斯二端故難相也眉毛早白者不得壽二十生毫三十死三十生毫四十死四十以上生毫者主壽長有重眉者呼爲後印堂心定四十六七以上發財也

月波洞中記畢

采石瓜州記

光緒七年[illegible]重鐫于廣漢

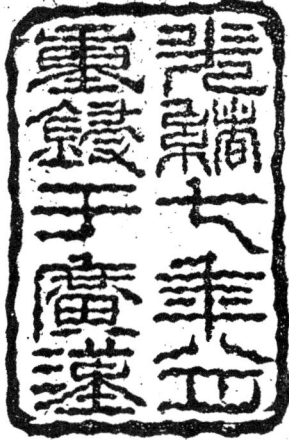

采石瓜州斃亮記序

此書見于奇晉齋叢談作斃亮記今名采石瓜州記存原名也陸梅谷云是書向無刊本抄帙甚多偶于馬雲衢齋頭借得善本又云此書不啻左氏之傳春秋又云閱古人傳記最苦史筆庸下此乃鐵中錚錚者其推崇可謂至矣余函海一書意在表章鄉先輩故梓行之而至其書則陸氏一跋詳矣無以易其言故並附載于書尾云羅江李調元雨村撰

采石瓜洲斃亮記

宋潼川蹇　駒撰　綿州　李　調元　雨村　定

紹興辛巳逆亮渝盟先是遣使賀天中節登對出悖
語要將相大臣乞割兩淮襄漢之地朝廷駭愕上
命宰相就都堂宣虜悖語侍從臺諫備虜之策宰
相又宣聖語今日更不問和與守只問戰當如何
亮已提兵駐汝州之温湯示渡江漢從上流以窺
吳會朝論欲遣殿閔提禁衛萬兵守襄漢中書舍
人虞允文言今虜爲疑形形我上流不足慮直恐
盡撤禁衛之兵萬一虜出兩淮異日何以應之不

從遂除成閔湖北京西路制置使以行未幾亮還
汴京

九月亮以重兵五萬號五十萬出淮東時劉錡爲淮
南浙西江東西路制置使京畿淮北京東河北東
路招討使拒之於楚州淸河口虜又以精鋭從壽
春渡淮淸遠軍節度使龍神衛四廂都指揮使建
康府駐劄御前諸軍統制王權拒之自淮退走次
合肥次柘皐而中軍以次濡須口事勢益危急

十月丙辰允文率四五侍從白宰相謂權奔走退師
已臨大江口和州必敗厥事而權又詐朝廷退師
益欲致虜深入自當其衝使李顯忠出其左邵宏
淵出其右夾攻之允文具疏其謬朝論猶幸權一
戰不主允文語

丁巳報權渡江朝廷震駭

戊午遣樞臣葉義問督視淮江允文爲叅贊洪邁馮
方等俱在幕府

庚午允文陛辭上勞曰卿詞臣不當遣然以卿洞熟
兵事始爲朕行上又曰朕固知和議之不足恃二
十餘年宮中錢物不敢輕用毫積寸累以爲今日
之備適義問亦以錢帛爲請朕已從內藏支付九

百萬矣卿須錢奏來朕所不敢惜但患事不立耳

辛酉錡兵敗自楚州盡棄淮東之地虜騎躡錡至皂
角林瓜洲之前錡將員琦拒之水提錡以病過江
允文次鎭江見錡問病因問今日事勢如此相公
何以爲教錡謾言曰兵凶器戰危事聖人不得已
方用之允文曰今逆虜席卷兩淮瞰長江我有腹
心之憂今日用兵莫當得一个不得已否乎錡又
曰錡直是不爱作他官職待告廟堂將制置招討
兩印納了允文笑曰相公不爱作他官職大是高
節但今國事如此自權敗事朝廷惝懼九重方有

蒙塵之憂相公欲携此印何處繳納錡語塞
十一月己巳亮兵次采石
壬申錡將劉汜敗於瓜洲知建康張燾益告急
甲戌督府次建康夜被旨罷權促赴都堂議事命允
文持書招池州駐劄御前都統制李顯忠會采石
以權兵授之
乙亥允文徑趨采石中路王權敗兵絡繹於道允文
採聽其言皆曰昨王權淮上只聲金不聲鼓蓋權
惟事走爾吾屬隸殿司馬今王權敗事棄馬奔軼
我輩徒走雖有技無所施相與哭於路旁

丙子允文遂宵征未到采石十五里間已聞北虜鼓
聲震地行道之人曰虜人以今日過江從者相覷
震恐皆曰事已至此舍人欲何之允文顧謂侍者
曰吾此行繫廟社安危事之濟否當以死報君父
鞭馬疾行午後至采石即走岸口望北岸賊硬寨
彌望逾數十里賊瞰江築高臺植黃繡旗各二中
張黃蓋亮躬擐甲據胡床手執紅旗指揮逆旅又
酌金盞飲諸酋以酒
先一日亮刑白馬牛羊豕各一祀天與諸酋歃血爲
盟決意以是日渡江而我軍星散無紀律允文急

遣人招一二統制官勞問次因訪問權所以致敗
之由皆曰權驕不恤士卒非虜之善勝權望敵奔
走未嘗履行陣耳允文曰汝輩今可一戰乎衆人
笑指北岸曰那邊體面怎抵當公徐曉之曰虜萬
一過江江南席卷無措足之地汝輩雖走欲何之
今控大江地利在我不如死中求活耳且朝廷養
汝輩三十年乃不能一戰以報國乎衆皆曰顧未
嘗不欲戰奈無當頭者允文覺其言可動倡言汝
輩止緣王權謬妄抵此今朝廷別差官管此軍矣
衆愕立曰差甚人允文諭之曰我亦朝廷官朝廷

差我來喚池州李顯忠交此軍事顯忠如何衆合
辭曰如用顯忠得人矣允文曰我本來視顯忠交
領軍事權既去顯忠未到適虜今日謀渡江當與
諸公戮力一戰官家發內藏金銀盡在此并給官
誥如節度承宣使已次某帶來看有功即書塡賞
不踰時衆皆曰如此却有分付當效命諸統制趨
出遞相告語須臾合軍皆曰有分付好厮殺稍間
諸將如張振王琪戴皐時俊盛新等復來即指盡
列馬步軍成陣分戈船爲五以其二傍東西岸行
其一駐中流載精甲以待戰其二藏小港以備不

測擺布僅畢北岸麾衆渡江呼聲動地有頃七舟泊南岸虜遵陸以官軍步戰我師少却允文時跨馬往來陣間督戰見統制時俊撫其背曰汝素以勇聞平生果决今顧怯懦耶俊回顧曰舍人在此即挾兩刃入陣盪擊我軍鏖戰虜不能支又疾麾戈船併進斷賊後岸上虜衆即投戈降先是虜意直恃衆欲逕跨江而渡故所用多小舟士卒滿載迫窄雖有器械無所施設而我之戈船檣壁樓櫓甚壯士卒用命遇敵船則衝撞劈斫所向全舟沉沒水爲之不流天色向晦虜猶未退會淮西潰散

官軍有從光州轉江而至者三百餘人允文撫勞授以旗鼓自山後轉出虜以爲援兵至遂引餘兵遁去或欲益進水軍掩前令虜兵不得去允文以爲歸師勿遏况虜懸師入寇多寡之數與我相懸若我軍小衂技窮明日遂無兵相支吾止命强弓弩襲其後追射之虜兵多傷至夜師旋計其岸上之屍凡二千七百餘人殺死萬戸一人生獲千戸五人女眞三百餘人死於中流者不勝計允文撫勞將士具捷聞朝廷諸將環坐見允文旁側樞府吏趨走甚恭方憚懼往往間起問吏舍人甚官職對此虞中書朝廷侍從也諸將趨下拜曰曩意舍人是閤門宣贊爾豈有文臣騎馬往來行陣乎允文執其手曰諸公何言相與共安危死生同之期於破賊以報國家允文因諭曰虜今雖敗然逆亮倘衆明日必復來乃謀令士卒夜渡江近北營前力之所不及即以矴石繫船爲陣又遣統制盛新以兵遏楊林河口先是虜得和州即自巢湖造船自楊林河出大江允文又意虜必以奇兵出此間我之不意故先遣新督兵遏之

丁丑北岸虜衆壁立我師以神臂挽强弓射之賊衆

披靡繼遣火船燒賊戰艦烟焰漲天少頃逆亮忽麾軍下臺從陸遁走是日逆亮命僞參政李通跪臺上口占辭爲僞詔遣張千校尉駕小舟來諭王權謂亮提兵往瓜洲又似與權有先約允文以其策雖出於用間然不可不以朝廷已行遣王權之事報之絶其覬望偶顯忠至即與顯忠議以書報之曰昨王權望風退舍使汝臯張至此今朝廷已將權重寘典刑今統兵官李世輔曩嘗捉二子今易名顯忠是也參謀前日奉使以一箭破的虞舍人是也汝欲瓜洲江渡江固有以相待無多詞見

諜遣所獲女眞奴婢二人賫往繼遣探騎五十過江知虜果退走揚州與瓜州兵合矣允文謂顯忠曰賊從采石之敗提大兵往瓜洲京口無戰備我欲行患兵少今采石虜既喫脚手不敢復此窺伺又長江邊面分屯防禦雖多其實緊要不過數處都統能任責輟一兩處兵馬應副如何顯忠曰惟舍人之命允文即移時俊兵馬於馬家渡令顯忠兼守之輟李捧全軍一萬六千人又分戈船百艘來會京口

庚辰允文次建康見義問知府尚書張燾聞允文至

步行來問勞甚懃曰燾所謂賴公之庇非完顏亮要初十來此會飦不知置燾何地諸公議遣往迎京口燾曰虞侯采石之勝虜以破膽是行無以易公允文笑曰允文固當行然憶俚語云主人得鼈於江欲計殺而食之烈火使釜水百沸橫竹稍其上與鼈誓曰能渡此活汝鼈知主人以計殺之勉力爬沙渡竟主人扣鼈曰汝能此甚善更爲我渡一遭我欲觀之僕行得無類是乎諸公大笑是日秦州已告急允文入劄子論江上事宜曰臣伏惟陛下孝德仁恩遠追堯舜天心人意無不助順避位之詔初下將士無不感激思奮况臣孤跡實叨希世非常之遇欲報之心神實臨之方江介多憂陛下宵旰未復常膳臣仰首霄漢之上豈勝憤惋此身如葉恨不捐糜比者采石之戰臣與統制官大破虜軍俘斬既衆遂走完顏亮而盡焚其舟皆宗社之休陛下威令神算之所及臣不勝幸甚嘗兩具其本末奏知必已仰塵睿覽及臣還建康沿江之北百餘里無復一人一騎虜之氣索矣臣至采石探知逆亮引兵會於淮東見開河於第二港艾陵之水通出船筏以窺京口李顯忠到軍即與

之商量分移時俊軍於馬家渡而顯忠兼守之輟李捧一全軍又分采石戈船百艘來援京口督府又留楊存忠邵宏淵同力防拒庶保萬全蓋臣以諸處探報知虜兵不多於官軍但彼合而我分故强弱之勢若相異自虜得兩淮其力漸分粮草之絶人馬多病死故意急急於采石之戰大敗又將僥幸於瓜洲今我之精兵聚於京口持重以待之一戰而勝逆亮歸遁無疑矣臣再聞士夫之論謂采江渡綱沙夾馬家渡大城皆以爲可憂臣因親行江上知其說謂爲不然蓋虜自和州可以出舟

於大江者止有一楊林河而已與采石相對餘皆下流無河道與大江相通近李顯忠探得楊林河中見今別無虜船叉官軍戰艦皆守河口下流諸渡非所憂也方逆亮往和州窮日夜之力造船意爲必有過人者故采石之戰官軍所用船才五之二以其三實上流及天色垂暮虜敗而走又不敢大段追襲防其戰艦出於不測也今乃止百十小船無襲蓋遮掩和州渡口所用者便欲以當戈船臣知其伎倆已盡無能爲矣初虜涉淮不旬日直抵大江之北臣詢之將士質之道路之言皆云劉錡王權未嘗敢與接戰逡巡引避有一日走數百里者非戰而不勝之罪也以此月八日之戰當諸軍扶傷奪氣之餘而舊將已去新將未至正人情危疑中尚能大破賊軍擊走虜酋使建康蕪湖間民皆奠安者士卒倚王人之重得以肆力於一戰也自顯忠到軍臣與之欵知其忠義敢前無彼我心往日見士大夫憂其反覆於臣觀之能立大功以報陛下者必此人也臣願以身任之今淮西之城猶云不守而廬濠等州山水寨民兵多近近又漸復無爲軍巢縣一帶已令池州官軍分屯守之

則裕溪大信口無虜船入池黃之境可固而采石上下必保無虞臣切料之只得京口一捷則江介之憂可去而兩淮之復庶不甚費兵力矣臣聞千金之子坐不垂堂況於萬乘之君而可履險臣嘗兩次口奏乞車駕且駐臨安亦蒙聖慈采錄其說今願陛下特審宸慮少緩六飛之發以須逆亮之奔北而徐圖之天下幸甚臣不勝惓惓憂君之誠惟陛下裁察

癸未允文至鎮江謁劉錡病已革允文問疾勢如何錡執允文手曰休問疾如何朝廷養兵三十年我輩一技無所施今日成大功乃出於一中書舍人我輩愧爾當死矣先遣一介報泰州連日大風未能行允文與楊存中成閔謀曰賊已瞰江當日嚴守禦之備今舟船方繫岸萬一不堪駕用誤事宜令戰士登舟按試且采石之敗虜氣已索欲間我不意是以來此今我反出其不意示以有備

辛卯次州槪是時止有戰船二十四隻相繼李顯忠所遣戈船亦至戰士踏船繞金山上下洄泝如飛北岸諸酋皆憑壘縱觀曰南軍爲備張設如此時亮已次揚州急遣人報亮亮跨馬即至列坐諸酋

會議一酋前跪曰南軍有備未可輕舉向觀所用舟楫迅使如飛此甯能當之且采石江面視此爲甚狹而我軍尚且不利不如徐爲謀以間其隙亮震怒拔劍數之曰汝罪當死數矣我不卽誅汝今沮吾軍事誰可恕酋哀懇久之亮曰赦汝汝率諸酋且日各將戰船百艘約五日必絶江違令先斬汝諸酋退曰南軍有備豈宜輕舉輕卽送死今亮以險狠拒諫吾等有言不從必殺我不如先下手爲强也遂定謀殺亮

乙未夜作南軍刼寨直至亮寢帳前後皆亮親兵誰

何諸酋云汝安往諸酋諭之曰我欲帳中幹事親兵縱諸酋入引弓射帳中亮被箭躍起猶挽弓欲射已而問曰你是江南人自家人應曰自家人卽卑辭祈懇曰汝殺我今日之命懸汝等必殺我速得死爲幸然我自去年十月至今日作無道理事宜汝等之殺我也諸酋連以數箭斃亮兼殺侍寢妃花不如等五人併殺梁大使郭副留馬韓欽哥李康政四人者皆爲虜謀南犯者花不如長安貧家女慧麗專寵凡打毬縱獵出入無不從之明日諸酋遂麾軍退屯三十里是日北人田政以亮死報我師繼遣探騎偵虜虛實知虜果移屯

十二月己亥以亮殺聞朝廷北虜亦懼亮之死欲按甲保境移文關報事聞朝廷遂議發允文見行在所稟事宜是時虜雖移屯兵尚駐東淮

甲辰允文至行在所上慰勞有加允文奏曰此廟社之靈陛下之英斷將士用命臣何力之有臣是行惟知以一死報國死職亦臣子之常事上嘉賞再三有旨第采石之功統制官張振時俊王琪盛新戴皐以功績顯者已推賞特與階官上更各轉三官其餘將士令李顯忠等保明取旨推恩允文奏

曰昨采石事勢可謂危急臣識振等行伍間許以重賞振等效死力戰致虜酋沮索弑死今三官不足以酬勞乞回臣在身官職以賞振等上曰朕曉得向江上甚風色得他輩宣力其功豈可忘尋有旨張振等就已轉三官落階官除正任承宣并觀察等使允文繼入文字論列今車駕進發而虜延蔓在淮東西而鎭江方對賊壘今當督淮上之兵斷虜之歸路徐發鎭江等處兵馬掩襲之舉可無噍類上深以爲然仍命允文至淮上措畫而諸軍先已過江矣上至建康朝議欲用張浚爲淮西宣

撫使楊存中暨允文爲副浚懇辭朝廷又欲除楊正使而以允文副之金安節劉珙舍人等繳駁以爲用存中不當事寢而允文遂有宣陝之命舍人虞傒平日雍容退然儒者臨國家大安危乃奮然以忠義殉國建振古不可及之功駒以門下士獲侍燕閒并從幕府諸公間或聞此事甚詳退錄之以報里中新友云

附錄

紹興辛巳親征手詔

朕履運中微遭家多難八陵廢祀可無抔土之悲二帝蒙塵莫續終天之痛皇族尙淪於沙漠神京尤汚於腥膻銜恨何窮待時而動未免屈身而事小廉期通好以息兵屬戎虜之無厭曾信盟之弗顧怙其篡奪之惡濟以貪殘之傷蒼天九重以高明爲可侮輒因賀使公肆嫚言指求將相之臣坐索漢淮之壤吠堯之犬謂秦無人朕姑務於含容彼尙飾其奸詐嘯厥醜類駈吾善良妖氛浸結於中原烽火遂交於蜀道皆朕威不足以震疊德不足以綏懷負爾萬邦於茲三紀撫心自悼流泣無涯方將躬縞素以啓行率貔貅以薄伐取細柳勞

軍之制考澶淵卻敵之規詔旨未頒懽聲四起歲星臨於吳分冀成淝水之勳鬭士倍於晉師當決韓原之勝尙賴股肱爪牙之士文武大小之臣戮力一心捐軀報國共雪侵凌之恥各肩恢復之圖播告遐邇明知朕意

進發手詔

朕以逆亮渝盟侵犯王略肆頒詔旨躬往視師久矣戒嚴屬茲進發凡遐邇股肱之郡大小文武之臣宜體朕心各揚爾職毋縱姦宄毋虐善良毋事征求毋擾獄市內則輯甯於封部外則式遏於寇攘共濟大勳永底丕乂故茲詔示想宜知悉

諭中原并諸國手詔

朕念中原赤子及諸國等人久爲金虜暴虐役使科歛或進爲奴婢已無生意又指吾舊疆百姓爲宋國殘民蹂藉殺戮無所顧惜朕聞之痛心疾首是用分遣大軍并進以救爾於塗炭想聞王師至必能相率歸順朕不惜官爵金帛以爲激賞若係有官之人並依見今元帶官職更不減口其有以土地來歸或能攻取城邑除爵賞外凡府庫所有悉以給賜朝廷所留唯器甲文書糧草而已如女

貞渤海契丹漢兒一應諸國人能歸順本朝其官爵賞賜並與中國人一般更不分別內燕北人昨被發遣歸國者蓋爲權臣所誤追悔無及今雖用事並許來歸當加爵賞勿復疑慮朕言不食有如皓日

閱古人傳記外志最苦史筆庸下若此乃鐵中錚錚者金先海陵紀甲子會舟師於瓜州渡期以明日渡江乙未浙西兵馬都統制完顏元宜等反帝遇弒以此書補之不啻左氏之傳春秋也是書向無刊本傳抄謬悞甚多偶於馬雲衢齋頭借得善本云從南宋太廟前尹家鋪行本影摹而得者讎勘精良爰即以付削氏又余嘗見虞允文手書釣堂帖吳匏菴跋謂采石之戰日星晦蒙江水震蕩功烈赫然疑其平日爲人有喑啞叱咤千人皆廢之狀乃觀其手帖詞語詳雅氣象雍容乃眞一書生耳暇日憶此帖復快讀此書犀觥爲之頓盡乾隆戊子九月十三日梅谷陸烜識

采石瓜洲斃亮記終

采石瓜州記跋

宋采石瓜州記宋澹川燮駒撰見於奇晉齋叢談作斃亮記今仍原名陸梅谷云是書尙無刊本抄誤甚多偶于馬雲衢齋頭借得善本又云此書不啻左氏之傳春秋又云閱古人傳記最苦史筆庸下此乃鐵中錚錚者其推崇可謂至矣余函海一書意在表章鄉先輩故梓行之而至其書則陸氏一跋詳矣無以易其言故並附載於書尾云童山李調元跋

光緒七年孟
重鐫于廣漢

產育寶慶集

原序

人有一念之善可以動天地感鬼神至其充大之則利益于世奚有限量人惟溺于私欲雖有善念爾汝其心差殊其見畦畛其用險隘福小不足觀矣趙君德脩公族之賢者其爲人也用心平處已正議論不阿曲事無纖巨一歸于是每念貧而病者艱于得藥惠施周急常恐不及非吉人爲善惟日不足者乎今又取諸家產方之得效者集爲一編鋟木廣施善念之充若火之然若泉之達莫之能禦則是方一出見者用者活者將不可勝計其利溥哉與世之有藥而不施施藥而秘其方者天淵矣劉四垣序

產育寶慶集總目

產育寶慶集卷上

宋 郭稽中 纂

第一論曰熱疾胎死腹中者何答曰因母患熱疾至六七日以後臟府極熱薰灼其胎是以致死緣兒身死冷不能自出但服黑神散煖其胎須臾胎氣温煖即自出何以知其胎之已死但看產婦舌色青者是其驗

黑神散

桂心 當歸 芍藥 甘草炙 乾薑炮 生地各一兩

黑豆二兩炒去皮 附子半兩炮去皮

右爲末每服二錢空心温酒調下一法無附子有蒲黃

陳言評曰夫姙娠謂之重身二命係焉將理失宜皆能損胎不特病熏灼所致或因傾仆驚恐出入觸冒及素有癥瘕積聚壞胎最多候其舌青即知子死養胎論云面青舌赤母死子生青唇吐涎子母俱死又有雙懷二胎或一死一生其候尤難知是非臨期觀變未易預述不可不備述也然以黑神散温胎未若補助產母使其氣正免致虛乏困頓胎自下矣催生丹殊勝黑神散

催生丹 治胎死腹中或產母氣乏委頓產道乾澁

蒼朮米泔浸二兩 桔梗一兩 陳皮六錢 白芷 桂心 甘草炙各三錢 當歸 川烏頭炮去皮尖 乾薑炮 厚朴製 南星炮 附子炮去皮臍 半夏湯洗七次 茯苓 芍藥各二兩 杏仁炒去皮尖 阿膠麩炒各二錢五分 川芎錢半 枳殼麩炒四錢 南木香一錢

右爲末每服一大錢溫酒下覺熱悶用新汲水調白蜜服

第二論曰難產者何答曰胎側有成形塊呼爲兒枕子欲生時枕破與敗血裹其子故難產但服勝金散逐其敗血即自生若逆生橫生並皆治之

勝金散

麝香一錢 鹽豉一兩用舊青布裹了燒令通紅急以乳槌研爲末

右共爲末取稱槌燒紅以酒淬之調下藥一錢七

陳言評曰產難不只胎側有兒枕破裹凝隨其胎息因緣自有難易其遇橫逆多因坐草太早努力過多兒轉未遠或已破水其血必乾致胎難轉若先露腳謂之逆先露手謂之橫法當以微針刺之使自縮入即服神應黑散以固其血必自轉生養生方云倉皇之間兩命所係不可不廣傳蓋贊黑散之功也或以鹽摖兒腳底抓搔之

神應黑散 治橫生逆生難產

百草霜 香白芷各等分

右爲末每服二錢童子小便好醋各一茶腳許調勻更以沸湯浸四五分服止一服見功甚者再服即分娩矣一名烏金散

第三論曰胎衣不下者何答曰母生子訖血流入衣中衣爲血所脹是故不得下治之稍變脹滿腹中以次上衝心胸疼痛喘急者難治但服奪命丹以速去衣中之血血散消脹治衣自下而無所患

奪命丹

附子半兩炮去皮臍 牡丹皮一兩 乾漆一分搗碎炒烟盡

右爲末釅醋一升大黃末一兩同熬成膏和藥丸如桐子大溫酒下五七丸不以時

牛膝湯 治產兒已出胞衣不下臍腹堅脹急痛甚及子死不得出

牛膝酒浸 瞿麥各四兩 滑石八兩 當歸酒浸 木通各六兩 葵子五兩

按陳言第三論闕

第四論曰產後血暈悶者何答曰產後氣血暴虛未得安靜血隨氣上迷亂心神故眼前生花極甚者令人悶絕不知人口噤神昏氣冷醫者不識呼爲暗風若作此治之病必難愈但服清魂散即愈

清魂散

澤蘭葉　人參各一分　荆芥穗一兩　川芎半兩

右爲末温酒熱湯各半盞調一錢急灌之下咽即開眼氣定省人事

陳言評曰產後眩暈頃刻害人須量虛實爲治若胸中宿有痰飲阻病不除產後多致眩暈又血盛

氣弱氣不使血逆而上攻此等皆非清魂可療仍用半夏茯苓湯血壅須用牡丹皮散但駃藥尤難輒用當識輕重所謂擾乎可擾擾亦無擾若氣血平人因去血多致暈者芎藭湯尤佳

半夏茯苓湯

半夏湯洗三兩　茯苓　熟地各一兩　陳皮　細辛

蘇葉　川芎　人參　芍藥　桔梗　甘草各六錢

右㕮咀每服四大錢水二盞薑七片煎七分去滓空心服有客熱煩渴口生瘡者去陳皮細辛加前胡知母腹冷下利者去地黃入桂心炒胃中虛熱大便秘小便澁加大黃一兩八錢去地黃加黃芩六錢

牡丹皮散　治產後血暈悶絕狼狽若口噤則拗開灌之必效

牡丹皮　大黃煨　芒硝各一兩　冬瓜子半合

桃仁三十七粒去皮尖

右㕮咀每服五錢水三盞煎至一盞半去滓入芒硝再煎分二服欲產先煎下以備緩急金匱以此治腸癰但分兩少異

芎藭湯方在第十三論

第五論曰產後口乾痞悶者何答曰產後榮衛大虛血氣未定食麪太早胃不能消化麪毒結聚於胃脘上薰胸中是以口乾煩渴心下痞悶醫者不識認爲胸膈壅滯以藥下之萬不得一但服見睍丸

見睍丸

薑黃　京三稜　蓽澄茄　陳皮去白　高良薑

人參　蓬莪茂

右七味等分爲末用細切蘿蔔漫火煮令爛研細將汁煮糊丸桐子大蘿蔔湯下三十丸不以時

陳言評曰產後口乾痞悶未必只因食麪或產母

內積憂煩外傷躁熱飲食甘辛使口乾痞悶當隨其所因調之可也煩心宜四物湯去地黃加人參烏梅煎若外傷燥熱看病何經當隨經爲治難以備舉飲食所傷見睍丸郤能作效(見四物湯方第六論)

第六論曰産後乍寒乍熱者何答曰陰陽不和敗血不散皆令乍寒乍熱産後血氣虚損陰陽不和陰勝則乍寒陽勝則乍熱陰陽相乘則或寒或熱若因産勞傷藏府血弱不得宣越故令敗血不散入於肺則熱入於脾則寒醫人若誤作瘧疾治之則謬矣陰陽不和宜增損四物湯敗血不散宜奪命丹又問二者

以何別答曰時有刺痛者敗血也但寒熱無他證者陰陽不和也增損四物湯不一皆隨病加減

增損四物湯

當歸 人參 芍藥 川芎 炮薑(各一兩) 甘草(炙四錢)

奪命丹(方見第三論)

右㕮咀每服四錢水一盞薑三片煎六分去滓熱服

陳言評曰乍寒乍熱榮衛不和難以輕議若其敗血不散豈止入脾肺二藏耶大抵一陰閉一陽卽作寒熱陰勝故寒陽勝故熱只可云敗血循經流入閉諸陰則寒閉諸陽則熱血氣與衛氣解則休遇再會而復作大調經散五種散入醋煎佳

大調經散 治産後血虚惡露未消氣爲敗濁凝滯榮衛不調陰陽相乘憎寒發熱或自汗或腫滿皆氣血未平之故也

大豆(一兩半炒去皮) 茯神(一兩) 眞琥珀(一錢)

右爲末濃煎烏頭紫蘇湯下

五積散 治感寒濕與脾胃氣閉腰腹痛及有積聚

蒼朮(米泔浸一宿二十兩) 桔梗(十兩) 陳皮(六兩) 白芷 甘草(炙) 當歸(各二兩) 川芎(一兩半) 芍藥 白茯苓 半夏(湯去滑各一兩) 麻黃(去節春夏二兩秋冬三兩) 乾薑(春夏三兩秋冬四兩) 厚朴(二兩薑製炒) 枳殼 桂(分兩原闕)

右先將前十二味㕮咀微炒令香取出當風凉之入後枳殼桂朴三味同爲細末每服三錢水一盞薑三片棗二枚煎七分食前温服産婦陣疎難産經二三日不生胎死腹中或産母氣乏委頓産道乾澁加順元散水七分酒三分煎相繼兩服氣血內和卽瘥胎死者不過三服當下

其順元散釐產母虛實加減

元順散

烏頭炮去皮尖二兩 附子炮去皮尖 天南星炮各一兩 木香半兩

右爲末同前法煎此藥治内外感寒脈沉伏遲細手足冷毛髮恂慄傷寒陰症大啜一二杯氣和汗出即愈

第七論曰產後四肢浮腫者何答曰產後敗血乘血傳積于五臟循經流入于四肢流淫日深却還不得腐壞如水故令四肢面目浮腫醫人不識便作水氣

治之凡治水流多用導水藥極能虛人夫產後既虛又以藥虛之是爲重虛往往多致夭枉但服調經散血行腫消即愈

調經散

沒藥另研 琥珀另研 桂心 赤芍藥 當歸各一錢 細辛 麝香另研各半錢

右爲末每服半錢用生薑汁温酒各少許調勻服

陳言評曰產後浮腫多端有自懷孕腫至產後不退者有產後失於將理外感風寒暑濕内作喜怒驚憂血與氣搏留滯經絡氣分血分不可不辨要當隨所因脈證治之宜得其情調經散治血分固效但力淺難憑不若吳茱萸湯枳實湯奪魄散大調經散皆要藥也

加減吳茱萸湯 治婦人藏氣本虛夙挾風冷胸隔滿痛腰脇絞刺嘔吐惡心飲食減少身面虛浮惡寒戰慄或泄利不止少氣羸困及因生產藏氣暴虛邪冷内勝宿疾轉甚

吳茱萸湯洗七次炒一兩半 桔梗 甘草炙 乾薑炮 麥冬去心 防風 細辛 當歸酒洗炒 半夏湯洗七次 茯苓 丹皮 桂心各半兩

右㕮咀每服四錢水一盞半煎七分去渣空心熱服

枳實湯 治心下堅大如盤邊如旋盤水飲所作名曰氣分

枳實麩炒去瓤一兩五錢 白朮一兩

右㕮咀每服四錢水一盞半煎七分去渣温服腹中軟即散

奪魄散 治婦人產後虛腫喘促利便即愈

生薑汁取 白麪各三兩 半夏七個湯洗去滑

右以生薑汁溲麪裹半夏爲七餅子炙焦熟爲

末熱水調一錢小便利爲效

大調經散 最治產後腫滿喘急煩渴小便不利方見第六論

第八論曰產後乍見鬼神者何答曰心主身之血脈因產傷耗血脈心氣則虛敗血停積上干于心心不受觸遂致心中煩燥起臥不安乍見鬼神言語顛倒醫工不識呼爲風邪如此治之必不得愈但服調經散每服加生龍腦一捻得睡即安

調經散方見第七論

按陳言第八論評闕

第九論曰產後不語者何答曰人心有七孔三毛產後血氣弱多致停積敗血閉于心竅神志不能明了又心氣通于舌心氣閉塞則舌亦强矣故令不語如此但服七珍散

七珍散

人參 石菖蒲 川芎 熟乾地黃各一兩 細辛一兩 防風 硃砂研各半兩

右爲末每服一錢薄荷湯調下不以時

按陳言第九論評闕

第十論曰產後腹痛又瀉利者何答曰產後腸胃虛怯寒邪易侵若未滿月飲冷當風乘虛入流于肓膜散于腸脇故腹痛作陣或如錐刀所刺流入大腸水穀不化洞泄腸鳴或下赤白胠脇䐜脹或走痛不定急服調中湯立愈若醫者以爲積滯攻之則禍不旋踵謹之

調中湯

良薑 當歸 桂心 芍藥 附子炮 川芎各一兩 甘草炙五錢

右㕮咀每服三錢七水三盞煎一盞去渣熱服

陳言評曰產後下利非止一證當隨所因而調之

既云飲冷當何所不至寒熱風濕本屬外因喜怒憂思還從自性況勞逸飢飽皆能致病若其洞泄可服調中赤白帶下非此能愈各隨門數別有正方今錄桃膠散白頭翁湯以備用餘從帶下門中選用之

沉香桃膠散 治產後利下赤白裹結後重疞刺疼痛等證

桃膠瓦上焙乾 沉香 蒲黃紙隔炒各等分

右爲末每服二錢陳米飲調下空心服

白頭翁湯 治產後下利虛極

白頭翁 甘草 阿膠各二兩 黃連 蘗皮去粗皮 秦皮去粗皮各二兩

右㕮咀每服四錢水一盞半煎七分去渣空心服

第十一論曰產後遍身疼痛者何答曰產後百節開張血脉流走遇氣弱則經絡肉分之間血多留滯累日不散則骨節不利筋脉引急故腰背不得轉側手脚不能動搖身熱頭痛也若醫以爲傷寒治之則汗出而筋動動使手足寒冷變生他病但服趂痛散以黙除之

趂痛散

牛膝 當歸 桂去皮 白朮 黃耆 獨活 生薑各五錢 薤白 甘草炙各一分

右爲粗末每服半兩水五盞煎至二盞去滓熱服

陳言評曰趂痛散不特治產後氣弱血滯兼能治太陽經感風頭疼腰背痛自汗發熱若其感寒傷食憂恐驚怒皆致身腫發熱頭痛况有蓐勞諸證尤甚趂痛散皆不能療不若五積散入醋煎用却不妨

第十二論曰產後大便秘澀者何答曰產後臥水血俱下腸胃虛竭津液不足是以大便秘澀不通也若過五六日腹中悶脹者此有燥糞在藏府以其乾澀未能出耳宜服麻仁丸以津潤之若誤以爲有熱而投之以寒藥則陽消陰長變動而出性命危也

麻仁丸

麻仁研 枳殼炙 人參 大黃各半兩

右爲末鍊蜜丸梧桐子大空心温湯下二十丸未通加丸數

陳言評曰產後不得利利者百無一生去血過多藏燥大便秘澀則固當滑之大黃似難輕用惟葱

涎調蠟茶爲丸復以葱茶下之必通

阿膠枳殼丸 治產後虛羸大便秘澀

阿膠 枳殼麩炒去瓤等分

右爲末蜜丸如梧桐子大別研滑石爲衣温酒下二十丸半日來未通再服

第十三論曰產後血崩者何答曰產臥傷耗經絡未得平復而勞役損動致血暴崩下淋瀝不止或因鹹酸不節傷蠹榮衛氣衰血弱亦變崩中若小腹滿痛肝經已壞爲難治急服固經丸以止之

固經丸

艾葉　赤石脂　補骨脂炒　木賊各半兩　附子一枚炮去皮臍

右爲末陳米飲和丸桐子大食前温酒下二十丸米飲亦得

陳言評曰血崩不是輕病况產後有此是謂重傷恐不止鹹酸不節而能致之多因憂驚恐恚藏氣不平或產後服斷血藥早致惡血不散鬱滿作堅亦成崩中固經丸似□責效不若大料煮芎藭當歸加芍藥湯候定續次隨證合諸藥治之爲得

芎藭散　治產後去血過多暈悶不省及傷胎去血參不止懸虛心煩眩暈頭重目暗耳聾舉頭欲倒諸證

芎藭　當歸洗去蘆焙乾各等分

右剉爲散每服四錢水一盞半煎七分去滓熱服

第十四論曰產後腹脹悶滿嘔吐不定者何答曰血散於脾胃脾受之不能運化精微而成腹脹胃受之則不得受納水穀而生吐逆醫者不識若以尋常治脹止吐藥療之病與藥不相干轉更傷動正氣疾愈難治但服抵聖湯必瘥

抵聖湯

赤芍藥　半夏湯洗七次　澤蘭葉　人參　陳皮各二錢　甘草一錢炙

右㕮咀作一劑水三碗薑半兩煎至兩盞去滓服

按陳言第十四論評闕

第十五論曰產後口鼻黑氣起及鼻衄者何答曰陽明者經脈之海起于鼻交頞中還出頰口交人中左之右右之左產後氣消血散榮衛不理散亂入於諸經却還不得故令口鼻黑起及變黑衄此緣產後虛熱變生此疾其疾不可治名曰胃絕肺敗不出力

按陳言第十五論評闕

第十六論曰產後喉中氣急喘者何答曰榮者血也衛者氣也榮行脈中衛行脈外相隨上下謂之榮衛因產所下過多榮血暴竭衛氣無主獨聚于肺中故令喘也此名孤陽絕陰爲難治若惡露不快敗血停凝上熏于肺亦令喘急如此但服奪命丹血出喘息自定

奪命丹方見第三論

陳言評曰產後喘急固可畏若是敗血上熏于肺猶可責效奪命丹若感風寒或因憂怒飲食鹹冷等奪命丹未可均濟况孤陽絕陰乎若榮血暴絕

宜大料煮芎藭湯亦自可救傷風寒宜旋覆花湯
性理鬱發宜小調經散用桑白皮杏仁煎湯調下
傷食宜見睍丸五積散見睍丸見第五論五積散見第六論芎藭湯見第十三論小調經散闕或卽第七論中調經散

旋覆花湯　治產後傷感風寒暑濕咳嗽喘滿痰涎壅塞坐臥不安甯

旋覆花　赤芍藥　半夏麴　前胡　麻黄去根節　荆芥穗　五味子　甘草炙　茯苓　杏仁各等分

右㕮咀每服四錢水一盞半薑五片棗一個煎七分去滓空心服

第十七論曰產後中風者何答曰產後五七日內强力下牀或一月之內傷于房室或懷憂發怒擾蕩冲和或因著灸傷動藏府得病之初眼澀口噤肌肉瞤搐以漸腰脊筋急強直者不可治此人作非偶爾中風所得也

陳言評曰問產後中風風是外邪血虛則或有中之者宜答以人作不可治問答不相領解如何開示後人立論之難有如此者若是中風當以脉辨看在何藏依經調之强力下牀月內房室憂愁著灸非中風類蓐勞性氣人邪治各有法非產後病不暇繇引學者識之

第十八論曰產後心痛者何答曰心者血之主人有伏宿寒因產大虛寒搏于血血凝不得消散其氣逆上衝繫於心之絡脉故心痛但以大巖蜜湯治之寒去則血脉温而經絡通心痛自止若誤以爲所傷療之則虛極寒益甚矣心絡寒甚傳之正經則變爲眞心痛朝發夕死夕發朝死藥不可輕用如此

大巖蜜湯

熟地　當歸　獨活　吳茱萸湯泡　乾薑炮　芍藥　桂心　甘草炙　小草各一兩　細辛半兩

右剉爲散每服半兩水三大盞煎至一盞去滓微熱服

陳言評曰產後心痛雖非產蓐常痛庸或有之凡痛未必便是血痛設是巖蜜湯豈可用熟地黄等藥泥血安能去痛此方本出千金用生乾地黄吳茱萸一升合准五兩乾薑三兩細辛治陳寒在下焦方本一兩却減作半兩制奇偶量病淺深自有品數不可妄意加減然以巖蜜湯治血痛不若失笑散用之更效

失笑散　治心腹痛欲死百藥不效服此頓愈

五靈脂　蒲黃微炒各等分

右爲細末先用釅醋調二盞熬成膏入水一盞

煎七分食前熱服

第十九論曰產後熱悶氣上轉爲脚氣者何答曰產臥血虛生熱復因春夏取凉過多地之蒸濕因足履之所以着而爲脚氣其狀熱悶瘛瘲驚悸心煩吐吐氣上皆其候也服小續命湯兩三劑必愈若醫者誤以逐敗血藥攻之敗血去而疾益增劇

小續命湯

麻黃去節湯泡　防已　人參　黃芩　桂心　甘草炙　白芍　川芎各一兩　杏仁一兩泡去皮尖炒　附子一枚泡去皮臍　防風一兩半

右剉爲散每服四大錢水一盞半薑七片棗二個

煎七分去渣不拘時服

陳言評曰脚氣固是常病未聞產後能轉爲者往往讀千金見產婦多此疾之語便出是證文辭害意可槩見矣是熱悶氣上如何令服續命湯此藥本主少陽經中風非均治諸經脚氣須要依脚氣方論陰陽經絡調之此涉專門未易輕論既非

產後要病更不繁引

第二十論曰產後汗出多而變痓風者何答曰產後血虛腠理不密故多汗因遇風邪搏之則變痓風也痓者口噤不開背强而直或發癇狀搖頭馬鳴身反折須臾復發氣息如絲宜速斡口灌小續命湯稍緩卽汗出如雨手拭不及者不可治

小續命湯見第十九篇

陳言評曰產後汗出多變痓痓亦令服續命湯此又難信既汗多如何更服麻黃官桂防已黃芩輩不若大豆紫湯爲佳大醫局方大聖散亦良藥也

大豆紫湯　治中風頭眩惡風治汗吐冷水及產後有病中風痱痓背强口噤直視煩熱

獨活一兩半　大豆半升　酒三升

右先浸獨活煎一二沸別炒大豆極焦烟出急投酒密封候冷去豆每服一二合許得少汗則愈日數十服此湯能去風消血結如姙娠振傷胎死腹中服此得痊

大聖散方闕

第二十一論曰產後所下過多虛極生風者何答曰婦人以榮血爲主因產血下太多氣無所主唇青肉

冷汗出目眩神昏命在須臾此但虛極生風也如此急服濟危上丹神昏艮若以風藥治之則誤矣

濟危上丹

乳香　五靈脂　硫黃研　大陰元精石研　陳皮去白　桑寄生　眞阿膠搗炙　卷柏生等分

右將上四味同研勻石器內微火上炒勿令焦再研極細後入餘藥末用地黃汁糊丸梧桐子大産後溫酒下二十丸當歸酒亦得

陳言評曰所下過多傷損虛竭少氣唇青肉冷汗出神昏此皆虛脫證何以謂之生風風是外嬴必自感冐中傷經絡然後發動藏府豈能自生風也風虛之說蓋因脈經云浮爲風爲虛此乃兩病合說在人迎則爲風在氣口則爲虛後學無識便謂風虛是一病謬濫之甚學者當知

產育寶慶集卷上畢

產育寶慶集卷下

宋　郭　稽　中　纂

產乳備要

娩乳大數方書浩博自非素習誰能適從危殆之間頗艱應用今採摭諸方論中將護要法及預備經效要用湯藥名曰產乳備要務從簡易以救倉卒

凡產婦合要備急湯藥並須預先修合題號恐臨時倉卒難致臨月愼勿多飲酒即依產圖方位擇深靜房室入月一日即貼借地法于房內北壁藁令香潔

安產藏衣方位此與太平聖惠方同但彼以支言而此以干該藏衣亦存之

正月丙位安產吉　壬位藏衣吉　丁天德藏衣吉

二月甲位安產吉　庚位藏衣吉　坤天德藏衣吉

三月壬位安產吉　丙位藏衣吉　壬天德藏衣吉

四月庚位安產吉　甲位藏衣吉　辛天德藏衣吉

五月丙位安產吉　壬位藏衣吉　乾天德藏衣吉

六月甲位安產吉　庚位藏衣吉　甲天德藏衣吉

七月壬位安產吉　丙位藏衣吉　癸天德藏衣吉

八月庚位安產吉　甲位藏衣吉　艮天德藏衣吉

九月丙位安產吉　壬位藏衣吉　丙天德藏衣吉

十月甲位安產吉　庚位藏衣吉　乙天德藏衣吉

十一月壬位安產吉　丙位藏衣吉　巽天德藏衣吉
十二月庚位安產吉　甲位藏衣吉　庚天德藏衣吉

凡欲生產切不得喧閙產婦房門常須關閉選一年高性和善產婆又選穩審謹慎家人一兩人扶持切不用揮霍致令產婦憂恐又忌閑雜外人喪孝穢濁之人瞻視若不慎之定是難產小兒若于腹中痛來但令扶行或行不得且立候行得便行或痛作陣眼中如火生此是兒回轉即進琥珀散一服直至行不得即扶上蓐草務要產婦惜力或心中熱悶取白蜜一匙新汲水調下或未解即吞生雞子一枚

琥珀散　治產後惡露不盡結聚小腹疼痛

琥珀（半兩）　當歸（三分剉微炒）　没藥（半斤）　青橘皮（半兩湯浸去白瓤焙）　赤芍藥（半兩）　木香（半兩）　桂心（半兩）　香附子（一兩）

右藥擣細為散不計時候以豆淋酒調下一錢若產後心空但時與琥珀散一服或煎芍藥湯進之更不用他治當進溫粥慎勿與熱食食熱則滯血或三五日內但覺腹中㽲痛兒枕未定即進定痛散二服

芍藥湯　治產後因血不快利氣上攻心腹疼痛

芍藥（二兩）　黄耆（剉）　白芷　人參　芎藭（切炒）　生乾地黄（焙）　甘草（炙各一兩）　白茯苓（去黑皮一兩半）

右為粗末每服三錢七水一盞煎取七分去滓入少許溫服不拘時候

芍藥湯　治產後虛乏不思飲食四肢昏倦心腹陣痛補虛治氣

當歸（切焙一兩半）　人參　肉桂　生薑（後入）　甘草（各一兩）　芍藥（一兩）

右為末每服三錢水二盞入棗二枚煎至一盞去滓溫服日三次

定痛散　治產後惡血不止腹內熱痛不可忍及兒枕未定

當歸（切焙）　芍藥（各二兩）　桂心（一兩或以川芎代之）

右為末每服二錢水酒共一盞生薑一塊彈子大拍破同煎至六分去滓溫服

大人生產自有時候痛不甚者名曰試痛宜須强行熟忍宜食軟飯若食飯不得即宜食粥及飲蜜漿勿令飢渴恐產婦無力困乏若經時不產進通靈散一服若生跟暖少許醋鹽與呷以童子小便調七寶散一服心中自然開爽不住燒磚石以醋沃之直至七

日要令產婦鼻中常聞醋氣宜燒茅香白朮皂莢等物愼勿令見穢惡若產訖忽覺心中昏悶或眼花如在舟車中卽是血暈急須服牡丹飲子黑神散

通靈散　催生

用蛇脫皮一條全者藥捲以蚯蚓泥裹燒黑近藥處泥些少用不妨細研爲末每服一錢溫酒調下

又方　治產後惡血不下兒枕不散小腹疼痛

細墨濃研半盞　好醋半盞　沒藥一分

右用童子小便少許同煎五七沸溫服不拘時候

七寶散　治初產後勻血和氣補虛壓驚悸

硃砂研如粉　桂心　乾薑炮　當歸切焙　川芎　人參　羚羊角灰　茯苓各等分

右各杵爲細末若產婦平和三臘以前直至滿月每日各取一小匙以羌活豆淋酒調下空心服若覺心胸煩熱卽減薑桂不卽加之腹痛加當歸心悶加羚羊角心中虛氣加桂不下食或惡心加人參虛戰加茯苓以意斟酌日二夜一服酒者以童便溫調下

牡丹飲子方缺

黑神散　防暈備急

驢護肝不拘多少以桑柴火燒以刀刮取黑媒更刮令盡研細入眞麝香少許如纔產了及覺血上衝心暈悶取一錢以熱酒和童子小便調下

薑粉散　纔產服化藥盪盡兒枕除百病源

當歸　官桂不見火　人參　茯苓　甘草　芍藥　知母　川芎　大黃略炒　黃耆　木香　草豆蔻　白朮　訶子　高良薑　靑橘皮去瓤　熟地黃少許

右除地黃外各等分焙乾次用附子一個中樣半兩者炮裂入眾藥生薑一片研收自然汁於碗器中停留一食久傾去淸汁取下面粉脚攤在蒻葉中入焙籠焙乾共合地黃搗羅爲末纔產後用末三錢水一盞薑三片棗子一個擘開同煎至七分乘熱喫喫後自然產母睡着半日以來睡覺再服全除却腹痛一日只可三服至九服不可多服肚中冷也

當歸血竭丸　治婦人產後惡物不下結聚成塊心胸痞悶臍下堅痛

當歸剉炒 血竭 蓬莪蒁炮 芍藥各二兩 五
靈脂四兩
右爲細末醋麪湖丸桐子大每服四十丸温酒下
或温粥飲下空心食前服
烏金散 治產後諸疾
紅芍藥 川當歸 乾薑 蒲黄 甘草 熟
乾地黄各一分
右各爲末別用黑豆一合炒令香熟去皮除蒲黄
與餘藥共杵爲細末於銀器中漫火炒紫色後入
蒲黄如產後別無疾每日服一盞豆淋酒調下更

不生諸疾若稍有不安服即愈如產後血逆心悶
腹搊痛一兩服立止
血竭散 治產後百疾
血竭 没藥剪碎
右等分輕手研細頻篩再研取盡爲度每服二錢
用小便合温酒半大盞煎一沸温調下纔產下一
服上床良久再服其惡血自循下行更不衝上免
生百病
保安丸 治產後三十六種冷血氣半身不遂手脚
疼諸疾並宜服之

赤茯苓去皮 牡丹皮 白芍藥各三分 吳茱萸
沉香各一分 人參去蘆 當歸焙洗切 桂去皮
牛膝酒浸 香白芷 木香 藁本去蘆 麻黄去根
節 川芎 附子炮去皮臍 細辛揀淨 藿香葉
甘草炙剉 寒水石燒 防風去蘆 桔根去蘆 蟬
殼去足翅各半兩 馬鳴退炙一兩 生乾地黄一兩
右爲細末煉蜜爲丸如小彈子大每日空心用温
酒化下一丸療八風十二痺疝瘕乳房中風淋血
積聚并治胎不安子死腹中不過三丸可不死胎
生衣不出一丸便效產前產後痢并赤白帶下及

嘔逆塡心疾氣煩滿一丸痊產後或產前腹中疼
痛遶臍下如刀刺相似一丸便止盡難月可日一
服至產不覺疼痛產前傷寒中風體如板煎麻黄
湯化下一丸立效經脉不通或頻併或赤白喫食
食味痰惡乍寒乍熱面赤脣焦手足煩疼遍身黑
點血斑一切病眼此藥悉愈每一丸細嚼宜空心
温湯送下
二聖散 治產前安胎產後惡血不盡及胎衣不下
羌活 川芎等分
右爲細末每服二大錢酒少許水七分沸調温服

方治產後血痛如刀刺

熟乾地黃　橘皮等分

右為末每服一錢粥飲調下尋常痛發可常服

方治產後頭痛大全良方作奇散

大川芎為末每服二錢水一盞煎至七分溫服立瘥

方治產後咳逆

石蓮炒熟十箇　丁香十箇

右為末用米三合煎十沸溫服

方治產後咳逆不止

狗膽一箇　硇砂　丁香　五靈脂各少許

右為末以狗膽丸如白豆大每服一丸生薑水磨下

方治產後小便不通

右用葱爛擣密調以紙花貼臍下

若三日後覺壯熱頭痛此是乳脈行即進玉露散二服或大小便祕澀或發寒熱頭痛四肢如碎此是蓐勞或產後大渴胎損吹妳咳嗽別生他疾及帶起宿患亦宜檢尋別方治之月內不宜多笑強起離牀行或作針線運動恣食生硬不避風脫衣洗當時雖無大損滿月後或成蓐勞手脚及腰腿酸重冷痛骨髓間颼颼如風吹縱有明醫卒不能療大都產婦將息須是百日方可平復大慎犯觸因此多致身體強直如角弓反張名曰蓐風遂至不救小可虛羸失於將補便成大患終身悔不及矣慎之慎之

玉露散　治產後乳脈行煩熱或大腸滯澀肌體疼痛涼膈壓熱下乳

茯苓　人參　甘草炙各半兩　桔梗　白芷　川芎各一兩　川大黃　當歸炒各一分　芍藥三分

右為末每服二平錢水一盞煎至七分溫服日三

臟腑洩瀉即除大黃

通泉散下妳

川山甲半兩醋浸炒令輕空　脂麻一合退皮　胡桃三箇去殼湯浸去皮　肉豆蔻麪包火內炮令麪焦去麪不用

增損四物湯與一便良方同云治產後乍寒乍熱無他痛處者陰陽不和只無人參

當歸　芍藥　人參　川芎　乾薑各一兩　甘草四錢炙

右為末每服二錢水一盞生薑五片同煎至六分去滓微熱服不以時

若產後四肢安和亦不用多喫酒藥緣氣虛禁持未得卻多昏眩唯飲童子小便無妨且勿平身側臥夜常須一人看承令豎起兩膝臥睡即須頻喚覺虛羸因乏無力心進理中丸七寶散七日外恐喫粥無味或虛乏無力即爛煮羊肉汁黃雌雞汁作粥未可喫肉亦不可喫生冷及硬物便成積滯之患常以淨黑豆一升炒令烟出以酒五升蒸淋入羌活一兩槌碎同浸常用此酒下藥或時飲一盞大辟風邪令諸疾不生

理中丸方缺

七寶散見前

方 治小兒傷食吐不止

丁香十粒 巴豆一個不出油只用殼 縮砂仁五箇 大烏梅一箇

右為細末丸如黍米大每服二三丸煎藿香湯下乳後服

經氣調治法

論曰經候者經脈之常候血氣運行恆久之度也陰陽愆伏則月候失常以致太過不及乍多乍少或前或後陰氣乘陽胞寒氣冷血不運行故乍少陽氣乘陰血熱流散故乍多陰過於陽則期前來陽過於陰則期後至久則或崩漏不止斷絕不行至使面色不澤臍腹時痛久不治之漸致虛損令人斷產便生他疾皆由衝任虛弱榮衛不調之所致也婦人賦柔弱之質易感易傷氣以榮養之血以滋潤之氣行則血隨而行氣滯則血凝而窒當調其陰陽順其血氣一有偏勝則經候不調百病生矣可不慎哉

滋陰丹 養血和氣理治榮衛充盛肌膚活血注顏服大補衝任衛順月經

熟乾地黃 生乾地黃 人參 白茯苓各二兩 黃耆 甘菊花 枸杞子 丹參 柏子仁炒 白芍藥各一兩

右為細末煉蜜丸如桐子大每服五十丸米飲下空心食前日進二三服

沒藥 治婦人水經不調肌體發熱飲食減少

沒藥 茺蔚子 乾薑 蒼朮 川芎 熟乾地黃 白芍藥 當歸各一兩 血竭半兩

右除血竭沒藥外㕮咀先炒茺蔚子焦黃色次下乾薑炒令黃次下蒼朮微黃色次下川芎等藥並令微黃色與血竭沒藥等同為細末醋煮麪糊為

丸桐子大每服五六十丸漸加至八九十空心食前温酒或醋湯亦得日進二服

地黃膏子　治婦人本藏血氣衰乏困倦無力或發困熱飲食減少並宜服之

熟地黃八兩　淨蜜十八兩

右將熟地黃為末同蜜熬成膏子丸桐子大空心食前每服四五十丸温酒下米飲亦得或作膏子酒化服不飲酒白湯亦得

八珍散　調和榮衛理順陰陽滋血養氣進美飲食

當歸　川芎　白芍藥　熟地黃　人參　茯

苓　甘草炙　縮砂仁各等分

右為粗末每服三錢水一大盞生薑七片棗三枚去核同煎三五沸去滓放温空心日進二服

萬病丸　治婦人久虛血氣衰少怠惰嗜臥飲食不進肌體瘦悴精神不足　十便良方名滋陰萬病丸　鄭汝明產經名內補丸

熟乾地黃　當歸各四兩

右為細末麪糊為丸桐子大空心食前每服五十丸温粥飲下

大保生丸　調和本氣治療諸疾滋補榮衛久服之大有功效

人參　藁本　白茯苓　當歸　赤石脂　生乾地黃　白芷　延胡索　肉桂去皮　白芍藥

白薇　川芎　白朮　甘草炙　沒藥　牡丹皮半兩

右為細末煉蜜和丸彈子大空心食前每服一丸溫酒下

六神湯　治脾氣不和榮衛不足怠惰困倦不嗜飲食服之補眞養氣進食充肌

當歸　熟地黃　川芎　地骨皮　黃耆　白芍藥各一兩

右為粗末每服五錢水一盞半煎至八分去滓空心溫服

當歸沒藥丸　治婦人眞氣虛憊血氣極少不能榮養致使經氣不來或發寒熱飲食減少怠惰嗜臥以致勞虛

當歸判炒　沒藥　天仙子炒黑色　乾薑炮　蒼朮炒黃色　芍藥　熟乾地黃　川芎各等分

右為細末麪糊為丸桐子大每服五十丸溫粥飲下食前服

活血散　治衝任氣虛經事不調或多或少或前或

後並皆治之
當歸　川芎　白芍藥　柴胡各四兩　肉桂去皮
二兩
右爲粗末每服五六錢水一盞半煎至七分去渣
稍熱食後服
詵詵丸　治衝任不和子藏怯弱或經墮胎後元氣
不復此藥常服調和衝任氣血
當歸　熟地黃各一兩　延胡索　澤蘭葉各一兩半
川芎　赤芍藥　白薇　人參　金釵石斛
各一兩　牡丹皮一兩

右爲細末醋麪糊爲丸桐子大每服五十丸空心
溫酒下或粥飲亦得
加味四物湯　治婦人衝任不調臍腹疼痛月事及
時不來及衝任大過致使陰陽不和或發寒熱減食
和飲欲成勞病
當歸　地黃　芍藥　川芎各一兩　柴胡半兩
黃芩二錢半
右㕮咀服食依前法
地髓煎丸　治婦人經氣不調虛煩發熱肌體瘦悴
形羸弱困飲食不進欲成勞病

熟乾地黃不計多少
右爲末煉蜜爲丸桐子大每服五十丸空心食前
溫粥飲下
當歸地黃丸　治婦人血氣不和月事不勻腰腿疼
痛
當歸　熟地黃　川芎　白芍藥各二兩　牡丹
皮　延胡索各一兩　人參　黃耆各半兩
右爲末煉蜜和丸桐子大每服三十丸米飲下食
前日二服平養氣血
滋血湯　治婦人皮聚毛落心肺俱損血脈虛弱月

水愆期益氣養血調進飲食
人參　白茯苓去皮　熟乾地黃　川芎　當歸
白芍藥　黃耆　乾山藥各一兩
右爲粗末每服五錢水一盞半煎至一盞去渣服
下
滋榮丸　治婦人本經衰弱愆期不來及有血結成
塊臍下堅硬疼痛不消並宜治之
熟乾地黃　人參　五味子　赤芍藥　當歸
遠志去苗　白茯苓去皮　牡丹皮　桂心　藁
本各一兩　防風　卷柏　細辛　山藥各半兩

白朮三錢

右爲細末錬密和丸桐子大每服三十丸食前空心温酒下日進三服

當歸㫒薑散　補養血氣去心腹疼悶脇肋脹滿經絡不調或赤白帶下腰脚疼痛一切痼疾

高㫒薑五兩　厚朴二兩去皮薑製　當歸二兩　桂二兩去皮

右爲粗末每服二錢水一盞艾十葉同煎至七分去渣食前熱服

抽刀散　治婦人心腹脇肋疼痛不忍産前後亦用

川烏頭炮去皮臍　牡丹皮　芍藥　乾薑炮　桂

心　沒藥　當歸各等分

右爲細末每服二錢熱酒調下不過三服輕可一服産後加紅花

禹餘糧散　治氣血傷衝任虛損崩傷帶漏久而不止或下如豆汁或成片如肝或五色相雜或赤白相兼臍腹冷痛面體痿黄心忪悸動發熱多汗四肢困倦飲食減少

禹餘糧醋淬　伏龍肝　赤石脂　白龍骨　牡礪　烏魚骨　桂去皮　浮石各等分

右爲末每服三錢煎烏梅湯調下食前服白多加牡礪龍骨烏魚骨赤多加赤石脂禹粮黄多加伏龍肝桂心隨症加治

禹餘粮丸　治婦人諸病方

桂去皮　禹餘粮燒醋淬　龍骨　人參　紫石英

川烏頭　桑寄生　杜仲去皮炒　五味子

遠志去心　澤瀉　當歸洗切焙　石斛去根　蓯蓉

乾薑各二兩　川椒去目炒出汗　牡礪燒　甘草炙

右爲末煉蜜爲丸桐子大每服二十丸米飲下漸加至三十丸日三服

五聖散　調益榮衛滋養氣血治衝任虛損月水不

調臍腹疼痛崩中漏下血瘕塊硬發歇俱疼姙娠宿理失宜胎動不安血下不止及産後乘虛風寒内搏惡露不下結生瘕聚小腹堅疼卽作寒

當歸　熟乾地黄　川芎　白芍藥各一兩　生乾地黄三兩

右爲末酒煮麪糊爲丸桐子大每服六七十丸食前温酒送下

延齡護寶丸　治婦人血藏虛損經候過多每行時暴下不可禁止因成崩中連日不斷致五臟空虛色瘦崩竭暫止日少復發不耐動搖小勞輒極劇此藥

但空心服大有效

禹餘粮石二兩燒醋淬七過 龍骨 人參 桂 赤石脂 紫石英研 熟地黃 杜仲去粗皮剉碎

桑寄生 續斷 香白芷 芎藭 當歸剉碎

遠志去心 金釵石斛去根炒 白茯苓去皮 阿膠炒 牡礪 五味子 艾葉各一兩

右爲末煉蜜爲丸梧子大每服四五十丸温粥飲下空心食前服

必效散 治婦人本經不調及崩漏不止

椶皮燒 木賊二兩去節燒灰存性研細 麝香一錢

右爲細末每服二錢食前溫酒調下

方 治肉損吐血

飛過麪不計多少微炒過濃磨細墨一茶脚調下二錢立效

方 治非時吐血

荆芥連根洗淨擣汁半盞飲之

又方

生地黃自然汁一盞槐花揀淨一兩用地黃汁炒槐花候地黃汁盡花乾每用三五十粒細嚼之

又方

新綿半兩燒令存性分二服濃煎人參湯調下

靈寶散 治血氣刺痛引兩肋疼痛及痃癖刺氣

丁香一錢半 木香一錢半 乳香一錢半 當歸 延胡索 白芍藥各半兩

右爲末每服一錢溫酒調下食前服

烏金散 治血崩漏下最治產後血崩并小產血崩漏下

椶櫚皮 烏梅 乾薑燒灰存性各等分

右爲末每服二大錢煎烏梅湯調溫服不以時

旋覆花丸 治停痰積飲在脇下久而不愈漸成大癖心腹脹滿羸瘦不能食食不消化喜睡乾嘔大小便或澀或利在腸中搖動有水聲或口乾好飲水漿兩脇痃痛服之必安久服根除

旋覆花去莖 桂去皮 枳實麩炒去瓤 人參各一兩

乾薑炮 芍藥 白朮各一兩一錢半 赤茯苓 狼毒 川烏頭炮去皮臍 礬石燒赤各一兩七錢半 芫花醋浸炒乾 吳茱萸湯浸去滑炒黃色 橘皮 細辛去苗葉

大黃微炒 黃芩去黑心 厚朴去皮生薑製 葶藶隔紙炒各七錢半 甘遂炒半兩

右為末細煉蜜和丸桐子大每服一十丸至二十丸日二服不拘時候

姙娠調養法

螽斯丸　治婦人無子術金城太守范羅謙上臣驗此術若服藥四十日無子請戮臣一家以令天下醫人又名賜子丸（陳無擇三因方作秦桂丸施圓端效方作白薇丸）

附子（生去皮臍）　白茯苓（去黑皮）　白薇　半夏（湯洗七次）

杜仲（去粗皮）　桂心　秦艽　厚朴（去麤皮各三）　防風　乾薑（生）　牛膝　沙參（各二錢）　細辛（去苗半兩）

人參（四錢）

右為細末鍊蜜丸如小豆大日服五十丸空心任下如覺無益稍加丸數為度如服七日後陰陽覺有娠三日後不可更服恐妻年二十七歲無子服此藥有娠又殘藥與前太子中舍宇文妻李氏年四十歲無子服此藥十三日有娠此藥名螽斯丸屢用屢驗此方不可不廣與人如夫不在家不可服

凡女人姙娠若素虛羸血氣不足體中有風氣心下多痰水者欲有胎喜病阻其狀顏色如常脈理和順但覺肢體沉重頭目昏眩不思飲食惡聞食氣多噉鹹酸心中憒憒不知患之所在以至三四月以後則大劇吐逆不能勝舉如此有證則宜服療阻病竹茹湯人參散地黃丸

竹茹湯（方闕）

人參散　治初娠惡食嘔逆

人參（一兩）　枳殼（三分麩炒去瓤）　厚朴（薑汁塗炙）　甘草（炙各半兩）

右為粗末每服四錢水一盞半入生薑彈子大一塊拍破同煎至七分去滓溫服不拘時候

地黃丸（方闕）

夫姙娠藏氣皆擁關節不利切不宜多睡食粘硬難化之物亦不須亂服湯藥大慎鍼灸惟須數步心神不得喪憂驚恐負重振動若覺胎藏不安腹中微痛心意煩悶四體昏倦宜服安胎順氣阿膠散近難月即服順胎保安散千金丸

阿膠散　治姙娠不問月數深淺因頓仆胎動不安腰腹痛或有所下或胎奔上刺心短氣

熟乾地黃（二兩細切）　艾葉（切焙黃）　當歸（切焙）　甘草（炙）　芍藥　川芎　阿膠（各一兩炙令燥）　黃耆（若虛羸加至一兩）

右爲末每服四錢水一盞半煎至八分溫服若胸中冷逆氣加生薑五片棗五枚同煎服

保安散　治姙娠胎氣不安心腹痛

當歸一兩半切焙　人參一兩　阿膠炙令燥　甘草炙各半兩

右爲末每服三大錢水一盞半入葱白一莖拍破煎至八分去滓食前溫服未定再服

千金丸　治産前後一切風冷血氣等候産前胎氣不安腰腹疼痛四肢昏倦姙娠臨月預合下每日空心一服臨産五臟不痛易産蓐中不生諸疾兼治産

後惡血不盡及胎衣不下增寒壯熱吐逆煩悶皮膚𤺋腫或血暈狂迷眼見神鬼能補勻血氣

金釵石斛別擣爲細末　秦艽　川椒去子微炒　細辛　防風　貝母麩炒微黃　熟乾地黃切焙　糯米　甘草炙各一分　當歸切焙　大麻仁　黃芩　乾薑炮　大豆蘗以黑豆生芽長二寸焙乾用各三分　石膏半分

右精擇爲末以煉蜜成劑八白中杵一千下分爲七十二丸擇除破天德月德日合每服一合溫酒調下産後産前赤白帶下溫酒嚼下産前後血氣薄荷湯嚼下月信不通當歸酒下臨産艱難或三五日難産及胎衣不下子死腹中橫生倒産死絶不語但心頭有熱氣用藥一丸京棗湯研化灌之下喉立差産後惡血不盡臍腹疼痛嘔吐壯熱憎寒煩悶月候不調或少肢體虛怠皮膚浮腫産血不止虛勞中風口噤不語半身不遂産前後赤白痢大小便秘澁血暈狂語頭痛面色萎黃漸成勞瘵飲食無味並溫酒研下一丸産前臨月每日一丸至臨産用當歸酒下一兩丸催生五臟不痛易生

救生散　安胎益氣易産

人參半兩　訶子麪裹煨令熟去核　白朮剉炒黃　陳橘皮去白炒　大麥蘗炒黃　神麴細剉炒黃各半兩

右爲末每服二錢水一盞煎至六分空心溫服八月加一倍水二盞煎一盞溫服能令兒緊小乳母一無患十月厥陰行令地氣不收冬氣不藏萬物反生時有濛霧人病關閉不禁心痛陽氣不收孕嗽婦多暴死及墮胎之病宜服娛肝藥以治之治婦人胎動不安方無問太歲但寅申年十月瀕有濛霧淒淸之化孕婦有胎動不安之病宜進後方

方

人參一分 防風一分 當歸一分 五味子一分 白朮一分 續斷一分 川芎半兩 桑寄生三分 甘草三銖 細辛三銖

右為末每服一錢水一大盞煎至七分空心去滓服

方 治妊娠患時疾

黃芩如錐尖者 鬱金各一兩

右為末每服一錢板藍根地黃水下汗出效未得汗再服即差夏子益衛生十全方內有白朮一錢

石脂散 治妊娠瀉痢

赤石脂六錢 乾黃四錢 糯米一合炒黃

右為末分為二服水二盞煎至一盞食前溫服

戊巳丸 治泄瀉水穀不分謂之飧泄方缺

產育寶慶集卷下畢

顱顖經

光緒七年辛巳重鋟于廣漢

顱顖經二卷考之歷代史志自唐藝文志以上皆無此名至宋藝文志始有師巫顱顖經二卷著於錄今檢此書前有序文一篇稱王母金文黃帝得之昇天秘藏金匱名曰內經百姓莫可見之後穆王賢士師巫於崆峒山得而釋之云云其所言師巫與宋志相合當卽此本王砅素問注第七卷內有師氏藏之一語可證其名顱顖者按首骨曰顱靈蓋曰顖殆因小兒初生顱顖未合證治各別故取以名其書首論脉候至數之法小兒與大人不同次論受病之本與治療之術皆極中肯綮要言不繁次論火丹證治分別

十五名目皆他書所未嘗見其論襍證亦多秘方非後世俗醫所可及蓋必別有師承故能精晰如此宋史方技傳載乙始以顱顖經著名至京師視長公主疾授翰林醫學錢乙小兒科冠絕一代而其源實出於此亦可知其由來者遠矣舊目釐爲二卷今梓以行俾不至無傳於後焉雨村李調元序

顱顖經序畢

顱顖經原序

夫顱顖者謂天地陰陽化成顱顖故受名也嘗覽黃帝內傳王母金文始演四序二儀陰陽之術三才一元之道採御靈機黃帝得之昇天秘藏金匱名曰內經百姓莫可見之後穆王賢士師巫於崆峒山得而釋之敘天地大德陰陽化功父母交和中成胎質夌自精凝血室見感陽與血八精宮女隨陰住故以清氣降而陽谷生濁氣升而陰井盛也甚者二儀互換五氣相參目覩元機非賢莫達謂眞陰錯雜使精血聚而成殃陽發異端感榮衛合而有疾遂使嬰兒纔養驚候多生庸愚不測始末亂施攻療便致枉損嬰兒呼哉呼哉遂究古言尋察端由敘成疾目曰顱顖經焉眞憑辯證乃定死生後學之流審依濟疾天和太淸降乘赤海眞一元氣乘之則母情先搖蕩漾熾然是陽盛發陰當姙男也六脈諸經皆舉其陽證所謂姙衰不勝藏氣則觸忤而便傷姙勝而氣劣則母疾三五月而發皆隨五藏心藏乾而口舌乾肺藏渴而多涕發寒肝藏邪而胲酸多痲脾藏發而嘔逆惡食腎藏困而軟弱無力藏姙氣平則和而無苦胎若劣而強得藏養至生亦乃多疾二儀純陰之證昇雜

眞一者謂陰發陽則父情薄姙當成女也六脈諸經皆發陰證若血盛氣衰則肥而劣氣若氣盛血衰則瘦而壯氣餘藏姙之氣皆同男說孩子處母腹之內時受化和之正氣分陰陽之紀綱天地降靈十月而化萬物以生成隨其時變大理淸純化成祥瑞之基全眞道一故生成焉一月而胚精血凝也二月爲胎形兆分也三月陽爲三魂動以生也四月陰靈爲七魄靜鎭形也五月五行分藏安神也六月六律定腑滋靈也七月精開竅通光明也八月元神具降眞靈也九月布宮室以生人也十月氣足萬物成也大乙眞元在頭曰泥丸總衆神也得諸百靈以禦邪氣陶甄萬類以靜爲源是知愼於調護即以守恬和可以保長生耳故小兒瘦病蓋他人之過也

顱顖經卷上

宋 闕 名 撰 綿州 李調元 校

脈法

凡孩子三歲以下呼爲純陽元氣未散若有脈候卽須於一寸取之不得同大人分寸其脈候未來呼之脈來三至吸之脈來三至呼吸定息一至此爲無患矣所言定息呼氣未出吸氣未入定息之中又至此是平和也若以大人脈五至取之卽差矣如此七至已上卽爲有氣或脈如弓之張弦此爲有氣並可依後方合藥治之或七至以下此爲冷候亦宜依後方

合藥療之或診候取平或忽而不見沉浮不定伏益根平者此爲神鬼之病且合求祟續宜使藥或桃柳枝湯浴煎飲子爲使一兩顆桃心

孩子脈呼吸十五至已上三至以下皆死矣

病證

初生小兒鵝口撮噤並是出胎客風着顱臍致有此可以小艾三壯及烙之愈

初生小兒至夜啼者是有瘀血腹痛夜乘陰而痛則啼

初生小兒一月內乳痢如膠是母寒氣傷胃所致也

初生小兒一月內乳痢如血是母胸有滯熱所作也

初生小兒一月內兩眼赤者亦在胎之時母喫炙煿熱麪壅滯氣入胎中熏兒腦所致也

小兒温熱皆因從氣實而搏胃氣然若下之平氣卽愈氣虛則生驚而變癎

小兒驚癎一從虛邪客熱相搏而生其後當用補養安和卽愈加以性冷及太過卽死

小兒嗽逆吐皆胃氣虛逆氣客於藏氣而作當和胃養氣至下如冷卽極小兒霍亂吐逆皆胃氣與陰陽氣上下交爭而作當用分和補藥調養卽愈餘皆死

小兒客忤無辜皆因客人所觸及暴露星月小兒嫩弱所以此候多惡

小兒一眼青揉癢是肝疳二齒焦是骨疳三肉色鼻中乾是脾疳四皮乾肉裂是筋疳五髮焦黃是血疳六舌上生瘡是心疳七愛喫泥土是脾疳孩子肌骨肥實皮膚白無故煩渴此是小兒妳猛衝損肺但依後方內用甘草人參合飲之若氣急甚胸脹起鼻連眼下臉青色呻吟之聲者此必死之兆不得與藥

孩子痢如泔澱者難效痢如鵝鴨血者脾已爛損不宜與藥

孩子凡有諸色疾苦但眼臉下垂牽必定死矣

孩子瘧皆難效或發無時即口噤咬牙作聲此必死矣呼爲癧瘠瘠瘧亦名爲鎖腸瘠

孩子渴喫乳食夜啼作聲此即是腹肚痛

孩子無故搖頭此是腦頂痛

孩子喫乳食皆出此是脾冷

孩子無故肚大頂細四肢消瘦筋脈骨節起自是小來少乳嚼食與喫早成骨熱瘠勞先宜與保童丸喫續與柴胡鱉甲飲（保童丸方見一切瘠門中　柴胡飲子方見行遲門中）

孩兒頭面胷膊肌厚臂脛細瘦行走遲者是小持也

損

孩子鼻流清涕或鼻下赤痒此是腦中鼻中瘠極宜用後方青黛散吹鼻兼傅下赤爛處（方見瘠疾吹鼻門中）

已前並診候孩子疾狀孩子氣脈未調藏府胞薄腠理開踈看脈以時依方用藥

孩子或夏中熱時因乳母沐浴多使冷水妳得冷氣血脈皆伏見孩兒氣未定便與妳使孩子多胃毒及赤白兩般惡痢此乃是妳母之過凡浴後令定息良久候氣定揉與之即令無患

師巫燒錢乳母須預祝之勿令着水噴兒皆令驚熱入心轉成患害切細慎之

凡孩子自生但任陰陽推移即每六十日一度變蒸此骨節長來四肢發熱或不下食乳遇如此之時上脣有珠子如粟粒大此呼爲變蒸珠子依後方退熱飲子療之不宜別與方藥（幼幼新書註云顱顖以下六十日爲一變巢氏病源以三十二日爲一變說有不同故兼存之）

驚癇癲證治

牛黃丸　治小兒胎驚及癇或心熱

牛黃　龍齒　馬牙硝

鐵焰粉（各等分）

右爲細末鍊蜜丸如梧桐子大每日乳食前熱水調破一丸灌下令母忌口

又牛黃丸　治孩子驚熱入心擬成癇疾而色不定啼哭不出潮熱無度不吃乳食大段眼翻露白手足逆冷呼喚不應

牛黃（研）　大黃　獨活（各一分）

升麻　琥珀（炙別研）　大麻仁（別研各二兩）

右爲末蜜丸如梧桐子大空心熱水下一丸頓服之食後再服一丸至十於閣各金銀箔各五片忌煿炙毒物

虎睛丸　治孩兒風癇驚啼不吃乳

虎睛一隻　犀角　子芩各等分

梔子仁　大黃各十分

右五味爲細末鍊蜜丸如梧桐子大驚啼不吃妳乳汁下七丸風癇米飲下五丸至七丸小兒減丸數取利爲度忌毒物若有虛熱加知母六分

又虎睛丸　治小兒孩子二十四種驚癇壯熱抽掣腳手嘔吐夜啼眼腫

虎睛一隻聖惠用一對　梔子仁　茯苓各二分

牛黃少許聖惠用一兩　大黃各四　犀角末一分聖惠用二兩

人參一分聖惠用一兩　鈎藤四分　黃芩一分聖惠用一兩

蛇退七寸燒灰聖惠用一分

右爲末蜜丸如黍米大空心熱水下隨年丸輕者一服重者三服妳汁下亦得聖惠熱水下忌妳母一切生冷油膩毒物

癇疾方　治孩子驚癇不知迷悶嚼舌仰目

牛黃一大豆

右爲細末研和蜜水服之

二十味虎睛丸　治孩子從一歲至大癲發無時口出白沫小便淋瀝不和

虎睛一隻生眼佳煤酒浸令黃色　真珠　蜂房各三錢

麻黃二分去節　鈎藤三分　鐵精

防葵　大黃　子芩

龍齒　銀肖　梔子仁

羌活各四分　柴胡　升麻

白鮮皮　雷丸燒令赤　人參各二分

細辛一分半　蛇皮五寸炙　石膏五分

蚱蟬四枚去翅足炙

右爲末蜜丸如赤豆大四五歲五丸日再服大兒十丸濃煎米飲下忌生冷油膩

癇痴證治

保童丸　治小兒孩子諸色癇候或腹內虛脹驚癇頭髮立常咬手指脊骱脊勞臂脛細弱仍立不得及鼻下常赤清涕涎流不止舌上生瘡腦癇口癇腹上筋脈

虎睛半隻　硃砂　麝香各一錢

牛黃　龍腦　巴豆

芎藭　桔梗　枳殼

檀香　茯神　人參

當歸　羌活　代赭

雞風　白朮各半兩

右爲細末下香砂巴豆勻鍊蜜丸如梧桐子大一歲至五歲每日一丸十歲每日兩丸並空心米飲下但稍知孩子病甚即加藥與之孩子未較妳母忌生冷油膩炙煿毒魚大蒜米醋

又方　治孩子疳痢諸色疳病一十五種病狀一腹大二皮膚黑黄三骨節麤四眼赤五口赤六鼻中生瘡七頭髮黄八咬指甲九愛喫土十愛喫甜食十一身熱十二頭大十三臍凸十四項細十五面無光並宜常服保童丸方

朱砂半分　牛黄　麝香

蟾酥各少許　阿魏一分

右先將朱砂於乳器中研如粉入諸藥一時以蒸餅爲丸忌羊血等

又方　治孩子疳氣或臟肚脹上筋脈頭大項細喫物不知足夜中即起腹内長鳴

大黄一兩　陳橘皮二兩浸二日曬乾　酸醋二合

蜣蜋二十個去翅足子熱燒醋安之以炒盝地上去火毒候冷取出炒過

右爲末蜜丸如梧桐子大每日空心熱水下十丸忌如常

紫雪圓方　治小兒五疳兼腹脹虚脹疳氣煩悶或時燥渴

大黄　黄連　代赭各二分

朱砂　麝香各少許　杏仁去皮尖別研

肉豆蔻　巴豆去皮以冷水浸別研各一兩

右爲細末蜜丸如赤豆大每服空心米飲下一圓五歲十歲只可服五丸臨時加減忌冷水油膩炙煿

朱砂丸　治孩子疳痢辨蟲顔色定吉凶

朱砂半石蓮大　阿魏如朱砂大　蝙蝠血三二滴

蟾酥少許

右爲細末和少許口脂調先以桃柳枝煎湯浴兒後看小兒大小以菉豆大塡兒臍中後用紙片可臍中貼之用青衣蓋兒看蟲出來黄色輕青黑色重

青黛散　治孩子鼻流清涕或鼻下赤爛

青黛一錢　蘆會半錢　地龍半錢

朱砂一字　瓜蔕半錢　細辛一錢

宣連半錢

右爲細末和合吹鼻中入麝香少許

保童丸

硃砂　麝香　新蟾酥各等分

右研合成劑合子內盛丸如麻子大又於一合子內浸一丸以筋頭點入鼻中亦名問命丸但孩子病甚即與吹之或得七嚏可以治之五嚏即甚三兩嚏必死矣此不可深着水浸臨時入水亦不畏

益腦丸　治孩子腦疳鼻癢毛髮作穗面色赤

地榆炙　蝦蟆燒各一分　蝸牛殼二十個

青黛　石蜜各二分　麝香二大豆許

右為末吹鼻當有黃水出忌甜物

胡黃連丸　治孩子熱疳

胡黃連　蟾酥各等分

右為末蜜丸如菉豆大五歲熟水送下二丸

調中丸　治孩子諸疳或熱攻衝心肺氣急晝夜有汗日漸羸瘦不吃乳食

柴胡　茯苓　人參

木香　桂心　大黃濕紙裹煨

枳殼麩炒去皮瓤　甘草炙　鱉甲醋炙各等分

右為末蜜丸如梧桐子大每歲兩丸至五歲三丸熱熟水忌如常

地黃煎丸　治孩子疳勞肺氣熱欬嗽四肢漸瘦心肺乾

生地黃汁五兩　酥　生薑汁

蜜各一兩　鹿角膠半兩

右先將地黃汁安鍋內慢火煎手不住攪約五六沸下酥又五六沸下蜜次下膠又下薑汁慢火煎候如稀餳即住火每食後兩度共與一匙頭忌毒物

又方　治孩兒疳蝕口齒齒齦宣露臭穢不可近

葶藶炒　梧桐律等分

右為末以臘月豬油調微煎作膏取柳木筯子綿

裹微微揾藥時烙

又方　治孩子疳蝕脣鼻及諸瘡

硫黃　乾漆　文蛤

右等分燒灰稍煙盡研為末入麝子少許以帛拭瘡膿血後用藥乾摻之立效

又方　治孩子初患諸色痢及微有疳氣

右藥不限多少炒令黑拗破看內外相似為散空心米飲下半錢以歲加減服之忌如常

又方　治孩子赤白痢

阿膠　赤石脂　枳殼麩炒

龍骨　訶子（炮半熟去核各半兩）　白朮（一分）

右爲末一歲二歲空心米飲下半錢

又方　治孩子冷毒疳痢白濃疳瓏瘦弱不喫食腹痛

青木香（一分）　黃連（半兩）

右爲末蜜丸如梧桐子大一歲以上空心熟水下一丸三歲五歲服二丸藥性熱者不宜多服忌生冷

溫脾散　治孩子水瀉利并脾冷食乳不消喫乳頻吐

附子　乾薑　甘草（炮剉各半兩）

白朮（一兩）

右爲末空心米飲下半錢忌鮮魚毒物

火丹證治

黃帝問岐伯曰後生少稚多被惡疾丹毒二品若何分之岐伯曰陽解百年一十以上爲毒一十已下爲丹丹毒一也隨其大小分別之治之有毒至依方萬無一差喻人間男女皆遭丹毒至依此枉死者復何限哉艮由信邪師之語仍被恐之愚昧之人勿與下手請依方用今出此圖形狀如後（按此圖今佚）

伊火丹從兩脇起

神竈丹從肚起

尿竈丹從踝起

胡吹竈丹從陰囊上起

天火丹從腹背遍身起

天雷丹從頭頂起

熛火丹從背甲起

胡漏竈丹從臍中起

癈竈丹從曲臂起

神氣丹從頭背上起

土竈丹從陰踝起

朱黃丹赤豆色遍身上起

熒火丹從耳起

野竈丹從背脊起

鬼火丹從面上起

伊火丹從兩脇起

右用猪糞燒灰并鐵槽中泥拌調塗之日三

神竈丹從肚起

右用土蜂窠杏仁膩粉生油調塗立差

尿竈丹從踝起

右用屋四角頭茅草燒灰使雞子白調塗之

胡吹竈丹從陰囊上起

右用水茄窠下泥和苦酒塗之

天火丹從腹背遍身起

右用樺皮白末和生油調塗之亦用赤石脂羊脂調塗之

天雷丹從頭項起

右用陰乾葱末拌赤脂塗又用竈下土雞子白調塗

胡漏竈丹從臍中起

右用屋漏水調竈中土塗之

廢竈丹從曲臂起

右用屋四角茅草灰雞子白調塗之

神氣丹從頭背上起

右用牯牛骨燒灰羊脂塗之

土竈丹從陰踝起

右用屋四角茅草竈橫麻及雞子白調塗之

朱黃丹赤豆色遍身上起

右用慎火草擣汁和酒調塗之

螢火丹從耳起

右用慎火草擣汁塗之

野竈丹從背脊起

右用柔香茸蒴藋赤小豆末塗之立差

鬼火丹從面上起

右用竈下土雞子白調塗之

雜證

平和飲子 治小兒初生可日與之

人參 茯苓 甘草炙

升麻以上各一分

右以水一白盞煎至一合半巳來時時與之乳母忌食油膩滿月及百晬以來加之臨時冷加白朮熱加鬭各半錢

又方 治孩子臍中不乾

白礬一錢煅過 龍骨一分

右為細末入麝香少許每次使拭臍乾摻之用帕裹避風

青木香散 治孩子陰囊或如疝腫脹

狐陰一雙炙 蒺藜炒 地膚子

昆布 枳殼 槐子炒各一分

右為末一歲二歲空心米飲下一錢

又方　治孩子蛔蟲咬心痛面伏地臥口吐清水痰涎

檳榔　苦楝根　鶴蝨炒各半兩

右為末空心熱茶下一錢以意加減忌粘食

杏仁丸　治孩子或渴此是蛔蟲傷

杏仁去皮尖　膩粉各一分

右為末每用唾丸空心米飲茶任下二丸

又方　治孩子赤遊腫或如丹煩渴渾身赤瘤壯熱

菉豆粉　鉛白霜

右細研蕓薹汁調塗之

又方　取鉛霜法將鉛來於石上打令薄掘地作坑可鉛片大以杵擣坑實滿坑着醋以鉛蓋定經一宿去取霜如珠子大和藥使之如煩渴以後服解熱飲子

又方

麥門冬　小蘆根　竹葉

乾葛　漏蘆　犀角屑各等分

右用水四合半合煎一合無問食前後徐徐與之

消石散　治孩子身上無故腫但覺肉色赤熱

消石　大黃　菉豆各等分

右為末每用時隨腫大小取莙蓬根研汁調塗腫上如有惡物即看有點子以膏貼之四面以散子熁之若無莙蓬根即用雞子白或車前根葉亦得

又方　治孩子胎中受風長後或滿身生瘡疿癢如疥瘙或如飲飽痒瘡

葱白　硝　臭黃

硫黃各等分

右用油半兩燒令熱下少許蠟先剁葱白三莖細切待油熱即潑葱上細研續下硫黃臭黃硝更研之旋塗

茴香散　治孩子赤眼并胎熱及痟障多淚

茴香　冬青膽陰乾　生甘草各等分

右為細末每洗眼時取藥一分水一盞煎百沸後溫洗之或孩兒長大即加藥并水

引子方　孩兒用藥洗眼後可更服之

知母　黃芩　青箱子

地蛹子　秦皮　車前子

山梔子　獨活各等分

右藥以水五合煎二合去滓溫服忌食如常

又方　治孩子聤耳

白礬半兩燒過　龍骨　鉛丹各一分燒
麝香少許
右為末以綿裹竹枝子淨揬濃水以一小豆大藥傳之別以綿裹塞慎之勿令見風
又方　治小兒聤耳
石硫黃製
右為細末以摻耳中日一夜一
又方　治孩子小便不通
茯苓　通草　冬瓜子
車前子各等分

右以水四合藥二兩煎一合半作二服忌油膩
側柏散　治孩子風熱
側柏　鬱金
乾蝎　天南星
子芩　大黃已上各半兩
右為末治風及驚溫酒下退熱每夜熟水下半錢
柴胡飲子　治小兒行遲小兒傷抱腳纖細無力行止不得或骨熱疳勞肌肉消瘦
柴胡　鱉甲米醋塗炙　知母
桔梗　枳殼去瓤炒　元參
升麻
右藥等分並細剉每日煎時三歲以下取藥半兩水五合煎二合去滓分二服空心食前後各一服忌毒物飲後用澡浴方
澡浴方
苦參　茯苓皮　蒼朮
桑白皮　白礬各半兩　葱白少許
右藥剉細每浴時取二兩沸水三升浸藥後通溫與兒浴之避風於溫處妙

又方　治小兒數歲不能行取葬家未開戶盜其飯食來以哺之不過三日便起行勿令人知之

顱顖經畢

光緒七年辛巳
重鐫于齋藏

出行寶鏡

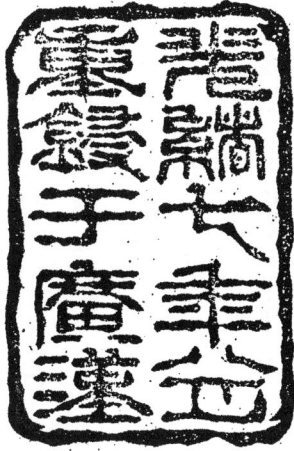

出師出行寶鏡圖序

宋人闕名撰

寶鏡圖一帙乃諸葛武侯所著於南山黄叢老人所傳也觀其爲書自甲子至癸亥凡六十日而日繫十二時每一日立一局以八卦定方向以本日九星所直中宫爲主外八星分布八門以星定吉凶日以時分休咎其例明白易見其書精妙無窮用之奇驗百無一失其神妙更不可測且易檢閲最於倉卒行兵之選予本武夫偶得本朝狄將軍家藏善本如獲拱璧命吏楷録用永其傳因名爲出師寶鏡圖云

指掌圖

或行軍破敵偶然緊急不及擇日就掌中查算坐貪狼對破軍萬事吉利不怕凶神古載日月常如戌時見破軍正月破軍指寅日日就寅上起戌時如本日子時出破軍指在辰方我即背戌向辰而出戌丑時破軍指在巳方我背亥向巳而出由午順數二月破軍指卯就卯上起戌如子時出破軍指巳方我即背亥向巳而出順數餘月皆做此而行月分以交節氣爲主姜太公行兵與周八百載多用此法

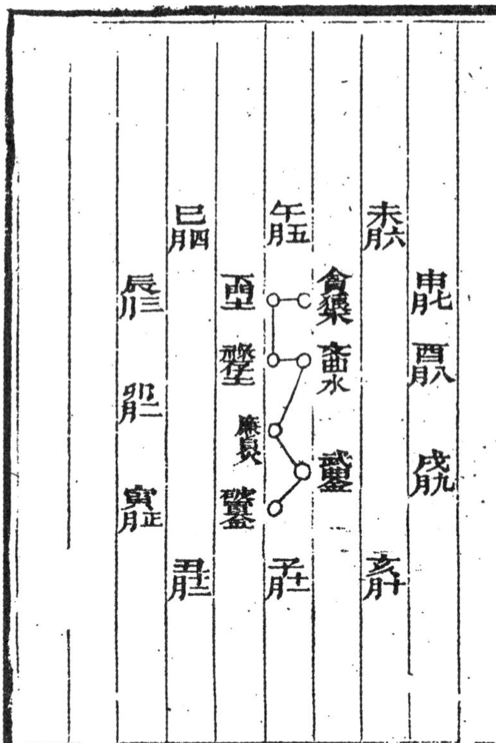

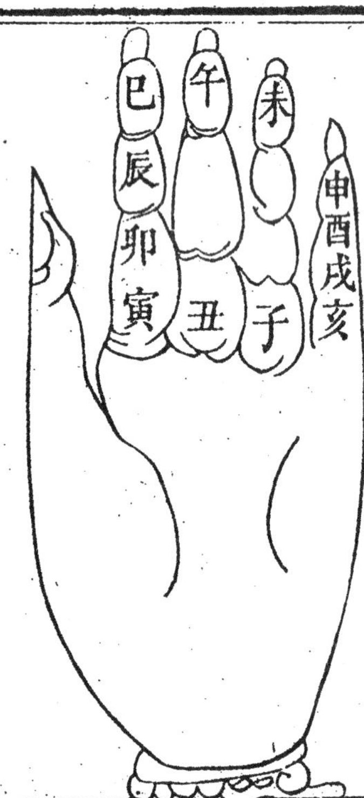

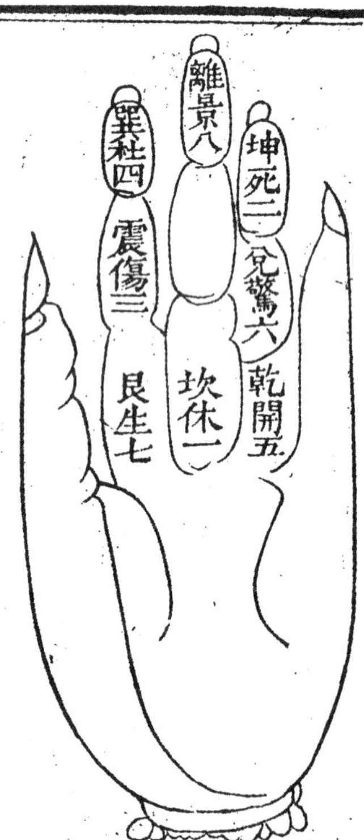

註曰九天玄女與黃石公所傳兵法定此一本祿馬三奇之書與人行兵發馬出行征戰佈陣安營求財捕獵諸事無不應驗是先賢秘用之書袁天罡李淳風家藏佐唐太宗定天下於太定二年乙丑上元節謄寫進獻以充玉櫃

八門圖式

開門出入最爲昌　戰鬭爭權百事強
見貴求財皆大吉　精強人馬萬般長

開門出入者求財見貴百事大吉見官得理買賣稱意

生門正好出軍兵　人馬爭強戰鬭贏
若是求財並詞訟　見官得貴事高成

生門出入者萬事大吉求財謁見貴人稱意出軍行師一勝十大吉

休門仕宦見高遷　出入求財事事鮮
買賣捕捉並出獵　行藏得用勝神仙

休門出入者仕宦高遷求財買賣萬倍百事利益

傷門出入有傷亡　臨陣從征見血光
若是求財逢賊制　只宜捕捉最爲良

傷門出入者臨陣六十里內必見血光兵陣相傷惟宜捕捉大吉

杜門遠行必有憂　戰鬭遭傷血大流
求謀百事俱不遂　父南子北必爲憂

杜門出入者遠行必有憂求財謀爭俱不遂出大敗凶若逃隱宜向北方吉

景門行兵主有災　求謀不遂亦難排
八十里中逢盜賊　出軍大敗入泉臺

景門出入者八十里外合逢盜賊求謀不遂出軍大凶

死門所作實爲凶　疾病相纏主血膿

戰鬭死傷軍大半　將軍失令走無踪

死門出入者百里外遇疾病防失財物出軍行師大敗

驚門只好驚去人　戰鬭須防有損身
出入行藏逢賊盜　防輸人馬及錢珍

驚門出入者求財不遂有血光之災又見驚恐出軍大凶

出行寶鏡卷一

漢　闕名　撰　綿州　李調元[illegible]　校

八門事宜

休宜求官求財營謀公私百事皆吉　生宜救災治病遠行凡事吉

景宜取討負欠訪故尋親　死宜漁獵

傷宜會客來財營利　杜宜避急難潛藏

驚宜捕捉覓求失物　開宜出入求官謁上賓百事吉

甲子金日

甲子時金匱黃道吉　乙丑時天德吉

丙寅時白虎凶　丁卯時玉堂吉

戊辰時天牢凶　己巳時元武凶

庚午時司命吉　辛未時天乙貴人吉

壬申癸酉截路空亡凶　甲戌時天刑凶

乙亥時朱雀凶

天恩天福星月德生氣出入求財行軍上陣決勝千里可選吉時出東北艮方生門吉

乙丑金日

丙子時天乙吉　丁丑時朱雀凶

戊寅時金匱吉　己卯時天德吉

庚辰時白虎凶　辛巳時玉堂吉

壬午癸未截路空亡凶　甲申時天乙貴人吉

乙酉時勾陳凶　丙戌時青龍吉

丁亥時明堂吉

天恩天輔顯星宜出入求財行軍決戰大勝可選吉時出東北艮方生門吉

丙寅火日

戊子時青龍吉　己丑時明堂吉
庚寅時天刑凶　辛卯時朱雀凶
壬辰癸巳截路空亡凶　甲午時白虎凶
乙未時玉堂吉　丙申時天牢凶
丁酉時天乙貴人吉　戊戌時司命吉
己亥時天乙貴人吉
天蠱星死氣不宜出入求財行軍主有損折人馬遇急可選吉時出正北坎方休門吉

丁卯火日

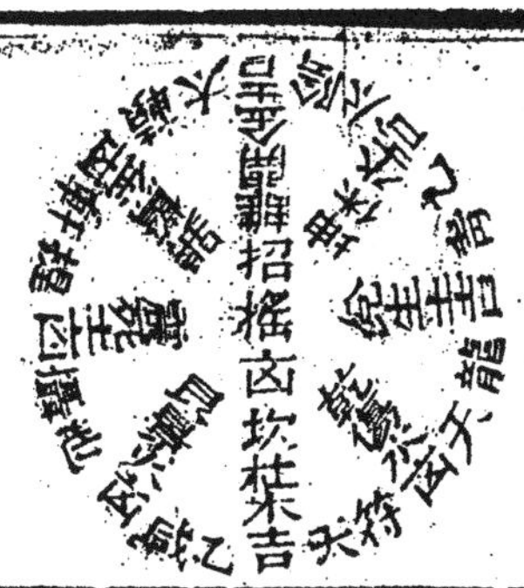

庚子時司命吉　辛丑時勾陳凶
壬寅癸卯時空亡凶　甲辰時天刑凶
乙巳時朱雀凶　丙午時金匱吉
丁未時天德吉　戊申時白虎凶
己酉時天乙貴人吉　庚戌時天牢凶
辛亥時天乙貴人吉
火星血光天害主有傷亡虛驚之兆不宜出入求財行軍遇有急可選吉時出正南離方開門吉

戊辰木日

壬子癸丑截路空亡凶　甲寅時司命吉
乙卯時勾陳凶　丙辰時青龍吉
丁巳時明堂吉　戊午時天刑凶
己未時天乙貴人吉　庚申時金匱吉
辛酉時天德吉　壬戌時白虎凶
癸亥時玉堂吉
玉堂黃道天恩福星宜出入求財見貴上官吉可選吉時出西南坤方休門吉

己巳木日

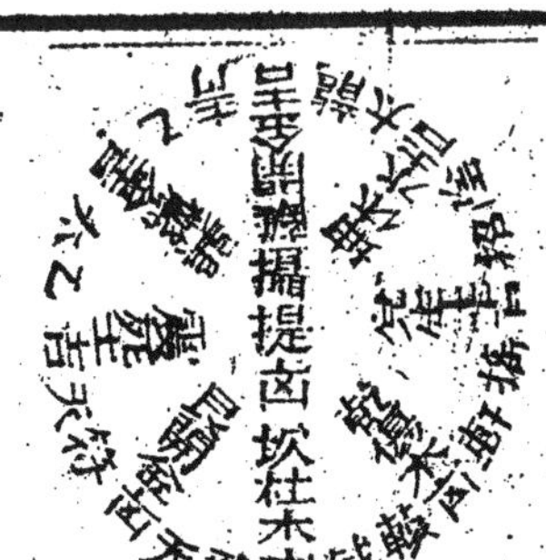

甲子時天乙貴人吉　乙丑時玉堂大吉
丙寅時天牢凶　丁卯時元武凶
戊辰時司命吉　己巳時勾陳凶
庚午時青龍吉　辛未時明堂大吉
壬申癸酉截路空亡凶　甲戌時金匱吉
乙亥時天德吉
天福星天白星月德生氣宜出入求財見官行軍决勝千里可選吉時出正南離方開門吉

庚午土日

丙子時金貴吉　丁丑時天德貴人吉
戊寅時白虎凶　己卯時玉堂吉
庚辰時天牢凶　辛巳時元武凶
壬午癸未截路空亡凶　甲申時青龍大吉
乙酉時門堂吉　丙戌時天牢凶
丁亥時朱雀凶
天休星死氣刑星代日不宜出入求財行軍主有虛驚遇急可選吉時出正東震方休門吉

辛未土日

戊子時天刑凶　己丑時朱雀凶
庚寅時金貴大吉　辛卯時天德大吉
壬辰癸巳截路空亡凶　甲午時天乙貴人吉
乙未時元武凶　丙申時司命吉
丁酉時勾陳凶　戊戌時青龍中吉
己亥時明堂吉
天福星天旨星宜出入求財行軍交陣大勝獲財可選吉時出東南巽方生門吉

壬申金日

庚子時青龍凶　辛丑時明堂大吉
壬寅癸卯截路空亡凶　甲辰時金匱大吉
乙巳時天乙貴人吉　丙午時白虎凶
丁未時玉堂大吉　戊申時天牢凶
己酉時元武凶　庚戌時司命吉
辛亥時勾陳凶
大休天哭大敗不宜出入求財行軍見陣主有哭聲遇急可選吉時出東南巽方生門吉

癸酉金日

壬子癸丑截路空亡凶　甲寅時青龍大吉
乙卯時天乙貴人吉　丙辰時天刑凶
丁巳時貴人吉　戊午時金貴吉
己未時天德吉　庚申時白虎凶
辛酉時玉堂吉　壬戌時天牢凶
癸亥時元武凶
天火星刀六神不宜出入求財行軍出戰主有蛇虎傷亡虛驚遇急可選吉時出東南巽方休門吉

甲戌火日

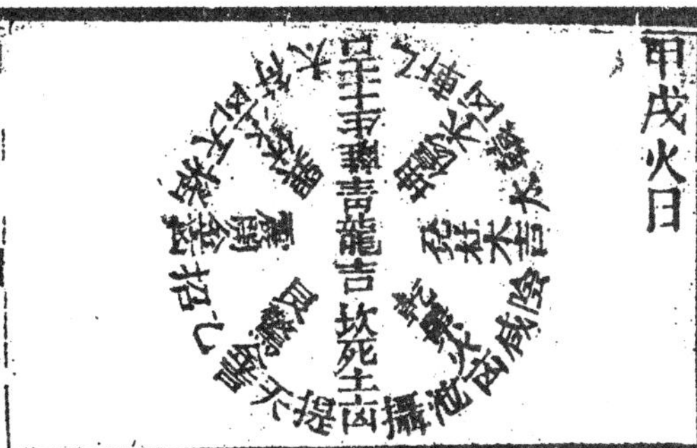

甲子時天牢凶　乙丑時貴人吉
丙寅時司命吉　丁卯時勾陳凶
戊辰時青龍吉　己巳時明堂吉
庚午時天刑凶　辛未時貴人吉
壬申癸酉截路空亡凶　甲戌時白虎凶
乙亥時明堂大吉
顯星黄道月合宜出入求財行軍見陣大勝獲功可選吉時出正南離方生門大吉

乙亥火日

丙子時貴人吉　丁丑時玉堂大吉
戊寅時天牢凶　己卯時元武凶
庚辰時司命吉　辛巳時勾陳凶
壬午癸未截路空亡凶　甲申時貴人吉
乙酉時朱雀凶　丙戌時金匱大吉
丁亥時天德吉
玉堂金星聖星宜出入求財行軍決戰獲勝得財可選吉時出正南離方生門吉

丙子水日

戊子時金匱吉　己丑時天德吉
庚寅時白虎凶　辛卯時玉堂吉
壬辰癸巳截路空亡凶　甲午時司命吉
乙未時勾陳凶　丙申時青龍吉
丁酉太乙明堂貴人吉　戊戌時天刑凶
己亥天乙貴人吉
日空受死傷亡代日不宜出入求財行軍見陣大凶主去無回遇急可選吉時出正北坎方生門吉

丁丑水日

庚子時天刑凶　辛丑時朱雀凶
壬寅癸卯截路空亡凶　甲辰時白虎凶
乙巳時玉堂吉　丙午時天牢凶
丁未時元武凶　戊申時司命吉
己酉時勾陳凶　庚戌時青龍吉
辛亥明堂天乙貴人吉
天上太空亡交曲星生氣六合不宜行軍見陣大凶可選吉時出正北坎方生門吉

戊寅土日

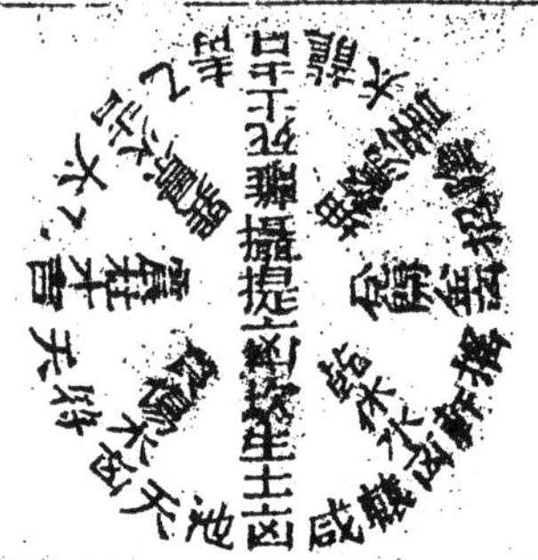

壬子癸丑截路空亡凶　甲寅時天刑凶
乙卯時朱雀凶　丙辰時貴人天乙吉
丁巳時天德吉　戊午時白虎凶
己未時玉堂大吉　庚申時天牢凶
辛酉時元武凶　壬戌時司命吉
癸亥時勾陳凶
天瑞月合解星命德金星宜出軍見陣求財見官可選吉時出正北坎方生門吉

己卯土日

甲子時司命貴人吉　乙丑時勾陳凶
丙寅時青龍大吉　丁卯時明堂大吉
戊辰時天刑凶　己巳時朱雀凶
庚午時金匱吉　辛未時天德吉
壬申癸酉截路空亡凶　甲戌時天牢凶
乙亥時元武凶
天瑞天恩龍星三台星代日宜出入求財見官行軍決戰大勝可選吉時出正西兌方休門吉

庚辰金日

丙子時天牢凶　丁丑時天乙貴人吉
戊寅時司命吉　己卯時勾陳凶
庚辰時青龍大吉　辛巳時明堂大吉
壬午癸未截路空亡凶　甲申時金匱吉
乙酉時天德吉　丙戌時白虎凶
丁亥時玉堂吉
黑道休星月敗日亡不宜出入求財行軍大凶遇急可選吉時出西北乾方生門吉

辛巳金日

戊子時白虎凶　己丑時玉堂吉
庚寅時太乙貴人吉　辛卯時元武凶
壬辰癸巳截路空亡凶　甲午時天乙貴人吉
乙未時明堂大吉　丙申時天刑凶
丁酉時朱雀凶　戊戌時金匱大吉
己亥時天德吉
大敗天牢天耗死亡代日不宜出入往來行軍上陣大凶遇急可選吉時出正西兌方休門吉

壬午木日

庚子時金匱大吉　辛丑時天德吉
壬寅癸卯截路空亡凶　甲辰時天牢凶
乙巳時太乙貴人吉　丙午時司命吉
丁未時勾陳凶　戊申時青龍吉
已酉時明堂吉　庚戌時天牢凶
辛亥時朱雀凶
天恩福德支神月合宜出入求財行軍決戰大勝可選吉時出東北艮方休門吉

癸未木日

壬子癸丑截路空亡凶　甲寅時金貴大吉
乙卯時天德大吉　丙辰時白虎凶
丁酉時天乙貴人吉　戊午時天牢凶
已未時元武凶　庚申時司命吉
辛酉時勾陳凶　壬戌時青龍半吉
癸亥時明堂吉
天狗滅門人殺大敗代日不宜出入行軍立營寨被賊夜害大凶遇急可選吉時出正北坎方開門吉

甲申水日

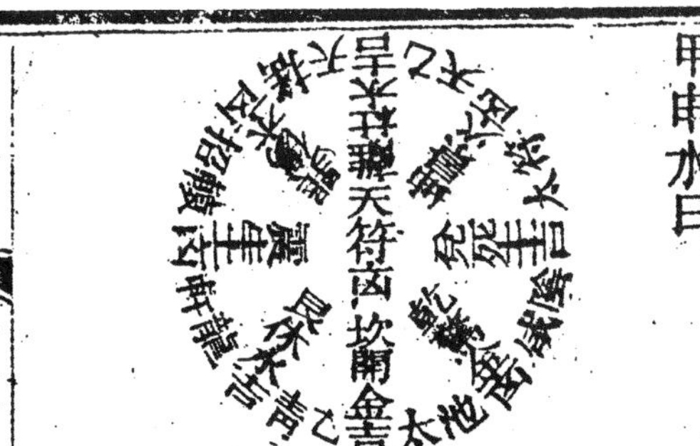

甲子時青龍吉　乙丑時明堂貴人大吉
丙寅時天牢凶　丁卯時朱雀凶
戊辰時金貴大吉　已巳時天德吉
庚午時白虎凶　辛未時玉堂吉
壬申癸酉截路空亡凶　甲戌時司命大吉
乙亥時勾陳凶
天恩天福天德將星宜出入求財見官行軍決戰大勝官兵俱轉將軍之職可選吉時出正北坎方開門吉

乙酉水日

丙子時天乙貴人吉　丁丑時勾陳凶
戊寅時青龍吉　已卯時玉堂吉
庚辰時天牢凶　辛巳時朱雀凶
壬午癸未截路空亡凶　甲申時天乙貴人吉
乙酉時玉堂吉　丙戌時天牢凶
丁亥時元武凶
天恩天福玉堂代日宜出入求財行軍見陣大勝上官凶可選吉時出正南離方休門吉

丙戌土日

戊子時天牢凶　己丑時元武凶
庚寅時司命吉　辛卯時勾陳凶
壬辰癸巳截路空亡凶　甲午時天刑凶
乙未時朱雀凶　丙申時金貴吉
丁酉時天德貴人吉　戊戌時白虎凶
己亥時玉堂吉
大敗八殺死門天耗不宜出行求財上官行軍決戰大凶遇急可選吉時出西南坤方生門吉

丁亥土日

庚子時白虎凶　辛丑時玉堂大吉
壬寅癸卯截路空亡凶　甲辰時司命大吉
乙巳時勾陳凶　丙午時青龍吉
丁未時明堂吉　戊申時天刑凶
己酉時朱雀凶　庚戌時金貴吉
辛亥時天德吉
大敗四廢大賊代日不宜出入往來行軍大凶遇急可選吉時出正南離方休門吉

戊子火日

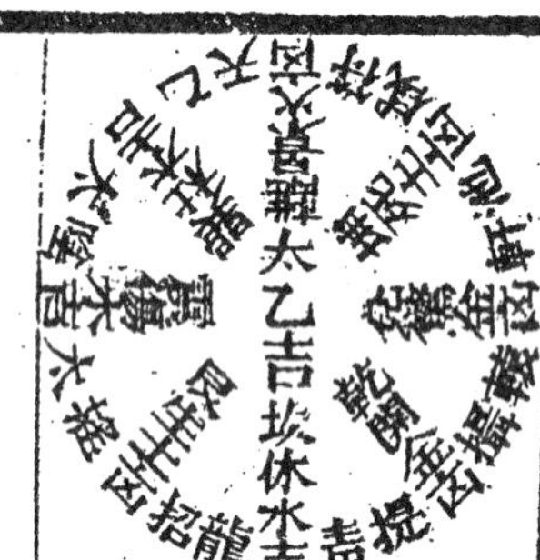

壬子癸丑截路空亡凶　甲寅時白虎凶
乙卯時玉堂吉　丙辰時天牢凶
丁巳時元武凶　戊午時司命吉
己未時貴人吉　庚申時青龍吉
辛酉時明堂吉　壬戌時天刑凶
癸亥時朱雀凶
地山升咸池天牢池獄代日不宜出入求財行軍大凶遇急可選吉時出正北坎方休門吉

己丑火日

甲子時天乙貴人吉　乙丑時朱雀凶
丙寅時金貴大吉　丁卯時天德大吉
戊辰時白虎凶　己巳時玉堂吉
庚午時天牢凶　丁未時元武凶
壬申癸酉截路空亡凶　甲戌時青龍半吉
乙亥時明堂吉
大敗交龍不宜出入求財行軍決戰主必死亡大凶遇急可選吉時出西北乾方開門吉

庚寅木日

丙子時青龍吉　丁丑時明堂貴人大吉
戊寅時天刑凶　己卯時朱雀凶
庚辰時金貴大吉　辛巳時天德吉
壬午癸未截路空亡凶　甲申時天牢凶
乙酉時元武凶　丙戌時司命吉
丁亥時勾陳凶
天福厚星天瑞玉堂三合生氣宜出入求財行軍見陣大勝千里可選吉時出西北坎方驚門吉

辛卯木日

戊子時司命吉　己丑時勾陳凶
庚寅時青龍貴人大吉　辛卯時明堂吉
壬辰癸巳截路空亡凶　甲午時金貴吉
乙未時天德吉　丙申時白虎凶
丁酉時玉堂吉　戊戌時天牢凶
己亥時元武凶
天福厚星顯星大合天乙貴人宜出入求財上官到任行軍決勝可選吉時出正南坎方生門吉

壬辰水日

庚子時天牢凶　辛丑時元武凶
壬寅癸卯截路空亡凶　甲辰時青龍吉
乙巳時天乙貴人明堂吉　丙午時天刑凶
丁未時朱雀凶　戊申時金貴吉
己酉時天德大吉　庚戌時白虎凶
辛亥時玉堂吉
天忌大空亡血刃受死劫殺九醜不宜出入往來行軍主損失人馬過急可選吉時出正南離方開門吉

癸巳水日

壬子癸丑截路空亡凶　甲寅時天牢凶
乙卯時元武凶　丙辰時司命吉
丁巳時勾陳凶　戊午時青龍半吉
己未時明堂吉　庚申時天刑凶
辛酉時朱雀凶　壬戌時金貴大吉
癸亥時天德吉
天上大空亡天憂天悲太陰星不宜出入往來行軍主連旬有陰雨不祥過急可選吉時出正南離方開門吉

甲午金日

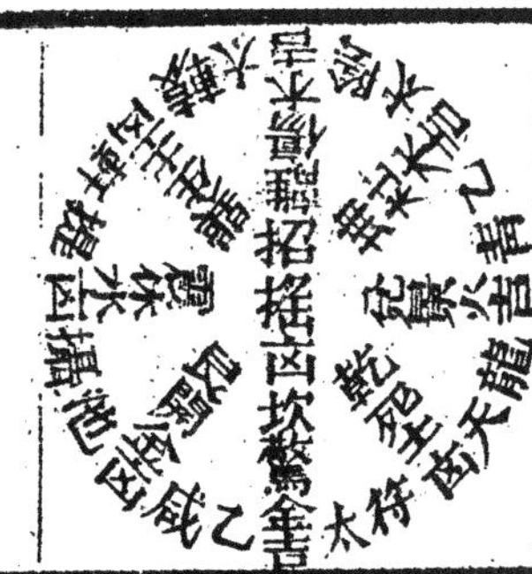

甲子時金貴吉　乙丑時太乙貴人大吉
丙寅時白虎凶　丁卯時玉堂吉
戊辰時天牢凶　己巳時元武吉
庚午時司命吉　辛未時勾陳凶
壬申癸酉截路空亡凶　甲戌時天刑凶
乙亥時朱雀凶
天貴天將解星宜出入求財行軍決戰大勝可選吉時出東北艮方開門吉

乙未金日

丙子時天刑凶　丁丑時朱雀凶
戊寅時金貴吉　己卯時天德吉
庚辰時白虎凶　辛巳時天乙貴人司命太吉
壬午癸未截路空亡凶　甲申時玉堂吉
乙酉時勾陳凶　丙戌時青龍半吉
丁亥時明堂大吉
天喜生門星福德天德宜出入求財見官行軍決戰刼賊營大勝可選吉時出正東震方休門吉

丙申火日

戊子時青龍吉　己丑時明堂吉
庚寅時天刑凶　辛卯時朱雀凶
壬辰癸巳截路空亡凶　甲子時白虎大凶
己未時玉堂大吉　丙申時天牢凶
丁酉時元武凶　戊戌時司命大吉
己亥時勾陳凶
天祜星太陰星水星不宜出入往來行軍遇急可選吉時出東南巽方生門吉

丁酉火日

庚子時司命吉　辛丑時勾陳凶
壬寅癸卯截路空亡凶　甲辰時天刑凶
乙巳時朱雀凶　丙午時金貴吉
丁未時天德吉　戊申時白虎凶
己酉時玉堂天乙貴人吉庚戌時天牢凶
辛亥時元武凶
天狗地狗月殺日亡不宜出入求財一切皆忌遇急可選吉時出正南離方生門吉

戊戌木日

壬子癸丑截路空亡凶　甲寅時司命吉
乙卯時勾陳凶　丙辰時青龍半吉
丁巳時明堂吉　戊午時天刑凶
己未時朱雀凶　庚申時金匱吉
辛酉時天德吉　壬戌時白虎凶
癸亥時玉堂大吉
大敗又是六神窮日不宜出入往來從軍百事凶遇急可選吉時出東南巽方休門吉

己亥木日

甲子時白虎凶　乙丑時玉堂大吉
丙寅時天牢凶　丁卯時朱雀凶
戊辰時司命吉　己巳時勾陳凶
庚午時青龍半吉　辛未時明堂吉
壬申癸酉截路空亡凶　甲戌時金匱大吉
乙亥時天德吉
天明福星丑明星太陽生氣宜出入行軍決戰大勝可選吉時出正東震方開門吉

庚子土日

丙子時金匱大吉　丁丑時天德天乙貴人大吉
戊寅時白虎凶　己卯時玉堂吉
庚辰時天牢凶　辛巳時元武凶
壬午癸未截路空亡凶　甲申時青龍吉
乙酉時明堂吉　丙戌時天刑凶
丁亥時朱雀凶
天福厚星天德月合宜出入求財行軍上陣大勝可選吉時出西北乾方休門吉

辛丑土日

戊子時天刑凶　己丑時朱雀凶
庚寅時金匱天乙貴人大吉　辛卯時天德吉
壬辰癸巳截路空亡凶　甲午時天牢凶
乙未時元武凶　丙申時司命大吉
丁酉時勾陳凶　戊戌時青龍吉
己亥時明堂吉
天福厚星天和生氣黄道吉耀宜出入求財行軍決戰大勝獲財可選吉時出正西兌方開門大吉

壬寅金日

庚子時青龍半吉　辛丑時明堂大吉
壬寅癸卯截路空亡凶　甲辰時金匱吉
乙巳時天德天乙貴人大吉　丙午時白虎凶
丁未時玉堂大吉　戊申時天牢凶
己酉時元武凶　庚戌時司命吉
辛亥時勾陳凶
天地計招不宜出入求財行軍見陣主有陽忌更遇有急可選吉時出西北乾方休門吉

癸卯金日

壬子癸丑截路空亡凶　甲寅時青龍吉
乙卯時明堂天乙貴人吉　丙辰時天刑凶
丁巳時朱雀凶　戊午時金匱吉
己未時天德吉　庚申時白虎凶
辛酉時玉堂吉　壬戌時天牢凶
癸亥時元武凶
天官黃道福星天德六合宜出入求財行軍上陣大勝可選吉時出西南坤方開門吉

甲辰火日

甲子時天牢凶　乙丑時元武凶
丙寅時司命吉　丁卯時勾陳凶
戊辰時青龍半吉　己巳時明堂吉
庚午時天刑凶　辛未時朱雀凶
壬申癸酉截路空亡凶　甲戌時白虎凶
乙亥時玉堂大吉
大敗聖星鬼神不食之日不宜出入求財行軍決戰凶遇急可選吉時出西南坤方開門吉

乙巳火日

丙子時白虎凶　丁丑時玉堂大吉
戊寅時天牢凶　己卯時元武凶
庚辰時司命大吉　辛巳時勾陳凶
壬午癸未截路空亡凶　甲申時天刑凶
乙酉時朱雀凶
丁亥時天德吉
天福厚星天貴主氣大敗不宜出入求財若行軍決戰大勝可選吉時出西南坤方開門吉

丙午水日

戊子時金匱吉　己丑時天德吉
庚寅時白虎凶　辛卯時玉堂吉
壬辰癸巳截路空亡凶　甲午時司命吉
乙未時勾陳凶　丙申時青龍半吉
丁酉時明堂貴人太乙吉　戊戌時天刑凶
己亥時朱雀凶
地牢大賊悖星不宜出入往來行軍凶
遇急可選吉時出正北坎方開門吉

丁未水日

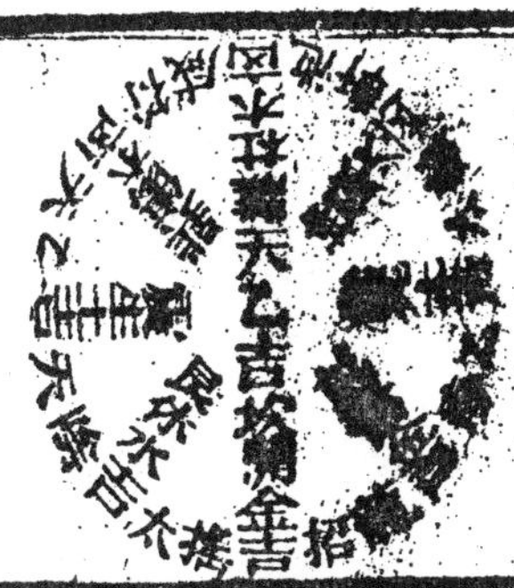

庚子時天刑大凶　辛丑時朱雀凶
壬寅癸卯截路空亡凶　甲辰時白虎凶
乙巳時玉堂吉　丙午時天牢凶
丁未時元武凶　戊申時司命吉
己酉時勾陳凶　庚戌時青龍半吉
辛亥時明堂天乙貴人大吉
天上大空亡天福大哭不宜出入求財
行軍主有自退自散遇急可選吉時出

戊申土日

壬子癸丑截路空亡凶　甲寅時天刑凶
乙卯時朱雀凶　丙辰時金匱大吉
丁巳時天德吉　戊午時白虎凶
己未時玉堂天乙貴人大吉　庚申時天牢凶
辛酉時元武凶　壬戌時司命吉
癸亥時勾陳凶
天上大空亡四廢天運地來不宜出入
行軍往來主有蛇虎傷人遇急可選吉
時出正東震方生門吉

己酉土日

甲子時司命天乙貴人吉　乙丑時勾陳凶
丙寅時青龍半吉　丁卯時明堂吉
戊辰時天刑凶　己巳時朱雀凶
庚午時金匱吉　辛未時天德吉
壬申癸酉截路空亡凶　甲戌時天牢凶
乙亥時元武凶
天轉地殺不宜出入求財行軍出戰主
有風雨難遇急可選吉時出東南巽方
開門大吉

庚戌金日

丙子時天牢凶　丁丑時元武凶
戊寅時司命吉　己卯時勾陳凶
庚辰時青龍吉　辛巳時明堂吉
壬午癸未截路空亡凶　甲申時金貴吉
乙酉時天德吉　丙戌時白虎凶
丁亥時玉堂吉
天福八專九醜不宜出入求財行軍決戰大凶遇急可選吉時出正南離方休門吉

辛亥金日

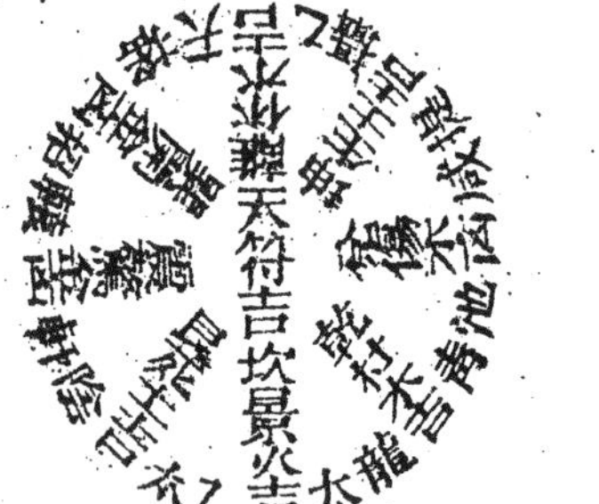

戊子時白虎凶　己丑時玉堂吉
庚寅時天牢凶　辛卯時元武凶
壬辰癸巳截路空亡凶　甲午時天乙貴人青龍吉
乙未時明堂大吉　丙申時天刑凶
丁酉時朱雀凶　戊戌時金貴吉
己亥時天德吉
天恩天福章星五福黃道月開生氣顯星宜出入見貴行軍見陣大勝可選吉時出正南離方休門吉

壬子水日

庚子時金貴吉　辛丑時天德大吉
壬寅癸卯截路空亡凶　甲辰時天牢凶
乙巳時元武凶　丙午時司命吉
丁未時勾陳凶　戊申時青龍吉
己酉時明堂吉　庚戌時天刑凶
辛亥時朱雀凶
天瑞天恩天德月合金星文龍玉堂宜出入求財行軍決戰大勝可選吉時出正北坎方休門吉

癸丑水日

壬子癸丑截路空亡凶　甲寅時金貴吉
乙卯時天德吉　丙辰時白虎凶
丁巳時玉堂吉　戊午時天牢凶
己未時元武凶　庚申時司命吉
辛酉時勾陳凶　壬戌時青龍半吉
癸亥時明堂吉
天恩五明星顯生將星宜出入求財見官行軍決戰大勝獲粮可選吉時出正北坎方生門吉

甲寅水日

甲子時青龍吉　乙丑明堂太乙貴人吉
丙寅時天刑凶　丁卯時元武凶
戊辰時金匱大吉　己巳時天德吉
庚午時白虎凶　辛未時玉堂吉
壬申癸酉截路空亡凶　甲戌時司命吉
乙亥時勾陳凶
五福顯星天乙天祿黃道文龍宜出入求財見陣行軍決戰大勝可選吉時出東北艮方生門吉

乙卯水日

丙子時司命天乙貴人大吉　丁丑時勾陳凶
戊寅時青龍半吉　己卯時明堂吉
庚辰時天刑凶　辛巳時朱雀凶
壬午癸未截路空亡凶　甲申時白虎凶
乙酉時玉堂吉　丙戌時天牢凶
丁亥時元武凶
大明地權不宜出入往來行軍見陣遇夜有賊劫大營寨大凶遇急可選吉時出西南坤方休門吉

丙辰土日

戊子時天牢凶　己丑時元武凶
庚寅時司命吉　辛卯時勾陳凶
壬辰癸巳截路空亡凶　甲午時天刑凶
乙未時朱雀凶　丙申時金匱吉
丁酉時天德天乙貴人吉　戊戌時白虎凶
己亥時玉堂天乙貴人大吉
天厚地圖四殺白虎不宜出入求財行軍決勝凶遇急可選吉時出西南坤方休門吉

丁巳土日

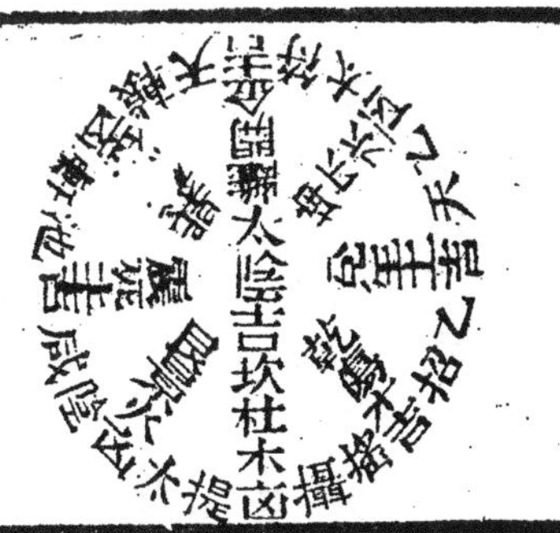

庚子時白虎凶　辛丑時玉堂吉
壬寅癸卯截路空亡凶　甲辰時司命吉
乙巳時勾陳凶　丙午時青龍吉
丁未時明堂大吉　戊申時天刑凶
己酉時朱雀凶　庚戌時金匱吉
辛亥時天德天乙貴人吉
天厚福星五福太陰天宮星不宜出入往來只宜行軍次戰大勝可選吉時出正南離方開門吉

戊午火日

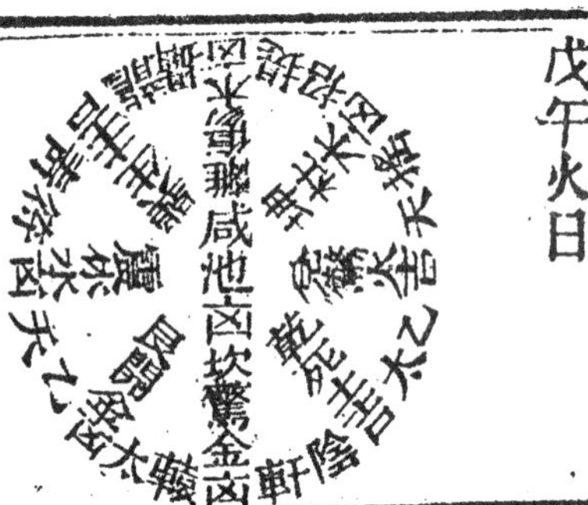

壬子癸丑截路空亡凶　甲寅時白虎凶
乙卯時玉堂吉　丙辰時天牢凶
丁巳時元武凶　戊午時司命吉
己未時勾陳凶　庚申時青龍吉
辛酉時明堂吉　壬戌時天刑凶
癸亥時朱雀凶
地牢五鬼刑星不宜出入求財行軍見陣主有損折人馬之災遇急可選吉時出東南巽方生門吉

己未火日

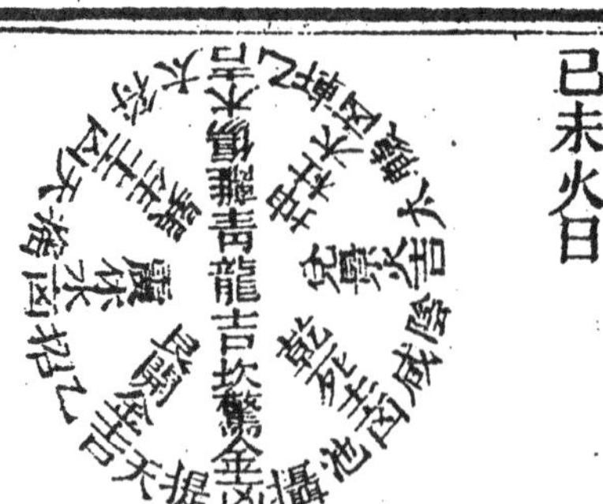

甲子時天刑凶　乙丑時朱雀凶
丙寅時金貴大吉　丁卯時天德大吉
戊辰時白虎凶　己巳時玉堂吉
庚午時天牢凶　辛未時元武凶
壬申癸酉截路空亡凶　甲戌時青龍吉
乙亥時明堂吉
天賜公風九坎宜出軍交戰六七十月不宜行船主有損失人馬遇急可選吉時出東北艮方開門吉

庚申木日

丙子時青龍吉　丁丑時明堂天乙貴人吉
戊寅時天刑凶　己卯時朱雀凶
庚辰時金貴大吉　辛巳時天德吉
壬午癸未截路空亡凶　甲申時天牢凶
乙酉時元武凶　丙戌時司命大吉
丁亥時勾陳凶
天福厚星天權天喜五福星宜出入求財上官行軍決戰大勝可選吉時出東北艮方開門吉

辛酉木日

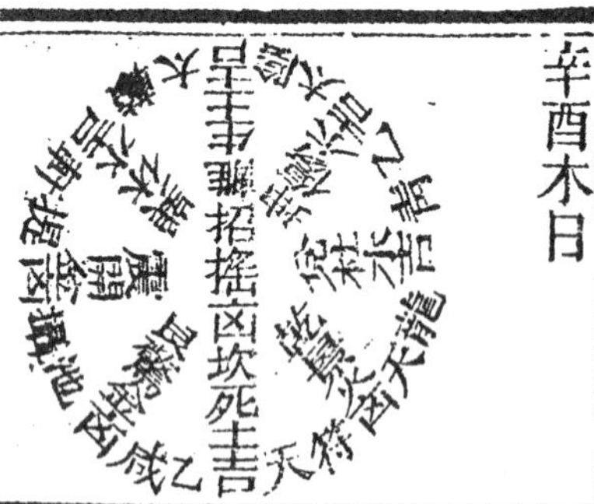

戊子時司命吉　己丑時勾陳凶
庚寅時青龍天乙貴人吉　辛卯時明堂吉
壬辰癸巳截路空亡凶　甲午時金貴天乙貴人吉
乙未時天德吉　丙申時白虎凶
丁酉時玉堂吉　戊戌時天牢凶
己亥時元武凶
天狗地牢五不歸不宜出入求財上官行軍決戰主有損失人馬遇急可選吉時出東南巽方休門吉

壬戌水日

庚子時天牢凶　辛丑時元武凶
壬寅癸卯截路空亡凶　甲辰時青龍吉
乙巳時明堂吉　丙午時天刑凶
丁未時朱雀凶　戊申時金匱吉
已酉時天德吉　庚戌時白虎凶
辛亥時玉堂吉
天上大空亡天章星不宜入入求財行軍决戰不利遇急可選吉時出正東震方開門吉

癸亥水日

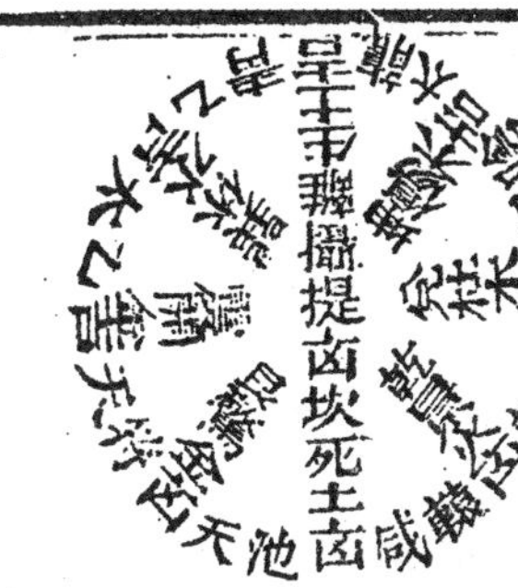

壬子癸丑截路空亡凶　甲寅時天牢凶
乙卯時元武凶　丙辰時司命吉
丁巳時勾陳凶　戊午時青龍吉
已未時明堂天吉　庚申時天刑凶
辛酉時朱雀凶　壬戌時金貴天吉
癸亥時天德吉
天上大空亡六甲必窮日不宜出入求財行軍一切皆忌遇急可選吉時出東南巽方休門吉

出行寶鏡附錄

楊救貧先生百事忌日

立春立夏　正月十三日　神仙留下十三日
立秋立冬　二月十一日　舉動須防多損失
前一日為　三月初九日　一切起造共興工
四絶　四月初七日　不遭火盜必遭凶
春分夏至　五月初五日　婚姻嫁娶亦非宜
秋分冬至　六月初三日　不得到頭終不吉
前一日為　七月初一日　入生下世遇此日
四廢　廿九日　巴巴濺濺難度日

八月廿七日　安葬若還用此日
九月廿五日　後代兒孫去乞食
十月廿三日　上官赴任用此日
十一月廿一日　是是非非無休息
十二月廿九日　得者廣傳說與人
後代兒孫福祿全

女命行嫁月橫看

子午	丑未	寅申	卯酉	辰戌	已亥
大利月六十二	五十一	二八	正七	四十	三九
小利月正七	四十	三九	六十二	五十一	二八

妨翁姑二八　三九　四十　五十一　六十二　正七
妨女父母三九　二八　五十一　四十　正七　六十二
妨夫主四十　正七　六十二　三九　二八　五十一
妨女身五十一　六十二　正七　二八　三九　四十

正九五更一點徹　二八五更四點歇
三七平明日落時　四六日出寅照別
五月日高三丈地　仲冬晚到四更初
十月十二四更二

剃頭吉凶日期

初一日短命　初二日吉事　初三日富貴

初四日脫色　初五日損容　初六日不祥
初七日招客　初八日長命　初九日婚姻
初十日加官　十一日眼明　十二日多厄
十三日宜男　十四日得財　十五日主喜
十六日大凶　十七日面黑　十八日招盜
十九日不吉　二十日主貧　廿一日多病
廿二日吉慶　廿三日大吉　廿四日口舌
廿五日損目　廿六日大利　廿七八廿九三十如常
甲寅庚寅壬辰戊辰庚申己卯六日破羣不宜買養牲畜

裁衣吉星

角安穩亢得食氐不安房益衣心逢賊尾必害箕得病斗美味牛遭喜女有病虛得福危遭毒室水厄壁獲寶奎得財婁增壽胃滅耗昴火燒畢多事觜災殃參遭盜井離別鬼吉祥柳喪服星喪服張逢獄翼得財軫長久

長短星

正月初七廿一　二月初四十九　三月初一十六
四月初九廿九　五月十五廿五　六月初十
七月初八廿二　八月初二十八　九月初三十四　初十六

十七　十月初一十四　十一月十一廿二
十二月初九廿五

太乙逢時必稱情　青龍財喜福門庭
太陰遇得謀爲利　天乙提攜得貴人
天符咸池遭口舌　招搖攝提不堪親
軒轅須宜安靜所　凶吉星辰仔細尋

壓煞帝星時此歷是開元黄帝登位遇仙人於蓬萊山金匣拾得此文神仙訣傳名曰壓煞帝星若得此星値時神煞藏没不怕官符三煞六白空亡晴曜一切神煞並不怕也

冬至逐日横看

帝星時　寅申巳亥日

太清　丑戌時
紫微　寅亥時
上清　卯時
玉清　申時

子午卯酉日　辰戌丑未日

太清　未時　辰時
紫微　申時　巳時
上清　子酉時　午時
玉清　巳時　寅時

夏至逐日横看

帝星時　寅申巳亥日

紫微　辰時
太清　巳時
玉清　未卯時
上清　卯時

子午卯酉日　辰戌丑未日

紫微　丑戌時　未時
太清　寅亥時　申時
玉清　辰時　丑戌時
上清　子酉時　午時

光緒七年[illegible]
重鐫于廣漢

翼元

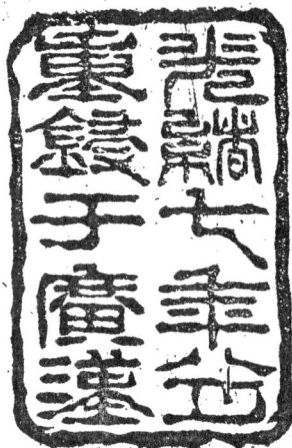

翼元自序

子雲作太元用心亦勤矣後世之士好之者寡拼之者衆豈非元學深奥通之者難非之則易乎自温公集注首贊而元之義理始焕然明白矣邵子雖言元數要而未詳行成輒拾其遺意委曲解釋以明律歷之原以探用數之旨併取晁說之星紀譜而是正之命曰翼元庶幾觀者知元不徒作於易誠有大功而非贅疣也蜀臨邛張行成述

翼元卷一

宋　臨邛張行成　撰　綿州　李調元洲鶴　校

天　以三分三卽六也終於六成六卽十二前三變共一十九數則易一爻歸奇之策也

丨　丅

昆崙天地　參珍睟精　旁擬兩儀丨而產蓍亖一川

川　亓

一者元也一生三其數成六天之用也故易一卦六爻而乾有六畫也有天必有地有奇必有偶偶之成十二地之用也故易合兩卦爲用而坤有十二畫也

自此分道各行十二併六而十八以始太積積之爲七百二十九贊之曰策則天之用也十二衍三而九變以當九州衍之爲八十一家之四重則地之體也蓋一者不變一動三生變在其中矣元以三爲三方三偶之而六自然含九變是爲州數三三之而九自然含二十七變是爲部數三四之而十二自然含八十一變是爲家數故後三變前皆衍變也前三變太積十八策之用也後三變八十一首之體也十八者通乎九六則三六二九也八十一者九九也故元有六九之用八十一則不通乎六地不能兼天也天之用始於十八策嬴贊當之經歷一周復至嬴贊而止則天之圓也地以體承天之用則子爲黃鍾歷十二辰之數元之首用至五變加表贊而七其餘五變弗用也十八之數在易當歸奇之策在元爲六九之用若加眞一而十九在易當歸奇合掛一之策在元爲一章之用是故太衍之用四十九易用其用策三十故三百八十四爻包餘分而藏閏元用其奇策十九故七百三十一贊別餘分而顯閏也

後三變

初變二重爲九州得數三十六以一一二二三三爲本通前四變共五十

五去二則太積五十四也

丅　亍　亍

丌　亓　亓

川　而　而

再變三重爲二十七部得數一百六十二以三一二二三三爲本通前共二百十七去具一則老陽之策也

工　丄　亖　五　亚　亚　亚　亚

工　丅　亖　五　亚　亚　亚　亚

亖　亖　亖　五　亚　亚　亚　亚

三變四重爲八十一家得數六百四十八散幽於三重而立家

以四一四二四三爲本通前共八百六十五去其一則易一卦去掛一而通虛實明晦之全策也

中周礥閑少戾上干狩
羡差童增鋭達交耎傒
從進釋格夷樂爭務事
更斷毅裝衆密親斂强
睟盛居法應迎遇竈大
廓文禮逃唐常度永昆
減盈守翕聚積飾疑視
沈內去晦瞢窮割止堅
成闘失劇馴將難勤養

元四畫相重者地之體四也三而變者以天之三成

地之四復以地之四載天之三也易兩卦相重者天地各一體也卦三畫者一體而用三也元以地承天故用三不用四經世天地互用故兼四三而用七也所謂天統乎體地分乎用

干中亓斷亓守　此如頤中孚干中开羌开釋　㘸如

亓爭亓應亓窮　大小過坎离亓裝亓應亓常　八純

亓爭亓永亓養　乾坤四正卦亓飾亓止亓養　震兌

先天方圖乾位西北坤位東南天門地戶也泰位東北否位西南人路鬼方也故自西北至東南爲八卦正位自東北至西南爲八卦交位此地之象也元爲

地承天之數元氣隨天而左行者也元者天之陽氣也一元覆三方天函地也三方分九州九州分十二七部二十七部分八十一家極于九九地之體備矣乃載元氣承天而行復以九變是爲七百二十九贊當一期之晝夜四時行焉百物生焉而天之用見矣故元之致用全在九贊之功不取四重之數所以元圖別方圖二象者以地承天非若易方圓二圖天地相爲體用也易天也分於地者君用臣也元地也宗於天者臣尊君也此其所以不同也元圖舊止有圓象章瞥乃分八十一首作方圓列表贊於下者以示

數分有序九天有原卽所謂羅重九行行四十日從天分數自上而下故不得如易圖自下而生從西北而起也易之數二位者天一而二也自一一至八八而交數皆九元之數四位者地二而四也自四純一至四純三而交數皆八易以八位用九數元以九位用八數皆七十二也元用九數故中於八易用十五數故中於九易兼九六元獨用九也易之八者天體元之九者地用也八者以九爲用故交數在人路鬼方九者以八爲體故交數在天門地戶始若不同終歸一致者理之自然數生於理故也

易先天圖渾天象也

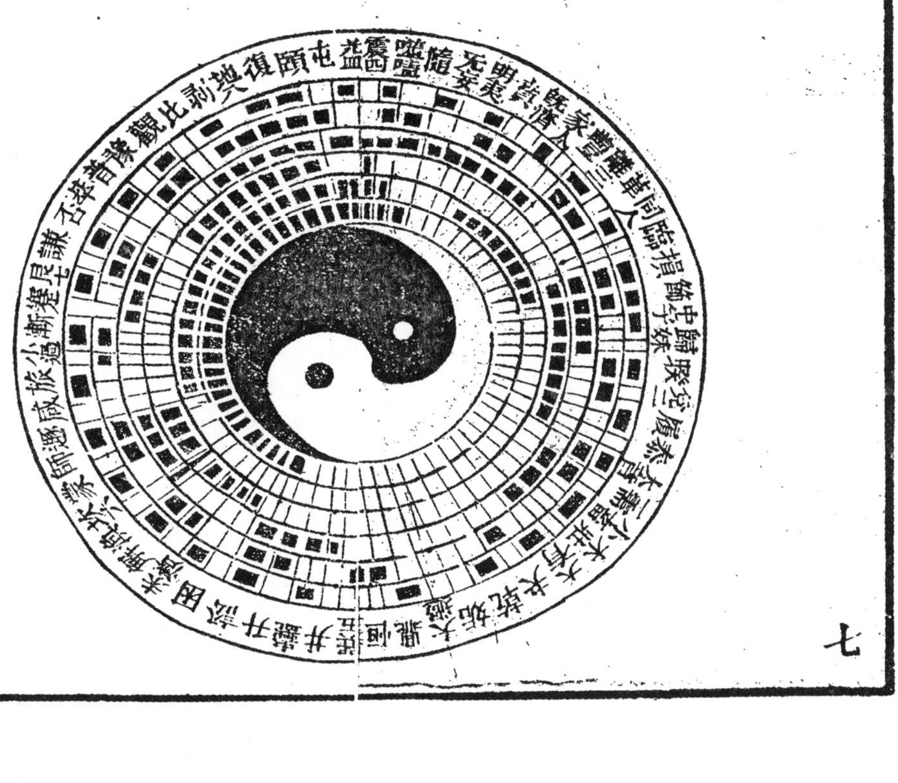

七

太元圖

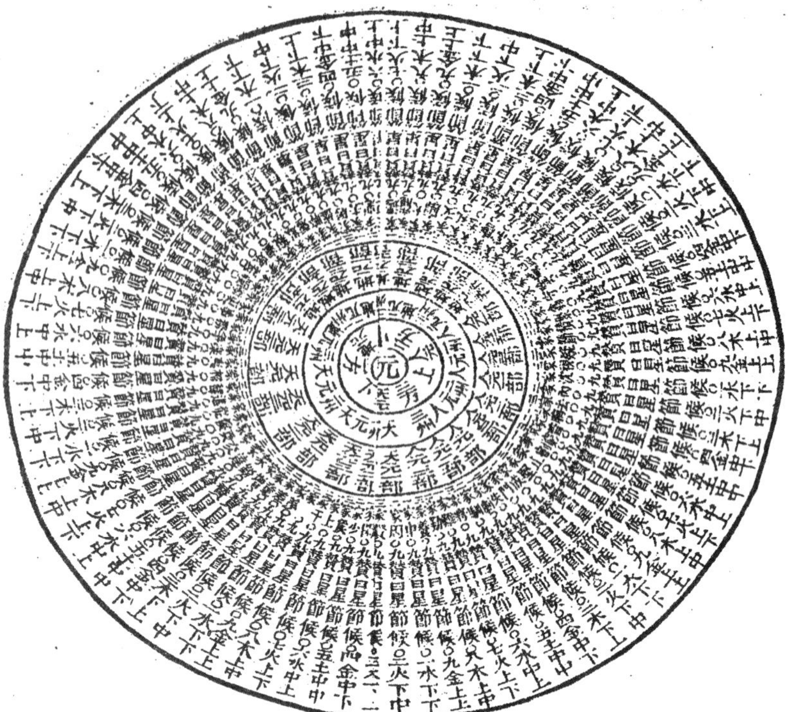

蓋天象也蓋渾之理無異唐一行能知之而蓋天家學失其本原故子雲康節皆非其説也

方州部家體也而爲圓象者天統乎體也表贊用也而爲方象者地分乎用也

先天卦六爻自上而下乾坤自一陰一陽至六變得陰陽三十二成地之一柔一剛復始遂爲小父母而主後天之用矣元至五變得八十一家九九之數備四重之位足以爲元之體第六變則九天統八十一首二百四十三表七百二十九贊方者主之爲元之用也蓋易者天用地之數方圓二圖合於一者以圓

包方地在天內渾天象也元者地承天之數方圓一圖分於兩者以圓覆方天在地上蓋天象也天用地則天地並用君能下下造爲賓主之義也故陰陽自一以至三十二方圓之數六變皆同地承天則地不自用載天而行臣能歸美尊無二上之義也故五變以上爲圓數六變以下爲方象子雲覃思渾天而缺太元共圖則一元都覆成規於上九行羅重成缺下者地承天而分三用與天包地而統四體不缺地有四方元用三方而圖兼用蓋天所謂同缺天地之經也是故易之圓圖自一陰一陽以缺

二則由外而之內元之圓圖自一元以缺
則由內而之外其象不同者六十四與八缺
之體用之極天之地也易圖地在天中元圖缺
下人居地上各據所見而言可以竟曉也
元圖舊止作圓象章督始變爲方圖二圖圓圖缺
明一元都覆方州部家成規于上所謂圖象元形缺
之體也故天統乎體也方圖者以明九天分統七百
二十九贊成矩于下所謂贊載成功元之用也故地
分乎用也元圖曰一元都覆三方方同九州枝載庶
部分正羣家事事其中據此言則一圓之體自元至

贊盡包七者之用故天變盈于七也又曰天道成規
地道成矩規動周營矩靜安物始于十一月終于十
月羅重九行行十四日據此言則方者之象亦不可
廢晉分于二圖者蓋與舊圖相爲表裏康節準易圖
則依舊圖而作者以日行星度爲本故也

元首九變數

地之用九自四以往十二而終七八九其中也故變
數最多四與十二無變九實用七天之道也四純一
爲首四純三爲終四純二正當八十一首之中天不
用者羣用之宗元之十二數與三不用而以九數爲

用者尊天之六以示無爲而無不爲尊故役物神故
藏用也揲蓍以七八九爲一二三之用者以地之二
十四反天六之用也此三數當九數之中所謂用中
也是故元不用之三數原始而言則爲一二三者天
之六用也要終而言則爲十與十一十二者蓍之全
體也自一至十二總七十有八故律數四十二呂數
三十六卽乾歸奇合掛之數易不用而元用之也去六
故日法用七十二去三
十三故九贊用四十五

初變四數一變

丅　此一數不變九數之中一者不變也十者二不變則用八也十九者三不變則用十六也

其四與十六者皆變則全用也奇數五用三十二偶數四全用四十

二變五數四變

丅　干　丌　亓

三變六數十變

亓　干　平　亍　亓　开　亓　亓

四變七數十變

平　此一數不變

亓　平　开　平　亓　平　亓　亓

亓　平　亓　平　开　平　平

五變八數十九變　此中數也八十一首以方布之交處皆八若易爻用七自六而起數

用十五自二而起皆以九爲中數六十四用以九布之交處皆九也中數之變最多不過十九十九爲天地之終

三數之變用者十六故地之位用於十六也

〓〓〓〓〓〓〓〓〓

〓〓〓〓〓〓〓〓〓

〓此三數不變

六變九數十六變

〓〓〓〓〓〓〓〓〓

〓〓〓〓〓〓〓

七變十數十變

〓〓〓〓〓〓〓〓〓

〓此二數不變

八變十一數四變

〓〓〓〓

九變十二數一變

〓〓此一數不變

自一方一州一部一家至三方三州三部三家起於四終于十二共八十一變不變者九可變者七十二純一純二純三本不變也餘六者不變肖乎三純數者也元七十二爲策數者合其變故也不變之九共得七十二數卽變者之祖也自一變爲四則加三變也四變爲十則加六變也十變而十六又加六變十六變而十九又加三變自十九而退亦然凡三十六變十九之三變進退共之是爲三十三變而已正如易之交數地以八變而奉天也元用三十三蓍謂地虛三扐天十八豈出於私意乎易天數元地數效法之謂坤故元數皆類乎易也總八十一變以四十八爲本體三十三爲虛用

一二三四總三十一變合六七八九而六十二加五之中數而八十一若五之變亦有合則一百矣是故元之變于百數之中不見者十九見者八十一而八十一之中不變者九變者七十二也

元初起於三總一二三則六也三而偶之一一二二

三三是爲十二奇而偶者天之用故曰策之數起於六偶而偶者地之用故方州部家之數極于十二地虛三以拼天自四而起實用其九故曰元有六九之數策用三六者三而大天而地也儀用二九者二而九地而天也自一至十二元之初偶天一而二也有一一則有二二三三矣有二二則有一一三三矣有三三則有一一二二矣一一二二三三則九也一二二三三則十二也一一三三二二三三則十五也共得三十六故太中之數用三十六也一偶之初三雖參爲九一止重爲二如易三畫卦故未成爲首也再偶

之則地三而四也各得三變一之變曰四純一也曰一二二二也曰一三一三也二之變曰四純二也曰二二二一也曰二三二三也三之變曰四純三也曰三三三一也曰三三三二也此九首者如易六畫之八卦也共得七十二數故太積之數用七十二也自此錯綜之各得二十四變是爲七十二首合之而八十一首成焉中應養三首反覆不變如易之乾坤坎離也三之祖也元首自四而起至十二爲九者存三也存三於其始者存本也增爭斷永守窮六首亦反復不變如易之震巽艮兌合而爲頤中孚大小過也

六之祖也并三與六是爲九元數八十一而策用七十二者存九也存九於其末者用不數盡也其餘七十二首反復覩之而三十六如易五十六用卦實爲二十八卦此應變之用也是故易有二十四卦而用卦五十六者八八而用七八存一用七也元有八十一首而曰法七十二者九九而用八九存一用八也

太元揲數一揲爲一變易比元多五百四揲五百四著七十二之七也大百四十八著七十二之九也通之爲百四十有四之八

太元四揲成一首八十一首則三百二十四變也一揲之中必再揲而成則六百四十八變兩揲其卦一著八十一首掛一之數通得三百二十有四元七十二策當一日每贊三十六著一首九贊則掛一之著也兩首九日則六百四十八也六百四十八者以八分之八十一之八也以六分之一百八之六也一百八者九之十二而八十一者九之九皆九之體用之究數也元之首八十一不用一百八者天道之自然也策七十二不用八十一者因自然而順天也坤得一百八而家八十一者十二用九家首八十一而曰法七十二者九而用八

元數曰三十有六而策視焉天以三分終以六成故十有八策天不施地不成因而倍之地則虛三以扮

大十八也別一以掛于左手之小指中分其餘以三搜之并餘於扐一扐之後而數其餘七爲一八爲二九爲三六筭而策道窮也一二三爲六筭

繫辭曰大衍之數五十其用四十有九分而爲二以象兩掛一以象三揲之以四以象四時歸奇於扐以象閏五歲再閏故再扐而後掛三揲而成爻十八揲而成卦千一百五十有二變而六十四掛備矣此易揲著法也老陽之數三十六其用三十有三掛一以象元分而爲二以象剛柔揲之以三以象三統歸奇于扐以象太積獨陽不生故再揲而後畫兩揲而成

畫八揲而成首六百四十有八變而八十一首備矣此元揲蓍法也易三揲成一爻三揲三掛一揲再歸奇一歸爲之一扐元兩揲成二畫共一掛兩揲四歸奇通謂之一扐所以然者易掛一在分而爲二之後者太極復寓於兩閒也一爻三揲而三掛者存三元也元掛一在分而爲二之前者神象二生於元也一畫兩揲而一掛者存一元也易所歸之奇并天地數於太極也一爲一扐二爲再扐者有陽有陰也故三年一閏三十六日者乾也五歲再閏又二十四日者坤也元所歸之奇并地數於天也四歸通爲一扐者

體以四爲一也故太積之法故三三六六之數則始于十有八策也觀揲蓍之法而易元天地之數已自渙然王涯不知數惑於一扐之語遂別立揲法全無理用其誤甚矣（范謂凡一掛再扐理亦未盡）元若兩揲再揲與兩揲一掛于歸奇三六之數初若無加損所以不再掛者掛一以示存一元故八十一首共得三百二十有四爲一首曰策之數若再掛則三元不宗於天而六百四十有八乃二首之策陰陽敵偶非地承天之義總奇策六多三少畫數乃不均矣是故元之八十首七百二十贊者以當三百六十日四千三百二十時

之數天地所同用也養一首九贊者以當四日半五十四時之數雖在三百六十度之外猶在七百二十九變之中論天度則九之終若以甲子論三百六十日周而復始則九之蓍也踦嬴二贊者以當九時之數踦之六時在全度中皆八十一而又九變之餘若以甲子論四千三百二十時周而復始則九之微也九之微數起於三者天以三分也成於六者終於六成也九之蓍以日言九之微以時言總微著之數六十有三時則不盡六十四之一也極天度順布之終乃日行逆生之始是故太積始於十八策者起於三

時應四分度之一也終於五十有四者七百二十九之外天九再成之數以策當之蓋三百二十有四畫掛一之蓍也易自乾變坤自坤變乾各以九變生一子七九六十三變而窮其爻當三百七十有八陽不畫乾陰不盡坤常虛六爻以爲生生之本元八十首之外六十三時總三百七十八策則易成體之數也虛眞三不用則易不盡六爻之數也故元之養首者八十首之本踦贊者養首之本嬴贊者又踦贊之本而不用之一二三乃羣用所宗變化之原也

極一爲二極二爲三極三爲推推三爲嬴贊（嬴滿也）贊

羸入表表羸入家家羸入部部羸入州州羸入方方羸入元

三眞數也眞數具而變化生故極三爲推一二三者六也推之則三六十八是爲羸贊之策贊滿三爲一表表滿三爲一家家滿三爲一部部滿三爲一州州滿三爲一方方滿三爲一元本自一元分之以至羸贊復自羸贊逆推而上以及于一元是謂生於一而返於一此天之所以圓也元舊圖止爲圓象者義出乎此

太元畫數一重一變

元八千一首首爲四變方州部家凡三百二十四變一三三各一百八變則六百四十八數也一之變一百八每變一畫得一百八數二之變一百八每變二畫得二百十六數三之變一百八每變三畫得三百二十四數極于六百四十八則一百八之六而八十一之八與揲數正合也易自二起故用六元自三生故用九易祖乾坤元則人在其中矣故用九也易爻用六故一重卦皆六爻數亦用九故兩單卦皆九數爻自乾之六畫至坤之十二畫用七數自重乾之二重坤之十六用十五而皆以九爲中元自四至十二用九而以八爲中元六百四十八揲而八十一首正得六百四十八畫易千一百五十二揲而數圖百二十八卦爻圖通陰畫亦百二十八卦始合其數故元宗于一易分於兩也

天元一百八變得一數者五十四得二數三數者各二十七共一百八十九數六十三者七九也天元數得六十三之三

地元一百八變得二數者五十四得一數三數者各二十七共二百一十六數七十二者八九也地元數得七十二之三

人元一百八變得三數者五十四得一數二數者各二十七共二百四十八數八十一者九九也人元數得八十一之三

元體四而用三天三地四者七之數也方州部家四也以三起以三生三也以九而用三亦十二以三爲本九爲用用者三不用者一也

太元畫數自四而起一方一州一部一家至十二而極三方三州三部三家存三不用實用者九自四至十二故爲地數也天元自四一方一州一部一家衍二十七首而極于十一方三州三部三家地元自五二方一州一部一家衍二十七首而極于十一二方三州三部三家人元自六三方一州一部一家衍二十七首而極于十二三方三州三部三家各七變而終焉元以天三一動生三即一二三是也行於地四方州部家之閒數雖九九以從地變止三七而從天是故邵雍以元爲地之承天也三元之數起於四五六則十五者三天之沖氣也終于十十一十二則三十三者五六二中之合而三天也皆數之自然故八卦四十八爻而元用三十三蓍也故曰易無眞一

自二而起元無眞三自四而行不用而用之以宗也[眞三爲六故元之體自四而行用則自七而行贊七百三十九者黃鍾自子至午天之第七數也]

蓍數

一揲之奇不三則六再揲之奇亦不三則六兩少之餘三九二十七兩多之餘三七二十一一多一少之餘三八二十四得三七則一也三八則二也三九則三也易以多少之三而成四六四七四八四九之體元以多少之兩而成三七三八三九之用[易卽體爲爻之用元卽用爲首之體]元用三十三蓍四揲成一首共一百三十二策除掛一之數四則一首所得一百二十八策八十

一首共一萬三百六十八策通掛一數三百二十四策則一萬七百九十二策[一百二十八偶之則二百五十六卽先天生物之數也一百三十二偶之則二百六十四卽先天實用之數也元數皆得易之半體得先天之半用得後天之半則三六二九也]用數七千七百七十六不用數二千五百九十二

除掛之數餘三十二蓍得七者一也用策二十一奇策一十一得八者二也用策二十四奇策八得九者三也用策二十七奇策五揔八十一首之中得七者一百八用數計二千二百六十八不用數計一千一百八十八得八者一百八用數二千五百九十二不用數計八百六十四得九者一百八用數計二千九百一十六不用數計五百四十通用數計十千七百七十六通不用數計二千五百九十二通二數則一萬六百九十二比大易一會之數爲虧一百八也[易一會一萬八百年]元以七十二策當一日七千七百七十六則一百八日之數也二千五百九十二則三十六日之數也通之則百四十四日者坤之策也以三十六日爲一分則元蓍之數用者三不用者一用者三爲地之自用不用者一所以奉天之用故邵子曰坤

以四分之一奉乾則乾得二百五十二坤得一百八也

天地之數五十有五者五之十一也元三十三蓍者三之十一也十一者天五地六合二中以爲用也十一去二而用九二三爲六所去之策也九三二十七所用之策也乃三之畫也十一去三而用八三三爲九所去之策也三八二十四所用之策也乃二之畫也十一去四而用七四三十二所去之策也七三二十一所用之策也乃一之畫也是去其二三四之奇而成其七八九之策也元本三十六蓍地虛三以扮

天者存天一而常虛也初揲之少餘三十而弗用者存地十而不動也故數有十以一爲始十爲終地不用一天不用十均而相通則五六爲中三十三策之本也蓍之幽顯通用其六所去者二三四則九也天也元以爲太積所謂藏諸用也雖不顯而實常用也所用者七八九則二十四也地也元以方州部家所謂顯諸仁也雖常見而實不自用也是故物生天地間皆本于乾九致其用則訖乎二十四氣也所去者九所存者二十四見於畫則一二三是六而已蓋陰六者陽九之基而二十四者坤六之策故元儀之二

九實爲三六之用易坤之二十四實爲四六之用而七八九之策自十八每加焉者亦以三六爲用之基本也是以易之一卦自六畫而起元之一時自六策而生也首自四起虛三爲用

元三十三蓍掛一餘三十二卽易蓍四八之體數也元之揲蓍以掛一爲本用以歸奇爲積法其餘蓍數以爲方州部家之體而實不用也易以天用地故用其用策而不用奇策元以地承天故用其奇策而不用用策也兩揲而一掛四掛而一首三百二十四日八十一首掛一之蓍也兩贊當一日一日當七十二策故三百二十四當一首之策爲太元之用七百二十九贊者元之晝夜之用也餘三十二蓍四之而百二十八兩首而二百五十六則易坎离四位之數也兩少之餘二十七蓍四之而一百八兩首而二百一十六則易乾之策也兩多之餘二十一蓍四之而八十四兩首而一百六十八則易三男之策也一多一少之餘二十四蓍四之而九十六兩首而一百九十二則易三女之策也初揲之少餘暗數三十弗用四之而百二十兩首而二百四十則易開物八月之數也三十三全用四之而一百三十二兩首而二百六

十四則易實用之數也元之體數之用極于此矣二百五十六者地生物之數也二百六十四者物實用之數也物數有天數在其中焉故蓍三十二者合乎地之生物而加掛一數者乃合乎物之實用也夫元以地承天者方州部家之四體裁天之一元以運行而布氣也故不用體數體雖不用數無不合者理之自然正如易不用奇數而數亦無不合也

元之揲數一揲爲一變四揲成一首八十一首共三百二十四變兩少之餘得二十七兩多之餘得二十一一多一少之餘得二十四各一百八變一揲必再

揲而後畫則以初揲得少者餘三十而弗用故也每畫初揲之餘有暗數存焉三之畫一百八變初揲必少則暗數三十矣一之畫一百八變初揲必多則暗數二十七矣惟二之畫一百八變若中分之則所餘暗數三十與二十七多少各半若初揲併少則一百八變之中暗數皆三十爲盈一百六十二矣初揲併多則一百八變之中暗數皆二十七爲虧一百六十二矣盈虧二數併之而三百二十四即一首之策四曰半之數也初終一定中乃有變故易陽中陽陰中陰不變陽中陰陰中陽變易不常而先天日月之變

太元一首之策皆用其變也易掛一象三在分而爲二之後故先天五百一十二卦卦一之數一千七十二於動植數中得一分之物數而策數爲天地運行生物之數元掛一象元在分而爲二之前故元八十一首掛一之數三百二十四於期月數中得一首之日數而策數爲地體方州部家之數元八十一首總一萬三百六十八策其初揲之數暗數三百二十四變均分之多少之餘各半兩多之餘二十七合二百六十二變得四千三百七十四策兩少之餘三十合一百六十二變得四千八百六十策總之而九千二百二十四策通明暗二數凡一萬九千六百二策比黃鍾一分之數虧八十一則八十一首之體也九之而七百二十九則黃鍾之實自子至午之生數天以之而運行在元則九贊之體是也天道七變至午而足故坤位在未代終以成物也黃鍾之數析爲九分元以八分爲日行數策數得一分虧八十一者存本也如五音數得三百二十四自然虧五動植用數得三倂萬物數自然虧五百一十二也

翼元卷一

翼元卷二

宋臨邛張行成撰　　綿州李調元　校

太元歷數

元圖曰元有六九之數策用三六儀用二九元其十有八用乎太積之要始於十有八策終於五十有四并始終策數半之為太中太中之數三十有六以律七百二十九贊凡二萬六千二百四十四策為太積七十二策為一日凡三百六十有四日半蹄滿焉以合歲之日而律歷行故自子至辰自辰至申自申至子冠之以甲而章會統元與月蝕俱沒元之道也章一閏分盡一會月蝕盡一統朔分盡一元六甲盡月行九道九會復元其食俱盡故日與月食俱沒

元八十一首共得掛一之數三百二十四以為一首之日策者元之本用也而揲多少之餘三七三八三九之蓍以成方州部家之畫者元之實體也其歸奇之數則并于掛一以為太積之要者餘分歸于天其暗策則以當閏數也是故四畫成一首一畫必再揲而成初揲之奇不三即六四揲均之多少各半所歸之奇十有八也再揲之奇亦不三即六四揲均之多少各半所歸之奇亦十有八也元三十三蓍八用為一首則二百六十有四中分之各百三十有二初揲去十有八所存者一百十四猶未為用故為暗策得十九之六合大易一卦之奇故為閏數所去者十八歸于天故太積之要始于十有八策也再揲又去十有八并初去而三十六自本揲當百三十二策者言之所存者九十六所去者三十六若并前揲當二百六十四者言之則所存者二百一十所去者五十四其二百一十之中實策九十六則一首四重之畫虛積一百十四并初揲而二百二十八以當閏數則實者為日閏虛者為月閏也其五十四歸于天矣故太積之要終于五十有四也并始終之奇凡七十有二

虛實各半故半之為太中當一贊之策為半日之數則實者為本數虛者為交數也是故元之用數本于掛一以為一首之數者天之全數也成於歸奇以為一贊之數者物之分數也其實得之數則以為方州部家之體而不用者地之正數也是故元為地數地者天之用承天而用不自用也元七八九之蓍總七十二得一日之策八十一首得一百八日而不當日用歸奇除掛一實得三十六日而用于太積故邵子謂坤之策百四十四以四之一為乾餘分實得一百八也元嬴贊當十八策則太積之始也并奇贊三十六策為五十四則太積之終也并二數七十二為一日之

策則一與三之合也九九之變又九之得七百二十九而不盡天度之九時者天之變化所以不窮也是故元之暗策通虛實得二百五十六日有半實策得一百八日總三百六十四日半以當七百二十九贊之實策亦餘九時不盡者天地相應也其掛一歸奇之策當四十日半則九時生九天之本爲太元之用也掛一之策四日半五十四時則九時每時而生六時歸奇之策三十六日四百三十二時則五十四時每時又各生八時以分千九天每天有四百八十六時則掛一之六時與奇策之四十八時每時又各生九時在易用四十八蓍而掛一不動者掛一在蓍爲一在時則六體一而用六用者動體者不動也總之得四百五日爲四十日半之十分一分爲元之本九分爲九天之用一而生九也大元歷律之數皆用三百二十四則九分之中又去一用八矣一龠之分六十甲子之數皆八百一十則十分而又偶之也再揲之奇三十六策本當十八之二加重并之數爲十八之四則半實而半虛踦贏二贊五十四策本當十八之三加重并之數爲十八之四則一虛而三實二者皆有虛焉此元所以爲地數也易揲蓍法雖名

掛一而三揲實掛者三名爲掛一故四十九之中先存一蓍而用四十八則一掛變八卦之爻數也實掛者三故四十八之中再存三蓍而用四十五四十五而八之則六十用卦之爻數也大衍五百十二卦積數一十五萬五百二十八均之于四十九蓍每蓍三千七十二地生物之數用　十三萬八千二百四十則四十五蓍之數千存九千二百十六爲四正卦之數則三蓍之數又存三千七十二爲太極之數則一蓍之數也以九千二百一十六均于四卦之閒故一卦之數二千三百有四也夫以爲掛一而實掛者三蓍以爲掛三而實存者四數以爲存四而實分者五用自蓍言之名雖三而實存之數四自卦言之名雖四而實用之數三蓍天也藏一于三是爲三之本卦地也均三于四是爲四之用蓍藏一名四數無減卦均三數四用無虛易爲天數天統乎體其用在地無非實也乃若元爲地數地分乎用必有虛焉所以承天是故蓍數虛三扮天十八也在奇策則虛實各半者坤六之用也用不用各半也在日策則虛一實三者乾九之用也用者三不用者一也

自陸績以來皆以元爲用太初歷法然太初歷以八十一分爲日法而元以七十二策爲

日法安得同八十一者律法也太初歷蓋以律而起歷班氏云與太初歷相應亦有顓帝歷焉八十一分乃太初歷爾顓帝歷何在乎四分乃顓帝歷也故元用十八策四之而當一日者顓帝歷之意也以十九年爲一章極于一元得四千六百一十七歲者太初歷之意也故曰以合歲之日而歷律行今若以七十二分爲日法而仍以太中之數三十六爲杪母則其數之歸自與太初歷合矣具二法如後

太初歷法析分爲杪數此是温公太虛歷法

漢歷以八十一分爲日法一歲三百六十五日以日法乘之得二萬九千五百六十五分益以四分日之一得二十分少合二萬九千五百八十五分少以二十四氣除之每氣得一千二百三十二分餘一十七分少以三十二乘分八乘少通分納子爲五百五十二除之得二十三杪每氣得一千二百三十二分二十三杪每首得三百六十四分十六杪每贊得四十分十六杪

以太初歷分杪而配元首贊則元自爲元太初自爲太初非元本意也今盡以太初歷析分爲杪而以元杪數合之則知二歷始異而終同矣

每分析爲三十二杪一贊計得一千二百九十六杪一首計得一萬一千六百六十四杪八十一首計得九十四萬四千七百八十四杪又加一贊計一千二百九十六杪又加一贊之半六百四十八杪其九十四萬六千七百二十八杪

太元歷法析分爲杪數

元八十一者每首九贊每贊三十六策計二萬六千二百四十四策加踦贊三十六策嬴贊一十八策計

二萬六千二百九十八策兩贊七十二策當一日即以一策爲一分以二十四氣除之每氣得一千九十五分餘十八不盡以三十六乘之計六百四十八杪每氣得二十七杪盡以分爲杪則每氣得三萬九千四百四十七杪二十四氣通得九十四萬六千七百二十八杪細析之則每首每贊每日之分雖與太初歷不同而杪數則同矣雄之法當出乎此或曰太虛歷司馬公所作也公與康節議論有素二公豈不知此乎曰自然之數無所不合但所主以爲用者不同若不知其理與日用而不知者無異終必有不合者

矣元之歷數所以與太初相應者葢以八十　為日法者九九也以七十二為日法者八九也以三十二為杪法者八四也以三十六為杪法者九四也分于九而減一杪于九而加一是故始異而終符也惟自陸績以來皆以太初歷解元所以司馬公姑以析杪之數示人常使人觀之粗因太初歷以求元不以吾之說為駭異若識者知之則子雲本意自有所在也且細筭如後先天以三十分為一時一分析十二杪時計三百六十杪易用三十六之十者三天兩地也元用三十六之六者用其三天虛其兩地故易天地之數五十五元著三十三者亦用其三天也

三統太初歷法

天統一甲子日元首起三統太初

每九章積年一百七十一積月二千一百一十五以月法二千三百九十二乘之積分五百五萬九千八十以日法八十一除之命見大餘日小餘分為第十章首易以二百二十八為閏法者二卦歸奇合掛之蓍十二章之年數也四分歷以四章為一部太元以九章為一小終

甲子元首積日六萬二千四百五十七小餘六十三

以甲子旬周命之得一千四十大餘五十七小餘六十三若用太元歷即小餘五十六

十九年為一章此九章之積也以一分析為千一杪每時得八十一杪即每年氣餘五十三時總九章多得二十七杪一統多得三時

辛酉第十章首積日一十二萬四千九百一十五小餘四十五甲子旬周去之得二千八十一大餘五十五小餘四十五

己未第十九章首積日一十八萬九千三百七十二大餘四十三小餘二十七

丁巳第二十八章首積日二十四萬九千八百三十一大餘五十一小餘九

乙卯第三十七章首積日三十一萬二千二百八十八大餘四十八小餘七十二

壬子第四十六章首積日三十七萬四千七百四十六大餘四十六餘五十四

庚戌第五十五章首積日四十三萬七千二百四大餘三十六餘四十四

戊申第六十四章首積日四十九萬九千六百六十二餘十八大餘四十二

丙午第七十三章首積日五十六萬二千一百二十大餘四十無小餘分

以上凡一統積一千五百三十九歲十九年爲一章七閏九章一百七十一歲一小終三小終爲一會五百一十三歲九終一會積年一千五百三十九而大終積月一萬九千三十五積分四千五百五十三萬一千七百二十積日五十六萬二千一百二十甲子旬周九千三百六十八大餘四十小餘盡命得甲辰日爲統首

求小終氣策置入年一百七十一以策餘八千八十乘之每年之氣盈五日三時每九章又盈二十七杪即一統盈八千八十日得一百三十八萬一千六百八十以日法一千五百三十九除之得氣積八百九十七日小餘一千一百九十七九終得日八千七十三小餘一萬七百七十二再以日法除之得日七通積八千八十以甲子旬周命之得一百三十四大餘四十小餘分盡從甲子命之見甲辰朔旦冬至若依四分曆筭每年氣餘五日三時即一統虧三冬至不得朔旦若依太元曆七十二分爲日法每九章小餘五十六或以十二或以三十六析杪皆合太初曆地統二

甲辰元首積日六十二萬四千五百七十七小餘六十三甲子旬周命之大餘三十七

辛丑第十章首積日六十八萬七千三百三十五小餘四十五大餘三十五

己亥第十九章首積日七十四萬九千四百九十三小餘三十七大餘三十三

丁酉二十八章首積日八十一萬一千九百五十一小餘九大餘三十一

乙未三十七章首積日八十七萬四千四百八小餘七十二大餘二十八

壬辰四十六章首積日九十三萬六千八百六十六小餘五十四大餘二十六

庚寅五十五章首積日九十九萬九千三百二十四小餘三十六大餘二十四

戊子六十四章首積日一百六萬一千七百八十二小餘十八大餘二十二

丙戌七十三章首積日一百十二萬四千二百四十小餘盡大餘二十

凡二統積三千七十八歲積月三萬八千七十積分九千一百六萬三千四百四十積日一百一十二萬四千二百四十通前一十八小終六會二大終六甲旬周一萬八千七百三十七大餘二十命得甲申朔旦冬至爲三統首

人統三
甲申元首積日一百十八萬六千六百九十七小餘
六十三大餘十七
辛巳第十章首積日一百二十四萬九千二百五十
五小餘四十五大餘十五
己卯第十九章首積日一百三十一萬一千六百十
三小餘二十七大餘十三
丁丑二十八章首積日一百三十七萬四千七十一
小餘九大餘十一
乙亥三十七章首積日一百四十三萬六千五百二

十八小餘七十二大餘九
壬申四十六章首積日百四十九萬八千九百八十
六小餘五十四大餘六
庚午五十五章首積日百五十六萬一千四百四十
四小餘三十六大餘四
戊辰六十四章首積日一百六十二萬二千九百二
小餘一十八大餘二
丙寅七十三章首積日一百六十八萬六千三百六
十分盡大餘盡
凡三統積四千六百一十七歲爲一元內分三統

九會二十七小終二百四十三章首元月五萬七
千一百五氣積分一億三千六百五十九萬五千
一百六十積日一百六十八萬六千三百六十而
九會復元命甲寅太歲受七十六甲子大餘（年[illegible]）五
十七見辛亥太歲是後元之首積閏月一千七百
一元中月五萬五千四百四

四分顓帝歷法（上元起自甲寅歲）

上元紀法起甲子部首以十九年爲一章四章七十
六歲爲一部二十部一千五百二十歲爲一紀三紀
四千五百六十歲爲一元（亦曰一首日月如合璧五星如連珠青龍攝提格布

政之首）七元三萬一千九百二十歲爲一極羣數皆終
萬物復始
第一部無大小餘得甲子日爲部首
第二部大餘三十九得癸卯
第三部大餘十八得壬午
第四部大餘五十七得辛酉
第五部大餘三十六得庚子
第六部大餘十五得己卯
第七部大餘五十四得戊午
第八部大餘三十三得丁酉

第九部大餘十二得丙子
第十部大餘五十一得乙卯
十一部大餘三十得甲午
十二部大餘九得癸酉
十三部大餘四十八得壬子
十四部大餘二十七
十五部大餘六得庚午
十六部大餘四十五得己酉
十七部大餘二十四得戊子
十八部大餘三得丁卯

十九部大餘四十二得丙午
二十部大餘二十一得乙酉
二十部立成周而復始部首常居四仲凡一千五百二十歲爲一紀第一紀太歲甲寅第二紀太歲甲戌第三紀太歲甲午後元復起甲寅
凡十九歲爲一章日法八十一月法二千三百九十得二十九日八十一分日之四十三章月二百三十五以月法乘之得章分五十六萬二千一百二十以日法除之得章日六千九百三十九小餘六十一六甲旬周一百一十五大餘三十九此通用太初歷法

以上係章法一章十九年得七閏無餘分
四章七十六歲爲一部部月九百四十部分二百二十四萬八千四百八十部日二萬七千七百五十九小餘一六甲旬周四百六十二大餘三十九
以上係部法一部七十六歲而得一朔旦冬至
二十部一千五百二十歲爲一紀紀月一萬八千八百紀分四千四百九十六萬九千六百紀日五十五萬五千一百八十小餘二十六甲旬周九千二百五十三無大餘
以上係紀法一紀復得甲子部首三紀爲一元太歲復値甲寅

又一法河圖推入部法
上値一章十九年不以周天分一千四百六十一乘此是四周天之日數得二萬七千七百五十九一部之日數以甲子旬周去之得四百六十二大餘三十九命甲子筭外卽癸卯爲第二部首
後部首加大餘三十九得七十八滿六十去之餘十八命甲子外卽壬午部餘部法皆同凡二十部爲一遂卽一紀三遂爲一首七首爲一極孔子曰三萬一千九百二十歲卽一極籙圖受命易姓三十二紀德有七其三法天四法地每元小餘六十凡七元計四百二十以八

十除之正得五日三時故曰羣數皆終

一年周天六甲子餘五日四分日之一通四年餘二十一日通一部計餘三百九十九日則一百三十三之三也此法每部更無小餘一章小餘三一日析爲四分者以求月法則太踈矣故易緯以八十分爲日法而前法仍以八十一爲日法則每章小餘六十一每部小餘一累加之每紀小餘二十每元小餘六十雖一元猶未積一日也故太初歷比四分歷每統多一章而小餘皆盡太初歷一統積年一千五百三十九積月一萬九千三十五積分四千五百五十三萬一千七

百二十積日五十六萬二千一百二十以日法八十一分除分數得日數以甲子旬周去之得九千三百六十八周大餘四十小餘盡見後統得甲辰爲首按大元以七十二策爲日法則一統計得四千四十七萬二千六百四十分又析爲三會則每會得一千三百四十九萬八百八十分以日法七十二除之每會得積日一十八萬七千三百七十三小餘二十四凡三會計得日五十六萬二千一百二十日無小餘以甲子命之得九千三百六十八周大餘四十得甲辰爲後統首與太初歷合

太初歷月法二千三百九十二以日法八十一除之得二十九日八十一分日之四十三

太元日法七十二分以三十六乘之每月得七萬六千五百四十四杪每日得二千五百九十二杪以日法除月法凡二十九日計七萬五千一百六十八杪餘一千三百七十六杪得太初歷之八十一分日之四十三得四分歷之三十八分八杪七十二不可析於月猶八十一不可析于首本元主在著書太初主在筭歷故不同也

按太初歷法以律起歷黃鍾之實一十七萬七千

一百四十七平分爲九每分得一萬九千六百八十三則二百四十三之八十一也又九之得八十一之二千一百八十七則三百六十四日半而日直一日計三百六十四日半每日七十二策計二萬六千二百四十四又六之計一十五萬七千四百六十四比黃鍾九九之數爲九分而用其八此止筭八十一首之數餘奇嬴二贊之數不筭與易數得三百六十之三百八十四而物數得三百二十之三百八十四理正合矣故元歷之數皆以三百二十四爲準合之而

六百四十八則八十一之八於七百二十九贊之中九而用其八八十一者九九也七十二者八九也七百二十九者八十一之九也六百四十八者八十一之八也皆存一也亦如先天卦位五百十得六十四之八而卦數五百七十六得六十四之九也太元八十一首計七百二十九贊每贊三十六策八十一首計二萬六千二百四十四策以六乘之六位日策則每贊得二百一十六蓋老陽之策盡乚二三之六用也比黃鍾數虧一萬九千六百八十三則九分之一也若以策數析而十之得二十六萬二千四百四十倍之則黃鍾衍數之八十一分之八十分也故元之日數得黃鍾正數九分之

八而當其全物數析一爲十物數也得黃鍾衍數八十一分之八十而當其半陽施其氣陰成其物氣體各半皆用之不盡也仲呂之數再生黃鍾即合元之物數如五運之數火再生土而後爲火之子也虧二百九十六者存支干全數而偶之也太初歷以八十一爲日法若六乘之每日得四百八十六即三百六十四日半共得一十七萬七千一百四十七黃鍾九九之變極矣而天度猶有半度與四分度之一未盡故子雲止以七十二爲日法者用九之八存九之一爲生生不盡之數而踦羸二贊在其間以爲變化之資如易六十卦應三百六十日存四卦二十四爻以爲五日四分日之一及小月之

數此天地變化之機生生不窮之理故康節謂子雲知歷之理也律得八十一者律止有三百六十日每日四百八十六計一十七萬四千九百六十外餘二千一百八十七則自子至未不用之八數也歷用九之八律用九之九尺用九之十天數用八地數用九物數用十大數不足小數常盈也易運行數一十二萬九千六百易只筭二百六十日分於一年則日得三百六十每時得三十生物數一十三萬八千二百四十分於一年則每日得三百八十四每時得三十二元運行數一十五萬七千四百六十四此數得太簇之實元筭三

百六十四日半分於六年得七十二每時得物數十分之六物數二十六萬二千四百四十此數常仲呂數之倍分於六年每日得一百二十每時得十元筭六年數者體一用六盡六律也蓍第三變數一十五萬五百二十八去掛一數三千七十二餘一十四萬七千四百五十六則九千二百一十六之十六也十六者地體之足數也生物數則用其十五而存其一生物數者八千六百四十之十六也運行數則用其十五而存其一生物數以九分之則一萬五千三百六十之九也動植數則用其八而存其一皆存本用之不盡之意太元用數即其理

也以八分爲六分而用者體者有八用者有六元以地承天故以八爲六而用如經世十六位之數併爲十二會而用也八者主八卦在年爲八節六者主六爻在年爲六氣也

太元律數

元數曰三八爲木四九爲金二七爲火一六爲水五五爲土其在聲也宮爲君徵爲事商爲相角爲民羽爲物其以爲律呂黄鍾生林鍾林鍾生太簇太簇生南呂南呂生姑洗姑洗生應鍾應鍾生㽔賓㽔賓生大呂大呂生夷則夷則生夾鍾夾鍾生無射無射生仲呂子午之數九丑未八寅申七卯酉六辰戌五巳

亥四故律四十二呂三十六并律呂之數或還或否凡七十有八黄鍾之數立焉其以爲度量衡也皆生于黄鍾甲巳之數九乙庚八丙辛七丁壬六戊癸五聲生於日律生于辰聲以情質情其質也律以和聲聲律相協而八音生

并律呂之數或還或否凡七十有八黄鍾之數立焉者律爲天天圓故還呂爲地地方故不還是以四十二者六七也三十六者六六也律以七數則陽還於陽如子還于午午還于子是也呂以六數則陰歸於陽如丑歸于午未歸于子是也夫自律呂言之律爲天呂爲地若自聲律言之則五聲皆爲天律呂皆爲地而已地虚三以扮天是故七十八之數視九九而虚三也聲律之數五六相乘聲得四百二十則四十二律得三百九十則三十九而已皆虚三扮天之義也其曰黄鍾之數立焉者積寸法也取黄鍾總數一十七萬七千一百四十七析爲八十一分每分得二千一百八十七去其三分凡六千五百六十一則申之數也故仲呂以酉之數一萬九千六百八十三爲一寸之分總黄鍾都數而得九寸則黄鍾之長也餘律皆準此

律呂往還相交十三實名者十二相隔八位實得者七數自黄鍾至仲呂復生黄鍾而小周凡十二變得八十四故七聲周十二律而成八十四調也律呂之數七十有八經歴之變八十有四二數虚實相并得一百六十有二中分之則陰陽各八十一矣八十一者黄鍾之律數也八十四者律調之變數也七十八者制器之法數也以變對律則律爲實變爲虚以對器則律爲虚器爲實虚者用也實者體也用者天也體者地也三數遞降皆虚三扮天陰宗於陽與蓍三十六用三十三同義也

十二律呂相生積數起寸法

其在聲也宮爲君徵爲事商爲相角爲民羽爲物

各以其清濁别之宮八十一最濁商七十二次宮角六十四清濁中徵五十四微清羽四十八最清其以爲律呂

律以統氣呂以扶陽

黄鍾生林鍾八十一五十四不可以四析六十四不可以三析七十二四十八三與四皆可析

黄鍾之管九寸下生林鍾三分去一故林鍾六寸也子之數一而黄鍾得八十一分爲九寸則一而

包八十一數也丑之積數三而林鍾得五十四分爲六寸則每一而包十八數也故天之體一而極于九地之用三而偶於六也律數極於九寸則八十一分也林鍾太簇南呂姑洗皆不過八十一分餘七律分數雖多而管皆不及於九寸則地與物之虛數也

林鍾生太簇八十一者九九也爲二十七之三五十四者六九亦九六也爲二十七之兩十八之三七十二者八九亦九八也爲二十四之三三十六之兩四十八者六八亦八六也爲二十四之兩十六之三六十四者八八也爲三十二之兩

林鍾六月之呂也太簇正月律林鍾之所上生三分益一故太簇八寸也寅之積數九而太簇得七十二分爲八寸則每一而包八數也黄鍾林鍾太簇三統之律皆全寸

太簇生南呂南呂得四十八分三統之分皆以九爲變南呂姑洗之分以八爲變八十一者九九也五十四者六九也七十二者八九也四十八者六八也六十四者八八也太元用九周易用八

南呂八月之呂太簇之所下生三分去一故南呂五寸三分寸之一也卯用丑數爲寸法卯之積數二十七用丑之數三爲法則去子之一矣去之者不用以存本也凡寸法律用本數呂用對衡數

南呂生姑洗姑洗得六十四分三統之律得全寸五聲之律得全分自辰以往以卦數而變者六十四不可析爲三分故也

姑洗三月之律南呂之所上生三分益一故姑洗七寸九分寸之一也辰用寅數爲寸法辰之積數八十一用寅之九數爲法則去丑之三以一爲一分則八十一而虛三也南呂姑洗皆五聲正數天五之本數也故分數在九九之內自辰以六十四爲一分卽從卦數倍而變矣辰之分數六十四者易之卦數也積數八十一者元之首數也分數自八十一而起以三分損益而變積數自一而起以三而變村積數以爲寸法而除分數卽得其律管之長也

姑洗生應鍾應鍾得一百二十八分

應鍾十月之呂姑洗所下生也三分去一故應鍾

四寸二十七分寸之二十也已用卯數爲寸法已之積數二百四十三用卯之二十七數以爲法則去寅之九以三爲一分則八十一而虛三也

應鍾生蕤賓蕤賓得五百十二分易六十四卦者辰之分數也元八十一首者辰之積數也皆用五也經世用五百二十卦者午之分數也元七百二十九贊者午之積數皆用七也易之變四千九十六卦者申之分數也爲用九矣

蕤賓五月之律也應鍾之所上生三分益一故蕤賓六寸八十一分寸之二十六午用辰數爲寸法午之積數七百二十九析爲八十一分每分得九用辰數之八十一數以爲法則去卯之二十七爲八十一而用七十八分

蕤賓生大呂一說以爲生大呂亦只下生但律管倍其數即大呂三分益一以上生夷則其數亦合矣大呂得二千四十八分若是下生止得其半

大呂十二月之呂蕤賓又上生也三分益一故大呂八寸二百四十三分寸之一百四也所以又上生者陽生於子陰生於午從子至巳陽升陰退故律生呂言下生呂生律言上生從午至亥陰升陽退故律生呂言上生呂生律言下生至午而變故蕤賓重上生也未用巳數爲寸法未之積數二千一百八十七析爲八十二分每分得二十七去辰之數八十一爲三分則用七十八分矣

大呂生夷則夷則得四千九十六分半

夷則七月之律大呂之所下生也三分去一故夷則五寸七百二十九分寸之四百五十一也申用午數爲寸法以申之積數六千五百六十一析爲八十一分每分得八十一去其三分計二百四十三乃巳之數故用午之數七百二十九爲法也

夷則生夾鍾一說夷則下生夾鍾而律管亦倍之夾鍾得一萬六千三百八十四分若下生止得其半

夾鍾二月之呂夷則之所上生也三分益一故夾鍾七寸二千一百八十七分寸之千七十五也酉用未數爲寸法

夾鍾生無射得三萬二千七百六十八分

無射九月之律夾鍾之所下生也三分去一故無射四寸六千五百六十一分寸之六千五百二十四也戌用申數爲寸法

無射生仲呂得十三萬一千七十二分若下生止得其半比生物之數虧七千一百六十八則五百一十二之十四也

仲呂四月之呂無射之所上生也三分益一故仲呂六十萬九千六百八十三分寸之萬二千九百

七十四也律呂以候十二月之氣月氣至則其律應應謂吹灰也亥用酉數爲寸法以黄鍾數析爲八十一分而去其三分則所去者六千五百六十一乃申之數故用酉數爲一寸之法也律止九寸而數有十二然寸法用九數上不用子以一之初起未有積法也下不用戌亥則法止於酉也總之爲虚三然八十一去三用七十八之數自辰用寅而始故開物于寅九實用八也

黄鍾之數一十七萬七千一百四十七者十二辰之積數也去仲呂之分數外餘四萬六千七十五加五

音本體之數五則四萬六千八十者地之四會萬物數也亦如九十七變之極數去六十四卦至坤二載之數餘一千六爲地之位數也仲呂積分一十三萬一千七十二者二百五十六之五百一十二也生物數一十三萬八千二百四十者二百七十之五百一十二也動植數一十二萬二千八百八十者二百四十之五百一十二也五百一十二者二百五十六之二也二百五十六者坎离用四位之數二百七十者體數之用二百四十者陰陽剛柔十與十二相唱和之數也是故三數者以散于經世律呂圖五百十二

位之間生物數每位得二百七十仲呂數每位得二百五十六動植數每位得二百四十體數之用者天之三九也故去其天之二七則爲坎离數而屬地坎离數者地之四位也故去其地之二八則爲動植數而屬物二百四十爲陰陽剛柔數即物數也皇極十六位之變數得二百七十而坎离二卦各得二百五十六位故體數之用乘二百五十六正應生物數十二會之半其餘二數則于是之中而遞減者體之用有天數在焉坎离數有地數在焉動植則物數而已故不同也夫用數三百六十而體數之用二百七十

者四分存一而用三也體數三百八十四而位數二百五十六者三分存一而用二也動植數二百四十比體數之用則九分存一而用八比位數則十六分存一而用十五也若動植用數三萬四千四十八於生物數十二會中用其三而除五百一十二餘九會總十萬三千六百八十（太元蓍數一十之即是此數）而不用則物數於天地數蓋四分得其一而已餘三分天地之所自用也其以與物者不用之一而已所謂不用而用以之宗生生不窮者也是故四十九蓍以十二之三爲老陽之體而以十二之一爲歸奇之數以爲八物之

用也蓍數掛一之一在人則天之一也歸奇之十二在人則地之一也合二一以運於四九之中所以生人物也一行所謂人在天地中以閼盈虛之變則閏餘之扐氣朔所虛是也然人物所用四分之一猶存五百十二者二百五十六而偶之坎离生物之本也惟存本不用故生生而不窮也經世元之六十四位衍數得一千五萬五百二十八之半而又虧一百七十六者既分其半又存陰陽剛柔本數之三百五十二無非存本之義也是故人物所以有盡者以其用之過而源竭本蹶天地所以無盡者以其用之當沖

本源滋生故也（動植全數比生物數九分虧一分比仲呂數十六分虧一分比全卦數六分虧一分）

元圖曰元有六九之數策用三六儀用二九元其十有八用乎太積之要始於十有八策終於五十有四并始終策數半之爲太中太中之數三有十六策以律七百二十九贊凡二萬六千二百四十四策爲太積七十二策爲一日凡三百六十四日有半踦滿焉以合歲之日而律歷行故自子至辰自辰至申自申至子冠之以甲而章會統元與月食俱沒元之道也（儀匹也謂天地兩儀各用九故兩首各九贊共爲九日也陽生於子西北則子美盡陰生於午東南則午美盡亦二九也）

十二支之數七十八以五乘之得三百九十十干之數七十以六乘之得四百二十支干相乘成六十甲子是爲六十律得八百一十則黄鍾一龠之分也自甲子至癸巳凡三十木得數七十九水得數八十土得數八十一金得數八十二火得數八十三自甲午至癸亥亦然均分之一陰一陽五行各八十有一去其土數餘則三百二十有四是以七十八之中取三十六之呂數以九乘之得數三百二十有四亦八十一之四也（律爲陽九呂爲陰六呂數正得六六）

（律數止得六七者先天以九爲天之物數六爲天之用數七爲天之變數八卦每變六七而極者天之用不過七分也是故律之數九九爲祖數者陽數之究也六七爲變數者乾行之節也呂之數六六爲變母者陽九之配也）

元一首九贊贊三十六策凡三百二十四策八十一首得三百六十四日半以爲歷法其曰合歲之日而歷律行者明律亦用其數在歷爲三十六之九在律爲八十一之四也夫聲有五而用八十一之四何也宮爲君合樂造設居中爲四聲之綱而四聲爲之紀散則分四合則混一天地各以一變四四者有體其一無體是以先天用四象者天地

數也後天用五行者人物數也故曰大數不足小數常盈也後天雖有五存一之義未嘗廢去論律呂存其君數者取則于五聲之本非私意也是故總聲律之數六十得八百一十爲一律之翕者極黃鍾之數也主天而言生物之細數也九以乘六命律召呂得三百二十四爲五聲之數者存宮聲爲本天五退藏也主地而言承天之大數也律呂者以地之形召天之氣氣本於天通於地散爲物焉父從不母從故其數如此也

翼元卷二

翼元卷三

宋　臨邛張行成　撰　綿州　李調元鶴洲　校

五音數

天元玉策曰十干相生卽十音也太少相合卽五音也十二律呂相生卽十二支也正對相合卽六律也五音歸五運六律歸六氣也法應天地所生戊己黃帝八十一其帝三分損一下生炎帝數五十四其帝三分益一上生少皞數七十二其帝三分損一下生顓帝數四十八其帝三分益一上生太皞六十四數也五音六律皆應此法五音共得三百一十九數通音之本體各一則三百二十四故元律歷數皆用三百二十四（同用三百二十四則律從歷爲地法天）若同用八十一（則歷從律爲天法地矣）天以六六爲節故歷數三十六而周天之度三百六十也地以九九制會故律數八十一而聲律半數四百有五也子雲律歷之數皆以三百二十四爲宗者在歷則用三十六之九而不用其十在律則用八十一之四而不用其五皆虛一也元者地之用虛一者用不盡體用之所以不窮也太初以律起歷故八十分爲日法子雲亦有取者律歷同乎一元歷一元歷者天生物之時律者地生物之數天託乎地以生物

故律歷細分皆爲物數也三百二十四者在歷爲一首之數至於贊數以七十二爲日法則用九之八而不用九也在律爲五聲之數至于律呂以七十八立黃鍾則用三之二十六而不用三之二十七也皆虛一存本之義也歷之太積用七十一祖于自四至十二之積數蓋用九也律呂七十八祖于自一至十二之積數蓋用十二也天地之數五十五大衍五十則虛五律呂之數七十八太積七十二則虛六也

元用八十一爲家首者黃鍾之數也七十二爲日法者太簇之數也五十四數太積之要者林鍾之數也此三統之元也故太元用之元之氣生于子

而日見于寅故以太簇之數爲日法皆理之自然也

前漢律志一曰備數二曰和聲三曰審度四曰嘉量五曰權衡數者一十百千萬也本起于黃鍾之數始于一而三之三三積之歷十二辰之數十有七萬七千一百四十七而五數備矣聲者宮商角徵羽本生於黃鍾之律九寸爲宮或損或益以定商角徵羽九六相生陰陽之應也律十有二陽六爲律陰六爲呂律以統氣類物一曰黃鍾二曰太簇三曰姑洗四曰蕤賓五曰夷則六曰無射呂以旅陽宣氣一曰林鍾

二曰南呂三曰應鍾四曰大呂五曰夾鍾六曰仲呂有三統之義焉三統者天施地化人事之紀黃鍾爲天統律長九寸林鍾爲地統律長六寸太簇爲人統律長八寸其三正也黃鍾子爲天正林鍾未之衝丑爲地正太簇寅爲人正三正正始是以地正適其始紐於陽東北丑未易曰東北喪朋乃終有慶答應之道也及黃鍾爲宮則太簇姑洗林鍾南呂皆以正聲應無有忽微忽微謂若有若無細於髮者謂正聲無有殘分不復與他律爲役者同心一統之義也非黃鍾而他律雖當其月自宮者則其和應之律有空積忽微十二月之氣各以其月之律爲宮非

五音之正則聲有高下差降空積若鄭氏分一寸爲數千不得其正此黃鍾至尊無與並也黃鍾之實八百一十分繇此之義起十二律之周徑孟康曰律孔徑三分三天之數也圍九分終天之數也林鍾之實三百六十分太簇之實六百四十分孟康曰林鍾長六寸圍六分以圍乘長得積三百六十分太簇長八寸圍八分爲積六百四十分三統相通故黃鍾林鍾太簇律長皆全寸而無餘分也太極元氣含三爲一極中也元始也行於十二辰始動於子參之於丑得三又參之於寅得九又參之於卯得二十七又參之於辰得八十一又參之於巳得二百四十三又參之於午得七百二十九又參之於未得二千一百八

十七又參之於申得六千五百六十一又參之於酉得萬九千六百八十三此成數也又參之於戌得五萬九千四十九又參之於亥得一十七萬七千一百四十七此該數也此陰陽合得氣鍾於子化生萬物者也故陰陽之施化萬物之終始既類旅於律呂又經歷於日辰而變化之情可見矣玉衡杓建天之綱也斗在天中周制四方猶宮聲處中為四聲綱也日月初躔星之紀也二十八舍列在四方日月行焉起于星紀而又周之猶四聲為宮紀也綱紀之交以原始造設合樂用焉律呂唱和以育生成化歌奏用焉指顧取象然後陰陽萬物靡不條鬯該成故以成之數忖該之積成之數者謂黃鍾之法數該之積為黃鍾變生十二辰積實之數也忖除也以法數除積得九寸即黃鍾之長也言該者該衆律之數也如法為一寸則黃鍾之長也三分損一下生林鍾三分益一上生太簇三分太簇損一下生南呂三分南呂益一上生姑洗三分姑洗損一下生應鍾三分應鍾益一上生蕤賓三分蕤賓損一下生大呂三分大呂益一上生夷則三分夷則損一下生夾鍾三分夾鍾益一上生無射三分無射損一下生仲呂陰陽相生自黃鍾始而左旋八八為伍其法皆用銅職在太樂太常掌之

按後漢志黃鍾之實一十七萬七千一百四十七林鍾之實一十一萬八千九十八太簇之實一十五萬七千四百六十四以黃鍾之實均為九分每得一萬九千六百八十三則仲呂一寸之分數蓋空積之數也以黃鍾數準之則林鍾當得五百四十分蓋六九之數也而志以為三百六十分則六六也太簇當得七百二十分蓋八九之數也而志以為六百四十分則八八之數也孟康乃謂林鍾之管圍六分太簇之管圍八分按律之法凡律圍九分無圍八與六之數二律雖有六八之異皆當從九而生不應以六六八八自為數也

度者分寸尺丈引本起於黃鍾之長以子穀秬黍中者一黍之廣即一千二百黍也度之九十分黃鍾之長一為一分十分為寸十寸為尺十尺為丈十丈為引而五度審矣

量者龠合升斗斛本起於黃鍾之龠用度審其容以子穀秬黍中者千有二百實其龠十龠十當為合字為合十合為升十升為斗十斗為斛而五量嘉矣其法用銅方尺而圜其外旁有庣焉庣音條過也算方一尺所受一斛過九釐五毫然後成斛師古曰庣不滿之處也其上為斛其下為斗左耳為

升右耳爲合龠其狀似爵上三下二參天兩地圓而函方左一右二陰陽之象也其圓象規其重一均備氣物之數合萬有一千五百二十（重萬一千五百二十銖）聲中黃鍾始於黃鍾而反覆焉（仰斛受一斛覆底受一斗反覆斛聲皆應黃鍾之宮）龠者黃鍾律之實也

權衡者本起於黃鍾之重一龠容千二百黍重十二銖兩之爲兩十六爲斤三十斤爲鈞四鈞爲石石重百二十斤斤有十二月之象終於十二辰而復於子黃鍾之象也千九百二十兩者陰陽之象也四萬六

千八十銖者萬有一千五百二十物歷四時之象而歲功成就五權謹矣

范蜀公東齋記載燕肅建言今之樂太高始下詔天下求知音者李照言樂比古高五律而胡援阮逸相繼出矣李照之樂以縱黍累尺黍細而尺長律之容乃千七百三十黍胡援以橫黍累尺黍大而尺短律之容千二百黍而空徑乃三分四釐六毫空徑三分四釐六毫與容千七百三十黍皆失於以尺而生律也阮逸以欲以量而求音皆非也最後有房庶者亦言今之樂高五律蓋用唐樂而知之自牧方響一笛一皆唐樂也其法以律生尺而黍用一稃二米者是時無二米黍據見黍爲律雖無千七百三十黍之謬與三分四釐六毫之差然其聲才下三律蓋黍細爾其法則是矣又言律之法曰凡律圍九分以尺而生律者律圍十分三釐八毫矣以其不合又變而爲方分其差謬處不可一二數也以律生尺者九十分黃鍾之長加十分以爲尺凡律皆徑三分圍九分長九十分積實八百一十分自九十分三分損益之而十二律長短相形矣自八百一十分三分損益之而十二律

積實相通矣又言周之鬴深尺內方尺而圓其外其實六斗四升積百三萬六千八百分千二百八十龠之實也（鄭云積千寸是萬分一百萬分非也）深尺者十寸之尺也內方尺者八寸之尺也圓其外者圓方相生之數也其臀一寸者深也其耳三寸者亦深也由是而規圓之以圓函方之法也必以圓而函方者欲其聲之圓也必爲耳於左右者欲其聲之不韻也亦猶鍾之有乳也漢斛之法方尺而圓其外庣旁九釐五毫其實十斗積一百六十二萬分二千龠之實也不言深而言方者無八寸之別也圓其外

者亦相生之數也其上爲斛其下爲斗左耳爲升右耳爲合云而者謂升合如耳形附於斛之左右也今胡援之升合皆方制之而斛方尺深一尺六寸二分是以方分置算而然也龠其狀似爵者謂圓如爵也今之龠方一寸深八分一釐亦以方分置算也上三下二者謂斛在上并升合謂三也斗在下并龠爲二也圓而函方斛之形也上下皆然也今上以圓函方下爲方斗而已左一右二者升在上而左合在上龠在下而俱右也今合龠俱在上而龠俯自聶崇義失之於前而胡援阮逸踵之於後也夫鬴斛非是而欲考正黃鍾安可得也

按一龠之容千二百黍而得八百一十分則每分

得一黍又一黍之四分八釐一毫有奇蓋千二百者十二分而每分一百也八百一十者九分而每分九十也地常晦一則十二而用九天無十地無一則十而用九故以黍算分其數自然如此也周鬴容六斗四升積千二百八十龠之實則當以十龠爲合十合爲升四升爲豆四豆爲區四區爲釜與齊量等矣龠者律也黃鍾之聲也積其數以爲鬴鬴者黃鍾之音也量由尺起尺由律定律由歷生故前書爲推歷生律以其祖於數也漢以律制歷既失其本胡援等又以尺生律量求音愈失之矣若然則虞書當言同度量律衡而子雲謂其以爲度量衡也皆生於黃鍾果何故哉嘗聞康節曰世人所見者但漢書律歷志耳及學先生聲音律呂之數乃以聲爲律音爲呂（聲分於音音爲地呂生於律律爲天）與世所論不同因取漢志及太元以先天參考之乃知太元先天之數合乎周鬴之理與漢志不侔矣蜀公難數家之說所得爲多也周制釜深尺方尺

實六斗四升積一百三萬六千八百分千二百八十龠之實也二百五十六者六十四卦之四位乾坤用坎離以生物之數也太元除掛一每首得一百二十八策則其半也以十乘之即與鬴龠之數合矣八十一首總一萬三百六十八策得一百六十二之六十四以百乘之即與釜分之數合矣元策者天而地數也釜分者地而物數也或十而當一或百而當一者大數常少小數常多也一龠之數八百十一分其積實得一千二百黍以一千二百八十龠之數乘之得一百五十三萬六千則一

䋝之實也先天生物之數一十三萬八千二百四十以九折之每分得一萬五千三百六十先天動植之數一十二萬二千八百八十以八折之每分亦得一萬五千三百六十皆自一千五百三十六而十折之也蓋一千五百三十六者二百五十六卦之六爻坎離用之以生物故先天卦氣圖二百五十六卦積一千五百三十六爻也生物之數得其九十動植之數得其八十䋝實得其千則忽微之積數亦大數常少小數常多之理要之皆祖於六十四則地而物之數也周䋝深十寸方八寸八

者二四天地相偶生物之體也十則地之所以載也以十合八均得二九天地和矣漢制方深皆十口口口口口用之極矣漢釜一百六十二萬分此周制多五十八萬三千二百分積二百四十萬此周制多八十六萬四千䋝內外皆圓原本於天釜外圓內方以天包地䋝容八百一十分九九之天數也䋝容六斗四升八八之地數也天以獨運故圓者無待於方地偶而生故方者必資於圓以事理言之器不圓則聲不條暢數生於理故有是理必有是數有是數必有是象也夫漢制用數太過非所以導中和之氣也大數不足小數常盈者小數多故以是十數之十百千萬皆是一而已大數法天地無用足十者用之不盡用乃無窮天地生生之理也元於九九之數猶不盡用況其十乎一龠之黍千二百而得八百一十分虛數三百九十十千乘數四百二十盡得十分十二支乘數三百九十則虛實各半陰之二也䋝實以一萬九千二百為一分則三百八十四而五十之也周得八十分則五四而又四之漢得百二十五分則五五而又五之也䋝分以三萬二千四百為一分則三百二十四而百之也周得三十一分則八而四之漢得五十分則十而五之也䋝分亦以萬九千二百為一分則周得五

十四分漢䋝不可分矣

黃鍾之數一十七萬七千一百四十七析為九分每分得一萬九千六百八十三則仲呂一寸之數也一又析為九每分得二千一百八十七則九九八十一之數也若以全數又三衍之得五十三萬一千四百四十一此在十二數十二之數在年為十二月也在日為十二時之外十三為閏數物數矣亦以為八十一分每分得六千五百六十一太元析數二十六萬二千四百四十而倍之則八十一分之八十分也律者地生物之數也其數起於月觀周䋝

所容之黍實與分數以比先天之月數則知太元
所用黃鍾之數爲有理矣大抵大數用少小數用
多而皆用之不盡必存其本也
先天月數一百五十五萬五千二百以八十一分之
每分一萬九千二百周一歸之黍實得其八十分若
以黍分計之卽得五十四分黍實於九九之數虛一
與太元析數得八十分之理同黍分於九九之數虛
三之一與太積之要終於五十四之理同蓋地數十
二實用者九黍實於九九之數虛八十一之一者一
龠之黍千二百則十二之百包虛數在其閒黍分於

九九之數虛三分之一者一龠之分八百十則九之
九十皆實用之數也是故五十四爲天九時之生數
而八十分爲物析之全數也先天用數八會之月數正與一歸之黍分數同

天元玉策　正音數　納音數

十一月黃鍾正音納音皆起于子四十九而授次月丑則五十矣正音奇月自甲至戌三十五授次月巳則三十六矣四十九者七七也三十五者五七也其八十四支爲律千爲聲也

黃鍾爲宮子丑寅卯辰巳午戊己庚辛壬　實得十　庚辛壬癸甲乙丙丁戊九千實得甲子十九
子丑寅卯辰巳午　九十　子丑寅卯辰巳午
林鍾爲徵癸甲乙丙丁戊己　實得七　己庚辛壬三千實得甲子四十三
未申酉戌亥子丑　四十　未申酉戌亥子丑

太簇爲商庚　實得三　壬癸甲三千實得甲子四十三
寅卯辰巳午未申　七十　寅卯辰巳午未申
南呂爲羽辛　實得三　乙丙丁三千實得甲子四十三
酉戌亥子丑寅卯　十四　酉戌亥子丑寅卯
姑洗爲角丙丁甲乙戊　實得七　戊己庚辛壬癸甲乙丙丁辛實得甲子十九
辰巳午未申酉戌　四十　辰巳午未申酉戌
應鍾變宮己庚辛壬癸甲丁　得九　丁千實得三十甲子
亥子丑寅卯辰巳　四十　亥子丑寅卯辰巳
蕤賓變徵丙丁甲乙丙己丑　戊己庚三千得甲子四十三
午未申酉戌亥子　午未申酉戌亥子

寅辛子起總一百十五甲子而授己丑　寅辛辰子起總二百四十一甲子而授辛丑

正音數　納音數

十二月大呂起丑至丑四十九授次月寅則五十矣故著四十九而大衍五十也餘十律數並同總十二月每月四十九得五百八十八辰而終者八十四調而七之也正音納音支數並同

大呂宮己庚辛壬癸甲乙丙丁　辛丑五千得甲子五十五
寅卯辰巳午未　丑
夷則徵戊己庚辛壬癸甲　丙七千得甲子七
申酉戌亥子丑寅　申
夾鍾商乙　癸九千得甲子十九
卯辰巳午未申酉　卯

無射羽丙　壬寅得甲子七
戊辛壬寅甲寅　戌
仲呂角戊己庚辛癸　己壬得甲子三
辰申酉戌亥　巳
黃鍾變宮甲丙戊己庚辛壬　庚癸辛得甲子九
子丑寅卯辰巳　子
林鍾變徵癸　己癸辛得甲子九
未申酉戌亥子丑　未
丑之納音總一百五十七甲子而授正月之戊寅此二百四十一之數係虧八十四
納音子丑二月共得七十八千奇三十一偶四十七正音偶

月自己至癸三十五授次月甲則三十六矣故著
用策三十六而五音本變三十五凡奇偶兩月共
七十千總十二月四百二十千而復得黃鍾甲子
太乙之十日數共七十以六律乘之即四百二十
七
正月正音　納音
大簇宮甲得丙寅得九甲子　戊辛壬十九甲子
寅　寅
南呂徵癸得十壬寅得七甲子　丁三十四甲子
酉　酉

姑洗商癸得三壬寅得三甲子　庚三十四甲子
辰　辰
應鍾羽癸得三壬寅得三甲子　癸辛十九甲子
亥　亥
蕤賓角癸得七壬得七甲子　壬辛十九甲子
午　午
大呂變宮得九壬得十九甲子　辛辛五十五甲子
丑　丑
夷則變徵戊得三壬得三甲子　丙三十四三甲子
申子而次授己卯　申
納音總二百四十一甲子而授二月之己卯

正音總奇偶兩月千數共七十得支數九十八并
之一百六十八則八十四之偶也得甲子共二百
九十每月各除本一數則一百四十四甲子者坤
之數也正音千數用一七九者一天二地為三元
每三千共得五十七甲子五十七者十九之三而
十九者三六為三天而加一也納音千數用一三
五十九者三天兩地為五行每五十共得一百五
十五甲子一百五十五者三十一之五而三十一
者五六為三天兩地而加一也天用三元地用五

行也正音七變若加二變爲九變即每月得五十
一十六十三并之則太元一首之暗策易六爻之
歸奇也奇月實得甲子一百七十一偶月實得甲
子二百七總兩月三百七十八則太元六十三辰
之策而乾坤互變六十三卦之爻也

二月正音　納音
夾鍾宮己得九十五甲子　己二十五十五甲子
卯　卯
無射徵得七十七甲子　甲六十七甲子
戌　戌

仲呂商得三十實得三十三甲子　辛五十五十五甲子
巳　巳
黄鍾羽丙得三十三甲子　丙六十甲子
子　子
林鍾角丁得七十得七十甲子　癸五十五十五甲子
未　未
太簇變宫甲得九十九甲子　戊七十九甲子
寅　寅
南呂變徵癸得十得三十甲子　丁七十九甲子
酉　酉

納音總二百一十七甲子而授三月之丙辰比二百四十二之數係虧二十四　寅卯
二月共得八十八千奇四十一千偶四十七千

三月正音　納音
姑洗宮甲　丙九
辰　辰十九甲子
應鍾徵癸　乙九
亥　亥十九甲子
蕤賓商庚　甲三十四十三甲子
午　午
大呂羽辛　丁三十四十三甲子

丑　丑
夷則角壬　庚九十九甲子
申　申
夾鍾變宫己　己五十五甲子
卯　卯
無射變徵戊　甲三十四十三甲子
戌　戌
納音得二百四十一甲子而授四月之丁巳

四月正音　納音
仲呂宫己　丁三十三甲子

巳　巳
黃鍾徵戊　戊七七甲子
子　子
林鍾商乙　乙九十九甲子
未　未
太簇羽丙　甲七七甲子
寅　寅
南呂角丁　辛五十五甲子
酉　酉
姑洗變宮甲　丙九十九甲子

辰　辰
應鍾變徵癸　乙五十五甲子
亥　亥
納音得一百九十三甲子而授五月之庚午比二百四十一之數係虧四十八總上半年共得一十二百九十甲子比子數虧二百四十實虧一百五十六又虧虛數八十四計二百四十
辰巳二月共八十四干　納音總一千二百五十二下半年同
五月正音　納音同十二月數
蕤賓宮甲　庚九
午　午
大呂徵癸　己三

丑　丑
夷則商庚　壬三
申　申
夾鍾羽辛　乙三
卯　卯
無射角壬　戊九
戌　戌
仲呂變宮己　丁一
巳　巳
黃鍾變徵戊　戊三

子　子
六月正音　納音同十二月數
林鍾宮己　辛五
未　未
太簇徵戊　丙七
寅　寅
南呂商乙　癸九
酉　酉
姑洗羽丙　壬七
辰　辰

應鍾角辛　亥　己一
亥　亥
蕤賓變宮甲　午　庚九
午　午
大呂變徵癸　丑　巳九
丑　丑
七月正音　納音同正月數
夷則宮甲　申　戊九
申　申
夾鍾徵癸　丁三

卯　卯
無射商庚　戌　庚三
戌　戌
仲呂羽辛　巳　癸九
巳　巳
黃鍾角壬　子　壬九
子　子
林鍾變宮乙　未　辛五
未　未
太簇變徵戊　酉三

寅　寅
八月正音　納音同二月數
南呂宮乙　己五
酉　酉
姑洗徵戊　甲七
辰　辰
應鍾商乙　辛五
亥　亥
蕤賓羽丙　丙七
午　午

大呂角丁　丑　癸五
丑　丑
夷則變宮甲　申　戊九
申　申
夾鍾變徵癸　卯　丁九
卯　卯
九月正音　納音同三月數
無射宮甲　戌　丙九
戌　戌
仲呂徵癸　乙九

巳　　巳
黃鍾商庚　子　甲三　子
林鍾羽辛　未　丁三　未
太簇角壬　寅　庚九　寅
南呂變宮己　酉　己五　酉
姑洗變徵戊　辰　甲三　辰
十月正音　納音同四月數
應鍾爲宮丁亥爲宮　亥變得二百四十五甲子　丁一　亥
蕤賓爲徵戊復變黃鍾之羽　午爲正音之宮　戊七　午
大呂爲商乙　丑　乙九　丑
夷則爲羽丙　申　甲七　申

夾鍾爲角辛丑巳音除本每月得四　卯酉甲子者鑄數也餘皆　辛五　卯
無射爲變宮壬每月得三百五十五甲子者　變宮者子實虛數也　丙九　戊
仲呂爲變徵癸　巳　乙五　巳
納音通一年計得二千五百八十甲子均分之每月得二百一十五此子數係虧實數三百一十二又虧虛數一百六十八通虧四百八十也三百一十二者律呂數七十八之四也百六十八者日月之變四十二之四也
律呂通兩月律皆得二百四十一足數虧數皆在呂故陽實而陰虛也
律呂用納音之數十一月自庚子土凡四十八而得戊子火又四十八而得丙子水又四十八而得甲子金又四十八而得壬子木自土而起以次而變四音正合乎土一火三水五金七木九之序自壬子又四十八復得庚子土而授辛丑爲十二月之宮辛丑土凡四十八而得己丑火又四十八而得丁丑木又四十八而得乙丑金又四十八而得癸丑木又四十八復得辛丑土每月五變復本得二百四十一兩月共四百八十二則一除一陽支干相交成六十而各具

八卦之氣者也辛丑之後當授壬寅爲土生金金非太簇之宮太簇之宮別自戊寅起（自壬寅至戊寅虛三十六）正月自戊寅土起五變二百四十一數復得戊寅授己卯爲二月之宮己卯五變二百四十一數復得己卯當授庚辰爲土生金金非姑洗之宮姑洗之宮別自丙辰起（自庚辰至丙辰虛三十六）三月自丙辰起二百四十一而授丁巳四月起丁巳二百四十一當授戊午爲土養火火非蕤賓之宮蕤賓之宮別自庚午起（自戊午至庚午虛十二戊午十二生庚午土矣）五月自庚午土起二百四十一復得庚午授辛未六月起辛未土二百四十一復得辛未當授

壬申爲土生金金非夷則之宮夷則之宮別自戊申起（自壬申至戊申虛三十六）七月起戊申土二百四十一復得戊申而授八月己酉宮己酉二百四十一復得己酉當授庚戌爲土生金金非無射之宮無射之宮別自丙戌起（自庚戌至丙戌虛三十六）九月自丙戌土起二百四十一復得丙戌而授丁亥土爲十月之宮丁亥二百四十一復得丁亥當授戊子火爲土養火火非十一月之宮黃鍾之宮仍別自庚子起（自戊子至庚子虛十二律呂如夫婦兩兩相從故兩月必有虛也）總十二月虛一百六十八則八十四之兩也均之則

每月虛十四者二七也總十二月實得二千八百九十二加虛數一百六十八共三千六十每半年虛八十四者虛十二之七也是爲八十四調之本故樂出虛也

納音支數黃鍾自庚起每月七變凡四十九而授以次之辰歷十二月共四十八變得五百八十八而復得子矣

納音干數自干起子丑共七十八而授寅之戊寅卯共八十八而授辰之丙辰巳共八十四而授午之庚總二百五十下半年與上同總得五百比辰數虧八

十八天數二十有五合之而五十又十析之則五百也八十八者八卦陰陽剛柔四象之本數則屬乎地也

支干之數各行其數如此若支干相附而行則十二月共得二千五百八十甲子逐月不等比相生子數虧三百一十二（三百一十二者七十八之四則存四象律呂之本數也）

正音支數每月與納音數同干數黃鍾月自甲起每月得三十五總四百二十而復授黃鍾甲子正音天地數也一年得四百二十干者日月之變四十二之析也納音物數也每年得五百干者大衍之數五十

之析也故大數不足小數常盈也
支干數各行者如此若支干相附而行則每月得一百四十五甲子總十二月得一千七百四十而復授黃鍾甲子總納音正音共四千三百二十甲子則世數也
正音起自甲子若依次順布八十四調每調七聲凡五百八十八聲當至辛亥此後復起壬子木庚子土戊子火丙子水五周計四百二十調二千九百四十聲至癸亥復起甲子矣（納音起庚子數亦同）二千九百四十者二百九十四而十析之也乾之用策每爻三十六析

一爲十則天之日數三三百六十也一卦全策二百九十四析一爲十則律之物數二千九百四十也天用十至百地用百至千天用三地用四故爻爲天卦爲地也
伏羲作易紀陽氣之初以爲律法故易具律歷之數律之子數每年三千六十總三十年則九萬一千八百比卦氣圖開物用數虧三百六十則虛期日之數也細析之則每年虛一十二爲十二月之體
律呂甲子實數每年二千五百八十總三十年則七萬七千四百得二百一十五運合律呂圖有聲音有字之之數比乾之策少一通添子數三百十二計二千八百九十二總三十年計八萬六千七百六十則二百四十一運比開物數二百四十運多一又添虛加數一百六十八每年三千六十總三十年之數得二百五十五運比地數二百五十六少一
律之子數每年三千六十總三十二年則九萬七千九百二十得二百七十二運之數二百七十二者四八之著歸奇十七而十六之之數也四八之著三十二而十六之得五百一十二則卦數也其歸奇二百七十二則物數也總二數七百八十四則三百九十

二之兩爲三百八十四爻而加八本卦之數也是故四七之著十二之得用策三百三十六則天八變之數其歸奇之策二百五十二則六變之數七爲天數十二爲用數故皆合乎天變八爲地數十六爲體數故皆合乎地物也自一至十得五十五又自十一至十六得八十一合之而一百三十六又偶之而二百七十二者一三五七奇四位之卦數若三之而四百八者三陳九卦之位數也

京房六十律

子三十一日　丑三十日

寅三十一日　卯三十日
辰三十一日　巳三十日
午三十日　未三十日
申三十一日　酉三十一日
戌三十一日　亥三十日
總三百六十六日
黃鍾子月生五六分置月之律餘律同　林鍾未一月生五律分置月之日　太簇寅一日生五律
南呂酉一日生五律　姑洗辰一日生五律　應鍾亥一日生四律
蕤賓午一日生四律　大呂丑八日生三律　夷則申八日生三律
夾鍾卯八日生三律　無射戌八日生三律　仲呂巳八日生三律

自蕤賓重上生則上生者七下生者五自子至巳上下之生月數皆順律管長短以次而降若蕤賓依次下生則上生者六下生亦六自午至巳上下之生月數皆逆律管或長或短不倫

執始子六日八寸三分　去滅未七日五寸九分　時息寅六日七寸八分
結躬酉六日五寸二分　變虞辰六日七寸　遲內亥八日四寸六分
盛變午七日六寸二分重上生　分否五八日八寸三分　解形申八日五寸五分
開時卯八日七寸三分　閉掩戌八日四寸九分　南中巳七日六寸五分重上生
內盛子六日八寸七分　安度未六日四寸八分　屈齊寅六日七寸七分
歸期酉六日五寸一分　路特辰六日六寸九分　未育亥八日四寸六分

離宮午七日六寸一分　凌陰丑八日八寸二分　去南申八日五寸四分
族嘉卯八日七寸二分　鄰齊戌七日四寸八分　內負巳八日六寸四分
分動子六日八寸六分　歸嘉未六日五寸七分　隨期寅六日七寸六分
未卯酉六日五寸一分　形始辰五日六寸八分　遲時亥六日四寸五分
制時午八日六寸　少出丑六日八寸　分積申七日五寸三分
爭南卯八日七寸一分　期保戌八日四寸七分　物應巳七日六寸三分重上生
質末子六日八寸五分　否與未五日五寸六分　形音寅六日七寸五分
夷汗酉七日五寸　依行辰七日六寸七分　色育亥八日八寸九分
謙待未五日五寸九分　未知寅六日七寸九分　白呂酉五日五寸三分
南授辰六日七寸　分烏亥六日四寸七分分烏窮次無止不爲宮

南事午七日六寸三分口南事窮無商止不爲宮

漢志曰以六十律分朞之日黃鍾自冬至始及冬至而復陰陽寒燠風雨之占生焉於以檢攝羣音考其高下

六十甲子者即六十律也甲子申午其生不相因襲此六十律合一而生者蓋六十申子納音亦律數相生而所主在日辰相合其相生之法以同位爲娶妻如甲子娶已丑是也隔八而生子如甲子已丑爲金生壬申復娶癸酉又同爲金是也此六日相生法主月而分日故同十二律之數以律生呂爲娶妻陽生

陰者是也呂生律爲生子陰生陽者是也數皆隔七所不同者蕤賓重上生而已是故律呂之用有三例十二律爲正音者月之用其用在地六十律爲正音之變者日之用其用在天六十甲子之律爲納音者支干之用其用在人民也

淮南子六十律變音數

十一月黃鍾宮戊子自戊子至己未得三十二甲子實三十一下並同子丑寅卯辰巳午

林鍾徵己未申酉戌亥子丑　太簇商庚寅卯辰巳午未申

南呂羽辛酉戌亥子丑寅卯　姑洗角壬辰巳午未申酉戌

十一月自戊子起每調七變郎自子逆生十二月

至丑而終

淮南子曰以黃鍾爲宮太簇爲商姑洗爲角林鍾爲徵南呂爲羽宮生徵徵生商商生羽羽生角角生應鍾不比正音故爲和應鍾生蕤賓不比正音故爲繆

蓋淮南之律雖用七聲而正數不用變宮徵也先天律呂數天均用七聲地或用五音或用九音或用十二音以七唱五得三十五故淮南王每月用五音也以七唱九得六十三故蕤賓下生則止用九律也以七唱十二得八十四故蕤賓重上生則全用十二律爲八十四調也

十月應鍾宮癸亥蕤賓徵甲午大呂商乙丑夷則羽丙申夾鍾角丁卯

每月得五千總十二月得六十千每月得三十五支總十二月得四百二十支每月實得一百五十五甲子總十二月得一千八百六十甲子六十甲子之本也一百八十者半年之用十之則千八百也若每音以三十二甲子相廣續郎每月得百六十甲子總十二月得千九百二十甲子矣正音每月用三十五干總一年得四百二十干與此支數同納音干數用一三五七九用一干者得三十一甲子三者得四十三甲子五者得五十五甲子七者得七甲子九者得十九甲子總一百五十五與此

一月所得甲子數同一百五十五者以坤之一百載天地之數五十五也

九月無射宮戊戌中呂徵己巳黃鍾商庚子林鍾羽辛未太簇角壬寅

此十二月之數逆生皆以戊癸爲土甲己爲火乙庚爲金丙辛爲水丁壬爲木者宮徵商羽角五音遞變旋相爲宮之序也天元十二月之數順生五運之序爲宮商羽角徵者正音之次也宮商羽皆有本音角統於商徵統於羽故十二律爲正音六十律數爲變音正音首甲以土之宮爲宮變音首戊以火之徵爲宮納音首庚以金之商爲宮三才

之道也地以六配一則從天天以五配十則從地
人備五行六氣得天地交之用而靈貴於物然實
附於地故以庚爲首庚金者土之子也
八月南呂宮癸酉姑洗徵甲辰應鍾商乙亥蕤賓羽丙午大呂
角丁丑
七月夷則宮戊申夾鍾徵己卯無射商庚戌中呂羽辛巳黃鍾
角壬子
六月林鍾宮癸未太簇徵甲寅南呂商乙酉姑洗羽丙辰應鍾
角丁亥
五月蕤賓宮戊午大呂徵己丑夷則商庚申夾鍾羽辛卯無射
角壬戌
四月中呂宮癸巳黃鍾徵甲子林鍾商乙未太簇羽丙寅南呂
角丁酉
律數有三例黃鍾之宮起甲子者以甲己爲土天元
玉策五運正音數也起戊子者以戊癸爲土淮南子
一律生五音數也起庚子者以庚辛戊已丙丁六干
冠十二辰爲土天元玉策納音變韻數也已者地六
之陰土也止從乾一之甲者婦從夫也故起甲已者
十二宮之數順行天數左行地之元氣從之而左行
者地承天也戊者天五之陽土也下從坤十之癸者

男下女也故起戊癸者十二宮之數逆行地數右行
天之太極從之而右行者天交地也坤位在未庚卽
繼之土之子也天道至此而庚六子用事支干相合
得土而成五行也天交地戊自中而娶癸于北所主
在天故天之元自冬至而起地承天已自中而嫁甲
於東所主在地故地之元自春分而行天地合而生
人故納音者人民數而起于甲子乙丑金也子丑屬北甲子屬東
三月姑洗宮戊辰應鍾徵己亥蕤賓商庚午大呂羽辛丑夷則
角壬申
以甲己爲土者天一與地六配以戊癸爲土者天五
與地十配以庚子辛丑戊寅己卯丙辰丁巳庚午辛
未戊申己酉丙戌丁亥爲土者天之六干與地十二
支配也去壬申乙癸者乾坤退藏六子用事天道至
此而更故首庚子庚午也正音用一六變音用五十
其二十二得五六之合而兩地納音用三四五六七
八其三十三得五六
南呂羽己丑　姑洗商庚辰　應鍾羽辛未　蕤賓角壬午
十二月大呂宮癸丑夷則徵甲申夾鍾商乙卯無射羽丙戌中
呂角丁巳
卷三終

翼元卷四

宋　臨邛張行成撰　綿州　李調元鶴洲　校

太元五行數

東　西　南　北
三甲寅　四庚申　二丙巳　一壬亥
木音角　金音商　火音徵　水音羽
八乙卯　九辛酉　七丁午　六癸子
中
五戊　辰丑
土　音宮

五巳　戊未

又太元五行之數洛書數也從地之方五行體數也以五五爲土而去十則兼取河圖河圖父生之序也其數逆者天之氣也洛書母生之序也其數順者地之形也太元言五行形則從地故以配四方而五音十日十二辰皆得其本體氣則從天故木克土而生金金克木而生火火克金而生水水克火而生土土克水而生木其序則逆生也世之論五行者皆知母而不知父所謂律娶妻呂生子者一娶一生即推本父生之理也是故甲克己而生庚庚克乙而生丙丙克辛而生壬壬克丁而生戊戊克癸而復生甲此十數之原五行之本也正音五而十正律六而十二納音爲六十甲子變調爲三百六十六日皆於此乎生矣

天元五運數

己一變生金　乙二變生水　辛三變生木　丁四變生火　癸五變生土
甲東　乙東　丙南　丁南　戊中
土運正宮中　金運正商西　水運正羽北　木運正角東　火運正徵南
己中　庚西　辛西　壬北　癸北

右天元五運之數其說謂坤元祖土配中央作五行

之化源自土至火以次相生然十干配五行多不類者蓋有相克之變數在其中也甲木克己土爲妻生庚金爲一變乙庚次甲己故乙庚爲金運庚金克乙木生丙午丙火克辛金生壬水自乙庚之金生壬水凡兩變丙辛次乙庚故丙辛爲水運丙火克辛金生壬水壬水克丁火生戊土戊土克癸水生甲木自丙辛之水生甲木凡三變丁壬次丙辛故丁壬爲木運壬水克丁火生戊土戊土克癸水生甲木甲木克己土生庚金庚金克乙木生丙火自丁壬之木生丙火凡四變戊癸次丁壬故戊癸爲火運戊土克癸水生

甲木甲木克己土生庚金庚克乙木生丙火丙火克
辛金生壬水壬水克丁火生戊土自戊癸之火生戊
土凡五變甲己又次戊癸故甲己復爲土運於是而
戊己會于中央也
甲庚丙壬戊 東西南北中 五奇數與太元之序合
己乙辛丁癸 中東西南北 五偶數與太元序亦合惟以中爲首
不同
宮商羽角徵 中西北東南 五音五運數其序自坤宮而出歷西北以至東南爲循布也
淮南子一律生五音數
戊中 己中 庚西 辛西 壬北

宮中 徵南 商西 羽北 角東
癸北 甲東 乙東 丙南 丁南
五奇數
中東西南北 太元天元淮南十千奇偶之數自下而上皆相克而逆生
戊甲庚丙壬
與天元五偶之序合二數蓋分本數而用淮南曰
歷故用其陽天元月律故用其陰二數互換相易
乃得十千五行之本體此天地陰陽生出之至理
也
五偶數

北中東西南
癸己乙辛丁
奇偶互易圖
淮南 戊 己乙 庚 辛丁 壬
癸 巳 甲 乙辛丙 丁癸
天元 甲戊乙 丙庚丁 戊壬
己 庚甲 辛 壬丙 癸
此十千相嫁娶生五行之理也戊有弟而嫁甲己
有兄而娶癸餘皆類此故互相易仍歸本體
五音數

中南西北東
宮徵商羽角
太元言五音者五行本體從地之方也淮南子言五
音者聲律之用從天之變也天元玉策言五音者五
運之數元氣生五行之化原也
淮南王六十律
東甲子仲呂之徵南 仲呂爲宮一變得子爲徵
南丙子夾鍾之羽北 夾鍾爲宮三變得子爲羽
中戊子黃鍾之宮中 子爲黃鍾本宮得子爲宮
西庚子無射之商西 無射爲宮二變得子爲商

北壬子夷則之角東　夷則爲宫四變得子爲角一子爲黄鍾律之本也戊爲天五故以配之而爲五音十二律之主一變得子者當甲爲徵二變得子者當庚爲商甲與庚對故太原三八爲木居首即繼以四九爲金也三變得子者當丙爲羽四變得子者當壬爲角丙與壬對故太元二七爲火居三即繼以一六爲水也木之日甲乙金之日庚辛火之日丙丁水之日壬癸土之日戊己者太元以十日分屬五行者也淮南用其陽故戊土起于中而甲庚丙壬以次居東西南北爲宫徵商羽角五音相生之序天元用其陰

故己土起於中而乙辛丁癸以次居東西南北爲土金水木火五運相生之序皆合乎太元之序也其爲音也一律而生五音十二律爲六十音因而六之六六三十六故三百六十音以當一歲之日故律吕之數天地之道也出淮南子

淮南六十律圖

戊子黄鍾宫　己未徵　庚寅商　辛酉羽　壬辰角

癸亥應鍾　甲午　乙丑　丙申　丁卯

戊戌無射　己巳　庚子　辛未　壬寅

癸酉南吕　甲辰　乙亥　丙午　丁丑

戊申夷則　己卯　庚戌　辛巳　壬子

癸未林鍾　甲寅　乙酉　丙辰　丁亥

戊午蕤賓　己丑　庚申　辛卯　壬戌

癸巳仲吕　甲子　乙未　丙寅　丁酉

戊辰姑洗　己亥　庚午　辛丑　壬申

癸卯夾鍾　甲戌　乙巳　丙子　丁未

戊寅太簇　己酉　庚辰　辛亥　壬午

癸丑大吕十二宫　甲申徵十二　乙卯商十二　丙戌羽十二　丁巳角十二

右五音之變總六十律

戊癸土　己甲火　庚乙金　辛丙水　壬丁木

此五音之數與元元惟土火相易餘三數同其陰陽逆順之序惟戊癸不變餘四數皆變

洛書五十爲土戊癸者五十也故各爲十二律之宫以次而生四音則以一二三四之變爲徵商羽角之序也

宫初變生徵再生商三生羽四生角變調相生之次

也五音十二律旋相爲宫其以十二辰爲主而變五五者毎三十六變而生一音毎變有七辰得三十二甲子總三十六變得二百五十二辰者用數之用得

千一百五十二甲子者天地各六十四卦之變數也三十六變生一音者謂始戊子爲黃鍾之宫三十六變得甲子爲仲呂之徵又三十六變得庚子爲無射之商又三十六變得丙子爲夾鍾之羽又三十六變得壬子爲夷則之角又三十六變而還戊子矣其餘十一辰皆同每一辰變五音得一百八十變一千二百六十辰五千七百六十甲子總十二辰變六十音得二千一百六十變萬五千一百二十辰六萬九千一百二十甲子則先天六會生物之數也因而六之以分于一年則每十日得三百六十變二千五百二

十辰萬一千五百二十甲子總三百六十日得三十六會生物之甲子矣若以五音主十二律各變其本音者如戊子三十六甲子而得癸亥癸亥三十六甲子而得戊戌至癸丑三十六而復得戊子每一音得四百三十二甲子總五音而二千一百六十甲子止得五音互變十二律之變數爾若每月去疊數一位則每音四百二十甲子總五音共二千一百甲子也後天卦氣朞月圖有一法每月三十日盡從本月之辰然後散於他月而用之謂如十一月則五卦三十爻盡屬子他月一日得子者用其第一爻二日得子者用其第二爻之類是也其法蓋出于六十律各聚于本月然後與他月互變而迭用之義

後天以四正卦主氣自冬至次卦而始二十四爻變不變陰陽各十二皆成既濟以十二辟卦主候自立春泰卦而始七十二爻陰陽變不變或十七而十九或十九而十七亦成既濟至于六十卦直日隨二十四氣而用自冬至中孚而始則五卦直一月變不變成乾坤各二泰卦一隨七十二候而用自大雪未濟而始亦五卦直一月變不變成既濟三未濟二若六十四卦以兩卦共直一年奇皆成乾偶皆成坤者分

陰分陽也成既未濟者迭用柔剛也

天以五日爲一候一年十二辰每辰具自包至墓之十二變則一辰當通用六十日前六候自包至冠天之六也後六候自冠至墓地之六也卦氣圖後天以中氣當初卦先天以中氣當月朔者前半卦半月當爲天用生浴冠後半卦半月當爲地用官王衰皆氣之盛時用地之三也斗初建律初中卽以名月而用其律者所以迎導其氣自包至冠從天之一扶陽抑陰也

後天卦氣以中當正一月二卦前一卦成乾後二卦

成坤中一卦成泰以陰陽二氣至中一卦而交也若以一月之律分五音每音直一卦六日宮商當乾徵羽當坤角居泰爲乾坤之交是故角聲當清濁之中其聲附於清濁而常不顯也世皆以五爲聲音六爲律呂經世獨用四四之位分聲音律呂者蓋五六者用也在五爲聲音在六爲律呂用則雜錯而難辨四者體也在聲爲平上去入在音爲開發收閉體則分別而易明體中自分體用則聲爲體音爲用用中自分體用則律呂爲體聲音爲用先天以天之十六位而統五以地之十六位而統六以八卦之體爲主天

地之大數也故先天爲易之體近世之詩曲皆古之詩也詩從韻本於四聲四音故平仄抑揚易辨曲從調本於五音六律故染犯難明也古詩多用四字者聲音皆起於四也

律呂主月而用初氣兼用清聲中氣單用本聲爲自包至冠止用天六候之數中氣不兼清聲者三候直本月天之生浴冠前月殘氣當地之病死墓不爲用矣天氣已壯不必助也天元有十六律清宮執始去滅難事當坤乾艮巽則寅申巳亥之交爲四序之餘亦四序之本所謂正閏相生也樂書以四清聲屬日而當虛昴房星者蓋氣包於四立胎於四中故也初氣兼清聲者三候直前月地之官王衰

而直本月天之包胎養天氣尚微故用四清聲以助之假令冬至者子之中氣爲二之氣其半月三候當子之生浴冠當亥之病死墓爲四之氣地常晦一病死墓三數不用子之天氣專用事陽既壯矣故用中聲不用清聲者不必助其陽也及小寒丑之初氣爲一之氣其半月三候當丑之包胎養當子之官王衰子之三之氣用事于上而丑之初氣方含養於下天之陽氣尚微故律中大呂者先用大呂爲宮以迎導丑之氣又用清聲者所以助其月之陽也四清聲者天之陽氣故以助陽也

先天律呂數經世卦氣圖氣數則先天半月者中朔同起天之體數也律數則後天一季元會運世配四聲自春分而行者地之用數也

乾之乾乾本聲　兌之乾夬　離之乾大有　震之乾大壯

日月聲平闢　自他聲入本聲爲轉闢星日聲去闢　辰日聲入闢

多良千刀妻　日月聲上闢可兩典早子　介𠎸孝四　舌○○岳日

宮心●●●　孔審●●●　眾禁⊖●●　○○●●

乾之兌履　兌之兌兌本聲　離之兌睽　震之兌歸妹

皇聲入他聲爲攡日月聲上翕　星月聲去翕　辰月聲入翕

日月聲平翕禾光元毛裹　火廣大寶○　化況半報帥　八○⊕霍骨

龍○●●●　甬○●●●　用○⊖●●　○十●●●

乾之離同人　兌之離革　離之離離本聲　震之離豐
日星聲平闢　月星聲上闢　星星聲去闢　辰星聲入闢
開丁臣牛○　宰井引斗○　愛亘艮奏○　○○○六德
魚男●●●　鼠坎●●●　去欠●●●　○○●●●
乾之震无妄　兌之震隨　離之震噬嗑　震之震本聲震
日辰聲平翕　月辰聲上翕　星辰聲去翕　辰辰聲入翕
回兄君○龜　毋永允○水　退瑩巽○貴　○○○玉北
烏○●●●　虎○●●●　兎○●●●　○妾●●●
右平聲三三四　右上聲三三四　右去聲三三四　右入聲三三四
各起於一而終於　各起於一而終於　各起於一而終於　各起於一而終於

十二以配十二音　十二以配十二音　十二以配十二音　十二以配十二音
凡一百六十聲除無聲無字四十八餘一百十二又
除有聲無字二十九實餘八十三聲則八十四而虛
一也天必虛一存太極也
右十六位橫數者上卦爲主天之天也縱數者下卦
爲主天之地也音數地之地類聚於下而聲數天之
天唱之是謂律唱呂因平上去入之聲而得闢翕之
音其卦爲乾兌離震
坤之坤坤本音　艮之坤剝自他音轉入本音　坎之坤比　巽之坤觀
水水音開清　水水音發清　土水音收清　石水音閉清

古黑安夫卜東　甲花亞法百丹　九香乙口丙帝　癸血一飛必一
乃走思一一一　孀哉三山莊卓　女足星手震中　一一一一一一
坤之艮謙自本音轉入他音　艮之艮艮本音　坎之艮蹇　巽之艮漸
水火音開濁　火火音發濁　土火音收濁　石火音閉濁
口黃口爻步兌　口華爻凡白大　近雄王口著第　撥賢寅口鼻一
內自寺一一一　南在口七老宅　年匠象石口直　一一一一一一
坤之坎師　艮之坎蒙　坎之坎坎本音　巽之坎渙
水土音開清　火土音發清　土土音收清　石土音閉清
坤五毋武普土　巧瓦馬晚杪貪　口仰美口品天　弄口米尾匹一
老草口一一一　冷禾口口口口　邑七口耳赤丑　一一一一一一

坤之巽升　艮之巽蠱　坎之巽井　巽之巽巽本音
水石音開濁　火石音發濁　土石音收濁　石石音閉濁
口口目文旁同　口牙兒歹排覃　乾月眉旱田　蚪堯民未瓶一
鹿曹口一一一　犖才口口崇茶　離金口口辰星　一一一一一一
右開音三三四　右發音三三四　右收音三三四　右閉音三三四
各起於一而終於　各起於一而終於　各起於一而終於　各起於一而終於
十二以配十聲　十二以配十聲　十二以配十聲　十二以配十聲
一百九十二音除無字無音四十餘一百五十二又
除有音無字二十實用一百三十二則二百六十四
之半也二百六十四者動植數也用其半者陰陽共

成一物也右十六位橫數者以上卦爲主地之天也縱數者以下卦爲主地之地也聲數天之地類聚於上而音數地之天和之是謂呂和律因開發收閉之音而得清濁之聲其卦爲巽坎艮坤聲有字實用八十三音有字實用一百三十二總二百一十五則乾之策而存一也有聲音無字四十九則蓍之七七也一年律呂均之每月得二百一十五甲子而三十年律呂實用甲子數得二百一十五運

天之七聲甲乙丙丁戊己庚以當宮徵商羽角變宮變徵之數七聲之中惟二宮得本運之數者君主不

變易也

先天用十六易用十二元用九以易視先天以元視易皆四而用三也自十六與十二言之十六爲天統乎體十二爲地分乎用自十二與九言之十二爲天後地之用九爲地承天之用是故十六律者太極之體也十二律者天之用也九律者地之用也夫十六不可折爲三九不可折爲四惟十二以三折之則爲四以四折之則爲三故十六者體之體也十二者體之用也十二者用之體也九者用之用也

聲律數縱數者當以甲乙爲木丙丁爲火戊己爲土庚辛爲金壬癸爲水天之五行天之地也橫數者當以甲己爲土乙庚爲金丙辛爲水丁壬爲木戊癸爲火天之五運天之天也音呂數縱數者當以寅卯爲木巳午爲火申酉爲金亥子爲水辰戌丑未爲土地之五行地之地也橫數者當以子午爲君火丑未爲土寅申爲相火卯酉爲金辰戌爲水巳亥爲木地之六氣地之天也土爲宮金爲商木爲角火爲徵水爲羽天之天地五聲平均地之地土有四則宮多故有變宮地之天火有四則徵多故有變徵納音本數土爲一火爲二變數火爲一土爲二土火居尊也土生

則附木故木土同包用則附火故火土同祿音聲者用也

聲音有數

天之地數（體）甲乙木　丙丁火　戊己土　庚辛金

天之天數（用）甲己土　乙庚金　丙辛水　丁壬木　戊癸火

總數土四（體用全）　金三（體一用二）　木三（體二用一）

火三（體二用一）　水（用一總十四數四之而五十六六通四時數也）

地之地數（體）寅卯木（四季全）　巳午火（四季全）　申酉金（春夏秋全冬無）

辰戌丑未土（春辰未戌冬丶辰夏秋全）　亥子火（夏秋全春冬無）

地之天數（用）寅申相火（春夏秋全冬丶寅）卯寅金（春夏秋全冬丶卯）辰戌

水春夏秋全冬辰巳亥木春夏秋冬巳全子午君火春夏秋冬午全丑未
土夏秋全春末冬無
總數木十四體八用六金十三體六用七土十七體十二用五火
二十一體八用十三水十一體四用七
天地數土皆多故宮爲君水皆少故羽爲物宮聲最
大羽聲最小天數土最多故有變宮地數火最多故
有變徵自天地言之天統乎體而主宮地分乎用而
主徵自地言之地之地爲體而主宮地之天爲用而
主徵也

先天地卦

甲丙戊庚壬　六剛遍來和之
乙丁己辛癸　六柔遍來和之
天一一一一一虛
寅辰午申戌子　五太遍來和之
地⚋⚋⚋⚋⚋實
卯巳未酉亥丑　五少遍來和之

後天卦

戊申午辰寅子　後天乾卦順行而上　自子至巳爲自

一一一一一一　自丑至巳得乾坤上爲泰☷☰復至乾　自午至亥得乾坤下爲否☰☷自午至亥爲自遇至
辰寅子戌申午　坤退一位用未配乾☰☷坤此依十二辟卦序
巳卯丑亥酉未　亦順行而上
此依子午對衝之數坤退一位而與乾分直十二月
者也子本對午坤退一位故用未乃自酉而順行六
辰天元律呂數用之即律呂隔八相應之序六律皆
當本數六呂皆當對衝數也八卦納音數同
乾順行而上下而上爲順左
戌申午辰寅子　行也上而下爲逆右行也

一一一一一一　後天坤數逆行而上上而下爲
順左行也下而上爲逆右行也
酉亥丑卯巳未　若以此數應律呂之用爲丑未二爻合
此依天日合數坤用對衝位而應乾以直十二月者
也子本與丑合對衝故用未自此逆行六辰皆合衝
數乾順行坤逆行今世之執革月卦用之蓋甲巳逆
生冠十二辰然後順行析一爲五則陰數皆對衝故
也此直月二類乾皆順行坤或逆或順天一地二也
陰陽皆順行者乾坤也一逆一順者坎離也
巳辰卯寅丑子　陽生於下

既濟☵☲

十二辰以奇偶數分用於兩卦
則成乾坤以生成數分用於兩
卦則成既濟未濟若生成數分
十二辟卦次序則亦成乾坤者
以生數爲陽成數爲陰

陰生
於上

朱男習爻

盖六爻雖陰陽純而六位則陰
陽雜生成之中亦自分奇偶也

未濟☲☵

淮南王及京房六十律法蕤賓重上生者陰陽分而
爲二與十二律數不同十二律專主月而言六十律

兼主日而言十二律天地之大數也六十律時物之
小數也漢候氣法殿中候用玉律十二惟二至乃候
者十二月之律以候月也靈臺用竹律六十候日如
其歷者六十日之律以候日也月律當一下一上依
次而生日律當用蕤賓重上生司馬遷劉歆之法月
律也呂不韋淮南京房之法日律也晉志謂推算之
術無重上生之法蓋取司馬而非淮南梁武帝作鍾
律緯論前代得失其略云案律呂京馬鄭蔡至蕤賓
並上生大呂而班固律歷志至蕤賓仍以次下生若
從班義夾鍾唯長三寸七分有奇律若過促則夾鍾
之聲成一調中呂復去調半是過於無調則是京房
而非班固二者之說皆徇一偏之見非通論也謂夾
鍾爲一調則中呂無調者蓋天變止于七自宮至變
徵不過七變謂之七始地從天而用九大呂夷則至
九而究矣論律則自夾鍾而促言調則至仲呂而無
是故天不過九宮地不過九野黃鍾之律不過九寸
皆以數究于九也此十二月大數律呂之正數也司
馬遷班固之所載是也若蕤賓重上生則以子爲陽
而下生以午爲陰而上生陰陽分兩天地匹敵故十
二宮盡用者三百六十六日之小數音律之變數也

先天用數三百六十者十二月盡用天之用也體數
之用二百七十者用九月而已地之用也月律者法
元氣之左行用實在地故自然止于九日律者法太
極之右行用實在天故全用十二也〇王泳謂蕤賓
初爲少陽者以其爲亥之所上生也謂終爲後天者
以其復上生大呂爲陰之祖所謂陰生於午也蓋自
子至巳爲乾自午至亥爲坤天使地爲餘分極于七
終于午坤退一位而居未代終以成物者君臣父子
夫婦之義也太元自一元而起者子之數也至七百
二十九贊而成者午之數也即用天七而虛地五之

義也

太元贊七百二十九者午之實數天之七也焦貢易林用四千九十六者申之法數地之九也天一也而統乎體故用十數之全地二也而分乎用故用二六之用用不可盡故天十而用七降而與地不過乎九地代終以成物乃有十二之數自十二而言天六地六天有餘分故天七地五而蕤賓猶爲天數若自十而言天五地五六已出地故天五地七而變宮實爲地呂夫天用究於九地體成於十自十至十二之三數得三十有三則地分三天之用也然氣不頓進其

來有漸故陰已兆於變宮之六至變徵乃重上生天道至此而更授之於地土遂用事矣若侯已究於九則陽當復妊於壬非更新之義故律至卯則調將無術在午而法已變也從劉歆之法者三呂亦皆備用蓋知其聲而未知其理爾房之學本出於焦貢故其法如此也

生陽莫如子酉北則子美盡生陰莫如午東南則午美盡者乾生于子而終于巳坤生於午而終于亥離生於卯而終于申坎生於酉而終于寅故陰陽之用各止于九陽不用酉戌亥陰不用卯辰巳也律數自子而起一上二下以次而生至卯則不成調若自午而起則至酉亦不成調矣歲首於冬至而黃鍾之律當之用陽之九者聲本乎陽故宗于一天也律至卯而調將無法至午而術先變者地代終以成物陰陽各用六也總十二律陽用至七而變陰用至五而復天七地五者尊天卑地扶陽抑陰也

翼元卷四

翼元卷五

宋 臨邛張行成 撰 綿州 李調元鶴洲 校

五音分配五行

五音分配五行自日言之甲乙爲角丙丁爲徵庚辛爲商壬癸爲羽戊己爲宮自辰言之寅卯爲角巳午爲徵申酉爲商亥子爲羽辰戌丑未爲宮皆天五地五之本體也自相克言之甲乙爲角乙庚爲商丙辛爲徵丁壬爲羽戊癸爲宮則從其本體之陽而各兼所克之行也自正音相生數言之甲己爲土宮實得己爲從妻數乙庚爲金商實得庚爲從夫數丙辛爲水丁壬爲木戊癸爲火羽角徵三聲皆無本體正音自律調先後宮徵商羽角言之宮用甲己得己爲土徵用乙庚得二七之火數商用丙辛得辛爲金羽用丁壬得壬爲水角用戊癸本數本體皆無故角無正聲也自律數尊卑宮商角徵羽言之宮用甲己得己之土商用乙庚得庚之金角用丙辛得三八之木數木數居中通上下故角居清濁之中犯四聲也徵用丁壬得火之丁羽用戊癸得水之癸五聲天也故從十日六律地也故從十二辰聲本以三爲主其以辰分分屬五音者天託地地承天也是故宮徵商羽角

變宮變徵七聲之次本數在地爲子丑（用未衝餘皆然）寅卯辰巳午在天爲甲乙丙戊己庚七聲在辰惟變徵得午之火遂爲後天之宗乃重上生大呂之丑土故納音正數土一火二而變數火一土二也自此五變丑爲宮申爲徵卯爲商戌爲羽巳爲角皆合六氣對化之數午實爲君火正化生此五氣而退藏不用丑本屬土在六氣亦爲土化其獨不變則君主也

先天用七以七律言之奇數四子一寅三辰五午七天用奇之偶數而得十六偶數三丑二卯四巳六地用偶之奇數而得十二故經世之數天統乎體而用十六位地分乎用而用十二會也後天用五若以五律言之偶數三未八酉十亥十二地用偶之奇數而得三十奇數二申九戌十一天用奇之偶數而得二十亦三兩也而與易數不同先天之七律後天之五律天地皆互用者交也然先天天先地後律多於呂其數爲順後天地先天後呂多於律二數爲逆故經世用先天即於律數同大易太元用後天則變地從天也大衍之數十五生數則天得一三五地得二四天用二三地用二三成數則天得五七九地得六八天用三七地用二一七總之而天用三十地用二十地

是故乾爻用九得三之三坤爻用六得三之二者從生數之小衍也用策每爻三十為三而十之全合掛每爻十九併虛一而二十者從生成之大衍也皆三兩也元之贊得午之數七百二十九用先天之七者去後天五律之數也五行之數一六為水二七為火三八為木四九為金五五為土從大衍之數五十者以天地五十五之數地勝天故也皆因數之自然以明尊君卑臣之義立人之極有相之道者也十二律自子而起先天也至午而天七數終午為後天之宗坤位在未其衝在丑重起於地之天矣

先天聲律數日月星辰皆用七者天之七變也音呂數水音用九者承天也故本律至夾鐘而漸無調也火土音皆用十二者以五繼七地之全數故律之變數雜實重上生則十二律皆用為八十四調也石音用五者閉物之後浮陽退藏所存者五即五行之本數也以天七唱之得三十五故五音本數有三十五調而一二三四五疊數之亦得三十五數也近世徵調不行止用二十八則四七為少陽用數也角無正聲止用二十一則三七為少陽奇數也是故天之體八變地之用六變其數正合乎少陽二卦用不用之策也

甲己為土乙庚為金丙辛為水丁壬為木戊癸為火者甲己為坤元祖土以次為生至火而復生土也土再一一變而生金故金居二金二變而生水故水居三水三變而生木故木居四木四變而生火故火居五火五變而復生土五行相生備足十五變則一二三四五者天之生數五也土自此復生乃為地六之用矣以為正音其序則宮商羽角徵也己以陰土從甲而為宮君道貴柔沉潛剛克也庚以陽金娶乙而為商臣道貴剛高明柔克也皆得本體故宮商為君

臣之正丙克辛生水而為羽雖非本體去本未遠故羽聲雖微猶得本音丁壬以木而為角戊癸以火而為徵既非本體去本漸遠所以角附於商如民附於臣徵統於羽如事附於物是故二音世多不傳齊景公作徵角二韶宗廟閒制徵角二譜皆以此也

天數五地數五十日出焉自生成而言甲為天始己為地始自奇偶而言戊為天中己為地中天地相依體用相附則天始於初而終於中地始於中而終於終賡續之義也是故甲為乾元出震之首天之太極也天不用十地不用一故在地則甲遁於地九而不

顯也巳爲坤元祖土之宮地之元氣也天終於五地始於六故在地則巳先於戊五而爲主也巳配甲爲得夫元氣從太極而能生故甲巳共爲土運居十母之首乃生庚金坤位在未次卽得庚天道至此而更者地代終而作成物也於是隨天左行由水迄火自北迄南復歸於中戊與巳會返本爲土五運周流循環不窮也自西出者陰道也由左行者隨天也以人道言之巳爲坤元祖土則周之姜嫄亦百世不遷之女祖也一變生庚金庚娶乙爲妻共爲金運以夫爲主爲自用巳身之數乙庚凡兩變生壬水而丙辛當

水運爲父用子數丙辛凡三變生甲木而丁壬當木運爲祖用孫數丁壬凡四變生丙火而戊癸當火運爲祖用曾孫數戊癸凡五變生戊土而甲巳復爲土運爲高祖用元孫數於是巳中有戊焉是謂戊巳復會於中一二三四五之變太極十五之數巳終終則復始矣故壬水謂至今不絕遞相生也五運相生之變其序如此然十干相配者夫婦合也自甲而始至癸而終一夫一婦迭主其運生有遲速故革命之際亂有長短主有夫婦故受命之後運有陰陽堯舜禹因而革夏商周革而因雖變不亂居陰亦陽者盡人之道返二歸一理順而數不能逆也易曰先天而先弗違後天而奉天時天且弗違而況於人乎況於鬼神乎此之謂也子孫於母故元氣本於土婦從其夫故五運首於甲然乾知大始坤作成物天之甲在地猶君之用在臣故經世運數七十六而巳開物也巳始得未從子而下生則爲先天之配巳既得丑從午而上生則爲後天之母五行雖生於太極之中俱附於土卽太始混成土五妊養於坤是故歸藏之易首於坤在十干則天門總六戊於西北地戶總六巳於東南在十二辰則辰戌丑未分主四維也人物之生

俱附於地皆從其母若知母不知父亂之道也天地亦不能久而況於人物乎故聖人作易必尊乾坤扶陽抑陰也

天元五運之序起於土次以庚金自西而出次壬水甲木丙火返於戊土太元五行之序始於甲乙木自東而起次庚辛金丙丁火壬癸水終於戊巳土自西出者從陰數也由右而行元氣隨天數左行地承天也所謂布氣而生物也以金生水水生木木生火火生土爲洛書母生之序順布者也天元王策專詣地之元氣故用順布之數而以甲爲首者承天也自東

起者從陽數也由右而轉自東而西由南而北乃太極隨地數右轉天下逆也所謂生氣以變時也以木生金金生火火生水水生土爲河圖父生之序逆生者也太元之數以地承天致用雖在氣生氣實由日紀氣於中首者明順布之序紀日於中宿者推逆生之原是故其言五行之數如此者從所本也天元玉策用順布太元本逆生先天卦氣圖仲季孟逆生而順布也

晉志稱揚子雲曰聲生於日謂甲巳爲角乙庚爲商丙辛爲徵丁壬爲羽戊癸爲宮詳其意蓋是以克者爲主子雲五行之次三八爲木四九爲金二七爲火

一六爲水五五爲土土克水水克火火克金金克木自下而上相克之序也木居首者木克土而生金金返克木而生火火反克金而生水水反克火而生土土反克水而生木此河圖五行父生之序也東方甲乙木生南方丙丁火火生中方戊己土土生西方庚辛金金生北方壬癸水水復生木此洛書五行母生之次也父生者天之氣母生者地之物子雲以木爲日甲乙辰寅卯聲角金爲日庚辛辰申酉聲商火爲日丙丁辰巳午聲徵水爲日壬癸辰亥子音羽土爲日戊己辰辰戌丑未音宮者母生之形論五行之成物也其先後之次則從逆生者父生之氣本五行之受氣也自七律相變以宮徵商羽角爲次者土自中宮由巽之地戶而出歷南而西從北而東復返於地戶也其序當自辰而起故辰爲地戶十二支謂之辰也天元五運由巳土生金水木火而復生土者自西南坤之己未而起由庚而順行復返於坤宮也坤者土之母也地戶巽爲長女長女代母配長男而用事也

五聲

甲乙角丙丁徵戊己宮庚辛商壬癸羽　太元

戊癸宮乙庚商丙辛羽丁壬角甲己徵　淮南

甲己宮乙庚商丙辛羽丁壬角戊癸徵　天元

甲己角乙庚商丙辛徵丁壬羽戊癸宮　晉志

十二律

寅卯角巳午徵申酉商亥子羽辰戌羽丑未宮　太元

子午徵丑未宮寅申徵卯酉商辰戌羽巳亥角　天元

子黃鍾之管八十一　土宮夏季　土王

未林鍾之管五十四　火徵應夏　火衰

寅太簇之管七十二　金商應秋　金包

酉南呂之管四十八　水羽應冬　水浴

辰姑洗之管六十四木角應春　木衰
凡聲尊卑取象五行數多者濁數少者清大不踰宮細不過羽曰宮商角徵羽者尊卑之序也子寅辰未酉三律二呂三天兩地也其寔子丑寅卯辰而呂用對衝數也
律娶妻而呂生子有二義自正音十二律言之律生呂爲娶妻如自子生未之類是也呂生律爲生子如自未生寅之類是也每變皆七一娶一生通本而十五乃得二律一呂總六律六呂共八十四變而仲呂復還黃鐘通本之一則八十五也自納音六十律言

之同位爲娶妻甲子乙丑同爲金之類是也隔八而生子自甲子八變得壬申壬申娶癸酉又同爲金之類是也每變自夫娶妻至生子而九子復娶妻則十也得二律二呂即以所生娶者爲本自此每變而八得律呂各一總陽律三十凡一百二十變而丙辰丁巳復還甲子乙丑矣自甲午乙未而起至丙戌丁亥陰律三十亦然六十律則二百四十變也正音娶妻用對衝故一娶而七變一生亦七變陰陽各七變乃生一子二律一呂共得十五數均分之則一各得五也納音娶妻用同位故一娶而一變一生而七變陰陽共八變乃生一子即娶一婦二律二呂共得十數均分之則二共得五也正音者天而地之數也故七變得妻七變得子天數盈於七也陰陽各用一數者體分於兩也共得律呂三則因體起用天之用三也納音者地而物之類也故八變得子九變得婦地數究於八也陰陽通用一數者用合於一也共得律呂四則因用成體地之體四也夫妻者體也得子而用始行生子者用也得婦而體復立矣天用雖三各用五數地體雖四共用十數是故一三五七九爲天數二十五天中自以奇偶分天地則一五九爲三天之

十五而三七爲兩地之十尊者得數多卑者得數少君臣父子夫婦之義天地陰陽自然之數之理也
五運六氣數起大寒則丑之中氣也太元氣起冬至則子之中氣也日起朔旦則寅也先天體數起冬至則子之中氣而中朔同起也用數起開物在月則寅之中在氣則二月初起之驚蟄也元始於春分則卯之中氣帝出乎震也素問六脉初氣起於冬至後甲子當是甲巳日子時甲巳還生甲也天之三陽起於春分則與先天理同洛書數一六爲水北也二七爲火南也三八爲木東也四九爲金西也五十爲土中

也太元以五五爲土者地虛五以承天從天數也天元玉策甲己土運乙庚金運丙辛水運丁壬木運戊癸火運則土爲一六金爲二七水爲三八木爲四九火爲五十者本於一二三四五之變數而五氣當之也五音五運之次變調五音之次亦如先天八卦皆以變數先後爲次也太元言聲生於日荀氏謂甲己爲角木乙庚爲商金丙辛爲徵火丁壬爲羽水戊癸爲宮土者以甲庚丙壬戊五陽數爲主而陰則從夫也甲數一以乙當己則乙爲六庚數七以辛當乙則辛爲二丙數三以丁當辛則丁爲八壬數九以癸當丁則癸爲四戊數五

以己當癸則己爲十是故經世卦氣圖數以一六爲飢饉者木數也二七爲兵戈者金數也三八爲火旱者火數也四九爲水潦者水數也五十爲中興者土數也與甲己爲木乙庚爲金丙辛爲火丁壬爲水戊癸爲土之數合矣若以洛書數配十干則甲己爲水乙庚爲火丙辛爲木丁壬爲金戊癸爲土淮南王律數以戊癸爲宮甲己爲徵乙庚爲商丙辛爲羽丁壬爲角每音七變如自戊子爲宮七變而以未爲徵又七變而使寅爲商之類他可類推而十干不動謂不從十二辰以七而變若自戊癸爲宮以干而變七謂從宮徵商羽角相生之次則戊七變生乙爲徵

乙七變生壬爲商壬七變生己爲羽己七變生丙爲角丙又七變生癸配戊爲宮癸又七變生庚配乙爲徵庚又七變生丁配壬爲商丁又七變生甲配己爲羽甲又七變生辛配丙爲角卽應洛書五行之數矣此雖名七變通本實八若止以六變通本爲七者戊六變生甲甲六變生庚庚六變生丙丙六變生壬壬六變復生戊矣癸六變生己己六變生乙乙六變生辛辛六變生丁丁六變復生癸矣卽是淮南南王五音變調之次而合乎火土金水木相生之序也陰陽奇偶分兩各行不相配者蓋七天也八地也有地然

後有二陰陽相配也若仍以八變而從宮商角徵羽尊卑之次則戊七變生乙爲商乙七變生壬爲角壬七變生己爲徵己七變生丙爲羽丙又七變生癸配戊爲宮癸又七變生庚配乙爲商庚又七變生丁配壬爲角丁又七變生甲配己爲徵甲又七變生辛配丙爲羽十干合爲五音卽應淮南王之數故世言五音宮商角徵羽者其序蓋由此也世又言五行金木水火土則納音數東九南三中一西七北五之序也淮南王六十律每月用五聲五律聲數用十干律數用十二支干數以戊己庚辛壬癸甲乙丙丁由中而

起依次而行支數以子未寅酉辰亥午丑申卯戌巳由初而起隔八而行者十二支呂數用對衝之位故也若用本數則亦依次而行矣干屬天支屬地故不同也

乾一戌一申一午一辰一寅一子

坤一酉一亥一丑一卯一巳一未

此易軌偶卦數本取天日之合而陽用本位陰用對衝位者也子與丑合寅與亥合辰與酉合午與未合申與巳合戌與卯合此天日之合也六十四卦合爲三十二而用每月進一辰六用而復初子未再直初

爻

乾一戌一申一午一辰一寅一子

坤一巳一卯一丑一亥一酉一未

此天律數爲用否泰者也十二律隔八相生之數子未寅酉辰亥午丑申卯戌巳相偶者陰陽進退各一位故陽得本位陰得衝也具細數於下

天元十二律呂分支定卦爻之數

黃鐘子之氣十一月建子少陰對化司天黃鐘數得三十九應地雷復卦初九爻乾音

大呂丑之氣十二月建丑太陽對化司天大呂數得四十二應風地觀卦六四爻坤音

太簇寅之氣正月建寅少陽正化司天太簇數得四十五應地澤臨卦九二爻乾音

夾鐘卯之氣二月建卯陽明對化司天夾鐘數得四十八應山地剝卦六五爻坤音

姑洗辰之氣三月建辰太陽對化司天姑洗數得五十一應地天泰卦九三爻乾之音

仲呂巳之氣四月建巳厥陰對化司天仲呂數得五十四應坤卦上六爻坤音此六呂之音也

蕤賓午之氣五月建午少陰正化司天蕤賓數得五十一應雷天大壯卦九四爻乾之音

林鐘未之氣六月建未太陰正化司天林鐘數得四十八應天風姤卦初六爻坤之音

夷則申之氣七月建申少陽對化司天夷則數得四十五應澤天夬卦九五爻乾之音

南呂酉之氣八月建酉陽明正化司天南呂數得四十二應天山遯卦六二爻坤之音

無射戌之氣九月建戌太陽正化司天無射數得三十九應乾卦上九爻乾音此六律之音也

應鐘亥之氣十月建亥厥陰正化司天應鍾數得三十六應天地否卦六三爻坤之音

元包用策自坤之六陰得三十六以三而進至五

陽成夬得五十一自乾之六陽得五十四以三而退至五陰成剝得三十九其大數與天元同所不同者元包以乾坤分生成二卦各行乾皆用進數坤皆用退數天元以乾坤分奇偶二爻閒行乾亦有退數坤亦有進數元包乾坤自下而上各用本爻天元乾用本爻坤用應爻元包主卦天元主律卦用乾坤律用否泰所以不同乾自子而生則坤當配以午陰退一位故自未至巳六位得衝數也自子至巳得乾下坤上成泰自午至亥得坤下乾上成否

天元五運相生圖
己土當
甲己
甲克己　庚金當
生庚　乙庚
庚克乙　丙克辛　壬水當
生丙　生壬　丙辛
丙克辛　壬克丁　戊克癸　甲木當
生壬　生戊　生甲　丁壬
壬克丁　戊克癸　甲克己　庚克乙　丙火

當　生戊　生甲　生庚　生丙
戊癸　戊克癸　甲克己　庚克乙　丙克
辛　壬克丁　戊土當
生甲　生庚　生丙　生壬　生
戊　甲己

荀氏云揚子雲曰聲生於日者謂甲己爲角乙庚爲商丙辛爲徵丁壬爲羽戊癸爲宮也蓋天元五運自甲乙爲坤元祖土之宮五變至戊癸當丙爲火運而五氣足第六變自戊克癸生甲至壬克丁生戊即此五聲之序也天元五運順布于雲五聲逆行順布者以己爲母逆行者以甲爲父

淮南王以十干配五聲比天元惟土火相易餘皆同太元納音數大數則土居一火居二小數則火居一土居二蓋論樂之體則生於宮論樂之用則出於虛也土與水同生與火同用故在納音一五之數則土與水相易也

太元納音數（五運六氣天之五行也五音六律地之五行也納音人之五行也）

甲己爲土乙庚爲金丙辛爲水丁壬爲木戊癸爲火者天之五行也十干者天之陰陽也陰陽配合沖氣始生甲首偶己土乃居一自此相生以至戊癸爲火

而復生土焉周流轉運如環無端故其序如此也亥子爲水寅卯爲木巳午爲火申酉爲金辰戌丑未爲土者地之五行也十二支者地之柔剛也五氣既合大物已生四方奠位五氣行焉北方寒寒生水亥子在北故爲水東方風風生木寅卯在東故爲木南方熱熱生火巳午在南故爲火西方燥燥生金申酉在西故爲金中方濕生土土中無定位寄在四維故辰戌丑未爲土夫十干圓布者天之二五之用也十二支方列者地之二六之用也以其方列故四行各占一方惟土制中分寓四旁以其圓布故甲對己乙對庚

丙對辛丁對壬戊對癸通貫上下主五運於兩間也若乃天無體託地以爲體地無用承天以爲用六氣從五運則亦圓布十干從十二支則亦方列是故壬癸與亥子同在北爲水甲乙與寅卯同在東而爲木丙丁與巳午同在南而爲火庚辛與申酉同在西而爲金戊己在中與辰戌丑未同爲土天地合而生萬物此造化之用也故干始於甲支始於子而甲乙寄干位起寅卯不在子丑者主地上之用而言隨地之方也支干相配爲六十則人之五行也推本天地配合之原而納音生焉與天地大數不同者人物之細

數也元元曰一六爲水以其在北也二七爲火以其在南也三八爲木以其在東也四九爲金以其在西也五五爲土以其在中也此五行本數也判於四方者也又曰子午之數九丑未八寅申七卯酉六辰戌五巳亥四甲己之數九乙庚八丙辛七丁壬六戊癸五此納音之數也因所得於天地合數而判於四方者也混元肇分天甲地子始相遇於北方支干上下相附而行五六相乘乃周六十在天則六十日在地則六十律也同位爲娶妻隔八而生子自甲子相生至丁巳凡三十爲陽自甲午相生至丁亥凡三十爲

陰陰陽之分不相襲而得數則同始自甲子娶乙丑隔八生壬申壬申娶癸酉隔八生庚辰以至於戊申娶己酉隔八生丙辰丙辰娶丁巳則復生甲子矣自甲午以至丁亥凡三十亦然故陰陽相生子午不相沿襲也毎三十位之甲子午各三變而復均爲五數各得六位一生一娶兩兩相從三位而已類聚三位之數五以去之五行之生本於天五沖氣視其不盡之陽村之以法則知納音之原矣陽娶妻陰生子子得父數陰則從天故九位之中以一三五七九爲不盡之餘數卽見五行所得之數也初三位得八十二去七十五所餘者七次三位得八十三位去八五所餘者三又次

三位得七十九位去七五所餘者九又次三位得八十去七十五所餘者五末三位得八十一倍去八五所餘者一夫九九老陽之氣中者物生之本八十一之數得一極九而又當五數之中故爲土數居中得一以爲四行之主其氣數自東而出隨天左行至九而極三在南爲火數五在北爲水數七在西爲金數九在東爲木數其法先以土之甲子十二分布以四方居一而爲主也四物待土而行羣數皆附土類聚其納音之數從干順數遇支與土同則止卽是其數也五物既成氣以順布土始與四行均爲五用兩兩

相合所得之數仍以五去之火得一起於甲乙土得二起於丙丁木得三起於戊己金得四起於庚辛水得五起於壬癸四時行焉百物生焉聲音律呂之數是爲萬物之數聖人用之定律呂以作樂故能調和元氣變理陰陽而遂萬物之宜也各具圖於後

十二律娶妻生子圖 律生呂爲娶妻呂生律爲生子

黃鍾子乾初九水	林鍾未坤初六土	大蔟寅九三木	南呂酉六二金
姑洗辰九三土	應鍾亥六三水	蕤賓午九四火	大呂丑六四土
夷則申九五金	夾鍾卯六五木	無射戌上九土	中呂巳上六火

、在十二律五音則自子至巳巳復還子在六十律納音則子午各生兩不相襲此元所謂同本離末天地之經故天一地二也

六十律納音同位娶妻隔八生子圖

甲子乙丑金	壬申癸酉	庚辰辛巳八十二	戊子己丑火
丙申丁酉	甲辰乙巳八十三	壬子癸丑木	庚申辛酉
戊辰己巳七十九	丙子丁丑水	甲申乙酉	壬辰癸巳八十
庚子辛丑土	戊申己酉	丙辰丁巳八十一此大數也甲午之數同	

大數用一三五七九之奇數小數用一二三四五之生數也

已上係甲子所生至丁巳則反生甲子申酉在子丑辰巳之中與寅卯相易所謂虎舍水居離

甲午乙未金三十四	壬寅癸卯二十四	庚戌辛亥起庚辛二十四	
戊午己未火三十一	丙寅丁卯二十六	甲戌乙亥起甲乙二十六	
壬午癸未木二十八	庚寅辛卯二十八	戊戌己亥起戊己二十三	
丙午丁未水三十一	甲寅乙卯三十	壬戌癸亥起壬癸三十	
庚午辛未土三十二	戊寅己卯七十二	丙戌丁亥起丙丁皆從生而順	

布此木數也甲子之數同

已上係甲午所生至丁亥則復生甲午寅卯在午未戌亥之中與申酉相易非謂龍舍火居坎此龍虎交法也

十干者天氣也十二支者地氣也天地奠位分陰分陽天則或以自甲至戊爲陽自己至癸爲陰或以甲

丙戊庚壬爲陽乙丁己辛癸爲陰者皆二五也地則或以自子至巳爲陽自午至亥爲陰或以子寅辰午申戌爲陽丑卯巳未酉亥爲陰者皆二六也陰陽通氣迭用柔剛天則或以甲與己乙與庚丙與辛丁與壬戊與癸或以甲與乙丙與丁戊與己庚與辛壬與癸相從者皆五二也地則或以子與丑寅與亥卯與戌辰與酉巳與申午與未或以子與丑寅與卯辰與巳午與未申與酉戌與亥相從者皆六二也若夫支干五六二中又相配偶天中有地地中有天陰陽各三十者十五而三十也七八九六之合也通之爲六

十者三十而六十也七八九六合而又偶之者也故自甲子至丁巳爲三十陽自甲午至丁亥爲三十陰自十與十二者言之則一陰一陽因襲不離自三十與六十者言之則二陽二陰相閒而行子午各生不相沿襲干以十而復初支以十二爲復初甲子以六十而復初陰陽五行變化逆順之情可得而考矣易有六爻則用十二支而析陰陽爲二者也元有九贊則用十干而幷戊巳爲一者也天之用在地地之承在天故易爲天數元爲地數至於甲子爲萬物之數先天之運世聲音太元之律歷皆用之天地之用本以生物故也

翼元卷五

翼元卷六

宋 臨邛張行成 撰 綿州李調元鶴洲 校

五行支干相合數

克 甲木 己土 克 丙火 辛金 克 戊土 癸水 克 庚金 乙木 克 壬水 丁火

一六水數而甲己爲土運二七火數而乙庚爲金運四九金數而丁壬爲木運皆相克也三八木數而丙辛爲水運五十土數而戊癸爲火運皆相生也

右以克爲合皆夫婦也此以天地相對爲合

克 子水 丑土 生 亥水 寅木 克 戌土 卯木 生 酉金 辰土 克 申金 巳火 生 未土 午火

右相生爲子母相克爲夫婦生成之合也以天月相臨爲合

納音圖

右圖以土爲一由東左行陰數不用至九而極三居南故爲火數五居北故爲水數七居西故爲金數九居東故爲木數五位以定先以土之甲子十二分有

四方居一而爲主也四物待土而行故取數之法從
干順數遇支與土同則止卽應其數也如甲至庚遇子而得七乙
至辛遇丑而得七故甲子乙丑爲金化皆倣此再思之而得其義蓋五行之
用數也土爲王故不本乾坤之數用爲主故不從本
數人爲主故不取陰數何以言之天一生水地六成
之地二生火天七成之天三生木地八成之地四生
金天九成之天五生土地十成之天地合而生五行
也洛書以相生爲序者母生也河圖以相克爲序者
父生也二者不同要之皆本乎天地也若乃十干之
氣配乎八卦壬甲爲乾乙癸爲坤庚爲震辛爲巽丙

爲艮丁爲兌戊爲坎己爲離土之納音自子至午自
午至子獨用六子戊己居中得位而不取壬甲乙癸
者有土之後坎離用事則乾坤退藏是故言道者其
始無首其卒無尾而以中爲極也本生者先推乎天
原用者必由乎上是故六十甲子謂之支干者取木
之義十二支謂之辰者主土而言氣至寅而始見木
非土而不生是圖自土而起從東而行火得其三水
得其五金得其七木得其九納音之數若合符節故
曰土爲主不本乾坤之數也氣兆於未形之初聲出
於有體之後氣者物生之本聲者物用之先以水居

一者主生而言故子爲元冥以壬癸爲精其氣最微
以土居一者主用而言故子爲黃鍾以戊己爲宮其
聲最巨造物之初生爲大故五行作鹹作甘之序水
居一而土居五也生物之後用爲大故五音爲君爲
物之序土居一而水居五也此圖以土爲一以水爲
五是謂納音之數五行取納音數者支干者陰陽之
氣也合而遇土得所栽培則壯而致用聲色臭味者
萬物之用而聲爲之最然五行之性有以克爲用者
有以王爲用者金逢火而成器木値金而成材金木
以克爲用故人之血氣當制之使適中而不可縱也

火遇水則滅遇木則傳火以生爲用故人之神當養
之使有餘而不可傷也若夫水土者一體而生相資
而成故水土同包中北同方一卽五五卽一在人則
元胃通氣實必相益虛必相損而王者得一用中本
非二道也夫木得金而用金之用見於木則以九居
木位而木用九數也火得木而用木之用見以火則
以三居火位而火用三數也金得火而用火之用見
於金則以火居金位而金用七數也水土相須而用
則以互居其位而交用其數也故曰用爲主不從本
數也皇極經世陰陽柔剛變化之數各一萬七千二

十四天地相唱和日辰合者各八千五百七十六不合者各八千四百八十八其不合者八分之天地各得二百五十六位合乎律呂圖之位數位得三十三三十三者十六與十六偶而有一焉在天者爲陽陰自交在地者爲柔剛自交邵雍所謂陽交於陰而生蹄角之類陰交於陽而生羽翼之類剛交於柔而生根荄之類柔交於剛而生枝幹之類是也其合者止可七分天地各得一百二十八位合乎卦氣圖之位數位得六十七六十七者三十三與三十三偶而有一焉在天者爲陰陽交於柔剛在地者爲剛柔交於

陰陽康節所謂陽與剛交而生心肺陰於柔交而生肝膽柔於陰交而生腎膀胱剛與陽交而生脾胃是也蓋物得天地之偏人得天地之全爲人得天地日月交之用他類則不能王水曰人不與萬類同五蟲之中惟人應其納音餘皆不應故納音主人民蓋納音由日辰相配而生是故天有八象地有八象人有十六象者天地合而生人猶父母合而生子也納音單用奇數者陰陽支干皆合統之有宗地從天婦從夫之理也若奇偶並用則有合不合者矣經世律呂圖與太一遁甲數皆是也故曰人爲主不用陰數也

易天一地二至天九地十之數自少而至多玄甲己子午九至巳亥四戊癸五之數自多而至少者體用不同也體自下生積少成多長數也用自上生分多爲少分數也

正音起於甲納音起於庚從土也天道始於甲壬庚而更矣納音用甲己子午數者火起甲乙得一樂出虛由天作也土起丙丁得二宮爲君也水起壬癸得五羽聲最微也木起戊己得三金起庚辛得四三四在二五之中金木當東西致用之位各從本數也

易天地五十五數者本數也大衍五十數者用數也

玄五行五十數者體數也納音二十五數者用數也宮爲君商爲臣角爲民羽爲物皆實體也徵火也火本虛故爲事事亦虛位無定體也

納音起於四方

甲子乙丑西金　壬申癸酉　庚辰辛巳

戊子己丑南火　丙申丁酉　甲辰乙巳

壬子癸丑東木　庚申辛酉　戊辰己巳

丙子丁丑北水　甲申乙酉　壬辰癸巳

庚子辛丑中土　戊申己酉　丙辰丁巳自甲子至丁巳從還甲子得百二十甲子

甲午乙未一金　壬寅癸卯　庚戌辛亥

戊午己未火　丙寅丁卯　甲戌乙亥
壬午癸未木　庚寅辛卯　戊戌己亥
丙午丁未水　甲寅乙卯　壬戌癸亥
庚午辛未土　戊寅己卯　丙戌丁亥自甲午至丁亥復還甲午得百二十四子

十二辰數共七十八以五千乘之得三百九十十日數共七十以六支乘之得四百二十總六十甲子得八百一十甲子甲午各三十則四百有五也四十五者一節而三氣九候也三百六十者四十五之八而四百五者四十五之九也納音大數土一火三水五金七木九共得奇數二十五合之則五十餘七百六

十者四象歸奇七十六而析一為十則物數也細數火一土二木三金四水五共得生數十五合之則三十餘七百八十者律呂數七十八而析一為十則生物數也大衍之數五十者天得三而三十地得兩而二十皆天之天地也七百六十之物數加兩地之二十則七百八十為律數也地之生物之氣也納音數盡加三天兩地之五十得八百一十為人民者以其得天五沖氣之數也太元五行本數五十納音一三五七九而子午各用亦為五十或去十而重用午或去偶而重用奇皆去地從天也太原六十甲子納音數共八百一十總一歲四千二百八十三時得甲子旬用七十三人盈三時計得數五萬九千一百七十有半以七十二策為日法一歲得二萬六千二百九十八

五行數每首四十五通八十首計三千六百加養音四十五水火二贊三共四十八總三千六百四十八每九首得五行數四百五則納音三十甲子之數總八十一首得一百七十甲子之數為體數之用加木火二贊為眞數三以當三甲子則一以生九十共二百七十三也後天卦氣圖冬、夏二至各得卦數二百七十三元準卦氣六十卦而納音得其半者天地合而生人父母合而生子子既生則從父人既生則從天故元為地承天之數宗於天一也六十四卦得數五百　六十卦氣圖云月卦之數三十用五百四十

六元納音數二百七十三則不准四卦可知矣每首四日半計五十四時得日策三百二十四得甲子納音數七百二十九計一千五十三又加五行數四十五計一千九十八得一百八十三之六河圖數天自一起以三而變四變復返於一地自二起以兩而變四變復返於二得衍數一百八十三在體為一在用為六太元策用之六為天之六用也總八十一首用河圖天一地二之變數四百八十六周則二百四十三表之合也

每首日策三百二十四者三十六之九也納音數七百二十九者八十一之九也五行數四十五者五之

九也毎贊得老陰極數三十六以爲運行數得老陽極數八十一以爲生物數得五行數五則天之沖氣也

太元辰數七十八正得自一至十二之積數日數七十比自一至十之積數五十五爲盈十五者加其一二三四五之十五爲三元之沖氣也天用生數十五地用成數四十合天地以生人而屬乎天則人亦用生數十五故人禀天沖氣而靈貴於物也皇極經世以百三十三爲日數應一卦聲音之用數則十日之數五十五而十二辰之數七十八也元數加十五者

經世日數兼言人物元之納音專主人民故也毎贊六十得甲子納音數八十一若以三十六爲運行日策數餘四十五得一首五行之數總八十一首得五行數九倍當二千四百三十甲子通五行數爲十則二千七百甲子納音數也元八十一首在運行得三百六十四日半在納音得體數之用二百七十而折一爲十也

納音子午分兩數

申酉二土辰巳四金　辰巳至甲乙至壬癸申酉自丙丁

辰巳二木子丑二土　至甲乙子丑自戊己至丙丁皆爲

子丑一火申酉三木　火一土二木三金四水五之次毎

戊己一土庚辛四金　二辰歴十干得六十甲子六辰則

百八十甲子者以十二支爲主也

土二　水五　火一　木三　水五　金四

辰巳子丑申酉丙丁　壬癸子丑辰巳申酉

甲乙三木　自甲辰至己丑爲火一自丙辰至

辰巳一火　辛丑爲土二自戊辰至癸丑爲木

申酉五水　三自庚辰至乙丑爲金四自壬

子丑四金　辰至丁丑爲水五毎三位自初

起至復本各得一百二十甲子

總六百甲子者以五行爲主也

入中甲子起於甲　得甲子甲申甲辰

甲子甲午各主三十及陰陽相須而用則隔一間行所謂分陰分陽迭用柔剛也

納音之數本由逆生及順布則火一土二木三金四水五故地下甲子至甲戌乙亥之火左行至丙午丁未之水而終入中甲子自甲辰乙巳之火左行至丙子丁丑之水而終逆生故隔八相生以子午爲主則土居中而金火木水之序右行自西南入東北也逆生者總得二百四十甲子則坎離之用天從地而右

行也故起甲子甲午午爲天中子爲地中也順布者
總得三百六十甲子則乾坤之用地從天而左行也
故起甲戌甲辰戌亥天門辰巳地戸也故二百四十
者地之二也三百六十者天之三也一千二百者人
之十也
土二　寅卯　戌亥四金　戌亥自甲乙至壬癸寅卯丙
木三　戌亥　午未二土　丁至甲乙午未自戊巳至丙
火一　午未　寅卯三木　丁皆爲火一土二木三金四水
戊巳　庚辛　五之序每二辰共歷十午得
六十甲子六辰共百八十甲子

總十二辰得三百六十甲子矣
土二　水五　火一　木三　水五　金四
戌亥午未寅卯丙丁　壬癸午未戌亥寅卯
甲乙三木　自甲戌至己未爲火一自丙
戌亥一火　戌至辛未爲土二自戊戌至
寅卯三水　癸未爲木三自庚戌至乙未
午未四金　爲金四自壬戌至丁未爲水
五五行各三位自初起至復
本各百二十甲子總六百甲
子總三十位則二百甲子矣

地下甲子起於甲戌得戌甲午甲寅
南北爲經陰陽正故午則日在午子則日在子東西
爲緯陰陽交故卯則日在酉酉則日在卯
申　酉　龍含火而居坎坎位在西方虎
寅　卯　戌　含水而居離離位在東方先天
未　木色　木胎亥卦也　陽性動則速陰性靜則
午　納音數　子　遲離中有陰爲情也故日行
巳　金胎金色丑　舒遲坎中有陽以陽爲性
辰　酉　申　也故月行疾速皆離
卯　寅

參同契曰剛柔迭興更歷分部龍西虎東建緯卯酉
刑德並會俱相歡喜刑主殺伏德主生起二月榆死
河魁臨卯八月麥生天罡據酉子南午北元爲綱紀
朱敬一日言陰陽交結也南北爲經東西爲緯舉東
合西魂魄相扶刑中有德德中有刑如二月榆死八
月麥生二月少陽草木生發而榆落者以金胎於卯
木則生氣中含殺氣也八月少陰草木黃落而麥生
者以木胎於酉金則殺氣中含生氣也五月太陽之
中而一陰生以子之水胎於午也十一月太陰之中
而一陽生以午之火胎於子也午南子北未濟也子

南午北則交而旣濟矣龍東虎西則交而隨矣南北氣交而刑不交故爲經東西刑氣俱交故爲緯也二五散而爲十干二六散而爲十二支十干合而成五音十二支合而成六律支干配合納音生焉在天則六十日在地則六十律也十與十二歷數天數也天之陰陽地之柔剛各未合天之一也五與六律數地數也天之陰陽地之柔剛各自合地之二也五六交而成六十甲子納音數人民數也天之陰陽地之柔剛兩相合八之三也康節之書元會運世用十二與三十各行者歷數也聲音律呂用四與四十八始

則自交者本數地數也終則相交者用數物數也十二者六而兩之三十者十而三之四十者十而四之四十八者十二而四之十者五也十二者六也五六天地之中故其書立五而名曰皇極其曰經世者三十年爲一世以日之變三十爲主天之運行數也曰觀物者三十加二閏得萬有一千五百二十當萬物之數以地之位十六而三十二爲主地之生物數也乾坤之策三百六十當朞之日又三十之則一萬八百故運行之數以一萬八百爲一會則三十偶卦之策數而三十年之日數也若三十二之則萬一千五

百二十故生物之數以萬一千五百二十當一會則三十二偶卦之策數而三十二年之日數也元會運世一運分十六位得十六卦以陰數合之則三十二位而三十二卦也是故康節經世數則易乾坤之策數而自相乘觀物數則易三篇之策數而六倍之也觀物有二數有生物之數又有動植數則易五百十二卦掛一之蓍十析而四之之數其用數見於律聲則易歸奇合卦之策七與爲日之用數著天包地故日兼辰也經世動植用數各一萬七千二十四各以均於卦氣圖一百二十八位每位得一百三十三者

理正在乎地也太玄于日數上去一二三四下去十取其中自五至九之五數偶而用之甲己九乙庚八丙辛七丁壬六戊癸五共七十在本數則一三五七九陽日得二十五者五五也二四六八十陰日得三十者五六也其數爲地多於天陰勝於陽偶而用之各得七五三十五則五六皆從天七之用天地之數始均矣于辰數上去一二三下去十與十一十二取其中自四至九之六數偶而用之子午九丑未八寅申七卯酉六辰戌五巳亥四共七十八在本數則一三七五九與十一律數三十六者六六也二四六八

十與十二呂數十九數也其三數皆以支干爲用則用歸與人物與太元之意合故物數二百六十四者太元全蓍一首八揲之數也地數二百五十六者太元除卦一一首八揲之數也三十者三五而合之七八九六也三十二者十六而合之八卦四象也七者天之嬴數十九者天地之終合也觀物地之二位共得天之十四律以爲碁天之二位共得地之十九呂以爲碁合四位三十三則太元之蓍也

大元爲納音數與觀物數合

一二三四五六七八九十者十日之數也得五十五

加十一與十二者十上辰之數也得七十八總二數而一百三十三是故先天乾坤十六位得數一百四十四去乾之二去泰之九各用七位共一百三十三四十二者六七也其數爲呂多于律陰勝于陽偶而用之律數四十二呂數三十六則天地互用律呂之數始正矣辰數惟律呂互用于本數初無加損日數於本數之外自然加一十有五辰數均之則一律二呂共用十三者閏歲之月數也日數不加則一陰一陽共用一十者五六之合天地四用加十有五則日各用七獨從天之用矣是故元之日辰數比先天日數多其十有五也　元以日辰相偶五配六者得三百九十而六配五者得四百二十通八百一十爲六十甲子之數則九九而十折之者也納音自此出焉民人之生無逃于此焉是故一龠之黍千有二百而一龠之分八百一十者陽數四百二十爲寔陰數七百八十爲虛寔各半陽一陰二之理也

太元以一六二七三八四九五五爲五行數共得五十通日辰數一百四十八爲一百九十八則蓍策三十三而六之爲三元各用其二每元得六十六與觀物八十八去一用三之數合矣

邵康節先生曰天以獨運故以用數自相乘而以用數之用爲生物之時地偶而生故以體數之用陽乘陰爲生物之數二百五十六者地之位數也二百七十者體數之用也陽乘陰者以二百七十乘二百五十一得六萬九千一百二十當六會物數則卦氣圖生物全數而半之也又半之得三萬四千五百六十則三會物數在地者用其半在物者用四之一也于二百七十之中去四者存地之體也餘二百六十六則月數之用百三十三而偶之也以乘二百五十六得六萬八千九十六半之則三萬四千四十八者三

會物數而一陰一陽各存地之四位二百五十六者也以均分於卦氣圖一陰一陽各用二百五十六位毎四位通得二百六十六甲子共一百三十三之中甲子合者六十七則人數也不合者六十六則物數也甲子合者焉納首數故生民人也觀物動植用數起於寔用數二百六十四者六十六之四均爲物數也以分於百二十八位毎位得百三十三者六十六偶之而加一焉乃分民人於物數矣夫六十六者三十三而偶之也三十三者十六偶之而加一焉十六者地之全體也十六相偶無一者爲地得一者爲物

也三十三相偶無一者爲物得一者爲人也蓋無地一則不成物無天一則不爲人也一者太極也合之則一散之則五故一二三四五者天之生數太極本體也自一至五總其大數則爲五積其細數則爲三五者三才各具沖氣也十五之數老陰老陽以九六分之爲天之陰陽者用之變也少陰少陽以七八分之爲地之柔剛者體之常也合之爲二十故一月之日三十陰陽各之朔望各半也本數止有十五者體本乎天陰則分陽而已太元日數獨加十五者夫豈子雲之私意哉蓋民受天地之中以生所謂命也日辰本數得一百三十三去其始本以五六中數偶而用之自然盈其二五是故人在天地閒獨靈貴于萬物也觀物以地爲主通用人物數數二百六十六數之中人得一百三十四物得一百三十二人比於物獨一陰一陽之眞太元以納音爲主專用人民數故一百四十八數之中去其百三十二爲多十有六數則太極之眞一與三才之沖氣人寔備之矣是故乾得一一坤得八八多寡不同其歸一也

論禮樂生於律歷

禮樂生於律歷律歷生於數數祖于易易以八爲卦

以六爲爻八者體也四之偶也方者圍四徑一四者地之方也六者用也三之偶也圓者圍三徑一三者天之圓也天無體託地以爲體故卦始于四象而成于人也地無用承天以爲用故爻始于三畫而重于六也歷以正三辰五星之時於天所以求天數也起于四者天託地以爲體故以方體圓也然體無用不行雖以方數立體必以圓數致用者從體起用圓者終圖也律以通三統五行之氣於地所以求地數也起于三者地承天以爲用故以地用方也然用無體不立雖以圓數致用必以方數數五體也攝用歸體

方者終方也蓋歷者象也其體本方一年之歷分四時者方數也以天統乎體圓者先立其體故也律者聲也其用本圓黃鍾之律分三分者圓數也以地分乎用方者先致其用故也是故聖人之制歷也先方後圓而制律也先圓後方蓋圓者之用不以方體之則其象參差而不齊方矣不濟以圓則忽微之數將伏匿而難盡方者之體不以圓用之則其聲室遏而不揚圓矣不濟以方則條暢之音或散蕩而無檢是故歷象分於四時者方也四時定於閏月者圓也律孔徑乎三分者圓也音正於龠之六十四者方也自

歷言之曰欲方而月欲圓自律言之聲欲圓而音欲方方圓相濟天地相資此律歷之大本也歷以知天地之時定三元五德正朔服色名數制度由此而立禮之所以生也禮者履也先致其尊者從地之方也禮勝則離必文之使中乃不離矣體起用之意也律以調天地之氣播五聲八音均調歌舞鐘鼓笙磬由此而備樂之所以成也樂者樂也先致其親者從天之圓也樂勝則流必節之使和乃不流矣用歸體之意也經曰禮樂合天地之化致百物之産天地百物皆有數焉知其數以制中禮則檢刑有節不傷百物

之生而可以養天地之氣知其數以作和樂則檢情有度不傷天地之氣而可以養百物之生夫禮出乎歷四以地制者爲其本於象從地之方也其爲用也以節百物於明而贊天地之化於幽則自陽而達於陰也樂生乎律曰由天作者爲其本於聲從天之圓也其爲用也以通天地於幽而遂百物之産於明則自陰而達於陽也天託乎地地承乎天天地相函陰陽賡續一息不離惟深者能通其情惟精者能窮其文故知禮樂之情者能作識禮樂之文者能述豈曰小補之哉

元衡

易經六十四卦者天之體地也八八之卦其刑當方其數則偶之二然序卦上下二經相襲而行者一也天地合爲一用也元以八十一首準易緯卦氣圖六十卦者地之承天也九九之首其刑當圓其數則奇之一然衡以冬夏二至相對而用者二也陰陽分於二氣也

元錯

先天以乾坤互變各成六十四卦者萬象宗于乾坤也易六十四卦兩兩反對相從分陰分陽各成乾坤

者萬物皆具一乾坤也是故易爲天數其用貫在物也序卦者大數之經也雜卦者細數之變也衡之於元一經數也錯之於元亦變數也元錯紛紜叢雜既非其偶又非其次兩兩相比惟以理而爲宗則人易之義也是故易以兩卦卦從者陰陽合德剛柔有體天之物也序卦以理次之則通於一矣元以二首對用者日月運行一寒一暑天之氣也散而錯居不復相比則天高地下萬物散殊物之情也元錯以理比之則得其偶矣是故天下之象生乎數而數生乎理理之所在象數斯行無不通矣

易以兩卦直一年二爻分奇偶元以兩首直九日二贊分晝夜皆爲陰陽牝牡易之卦爻牝牡皆無奇元之首贊牝牡皆有奇易用偶數元用奇數用偶數者天體乎地用奇數者地宗乎天也

　　牝牡羣正以攡吉凶

　　日動而東天動而西天日錯行陰陽更巡

先天之卦右行者天之太極從地數而生氣也左行者地之元氣從天數而生物也右行者未有一陰陽相繼各五變而反生天之生氣所以造物也左行者已有一天日相應各五變而相交地之生物本於天氣也是故右行者六變天生地也左行者五變地承天也六變者先天也五變者後天也元之書曰起於牛宿氣起於黃宮者天日錯行後天之用故康節謂元爲地承天之數也

　　陽知陽而不知陰陰知陰而不知陽知陽知陰止知行知晦知明者其爲元乎

易曰通乎晝夜之道而知故神無方而易無體子路問事鬼曰未能事人焉能事鬼問死曰未知生焉知死一以貫之則兩能施知未能得一則兩不相知矣百姓日用而不知者用之用已不知況夜之不用者

乎

　　夫一一所以摹始而測深也三三所以盡終而極崇也二二所以參事而要中也

一二三之數必有偶然後成九變有一一則有一二一三矣有二二則有二一二三矣有三三則有三一三二矣眞數一二三成六偶而九變遂成三十六以六用之則爲六六以九用之則爲四九老陰之用老陽之體于是乎見三十有六而策視焉者元用易之用策也

　　不以其占不若不筮

若得其占而不遵用不如不筮也以用也

翼元卷六畢

翼元卷七

宋 臨邛張行成 撰 緜州 李調元 校

元數

自三十有六而策覩焉至六筭而策道窮此元之蓍數也

自極一爲一至方巖入元此元之體數也有論易元者曰問易曰變問元曰膠易之六爻與六畫相應元之九贊與四畫相元易之二體以八卦爲才元之三表以五行爲漫易之九六無常師元之晝夜有定之數易之占也變而不可度元之占也逢而預可避經緯之類於晝夜中如六壬之八專日數也易之位也有承乘應比此盡人情之變也而元無之易之辭也有吉凶悔吝此證禍福之先也而元無之易之名卦也見於爻象而義周元之名首也隨於氣節而理固是則然矣而有未盡論元者當曰常不可曰膠也蓋易以爻爲主天道之變也聖人之達節也元以數爲主地道之常賢人之守節也天地之理聖賢之道宜其淺深不同也元若先占以求時則晝夜不可預避矣

三八爲木四九爲金二七爲火一六爲水五五爲土

帝出於震故以三八爲首水克土而生金金克木而生火火克金金生水水克火而生土土克水而生木爻生之序河圖五行也自三八爲木至聲律相協而八音生此元之五聲數也

其在聲也宮爲君徵爲事商爲相角爲民羽爲物聲律皆本於五行者宮土也商金也羽水也徵火也角木也用於律呂旋相爲宮十二律各五變則宮徵商羽角各七變則加變宮變徵二音五變者成六十律七變者成八十四調也黃鍾爲宮則林鍾爲徵太簇爲商南呂爲羽姑洗爲角皆以正聲歷無有忽微

者五音之正也宮止二變不比正音故爲和繆而六十律不用也

其以爲律呂黃鍾生林鍾林鍾生太簇太簇生南呂南呂生姑洗姑洗生應鍾應鍾生蕤賓蕤賓生太呂太呂生夷則夷則生夾鍾夾鍾生無射無射生仲呂

天變盈於七元七百二十九贊則蕤賓之數也故一律變五音至姑洗加宮止二變至蕤賓而止矣蕤賓重上生者地代終也蕤賓或言上生或言下生不同何也曰律調天七變至蕤賓地又二變至夷則爲九變所以至夾鍾則漸無調蕤賓重上生然後地之五變皆有聲調者以寸法加倍故也元積數雖有十二其支干數則去十二而從六者用中數之半天之生浴冠地之官王衰也數不過九者加天之一二三去地之十與十一十二也故病元墓三數不用於地上也贊自一至九晝則自四至十二而不用眞三者天地之分體用不同也是故自十言之則天無十地無一自十二言之則地不用六天不用三十三也

子午之數九丑未八寅申七卯酉六辰戌五巳亥四

自子至亥自一至十二積數七十八六奇爲律得數三十六六偶爲呂得數四十二陽少陰多者如天數二十五地數三十自然之體也子雲取中數六偶而用之者用中也律數四十二呂數三十六陰少陽多扶陽抑陰尊君卑臣三天兩地而倚數之理也本數爲體數自少而多積數也中數爲用數自多而少分數也皆天地自然之理也易天地之數五十五者十也爲十日元律呂之數七十八者十二也爲十二辰易用天元用地也易六爻則用十二辰而分陰陽爲二二元九贊則用十日而合戊巳爲一者天役地地承

天也故律數四十二呂數三十六并律呂之數或還或否凡七十有八黃鍾之數立焉

四十二者每數而七三十六者每數而六以七變者陽復還陽以六變者陰歸於陽故或還或否也黃鍾之數八十一寸法相生自辰而下皆虛三數而用七十八辰之分六十四者八十八也辰當地戸八當卦數虛三者所以承天故自辰七變皆從卦數而相生也

甲己之數九乙庚八丙辛七丁壬六戊癸五聲生於日律生於辰聲以情質律以和聲聲律相協而

八音生

聲生於日有三類元以甲乙爲角丙丁爲徵之類主四方而言者五聲本體也天元正音以甲己爲土而起主運氣而言者用之體也淮南子變音以戊癸爲土而起主律調而言者用之用也荀氏又謂甲己爲木乙庚爲金丙辛爲火丁壬爲水戊癸爲土則以克爲主者也其日聲以情質者情其質也所謂文之以五聲八方之風出於八卦五六二中相協而生八音所以調八風之氣而和四時也風節以八卦統聲音者從體起用也子雲謂聲律生八音者攝用歸體也

九天九地九人九體九屬九竅九序九事九年

元之積數自一至十二凡七十八則律呂總數應之去三用九則五行本數應之所去十與十一十二則三十三蓍之用也自一至九九數之中地存三者以爲三變之用故辰數自九至四也天存四者以爲四重之體故日數自九至五也元用九數於九贊用五六於聲律去三用九者去一用三地承天之用也大積之數七十二則十二之中虛一二三以爲本而用

自四以往無非用九也九類以當九贊分屬五行則三八爲木四九爲金二七爲火一六爲水十五爲土元用九數亦如易之一卦六爻初爲士而上爲宗廟一月五卦五爲辟而一爲諸侯之類也河圖用九數而析爲九位洛書用十數而合爲五位元用九數而合爲五行則以洛書用河圖故爲地承天之數也易之蓍策用六七八九其生爻者六也生蓍者七也六卦者八也倚數當用九而用三兩者以五代九也蓋八卦奠位於八方九爲中交致用之處則九當居中若數一至九則以九爲究以五爲中是故以五代九

者去地從天也究與中皆極也中當皇極則究當六極天極于九地極于十易爲天數故以五代九極爲地數故用九去十也皇極九疇實有十事以皇極居中當五以六極附于九而不自見者豈聖人之私意哉蓋因自然之理也元以九贊當九數之用其用或合或分元圖所言一四七二五八三六九爲三類一至三四至六七至九亦爲三類者分三而言也謂生神莫先乎一中和莫盛乎五倨劇莫因乎九五以上作息五以下作消者合一而言也

罔直蒙酋冥

罔者寂然不動之時感而遂通直蒙酋之用出焉功成返冥則退藏於密矣故卽者易之虛也冥者是之密也北辰謂之極者天之中在北也冥罔合而言之其爲北方細別之則冥當爲北物之所終也罔當爲中物之所始也是故中北同方水土同包一卽五五卽一天地元黃之雜造化之原也以罔爲一則冥當爲五者反乎土也以直爲一則冥當爲四罔當爲五復生於土矣易之元亨利貞者四也天用四象也元之罔直蒙酋冥者五也地用五行也罔冥之間爲元如元氣居二臀之間也元之罔冥者不用之一也直蒙酋用之者三也是故自地而言則冬不生北不顯二子丑不用人之背不見也若自天而言則四時四方十二辰四體無非用者易用元亨利貞乾當太極體此四德而不自見則無體之太也故元者在罔冥之間而莫測易者具四德之體而不居者也夫終於冥而復生於罔凡物皆然隨化流轉無有紀極易以一正而合冥罔之二是謂通乎晝夜之道而知獨立不改周行不殆在此而已故易訓變易之易又爲不易之易也且元者一也而罔冥爲二者地數本二也易者二也而正爲一者天數本一也是故方而不還

者若一而二以其本二也圓而還者若二而一以其本一也易天數也天託地以爲體用四者其數則便其體則方然北方宗於一正正卽返元矣無間斷也故曰圓而還者若二而一以其本一也元地數也地承天以爲用用五者其數則奇其用則圓然北方分于罔冥罔冥之間有不得其還者矣故曰方而不還者若一而二以其本一也一者雖還然不正則亦不能還自誠而明降而下法惟聖罔念作狂也二者雖不還然體元則亦能還自明而誠升而上法惟狂克念作聖也天地之理聖賢之道一而已矣子雲之書

用地承天之數名之曰元者將以返二歸一故其書以近元爲貴遠元爲賤其曰罔之時深矣哉者元生乎中也在易之說卦曰終萬物始萬物者莫盛乎艮又曰艮東北之卦也萬物之所成終而所成始也故曰成言乎艮神也者妙萬物而爲言者也子雲之所謂冥者終萬物也所謂罔者始萬物也以罔冥爲元卽神妙萬物係乎艮之義也文王八卦地卦也艮居東北之間伏羲八卦天卦也艮居西北之間自天而言則陽伏於戌復妊於亥自地而言則陽紐於丑將出于寅皆有終始之義故天日相應日自東入北則

天自西入北日自北出西則天自北出東也元紀日於牛宿者法日也紀氣於中首者法天也以罔冥爲元則艮之終始萬物神妙之理故太元於三易實依連山而作也氣生於子屬坎天之罔冥體也日見於寅屬艮地之罔冥用也

風而識虎雲而知龍賢人作而萬類同

易天數聖人之事元地數賢人之事其言如此非謂子雲之謙而自稱賢人也聖人作而萬物覩在乾之五賢人作而萬類同在中之二未言與天地配其體與鬼神卽其靈則歸之聖人蓋體元者而後能之非賢人睎聖之事也顔淵苦孔之卓在此而已

始於十一月終於十月羅重九行行四十日

章詧方圖蓋出於此圓圖者以明一元都覆方州部家圖象元形元之體也所謂一以三起者也方圖者以明九天分統七百二十七贊贊載成功元之用也所謂一以三生者也是謂同本離末天地之經地之三也故與先天方圓二圖內外合一者不同易方圓各八卦一卦各八變方者之位卽包於圓象之中元一家三表一表三贊九倍之贊盈于八十一家之外八者之體若一而二天分地也九者之用若二而一地承天也

元四重爲一首以當方州部家擬之於易則四位也方之上有都覆之一元家之下有二百四十二表七百二十九贊之晝夜兼四爲六而七擬之於易則六爻而包餘分也且八卦用六爻者乾坤主之也六爻用四位者坎離主之也雖天地體用不同合而爲十無非用也若元則以四位爲體而實不用也元始於中首者論日則起於五宿天之太極從地數而右行生氣以變時者也論氣則起於黃宮地之元氣從天數而左行布氣以生物者也首之四體本由三元而起體成不自用乃承天而行布其一期之日以成士

百二十九晝夜之用故元爲地承天之數於八道則臣承君之義在易之坤陰雖有美含之以從王事弗敢成也故曰國爾忘家主爾忘身元之爲書本以方州部家立體而實不用於其始也以一元當渾天於其終也以表贊當一期之日蓋元者地道也臣道也子道也臣子之事始則受命於君父非自爲也終則歸功於君父不敢居也繫辭曰初辭擬之卒成之終若夫雜物撰德辨是與非則非其中爻莫之備矣明易之致用最在四位故初上爲無位者言坎離用四位也易去初上而用四位者君不自用而任臣之理

也元去四重而用始終者臣不自擅而承君之理也是故君臣之義卽天地之理也

易用六爻者乾坤主之也元用始終經世用四位蓋分六爻而用之矣

易圖方圓合一者地在天中渾天象也元圖方圓分兩者天在地上蓋天象也子雲覃思渾天而作太元其圖則一元都覆成規于上九行羅重成矩于下者以地承天而分三用與天包 而統四體不同故從蓋天也蓋渾本無異晉劉智唐一行皆能知之而蓋天家乃有崑崙四垂爲海之説所謂不知而作者故康節先生非之而子雲以蓋天爲應難未幾也

一至九者陰陽消息之計邪反而陳之子則陽生於十一月陰終于十月可見也午則陰生於五月陽終於四月可見也生陽莫如子生陰莫如午西北則子美盡矣東南則午美極矣

陽生於十一月而終於四月陰生於五月而終於十月者明陰陽各用六也各用六者乾坤也故乾生於子終於巳坤生於午終於亥也西北則子美盡者巳爲陽終陽猶用事秋分之後酉戌亥三月陰專用事陽始伏而不用東南則午美盡者亥爲陰終陰猶用

事春分之後卯辰巳三月陽專用事陰始伏而不用此明陰陽互用九也互用九者乾用離坤用坎也故離生於卯終於申坎生於酉終於寅也夫地方主體其數有四然天統乎體則用地之四天圓主用其數有三然地分乎用則用天之三是故易用六爻偶之而十二者四而三之體之用也元用三表三之而九贊者三而三之用之用也易爲體之用故體用迭主一期之日自體而變則四象主四時時各九十日析之而八則八卦主八節節各四十五日也自用而變則六爻主六氣氣各六十日析之而十二則兩卦主

十二月月各三十日也元爲用之用故用獨爲主自年而言則九天主一年天各四十日半自日而言則九贊其一首首各四日半易以兩卦相從實用十二去交數則各用六元以六策爲時雖起於六通交數之半則互用九也天一而二體用迭主一者終一故易一卦一爻各當一數其偶而用之者皆以陽爲主陰則從之也地二而一獨主乎用二者終二故元二贊二首共分一數雖合而用之而天九地九陰陽各主也易用六自生成言之陽則自子至巳陰則自午至亥自奇偶言之陽則自子至戌陰則自丑至亥者

用乾坤也亥用九自陽言之則自子至申自陰言之則自午至寅者兼離坎也易之兩卦其變者以反對相從則上生之陰即降成偶不變也以匹對相從則下伏之卦卽偶成飛所謂陰陽通用若二而實一也元以二贊爲一日而晝夜各主以二首爲九日而奇偶各異所謂陰陽各立若一而實二也

元有二道一以三起一以三生

以三起者天分地以立體也以三生者地承天以致用也

九虛設闢君子小人所爲宮也

元之九贊爲九虛如易六位爲六虛易用六元用九陽爻用九陰爻用六則六而兼九策用三六儀用二九則九而兼六易以天而用地元以地而承天也然天一而統其全地二而分其半大衍老陽之策自六言之爲六六自九言之爲四九元之三六二九共爲十八之用則乾策之半而巳是故太元未虛未卦之全蓍僅得老陽之策比易卦一之後得三之二者分乎用也地既虛三以存三元之本而用三十有三矣元其十有八用乎又虛十五以爲三五之本故元之用比乾老陽之策僅得其半者地承乎天不自用其

半也

始於十一月終於十月羅重九行行四十日

元以九天各主四十日者九而四也以十八策主三辰四之而一日則六之十二也三十六爲六六則半日之數了非若易以四九之策進而十之卽當一期之日也是故易乾坤之策三百六十當期之日者乾之策一進而十也元一天當四十日析而十二之則四百八十辰者易卦一之外四十八策一析而十也故易爲天用地由四而九四正各九十體而用也元爲地承天由九而四九天各四十用而體也元九天

名主四十日如易以八卦各主四十五日也元一天
直四百八十辰加餘分得四百八十七辰則四十九
以十析之而虛三也五天也當夏至四十日二十日
以前皆息之數二十日以後皆消之數也

元其十有八用乎

元起於羸贊當三辰得十八策於是生蹄贊當六辰
得二十六策則偶之而天三地三天十八地十八矣
六辰以當六甲三十六策以當三十六甲於是生養
首當五十四辰得三百二十四策自六辰變五十四
辰爲一甲生九干乃得六十甲子自三十六策變三

百二十四策亦一甲生九干乃得期三百有六旬者
又推本三辰十八策而言之則一辰一策各主二十
者五位有合天地各十也總之爲三七之數故餘分
六十三辰者爲二十一之三其策三百七十八者爲
二十一之十八也養首與奇羸二贊在八十首七百
二十贊之外起用之原也其八十首七百二十贊則
三百六十日晝夜之用以六分之爲六六則六甲之
用也以九分之爲九四則九天之體也實自三辰十
八策而起故曰元其十有八用乎明十八爲六用之
祖眞數三爲六則六之本體虛而不用者也故易六

十四卦有三百八十四爻而元餘分六十三辰有三
百七十八策在體則虛一在用則虛六也

則八方平直之道可得而察也

元雖用九體不越乎八自然之象之理不得而變也
故一日之策用八九而擬之虛羸擬之歲在擬之八
風之後也

策用三六儀用二九

老陽之策三十六在用而言爲六六在體而言爲四
九故一年三十六旬以六甲而言則每變六旬以四
時而言則每變九旬也元以三方同九州九之而八

十一家爲體數起於羸贊十八策四之而七十二策
爲日法自體數言之九九去一九餘七十二均爲四
分則每分而二九自日法言之每辰六策十二辰均
爲四分每分而二六皆四分用一得乾策之半也二
首各九贊而九日平分一元總九天而晝夜各半皆
用二九之實也

元有六九之數

不同也易六六之策以當三元之律呂以二六用之
則亦合乎分數矣然方州部家虛其三數自四而起
十二而終不過乎七十有二太積用之以爲一日之

策太中既半之矣蓍又虛三焉地之所以承天臣之所以尊君也

太積之要

一二三一一二二三三三初數三用四四五五六六中數再用七八九終數一用

一二三為六一一二二三三三為十二初之三數凡三用而積其數則太積之要始於十有八也四四五五六六為三十七八九為二十四中終六數其三用而積其數則太積之要終於五十有四也總之而七十二自一至九得實積之數四十五者五九也自一至六有虛積之數二十七者三九也五九者五行各用其一三九者三元各十六日元六六之策以當半日者大小不同也自元有六九之數至元之道也此元之策數律歷之數也六以為歷九以為律一首九贊三百二十四策者自虛言之則三十六之九自律言之則八十一之四也元數首言蓍數者天而地也言五行數以及支干數者地而物也元圖言策數以及律歷數者物而天地也專以天為主者宗乎天之運行也

易言太衍數者用數也言天地數者體數也乾坤策者運行數也二篇策者生物數也經世言元會運世數者天地數為歷數也動植數者萬物數為律數也

元斗日書而月不書常滿以御虛也

歲一終謂之九道九章百七十一歲九道小終九九八十一章五百六十七分五百六十七者六十三之九十而九終進退牛前四度伍分明月法起於九也元之中首起於甲子朔旦冬至甲子者齊日也朔旦者齊月也冬至者齊氣也斗分即氣之盈也月會即朔之虛也以氣盈朔虛則冬至未必朔旦而所得之日未必甲子矣

元之斗分日法皆見於策而月法隱於九章之間故為常滿以御虛也易一爻用策三十歸奇十九故先天以三十分為一時閏法以十九分為一時先天一時析三百六十秒太元一時析二百十六秒者虛兩地而用三天故為地承天之數閏法一時析二百二十八者虛天地二中之合而用其二終故為物數也此皆歷之理也元虛百四十四閏虛百三十二或存坤數或存動植用數也先天日數一百三十三者七章之年亦三百六十一年之閏月與百四十年斗分之積日以為一年之閏時則虧七分為十三年之閏日則虧八十四分也太元筭九章一百七十一為小終者月行九道九年而九道周九章則十九周為九道一小終也四分歷七十六年為一部者四章也易閏

法二百二十八者十二章也一年得閏二千五百二十分一章得二千五百二十時十二章得二千五百二十日也

翼元卷七

翼元卷八

宋 臨邛張行成 撰 綿州 李鶴洲 校

太衍法范望同此法以部日乘一眞部四章計七十六年通閏得九百四十月

通數九而四十為一日一月得二十九日九百四十分日之四百九十九則虛四百四十一者四十九之九也通一年計虛五千二百九十二以九百四十為一日得五日半餘百二十二不盡十九年得一百四日半餘分二千三百一十八得二日半虧三十二若又虛加七閏月虛分三千八十七計三日餘二百六十七分總一百十日餘二百三十五分加餘分每年五日三辰十九年計九十九日九辰總二數計二百九十九辰餘通數之二百三十五分得三辰即二百十日也若筭實日去七閏月之虛分則十九年得二百六日九辰虧三十二分正合七月之日數也

古閏法一日餘七分一月二百一十分一年二千五百二十分以十九分為一時一年得一百三十二時餘十二不盡總一十九年得四萬七千八百八十分得二千五百二十時計二百一十日為七月之足日此蓋其大約與大衍通數虛加七閏月之數同其大衍法中盈朔虛分則細筭曰法也

大衍法此法以日法除中朔分也日注三千四十為一日

一年中盈分一萬五千九百四十三沒分也得五日餘七百四十三分一章得九十五日一萬四千一百十七分計四日零一千九百五十七分

朔虛分一萬七千一百二十四滅分也朔虛一年得五日零一千九百二十四分一章得九十五日零三萬六千六分計一十二日零七十六分

總計三萬三千六十七分

逼十九年計六十二萬八千二百七十三分以三千四十為一日得二百六日餘二千三十三以七百六十為三時得半日餘五百十十三得三辰餘六十之間不盡與月法不加閏月虛分之數大約同矣大初歷一章法得七閏無餘分四分歷日法四以求月則疎故以部月九百四十分約日九百四十者四部之月數則亦四分之意然世之言歷者又逼用太初日法以約小月也

太初歷十九歲為一章日法八十一月法二千三百九十二得二十九日八十二分日之四十三章月二百三十五以月法乘之得章分五十六萬二千一百二十以日法除之得章日六十九百三十九小餘六十一六甲旬周一百十五大餘三十九

大衍歷一部之日二萬七千七百五十九以逼數九百四十約之凡二十九日餘四百九十九而月日相及於朔一月得二萬八千七百五十分一分一年得三十三萬三千一百八分除二百五十四日外除三百四十八分不盡三百四十八者八十七之四也

范望注元以一部之日約月法則四分歷法也然月行九道以九而終故太元用太初法二十七章為一會而四分歷求月蝕法以五百一十三為歲數則亦用太初一會之數太元兼太初顓帝二歷者以四分求斗日而用六以太初求月而用九故章會統元與月食俱沒也易緯本用顓帝歷一行歷法太宰祖於四分故名以大衍亦祖於易之意也太初歷八十一分為日法故月法二十三百九十二得二十九日八十一分日之四十三毎月朔虛三十八則十九之兩也總一年十二月虛四百五十六分則二八二十八之兩也一章朔虛八千六百六十四分則三百六十一之二十四也得一百六日餘七十八分不盡九章一百七十一年虛七萬七千九百七十六分計九百六十二日餘五十四分不盡二十七章五百一十三歲為一會虛二千八百八十八日無小餘計二十三萬三千九百二十八分若以月法除之毎月二千三百九十二分得九十八月而虧四百八十八分則六十二分也

正數六千一百五十六月月閏九十八月

五百一千三歲毎歲餘分五日三時計二十六百九

千三日三時亦以八十一分為一日得二十一萬八
千一百五十三分有奇以月法除之得九十一月餘
四百八十一分有奇則六日而虧五分也
通二數（朔虛得九十八月虧六日二分中盈得九十一月盈五日七十六分）
共得閏一百八十九月以七月為一分中盈得一
十三分朔虛得一十四分
又三之為一統總八十一章通中朔閏得五百六十
七月朔虛得二百九十四月虧十八日六分中盈得
二百七十三月盈十七日虧六十六分
以七月為一分中得三十九分朔得四十二分五

百六十七者亦六十三之九也一年餘分六十二
時九章之閏六十三月
二十七章為一會五會一百三十五章計二千五百
六十五年得閏九百四十五月又四之二百四十章
計一萬二百六十年得閏三千七百八十月也四分
歷一部七十六年得月九百四十得日三萬七千七
百五十九小餘一以部日約月法九百四十分為一
日月得二萬七千七百五十九分為二十九日四百
九十九分（太衍法同）朔虛四百四十一分總一年虛五十
二百九十分分仍以九百四十為一日得五日半餘

一百二十二不盡總一章計虛十萬五百四十八分
為月法約之得三月餘一萬七千二百七十一不盡
九章一百七十一歲計九十萬四千九百三十二分
得閏三十二月餘一萬六千六百四十四不盡
三十七章為一會五百一十三年計二百七十一萬
四千七百九十六分得閏九十七月餘二萬二千一
百七十三分不盡以為一月則虧五千五百八十六
以九百四十為一日計虧五日八百八十六分不盡
計得閏九十八月而虧五日八百八十六分（與太初法大約
同四分凡太初月行多一百七分以九百四十為日之初四分月得一時半）

五百一十三歲毋歲餘五日三時計二千六百九十
三日三時仍以九百四十分為一日得二百五十三
萬一千　五十五分以月法除之得九十一月餘
五千五百八十六分不盡仍以九百四十為一日得
五日餘八百八十六分不盡得六日虧五十四分
太元之罔者虛也冥者審也冥罔皆以當乾四德之
一正故易用四元用五也冥罔之間中氣所生如元
氣生於二腎之間為丹田氣海者也在地為朔北之
中乃龜蛇所交之地赤與黑謂之元太元則赤黑未
形者也

易歸奇合卦之數三揲成一爻得一類十二揲成四微象分四類則三多三少兩少一少兩少一多是也三十六揲成二卦四類各成三爻爲四蓍象而後其數均十二爻得奇策二百二十有八均之則每爻而十九策每卦而一百一十四策也元兩揲成一重其暗數在一揲之後一揲奇三者得暗數三十奇六者得暗數二十七每一揲即得一類兩揲即分二類矣一首四重共得暗數一百一十四亦爲十九之六然此易奇策不可以奇數而均是故易六爻爲天之用其十九之物數由三揲而分四類至十二揲而後足

者四爲體之體體各因三用而成也三十六揲成十二爻而後均者十二爲用之體體亦各因三用而成也一爻爲亠數者奇而奇天而天也元四重爲地之體其十九之物數由一揲而分二類至二揲即足者天一而二也四揲成一首爲再用者地二而四也二重共一數者偶而奇地而天也天者物之父明數也地者物之母暗數也故易以歸奇爲物數而以暗策爲律呂數元以暗策爲物數而以歸奇爲太中數也夫易之六爻元之四重合而爲十則卦用六爻爻用四位天地體用之合也易每爻均得三十元每爻均

得二十四共得一百七十有六策即先天之用數也易二卦歸奇之策元二首之暗策皆二百二十八者十九之十二也二百七十一者十九之九也一百一十四者十九之六也易一卦之用元一首之體用十九之數皆不過乎六六者起用之初也天元玉策正音用九律者自甲子至戊申其甲子之數自甲子至甲寅得一百七十一則十九之九也九者究也故夾鍾爲宮則不成調者以其究也所以至蕤賓而重上生者用天之七去地之九不使之至於窮究焉去地從天生生不窮之本易元之用盡乎此實因天地自

然之理而非聖賢之私意也

律數天用七自子至午地加二而至申爲九先天以七干代七支地自寅而用去亥子丑三時皆從用也一期之日以六氣而分則每氣六十日天天數以八卦而分當八節則每節四十五日以十二月二十四氣而分通閏則每月三十二每每一十六日不通閏則每月三十每氣十五日以十六位而分通閏則每位二十四不通閏則二十一日半（先天數）五運每運主一年六氣每氣主六十日有奇（靈樞以歲之中五運各主七十日有奇則六氣亦主）易六十四卦去四卦以當期之日六十者五而

四之之三也三者爲天四者爲地也元八十一首去
一首餘八十首以當基之日八十者五而四之之四
也四者爲地一者爲天也易之立卦也舍歸奇而用
四象天託地而用也及其實用則用三而存四蓋天
用地爲利故存地四以爲本也元之生贊也舍四重
而用三變地承天而用也及其實用則用四而存一
蓋地用天爲道故存天一以爲本也是故易元一道
其不同者先後之間爾君臣父子夫婦之理也九六
者大兩地也爻用六而暗藏九者以兩地之體藏
三天之用也數用九者虛兩地之體承三天之用也
故易天地之數五十五者三天兩地也元三十三蓍
者用三天而去兩地也
易數本五十虛一而四十九遂爲七七之用而不爲
五十之用元數本六六虛三而三十三遂爲十一之
用而不爲六六之用也五十者天五地十也自生成而言則天終於五地終於十也十一者天五地六也自奇偶而言則天中于五地中于六也仲吕之數一十三
萬一千千二者自坎离四位二百五十六而九變也
又一變則二十六萬　千一百四十四矣元七百二
十九贊每贊三十六析而十之得二十六萬二千四
百四十比前數多二百九十六則十日十二辰之本

數而偶之者也　黄鍾之數一十七萬七千一百四
十七析爲九分每分七萬九千六百八十三每一大
分又分九小分每一小分二千一百八十七太元曰
策二萬六千二百四十四又六倍之得黄鍾數九分
之八則小分七十二也外餘九小分則西之數也
黄鍾之律八十一分而以爲九寸加一寸爲尺實則
九十分也四丈二人實一百七十八分十析之而已
故天一變四十二而太元餘分三百七十八策也

翼元卷八

翼元卷九

宋　臨邛張行成　撰　綿州　李調元鶴洲　校

易元數

易虛掛一爻一蓍一掛共六易之本用卦有六爻

實掛一爻三揲三蓍一卦共十八逼前則二十四逼六十四卦計一千五百三十六策

暗數逼四揲多少均之每爻得七十八總一卦共

四百六十八

易以此爲律數

用數逼四象多少均之每爻得三十總二卦共三

百六十

易以此爲一期之日

歸奇數逼四象多少均之每爻得一十九總一卦

得

一百十四

易以此爲閏數物數與元暗數合易之閏用

二百二十八元之小終用一百七十一皆起

於十九易十一元九

元一揲虛三總一首共十二元以此爲用數之本象自四起至十二而終積數用十二

一重一卦一首共四元以此數爲日行之策總八十一首則三百二十四得一首之日策

暗數逼兩重多少得五十七總一首四重共一首

四重共一百十四總八十一首得九千二百三十四則一元之歲而偶之也經世四卦數九千二百一十六者十八之五百一十二也元暗數九千二百三十四者十八之五百一十三也五百十二者卦數也十三則一會之數也

元以此數爲月行九章之數一百七十一者

五十七之三得元六重之暗策而得易九爻

之歸奇也易閏數二百二十八者五十七之四也卦數千一百五十二者三百八十四之三也卦氣千五百三十六爻者三百八十四之四也

用數逼三重多少共七十二總三首十二重共二

百八十八

元以此數爲地之本體

歸奇數逼三六多少均之每重得九總一首共三

十六

元以此數爲太中

一百三十三起於歸奇十九而七之十九合之而三

十八又七之則二百六十六又六十四之而一萬七

千二十四則動植用數也先天日數一百三十三者

筭七章則餘分之閏也天盈于七用七變也一百三十三以

爲年則七章之年以爲時則一年之閏時以爲月則十九章之閏月一日閏七分一章閏七月大約一年之時一章之月日皆得之七月皆得十之七具筭數在下
一百七十一起於暗數五十七而三之則十九而九
之也又九之而一千五百三十九則一統之歲也元
小終一百七十一者筭九章則月行之閏也月究于
九行九道也
餘分一年六十三時一章得一千一百九十七時
十九章得二萬二千七百四十三時以三百六十
時爲一月得六十三月盈六十三時
小月一年七十時虧七分一章得一千三百三十

十九章得二萬五千一百二十七時以三百六十
時爲一月得七十月虧六十三時
三時
一年得閏一百三十三時虧七分一章得二千五
百二十時以七章筭者得二萬三千四十時得閏
六十三月然百三十三通於一年之閏時十九章
之閏月之數而一百七十一則與二數不通用矣
故七章通筭餘分小月而九章止以筭月行也
經世八卦數五百一十二元一會數五百一十三元
數起於九章而三之則二十七章經世起於六十四

而四之又倍之則八卦也二數三四奇偶所主不同
易初一畫得二變當兩儀 二畫得四變當四象
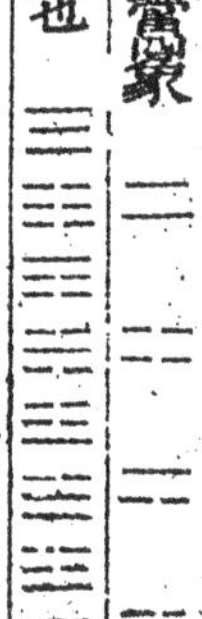
三畫得八變爲八單卦象天有四象地有四象也
四畫得十六變當十六位亦十六象天有八象地有八象也
五畫得三十二變當體數三十二位亦爲三十二象天有八象地有八象人有十六象也
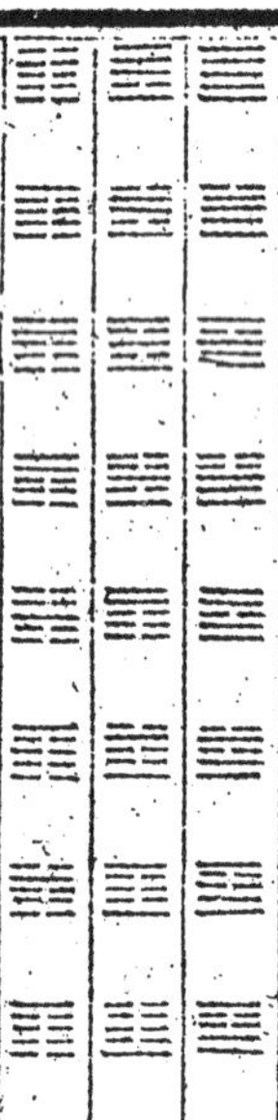

六畫得六十四變成六十四卦三以上皆未成卦乾坤各三十二互變則各六十四自始分兩言則自一變至六十四自既成而言則總六十四卦爲太極乾坤各三十二是爲兩儀上下左右各十八卦是爲四象一奇一偶各四位是爲八卦也
先天方圖從地而變則一卦徧交八卦是爲六十四
卦圓圖從天而變自乾而始者九變生一子七九六
十三變成坤蓋七變也自坤而始者亦然若六變者
一變一陽二變二陽三變四陽四變八陽五變十六
陽六變三十二陽卽畫之變數也陰之變亦然
易之地數以八卦爲主每卦變八卦成六十四卦而

三百八十四爻即在其中易之天數以乾坤五爲主
自乾變一百九十二陰爻而成坤自坤變一百九十
二陽爻而成乾凡一百二十八卦而實用六十四卦
陽以陰爲基陰以陽爲基而互變者爲九六之用不
變爲七八之體
易之卦以八數變兩重起於二終於十六凡六十四
變爻以六畫變六重始於六終於十二亦六十四變
元以二數變四重始於四終於十二共八十一變畫元虛三用九易虛五用七易數虛一用十五滿虛一月十九易爻虛五蓍與數皆虛一虛數虛一蓍虛五元蓍與數皆虛三易太衍數亦虛五

一重得三變爲三
方主三統
一　二　三
二重得九變爲九州
分九天主九會
一一　二一　三一　一二　二二　三二　一三　二三　三三
三重得二十七變爲二十
七部主二十七小統
工　工　三　Ⅱ　亚　亖　Ⅲ　亚　亖
工　工　三　三　工　亖　亚　亚　亖
亖　三　三　三　三　亖　亖　亖　亖
四重得八十一變爲八十一家分二百四十三表
主二百三十三章七百二十九贊主一晝之
晝夜

丁丁有二十七變　亓亓二十七變　亖亖二十七
變元以天之三數變地之四重每數二十七變成八
十一首每首九贊得七百二十九贊別在八十一家
之外而四重之畫不爲用
易十八揲成一卦用策得百八十元包六揲成一卦
則三分之一用策四十五則四分之一也包於易可以卦分不可以爻分蓋包兩爻共得十五策故也如元暗數兩揲共五十七
易三揲成一畫得三十策元兩揲成一畫則三分之
二得二十四策則五分之四也元於易可以畫分不可以卦分畫元一首正四重故也

先天卦數一重卦均之止得九數合四卦乃得乾一
爻之策與其他七卦之策皆不合日月一變四十二
得乾一位除本而用七卦之數與其他七卦之數皆
不合經世以四數變四重起於四終於十六共二百
五十六變
丁丁得六十四變　亓亓六十四變　亖亖六十四
變　亖亖六十四變
太元本數自一二三爲六而始再變十三三變十八
四變二十四而止總六十數以第四變二十四爲實
體以前三變三十六爲虛用經世本數自一二三四

爲十而始再變二十三變三十四變四十而止總一百數以第四變四十爲實體以前三變六十爲虛用太元於經世數蓋得十之六也易以三百六十杪爲一時元以三百一十六杪爲一時亦十之六也十者三天兩地而偶之六者三天而偶之也

本數四十以乾兌離震主元會運世之數總二百五十六位得二百五十六卦其實六十四卦析一爲四分四十而用之爾此祖於交泰圖乾坤上下之變爲卦氣圖元會運世之用也

觀物以八數相唱和各起於四終於十六總五百一十

二二八八六十四變　三三七七六十四變　三三六六六十四變　四四五五六十四變

二二八八六十四變　三三七七六十四變　三三六六六十四變　四四五五六十四變

本數七十二以乾兌離震爲主而唱坤艮坎巽天之陽數也總二百五十六位每位四卦

本數七十二以坤艮坎巽爲主而和乾兌離震地之陰數也總二百五十六位每位四卦二數共五百一十二位二千四十八卦此祖於既濟圖坎離左右之交爲律呂聲音圖動植之用也

潰虛以二十數變二體起於二終於二十得五十五名天統乎體八變終於十六八變計三百三十六則揲蓍七之用數二卦數也地分乎用六變終於十二六變計二百五十二則揲蓍七之歸奇二卦數也故知經世用七者天之極數也元之律數七十八者揲蓍九之一卦歸奇數

易三百八十四爻者揲蓍八之二卦用策一也

易三疊八卦二十四爻者揲蓍坤一爻之策也

經世卦數五百七十六者揲蓍六之四卦之用策而太元六首二十四重之體策也易遁數六爻歸奇一百十四六爻用數一百八十二

六之兩卦不用策三百則五十卦之爻也

八之兩卦歸奇策二百四則下經三十四卦之爻也

九之兩卦用策四百三十二歸奇策一百五十六

一二三四五爲十五者五而三之五行之三天也一三五七九爲二十五者五而五之五行之三天兩地也天地之數五十五者五六之合三天兩地也太元三十三蓍者五六之合而三天也三天者天之所以生地三天兩地者地之所以生物故揲蓍之四象用六七八九合之皆爲十五兩納音之五行用一三五七九并之皆爲二十五也

八卦周六爻乾坤主之也六十四卦三百八十四爻坎離用四位得六之四總二百五十六爻在卦氣圖

分爲二百五十六卦則一爻變六爻矣故太元以四爲變而一變二三卽成六策之用也乾坤一卦爲坎离四卦而一爻當坎离一卦則坎离以乾坤之四位爲四體而以一爻爲六用矣故坎离爲乾坤之用也六爻四位共爲三天兩地易以六爻暗藏四位則兩地在三天之中元以四重別施九贊則三天在兩地之外故易圖方圖合一而元圖方圓分兩也

四百二十者四十二之十也三百七十八者九也三百三十六者八也二百九十四者七也二百五十二者一也二百一十者五也百六十八者四也百二十六者三也八十四者二也四百四十四者四十四之十也三百九十六者九也三百五十二者八也三百八者七也二百六十四者六也二百二十者五也一百七十六者四也一百三十二者三也八十八者兩也四十二者日月之變數爲運行數四十四者陰陽剛柔之正數爲動植數也易歸奇一爻十九總六十四卦計七千二百九十六暗策每爻七十八總六十四卦計三萬九千九百五十二

用策每爻三十總六十四卦計萬一千五百二十易數卽體爲用體用合一故每爻三十合六爻卽成

卦體合二卦卽當一期之日以一策爲一日一爻爲一月二卦爲一年總六十四卦則三十二年也易體用明暗數總四萬八千七百六十八策除四萬六千八十爲四會萬物數餘二千六百八十八則初揲之奇七得三百三十六之八也元卦一一首四策總八十一首計三百二十四策合一首四日半策數歸奇逼掛一每九策總一首計三十六合半日策數總八十一首得四十日半策數若每首加虛積數三十六則八十一首得八十一日虛實各得二千九百一十六策計五千八百三十二策暗策兩畫共五十七策一首計一百十四

策總八十一首計九千二百三十四策以爲日策得一百二十八日餘十八不盡則三時之數也若每首又加虛積數一百十四則八十一首得二百五十六日半計萬八十四百六十八策總掛一歸奇暗策共二萬四千三百則每首得三百策與易坤兩卦不用策得三百之理同

體策逼之每畫二十四逼三畫七十二合一日之策總

八十一首三百二十四畫計七千七百七十六策得一百八日之日策除歸奇之虛積並暗策之虛積數一百六十八日九辰之外逼三數得二百七

十六日九辰去九辰以當奇嬴之策餘二百七十六則先天之用數也元體數外自有用數體用分兩故體策之外自以太中之數三十六策爲一贊之策當半日之數總八十一首得二萬六千二百四十四策得三百六十四日半又以奇贊三十六策當半日嬴贊十八策當三時日策去零數得三百六十四日蓍策去零數得二百七十六日總六百四十日則一年之足日也零數二十四時實日得其十五體策得其九是故元包一爻之蓍二十四用者十五歸奇九也若加歸奇掛一之虛積與

暗策之虛積數總一年得八百一十日而止去踦嬴二贊之九時也　元體用二數明暗總四萬六千二百二十四象去四會物數外餘又加虛積數坤之策皆四十四萬二千一百五十策總五萬八千三百七十四一得千八十一之五十四去踦嬴二贊五十四策即得五百四十之一百八矣每首用策三百二十四得四日半不用策三百九之六得五日半通用不用一首而十日也奇嬴二贊得九時歸奇虛實得八十一日圓策體策併虛實暗策得七百二十九日則大而九之九九而又九之相生之數也易六十四卦當三十二年元八十一首當一年

翼元卷九

翼元卷十

宋　臨邛張行成　撰　綿州　李調元鴻洲　校

揲蓍法

易用天數七七之中取天地之四象則四七四八四九四六以爲陰陽老少是也三揲得一象爲一畫十八揲乃成六畫爲一卦以爲六爻則天之六用也其掛一數以象人每畫歸奇均之得十九一卦得一百十四

四九者歸奇之三　四八者歸奇十七　四七者歸奇二十一　四六者歸奇二十五

四數通七十六均之則每畫得十九

其初再二揲暗數每畫均之得七十八總一卦共四百六十八

兩少者四十與四十四　兩多者四十與三十二　先少後多四十四與三十六　先多後少四十與三十六

四數通三百一十二均之則每畫七十八

用策一卦通得一百八十

四六者二十四　四七者二十八　四八者三十二　四九者三十六

通四畫一百二十均之每畫得三十

元用天地中數五六之合爲十一而三天之數取天
之三變則三七三八三九以爲一二三是也兩揲得
一變八揲乃成四重則方州部家地之四體也其掛
一之
以象元每兩揲併歸奇均得九凡一首得三十六
三七者奇十二　三八者奇九　三九者奇六
通三數則每重得九總一首四重得三十六
其初揲之奇暗數每兩重通之得五十七
初揲少者得三十　多者得二十七
通二數者五十七總一首四重得一百一十四

用策一首通得九十六
三七者二十一　三八者二十四　三九者二十
七
通七十二均之每重得二十四
元包用老陰六六數中取天之二氣則九六是也一
揲得一畫六揲成一卦每揲先存二十四則坤之策
也揲而得九者奇三併之得二十七揲而得六者奇
六併之則三十兩揲通歸五十七則太元兩揲之暗
數也故太元一首暗數合易一卦之歸奇數而包一
卦歸奇得一百七十一則太元九章月小終之數也

總一卦存坤數百四十四歸奇二十七通一百七十
一用數兩畫得十五通十卦得四十五無暗數者以一揲而成一
世也
潛虛於天數之七析一爲十以爲物數之中取五行
之物則一六二七三八四九五十之體是也再一揲
以求變每用三揲則二百一十蓍矣易之爻包之世
皆而畫而得者卽體爲用體用合一也元之贊在首
外虛之變在名外不相附者因體起用體用分兩也
故元之占用逢而虛求變別一揲也　易以六七八
九爲用策則一期之日天之用也掛一歸奇爲閏數

物數暗策爲律呂數元以七八九爲首則方州部家
地之體也掛一歸奇爲太中數則元之本用曰之用
也暗策爲閏數物數包以在本數爲坤通歸奇爲閏
數九六爲用策虛以奇數爲五行數及變數故無歸
奇五行用十九變用七則易歸奇分初揲與總三揲
之數也易用八元用九以天地爲本虛用十專主物
五十五而虛地六則七七爲天七之用數五十五而
加冲氣之十五則七十爲天七之體數潛虛用五十
五數以爲五行而蓍用七十者五行必得三元之冲
氣而後天七之體故太元曰數本五十五而亦用七

十也
經世以九位取二數而得卦其爻象隨之而見
方州部家自上而下分數也章會統元自下而上積
數也
老陰者地之體老陽者地之用用在體外也少陰者
物之體少陽者物之用用在體內也
元會運世自上而下分數也易之爻自下而上卦亦
自上而下

太衍之數五十者天數二十有五而合之也虛一而
用四十九則七七少陽之變也易之蓍以天七之極
變用四六四七四八四九之數以爲四象三揲成一
畫六畫成一卦凡千一百五十二揲得三百八十四
畫成六十四卦而三百八十四爻之用卽在體中
太中之數三十六者以九言之爲四九則天二地二
老陽之體也以六言之爲六六則天三地三老陰之
用也皆天地匹敵也元虛三而用三十三則天三而
五六之合比天地五十五之數蓋用其三天虛其兩
地也元之蓍以三天之合數用三七三八三九以爲
一二三之數兩揲成一重四重成一首凡六百四十
八揲得三百二十四重成八十一家之體而七百二

十九贊之用別在體外
三十六自四九言之則老陽之體自六六言之則老
陰之用老陽之體卽老陰之用也老陰之體四六而
用窮於六六則老陽之體四九而用窮于九九矣元
包以坤爲首則從六六者也包於坤六極變之中取
六九陰陽之二用則發揮剛柔生爻之義也一揲得
一畫六畫成一卦三百八十四揲成六十四卦之體
而六十四世之用卽在體中
七十者七之十也七爲天之盈數析而十之則二五
之合天數既盈降爲地而物以五十五之數爲人物

而三五之沖氣常在也虛以天七之析數用一六二
七三八四九五十以爲五行一揲成一體二體成一
名凡百有十揲得餘數六百有五成五十五名之體
而三百六十七變之用別在體外
易與包因用成體體用合一用卽在體中者天用
地也元與虛因用成體體用分兩用別在體後者
地承天也易元爲天地之用包虛爲人物之用故
易用三揲四數成一畫元用兩揲三數成一重包
與虛皆用一揲一數爲一畫一體易三揲三掛者
存三元元兩揲一掛者存一元包一揲存二十四

者存天地虛兩揲交掛而各用半者陰陽相交幽顯互存也

易以萬一千五百二十爲萬物數卽三十二年之日策也

元日策九時之數當五十四策卽林鍾未之律數地之本也故奇贏二贊在七百二十九贊之外則九之微數九九之變所自而生者也五十四策以林鍾六寸言之爲六之九以餘分九時言之則爲九之六九六相生天地之本故曰元有六九之數言天地相依也易蓍用七七四十九卦用八八六十四元策用六六三十六首用（偶之以爲十八者也）七以生成言之重用天五不用地十以一二三四五爲三天兩地以五六七八九亦爲三天兩地總爲五十者以九藏十而以五用九也（如元三八爲木四九爲金二七爲火六爲水五五爲土重用五而去十也）一二者之數五皆居中在天爲沖氣在人爲皇極用中也是故易之倚數九十皆藏於五易者變也九者究也究則退變故名爻用九而倚數不用九九已不用況於十乎

乾卦六爻爲六畫自此以往一陰五陽者得七畫以至坤之六陰爲十二畫爲十二辰之類然陰之六數

暗藏實爲用者一卦六爻而已故易數專用六陽其六陰則分陽而爲用爾以生成而言自子至巳爲六陽爻其自午至亥之六陰卽借偶卦以應之以奇偶

癸當火運爲曾祖用曾孫數戊癸凡五變生戊土而甲己復爲土運爲高祖用元孫數於是已之中有戊焉是謂戊已復會于中一二三四五之變太極十五之數已終終則復始矣故壬水爲壬令不絕遞相生也五運相生之變其序如此然十干相配者夫婦合也自甲而始至癸而終一夫一婦迭主其運生有遲速故革命之際亂有長短主有夫婦故受命之後運有陰陽堯舜禹因而革夏商周革而因雖變不亂居陰亦陽者盡人之道返二歸一理順九九八十一元包蓍卦用六八先天陰陽之策則同用七九也

純者有一故乾道成男坤道成女交者有二故自用而言則离爲日坎爲月离外陽坎外陰也自體而言則离爲女坎爲男离內陰坎內陽也（离爲日坎爲月者先天之造物天之陰陽互爲體用也离爲女坎爲男者後天之生物以天之一陰一陽爲本而用地也故地上有質之物皆陰伏陽而生也）先天圖右行者逆生氣以變時也左行者順布氣以生物也天地之道逆境所以自生順境所以生人亦忠恕之理也易以六畫卽爻之用爲卦之

體而奇偶二變用在其中奇為七九偶為六八七八用中之體六九用中之用奇一畫也偶二畫也先得一為一後得一為二也易以九名奇以六名偶者以一為九以二為六在策數則以四七四九為一以四六四八為二也元以四重為家而一二三三變用於其中策數則以三七為一三八為二三九為三也元以三用成四體而不用體別以九贊為用以一二三為三表分三才易天地數自一至十用十也參兩以倚數則用五而已故太衍之數五十者天三十地二十也以奇偶言之用天之奇去地之偶一三五七九奇數二十五以

一五九為三天之十五以三七為兩地之十偶之而五十者併十於五而以五用十也如九十二數上去一二三下去十與十一十二而用中數之六而數不能逆也易曰先天而天弗違後天而奉天時天且弗違而況於人乎況於鬼神乎此之謂也　子生於母故元氣本於土婦從其夫故五運首於甲然乾知太始坤作成物天之用也自子午九至巳亥四者以六用十二也易曰五位相得而各有合邵雍謂天數二十五合之而五十地數三十合之而六十元以五者為聲數以六者為律數邵雍以五者為蓍數以六者為卦數其理蓋出乎此曰數上

去一二三四不用則一首四重之體也辰數上去一二三不用則每重三變之用也辰下去十與十一十二不用則蓍三十三之用也日下去十不用在策為初揲得少之餘在首為五五之中皆暗藏之數是故地得天五而顯諸仁天得地十而藏諸用也積一至十去十重用五偶之得一百日數得七十者十用七也積一至十二偶之得一百五十六辰數得七十八者十二用半也易蓍卦分用十數元日數用十辰數用十二也太元律數之用自四至九者為自卯至申之數以十二辰分之前六為天後六為地則天地各用其三在天當生浴冠在地當官王衰皆其盛時也贊用九者

加天之一二三推所本焉承天也易之用六當為自子至巳者用天之六而地六從之也故易專用六而實有十二元用十二而實止于九歷數一年必具十二月律數至夾鍾則漸無謂者天統四體地分三用理數然也是故易以四數成一爻用六爻成一卦郎以六爻為用者以體為用也元以三數成一重用四重成一首別以九贊分三表而為用者以用為用也經世位用十六者四四也會用十二者四三也四者為體三者為用也其體則皆本于四也元以四重為體者四也每重三變盡于十二其用與先天同而體

止于四不析于十六故元不用四體者地承天也其于二之用或去六而用六或去三而用九則用亦不盡矣

元用節氣不用月朔止取甲子朔旦冬至爲起元之首經世十六位位數實不同者十變數實不同者九則以天數不過九地數不過十自然之數之理也位雖有十六然統爲十二會之用則四四之中去一用三矣變數實不過九則四三之中又去一用三矣邵雍所謂地常晦一也其十二月會分爲二十四氣一氣又分三候每月六候則亦用六也先天卦氣圖中

朔同起中氣當朔者本月二之氣也初氣當望者後月一之氣而本月三之氣也亦兩月十二候之中天用四五六地用七八九與元律數之用意正合也後天之易雖專用天六至于卦氣圖以中氣當正初氣當晦其理與先天亦同蓋卦氣主氣而言氣必用其盛時天不用包胎養者氣未爲用地不用病死墓者氣不爲用故也

太元以方州部家爲地之四體載一二元而行故別用九贊以爲日經世以元會運世爲天之四體而太極與大物即在其中後天月卦分陰分陽皆成乾坤迭用柔剛皆成既未濟氣卦分陰分陽成乾坤與否泰先天四爻當一年一奇一偶而數則皆成既濟䷾（或起子或起午爲陽子丑寅午未申爲奇數之陽卯辰巳酉戌亥爲偶數之陰）若子丑寅爲陰中陽卯辰巳爲陽中陽午未申爲陽中陰酉戌亥爲陰中陰以陰中陰陰中陽當夜數屬陰以陽中陽陽中陰當晝數屬陽則奇卦成蠱䷑自子而起偶卦成隨䷐自午而起若月卦以兩卦當年分陰分陽皆成乾坤然奇卦爲主則奇爲乾偶卦爲主則偶爲乾比易月卦分爲二用進退逆順有二類矣先天十六用十二爲會變數用九位數用十而實不用十六之中

物用十與十二十實用七十二或用五或用九或用十二不同太元十二用九祖于三變也用六爲日策四爲家體八爲揲數而不用

周易十用八爲卦體用六爲爻用用五爲倚數用七爲蓍數七八九六爲四象九數藏于五之中而倚數也

先天極數六位用六也通數九位用九也日變三十三天也月變十二兩地也卦氣用元會運世四象也律呂用日月星辰水火土石八卦也

太元三十三蓍以七八九取一二三之三變成首而

自以九贊爲占如元包三十六蓍以九六取奇偶之二爻成卦而自以世爻爲占蓋用五行之物數不同天地之本體也

先天用寅至戌餘亥子丑不用則陰當自申至辰餘巳午未不用矣元之元自春分而始開物自驚蟄而行則實自卯而用至立冬爲十二用八也

太元陽自子陰自午而用各用九數則陽不用酉戌亥陰不用卯辰巳

太元策用三六儀用二九爲十有八用卽易十有八變成卦也自六爻言之每爻三變爲三六自上下二

卦言之每卦九變爲二九也故元用元數者用易之變也易倚數用五生爻用六生蓍用七立卦用八惟變數用二九亦爲三六之用

元包三十六蓍六揲成一卦共二百一十六蓍則九之二十四也存坤數百四十四則九之十六也歸奇二十七則九之三也用策四十五則九之五也爲二十四之中用五而存十九也

子雲四世不徙官而作美新之文所謂危行言遜也遜其言者避害也危其行者不爲利也若遜其行以爲利則是國師公矣

易以八爲體六爲用八卦六爻也八者天四地四六者天三地三天役地也其變爲八八六十四卦則四象而八卦之變也元以四爲體方州部家爲四重也三爲用

一二三爲六策也四者地也三者天也地承天也其變爲九九八十一家則三方而九州之變也易卦以八變爻自以六變而三百八十四爻卽爲卦體元家以九變贊亦以九變而七百二十九贊不爲體者天統乎體體用合一地分乎用體用分兩也

陽一陰二易以一爻當一日者天數一陽包陰也元

以二贊當一日者地數二陰分陽也易六十四卦變者五十六則當三百三十有六日十二月而加餘分之日也所謂陽道常饒也元八十一首變者七十二則當三百二十有四日十一月而除小月之日也所謂陰道常乏也老陽之數三十六者天十八地十八則四九之數也地虛三以併天故一年用三百三十日亥爲純坤一月不用乾實居之以知太始故元用三十三蓍一首用數以三百二十四爲極而先天體數八變得三百三十有六也

一二自然成三一二三自然成六一二三四自然成

十一二三四五自然成十五故三爲眞數者二儀初偶也
六爲用數者三才既具也
五爲小衍者中虛致用也
元首八十一者九九也家數體數用九也策數七十二者體則八九用乃十二之六也日數用數用六也
元圖曰策用三六偶之而三十六爲太中之數以當一贊半日又偶之而七十二爲太積之要以當二贊一日故七十二爲十二之六也六本地也而天用之九本天也而地用焉陽自六而息陰由九而消進退之本也

太元用九者地也以承天爲本故策數用六若九數則用之常不盡故其用常沖雄有言殄絕乎九又曰九者禍之窮是以用不盡于九也六八陰也當爲體七九陽也當爲用然陽之進也自六以往至于九則用成而體立陰之消也自九以還至于六則體虛而用行故首數八十一者九也而以爲元之體策數三十六者六也而以爲元之用九贊者體之用六策者用之用也一百而十四者九之十六也一百八者九之十二也八十一者九之九也地體數極于十六故坤之策百四十四四分晦一而用十二故坤以三十六之一奉乾而得一百八又十二之中用之者三不用者一四分除一而用九故黃鍾之律八十一元用老陽之數本當四百三十二乾之策二百一十六而偶之則一百八之四也去一用三故變數與掛一數皆三百二十四而一首之策用之至于八十一首則止用其九之九而不用其十二之九也七十二策當一日又止用其八之九而不用其九之九也皆因數之自然而用之不敢盡也
易掛一在分而爲二之後以象三也元掛一在分而爲二之前以象元也乃知易之體以合四十九爲一則太極也元之體以別一爲一則北方也地有四方而元言三方者出自北方行乎三方以致用而復返于北故邵雍曰無體之一以象自然不用之一以象道用之者三以象天地人易之一無體之一也元之一不用之一也三方之用故以象三才也觀元蓍數用不用止當元數五日之四則可知矣二千五百九十二抄爲一日

易畫有二曰奇曰偶卽是三矣元數有三曰一曰二曰三卽是六矣易自乾六而始至坤十二而終元自中四而始至養十二而終易用七元用九也元自四

至十三流行有序四位之體一氣之分布也易自六至十二雜錯無定者六爻之用萬之散殊也

易曰立天之道曰陰與陽立地之道曰柔與剛立人之道曰仁與義元曰立天之經曰陰與陽形地之緯曰縱與橫表人之行曰晦與明仁義天之一也性之善也晦明地之二也善惡混也

易贊數七七四十九爻數六八四十八而三百八十四卦數八八六十四元數六六三十六家數九九八十一贊數又九之而七百二十九易蓍本五十用四十九而虛一者于七七之數虛其外也元蓍本三十

六用三十三而虛三者于六六之數虛其內也故元之蓍當易老陽之策而已易之七七太極之用也元之六六元氣之用也虛一者虛太極以生天地也虛三者虛三元以生萬物也故易為天數元為地數也造物之初坎離也故用左右左右者陰陽也賓主之道也生物之後乾坤也故用上下上下者天地也君臣之義也易先天爻象圖自乾坤始者陰陽之家上下皆右行自復遇始者陰陽之家上下皆左行列于二也卦數圖自上而下者陰陽之數左右皆順自下而上者陰陽之數左右皆逆宗于一也蓋爻圖者天也天交于地君交于臣迭為賓主之理也數圖者地也地承于天臣承于君尊無二上之理也太元地數之承天者也故見九不見六書斗曰不書月而五為一中與易用九六配日月而二五為二中之理固不同也易有三百八十四爻者從地也實用三百六十者從天也六本地數而天以六六為節易卦反復用六六三十六者天之太極從地而右行知來者逆所謂逆數也九本天數而地以九九制會元用九九八十一者地之元氣從天而左行數往者順所謂順數也六者太極以之變氣九者元氣以之生物易用閏數二十四爻者從地也元用餘分五日三辰者從天也故邵雍以元為地數也

易曰日月運行一寒一暑又曰剛柔者晝夜之象也寒暑者天也晝夜者地也有地然後有二有二而後有晝夜故也是故乾生于子坤生於午者天之寒暑也离位於寅坎位於申者地之晝夜也康節曰運數在天者也年數在地者也元會運世日甲月子星甲辰子皆起于子者運數在天也主子午而言者也歲首之月起於寅者年數在地也主寅申而言者也太元地數也以二贊分一晝一夜中首自甲子朔旦而

起者主剛柔而爲用也紀日於牛宿者承天之氣而布之也

一元都覆三方方同九州枝載庶部分正羣家事事其中則陰質北斗日月畛營者託方州部家以爲元體此論有地之後元致用於中非謂方州部家始自元而生之初也一元都覆之而已元有二道一以三起一以三生一以三起者方州部家也太地之體元託之以爲用者也故元爲北方之冥中方之罔不用之處而三方爲生物之地元託之而施用也一以三生者三分陽氣而爲三重極於九營陽氣即元也分

于三而極于九是爲九天散其氣於方州部家之間極于七百二十九贊三百六十五日以生萬物此則天之用地也故元爲地之承天也曰是謂同本離末天地之經者天地本同生奠位則分而爲二易有太極是生兩儀兩儀生四象四象生八卦此同本也一以三起一以三生此離末也揲著以求爻爻備而卦之體立畫爻以爲卦卦成而爻之用行著者天之圓圓則氣也卦者地之方方則形也氣以造形體生乎用形以寓氣用出乎體體用相因本末相附故易之卦爻相依而並行者天之一也以三起者主地之形

以三生者主天之氣晝有四而以三起者體中之用也贊有九而以三生者用中之用也體用雖分其實皆用而已不相統攝也故八十一首雖自揲著而成九贊之數不因揲著而立形自爲形氣自爲氣用雖相依數不相襲故元之首贊分道而各行者地之二也夫自天言之則爲一天包乎地陽兼乎陰故本振而末從之也自地言之則爲二地分乎天陰分乎陽故同本離末也先天象圓合乎一者天也合于一故交圓而還數圖分于二者地也分于二故數方而不還易天也故以六生八以六爲主而主乎象也元地也故以四載九以四

爲主而主乎數也元七百二十九贊一晝一夜其數亢行陰陽迭主善惡相勝者地數之二也其道則以近元爲貴遠元爲賤者將以返本復始合二歸一三天兩地之理人易之義也元告曰元生神象二神象二生規規生三摹三摹生九據神者用也象者體也體用同生乎元中太極包虛與氣故北方亦兼罔與冥也元本地用用託乎體體生乎用理之自然也曰元生神象二者探其原本而告人此則揲著以畫方州部家之始也畫之四重爲象而三變之神在其中所謂同本也神象二生規者體用已具元氣隨天左

行運轉圓通規之象也於是生三摹九據則三才九虛之象在元則三表九贊也首以立體贊以致用不相沿襲所謂離未也以人觀之元氣者神也四體者象也氣體既具脉周一身循環不已者規也三部九候者三摹九據也易故易之爻氣也因爻以見位者用而體也元之畫位也因位以載氣者體而用也觀乎先後之序而天地之體用見矣

太元用老陽之極數故八十一首八十一而三分之天地人各二十七積數終於五十四者天地人各十八於九分之中虛三用六八十一爻九之成七百二十九而天度猶有九十不盡則三日之中四分之三此天之用也變化之所生也故元積法終于五十四如易六爻三才各三位而虛一也蓍用三十六者天地各十八於六分之中虛二用四五十四之數三十六為實用十八為虛數故天數一卦直二百六十地數一卦直五百四十而一月初中二氣乃為三氣也如易四位上下各二爻而虛一也三十六之中又虛其三實用三十三者虛地從天如大衍之虛一潛虛之虛五也三分之中二用一歲天為神地為陰人為虛三才五虛有時不用

孟子言性善天之一也易參天兩地之數也揚雄言善惡混地之二也易十位之數也先天圖合為一天

也數圖分為二地也故元數同本離未不相因也易以六爻成八卦天也元以四位施九贊地也易有八卦而爻止於六元有四位而贊極于九天地之道也太元不言十數十即是元體地數也無地則元無所託以為用也

歸藏始于坤者太極之虛也連山始于艮者太極之氣也天數左行坤而復者陽自長男而生也地數右行坤而剥者亦陽自長男而生也蓋左行應天右行應日右之剥即左之復右之艮即左之震上下之觀不同也元準易之卦氣以左行為序而日度以右行為序蓋太極運三辰五星而右行者天從地也元氣轉三統五行而左行者地從天也故元雖為地數實依連山而作者承天也

易專九厄曰初八元百六陽九次三百七十四陰九次四百八十陽九次七百二十陰七次七百二十陽七次六百陰五次六百陽五次四百八十陰三次四百八十陽三凡四千六百一十七歲與一元終經歲四十五百六十災歲五十七子雲以太初歷作太元十九年為一章二十七章五百一十三歲為一會三會一千五百三十九歲為一統三統四千六百一十

七歲爲一元則包災歲之數也顓帝四分歷十九歲爲一章四章七十六歲爲一蔀二十蔀一千五百二十歲爲一統三統四千五百六十歲爲一元則去災歲之數也大衍歷以三千四十爲氣朔之母其曰半氣朔之母千五百二十得天地出符之數因而三之凡四千五百六十當七精返初之會則亦同四分歷也七元得三萬一千九百二十年比太初歷虧三百九十九歲者以四分歷每統虧一章故與去災歲之數正合也二歷法或用八十章或用十一章爲一統奇偶不同故然易計年元計日今世之軌革起自甲寅歲即四分歷數也

翼元卷十一

宋　臨邛張行成　撰　綿州　李調元鶴洲　校

大元一元總數

先天運數以三百六十爲一運二百五十二運則九萬七百二十也地數加四爲二百五十六則九萬二千一百六十也揚子雲太元用太初歷以四千六百一十七歲爲一元者加三章故多災歲五十七也四分歷以四千五百六十爲一元者減三章故少災歲五十七也易爻數自上元甲寅青龍布政之首氣起未濟九四後三萬一千九百二十年計一千六百八十章兩三百二十六半之而十之之數也復會于太極之上元則四分歷七元之數三之得九萬五千七百六十年計五千四十章則二百五十二倍之而又十之之數也十九年七閏無餘分之數得四萬七千八百八十分則此之半也則二十一元之數在先天運數爲得二百六十六運者先天日數一百三十三倍之則二百六十六也若用太元歷二十元每元減九年得九萬二千一百六十年合乎先天地之用數而軌革數亦用其半者四倍萬物之數也易者變易也二之用也無體用不行故易爲天數而先立乎體所謂天統乎體也元者深妙也一之體也無用則體不成故元爲地數而先致乎用所謂

地分乎用也四者體也故易之六七八九與象皆四也三者用也故元之方州部家與表皆三也三者三三而九故元九天而極于八十一家與七百二十九贊四者四四十六故經世元會運世十六位而極于二百五十六卦一千五百三十六爻也元與經世數本同所不同者元以地承天故用三不用四經世天地互用而三四皆用爾太元一元計四千六百一十七歲者經歲四千五百六十災歲五十七災歲之中初入元百六遇陽九者前元之餘厄也去此九歲則四十八通經歲爲四千六百八歲三十元計得一十三萬八千二百四十則

卦氣圖生物之數十二會三百六十之三百八十四也又加二元九千二百一十六通計一十四萬七千四百五十六則八卦全數之中去太極之一而不去坎离乾坤之四爲三百八十四之三百八十四也卦數三十二位者四八爲體之全數也故三十二元則與之合是故元易一道然與運行十二會之數不合者元數通餘分故也先天之數以一十二萬九千六百爲一元者主運而言易軌之數以三萬一千九百二十爲一極者主年而言太元之數以四千六百一十七歲爲一元者主日而言主運者自日甲月子星甲辰子而復初主年者自甲寅歲羣數皆空而復初主日者自甲子朔旦冬至無餘分而復初凡八十歲冬至遇甲子餘分皆盡而有災歲一焉則九九八十一之數也太初歷用八十一故一元加災歲五十七四分歷用八十故一元減災歲五十七也

申子辰 天度交於子　巳酉丑 交於卯　寅午戌 交於午　亥卯未 交於酉

申子 申子 申子 巳丑 亥子 巳巳 亥卯 亥寅 午子

申戌 亥子 亥卯 申卯 戌酉 戌寅 未子 巳酉 寅子

巳巳 申子 卯寅 申卯 亥子 寅子 未未 未子 亥未 申子

午子 巳酉 申寅 亥子 寅子 午子 戌酉 未子 午亥 亥卯

申戌 申子 卯寅 申午 巳亥 寅子 戌酉 亥酉 寅子 午子

亥卯 午子 亥丑 午子 申寅 戌卯 卯寅 未子 丑 寅子

申卯 申子 午亥 申酉 卯寅 寅子 午子 未子 午巳 午子

戌巳 亥卯 午亥 午子 午戌 午子 戌未 未子 戌卯 亥卯

申午 申子 亥酉 申子 巳酉 寅子 申寅 亥卯 申戌

巳未 午子 亥亥 亥子 申子 戌酉 午子 未子 午子

亥丑 申子 巳亥 申卯 卯寅 寅子 卯寅 未子 亥卯 午子

巳酉 巳酉 申辰 巳子 亥卯 午子 戌巳 未子 巳申 亥卯

申午 申子 午丑 申午 巳未 寅子 寅午 亥酉 巳申 午子

未子 申子 亥酉 午子 巳巳 戌卯 午戌 未子 亥戌 寅午

昊學卯晉學孛晉季圭孛
賓卯責學粲孛發季孛善
震學畢學邑孛昊卯卒孛
震學柔學晉發庚季卯孛
晉學庚昴庚孛丑垂亥孛
舉酉季學孛孛登季音昴
賁學震學卯孛昴酉震孛
酉學邑學責發孛季柔孛
杲學季晉庚孛孛季善孛
發昴義學震孛發季發善

學學昴學丑孛畢卯賓孛
丑學卯學畢發震季學孛
邑學邑昴學孛庚垂柔孛
卯酉垂學善孛發季賓昴
震學柔畢亥孛孛酉孛孛
垂學五學亥發賓季責孛
昴學酉晉震孛發季音孛
庚卯垂學登孛粲季孛善
畢學學酉孛邑卯震孛
震學亥學昴發孛季酉孛

丑學賓昴賓孛集垂昴孛
學酉責學卒孛登季姜昴
畢學震畢集孛善酉甲孛
卯學酉學垂發庚季五卒
昊學垂晉學孛孛季圭孛
登卯責學庚孛發季發善
震學晉學邑孛賁卯卒孛
杲學柔學學發庚季學孛
晉畢亥昴庚孛震垂亥孛
酉晉季學昴孛登季甲昴

賓學圭畢卯孛卒酉震孛
季學邑學邑發孛季義卒
杲學卯酉庚孛發季善孛
賓卯義學粲孛發季孛善

一歲冬至超天五度四分度之一故超甲子五日四分日之一（實不及四分日之一此其大約而已）凡四歲超二十一日則三七之節也八歲超四十二日則六七之數也八十歲超四百二十日凡超七甲子故八十一歲冬至復值甲子日餘分皆盡（甲子歲之後二十四歲先值而一甲子日冬至然餘分皆盡）有災歲一焉則九九八十一之極數而天道七變之

終也大抵天道以七爲節而地數極于九故七與九之終而有災數也

太元一元總數圖

天統

一千五百三十九歲

一會　五百一十三歲　一部　二部　三部

二會　五百一十三歲　一部　二部　三部

三會　五百一十三歲　一部　二部　三部

總九家二十七部每部九家九章計一九家　下元六五

每二十家統七表三章計二十五十七表七歲而二十一首七表之暗

地統
四千六百一十七歲
一千五百三十九歲
一會五百一十三歲
一部
二部
三部
二會五百一十三歲
一部
二部
三部
三會五百一十三歲
一部
二部
三部
百七十一歲一部爲一
九家　九家　九家　九家

策一百十四者陽一而陰二在氣則分消長在
二十七表　二十七表　二十七表　二十七表
總二百四十三表每表一章得一十九歲

人統
一千五百三十九歲
一會五百一十三歲
一部
二部
三部
二會五百一十三歲
一部
二部
三部
三會五百一十三歲
一部
二部
三部
小終一會爲一大終
九家　九家　九家

日則分晝夜故易一卦二體歸奇亦共一百十四策
二十七表　二十七表　二十七表

太元八十一首七百二十九贊加踦嬴二贊以當一
年三百六十五日三時每年計四千三百八十三時
每時六策計二萬六千二百九十八策
一章之數一贊得一百十四時　一會一贊得三千七十八時
一統一贊直九千二百三十四時
一元一贊直二萬七千七百二時一十六萬六千二
百一十二策七百十贊計二千二十二萬二千
四百六十時一億二千三十三萬四千七百六十策
嬴贊一萬三千八百五十一時八萬三千一百六策
計一億三千四十一萬
七千六百六十六策
九百四十者四分歷一部之月也十九年爲一章而
七閏無餘分四分歷以四章爲一部太初歷以九章
爲一小終以四章爲部者得十千逆生四仲曰爲部
首齊甲子也以九章爲一小終者月行九道九年一
終九章而十九終爲一小終筭目也九章法合於月
而不合於甲子四章法合於甲子而不合於月先天
以一百三十三爲日數者七章也四之而二十八章
得四分歷七部之數而比太初二十七章爲一會之
數多一章三會爲統加三章三統爲元加九章共二
百五十二章在四分歷得六十三部在太初歷得二
十八小終於二歷皆徧矣二百五十二章得八十四
之三計四千七百八十八年四分歷亦用五百一十

三歲爲月數以其九終而會也五百一十三歲當二十七章則不合乎九百四十月之數加一章而合矣

四分歷計年以寅午戌爲紀首太初歷計日以申子辰爲統首而皆冠之以申

大衍五十者三天兩地也用策六七八九不同均之每爻得三十策者用其三天也歸奇均之每爻得十九者用其兩地而存太極之一在用策則去天地二中之合而用其二終者也掛一則又存人之一矣餘十八策則十八變成卦應之爲三六二九之用地之用也蓋天用三十六地用其半也在卦則十八變成

一卦在爻則一爻得歸奇十八策六之而成一卦則坤得一百有八策也故體一而用六也太衍五十虛一而四十九易用三十而存十九天地之數五十五元之蓍用三十六則亦爲虛十九地又虛三以扐天而用三天之三十三則所存者兩地之二十二矣是故經世四象數八十八用其六十六百存其二十二也故知易之一蓍虛于七十之外而物數十九存於蓍之內元之三蓍虛于六六之內而物數二十二虛于蓍之外者天地之用不同也

三十六策分爲四九則老陽一爻之策故爲乾之體分爲六六則兩爻歸奇除初揲之一而均分之故爲坤之用元策用三六者歸奇之半也儀用二九者老陽之半也全用者天兼地半用者地承天也易以八爲卦數而以十八爲揲之虛用元以十八爲實用而以八爲揲之虛數易主八元主九體用不同也

翼元卷十一

翼元卷十二

宋　臨邛張行成　撰　綿州　李調元鶴洲　校

一行卦議

十二月卦出於孟氏章句其說易本於氣而後以人事明之京氏又以卦爻配期之日坎离震兑其用事自分至之首皆得八十分日之七十三頤晉井大畜皆五日十四分餘皆六日七分止於古災眚與吉凶善敗之事至於觀陰陽之變則錯亂而不明自乾象歷以降皆因京氏惟天保歷依易通統軌圖自入十有二節五卦初爻相次用事及上爻而與中氣偕終

非京氏本旨及七略所傳按郎顗所傳卦皆六日七分不以初爻相次用事齊歷謬矣又京氏減七十三分爲四正之候其說不經欲附會緯七日來復而已夫陽精道消靜而無迹不過極其正數至七十通矣七者陽之正也安在益其小餘令七日而後雷動地中乎當據孟氏自冬至初中孚用事一月之策九六七八是爲三十而卦以地六候以天五五六相乘消息一變十有二變而歲復初坎震离兑二十四氣次主一爻其初則二至二分也坎以陰包陽故自北正微陽動於下升而未達極於二月凝涸之氣消坎運

終焉春分陽出於震始據萬物之元爲主於内則羣陰化而從之極于南正而豐大之變窮震功究焉离以陽包陰故自南正微陰生於地下積而未章至於八月文明之質衰离運終焉仲秋陰形于兑始循萬物之末爲主於内羣陽降而承之極於北正而天澤之施窮兑功究焉故陽七之靜始于坎陽九之動始于震陰八之靜始于离陰六之動始於兑故四象之變皆兼六爻而中節之應備矣易爻當日十有二中直全卦之初十有二節直全卦之中齊歷又以節在正氣在晦非是按六十卦分直一期之日有二說孟

氏易則自冬至之初中孚用事至上九爲六日五卦終而大寒繼之以中氣直初而初氣當四蓋主氣而分之也主氣而分故六爻上行不以辟卦爲宗也通統軌則自大雪之初未濟用事五卦初爻相次直日及上爻而與中氣俱終以初氣直初而中氣當四蓋主月而分之也主月而分故五爻遞轉以辟卦爲宗也二說皆祖於易緯卦氣圖蓋圖中均卦之法本有二途故也一行乃直排通統軌之說今以準易圖考之則邵雍之意蓋從通統軌其言曰始於上元甲子天正朔旦日躔牛宿之初後四千六百一十七年復

會於太初之上元者元之贊也自上元甲寅青龍之首氣起未濟之九四後三萬一千九百二十年復會於太極之上元者易之爻也夫易元皆起於冬至其曰起未濟之九四故知康節從通統軌也晁以道星紀譜後序云康節先生圖布星辰辨氣候分晝夜而易元相參於中爲極悉矣患其傳寫駢委易亂歲月斯久莫知其躅乃朝笄夜思取歷與圖合而譜之觀斯言則譜與舊圖當有改正在其間矣譜起於星紀之候次與日皆以復初九直大雪之初以次而轉未虛坤之五位進不合乎通軌退不合乎孟氏本尊康

節之法也而非康節之意今爲易而正之通統軌法以節候言則大雪係十一月節初候鶡鳥不鳴當辟卦復之初九用事若五爻分直一候之日則當以候卦未濟初六爲始至五日而復初九當之凡一候之氣餘分之不盡者皆歸于辟則尊君之義也易流衍日消息卦爲君其爻當日用者得盡六爻之日七分之寒溫若四雜卦爻當日用者雖得用九三上九六三上六一分之寒溫不得盡其餘分也易元相參則以次而轉至積餘分及一日處乃虛一位每候以辟爻直候者爲主候卽從之如挈裘振領自然有序矣所以積分成日處當虛一位　總其大者以氣爲主也止以三百六十

爻而旬餘分在其間元分其細者以日爲主也別析五日四分之一比易多其九贊故不得不然晁以道昧此又爲坤虛以藏之說於元易大體實爲謬亂矣或曰卦氣起於中孚太元始於中首觀雄準易之意似取於孟氏而邵雍述圖之旨乃從於通軌何也曰元本元氣而作氣逆生而順布天數西行左行者順也地數東行右行者逆也天來從地男下女也故生氣以變時地來從天婦承夫也故布氣以生物氣之布也雖由三統從天而左旋氣之生也實自三辰從地而右轉葢天施其氣地承而布之以生物爾豈能

自生其氣也哉所以元之作也旣立家於中首以示布氣之序必紀日於牛宿以推生氣之原中準中孚之理顯日起牛宿之數隱故康節先生敘日右行之星度官分推本而發明之也是故自中孚而起者三五而變總一歲而二十四二十四者老陰之策也故紀氣者用之而一蓍總三微六日移一卦也自未濟而起者五日而變總一歲而七十二七十二者老陽之策而偶之也故紀日者用之而一候備五千五支宗一辟也今復取冬至自中孚初九起卦之次增之星譜之中稽易緯之所分與孟氏通軌之所用而子

雲康節之意煥然明矣以一行之精於數猶執偏見焉況其下乎故康節猶許子雲知歷之理也大抵論易數者當先分天地如醫者當先辨陰陽天數在地地數在天譬如陰證多陽陽證多陰差以毫釐謬以千里故分易元於天地之數自漢以來惟康節先生知之他人不知故以雄之作元為疣贅也此一序之間何句有法言元則曰贊分晝夜而剛柔之用見矣蓋晝夜者剛柔之象係乎地者也故易以三百六十爻直日而夜藏其用者天包乎地天之一也元以七百二十九贊各分晝夜而用事者地分乎天地之二

也故有地而後有二有二而後有晝夜也言元則曰甲子正天朔旦日躔牛宿之初者不惟言日以推其右行之數又主日而言也言易則曰甲寅青龍之首氣起未濟之九四者不惟言氣以顯其左行之數又主歲而言也蓋易以六十卦統其大數餘分包焉故爻數自甲寅歲而起凡四千五百六十歲為一元甲寅歲復初而小餘六十又七元三萬一千九百二十歲為一極而羣數皆終萬物復始一以七百二十九贊析其細數餘分別焉故贊以自甲子日而起一元比易數多三章凡四千六百一十七歲一百六十八萬六千三百六十日甲子日復初而小餘皆盡歲統其大者體也日析其小者用也天統乎體地分乎用故先生謂體用不同也

易緯卦氣圖

易卦上下經陰陽數

乾坤（六陽六陰）屯蒙（四八）需訟（八四）師比（二十）小畜履（十二）泰否（六六）同人大有（十二）謙豫（二十）隨蠱（六六）臨觀（四八）噬嗑賁（六六）剝復（二十）無妄大畜（八四）頤大過（六六）坎離（六六）

右上經八十六陽九十四陰反復視之得五十二陽五十六陰陽生於陰故天多四陰以爲本

咸恆（六陽六陰）遯大壯（八四）晉明夷（四八）家人睽（八四）蹇解（四八）損益（六六）夬姤（十二）萃升（四八）困井（六六）革鼎（八四）震艮（四八）漸歸妹（六六）豐旅（六六）巽兌（八四）渙節（六六）中孚小過（六六）既未濟（六六）

右下經一百六陽九十八陰反復視之得五十六陽五十二陰陰生於陽故地多四陽以爲本

卦氣圖均陰陽數

亥子（二十四陽三十六陰）丑寅（二十四陽三十六陰）卯辰（三十二陽二十八陰）巳午（三十六陽二十四陰）未申（三十六陽二十四陰）酉戌（二十八陽三十二陰）

觀此均卦法則五卦直日起大雪未濟初爻者主月而分日以七十二候而分也通軌之說蓋本乎此（初氣當正者爲直日之用五日宗一辟順行而左以七十二候統二百八十八日也）

自復至咸八十八陽九十二陰陽中存四陰以爲本故先天乾之三十六陽必存十二陰也自遇至中孚八十八陰九十二陽陰中存四陽以爲本故先天坤

之三十六陰亦存十二陽也外餘陰陽均用共三百五十有二則先天陰陽剛柔四象之數也若陽自中孚至井則八十九陽九十一陰陰自咸至頤則八十九陰九十一陽陰陽所存各二數而已自中孚與咸起者推所本而言天而地故二而四也自復與遇而起者據已生而言地而物故四而八也自復遇而分陰陽數者以二氣而分也自十二支而分陰陽數者以十二月而分也如納音之數先總大數以分後別細數以分也

觀此均卦法則五卦直日自冬至日起中孚初爻者主氣而分以二十四氣而分也孟氏之說蓋出乎此中氣當正者爲直律之用一律生五律逆行而上以六十律統三百律也易均卦以三十六而均者陽包陰也天之一也卦氣圖均卦以六十而均者分陰陽也地之二也故易爲經而圖爲緯也

積數本原

小衍本數之積

一二三四五得十五者五之本積也五位而五數太極之一五也一一二二三三四四五五得三十者重五之本積也五位而十數元氣之二五也一一二三四

五以三爲中其用在三以三而用十二得三十六在乾爲四九之體在坤爲六六之用者乾坤具於太極元氣之中也若一二三四分布四方以五爲中其用在五以五用十則大衍之十五矣是故衍三者九位自一一至三三總三十六數衍五者二十五位自一一至五五終於五十數也衍五而五十者大衍則衍三而三十六者爲小矣易用大衍爲數故倚數以五元包用小衍爲蓍故揲蓍以三也

大衍本數之積

一二三四五六七八九十得五十五者十之本積也十位而十數天之二五也十以五六爲中故月在五六若以五五代十則用在五矣天地之用不祠也十數去五六則四十四偶之則八十八者陰陽剛柔之數也

大衍虛五用五十從本數則一二三四六七八九十天二十地三十也蓍虛一用四十九從本數則一二三四六七八九十天十九地三十也二十者四五者三十者六五也十九者奇策之一三四五六也三十者用策之六七八九也若從倚數重用五不用十則一二三四五五六七八九九位而十數天用奇數一三五五七九凡三十地用偶數二四六八凡二十也若從衍法則一二三四五用天

之半一三五爲三天之九二四爲兩地之六衍其五數各至十而止則天得一三五之三十地得二四之三十也是故子雲五行之數亦去十而再用五者卽天三地兩之數也

通衍本數之積

一二三四五六七八得三十六數者八之本積也八位而八數八卦之位數天之二四也一一二二三三四四五五六六七七八八得七十二數者二八之本積也八位而十六數八重卦之數地之四四也

通衍自一一至八八乾坤各六十四位積成十一

百五十二數均之則各七十有二者重八之衍積也經世用其四自一一至四四坎离各十六位明暗各八十數積成百六十均之各二十者重四之衍積也若重八者正取自一至十六之十六數累積之得一百三十六則八位各用十七故運數立于十七卦而繫辭九卦之一數一一百三十六又三之則四百有八也若存眞一則一百三十五者體數之用天之半五之三九也重四者正取自一至八之八數也而積之得三十六則四位各用九故交卦止于九數也若存眞一則三十五者五七

之數冬〻之用音物之命也自一至十六積數比重八之積多六十四者自九而下每數加八卽得八八六十四也大抵積數比衍數過本數之外每位皆多一數者兼地之位也總所多之數不足本數之一者虛天之用也故衍爲天數積爲地數也假如衍八位者每位得七十二積數多六十四則九八之中虛其一人衍四位者每位得二十積數多十六則五四之中虛其一四是也

極衍本數之積

一一二二三三四四五五六六七七八八九九十十

得一百十數者重十之本積也十位而二十數地之四五也

總極衍一百位積成一千一百則天地相合各析一爲十矣是爲物數也潛虛用六百五則本積一百十之外用衍積之半通衍衍八得一千一百五十二極衍衍十止一千一百者通衍有方圓二數極衍無圓數天不用十也若正取自一至二十之二十數累積之得二百一十則三七而十析之三天之極用故虛用一一至十十之數而七十蓍凡三揲則二百一十也衍九爲圓圓則不四非天交

於地之義是故元別圓方二圖者地承天也易合
方圓二圖者天交地也
太積本數十數之外止可積不可衍矣
一二三四五六七八九十十一十二者七十八也十
二位而十二數地之四三也四四五五六六七七八
八九九者亦七十八也六也而十二數地之二六也
剛一柔二剛三柔四剛五柔六剛七柔八剛九柔十
剛十一柔十二凡剛柔之數七十有八所以本律呂
而通聲音宣元氣而承變化也本數自子當一至亥
之十二者長小為大自少而多長數也用數自子午

當九至巳亥之四者分大為小自多而少分數也六
以分之得十三之六通閏數也太積之要七十二自
然虧六去閏數也太中三十六用陽之半以包陰也
蓍數三十三虛地之三以承天也掛一而三十二地
數四八以成體也
太積虛六得七十二全用則當為自四至十二之
數用地之九虛天之三也大中半用則為自一至
八之數用天之八虛地之四也

論小衍太積

太衍者五十也小衍者十五也一二三為六三天也

四五為九兩地也一三五為九三天也二四為六兩
地也天用六地用九者長數也陽生於六陰生於九
故爻數用六以從天卦數用九以從地也天用九地
用六者分數也奇者為陽偶者為陰故乾爻用九以
從天坤爻用六以從地也一二三三天而三之三六
十八也四五兩地而兩之二九亦十八也故小衍之
長數起於十五而積於三十六也三六而偶之六六
三十六也二九亦偶之四九亦三十六也故小衍之
長數積於三十六而合於七十二也一三五三天而
三之三九而廿七也二四兩起而兩之二六十二也

故小衍之分數起於十五而積於三十九之三九而
偶之六九五十四也二六而偶之四六二十四也故
小衍之分數積於三十九而合於七十八也七十二
者氣候之數屬天七十八者律呂之數屬地故易以
反對其為一卦則序卦得三十六雜卦得三十九也
元包以坤之六用乾之九太元策用三六儀用二九
故包三十六蓍元三十六策皆合乎小衍之長數至
于十二之積七十八元之律呂以二六用之則六合
乎分數矣然方州部家虛其三數自四而起十二而
終不過乎七十有二太積用之以為一日之策太中

既半之矣蓍又虛三焉地之所以承天臣之所以尊君也

太積之要

一二三一一二二三三三初數三用四四五五六六中數再用七八九終數一用一二三爲六一一二二三三三爲十二初之三數凡三用而積其數則太積之要始於十有八也四四五五六六爲三十七八九爲二十四中終六數其三用而積其數則太積之要終於五十有四也總之而七十二自一至九得實積之數四十五者五九也自一至六有虛積之數二十七者三九也五九者

五行各用其一三九者三元各用其一故三元寓於五行五行爲實體三元爲虛用也虛數三九之中天得四三天用四象也地得五三地用五行也五行在九而實在三而虛生成異數也夫易之一卦以二體而取中爻則六爻暗藏四位其數有十以中爻而取互體則四位復藏六爻其數亦十乾坤坎离互爲之主天十地十地之二也若從天之一獨主乾坤而論之則六已藏四四復藏二其成一十有二也卦自下生其數一二而三三復迂一卦從上分其數亦一二而三三復迂一爻者用之本數用之體也故天一地

二人三三才各從其本及通而爲用則天統三以爲主人代一以爲用地載而行常處其中是故揲蓍之數易以三揲成一畫者天之用也元以兩揲成一重者地之用也包以一揲成一冊者人之用也十二會萬物之數分屬四時生物用數得其九者天之三也元之世數得其六者地之二也動植用數得其三者人之一也三百六十者天地之用也四而用三則三百七十爲體數之用三而用二則二百四十爲開物之用十而用七則二百五十二爲二運之用者天得三變者三百八十四者天地之體也四而用三則二

百八十八爲卦數之用三而用二則二百五十六爲四位之用十用七則不可分者地得二變也三百五十二者陰陽柔剛之本也四而用三則二百六十四爲實用之數三用二與十用七皆不可分者人得一變也是故天人互用地常處中也元之本數自一至九四十五者體數也故初爲天中爲地終爲人積數七十二者用數也故初數三用中數再用終數一用皆自然之理也自一累數至十天地本數五十有五者天五地六而五之也又自十一累數至二十得百五十五者天十五地十六而五之也通之則二百一

十者三七而十析之也又自二十一累數至二十七則一百六十八者月十二日三十而四之亦用卦五十六而三之也得天道八變之半總之三百七十八得餘分六十三均之策積二十七者三九也去其二與二十六與二十七爻三數凡五十四則天度初起九氣之微數也用其三八之數三百二十四則天度初行九氣之蓍數也故子雲太元以奇嬴二贊當九時五十四之數以養首九贊當五十四時三百二十四之數也夫天地變化　易如此孔子曰陳僃易康節先生表出之蓋知之矣又自二十八累積至三十得八十七則二十九

之三為巽之數總自一至三十得四百六十五則百五十五而三之也　孔子三陳九卦者明天用二十七也序十三卦者明地用七十八也二十七者卦體也其爻用則百六十二者九九之合也七十八者爻用也其卦體則十三者閏歲之月也皆數之自然也

太元準易

或人問曰世言子雲作太元其數本乎太初其義則準易然易六十四卦始於乾坤終於既未濟元八十一首始於中準中孚也終於養準頤也卦之先後不同如此易之爻始於甲寅青龍之首後三萬一千九百二十歲而復初元之贊始於甲子牛宿之初後四千六百一十七歲而復初年之多寡不同如此漢志律歷皆祖于八十一分子雲之言曰七十二策為一日又曰以合歲之日而歷律行則律歷皆當用七十二而不用八十一也又曰律呂之數七十有八而黃鍾之數立焉則律之數又當用七十八亦不用八十一也其差互如此安在本太初與準易乎曰僕亦有疑焉故嘗思之思之深而乃有得也子雲太元本乎數而作也天下之數祖乎易其用通乎歷律歷律者天地之用也推其數可以究天地日月八陰反復視

之則五十六陽五十二陰蓋陽生於陰故上經多四陰以為陽之本陰生於陽故下經多四陽以為陰之本也此以六六之數而均爻也若圖則不然五卦直一月六十卦而一期亥子丑寅之月得二十四陽三十六陰巳午未申則反之卯辰之月得三十二陽二十八陰酉戌則反之此以六十之數而均日也自復至咸冬至迄夏至之數也凡三十卦得八十八陽九十二陰自姤至中孚夏至迄冬至之數也凡三十卦得八十八陰九十二陽亦陽中存四陰陰中存四陽各以為本之義也此以六十之數而均氣也子雲之

作太元也立家於中首以示布氣之始準圖之均氣法也紀日於牛宿以推生氣之原準圖之均日法也其所準者卦氣圖之序故曰非準易之經也子之數九一爲一分九分爲寸黃鍾之管九寸則八十一分也太初以律起歷故八十一分爲日法世言太元律歷數者未有不宗此法也然律數四十二呂數三十六幷律呂之數或還或否凡七十有八黃鍾之數立焉則是黃鍾之法於八十一虛其三也太中之數三十有六策以律七百二十九贊凡二萬六千二百四十四策爲太積七十二策爲一日則是一日之法於八十一虛其九也其日以合歲之日而歷律行元之歷律同數歷既異於太初則律當殊於漢志矣故曰元於九九之數用之不盡也易元二歷皆起於十九年爲一章從此分道而行玄用奇數二十七章而一會八十一章而一統二百四十三章而一元故始於上元甲子天正朔旦日躔牛宿之初後四千六百一十七歲復會於太初上元者元之贊也易用偶數四章而一部八十章而紀二百四十章而一元偶復乎奇乃七元而一極故自上元青龍之首氣起未濟九四後三萬一千九百二十復會於太極之上元者易

之爻也故曰元數論其一統則多易之一章究其一極則少易之六元也數則然矣請言其所以然之理易之作也所以示天下爲君父者也其數以天包地容而兼之者君父之道也元之作也所以示天下爲臣子者也其數以地承天奉而行之者臣子之道也是故易用四象而不用五行用六爻而不用九位與夫爻用九不用六而六位以二五爲中者皆虛容而不亢以待續終之事也此君父之道也地有四方元用三方存北方以爲元老陽有三十六策元用三十三策虛地三以併天與夫書斗日不書月而九位以一五爲中者皆尊奉而不敵以推造始之原也此臣子之道也元本地道而作故首之與卦準易緯之用而不準易經之體也或曰緯非經也子雲雖準之其可信乎曰卦氣圖冬至始於復者一陽之生也先之以中孚者七日來復也夏至始於姤者一陰之生也先之以咸者亦七日來姤也孔子贊易上係者天道也其舉七爻而先以中孚之九二者冬至起中孚之理也下繫者地道也舉十一爻而先以咸之九四者夏至起咸之理也夫中孚感者感應也中孚九二者無心之感先天之生陽也咸之九四者有心之感後

天之生陰也大抵陰陽皆由感應而生故卦氣圖以復繼中孚而以遇繼咸之義孔子實言之矣孰謂非出於子夏商瞿之所衍逑乎子雲準之豈妄也哉若乃黃鍾之數始於子之一以三而變歷十二辰得一十七萬七千一百四十七而九之變極矣太初歷以八十一分爲日法六而乘之得四百八十有六則日用六時而六之之法也凡三百六十四日有半黃鍾之數盡矣而天度猶有半度與四分度之一未盡子雲正以八九爲日法者用九之八存九之一爲不盡之數而踦贏二贊居其間以爲變化之資正如易六十卦應三百六十日存四卦二十四爻以爲五日四分之一與小月之數此天地變化之機生生不窮之理故康節謂子雲知歷之理也其曰以合歲之終始自漢以來論元者皆以爲準易而不知元所準者非易之經也皆以爲本乎太初而不知元於九九之數用之不盡非若漢志歷律之法也皆以爲元之體本於方州部家用極於章會統元而不知元之數論其一統則多易之一章究其一極則少易之六元也此三者雖陸績范望王涯輩未之或知而況其下者乎康節先生實知之然言之而不究僕嘗因其言而思

之思之深而乃有得也請爲子陳其數而推原所以然之理則易元之義煥然明白而子雲之書不爲贅矣易有經有緯世所傳周易者經也經天數也文王孔子之所發明也世所傳卦氣圖者緯也緯地數也子夏商瞿之所敷衍也是故均卦之法易以三十六而均者陽包陰也天之一也圖以六十而均者陰分陽也地之二也眞數三衍之則一十百故天地本數極于一百一百之中以三十六爲天之用者六六也以六十四爲地之體者八八也六者爻數也八者卦數也八八之卦反復視之而三十六者因天生地地由天生揲爻成卦卦由爻成也易上經三十反復視之則十八下經三十四反復視之亦十八此以六六之數而均卦也上經八十六陽九十四陰反復視之則五十二陽五十六陰下經一百六陽九十之日而歷律行者非謂其法同謂其數同也太元以七十二爲日法兩贊當一日則每贊而三十六策一首九贊則三百二十有四也三百二十有四以歷言之則三十六之九者四日半之數也以律言之則八十一之四者聲之數也夫聲有五而用八十一之四何也宮爲君凡合樂造設則居中爲四聲之綱而四聲爲之

紀散則分四合則混一天地各以一變四四者有體而一無體故常存其本也是故宮聲八十一下生徵聲五十四徵上生商聲七十二商下生羽聲四十八羽上生角聲六十四凡五聲之數三百十有九通聲之本各一則三百二十有四也是故元歷律同用三百三十四者以律從歷爲以地效天漢儒歷律同用八十一者以歷從律反以天法地矣若乃七十有八而黃鍾數立焉此則十二管積寸法也取黃鍾總數析爲八十一分毋分二千一百八十七去其三分凡六千五百六十一則申之數故仲呂以酉之數一萬

九千六百八十有三爲一寸之分總十二辰數而得九寸則黃鍾之長也聲用於虛則八十有一數行於顯則七十有八所謂地虛三以拚天三正如蓍三十六用三十三也夫歷者天數也五聲者地之天也或用九之八或用九九之四者皆虛中存本之理也律呂積寸者地也用七十八者虛三承天之理也虛中虛三之法皆天地自然之理顓帝因之而造歷黃帝因之而造律後世不達故子雲著書以發明之而與漢志律歷之數不同也若夫元多三章而始於一元易少三章而終於一極蓋易緯之數體之用也主歲

而言元之數用之用也主日而言是故易以三百六十爻直日而夜藏其用者天包乎地天之一也元以七百二十九贊分直晝夜而用事者地分乎天地之二也所以有地而後有二有二而後有晝夜故曰剛柔者晝夜之象也元之數起於甲子天正朔旦非計日乎易之數起於甲寅青龍之首非計年乎以其計日也故以七百二十九贊析其細數餘分別焉贊數自甲子日而起一元比易數多三章凡四千六百一十七歲一十六萬八千六百三十六旬甲子日復初而小餘皆盡矣以其計年也故以六十卦統其大數

餘分包焉爻數自甲寅歲而起一元比太元數少三章凡四千五百六十年甲寅歲復初矣然小餘六十未盡也及七元三萬一千九百二十歲爲一極而後羣數皆終萬物復始以歲論之既得甲寅以日言之又得甲子而小餘皆盡也曰析其細者用也歲統其大者體也天統乎體地分乎用故康節謂易元之數爲體用不同也易曰雲從龍風從虎聖人作而萬物覩元曰風而識虎雲而知龍賢人作而萬類同世之學者不察謂雄此言僅同兒戲殊不知一二字之易置皆有深意存焉蓋以示元之作也其數則地之承

天其書則賢人之分而不敢僭聖人作經也竊謂元之於易其功大矣如臣之承君子之承父所以教天下後世爲人臣子者義也以疾時言之王莽之誅晩矣謂雄之書爲贅疣者何不思之甚乎或人矍然曰易元之義眞煥然矣

翼元卷十二畢

農書

光緒壬午年
鋟於樂道齋

農書序

古者四民農處其一洪範八政食貨居其二食謂嘉穀可食貨謂布帛可衣蓋以生民之本衣食爲先而王化之源飽煖爲務也上自神農之世斲木爲耜揉木爲耒耒耨之利以教天下而民始知有農之事堯命羲和以欽授民時東作西成使民知耕之勿失其時舜命后稷黎民阻飢播時百穀使民知種之各得其宜及禹平洪水制土田定貢賦使民知田有高下之不同土有肥磽之不一而又有宜桑宜麻之地使民知蠶績亦各因其利殷周之盛書詩所稱井田之

制詳矣周衰魯宣稅畝春秋譏之洎李悝盡地力商君開阡陌而井田之法失之至於秦始而蕩然矣漢唐之盛損益三代之制而孝弟力田之舉猶有先王之遺意焉此載之史冊可考而知也宋興承五代之弊循唐虞之舊追虞周之盛列聖相繼惟在務農桑足衣食此禮義之所以起孝弟之所以生教化之所以成人情之所以固也然士大夫每以耕桑之事爲細民之業孔門所不學多忽焉而不復知或知焉而不復論或論焉而不復實敷躬耕西山心知其故撰爲農書三卷區分篇目條陳件別而論次之是書也

非苟知之蓋嘗允蹈之確乎能其事乃敢著其說以示人孔子曰蓋有不知而作知者我無是也多聞擇其善者而從之多見而識之以言聞見雖多必擇其善者乃從而識其不善者也若徒知之雖多曾何足用文中子曰蓋有慕名掠美攘善矜能盜譽而作者其取譏後世甯有已乎若葛抱朴之論神仙陶隱居之疏本草其謬悠之說荒唐之論取誚後世不可勝紀矣僕之所述深以孔子不知而作可爲戒文中子慕名而作爲可恥與夫葛抱朴陶隱居之述作皆在所不取也此蓋敘述先聖王仁民愛物之至固非騰

口空言誇張盜名如齊民要術四時纂要迂疎不適用之此也實有補於來世云爾自念人微言輕雖能爲可信可用而不能使人必信必用也惟藉仁人君子能取信於人者以利天下之心爲心庶能推而廣之以行於此時而利後世少裨吾聖君賢相財成之道輔相之宜以左右斯民則斂飲天和食地德亦少効物職之宜不虛爲太平之幸老爾西山隱居全眞子陳敷序

農書目錄

農書目錄畢

農書卷一

宋 陳旉 撰 綿州 李調元雨村 校定

財力之宜篇

凡從事於務者皆當量力而爲之不可苟且貪多務得以致終無成遂也傳曰少則得多則惑况稼穡在艱難之尤者詎可不先度其財足以贍力足以給優游不迫可以取必効然後爲之儻或財不贍力不給而貪多務得未免苟簡滅裂之患十不得一二幸其成功已不可必矣雖多其田畝是多其患害未見其利益也若深思熟計既善其始又善其中終必有成

遂之常矣豈徒苟徼一時之幸哉易曰君子以作事謀始誠哉是言也且古者分田之制一夫一婦受田百畝草萊之地稱焉以其地有肥磽不同故有不易一易再易之別焉不易之地上地也家百畝謂可歲耕之也一易之地中地也家二百畝謂間歲耕其半以息地氣且裕民之力也再易之地下地也家三百畝謂歲耕百畝三歲而一周也先王之制如此非獨以謂土敝則草木不長氣衰而生物不遂也抑欲其財力優裕歲歲常稔不致務廣而俱失故皆以深耕易耨而百穀用成國裕民富可待也仰事俯育可必

也諺有之曰多虚不如少實廣種不如狹收豈不信然竊嘗有以喻之蒲且子古之善弋者也挽纖弱之弓連雙鶬於青雲之際蓋以挽弓之力有餘然後可以巧中而必獲也若乃力弱而弓强則戰掉惴慄之不暇何暇思獲舉是以推則農之治田不在連阡跨陌之多唯其財力相稱則豐穰可期也審矣

地勢之宜篇

夫山川原隰江湖藪澤其高下之勢既異則寒燠肥瘠各不同大率高地多寒泉冽而土冷傳所謂高山多冬以言常風寒也且易以旱乾而下地肥磽易以

滲浸故治之各有宜也若高田視其地勢高水所會歸之處量其所用而鑿爲陂塘約十畝田即損二三畝以瀦畜水春夏之交雨水時至高大其隄深闊其中俾寬廣足以有容隄之上踈植桑柘可以繫牛牛得涼蔭而遂性隄得牛踐而堅實桑得肥水而沃美旱即決水以灌溉潦即不致於瀰漫而害稼高田旱稻自種至收不過五六月其間旱乾不過灌溉四五次此可力致其常稔也又田方耕時大爲塍壟俾牛可牧其上踐踏堅實而無滲漏若其塍壟地勢高下適等即併合之使田坵闊而緩牛犂易以轉側也其

下地易以滲浸必視其水勢衝突趨向之處高大圩岸環繞之其欹斜陂陁之處可種蔬茹麻麥粟豆兩傍亦可種桑牧牛牛得水草之便用力省而功兼倍也若深水藪澤則有葑田以木縛爲田坵浮繫水面以葑泥附木架上而種藝之其木架田坵隨水高下浮泛自不渰溺周禮所謂澤草所生種之芒種是也芒種有二義鄭謂有芒之種若今黄綠穀是也一謂待芒種節過乃種今人占候夏至小滿至芒種節則大水已過然後以黄綠穀種之於湖田則是有芒之種與芒種節候二義可並用也黄綠穀自下種以至

收刈不過六七十日亦以避水溢之患也稻人掌稼下地以瀦畜水使其聚也以防止水使不溢也以遂均水使勢分也以列舍水使其去也以澮寫水溝之大者也其制如此可謂備矣尚何水溢之患耶詩稱多黍多稌以言高下咸得其宜今雖未能盡如古制亦可參酌依倣之也

耕耨之宜篇

夫耕耨之先後遲速各有宜也早田穫刈纔畢隨即耕治曬暴加糞壅培而種豆麥蔬茹因以熟土壤而肥沃之以省來歲功役且其收足又以助歲計也晚

田宜待春乃耕爲其藁秸柔韌必待其朽腐易爲牛力山川原隰多寒經冬深耕放水乾涸雪霜凍沍土壤蘇碎當始春又遍布朽薙腐草敗葉以燒治之則土暖而苗易發作寒泉雖冽不能害也若不能然則寒泉常浸土脉冷而苗稼薄矣詩稱有冽氿泉無浸穫薪冽彼下泉浸彼苞稂苞蕭苞蓍蓋謂是也平陂易野平耕而深浸卽草不生而水亦積肥矣俚語有之曰春濁不如冬清殆謂是也將欲播種撒石灰渥漉泥中以去蟲螟之害

天時之宜篇

四時八節之行氣候有盈縮踦贏之度五運六氣所主陰陽消長有太過不及之差其道甚微其効甚著蓋萬物因時受氣因氣發生其或氣至而時未至或時至而氣未至則造化發生之理因之也若仲冬而李梅實季秋而昆蟲不蟄藏類可見矣天反時爲災地反物爲妖災妖之生不虚其應者氣類召之也陰陽一有愆忒則四序亂而不能生成萬物寒暑一失代謝卽節候差而不能轉運一氣在耕稼蓋天地之時和可不知耶傳曰不先時而起不後時而縮故農事必知天地時宜則生之蓄之長之育之成之熟之無不遂矣由庚萬物得由其道崇丘萬物得極其高大由儀萬物之生各得其宜者謂天地之間物物皆順其理也故堯命羲和歷象日月星辰以敬授民時俾咸知東作南訛西成朔易之候稽之天文則星鳥星火星虚星昴於是乎審矣驗之物理則鳥獸孳尾希革毛毨氄毛亦以詳矣而厥民析因夷隩可得而稽倣之也大則取象乎天地無乖升降之機明則取法乎日星不亂經營之度空之以時應之以數此欽天勤民旨意豈率然哉其所以時和歲豐良由此也今人雷同以建寅之月朔爲始春建巳之月朔爲首

夏殊不知陰陽有消長氣候有盈縮冒昧以作事其克有成耶設或有成亦幸而已其可以爲常耶聖人之莅事物皆設官分職以掌之各置其官師以教導之農師之職其可已耶春秋之時法度並廢宜凶荒荐至乃書有年書大有年蓋幸而書之抑見天道有常而人自愆忒也詩稱豐年穰穰其崇如墉其比如櫛以言其得法度時宜故豐登有常也洪範九疇彝倫攸敘則百穀用成彝倫攸斁則百穀用不成然則順天地時利之宜識陰陽消長之理則百穀之成斯可必矣古先哲王所以班朔明時者匪直大一統也

將使斯民知謹時令樂事赴功也故農事以先知備豫爲善

六種之宜篇

種蒔之事各有攸敘能知時宜不違先後之序則相繼以生成相資以利用種無虛日收無虛月一歲所資綿綿相繼尚何匱乏之足患凍餒之足憂哉正月種麻枲間旬一糞五六月可刈矣漚剝緝績以爲布婦功之能事也二月種粟必疎布種子碾以轆軸則地緊實科本鬯茂稼穟長而穎粟堅實七月可濟乏絕矣油麻有早晚二等三月種早麻纔甲拆卽耘鉏

令苗稀踈一月凢三耘鉏則茂盛七八月可收也四月種荳耘鉏如麻七月成熟矣五月中旬後種晚油麻治如前法九月成熟矣不可太晚晚則不實畏霧露蒙冪之也早麻白而纏莢者佳謂之纏莢麻晚麻名葉裏熟者最佳謂之烏麻油最美也其類不一唯此二者人多種之凢收刈麻必堆罨一二夕然後卓架晒之卽再傾倒而盡矣久罨則油暗五月治地唯要深熟於五更乘露鉏之五七徧卽土壤滋潤累加糞壅又復鉏轉七夕已後種蘿蔔菘菜卽科大而肥美也篩細糞和種子打壟撮放唯踈爲妙燒土糞以糞之霜雪不能凋雜以石灰蟲不能蝕更能以鰻鱺魚頭骨煮汁漬種尤善七月治地屢加糞鉏轉八月社前卽可種麥宜屢耘而屢糞麥經兩社卽倍收而子顆堅實詩曰十月納禾稼黍稷重穋禾麻菽麥無不畢有以資歲計尚何窮匱乏絕之患耶

居處之宜篇

先王居四民時地利亦必有道矣制五畝之宅以二畝半在鄽詩云入此室處者是也以二畝半在田詩云中田有廬者是也方于耜舉趾之時出居中田之廬以便農事俾采荼薪樗以給農夫治場爲圃以種

蔬茹詩所謂疆埸有瓜是也又墻下植桑以便育蠶古人治生之理可謂曲盡矣至九月築圃爲場十月而納禾稼則歲事畢矣春耕種形足以勞動秋收斂亦可以休息矣於是扶老携幼入室處以久居中田之廬則鄽居荒而不治於是穹窒熏鼠塞向墐戶也國語載管仲居四民各有攸處不使厖雜欲其業專不爲異端紛更其志也違寒就溫去勞就逸所以處之各得其宜此先王愛民之政也今雖不能如是要之民居去田近則色色利便易以易事俾諺有之曰近家無瘦地遙田不富人豈不信然

糞田之宜篇

土壤氣脉其類不一肥沃磽埆美惡不同治之各有宜也且黑壤之地信美矣然肥沃之過或苗茂而實不堅當取生新之土以解利之卽疎爽得宜也磽埆之土信瘠惡矣然糞壤滋培卽其苗蕃秀而實堅栗也雖土壤異宜顧治之如何耳治得其宜皆可成就周禮草人掌土化之法以物地相其宜而爲之種别土之等差而用糞治且土之騂剛者糞宜用牛赤緹者糞宜用羊以至墳壤用麋渴澤用鹿鹹潟用貆勃壤用狐埴壚用豕彊檃用蕡輕爂用犬皆相視其土

之性類以所宜糞者而糞之斯得其理矣俚諺謂之糞藥以言用糞猶用藥也凡農居之側必置糞屋低爲簷楹以避風雨飄浸且糞露星月亦不肥矣糞屋之中鑿爲深池甃以磚甓勿使滲漏凡掃除之土燒燃之灰簸揚之糠粃斷稾落葉積而焚之沃以糞汁積之既久不覺其多凡欲播種篩去瓦石取其細者和勻種子踈把撮之待其苗長又撮以壅之何患收成不倍厚也哉或謂土敝則草木不長氣衰則生物不遂凡田土種三五年其力已乏斯說殆不然也是未深思也若能時加新沃之土壤以糞治之則益精熟肥美其力當常新壯矣抑何敝何衰之有

薅耘之宜篇

詩云以薅荼蓼荼蓼朽止黍稷茂止記禮者曰仲夏之月利以殺草可以糞田疇可以美土疆今農夫不知有此乃以其耘除之草拋棄他處殊不知和泥渥濁深埋之稻苗根下漚罨既久卽草腐爛而泥土肥美嘉穀蕃茂矣然除草之法亦有是理周官薙氏掌殺草於春始生而萌之於夏日至而夷剗平治之俾不茂盛也日至謂夏時草易以長須日日用力於秋繩而芟之謂芟刈去實無俾滋種於地也於冬日至

而耜之謂所種者已收成矣卽併根荄犁鉏轉之俾雪霜凍沍根荄腐朽來歲不復生又因得以糞土田也春秋傳曰農夫之務去草也芟夷藴崇之絶其本根勿使能植則善者信矣以言盡去稂莠卽可以望嘉穀茂盛也古人留意如此而今人忽之其可乎且耘田之法必先審度形勢自下及上旋乾旋耘先於最上處收滀水勿致水走失然後自下旋放令乾而旋耘不問草之有無必徧以手排攏務令稻根之傍液液然而後已所耘之田隨於中間及四傍爲深大之溝俾水竭涸泥拆裂而極乾然後作起溝缺次第

灌漑夫旣乾燥之泥驟得雨卽蘇碎不三五日間稻苗蔚然殊勝於用糞也又次第從下放上耘之卽無鹵莽滅裂之病田乾水暖草死土肥浸灌有漸卽水不走失如此思患預防何爲而不得也每見農者不先自上溜水自下耘上乃頓然放乾水務令速了及工夫不逮恐泥乾堅難耘摝則必率略未免滅裂土未及乾草未及死而水已走失矣不幸無雨因循乾甚欲水灌漑已不可得遂致旱涸焦枯無所措手如是失者十常八九終不省悟可勝嘆哉

節用之宜篇

古者一年耕必有三年之食三年耕必有九年之食以三十年之通雖有旱乾水溢民無菜色者良有以也冢宰眂年之豐凶以制國用量入以爲出豐年不奢凶年不儉祭用數之仂而又九賦九貢九式均節各有條敘不相互用此理財之道故有常也國無九年之蓄曰（原本脫去十六字）國非其國也治家亦然今歲計常用與夫備倉卒非常之用每每計置萬一非常之事出於意外亦素有其備不致侵過常用以致闕乏亦以此也今之爲農者見小近而不慮久遠一年豐稔沛然自足棄本逐末侈費妄用以快一日之適其間有收刈甫畢無以餬口者其能給終歲之用乎衣食不給日用旣乏其能守常心而不爲非義者乎蓋亦鮮矣傳曰收斂蓄藏節用御欲則天不能使之貧養備動時則天不能使之病豈不信然又曰約省者囷窖箱篋之藏然而衣不敢有絲帛行不敢有輿馬非不欲也幾不長慮而恐無以繼之也春秋傳曰儉德之共也侈惡之大也語曰禮與其奢也甯儉奢則不孫儉則固與其不孫也甯固易曰君子用過乎儉聖人之訓誡如此儉雖若固陋然不猶愈於奢而不孫爲惡之大者耶然以禮制事而用之適中俾奢不

至過泰儉不至過陋不爲苦節之凶而得甘節之吉是謂稱事之情而中理者也詩云儉以足用以言唯儉爲能常足用而不至於匱乏語云以約失之者鮮亦此之謂也易傳曰君子安不忘危存不忘亡治不忘亂是以身安而國家可保也又曰理財正辭禁民爲非曰義以謂理財之道在上以率之民有侈費妄用則嚴禁之夫是之謂制得其宜矣老子曰能知其所不知者上也不能知其所不知者病矣夫惟病病是以不病聖人不病以其病病是以不病夫能如此孰有倉卒窘迫之患哉

稽功之宜篇

好逸惡勞者常人之情偷惰苟簡者小人之病殊不知勤勞乃逸樂之基也詩不云乎始於憂勤終於逸樂故美萬物盛多彼小人務知小者近者偷惰苟簡狃於常情上之倘不知稽功會事以明賞罰則何以勸沮之哉譬之駕馭駑蹇鞭策不可弛廢也易曰君子以勞民勸相大司徒之職曰以擾萬民勞之乃所以逸之擾之乃所以安之也載師凡宅不毛者有里布謂罰以一里二十五家之泉也凡田不耕者出屋粟謂空田者罰以三家稅粟也凡民無職事者出夫

家之征謂雖有閒民無職事者猶當出夫稅家稅也閭師凡無職者出夫布凡庶民不畜者祭無牲不耕者祭無盛不植者無椁不蠶者不帛不績者不衰此先王之於民困之如此厄之又如此夫孰為厲巳哉凡欲振發而飭與其蠱弊俾率作與事耳此其所以地無遺利土無不毛倘豈有惰游徇末忘本而田萊多荒之患哉斯民也甯復有餓莩流離困苦之患哉昔漢文帝下勸農之詔曰雕文刻鏤傷農事也錦綉纂組害女工也農事傷則飢之本也女工害則寒之原也一夫不耕天下有受其飢者一婦不蠶天下有受其寒者然崇本抑末之道要在明勸沮之方而巳況國家之於農大則遣使次則命官主管其事然則在其位者可不舉其職而任其責哉

器用之宜篇

工欲善其事必先利其器器苟不利未有能善其事者也利而不備亦不能濟其用也詩曰庤乃錢鎛奄觀銍艾傳曰收而場工錡而畚梮時雨既至挾其槍刈耨鎛以旦暮從事於田野當是時也器可以不備具以供其用耶故凡可以適用者要當先時豫備則臨時濟用矣苟一器不精即一事不舉不可不察也

念慮之宜篇

凡事豫則立不豫則廢求而無之實難過求何害農事尤宜念慮者也孟子曰農夫豈為出疆舍其耒耜哉常人之情多於閒裕之時因循廢事惟志好之行安之樂言之念念在是不以須臾志廢料理緝治即日成一日歲成一歲何為而不克足備具也彼惑於多歧而不專一溺於苟且而不精緻旋得旋失烏知積小以成大積微以成著在吾志之不少忘哉若夫閒暇之時放逸委棄臨事之際勉強應用愚未知其可也大率常人之情志驕於業泰體逸於時安有能

沐浴膏澤而歌詠勤苦則衆必指以爲汨汨不適時者也其亦不思之甚矣右十有二宜或有未曲盡事情者今再敘論數篇於後庶纖悉畢備而無遺闕以乏常用云爾

祈報之宜篇

記曰有其事必有其治故農事有祈焉有報焉所以治其事也載芟之詩春籍田而祈社稷良耜之詩於秋冬所以報也則祈報之義凡以治其事者可知矣匪直此也凡灋施於民者以勞定國者能禦大菑者能捍大患者皆在所祈報也故山川之神則水旱癘

疫之災於是乎禜之日月星辰則霜雪風雨之不時於是乎禜之是以先王載之典禮著之令式而秩祀焉凡以爲民祈報也籥章凡國祈年於田祖則歛豳雅擊土鼓以樂田畯爾雅謂田畯乃先農也於先農有祈焉有報焉則神農后稷與俗之流傳所謂田父田母舉在所祈報可知矣大田之詩言去其螟螣及其蟊賊無害我田穉田祖有神秉畀炎火有渰淒淒興雨祁祁雨我公田遂及我私是又祈之之辭也甫田之詩言以我齊明與我犧羊以社以方我田既臧農夫之慶是又報之之禮也繼而曰琴瑟擊鼓以御田祖以祈甘雨以介我稷黍以穀我士女饁彼南畝田畯至喜於此又以見祈報之事也噫嘻之詩言春夏祈穀於上帝者春祈穀於上帝夏大雩於上帝之樂歌也噫嘻成王既昭格爾者嗟嘆以告於上帝也言天之所以成王之業者莫不自于遂百穀以富其民也於是欽授民事而率是農夫播厥百穀駿發爾私終三十里亦服爾耕十千維耦焉其詩嗟嘆不敢後於天時所以虔於天澤也溥天之下莫不如是則歲有不豐者乎此王者所以上能順於天下能順於民以成王業故曰明昭上帝迄用康年也若豐年之

詩言秋冬報者蓋五行得性而萬物適其宜五氣若時而百穀倍其實故陸禾之數非一而多者黍也水穀之品亦非一而多者稌也則其宅從可知矣故亦有萬廩萬億及秭於是爲酒爲醴烝畀祖妣以洽百禮莫不腆厚有以報其盛而薦其誠是以神降之福孔及於兆民焉大祝掌六祝之辭以事鬼神示祈福祥求永正掌六祈以同鬼神示則類造攻說禬禜於是乎治其事矣小祝掌小祭祀將事候禳禱祠之祝號以祈福祥順豐年逆時雨甯風旱彌灾兵遠罪疾舉是以言則時祈報禬禳之事先王所以媚於神而

和於人皆所以與民同吉凶之患者也凡在祀典烏可廢耶禳田之祝烏可已耶記不云乎昔伊耆氏之始爲蜡也於歲之十二月合聚萬物而索饗之也主先嗇而祭司嗇也祭之以百種以報嗇也饗農及郵表畷禽獸仁之至義之盡也古之君子使之必報之迎貓爲其食田鼠也迎虎爲其食田豕也迎而祭之也繼而曰祭坊與水庸事也其祝之之辭曰土反其宅水歸其壑昆蟲無作草木歸其澤凡此皆祈之之辭也春秋有一蟲獸之爲灾害一雨暘之致愆忒則必雩禜之而特書之以見先王勤恤民隱無所不用

其至也夫惟如此此其所以萬物之生各得其宜各極其高大各由其道物無夭閼疵癘民無札瘥灾害者莫不由神降其福以相之而然也今之從事於農者類不能然藉或有一焉則勉强苟且而已烏能悉循用先王之典故哉其於春秋二時之社祀僅能舉之至於祈報之禮蓋茂如也其所以頻年水旱蟲蝗爲之灾害飢饉荐臻民卒流亡未必不由失祈報之禮而匱神乏祀以致其然夫養馬一事也於春則祭馬祖夏祭先牧秋祭馬社冬祭馬步此所以馬得其牧養而無疫癘抑以四時祭祀祈禱而然也至於牛

最農事之急務田畝頼是而後治其牧養盍亦如馬之祈禱以祛禍祈福則必博碩肥腯不疾瘯蠡矣年來耕牛疫癘殊甚至有一鄉一里靡有孑遺者農夫困苦莫此爲甚因附其說幸覽者繹味而深察之以祈福禳禍於救弊其庶幾焉

善其根苗篇

凡種植先治其根苗以善其本本不善而末善者鮮矣欲根苗壯好在夫種之以時擇地則宜用糞得理三者皆得又從而勤勤顧省修治俾無旱乾水潦蟲獸之害則盡善矣根苗既善徙植得宜終必結實豐

阜若初根苗不善方且萎顇微弱譬孩孺胎病氣血枯瘠困苦不暇雖日加拯救僅延喘息欲其充實蓋亦難矣今夫種穀必先修治秧田於秋冬即再三深耕之俾霜雪凍冱土壤蘇碎又積腐稾敗葉刬薙枯朽根荄遍鋪燒治即土煖且爽於始春又再三耕耙轉以糞壅之若用麻枯尤善但麻枯難使須細杵碎和火糞窖罨如作麴樣候其發熱生鼠毛即攤開中間熱者置四傍收斂四傍冷者置中間又堆窖罨如此三四次直待不發熱乃可用不然即燒殺物矣切勿用大糞以其氣腐芽蘗又損人脚手成瘡痍難療

唯火糞與燖猪毛及窖爛麄穀殼最佳亦必渥漉田精熟了乃下糠糞踏入泥中盪平田面乃可撒穀種又先看其年氣候早晚寒暖之宜乃下種卽萬不失一若氣候尚有寒當且從容熟治苗田以待其暖則力役寬裕無窘廹滅裂之患得其時宜卽一月可勝兩月長茂且無疎失多見人纔暖便下種不測其節候尚寒忽然暴寒所折芽蘖凍爛瓮臭其苗田已不復可下種乃始别擇白田以爲秧地未免忽略如此失者十常三四間歲如此終不自省乃復罪歲誠愚癡也若不得已而用大糞必先以火糞窖罨乃可用

多見人用小便生澆灌立見損壞大抵秧田愛往來活水怕冷漿死水青苔薄附卽不長茂又須隨撒種闊狹更重圍繞作塍貴闊則約水深淺得宜若纔撒種子忽暴風却急放乾水免風浪淘蕩聚却穀也忽大雨必稍增水爲暴雨漂颭浮起穀根也若晴卽淺水從其晒暖也然淺不可太淺太淺則泥皮乾堅深不可太深太深卽浸没沁心而萎黄矣惟淺深得宜乃善

農書卷一

農書卷二

宋 陳旉 撰　綿州 李調元 校定

牛説

或問牛與馬適用於世孰先孰後孰緩孰急孰輕孰重是何馬之貴重如彼而牛之輕慢如此答曰二物皆世所資賴而馬之所直或相倍蓰或相什伯或相千萬以大貴者乘之三軍用之芻秣之精教習之適養治之至駕馭之良有圉人校人馭夫駁僕專掌其事此馬之所以貴重也牛之爲物駕車之外獨用於農夫之事耳牧之於蒿萊之地用之於田野之間勤

者尚或顧省之惰者漫不加省飢渴不之知也寒暑不之避也疫癘不之治也困踣不之恤也豈知農者天下之大本衣食財用之所從出非牛無以成其事耶較其輕重先後緩急宜莫大於此也夫欲播種而不深耕熟耰之則食用何自而出食用乏絶卽養生何所賴傳曰衣食足知榮辱倉廩實知禮節又曰禮義生於富足盜竊起於貧窮惟富足貧窮禮義盜竊之由皆農畝之所致也馬必待富足然後可以養治繇此推之牛之功多於馬也審矣故愚著爲之説以次農事之後

牧養之宜篇

夫善牧養者必先知愛重之心以革慢易之意然何術而能俾民如此哉必也在上之人責之重之使民不敢輕愛之養之使民不敢殺然後慢易之意不生矣視牛之飢渴猶已之飢渴視牛之困苦羸瘠猶已之困苦羸瘠視牛之疫癘若已之有疾也視牛之字育若已之有子也苟能如此則牛必蕃盛滋多奚患田疇之荒蕪而衣食之不繼乎且四時有溫暑涼寒之異必順時調適之可也於春之初必盡去牢欄中積滯蓐糞亦不必春也但旬日一除免穢氣蒸鬱以

成疫癘且浸漬蹄甲易以生病又當祓除不祥以淨爽其處乃善方舊草朽腐新草未生之初取潔淨藁草細剉之和以麥麩穀糠或豆使之微濕槽盛而飽飼之豆仍破之可也藁草須以時暴乾勿使朽腐天氣凝寒必處之燠煖之地煮糜粥以啖之即壯盛矣亦宜預收豆楮之葉與黃落之桑舂碎而貯積之天寒即以米泔和剉草糠麩以飼之春夏草茂放牧必恣其飽每放必先飲水然後與草則不腹脹又刈新芻雜舊藁剉細和勻夜餧之至五更初乘日未出天氣涼而用之即力倍於常半日可勝一日之功日高熱喘便令休息勿竭其力以致困乏時其飢渴以適其性則血氣常壯皮毛潤澤力有餘而老不衰矣其氣血與人均也勿犯寒暑情性與人均也勿使太勞此要法也當盛寒之時宜待日出晏溫乃可用至晚天陰氣寒即早息之大熱之時須夙餧令飽健至臨用時不可極飽飽即役力傷損也如此愛護調養尚何困苦羸瘠之有所以困苦羸瘠者以苟目前之急而不顧恤之也古人卧牛衣而待旦則牛之寒蓋有衣矣飯牛而牛肥則牛之瘠餒蓋啖以菽粟矣衣以褐薦飯以菽粟古人豈重畜如此哉以此爲衣食之

根本故也彼藁秸不足以充其飢水漿不足以禦其渴天寒嚴凝而凍冽之天時酷暑而曬暴之困瘠羸劣疫癘結瘴以致斃踣則田畝不治無足怪者且古者分田之制必有萊牧之地稱田而爲差等故養牧得宜博碩肥腯不疾瘯蠡也觀宣王考牧之詩可知矣其詩曰誰謂爾無牛九十其犉爾牛來思其耳濕濕以見其牧養得宜故字育蕃息也或降於阿或飲于池或寢或訛以見其水草調適而遂性也爾牧來思矜矜兢兢揮之以肱畢來既升以見其愛之重之不驚擾之也後世無萊牧之地動失其宜又牧人類

皆頑童苟貪嬉戲往往慮其奔逸繫之隱蔽之地其背求牧於豐藹清潤俾無飢渴之患耶飢渴莫之顧恤及其疲瘠從而役使困苦之鞭撻趨逐以徇一時之急日云暮矣氣喘汗流其力竭矣耕者急於就食往往遂之水中或放之山上牛因得水動輒移時毛竅空踈因而乏食則瘦瘠而病矣放之高山筋骨疲乏遂有顛跌僵仆之患愚民無知乃始祈禱巫祝以幸其生而不知所以然者人事不修以致此也

醫治之宜篇

周禮獸醫掌療獸病凡療獸病灌以行之以發其惡

然後藥之養之其來尚矣然牛之病不一或病草脹或食雜蟲以致其毒或為結脹以閉其便溺冷熱之異須識其端其用藥與人相似也但大為之劑以灌之即無不愈者其便溺有血是傷於熱也以便血溺血之藥大其劑灌之冷結即鼻乾而不喘以發散藥投之熱結即鼻汗而喘以解利藥投之脹即疏通毒即解利若每能審理以適節何病之足患哉今農家不知此說謂之疫癘方其病也薰蒸相染盡而後已俗謂之天行唯以巫祝禱祈為先日其無驗則置之於無可奈何又已死之肉經過村里其氣尚能相染也欲病不相染勿令與不病者相近能適時養治如前所說則無病矣今人有病風病勞病脚皆能相傳染豈獨疫癘之氣薰蒸也哉傳曰養備動時則天不能使之病然已病而治猶愈欲不治也

農書卷二終

農書卷三

宋 陳旉 撰 緜州 李調元雨村 校定

蠶說

古人種桑育蠶莫不有法不知其法未有能得者縱或得之亦幸而已矣蓋法可以爲常而幸不可以爲常也今一或幸焉則曰是無法也或未盡善而失之則亦曰法不足恃也故悉備論之以次牛說之後

種桑之法篇

種桑自本及末分爲三段若欲種椹子則擇美桑種椹每一枚剪去兩頭兩頭者不用爲其子差細以種

卽成鷄桑花桑故去之唯取中間一截以其子堅栗特大以種卽其榦强實其葉肥厚故存之所存者先以柴灰淹揉一宿次日以水淘去輕秕不實者擇取堅實者略曬乾水脉勿令其燥種乃易生預擇肥壤土鉏而又糞糞畢復鉏如此三四轉踏令小緊平整了乃於地面勻薄布細沙（原本脫去二十五字）摻蓋其上卽疎爽而子易生芽蘖不爲泥瓮腐而根漸蝕下所踏實者肥壤中則易以長茂矣每畦闊參尺其長稱焉一畦只可種四行卽便於澆灌又易採除草畦上作棚高三尺棚上略薄着草蓋却如種薑棚樣以防黄梅時連雨後忽暴日晒損也待苗長三五寸卽勤剔摘去根幹四傍模蔽小枝葉只存直上者榦標葉五七日一次以水解小便澆沃卽易長此第一段也至當年八月上旬擇陽顯滋潤肥沃之地深鉏以肥窖燒過土糞以糞之則雖久雨亦疎爽不作泥淤沮洳久乾亦不致堅硬磽埆也雖甚霜雪亦不凝凜凍冱治溝壟町畦須疎密得宜然後取起所種之苗就根頭盡削去榦只留根又削去對榦一條直下者命根只留四傍根每三根合作株若品字樣繫縛着一竹筒底下筒各長三尺大如脚母指盡剔去中心節令透

徹底一一繫縛了然後行列並竹筒植之可相距二尺許一株俾三根日久竹筒朽腐自然三榦合爲一榦以三根共蔭一榦植未逾數月榦力專厚易長大矣每一竹筒口尋常以瓦子一片蓋却免雨水得入漬爛之也覺久須澆灌卽揭起瓦片子以糞酌小便從竹筒中下直至根底矣澆畢依前以瓦片子蓋筒口但不必如前種苗稼樣作棚也又須時時摘去榦四傍枝葉謂之妬芽恐分其力以害榦此第二段也於次年正月上旬乃徙植削去大半條榦先行列作穴每相距二丈許穴廣各七尺穴中塡以碎瓦石約

六七分滿乃下肥火糞三兩擔於穴中所塡者碎瓦石上然後於穴中央植一株下土平塡緊築免風搖動更四畔以椀口大木子四五條長三尺餘斫槧周迴牢釘以輔助其榦仍以棘刺絆縛遮護免牛羊挨搽損動也根下得瓦石既虛疏不作泥糞落其中又引其根易以行待數月根行矣乃於四傍以大木斫槧周迴釘穴搖動爲數十穴穴可深三四尺又四圍略高作塘塍貴得澆灌時不流走了糞且蔭注四傍直從穴中下至根底卽易發旺而歲久難摧也又時時看蟲恐蝕損仍剔摘去細枝葉謂之妬條若桑圃

在曠野處卽每歲於六七月間必鉏去其下草免其蟲援上蝕損至十月又併其下腐草敗葉鉏轉蘊積根下謂之罨攤最浮泛肥美也至來年正月間斫剔去枯摧細枝雖大條之長者亦斫去其半卽氣浹而葉濃厚矣大率斫桑要得漿液未行不犯霜雪寒雨斫之乃佳若漿液已行而斫之卽滲溜損最不宜也纔鉏了便鉏開根下糞之謂之開根糞則是每歲兩次鉏糞耳此第三段也又有一種海桑本自低亞若欲壓條卽於春初相視其低近根本處條以竹木鉤鉤釘地中上以肥潤土培之不三兩月生根矣次年

鑿斷徙植尤易於種椹也若欲接博卽別取好桑植上生條不用橫垂生者三四寸長截如接果子樣接之其葉倍好然亦易衰不可不知也湖中安吉人皆能之彼中人唯藉蠶辦生事十口之家養蠶十箔每箔得繭一十二斤每一斤取絲一兩三分每五兩絲織小絹一疋每一疋絹易米一碩四斛絹與米價常相侔也以此歲計衣食之給極有準的也以一月之勞賢於終歲勤動且無旱乾水溢之苦豈不優裕也哉前所謂每歲兩次糞鉏乃桑圃之遠於家者如此若桑圃近家卽可作牆籬仍更疎植桑令畦壟差闊

其下徧栽苧因糞苧卽桑亦獲肥益矣是兩得之也桑根植深苧根植淺並不相妨而利倍差且苧有數種唯延苧最勝其皮薄白細軟宜緝績非麄澁赤硬比也糞苧宜麄爛穀殼糠藁常能勤糞治卽一歲三收中小之家只此一件卽可了納賦稅充足布帛也聚糠藁法於廚棧下深闊鑿一池結甃使不滲洩每舂米卽聚礱簸穀殼及腐藁敗葉漚漬其中以收滌器肥水與滲漉泔淀漚久自然腐爛浮泛一歲三四次出以糞苧因以肥桑愈久而愈茂甯有荒廢枯摧者作一事而兩得誠用力少而見功多也僕每如此

爲之比鄰莫不歎異而胥效也

收蠶之法篇

人多收蠶種於篋中經天時雨濕熱蒸寒燠不時卽罨損浙人謂之蒸布以言在卵布中已成其病其苗出必黃苗黃卽不堪育矣譬如嬰兒在胎中受病出胎便病難以治也凡收蠶種之法以竹架疎疎垂之勿見風日又擘綿羃之勿使飛蝶綿蟲食之待臘日或臘月大雪卽鋪蠶種於雪中令雪壓一日乃復攤之架上羃之如初至春候其欲生未生之間細研朱砂調溫水浴之水不可冷亦不可熱但如人體斯可

矣以辟其不祥也次治明密之室不可漏風以糠火溫之如春三月然後置種其中以無灰白紙藉之斯出齊矣先未出時秤種寫記輕重於紙背及已出齊愼勿掃多見人纔見蠶出便卽以篙刷或以鷄鵝翎掃之夫以微眇如絲髮之弱其能禁篙刷之傷哉必細切葉別布白紙上務令勻薄却以出苗和紙覆其上蠶齊葉香自然下矣却再秤元種紙見所下多少約計自有葉看養甯葉多而蠶少卽優裕而無窘迫之患乃善今人多不先計料至闕葉則典質貿鬻之無所不至若于蠶受飢餒雖費貲産不敢吝也縱或得之已不償所費且狼藉損壞枉損物命多矣一或不得遂失所望可不戒哉又有一種原蠶謂之兩生言放子後隨卽再出也切不可育旣損壞葉條且狼藉作踐其絲且不耐衣着所損多而爲利少育之何益也

育蠶之法篇

凡育蠶之法須自摘種若買種鮮有得者何哉夫蠶蛾有隔一二日出者有隔三五日出者蛾出不齊則放子先後亦不齊矣其收種者取參差未齊之時則紙摘之及正中間放子齊時又別作一紙摘之及末

後放子稍遲又別作一紙摘之凡蠶與人皆首尾前後不齊者而中間齊者留以自用始摘不齊則苗出不齊蠶之眠起遂分數等有正眠者有起而欲食者有未眠者放食不齊此所以得失相半也若自擇種必擇繭之早晚齊者則蛾出亦齊矣蛾出旣齊則摘子亦齊矣摘子旣齊則出苗亦齊矣出苗旣齊勤勤疎撥則食葉勻矣食葉旣勻則再眠起等矣三眠之後晝三與食葉必薄而使食盡非唯省葉且不罷損蠶將飽必勤視去糞薙此育蠶之法也

用火採桑之法篇

蠶火類也宜用火以養之而用火之法須别作一小爐令可擡舁出入蠶先鋪葉餵矣待其循葉而上乃始進火火須在外燒令熱以穀灰蓋之即不暴烈生焰纔食了即退火鋪葉然後進火每每如此則蠶無傷火之患若蠶飢而進火即傷火若蠶鋪葉蠶猶在葉下未能循援葉上而進火即下爲糞薙所蒸上爲葉蔽遂有熱蒸之患又須勤去沙薙最怕南風若天氣鬱蒸即暑以火溫解之以去其溼蒸之氣略疏通窗戶以快爽之沙薙必遠放爲其蒸熱作氣也最怕溼熱及冷風傷溼即黃肥傷風即節高沙蒸即脚腫

傷冷即亮頭而白蜇傷火即焦尾又傷風亦黃肥傷冷風即黑白紅僵能避此數患乃善又須先治葉室必深密涼燥而不蒸溼下作架高五六寸上鋪新簟然後置葉其上勿使通風通風即葉易乾槁常收三日葉以備雨溼則蠶常不食溼葉且不失飢矣外採葉歸必疏爽於葉室中以待其熱氣退乃可與食若便與食則上爲葉熱下爲沙溼蠶居其中遂成葉蒸矣蒸而黃雖救之亦失半

簇箔藏繭之法篇

簇箔宜以杉木解枋長六尺濶三尺以箭竹作馬眼隔插茅疎密得中復以無葉竹篠縱橫搭之又簇背鋪以蘆箔而以篾透背面縛之即蠶可駐足無跌墜之患且其中深穩稠密旋旋放蠶其上初略欹斜以竢其糞盡微以熟灰火溫之待入網漸漸加火不宜中輟稍冷即游絲亦止繰之即斷絶多煮爛作絮不能一緒抽盡矣纔折下箔即急剝去繭衣免致蒸壞如多即以鹽藏之蛾乃不出且絲柔韌潤澤也藏繭之法先曬鹽令燥埋大甕地上甕中先鋪竹簣次以大桐葉覆之乃鋪繭一重以十斤爲率摻鹽二兩上又以桐葉平鋪如此重重隔之以至滿瓮然後密蓋

以泥封之七日之後出而澡之頻頻換水即絲明快隨以火焙乾即不黏斁而色鮮潔也

農書卷三終

芻言

光緒壬午年
鐫於樂道齋

芻言序

宋崔子敦禮芻言三卷上卷言政中卷言行下卷言學葢皆平生閱歷世務確有心得之言與李邦獻省心雜言皆學人座右之銘所必需乎書中之儒家也世鮮刊本因校行之其曰芻言者先生自序云言語簡樸不知緣飾其芻蕘之謂乎故以名書羅江李調元雨村撰

芻言卷上

宋崔敦禮 撰 綿州 李調元 校定

敦禮居山間有書三卷上卷言政中卷言行下卷言學凡三百有五篇言語簡樸不知緣飾其芻蕘之愚乎乃命曰芻言

三皇之治使民心樸故結繩之政可行也五帝之治使民心一故垂裳之化可成也三王之治使民心親故年世之長可期也三皇者粹乎道者也五帝者粹乎德者也三王者粹乎仁義者也駁于霸雜于漢虛誕于晉浮靡于隋其使民可知矣

得民之勞者昌得民之憂者康得民之死者强不有逸之孰爲勞之不有樂之孰爲憂之不有生之孰爲死之山雲草莽水雲魚鱗旱暵之雲煙火涔涔之雲水波出于此者形於彼也至於政之應亦然善政之俗魚鳶暴政之俗湯火寬政之俗舒長急政之俗短促貪政之俗焦熬惠政之俗繁慼（案慼字有訛疑當作盛）公政之俗清明偏政之俗闇曲自然之象也君子觀其俗則其政可知矣受光於隙照一隅受光於牖照北壁受光於庭戸照滿室受光於天下照四方無遺物君子聽言亦明之所入與遍聽者隙中之細者也偏聽者一牖之竅者也正聽者戸庭之嚮者也建善旌立箴百工誦庶人謗議天下之照也所受小則所照者狹所受大則所照者博不得不擇矣

天地不可課其生也日月不可課其明也雨露不可課其潤也鬼神不可課其靈也聖人之道不可課其功也如日書焉月攷焉聖人必不得於最矣

野之甿有設祠以爲敬者其像猛椎牛擊豕犬鷄魚蔌之薦日至焉吏以竭甿力而奉無名之土木可廢也殊不知鬼猛其形享吾民之酒牲吏猛其氣食吾民之膏髓酒牲可繼也膏髓不可復也逐吏之猛吾謂急於逐鬼之猛焉

醫之活人方也殺人亦方也人君治天下法也亂天下亦法也方能治病不能盡天下之病遇病而不通於方殺人矣法能制變不能盡天下之變遇變而不通於法亂天下矣是故上醫無傳方非無良方也憂用方者也聖人無定法非無善法也憂用法者也九人屨其一跣焉則跣者恥九人跣其一屨焉則屨者不能爲俗赭衣墨服舜之刑寬矣而民愈避斷支體殘肌膚秦之法嚴矣而民愈犯民非畏寬而易嚴也法寬則刑者少刑者少則民爲耻矣法嚴則犯者多

犯者多則民爲玩矣舜之民十人而九履者也秦之民十人而九跣者也

天下無常治非無常治也無常時也孰爲時曰在國其次在士其次在民善善而惡惡進賢而退不肖賞一出而天下以爲勸罰一出而天下以爲沮時在國者矣周道衰諸侯之論屈於游談漢治廢公卿之望輕於布衣時在士者矣一夫倒戈天下化商而爲周阡陌首難天下變秦而成漢時在民者矣在國立治之本也在士扶危之道也在民國非其國矣危國若實安國若虛盛世若不足衰世若有餘危國若實府

庫溢也安國若虛損在上也盛世若不足民儉而重本也衰世若有餘俗媮而縱欲也

節人食者食愈美戒人飲者飲愈旨禁民之欲者錮其欲者也約民之樂者重其樂者也君子不禁其欲而禁其所以欲不約其樂而約其所以樂上好利則下多盜矣上好勇則下多殺矣上好矜則下多鬬矣上好辯則下多誕矣上好智術則下多詐矣本在上不在下倡在君不在民老子曰我無欲而民自朴我好靜而民自正觀民之貧富善惡有證矣府庫溢則民貧爵予輕則民貧文物盛則民貧技巧衆則民貧

禮法不立則民貧無教則民惡無信則民惡政暴則民惡吏姦則民惡征斂困則民惡君民之間至密也不誠則疎至易也不誠則迂行者思于途居者憂於牀慈母唫於巷適子懷於荊誠心守仁則民親於彼誠於存義則民尊於彼謂民爲疎者私心間之也謂民爲迂者欺心蔽之也尊卑殊貴賤異民至卑賤而不敢爭者也尊逸而卑勞貴榮而賤辱民至勞辱而不敢怨者也不敢爭則欲之至矣不敢怨則怨之至矣怨欲在心如物之有毒如蓬之藏火亂之所蓄與是故聖人之治不曰不爭不使敢欲不曰不怨不使

可怨祿不以功爵不以德啟民之欲者也法禁煩徭賦重賈民之怨者也

禾熟則穫果熟則剝禾未熟而登場穡者播之矣果未熟而登盤食者吐之矣是故治之固者政之熟者也俗之醇者化之熟者也功之成者慮之熟者也名之歸者德之熟者也政未熟於凝一急求治者必亂也化未熟於陶染急變俗者必駭也慮未熟於事幾急圖功者必沮也德未熟於安行急知名者必辱也自私者民公之自公者民私之公之者疎私之者親疎之者亡親之者昌財聚於辛國并於秦私其已者

也湯之禱禹之胼胝公其心者也
周之時其節民有制乎不蓄者祭無牲不耕者祭無盛不植者無椁不蠶者不帛不績者不衰故無其業而爲其禮則僭後世反此不耕者美食耕者不得甘其喉不蠶者鮮衣蠶者不得縫其膚田廬不知鷹陳之品衾椁之具而墮游末作喪祭後於公侯吁何憚而不爲末哉不放古以制之生人之衣食或幾乎絕矣
禬于郊也有司以告曰旱于某澇于某蝗于某厲于某則出其方之神不以祭斯唐虞黜陟之意也四方

之吏有殘暴貪刻使其民焦熬湯火旱之烈者也流亡破蕩澇之大者也椎剝肌髓蝗之毒者也戶口凋耗厲之酷者也宜放禬之法曰旱于某澇于某蝗于某厲于某則黜其方之吏不以赦斯得矣
善治天下有爭治無爭亂爭治速治也爭亂速亂也朝者爭名市者爭利貴者爭權賤者爭力亂矣名爭求晦利爭受薄位爭處卑事爭就勞治矣人曰爭於亂之中而不知其亂也聖人必抑之人曰爭於治之中而不知其治也聖人必激之爵乎公名分辨迹謂抑晦斯光薄斯豐卑斯尊勞斯安之謂激

信在言前者同言而民信之誠在令外者同令而民從之賞而不誠不勸也刑而不誠不戒也政而不誠不正也
古之愛民也爲爲我後之愛民者爲爲民古之爲民也爲巳憂後之爲民者爲巳德沮邪曰忠毀忠曰讒忠則逆耳讒則遜志其始判然也逆耳者疑訐斯去之矣遜志者疑善斯進之矣進之去之而禍未見讒曰進焉則以習于前而不疑也讒習于進愈不靳忠習於去愈不懼久之遜志者當進逆耳者當去云耳吳之嚭秦之高楚之尚無極習而不知也

樂之用神矣乎無故而使人喜雖千金容不改無故而使人怒雖白刃色不變動以金石文以絲竹無繫於休戚也約之則民憂易之則民樂厲之則民剛勁之則民肅吁其神乎先王有政以正民刑以齊民禮以節民可也無樂以行焉其或病在骨髓雖有針灸湯藥將安用之上好土木則山谷井陌矣上好金珠則川澤鼎鑊矣上好珍禽則原野狴犴矣上好文繡則機杼桎梏矣上取其絲下致其綸上取其綸下致其綍是故古之君有好猨而林殘求珠而魚殫亦趨好之故與

天因春而生非作好也因秋而殺非作惡也其生之也無感其殺之也無憾明主之治善者有賞而國無私焉天之慶賞也惡者有誅而君無與焉天之誅戮也賞者不暱德誅者不挾怨天之妙萬物也夫是之謂天政

媒妁譽人非不美也而人莫之德取庸而強之飯非不勸也而人莫之惠有所利而名仁者非仁也有所要而稱義者非義也慈父之愛子不可移於性非爲報者也聖王之養民不可改於心非求用者也是故至仁不爲恩至義不爲功至仁所施不知親而親之

至義所加不知尊而尊之

非弓矢無以射非法令無以國人有憂射之不中者曰是弓矢之過也調弓矯矢而去愈遠矣憂國之不治者曰是法令之失也變法更令而亂愈甚矣是故弓矢中之具也弓矢非所以中也法令治之具也法令非所以治也

思民治不可以不裕民思裕民不可以不節民思節民不可以不辨民思辨民不可以不定民農定於耕則餘粟商定於貨則餘財百工定於藝則餘巧士大夫定於職則餘力有以變常而亂者矣未有守常而不治者也有以亂分而危者矣未有分定而不寧者也善爲國者榮其榮辱其辱不善爲國者榮其辱辱其榮五章之服君子者寵焉榮其榮也赭黑之衣小人者恥焉辱其辱也漢誅濫於名節貫械腰斧質請罪者相屬榮其辱矣唐爵輕於胥皁青朱金紫雜沓而無別辱其榮者矣

木之華者養其落者也齒之盛者養其衰者也國之治者養其亂者也培根而去蠹木之壽矣清心而寡欲人之壽矣循道而救弊國之壽矣

爲其所好輟其所惡行其所樂戒其所懼有心所同

然也堯舜者樂於仁者也桀紂者樂於暴者也堯舜惡於仁不爲仁矣桀紂惡於暴不爲暴矣是故治國者樂其所以存亂國者樂其所以亡

避堯而洗耳非舜而投淵士之亢節也聖人不以責人行推處妖祥達視千里人之極智也聖人不以責人衛山淵平天地並世之強辯也聖人不以責人言連機運開陰閉幻錯工之奇巧也聖人不以責人藝亢節者不可爲民化也極智者不可爲民修也強辯者不可爲民聽也奇巧者不可爲民業也跂之而易及也慮之而易知也言之而易行也爲之而易能也

失是之謂善俗

能者有以位爲事勇者有以位爲暴仁者有以位爲患位爲事則下無寧矣位爲暴則下無全矣位爲患則下忘分矣是故用人之能貴乎靜用人之勇貴乎緩用人之仁貴乎尊倕作弓夷牟作矢（案夷牟徐監本作牟夷然呂覽及許愼說文初學記引世本亦作夷牟今仍從原本書之）而后羿名於射矣作車相士作乘馬而造父名於御爲之者不能用用之者不必爲也智者有謀用之者明材者有長用之者能自智者無明也自材者無能也是故藝之至器用出於人君之至材智出於人

輜軿青紫所以飾喜也斧質刀鋸所以飾怒也謂賞必喜乎欲殺之怨有不靳於封侯賞非其喜矣謂罰必怒乎涕泣之哀有不貸於誅殛罰非其怒矣賞不以喜賞之當乎喜罰不以怒罰之當乎怒是故聖人在上以賞罰立喜怒不敢以喜怒立賞罰

汙樽抔飮人苟利之雖有盛禮聖人不陳也蕢桴土鼓人苟樂之雖有備樂聖人不作也橧巢營窟人苟安之雖有棟宇聖人不爲也好至治者招大亂者也務窮利者致大害者也無亂而已聖人不要其極也無害而已聖人不僥其功也

民之禁十有二商之禁十有二賈之禁十有二工之禁十有二古也所以抑浮靡通貨殖便用物厚衣食也後之禁民者有矣山澤江海有禁也鹽鐵酒茗有禁也布帛絲枲有禁也關市河梁有禁也古之禁禁其害民者矣後之禁禁其養民者矣古之民也足後之民也困宜哉

名實之所在人主不得而忽矣德浮於名者國之寶也譽稱其實者國之器也名多而有餘事舉而無當者國之妖也有國者寶其寶器其器鋤其妖而天下治矣

客有一昔於驛（一昔一夜也列子昔昔註謂爲夜夜）驛吏伏謁聽役若久所事者客疑而詰之吏曰今之仕者皆驛也吏何擇焉且百里之地者縣令之驛也千里之境者郡守之驛也連城一道者部刺吏之驛也席未煖而移突未黔而歸有能不及用有智不及施仕者何爲哉驛者何爲哉

禮爲鼠迎猫爲豕迎虎迎猫可也迎虎可乎豕來食禾虎來食人矣農者哂曰食人可逃也食禾不可活也然則食禾者猛於虎乎俎櫌未乾喉不得甘新絲出盎膚不得縫未嘗稼穡者穀滿倉也未嘗桑蠶者

縣滿囊也噫食其禾者不少矣

勿言卷上

勿言卷中

宋 翟敦禮 撰 綿州 李調元 校定

尊義者尊君親仁者親親夫人致身於其君而忠衰於諫諍尊而不知義者也竭力於其親而孝衰於諭道親親而不知仁者也義以事君而義尊乎君斯尊君之至矣仁以親親而仁親乎父斯親親之至矣知此理者為人臣則死於義為人子則死於仁

儲粟以備飢儲藥以防癘仁之至也欲救飢必于歲之荒欲起死也幸人之殃則不仁之甚矣是故濟危則知仁排難則知義國亂則知忠六親不和則知孝

仁人不欲為仁欲為仁者不仁也義士不欲為義欲為義者不義也忠臣不欲為忠欲為忠者不忠也孝子不欲為孝欲為孝者不孝也

譽人而無要譽毀人而無反毀斯毀譽之當也譽人而人亦譽之則是自譽矣毀人而人亦毀之則是自毀矣自譽仁之賊也自毀義之賊也

甲氏乙氏耕甲氏連阡陌不力種終歲不粒食乙氏無置錐盜人之田而耕之享千鍾二氏交相笑未知孰非也有昧昧而居者曰仁者有天焉不仁者有考焉人何為哉有昭昭而行者曰得者吾巧也至者吾

力也天何爲哉是則甲氏之不力種昧昧之徒與乙氏之陷爲盜昭昭之徒與

鶬巧而危鶵拙而安（案鶵疑作鳩）巧不足則鶬脫其危矣拙不足則鶵失其安矣是故智不欲有餘愚不欲不足智不足者厭事者也守常者也畏行險者也愚不足者無能而强爲有能者也無用而强爲有用者也無知而强爲有知者也智不足可以免過愚不足乃至今失寧

振貧不已至於盜粟逐狂不已至於倮走讀律不已至於竊簡學禮不已至於蹲踞是故君子之爲善貴

乎有止也爲仁止於愛爲義止於宜爲禮止於敬爲仁止於知愛而不止不仁矣宜而不止不義矣敬而不止不禮矣知而不止不智矣

聖人之道猶平川坦途乎由仁而仁由義而義惟所行焉初無風波之虞荆棘之患也貪者行險姦者由徑惑者多岐愚者索途哀哉

灼龜文揲蓍策可以知來物其必然矣誠則應不誠則遺誠則中不誠則否是則龜不自靈因誠而靈者也蓍不自神因誠而神者也心苟誠焉目視耳聽推度考察無所不驗是故季札卜以樂趙孟卜以詩襄仲歸父卜以言沈尹戌卜以政孔成子卜以禮其應也如響斯誠卜之道與

草木之長不見其有爭而日脩礲礪之砥不見其所發而日滋爲善之益無助長之功爲不善之損無傷手之跡謂其爲無所爭而不爲也謂其爲無所奪而不畏也哀哉

敬者不觀其羣觀其獨也懼者不觀其危觀其安也勇者不觀其譟觀其靜也勤者不觀其始觀其終也羣爲而敬者其文也危焉而懼者其勢也譟焉而勇者其暴也始焉而勤者其銳也觀者其審諸

君仁臣忠父慈子孝兄友弟悌此六者天下之大順也善仁者不惟全其忠也善慈者不獨全其孝也善友者不曬全其悌也

君子之道何如則以常矣曰去四過取四本則可以常矣何謂四過勇過於仁謂之暴言過於行謂之妄譽過於實謂之妖材過於德謂之姦四本曰本仁以見勇本行以出言本實以居譽本德以用材

勇懦非異力也愚智非異誠也巧拙非異功也萬夫之氣有怯於一士之激千慮之計有劣於一慮之得百藝之能有粗於一技之習懦者能奮與勇者同功

也愚者能慮與智者同識也拙者能勉與巧者同功
也
范氏之鍾有竊而逃者鏗然有聲懼人聞之也自掩
其耳人有行小人之行而謂人之不見也道小人之
言而謂人之不聞也姦者文其辭詐者匿其迹貪者
退其容荏者厲其色以巳之昧昧謂人之惑惑吁亦
掩耳之徒與
諫之名有五假物而諭之謂諷因其善而導之之謂
順有犯無隱之謂直正議直陳抵忌諱不避之謂指
忘軀狥忠不顧鼎鑊之謂戇此五者諫之大要也類

而求之則亦多術矣縫闕失者其辭微辯利害者其
辭博責君之難者其辭高拂其違者其辭矯憂國切
者其辭危慮患豫者其辭遠介人之辭約賢人之辭
拙疎賤之人其辭狂疾人之佞者其辭警其言誇者
其志卑其言危者其心安諛順之言其情險强而笑
者其怒深然者多明辯者其傾聽者其審諸
福者禍之先也利者害之始也恩者怨之媒也譽者
毁之招也君子不要福故無禍矣不求利固無害矣
不廣恩故無怨矣不敢譽故無毁矣
巘峴之山草木枯焉有一石之奇奇乎濁黑之淤泥
淖汩焉有一勺之清清乎曰奇吾見一石矣未見其
山也清吾見一勺矣未見其水也高明秀麗山之全
也汪洋澄深水之全也觀人者譬諸觀山及水如不
全巘峴濁黑烏乎取
莫易於爲善莫難於爲不善敬君臣篤父子睦兄弟
信朋友善也至易者也篤浮僞飾姦詭造巇險作機
巧不善也至難者也難則勞易則佚難則憂易則樂
君子者佚樂而爲君子者也小人者憂勞而成小人
者也舍易而難舍佚而勞舍樂而憂愚夫哉
或問大愚曰小智大拙曰小巧然則智愚乎曰小智

所以愚也巧拙乎曰小巧所以拙也
途之里有限也疲者賒焉壯者邇焉夜之刻有度也
愁者脩焉勞者短焉是故一人也毁譽半焉一事也
可否並焉一物也美惡萃焉一言也疑信殊焉力不
同者不勝其異勢也心不同者不勝其異見也噫是
果有異乎哉
好賢者輕譽好仁者輕予好義者輕許輕譽者失實
輕予者失恩輕許者失言君子重於譽若重於毁斯
得賢矣重於予若重於取斯得仁矣重於許若重於
否斯得義矣

牛之寢齕蚊蝱僥之搖耳鼓尾以揮其去有甘口鼠者食其角貫心徹骨而不知非蚊蝱之嚙毒於鼠之牙也以其口甘故雖齧盡而不痛也是故睚眦者不足慮悲歌之怨可憂也撫劒者不足畏含笑之忿可懼也謗詈者不足虞頻蹙之誹可防也

王陽不敢乘險將以爲孝也故甘於不忠不忠之謂姦周處辭親事君將以爲忠也故甘於不孝不孝之謂逆楊穆知其弟終敗與之别族將以爲知也故甘於不友不友之謂賊羊續閉郡舍不內其妻將以爲廉也故甘於不義不義之謂忍姦逆賊忍惡之大者

也有是四惡而曰吾爲善吾不信也

涉川者有風波之虞行徑者有荆棘之患遭其患者未起繼其踵者不已利於川者玩於川便其徑者樂於徑也然則風波者以爲平陸乎荆棘者以爲坦途乎有騎於途者嵚巇屹崪岌乎其若墜也終日行之不見有踶齧之變康莊乎陸緩轡而周旋若足以逸矣忍焉弛銜墜策顛覆不莫之救吁險途易於危途也哉

君子施亦仁不施亦仁小人施亦不仁不施亦不仁君子施則和而理不施則靜而敬施則文而通不施則約而修小人施則矜而倨不施則怨而險施則慢而暴不施則挫而懾君子者喻於仁者也小人者喻於不仁者也

或問君子之道有屈信乎曰信也焉得屈曰孔孟之窮荀況之廢揚雄之貧王通之居汾韓愈之投荒惡乎信曰其位則屈其道則信請問道曰夫子信於六經軻信於七篇況信於新書（案新書乃賈誼所作此云荀況疑誤）雄信於法言太元通信於中說愈信於原道論佛骨表雖萬世不泯也其信也孰禦焉

君子柔順者同物者也剛强者立巳者也是人者樂

善者也非人者疾惡者也言巳之美者自信者也小人柔順者諂諛者也剛强者驕暴者也是人者比周者也非人者讒毀者也言巳之美者夸誕者也心乎君子一於君子矣心乎小人一於小人矣是君子小人之明分也

再實之木根必傷掘藏之家必有殃非其利者勿有也非其事者勿就也非其功者勿居也無故而有顯名勿受也有人之利者害就人之事者敗居人之功者危受人之顯名者辱此四者不祥之大者也

守義者以身守身者以義守義而不以身奪其義矣

守身而不以義辱其身矣奪其義者道之賊辱其身者世之僇也

古之隱也將以爲止也今之隱也將以爲仕也古之儉也將以爲廉也今之儉也將以爲貪也古之禮也將以爲遜也今之禮也將以爲爭也

樂者其形和怒者其形剛懼者其形栗憂者其形蹙心之所變形所從也是故寵辱重矣正色化爲婉媚勢利勝矣彊項化爲傴僂忌諱嚴矣利口化爲喑啞猜防深矣智慧化爲狂愚心無所不變形無所不化吁心化之漸其得不畏哉

知我而是之者吾是矣知我而非之者吾非矣不知而是之雖美吾媿不知而非之雖惡吾省是故聞譽而說謂之燥聞毀而怒謂之暴

因厄而言敬因阨而言分因不知而言默因不好而言廉君子不爲也射者端釣者恭事使之然耳登高者望臨深者窺勢使之然耳

才而無德謂之姦勇而無德謂之暴辯而無德謂之誕智而無德謂之譎才而德者賢也勇而德者義也辯而德者信也智而德者哲也

至恭不勞至哀不作至儉不陋便辟僂傴不足以爲恭也長號流涕不足以爲哀也弊衣糲食不足以爲儉也山生金自刼也木生蠹自食也敗於功者貪功者也死於利者窮利者也罹於法者深法者也墮於謀者好謀者也是故蓄人者自蓄而已賊人者自賊而已君子者功不欲盈利不欲精法不欲密謀不欲傎以智者之事行

海之鰂其出遊也吐墨以庇其身自以爲智矣漁人將設羅非其墨不得也是故設機以拒禍者禍之標的也任數以防亂者亂之藪澤也扃鐍固而盜賊至焉權量作而鬬爭興焉革堅而兵刃利焉城成而衝

棖生焉（案棖疑作梯）智不可以勝姦也勇不可以禦暴也辯不可以釋誹也險不可以避患也

芻言卷中

芻言卷下

宋 崔敦禮 撰 綿州 李調元 校定

蠹魚之害於書拂而除之惟恐不至也有笑而言曰書奚惡於蠹哉夫九師易之蠹也二戴禮之蠹也二傳春秋之蠹也孔氏劉氏者書之蠹也毛韓齊魯者詩之蠹也蟲魚之蠹蠹其書者也諸子百家之蠹蠹其道者也蠹其書者編簡殘闕蠹其道者生人喋血

載哀者聞歌聲而泣載樂者聞哭聲而笑歌非可哀也哭非可樂也載使之然也是故喜怒無常心好惡無定形載于譽者至惡有所喜載於譏者至善有所

怒載於愛者至醜有所好載於忌者至美有所惡大人者虛其中實其外含其光徹其昧是之謂去載

聖人之文其道至學者之文其義至材士之文其詞全道全者人化之義全者人信之詞全者人悅之是故修詞而可說者義之昧也明義以求信者道之衰也聖人者其猶天地乎天之道粲爲日月星辰而四時行焉地之道陳爲山川邱陵而百物生焉聖人之文道化焉而已矣

魚無耳而能聽蟬無口而能鳴蛇無足而能行兔絲無根而能生其能者天其無者人其能者性其無者形達此理者肢體可以墮形骸可以忘目可不視而見耳可不聽而聰口可不言而信行可不爲而功

工求其工學者亦求其工乎曰雕鏤刻劂木之病也纖織組麗絲之蠹也穿鑿破碎道術之衰也鉤棘排偶文章之弊也工乎工乎吾見拙者笑之矣

仁木也禮火也信土也義金也智水也仁以長人故生禮禮以定分故生信信以立志故生義義以達宜故生智此五行相生之性也仁過則柔義克之義過則暴禮克之禮過則煩智克之智過則詐信克之此五行相克之理也相生以因之相克以成之斯變通

之道與

持寶以求市者不欲人誇之擇善以求友者不欲人譽之薄我貨者欲與我市者也訾我行者欲與我友者也是故君子因譽而情疏因諍而友密諂諛我者害已之賊也稱述我者行路之人也詆切我者金石之至交也見麋鹿者援弓而射之幸而中焉失聲而喜之逢螻蟻者迂足而活之誤而傷焉失聲而痛之心非仁於螻蟻忍於麋鹿也欲勝則爲忍欲去則爲仁也是故欲勝者父子可使相食兄弟可使相賊欲去者天地可以爲家萬物可以爲一

賢者吾敬之不賢者吾亦敬之善者吾親之不善者吾亦親之有賢不敬是聾瞽也有不賢不敬是狎虎也有善不親是廢繩而揉曲也有不善不親是舍石而攻玉也賢者吾敬之以爲法不賢者吾敬之以爲戒善者親之以治吾不善不善者親之以成吾善此君子之學也

仁者人也義者宜也禮者體也智者主也信者信也仁而不合乎人曰僞義而不達其宜曰固禮而不知其體曰惑智而不止其主曰惑信而不得其信曰塞宋襄公行仁而敗非夫仁而能敗人也僞也徐偃王

爲義而滅非夫義而能滅人也固也魯哀公治禮而削非夫禮而能削人也惑也萇洪以智困非夫智而能困人也惑也尾生以信殞非夫信而能殞人也塞

也相入者相賊不相入者相息膠漆之投天下莫解焉而同歸於物氷炭之反天下莫合焉而各全其天是故情壞於所溺心壞於所雜君子之性惡其有入也忿者仁之賊也欲者義之膸也逸者智之毒也懼者勇之仇也是故多忿害物多欲害巳多逸害性多懼害志

白並於五色而五色在白之中甘並於五味而五味在甘之中宮並於五聲而五聲在宮之中仁並於五常而五常在仁之中是故五色之變不勝其觀也白立而五色形矣五味之調不勝其嘗也甘立而五味停矣五聲之和不勝其聽也宮立而五聲成矣五常之道不勝其用也仁立而五常具矣

無失無得是謂天則不始不已是謂天理無醜無好是謂天道不亟不稽是謂天時暗其天道滅其天理悖其天時以違天則是之謂凶德聖人遵天之道由天之理與天爲期以循天則是之謂天德

至强非甲兵也至貴非軒冕也至富非金玉也至壽

非千歲也克己自勝强之至矣清心養性貴之至矣安分止足富之至矣通晝夜之道知死生之說壽之至矣

里之巫曰羞酌尋常歌迎舞將祈疾者健起祈歲者豐穰牟豕鮮肥金樽玉卮祈疾得亟祈歲得飢人有難之者曰儉以嗇寡欲而慮一必吉侈而豐欲多而實中必凶吁巫之言其幾於道者乎

不過勝母所以立孝也不入朝歌所以立儉也不飲盜泉所以立廉也名乖而無損於實不得不懼事非而無傷於德不得不去糟邱之荒象箸之習也炮烙

之慘熱升之積也殉艮之哀偶人之弊也是故防有者必立於無救末者必立於初

橘柚之朽或爲蝴蝶鞲蒼䆲黑其支美也倚薄風露其志潔也篁端蕙蹊其處高也須臾觸物而膠之枯爲塵矣天地大橘柚也人物大羽化也名位大蕙篁也榮而瘁者能幾須臾之頃哉

勑者日却愈却而懇愈廣織者日進愈進而帛愈長君子者爲道日損若勑之却則道得矣爲德日益若織之進則德積矣爲道而不能損是進而勑也爲德而不能益是却而織也

博愛之謂仁不疑之謂信無所不知之謂智此不易之理也君子行之則不膠於迹矣愛之仁也有所惡亦仁也信之信也有所疑亦信也知之智也有不知亦智也目明而不妄視耳聽而不妄聽心慧而不妄慮此精神之舍也精全而神全神全則氣全一夫而能奪三軍非戈矛之利精神勝之也一賢而能折千里非詐謀之用精神制之也是故精誠之至者石可使之決泉可使之躍日可使之却況於人乎況于事倫乎

愚者之道有四庻人之愚不與焉有達人之愚有哲人之愚有信人之愚有直人之愚顏子者達人之愚者也高柴者信人之愚者也甯武子者哲人之愚者也晁錯者直人之愚者也

外視者蔽內視者明外聽者惑內聽者聰明莫明於日也視之者昏響莫響於雷也聽之者聾外視無至明也外聽無至聰也大人者還觀於無反聽於虛若水之淸明從內生若谷之虛響從內興所以爲視聽之精

窮里之社有扣盆拊瓴和而歌者自以爲樂矣一日使之擊建鼓撞巨鍾如仍然如盆瓴之足羞也穿鑿

以爲深雕琢以爲功誦數以爲精謂學之至也君子視之叩盆拊瓴之徒耳是故不聞聖人之道不知穿鑿之粗也不覩聖人之文不知雕琢之陋也不得聖人之忘言不知誦說之亡益也

江之蟹初穴於沮洳秋冬之交則大出指海而趨焉漁者緯蕭而留之越軼而去不達於江不至於海不止也是故曲學者沮洳也大道者江海也厭沮洳而決江海人之所同也不塞於異端不障於邪說若蟹之勇能越軼而至於海者鮮矣

芻言卷下畢

常談

光緒壬午年
鋟於樂道齋

常談序

常談一書大抵皆評隲史事而間及于考證宋新安吳箕所作也箕字嗣之乾道五年進士授仁和縣主簿歷知當塗縣爲趙汝愚所重宋史不爲立傳僅見于衢州志稱箕在臨與陸九淵遊相與講明義理蓋深有得于金谿之學間嘗以此書與九淵文集互勘如論漢高討項羽之新城老人及曹參之用黃老術旨趣往往相合觀尤袤與箕同時而所輯遂初堂書目已列常談之名則當時即珍重其書可知矣宋史藝文志載常談一卷久軼不傳今書一百餘條完本也箕所著見衢志尚有聽詞類稿十二冊亦軼爲可惜云羅江李調元撰

常談

宋 吳箕 撰　綿州 李調元雨村 校

書之酒誥所以爲酒之戒者至矣羣飲者殺或者以爲紂之故俗習于淫末不可不重爲之禁其實不然漢律三人以上會飲者有罰蓋爲民之蠹者莫甚於酒誠不可不禁自孝武創爲榷酤法始自京師稍及名都大邑至唐遂甚官既以榷爲利則唯恐民之飲者不衆且多也與周漢之意大戾矣兵民既分國用無涯榷酤之利殆不可已穀之靡于酒醪者多民田種秫幾三之一是民食之入于三分之中僅有其二

穀安得而不貴又重以麯糵之費一有水旱立致菜色則種秫者多爲民之蠹也細民之家銖積寸累財物無幾親戚往來吉凶慶弔習熟于酒甚者賒貸以供飲費生理益空爲民之蠹也斯甚矣家之戾夫鄉曲之儇子因酒喧譁自干刑憲敗壞風俗爲民之蠹也又甚矣而後知周之所以殺者不獨爲商之遺民也

采葑采菲無以下體謂葑菲之質上善下惡食之者不可以其惡而棄其善也

畜馬之盛莫如周王畿之地其方千里而戎車萬家萬乘之車爲馬四萬匹縱橫各不過三百五十里而戎馬至四萬匹其間又有天子車御之馬祭祀而頒毛馬六種十有二閑之富何其馬之多也下而公卿大夫士出必乘車車必駕馬一畿之內馬紛如也後世之馬曾不逮此漢高帝時天子至不能具醇駟武帝從事征戎尤切于馬驃騎出塞馬物故者多師徒遂寖然其出師最盛時公私之馬不過十四萬而止耳唐自貞觀至麟德牧馬遂七十萬有餘天寶以後諸軍戰馬動以萬計自周而下國馬之盛又未有如唐者

史記弟子列傳子貢說齊使吳使越事甚美以余觀之竊又以爲不然子貢在孔門固列科言語然豈若蘇張輩利口反覆傾亂天下者哉此特齊晉好事者造作夸說以附著子貢爾不然子貢雖有存魯之功而得罪于天下多矣遷擇之不精故載之史記其說與世家皆不合世家言吳越事最詳夫差之十四年春始北會諸侯黃池是年夏六月戊子越王勾踐始伐吳丙戌擄吳太子丁亥入吳七月辛丑吳王方與晉定公盟而爭長已盟而歸士皆罷敝乃厚獘以與越平後二十年勾踐復伐吳二十一年遂圍吳二十

三年十一月丁卯方敗吳而滅之左傳亦載黃池之會吳王有罣太子死乎與世家正同是冬吳及越平哀十七年吳有笠澤之敗二十二年吳始滅今子貢傳乃云吳晉爭強晉人擊之大敗吳師越王聞之涉江襲吳去城七里而軍吳王聞之去晉而歸與越王戰于五湖三戰不勝城門不守越遂圍王宮殺夫差儻如其言則是越王滅吳于夫差之十四年不俟于二十三年也其不可信審矣世家諸書載伍員諫夫差事至備夫差初無意于伐越也今乃曰越王苦身養士有報吳心待我代越而聽子謀是夫差先有伐

越之意時以子貢要說而後不行此又其不足信者子貢傳乃載越用子貢謀師衆助吳之事此又出于子貢傳爾非足爲據也不然則子貢者豈聖人之徒歟

史記載趙高之所以蔽二世者不無過辭二世之昏愚固可蒙塞然不至于深居自隱絕不與臣下相聞也叔孫通傳載陳勝初起兵山東使者以聞二世召博士諸儒生問之秦至斥惡儒學一旦有警猶進博士輩詢之則在朝廷之臣豈不一見而言乎何知其不無過辭

史記伯夷傳以臣弒君弒當作伐蓋武王方欲伐紂安得便言弒史記晉世家重耳在狄惠公欲殺之趙衰等曰夫齊桓公好善志在伯王今聞管仲隰朋死此亦欲得賢佐盍往乎于是遂行是時小白在位方無恙不得豫稱曰桓公史衍一字

夷齊父名初字子朝伯夷名允字公信叔齊名智字公達夷齊其謚也其說皆呂不韋等誕辭無所取信曰伯夷叔齊而止耳至皇甫士安又盡取古人無字謚者悉爲之說不典彌甚孟軻字則未聞而曰字子輿不知何據而然宋璟唐賢宰相名稱甚著而史不

書字顏平原書廣平碑只云名璟而不言字字之有無不必臆爲之說

范雎遊說之士變詐浮淺固不足以語士君子之行然其辨慧似亦可喜上書昭王切而不迫君臣縱談觀者色變此豈碌碌無能之人方其欲仕魏王貧而無資自候須賈之門談笑嚬伸必有穎脫而出者賈不之知魏之君臣不之知一旦至齊而齊王已聞其辨是魏之仕于朝者無一知人者也而反忌牛酒之餉謂以陰事告齊賈與魏齊何不智也脫死簀中留秦六年致身相位千里之魏猶以爲張祿何昧昧也

賈方憂死之不暇而曰不敢復讀天下之書不敢復與天下之事嗚呼齊與賈直所謂庸鄙妄人豈足云哉

魏文侯時秦嘗欲伐魏或曰魏君賢人是禮國人稱仁上下和合未可圖也秦强魏弱其來久矣文侯好賢雖强秦不敢伐誰謂賢者無益人之國也

貨殖傳中所載富者固曰甚盛然求之近代似不足道樊嘉以五千萬爲天下高貲五千萬錢在今日言之纔五萬貫爾中人之家錢以五萬緡計之者多甚何足傳之于史蓋漢時兼并之風猶未至甚民之富

者特止于是自唐以來財產蓄於私室而貧民無立錐宜乎貨殖之多于古也

蘇代曰以地事秦猶抱薪救火薪不盡火不滅代誠知事勢者然不能勸主以仁義則亦徒言之而已

司馬遷謂晏子而在余雖爲之執鞭所忻慕焉以晏子能解左驂贖越石父之罪也

司馬貞謂族者氏之別名舜之生姚墟以姚爲姓封之有虞即號有虞氏是也若後子孫更不賜姓則遂以虞爲姓云

歷之爲用大矣自漢以來其法屢變率十數年一差雖至精者亦不足以持久說者以爲日月星辰運行于上雖曰有形而無所終窮積算之數本之一定而不能無差以一定之數且不能無差而欲究諸無所終窮其失也固宜然歷之所以爲法者由秦而上皆不可知不過曰歷象日月星辰而止耳其所以歷象者不知數用何法也惟漢之鄧平其法以律起涉千數百年而下歷之名屢變而其歷之法則未常變也至唐一行始變其法而用大衍律雖本之黄鍾而律之九六不外乎易大衍之數是亦一道也自茲而下世之言歷者多矣然亦未有他爲之法者不過于積

算以求其差爾鄧平之法求日以九數九九得八十一分以八十一分而積之一日日有一失其差必多理固無疑後之爲歷者其法不精始分一日之數以千萬計其曰萬分歷者是也一晝夜之百刻而千萬分之雖有差謬而所失微矣然亦知其術之不精也

日有中道月有九行中道者黄道也北至東井去北極近南至牽牛去北極遠東至角西至婁去極中夏至至于東井去極近故晷短冬至至于牽牛遠極故晷長春秋分日至婁角去極中故晷中蓋日去極遠近之差晷景長短之則也去極遠近難知要以晷景

晷景者所以知日之遠近也月有九行者黑道二出黃道北赤道二出黃道南白道二出黃道西青道二出黃道東立春春分月東從青道立秋秋分月西從白道立冬冬至北從黑道立夏夏至南從赤道然用之一決于中道青赤出陽道白黑出陰道日月之行要不過是然青白二道亦未可據推也今月魄初生有仰偃之不同是豈從所行之道而然歟

風陽中之陰物藉之以發生亦由之以摧謝故風之爲言亦多不同宋玉風賦有大王庶人之分雖曰託物以見意而所以名狀乎風者抑至矣人君之化所

以謂之風化而諸侯之政其是非得失形于詩歌者亦謂之風風之名雖同而所以謂之風者則異是亦取其有發生摧謝之別爾

正月正讀當作政毛詩正月正音政秦始皇以正月旦生故名政世本政作正宋忠云以正月旦生故名正祖龍以威暴天下計當時避其諱嚴甚訛正爲征後世不之改爾

項羽弒義帝其行不善爭天下者爲縞素舉兵而西誠莫大之利蓋足以聲羽之罪而收天下之心然蕭何輩既不知出此張良自韓往陳平自楚往又皆不之知而新城老人乃獨知而言之漢有天下其定于此然後知天下之事惟出于利害之外者能知之而匹夫之謀爲不可忽也沛公之破秦入關雖仗義而西足以決勝然非項羽先破章邯以存趙則沛公亦未能成功如是之易也秦三年正月羽大破秦軍鉅鹿下擄王離六月章邯舉軍降羽八月沛公方攻武關向使章邯下鉅鹿平河北引兵而南挾戰勝之威諸侯解散武關未易下也蓋河北之勝乃所以壯入關之勢羽不可謂無功蓋漢祖既定天下使項籍之故臣皆名其主之名無乃所見之隘乎籍一代英雄

徒以强暴而亡在漢非有世仇也今既敗滅高祖有天下之初正當廓然大變與海內更始示無所憾而區區欲令其故臣名主之諱以報羽力戰之憤予恐非帝王之度也鄭君不以大夫爲榮而不之易此何賞也又遂死之嗚呼惜哉高祖既滅項籍謂項羽之以失天下者丁公也令後爲人臣者無效丁公至項伯則賜姓封侯使項王失天下者項伯也豈丁公哉或戮之或賞之豈高祖不忘丁公之迫而德項伯之免已歟項羽雖云悍恐然亦可說之以理外黃小兒從容進言遂免城東之坑斯豈婦人之仁乎

荀子謂越爲干越漢書貨殖傳叙謂爲于越顏師古謂于發語聲也戎蠻之語則然于越猶勾吳耳此說謂有理然說者又以干爲越地名今番陽有餘干縣而淮南王上書亦言越人欲爲變必先由餘干界中而地理志豫章郡有餘汗汗音干蓋干乃越之地名而非可盡以越爲干越也于越爲干越特傳寫之誤而後世番陽有餘干卽以干爲是春秋作於越於于聲相近

高祖有天下之初莫急于命相以愛私之故首以趙堯任敖爲御史大夫文帝擇相知竇廣國之賢置而不用乃用無學之申屠嘉

惠帝崩呂后哭而不哀張辟彊謂丞相平請拜呂台呂產爲將居南北軍及諸呂皆居中用事如此則太后心安臣等幸脫禍矣平如辟彊計呂氏權由此起幾亡漢室辟彊之見止于欲大臣脫禍平輕從其說亦以太后多權詐未可遽圖臣主之勢不容齟齬而然爾或曰向令太后譖考平前死之則事有不可言者當不如王陵廷爭之美殊不知大臣之誼當危疑時必以安社稷爲事呂后之心方以大位自疑如其戶平勃諸人專任產祿於天下之人必有假義而起者呂氏掃除而漢業終焉豈不大可慮哉

惠帝爲太子時不易其位固四老人者力然亦是叔孫通周昌輩以死力爭之于前上陽許之矣故四皓一侍其側而如意王趙苟非二人力爭于前四皓未必成功之易及觀惠帝柔懦呂氏幾危社稷則留侯之策未知其是否然大業甫就似非稚子弱母所能君也

曹參舉事無所變更一遵何之約束擇郡國長史訥于文辭謹厚長者卽召除爲丞相史吏言文刻深欲務要名輒斥去之見人之有細過掩匿覆蓋之此眞得天下初定安靜之體蓋公清心之言有以先入之也

孝武病久已而卒起幸甘泉道不治時義縱爲右內史上怒曰縱以我爲不行此道乎銜之未幾以微文棄縱市上官桀爲令孝武體嘗不安及愈見焉多瘦上大怒曰令以我不復見馬也欲下之吏二事正相似而桀以浮辭自解曰臣聞聖體不安日夜憂懼誠不在馬泣數行下上以爲忠由是親近遷至太僕遂與霍光皆受遺詔輔少主未幾桀父子以私故召燕蓋之變幾亡漢室漢武能誅縱而不殺桀蓋惑于其

言也嗚呼人臣之忠是豈可以聲音笑貌爲哉茲不可不察

汲黯嚴助供事武帝方東越相攻上使黯視之至吳而還曰越人相攻固其俗然不足以辱天子之使助乃斬都尉發兵迎悅上意以倡威武二人之賢不肖有間矣其後助卒以罪誅而黯爲名臣子偃復至諸侯上天之報施豈私哉汲黯之正直好諫本其氣質非學而得之然以不學之故昧於大道故恥爲令而有積薪之歎

漢武即位多求俊拔之士與之議論遊處與嚴助吾邱壽王輩然多浮靡輕薄之徒言語不根其實無益于人之國獨主父偃其論爲尚而大臣奏事上每令助等相與辨論大臣數詘自公孫宏後爲宰相者卒救過不給齷齪守位信小臣之言而忽大臣之論宜乎在高位者之無賢人也

衛青凡七擊匈奴斬捕五萬餘級霍去病凡六擊匈奴斬捕十一萬餘級漢之名將曰衛霍當武帝時攘却匈奴無出二人右者生獲級共一十六萬然漢之所喪士馬殆不止是定襄之師馬之不返者已十一萬匹趙信李廣利李廣李陵皆全師陷覆武帝之功

微矣

息夫躬首摘東平王事東平王雲后謁及伍宏俱以冤死其後躬以桑枝祝盜死母聖以祠竈死呼天絕咽尚誰咎哉

田叔被召按梁孝王事使還叔以太后爲解而梁事遂釋及相魯民有以王取財自言者叔怒笞民王慚而償之王好獵叔嘗暴坐以故不大出叔方召見時漢廷臣無出其右者茲可知矣

世皆謂伍被之死由張湯排陷之被死蓋其罪也其遊辭多談漢美非果忠于漢此特欲爲淮南畫巧詐使之必從耳正如衛鞅將說秦以强兵而先之以帝王不然豈有爲臣忠義而與謀諸侯王之畔哉淮南事成被爲謀主使其不成而以虛言獲免姦人之計何往而不得湯之誅被其理之當然非曰排陷也

轎今人所乘竹輿也漢書嚴助傳輿轎而踰嶺轎之義與今正同服虔音橋謂橋梁隘道輿車也臣瓚謂今竹輿車也江表作竹輿以行是也項昭轎音旗廟反師古以服音爲是而項氏爲繆以今世俗所呼則服音爲繆古今之物稱謂不同如此

何比干孝武時爲廷尉正與張湯同時湯持法深而

比干務仁恕數與湯爭所濟活者以千數其子孫仕至肅宗時猶有賢者湯之後亦累葉貴盛至東都益顯善惡之報果何如耶

漢霍去病傳合短兵鏖皋蘭下晉灼注世俗謂盡死殺人爲鏖糟

車千秋傳尉安顏師古云尉安之尉字本無心是以漢書往往存古體字漢書字之存古者甚多矣獨尉安然在漢時人習篆隸古體多亡成哀間唯揚雄好古樂道間有從作奇字者今太元與諸賦用字多古則古體之存在班固時已爲可貴

史臣譏漢宣帝爲不用儒宣帝非不用儒其不用者妄儒爾且漢之賢輔孰如魏相剛直篤學孰如蕭望之帝則任相爲宰相又以望之經明持重議論有餘材任宰相既擧試其政事位御史大夫相明經以賢良登第相與望之非儒而何張禹匡衡當時皆有薦者又經試問疑若可用帝悉罷歸其後二人皆懷姦罔匡衡之畏事石顯見刻張禹之依阿王氏終亡漢室至于僮鄉之封幾同龍斷肥牛之請貪汙身後漢之大姦無若二人帝之不用儒者如此賢矣哉

今人有子艱育者多乞他姓其來蓋久後漢憲帝數失子何后生子養史道人家號曰史侯王美人生子協董太后自養號曰董侯以似姓爲小字非獨今世也

中行說趙信皆漢寶臣爲匈奴謀者然信之爲計不遠說適足亡匈奴爾何則信教單于遠徙漠北以敝漢非也兵以氣勝耳今無故而棄地是棄其族類也族類猶棄國何以不敗乎霍去病等提軍深入如蹈無人之境水草生羊固自不乏何敝之何休屠惧罪來降邊隅少患實本于此北匈奴飢餓潰散南部上言欲兵並滅北庭乞中國爲援正如摧枯拉朽初不

費力竇憲燕然之功何足道哉使其當武帝時不爲匈奴所擒者幾希

討莽何羅功並金日磾餘子何與遺詔封三侯事若可疑霍光旣受疑賞又酖王忽日磾獨不受封其爲人固賢于光遠甚光親聞顯殺許后事猶豫不忍不知赤族之禍實本于此顯以妾爲夫人而素與子都姦光不知皆不學之過宣帝以昌邑之廢心實忌顯啗之以高爵重賞光受之不辭略無遜避意是皆權之過也世言霍禹山雲懷惡不終以隕光之世爲恨禹輩資下且賞毒死許后事固當然然亦宣帝挾忌

嫉之心有以激之爾趙廣漢嘗事光者光死乃躡籍之至于將吏卒突入其門搜索私屠酤推破盧罌斬其關而去皇后泣訴帝不之責也班固知之故于廣漢傳詳言其事且曰廣漢心知微指又曰帝心善之所謂微指者是必帝有捃摭禹家意明矣夫以光之大勳子弟豈不念之一旦所援立之人反相忌害廣漢輩得肆其暴心實不聊下愚之人不知分義憤發無告祇有反耳其反也固不容不誅然幸其速反而誅亦宜帝意也

士惟守節不變者爲難張禹一忤王根而詭對日食

孔光一忤闕氏而更附王莽由今觀之二人之罪大于王氏

漢成帝報張禹曰朕以幼年執政則人君臨政亦可謂之執政賈生曰執此之政堅如金石則人君之謂執政所當然耳

翟方進平日任數用術陷斥官友不以一計及其爲相陰險益甚身既不免非命子義卒致赤族此亦可爲陰險者戒之

漢元帝能隤銅丸擿鼓聲中嚴鼓之節雖習知音律者不能學而少子定陶王能之上數稱其才欲代太子史冊曰凡所謂材者敏而好學溫故知新皇太子是也若器人于絲竹鼓鼙之間則是陳惠李微高于匡衡可相國也于是上默然人君之器材惟無以不材爲材可也冊之論雖有所主然其所以論材則是也

王莽區區以鬼神誑惑天下以至禳禱彼蓋習聞漢家重鬼神禱祠之禮如神光山呼等事當時之人往往夸異故莽假之以欺天下想見天下之人信其果有天命者必十室而九向使其不作井田不更錢幣不事四夷不務改作則天下之人未必畔莽舂陵苗

裔雖必中興亦未能起之遽也國家之好尚可不重其始哉

王莽敗省中黃金以萬斤爲櫃者尚六十餘櫃其他處處有數櫃金如是之多者蓋莽禁例候以下不得挾黃金輸府受直故盡冣于內

方望始說隗囂勿歸更始囂不從後果爲更始所忌脫死西還望先辭去囂方危殆時必中心深思望之先見以爲不當以國歸人故光武詈書開諭而終不至思望言也更始不當歸而歸之光武當歸而不歸囂之無識也如此

費貽不肯仕于公孫述漆身爲癩佯狂以避之同郡任永馮信皆托青盲以辭徵命

世俗于清明前一日謂之寒食在春最爲佳節其俗以爲由介子推火死故爲之不舉火而食熟物寒食之義蓋始于此然以史考之周舉爲并州刺史太原一郡舊俗以介子推火骸有龍忌之禁至其亡月咸言神靈不樂舉火由是士民輒冬中一月寒食莫敢烟爨民甚不堪歲多死者舉乃作弔書以寘子推之廟言盛冬去火殘損民命非賢者之所恐爲民俗難革卽此考之則子推之死當在十一月民寒食故在

冬中也今之寒食乃在三月初節與盛冬蓋遠豈亦自有所謂龍忌之禁章懷以心星爲言亦未必不然荆楚歲時紀云冬至後一百五日必有風雨謂之寒食魏武令云冬至後一百五日民多寒食又豈周舉所謂盛冬去火殘損民命者耶

黄瓊以公車召李固素慕於瓊以書逆遺之有曰嶢嶢者易缺皎皎者易汙近魯陽樊君被召言行所守一無所缺而毁謗布流應時折減豈非觀聽望深聲名太盛乎唯小人喜稱君子之過而相與羣攻之盻盻然伺其隙而覬乎人主之不用纖瑕小過則曰某與某號爲君子者而過也如是其黨之爲小人者則巧爲諱避隱而不聞責人則重以周待已則輕以約已不爲善而惡人之善已不爲忠而惡人之忠嶢嶢者必使之缺皦皦者必使之汙毁謗布流蓋其宜爾

張平子西京賦言小說九百家然班固所志僅十五家多寡之不同如此

天下之惡特去其甚太者必欲天下無小人則無是理也張汎以技巧挾勢岑晊張牧旣捕而殺之矣赦書與中外更始二子逵上命而誅之併及其黨二百餘人晊輩不爲無過成瑨由二子而下吏不聞引罪

自歸陷瑨于死而遁逃自免其視賈高輩豈不愧甚賈彪以爲不能奮戈相待斯言誠當黨錮之禍要知其徒有以趣之賈偉節眞賢君子也

後漢中山簡王傳吾國各官騎百八稱娖前行注娖楚角反猶齊整也今俗曰整娖必據此而訛也

朱傅爲瑯邪太守齊舒緩尚儀止博齊之以法律視事數年太改其俗掾吏闕節如楚越由是觀之上之化下惡有不從而俗吏之不可用者如此（此條疑有闕文）

宋景文公筆記孫炎作反切語本出俚俗常言尚數百種故謂就爲鯽溜凡不慧者曰不鯽溜謂孔曰窟

籠謂團曰突欒不可勝舉唐盧仝詩曰不鄉溜鈍漢宋林逋詩團欒空遶百千回是不曉俚人反切語雖變突爲團亦其謬矣

細素雜記古語有二音合爲一字者如不可爲叵何不爲盍從西域二合之音切字之原也龍鍾潦倒如二合之音龍鍾切癃字潦倒切老字

關雲長有功于魏捨之而去不呰先主皆有古國士風亦足以見先主之得人心

闞邱興爲安定太守將之官曹操戒之曰羌胡欲與中國通自當遣人來勿遣人往善人難得必將教羌

胡妄有所請求因欲以自利不從便爲失異俗意從之則無益于事興至遣校尉范陵至羌中陵果教羌使自請爲屬國都尉公曰吾預知當爾非聖人但更事多爾乃知人更事多則料事自審

緇重緇衣也重謂載重物車也故行者之資總曰重然緇重自是兩車名今人多以緇重爲輜重藏物之車孫子爲師居輜車是也其義亦可兩通

魏氏春秋曰袁紹之敗孔融與曹操書曰武王代紂以妲巳賜周公議其取甄氏也操以融學博謂書史所紀後見問之對曰以今度之想其當然爾融坐棄

市文舉雖負氣豪邁然出言有章援引明審不致作無根之語以速其禍斯好事者之言未足信也斐松之能辯文舉之死以爲不然而不及妲巳之繆何也

雒陽洛字或從水或從隹魏畧詔云漢水行也火忌水故雒字去水而加隹魏于行次爲得土水之壯水得土而乃流土得水而柔故除隹作水變雒而爲洛

王吉以清德懿行顯名漢世更三百年餘至祥覽始大祥之純孝覽之友弟雖三代之盛未易多見也德行孝弟聖賢之所向而天地鬼神之所佑也其後遂昌與江左相爲盛衰其所積者厚故其流也遠

王述性沈靜人謂之癡父桓溫建遷洛之議舉朝疑惧雖並知不可莫敢先諫孫興公僅能上疏言其未可溫之情僞無能判者儻遣侍中止溫適中其姦計資長聲勢耳述獨能測其虛聲俾從其請溫謀遂屈述之智晝能越羣輩而爲名臣者正以其沈靜而然殷浩輩徒以浮淺得虛名豈足以語此

晉書兗州八伯太山羊曼爲䶩伯唐書人謂常兗爲䶩伯注曰猥冗不肖之貌也

胡威嘗諫晉武時政之寬帝曰尚書郎以下吾無所假借威曰臣之所陳豈在丞郎令史正謂如臣等輩

始可以肅化明法爾人君行法不能施于貴近而僅及于疏賤其爲號令顧亦虛文爾

李延壽作南北史于北史多溢美而書之亦甚詳書北事則曰某皇帝書南事則曰某帝蓋唐承隋祚其來自北而高祖之前與延壽累葉皆仕北朝其私意如此

劉裕起一介平桓元之亂可謂天下之英雄王謐以社錢之恩貸其惡而不誅就居端揆其何以勸事君者觀漢祖戮丁公之事斯有愧矣至韓延之報書則以示將佐謂事人當如此捨其大而取其小非所以爲訓也

宋劉方平天下亂與母俱匿野澤中朝出求食逢餓賊欲烹平平叩頭曰今且爲老母求食老母待平爲命願先歸食母畢還就死因涕泣賊見誠哀而遣之平旣還食母訖因白日屬與賊期義不可欺遂還詣賊衆皆大驚曰嘗聞烈士今乃見之子去矣吾不忍食子于是得全平之不欺固善矣然盜賊虎狼也方饑喙流涎而啖之母匿野間何以自食或悲傷思平而卒是幷殺其母也殺身希信不顧其母未爲是也大人者言不必信行不必果信近于義言可復也爲

有以身殘賊親之不恤而可謂之信乎

富貴而不知道適足爲患不如貧賤貧賤之致物也難雖欲過之奚損人之性壽物者汨之故不得壽物也者所以養性也非所以養性也今世之人惑者多以性養物呂不韋著書曰春秋時亦有可取如此類者漢儒附著其月令于六經不可以人廢言也

陸澄少好學博覽無所不知行坐眠食手不釋卷然在宋以議皇后諱應稱姓徐爰引春秋逆王后于齊並不言姓坐免官又上表言舊例無左丞糾中丞之議褚彥回檢宋以來左丞糾中丞者甚衆奏澄護闕

膚見遂出白衣領職不知所謂博覽無所不知者何也

袁顗見疑于宋明帝詭辭求出爲雍州舅蔡興宗亦出南郡興宗辭不行顗與興宗曰在內大臣朝不保夕今得間不去後求去豈可得耶宗興曰吾素門平進與主上甚疏未容有患汝欲在外求全我欲居中免禍各行其志不亦善乎及更子勛之亂衣冠流離外難百不一存興宗從容如平時人皆謂興宗有先見興宗之見蓋先于平進甚疏耳豈有內外之間哉

顏竣爲宋武陵王駿主簿佐駿即位遂任腹心之寄權寵日盛父延之爲金紫光祿大夫資供一無所

受布衣茅室蕭然如故常乘羸牛笨車逢竣齒傳屏徃道側常語竣曰吾平生不喜見要人今不幸見竣創宅延之謂曰善爲之無令後世笑汝拙也卒後竣愈顯未幾并其子誅之延之處亂世可謂明哲者乎

補官舊用板宋明帝泰始中因子勛之難板不能供始用黃紙唐誥用綾然亦有用紙者士大夫亦多自書今顏平原誥有存者手筆極奇

齊建武二年北魏相州刺史高閭年老乞任本州詔曰閭以懸車之年方求衣錦知進忘退有塵謙德可降號平北將軍朝之老成宜遂情願徙幽州刺史存

勸兩修恩法並舉

陳司馬申能候人主顏色有忤已者必以微言譖之申嘗晝夜于尚書省有烏啄其口流血時論以譖謂賢之效烏羽族以好鳴見罪于人而能嫉讒如是使烏多力必能殺申不但如啄其口也

王通謂薛收善接小人遠而不疎近而不狎頹如也小人誠難處也遠之則怨近之則不遜如使之不疎不狎誠有過人者

隋開皇中幽州人家以白楊木垂竈上積十餘年忽生一條皆長三尺餘甚鮮茂漢時上林僵柳復生何柳之好爲怪也

孔子不喜與人辯孟子好與人辯是非文中子復不喜與人辯其學孔子之道者歟或曰孟子之時亦其可與辯者則辯之冀以明其教也文中子遭亂世而退河汾宜乎不爲之辯也

唐太宗貞觀十一年始遣使至西域摩揭陁國取熬糖法卽詔楊州上蔗柞瀋如其劑爲之色味勝西域遠甚然江表傳載孫亮遣黃門以銀盌并蓋就中藏吏取交州所獻甘庶餳乃甘蔗作糖舊矣何至唐始徃西域取法哉豈餳如今之水糖而熬糖乃沙糖類

乎

突厥政亂諸將遂請討之太宗以新歃血取之爲失信不取爲失機計猶豫以問大臣蕭瑀曰兼弱攻昧取之便長孫無忌曰今我戢兵待彼或侵邊乃可擊使遂弱且不能來又何求太宗曰善然卒取突厥無忌之言可謂至善而太宗卒取之者亦將國請者之說有以激之爾彼于瑀言蓋未全信也

房元齡杜如晦皆同功一體之人元齡任公竭節心無媢忌務爲寬平宜若有後一傳而隤其家曾不若如晦之後累葉宰輔與國終始何也史稱元齡善謀

如晦長斷豈陰謀之罪造物所不貸耶陳平亦曰我多陰謀道家所忌吾世即廢亦已矣不能復起以吾多陰禍也

金有三等黃金爲上白金爲中赤金爲下孟康曰白金銀也赤金丹陽銅也今不聞丹陽有銅曰赤金唐太宗賜房元齡黃銀帶曰世言黃銀鬼神畏之更以金帶賜杜如晦家今人亦不復見有黃銀淮南王與方士爲藥金劉更生得其書幾致殺身而壽春八公山至今有人時得藥金于淮南祠旁者

宋廣平清節剛正輝映一時而六子皆以不肖斥此

何哉豈天人之理果有時而舛耶人太察則失之不恕非所以貽後

李勣不負李密單雄信斯可託孤矣然勣本以盜起不知大義自謂平生事太宗無不至者登州之斥出于非意是豈不能阿意順旨而然故其鬭意之初快快亟去高宗一旦還用之始爲自全計由太宗之所以處勣者非其道也臣之于君以道合爾烏有恩不恩哉登州之出適所以沮勣之心又何恩邪

唐史稱房琯以忠義自奮而用違所長史遭承平不失爲名宰相竊謂不然所謂名宰相者雖才不周變亦必有德量誠信者焉琯初爲諸生即作封禪書于張說其後爲給事明皇委之經度華清宮乃疏巖剔藪爲天子營遊觀之地所爲如此其可爲名宰相乎琯之爲人佞敏僞巧託名售私斷斷可觀以欺世者爾當時如杜子美輩皆爲所惑肅宗昧于知人昇以政事已自過矣賀蘭進明之言非譖也琯之爲人亦誠如此琯不以國之艱危爲念忘其疎薄乃請自將僥倖一勝以杜人言此何心哉使肅宗足知人之明必不使琯將及其敗北士死數萬王宗幾殆而不能尸琯以徵姦妄何哉彼封常清高仙芝皆屢著勳績

一旦敗衂猶不免刑戮琯之罪不大于二人乎乃捨不問肅宗之于刑賞也繆矣哉

五角六張謂五日遇角宿六日遇張宿此兩日作事多不成一年之中不過三四日耳開元中有人以此爲俳語獻明皇

世多傷裴炎以忠死者炎固忠矣惜其不明于大誼也中宗欲以天下與后父此固不可然則天之慘酷孰不知之一旦廢帝而以天下之柄授則天可乎此蓋大臣遇事之難者烏可輕發

狄仁傑婁師德在唐俱爲大臣狄之登明由婁薦拔

及其並位狄必欲擠婁于外何也爲其所容而不自知狄公之賢其不及婁也審矣

張九齡悅蕭誠之軟美畏嚴挺之太勁若二人與九齡友厚而親軟美者卻用明皇不寵牛仙客如何諫得也

唐史郢傳郢子定讀尚書至湯誓詭問郢曰奈何以臣代君郢曰應天順人何言代耶對曰用命賞于祖弗用命戮于社是順人耶郢異之殊不知用命賞于祖自是甘誓非湯誓也若爾則定之詭繆已自可笑豈足書哉

郭子儀自平安史功蓋天下魚朝恩深忌之及代宗立程元振嫉之尤甚乃罷子儀兵柄寘之京師及後吐蕃入寇兵迫近郊上已出奔始命爲關內元師遣屯咸陽是時子儀無兵麾下纔數騎魚程二人非有意于禦狄敵也蓋以之餧賊爾意以爲寇兵甚盛師已近及子儀雖有才望必不能以數騎抗敵進戰則必危退去則因以軍法殺之子儀不死于寇必死于罪此二人意也所幸天相忠義使之成功爾

衡岳有廣成先生碑先生方士也大中五年蕭鄴撰云武宗朝擅權者欲以神仙絆噲思亟言天下術士可致不死藥可求乃命召先生除銀青光祿大夫崇元館大學士加紫綬號曰廣成先生創崇元館鑄印置吏唐之時待方士如此其厚所謂擅權者非德裕而何大抵欲專人之權者必有術焉苟其心一以神仙長年爲事其視天下之大眞若敝屣至于廟堂又奚足較哉然以是幻其君而已專其權則德裕亦可僇

伎癢者嬾眞子云杜甫哀鄭虔詩有蒼蕞何技癢之句謂之有技藝不能自忍如人之癢也

杜少陵詩鸚鵡啄金桃金桃始出西域康居國貞觀間賞貢之兼以銀桃詔植苑中鸚鵡亦出西域金桃豈其所嗜哉

吐蕃平涼之盟當時無有知其劫盟只慮盟之不成及盟之寒耳帝臨軒矜語宰相者幸其盟之成也柳渾謂戎狄難信亦只是憂其既盟之後未免用兵也遂謂渾爲知吐蕃謀吾恐不然

人君知人雖是難事然亦須子細考察其大節如李訓登進士能口誦詩書一見文宗便知掃除逆黨之意豈不是快又欲復河北卻夷狄又嘗以計誅陳洪志王守澄文宗深信之也然訓之進特由守澄其大

節已不足觀僥倖成功蓋知人難矣

唐崔元植與崔元略同位于朝時中丞闕議者屬元植元略欲得之適值元植入閤不如儀使御史彈之及宰相進中丞果屬元略亦可謂巧進者矣時又有欲圖相位疑元略妨己路故劾其前為京兆造橋取賑事舉疑似以黷染之元略遂竟齟齬乃知姦貪之相伺者有如螳螂之捕蟬

大中遺事擇貴人子弟之美者傅粉粧飾之名曰花郎人皆尊覩之

白氏六帖祠部格云私家部曲客奴婢等不得入道

如別敕許出家還俗者追歸舊主各依本色唐劉仁恭旌節吾自有之但要長安本色耳

外史檮杌孟蜀時潘在廷以財結權要或戒之乃曰非是求援不欲其以冷語氷人耳

十三州記云錢湖濶十二丈周回三十里在錢塘縣西南十里靈隱寺正坐其山寺之東西溪二水源東曰龍源橫過寺前即龍溪是也冷泉亭在其上西曰泉源其流洪大奔迸激越下山二里八十步過橫坑橋入于錢湖蓋錢源之聚滀也錢湖一名金牛湖一名明聖湖舊說云湖有金牛過聖明即見故有二名錢湖即本名也今萬松嶺下西城第一門題曰錢湖門可驗其實第二門曰湧金門即金牛出見之所而錢塘記以為防海大塘其初立時募致土一斛者與錢一千故號錢塘十三州記則是錢因水得名而錢塘記以為因錢市土得名史記以為錢唐字不從土錢塘記所載皆不然以唐字為塘蓋俗書爾

秦漢而下亂離之甚未有如五代者然良法美意可行于後聖人亦為之不廢蓋治得其道豈有古今之間同歸于是而已緣邊置場市馬板印五經百官五日起居轉對奏事民下不許越訴不能自書許執素紙漕運給斗耗刪律令為刑統行之至今昭然無害

誠不可廢也則夫漢唐之有天下七百餘年其治與三代庶幾者宜焉封建井田之不可復蓋存乎時昔人論之詳矣

國史補宰制四方事有堂案處分百司有堂帖不次押名曰花押黃勑既下有所異同曰黃帖

長編元祐五年六月宰相呂大防與中書劉摯建言欲引用元豐黨人以平舊怨謂之調停

東坡與滕達道書晚景若不打疊此事則大錯雖二十四州鐵打不就也

宋景文公筆記云老子云無物之像古語亦有想像韓非子曰人希見生像得死像圖之又案其圖以想其生也故人所以意想者皆謂之想像然說亦怪矣王彥章畫像記迹其以奇取勝以嘆時事文字展轉不窮

前輩文集惟集可存其別集遺文俱當删削不惟多有眞贋之殊而當時亦有不得已而作者如韓文別集所載不可存者尤多非有益于退之也

傳燈錄溈山謂仰山云我適來得一夢汝試爲我原看原或作圓南唐近事馮僎舉進士時有徐文幼能圓夢山谷詩松風佳客共茶夢小僧圓

靖康傳信錄

光緒七年辛巳重鋟于廬蓬

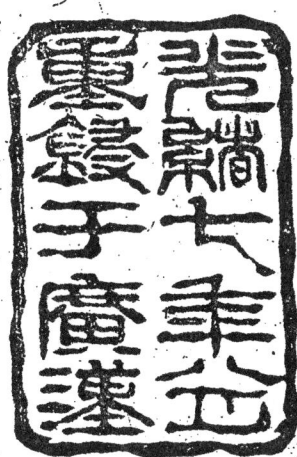

原序

元年正月三日差充行營參謀官四月除尚書右丞充留守五日改充親征行營使二月三日以姚平仲事罷職五日以士庶伏闕復舊職改充都大提舉京城四壁守禦使金寇退師除知樞密院事六月差充河北河東路宣撫使七月出師次懷州八月召赴闕議事九月還次封邱除觀文殿學士知揚州十月以言者改差提舉亳州明道宮尋落職十一月責授保靜軍節度副使建昌軍安置尋移甯江以二年春行次長沙聞召命復官除資政殿大學士領開封府事

時金寇再犯闕幾半年京師之圍未解四方盜賊蜂起余荷兩朝厚恩國步艱難不敢自愛方率義旅以援王室追念自乙巳之冬迄今纔歲餘一身之進退榮辱天下之安危利害紛然如此豈非真夢耶然一歲之間再致大寇雖曰天數亦人事也去春致寇其病原於崇觀以來軍政不修而起燕山之役去冬致寇其病原於去春失其所以和又失其所以戰何也賊以孤軍深入前阻堅城而後顧邀擊之威當是時不難於和而朝廷震懼其所邀求一切與之既割三鎮又質親王又許不貲之金幣使賊有以窺中國之

弱此失其所以和也諸道之兵既集數倍於賊將士氣銳而心齊朝廷畏怯莫肯一用徽姚平仲刼寨之小衂而忘周亞夫困敵之大計使賊安然厚有所得而歸此失其所以戰也失此二者之機會故令賊志益侈再舉南牧無所忌憚遂有并吞華夏之心譬猶病者証候既明當用毒藥而不用雖暫得安疾必再來此必至之理也以今日而視去歲人心國勢之不相侔何止相什百哉臣子之義惟當奮不顧死以徇國家之急及其成功則天也然自是之後朝廷非大有懲創士風非大有變革內外大小同心協力以扶持宗社保全家室爲事掃去偷惰苟且之習媢嫉譖愬之風雖使寇退亦豈易支吾哉故余於此錄記其實而無所隱庶幾後之覽者有感於斯文

靖康傳信錄上

宋　李綱　撰　　綿州　李調元　校

宣和七年冬金人敗盟分兵兩道入寇其一以戎子斡離不爲帥寇燕山郭藥師叛燕山諸郡皆陷遂犯河北其一以國相粘罕爲帥寇河東李師本叛忻代失守遂圍太原邊報狎至朝廷震懼不復議戰守惟日謀避狄之計然其事尚秘外廷未聞也至十二月中旬間賊馬逼近始遣李鄴借給事中奉使講和降詔罪己召天下勤王之師且命皇太子爲開封牧宰執日聚都堂茫然無策聿遣家屬散之四方易置東南守臣具舟檝運寶貨爲東下計於是避狄之謀外廷始聞余時爲太常少卿素與給事中吳敏厚善夜過其家謂敏曰事急矣建牧之議豈非欲委以留守之任乎東宮恭儉之德聞於天下以守宗社是也而建以爲牧非也巨盜猖獗如此宗社不守中原且無人種自非傳以位號使招徠天下豪傑與之共守何以克濟公從官以獻納論思爲職曷不非時請對爲上極言之使言不合意不過一死死有輕於鴻毛者此其時也敏曰監國可乎余曰不可唐肅宗靈武之事當時不建號不足以復邦而建號之議不出於明

皇後世惜之上聰明仁慈倘感公言萬有一能行此金人且將悔禍退師宗社底寧豈徒都城之人獲安天下之人皆將受賜非發勇猛慈悲之心忘身殉國者孰能任此敏翌日求對具道所以且曰陛下果能用臣言則宗社靈長聖壽無疆上曰何以言之敏曰神霄萬壽宮所謂長生大帝君者陛下也必有青華帝君以助之其兆已見於此上感悟歎息因言李綱之論蓋與臣同有旨召余赴都堂稟議訖隨宰執至文字庫祗候引對實二十三日也其日余懷所論著劄子待封文字庫上御玉華閣先召宰執吳敏等對

至日晡時內禪之議已決擢吳敏爲門下侍郎草傳位詔召百官班垂拱殿下宣示詔旨余不復得對是夕命皇太子入居禁中覆以御袍皇太子俯伏感涕力辭因得疾召東宮官耿南仲視醫藥至夜半少蘇翌日又固辭不從乃即大位御垂拱殿見宰執百官時日有五色暈挾珥赤黃色有重日相摩蕩久之乃隱尊道君皇帝曰道君太上皇帝尊道君皇后曰道君太上皇后道君太上皇帝居龍德宮太上皇后居擷景園以李邦彥爲龍德宮使蔡攸吳敏副之皆奉道君太上皇帝旨也大赦天下翰林學士王孝迪實草赦書而不著上自東宮傳位之意致四方疑士論非之詔有司討論所以崇奉道君太上皇帝者余時猶在太常條具以聞詔遣節度使梁方平將騎七千守濬州步軍都指揮使何灌將兵二萬扼河津探報虜騎漸逼故也二十八日有旨召對延和殿上迎謂曰卿頃論水章疏朕在東宮見之至今猶能誦憶嘗爲賦詩有秋來一鳳向南飛之句余敘謝訖因奏曰陛下養德東宮十有餘年恭儉日聞海內屬望道君太上皇帝觀天意順人心爲宗社計傳位陛下受禪之際燦然明白下視有唐爲不足道也願致天下之

養極所以崇奉者以昭聖孝今金寇先聲雖若可畏然聞有內禪之事勢必消縮請和厚有所邀求於朝廷臣竊料之大概有五欲稱尊號一也欲得歸朝人二也欲增歲幣三也欲求犒師之物四也欲割疆土五也欲稱尊號如契丹故事當法以大事小之義不足惜欲得歸朝人當盡以與之以示大信不足惜欲增歲幣當告以舊約以燕山雲中歸中國故歲幣增於大遼者兩倍今既背約自取之則國幣當減國家敦示和好不校貨財姑如原數可也欲求犒師之物當量力以與之至於疆土則祖宗之地子弟當以死

守不可以尺寸與人願陛下留神於此數者執之之
堅無爲浮議所搖可無後艱弁陳所以禦敵固守之
策上皆嘉納翌日有旨除兵部侍郎日下供職靖康
元年正月一日上御明堂受文武百官朝賀退詣龍
德宮朝賀道君太上皇帝百官班於門外宰執進見
三日有旨以吳敏爲行營副使以余爲參謀官團結
軍馬於殿前司又以蔡攸爲恭謝行宮使宇文粹中
副之以治道君太上皇帝東幸之具蓋斡離不之兵
距河濬州不守梁方平戰衂燒橋而遁何灌軍馬望
風潰散賊遂渡河是日聞報故也夜漏二鼓道君太

上皇帝出通津門東下道君太上皇后及皇子帝姬
等相續以行侍從百官往往潛遁是時從官以邊事
求見者皆非時賜對四月余待對班于延和殿下聞
宰執奏事議欲奉鑾輿出狩襄鄧問余竊思以爲不
可適遇知東上閤事朱孝莊于殿廷問語之曰有急
切事欲與宰執廷辨公能奏取旨乎孝莊曰宰執未
退而從官求對前此無例余曰此何時而用例耶孝
莊許諾卽具奏得旨引對余拜訖升殿立於執政之
末因啟奏曰聞諸道路宰執欲奉陛下出狩以避狄
果有之社稷危矣且道君太上皇帝以宗社之故傳

位陛下今捨之而去可乎上默然太宰白時中曰都
城豈可以守余曰天下城池豈復有如都城者且宗
廟社稷百官萬民所在捨此欲將何之若能激厲將
士慰安民心與之固守豈有不可守之理語未旣有
內侍領京城所陳良弼自內殿出奏曰京城樓櫓創
修百未及一二又城東樊家岡一帶濠河淺狹決難
保守願陛下詳議之上顧余曰卿可同蔡懋良弼進
觀朕於此俟卿余旣被旨同懋良弼亟詣新城東壁
遍觀城濠回奏延和殿車駕猶未興也上顧問如何
懋對亦以爲不可守余曰城堅且高樓櫓雖未備然

不必樓櫓亦可守濠河惟樊家岡一帶以禁城不許
開鑿誠爲淺狹然以精兵強弩占據可以無虞上顧
宰執曰策將安出宰執皆默然余進曰今日之計莫
若整飭軍馬揚聲出戰固結民心相與堅守以待勤
王之師上曰誰可將者余曰朝廷平日以高爵厚祿
蓄養大臣蓋將用之於有事之日今白時中李邦彥
等雖書生未必知兵然藉其位號撫馭將士以抗敵
鋒乃其職也時中怒甚厲聲曰李綱莫能將兵出戰
余曰陛下不以臣爲愚懦倘使治兵願以死報第人
微官卑恐不足以鎮服士卒上顧宰執曰執政有何

闕趙野對曰尚書右丞闕時宇文粹中隨道君東幸故也上曰李綱除右丞面賜袍帶并笏余致謝且敘所以方時艱難不敢辭之意車駕與進膳賜宰執食於崇政殿門外廡再召對於福甯殿去留之計未决故也宰執猶以去計勸上有旨命余留守以李棁副之余爲上力陳所以不可去者且言唐明皇聞潼關失守卽時幸蜀宗社朝廷碎於賊手累年然後僅能復之范祖禹以謂其失在於不能堅守以待勤王之師今陛下初卽大位中外欣戴四方之兵不日雲集虜騎必不能久留捨此而去如龍脫於淵車駕朝發

而都城夕亂雖臣等留守何補於事宗社朝廷且將爲邱墟願陛下審思之上意頗回而內侍王孝竭從旁奏曰中宮國公已行陛下豈可留此上變色降御榻泣曰卿等毋留朕朕將親往陝西起兵以復都城决不可留此余泣拜俯伏上前以死邀之會燕越二王至亦以固守爲然上意稍定卽取紙御書可回二字用寶俾中使追還中宮國公因顧余曰卿留朕治兵禦寇專以委卿不令稍有疏虞余惶恐再拜受命與李棁同出治事是夕宿於尚書省而宰執宿於內東門司中宮國公之行已遠是夕未還中夜上遣中使令宰執供軍令狀詰旦决行翌日余自尚書省趨朝道路紛紛復傳有南狩之事太廟神主已出寓太常寺矣至祥曦殿則禁衛皆以擐甲乘輿服御皆已陳列六宮襆被皆將升車矣余惶遽無策因厲聲謂禁衛曰爾等願以死守宗社乎願扈從以巡幸乎禁衛皆呼曰願以死守宗社不居此將安之余因拉殿帥王宗濋等入見曰陛下昨夕已許臣留今復戒行何也且六軍之情已變彼有父母妻子皆在都城豈肯捨去萬有一中道散歸陛下孰與爲衛且虜騎已逼彼知乘輿之去未遠以健馬疾追何以禦之上感

悟始命輟行余謂宰執曰上意已定敢有異議者斬因出祥曦殿傳旨宣示禁衛皆拜伏呼萬歲其聲震地復入勸上御樓以見將士上可之駕登宣德門宰執百官將士班樓前起居上臨闌干久之復降步輦勞問將士余與吳敏撰數十語敘金人犯順欲危宗社决策固守各令勉厲之意俾閤門官宣讀每讀一句將士聲諾須臾六軍皆感泣流涕於是固守之議始决是日以余爲親征行營使馬軍太尉曹曚副之白時中罷相以李邦彥爲太宰張邦昌爲少宰吳敏知樞密院事趙野爲門下侍郎王孝迪爲中書侍郎

蔡懋爲左丞耿南仲同知樞密院事李迪邦彥之姻家故薦之南仲出城已累日上遣使追還之以東宮官故有是命親征行營使置司於大晟府辟參謀官書寫機宜勾當公事管勾文字准備差遣統制統領將領准備差使等擇文武官處之吏房戸房兵房工房選三省人吏處之上賜銀絹錢各一百萬貫疋兩文臣自朝請大夫以下武臣自武功大夫以下及將校官告宣帖三千餘道一切許以便宜從事自車駕御樓之後方治都城四壁守具以百步法分兵備禦每壁用正兵萬二千餘人而保甲居民廂軍之屬不

與焉修樓櫓挂氊幕安砲坐設弩牀運磚石施燎炬垂檑木備火油凡防守之具無不畢備四壁各有從官宗室武臣爲提舉官諸門皆有中貴大小使臣分地以守又團結馬步軍四萬人爲前後左右中軍軍八千人有統制統領將兵步隊將等日肄習之以前軍居東水門外護延豐倉倉有粟豆四十萬石其後勤王之師集城外者賴之以濟以後軍居東門外占樊家岡使賊騎不敢近而左右中軍居城中以備急緩自五日至八日治戰守之具粗畢而賊馬已抵城下寨於牟駝岡牟駝岡者京城外西北隅地也岡勢

隱轔如沙磧然三面據水前枕霧澤陂即孳生馬監之所芻豆山積異時郭藥師來朝道君命打毬於其間故知可以爲寨地金人兵至徑趨其所實藥師導之人謂藥師忠於國家與金人戰偶不利而從之余勿信也是夕金人攻西水門以火船數十隻順汴流相繼而下余臨城捍禦募敢死士二千人列布拐子弩城下火船至即以長鉤摘就岸投石碎之又於中流安排杈木及運蔡京家假山石疊門道間就水中斬獲百餘人自初夜防守達旦始保無虞入對垂拱殿方奏事間傳奏賊攻酸棗封邱門一帶甚急上命

余往督將士捍禦余慮城上兵卒不足用即告上乞禁衛班直善射者千人以從上遣御藥盧端同行傳旨如所乞自禁中至新城酸棗門幾二十里行夾道委巷中惟恐賊之已登城也抵門賊方渡濠以雲梯攻城余命班直乘城射之皆應弦而倒余時坐酸棗門下有自門上擲人頭下者至六七不已詢之云斬獲奸細俾驗認即皆漢人首級也葢擾攘中兵卒妄行殺戮捕獲數人即斬以徇因使號令如獲奸細捕人親執出頭驗實推賞輒殺者斬自是乃止余與官屬數人登城督戰激厲將士人皆賈勇近者以手砲

檑木擊之遠者以神臂弓強弩射之又遠者以床子弩座砲及之而金賊有乘栰渡濠而溺者有登梯而墜者有中矢石而踣者甚衆又募壯士數百人縋城而下燒雲梯數十座斬獲酋首十餘級皆耳有金環是日賊攻陳橋封邱衛州等門而酸棗門尤急虜箭集於城上如蝟毛士卒亦有中傷者皆厚賞之上遣中使勞問降御筆褒諭給內庫酒銀椀綵絹等以頒將士人皆歡呼自卯至未申間殺賊數千人賊知守城有備不可以攻乃退師因遣使隨李鄴請和抵城下已昏黑矣堅欲入城余傳令敢輒開門者斬竟俟

明乃入實初十日也上御崇政殿宰執起居訖升殿奏事引使入對出斡離不書進呈道所以舉師犯中國之意聞上內禪願復講和乞遣大臣赴軍前議所以和者上顧宰執未有對者余因請行上不許曰卿方治兵不可命李棁奉使鄭望之高世則副之宰執退余留身問所以不遣之旨上曰卿性剛不可以往余對曰今虜氣方銳吾大兵未集固不可以不和然所以和者得策則中國之勢遂安不然禍患未已宗社安危在此一舉臣懼李棁柔懦恐誤國事也因爲上反覆具道所以不可割也及過許金幣之說以謂

謂金狄之性貪婪無厭又有燕人狡獪以爲之謀必且張大聲勢過有邀求以窺中國如朝廷不爲之動措置合宜彼當戢斂而退如朝廷震懼所求一切與之彼知中國無人益肆覬覦憂未已也先定然後能應安危之機願陛下審之上頗以爲然余退巡歷城中因乞宰執分提舉四壁上命蔡懋分提舉京城四壁守禦使而李棁是日至金人軍中果辱命斡離不者南向坐棁望之等北面再拜膝行而前斡離不遣燕人王汭等傳道語言謂都城破在頃刻所以斂兵不攻者徒以上故存趙氏宗廟恩莫大也今議和須

犒師之物金五百萬兩銀五千萬兩絹綵各一百萬疋馬駝驢騾之屬各以萬計尊其國主爲伯父凡燕雲之人在漢者悉歸之割太原中山河間三鎮之地又以親王宰相爲質乃退師出事目一紙付棁等持朝廷棁唯唯不能措一詞金人笑之曰此乃一婦人女子耳自是有輕朝廷心十一日棁至自大金軍前宰執同對於崇政殿進呈金人所須事目且道其語宰執震恐欲如其數悉許之余引前議力爭以謂尊稱及歸朝官如其所欲固無害犒師金幣所索太多雖竭天下不足以充其數況都城乎當量與之太原

河間中山國家屏蔽號爲三鎮其實十餘郡地塘濼險阻皆在焉割之何以立國又保塞翼順僖三祖陵寢所在子孫奈何與人至於遣質即宰相當往親王不當往爲今日計莫若擇使與之往返熟議道所以可不可者金幣之數令有司會計所有陸續具報宿留數日大兵四集彼以孤軍入重地勢不能久留雖所得不滿意必欲速歸然後與之盟以重兵衛出之彼且不敢輕中國其和可久也宰執皆不以爲然方謂都城破在朝夕肝腦且塗地尚何有三鎮而金幣之數又不足較也上爲羣議所惑默然無所主凡爭

論兩時無一人助余言者余自度力不能勝衆說因再拜求去曰陛下擢臣自庶僚不數日與大政臣亦受之而不辭者徒以議論或有補萬分之一今與宰執異議不能有所補願還庶僚以安愚分上慰諭曰不須如此卿第出治兵益固城守恐金人欸我此徐議可也余被旨不得不出復前進曰金人所須宰執欲一切許之不過欲脫一時之禍不知他日付之何人能爲陛下了此願更審此後悔恐無所及因出至城北壁復回尚冀可以力爭而誓書已行矣所求悉皆與之今上皇帝方在康邸俾同少宰張邦昌爲質

金人軍中已無可奈何則爲之留三鎮詔書戒中書吏以輒發者斬庶幾俟四方勤王之師集以爲後圖而宰執裒聚金銀自乘輿服御宗廟供具六宮官府器皿皆竭取之復率之於臣庶之家金僅及三十萬兩銀僅及八百萬兩翌日對於福甯殿宰執以金銀之數少惶恐再拜謝罪獨余不謝於是孝迪建議欲盡括在京官吏軍民金銀以收簇犒設大金軍兵所遺多揭長榜於通衢立限俾悉輸之官限滿不輸者斬之許奴婢親屬及諸色人各以其半賞之都城大擾限既滿得金二十餘萬兩銀四百餘萬兩而民間

藏蓄爲之一空余因對於福甯殿上曰收簇金銀限滿民力已竭復許告訐恐生內變外有大敵而民心內變不可不慮上曰卿可往收榜毋得告訐余因巡城過榜所令傳聖旨收榜歸行營司移牒孝迪照會人情乃安自十五日四方勤王之師漸有至者日數萬人乃於四壁置統制官招集之給芻糧授器甲踏寨地團隊伍皆行營司主之晝夜竭力無少休息至十七八間統制官馬忠以京西募兵至遇金人於鄭州南門外乘勢擊之殺獲甚衆於是金人始懼遊騎不敢旁出而自京城以南民始獲奠居矣二十日靜

難軍節度使种師道承宣使姚平仲以涇原秦鳳路兵至余奏上曰勤王之師集者漸衆兵家忌分節制歸一乃克有濟願令師道平仲等聽臣節制上降御筆曰師道老而知兵職位已高與卿同官替曹曚可也蓋上意欲以師道爲親征行營副使余竊嘆上裁處之當而宰執間有密建白以爲不可者上入其言於是別置宣撫司以師道簽書樞密院事充河東河北京畿宣撫使以平仲爲宣撫司都統制應西兵及四方勤王之師並隸宣撫司又撥前後軍之在城外者屬之而行營司所統者獨左右中軍而已上屢申

敕兩司不得侵紊節制既分不相統一宣撫司所欲行者託以機密往往不復關報余私竊憂之自金人議和誓書既行之後朝廷日運金銀幣帛之屬輸其軍中名果珍膳御醞之餉使者絡繹冠蓋相望上又出御府珠玉玩好寶帶鞍勒以遺之品數甚衆其價不可勝計余每爭以爲此不足以爲德適所以啟戎心雖上恭儉視珠玉如糞土然戎之生心何厭之有衆方稱美上德不以余言爲然金人益肆須索無所忌憚至求妓樂珍禽馴象之類靡不從之及勤王之師既集西兵將帥日至上意方壯又聞金人擄掠城北屠戮如故而城外后妃皇子帝姬墳墓殯殯發掘殆盡始赫然有用兵之意余贊上曰易於謙之上六稱利用行師征邑國師之上六稱開國承家小人勿用蓋謙之極非利用利師不足以濟功師之成非戒用小人不足以保治今陛下之於金人屈己講好其謙極矣而金人貪婪無厭凶悖愈甚其勢非用師不可然功成之後願陛下以用小人爲戒而已使金人有所懲創不敢有窺中國之心當數十年無夷狄之禍不然一日縱敵數世之患憂未艾也

靖康傳信錄卷上畢

靖康傳信錄中

宋 李綱 撰　　綿州 李調元 校

二十七日余與李邦彥吳敏种師道姚平仲柳彥質同對於福寧殿議所以用兵者余奏上曰金人之兵張大其勢然得其實數不過六萬人又大半皆奚契丹渤海雜種其精兵不過三萬人吾勤王之師集城下者二十餘萬固已數倍之矣彼以孤軍入重地正猶虎豹自投於檻穽中當以計取之不可以角一日之力為今之計莫若扼河津絕糧道禁抄掠分兵以復畿北諸邑俟彼游騎出則擊之以重兵臨賊營堅

壁勿戰如周亞夫所以困七國者俟其芻糧乏人馬疲然後以將帥檄取誓書復三鎮縱其歸半渡而後擊之此必勝之計也上意深以為然眾議亦允期即分遣兵以二月六日舉事蓋陰陽家言是日利行師而姚古种師中之兵亦將至故也約已定而姚平仲者古之子屢立戰功在道君朝為童貫所抑未嘗朝見至是上以其驍勇屢召對內殿賜予甚厚許以成功當有節鉞茅土之賞平仲武人志得氣滿勇而寡謀謂大功可自有之先期於二月一日夜親率步騎萬人以劫金人之寨欲生擒所謂斡離不者取今上

皇帝以歸雖种師道宿城中勿知也余時以疾給假臥行營司夜半上遣中使降親筆曰平仲已舉事決成大功卿可將行營司兵出封邱門為之應援余具劄子辭以疾且非素約兵不預備斯須之間中使三至責以軍令不得已力疾會左右中軍將士詰旦出封邱門勒兵於班荊館天駟監分命諸將解范瓊王師古等圍金人出沒鏖戰於幕天城斬獲甚眾復犯中軍余親率將士以神臂弓射卻之是夜宿於城外而平仲者前一夕劫寨為虜所覺殺傷相當所折者不過千餘人既不得所欲恐以違節制為种師道所

誅即遁去而宰執臺諫閧然謂西兵勤王之師及親征行營司兵為金人所殲無復存者上震恐有詔不得進兵而斡離不遣使以謂用兵特將帥所為不出上意請再和宰相於上前語使臣曰用兵乃大臣李綱與姚平仲結構非朝廷意僉議欲縛余以與之而使人反以為不可遂罷尚書右丞親征行營使以蔡懋代之因廢行營使司上以守禦使總兵事而种師道亦罷宣撫使余是時得止兵詔知事且變即振旅以入城詣崇政殿求對既至殿前聞罷命乃不果退處浴室院待罪時初三日也蔡懋會計行營司所失

纔百餘人而西兵及勤王之師折傷千餘人外餘並如故乃知朝廷前所聞之非是夕上降親筆慰勞錫賚白金緡錢五百貫兩且令吳敏宣諭將復用之意余感泣謝恩方欲丐歸田廬而有初五日士民伏闕之事初太學生陳東與書生千餘人是日詣闕上書明余及師道之無罪不當罷軍民聞之不期而集者數十萬人塡塞馳道街巷呼聲震地撾登聞鼓于東華門擊破之上遣吳敏耿南仲慰諭諸生俾之退反爲軍民所擁不得行必欲見予及師道乃去不得報則殺傷內侍二十餘人而詬詈宰執李邦彥蔡懋王

孝迪趙野等欲毆擊之皆散走藏匿於是上遣中使名余及師道入對余聞命惶恐固辭不敢行而宣召者絡繹而至中使迫促不得上馬出浴室院由東門街抵馳道趨東華門軍民擁積幾不可進宣召中使朱拱之復爲衆所殺蓋怒其傳旨之緩也入見上於福寧殿閤子中余泣拜請死上亦泣有旨復尚書右丞充京城四壁守禦使余固辭上不允俾出東華門至右掖門一帶安撫軍民余稟上旨宣諭乃稍散去再對於福寧殿上命余復節制勤王之師先放遣民兵蓋不復有用兵意也先是所留三鎭詔書余既罷

乃遣宇文虛中齎詔金人軍復差臧禹秦檜爲割地使是夕宿於咸豐門以金人進兵門外治攻具故也先是蔡懋號令將士金人近城不得輒施放有引礮及發牀子弩者皆杖之將士憤怒余既登城令施放自便能中賊者厚賞夜發霹靂礮以擊賊軍皆驚呼翌日薄城射御之乃退有告梁方平欲爲賊內應者余名至帳中執之以付御史臺推治凡內侍之守城者皆罷京師浮浪不逞之徒乘軍民殺傷內侍擾攘中刼掠內侍十餘家取其金帛而以所藏器甲弓劍赴官司納自以爲功凡千餘人都城恐再有變予命

悉集守禦使司以次納訖推其倡首將賞之各自言其姓名凡二十餘人審問得實悉皆斬之餘者逐去是日并斬殺傷部隊將者亦二十餘人然後民情安戢奸宄不作初賊馬既抵城下余晝夜巡視有盜衲襖一領者有强取婦人絹一疋者有妄以平民爲奸細而斫傷者皆即斬以徇故外有强敵月餘日間雖竊盜無有也都城素多火亦無作者至是乃始紛擾數日彈壓然後定金人請以越王代康王爲質上以越王叔父不可遣乃遣肅王及駙馬都尉曹成以行康王得歸上喜賜與良厚康王素有膽氣膂力善射

居金人軍中幾月姚平仲刼寨之夕恬然無所驚怖及歸國人皆喜爭出觀之金人自平仲刼寨及封邸門接戰之後頗有懼意既得三鎭之詔及肅王爲質卽不俟金幣數足遣使告辭上賜燕於軍中初十日遂退師十二日肆赦天下十三日宰執對延和殿予奏上曰澶淵之役雖與大遼盟約而退猶遣重兵護送之葢恐其無所忌憚肆行擄掠故也金人退師今三日矣初謂其以船筏渡河探聞乃繫橋濟師一日而畢盡遣大兵用澶淵故事護送之宰執皆以爲太早余固請之上以余言爲然可其請是日分遣將士

以兵十餘萬數道並進且戒諸將度便利可擊卽擊之金人厚載而歸輜重既衆驅虜婦女不可勝計氣驕甚擊之决有可勝之理將士踴躍以行十四日以吳敏爲少宰余知樞密院事徐處仁中書侍郎耿南仲左丞李梲右丞初李邦彦蔡懋王孝迪趙野既爲國人所斥逐皆藏匿不敢復出上章丐罷上初未許至是彦邦罷相除觀文殿大學士中太乙宮使蔡懋罷左丞除資政殿大學士知大名府孝迪罷中書侍郎除資政殿學士提舉亳州明道宫故有是命十五日簽書樞密院事唐恪供職初恪以延康殿學士知

杭州李邦彦薦用之至是始到闕也十七日澤州奏大金國相粘罕兵次高平縣初粘罕既破忻代觀察使折可求以麟府兵承宣使劉光世以鄜延兵援河東皆爲所敗遂圍太原攻之月餘不能下而平陽府義軍叛義軍者童貫張孝純所招雲中人也分布河東諸郡平日養贍積蓄爲之一空及金人入寇孝純以義軍五萬人守石嶺關既叛以從金人矣至是諸郡往往殺戮或逐出之而平陽府者破城叛去攻陷威勝軍遂引金人入南北關陷隆德府遂次高平朝廷震懼恐其復渡河而南宰執咎予盡遣城下兵以

追斡離不之師將無以支吾余曰斡離不之師既退自當遣大兵護送初不虞粘罕之來也粘罕之師雖來聞既和亦當自退必無復渡河之理又太行琅車之險已遣統制官郝懷將兵二萬屯河陽控扼險道决無他慮而執政中有密啟上者於是御前以金字牌悉追還諸將之兵諸將之兵及斡離不之師於邢趙間相去二十餘里金人聞大兵且至莫測多寡懼甚其行甚速而諸將得追詔卽還余聞之上前力爭得旨復遣而諸將之還已五程矣雖復再進猶與金人相及於滹沲河然將士知朝廷之議論二三悉解

體不復有邀擊之意第遙護之而已於是金人復勞出抄掠于深祁恩冀間其去殊緩而粘罕之兵聞已和果退如余言乃命种師道爲河北河東宣撫使駐滑州而以姚師古爲制置使總兵以援太原以种師中爲制置副使總兵以援中山河間諸郡時朝廷僉議以三鎮爲果不可割有如兵民爲國家堅守不下即遣使再議以租賦歸之求保祖宗之地故也有旨宇文虛中罷簽書樞密院事除資政殿學士知青州李棁罷右丞除資政殿學士宮觀以翰林院學士何㮚爲右丞御史中丞許翰爲同知樞密院事中書侍

郎徐處仁供職初處仁以觀文殿學士知大名府上聞其老成有士望方倚以爲相故以中書侍郎召之至是到闕供職未旬日遂拜太宰時三月初間也詔以道君太上皇帝迴鑾議所以奉迎者以門下侍郎趙野爲奉迎使初道君正月三日夜出通津門乘舟以行獨蔡攸及内侍數人扈從以舟行爲緩則乘肩輿又以爲緩則于岸側得般運磚瓦船乘載饑甚于舟人處得炊餅一枚分食之是夜行數百里抵南都始館於州宅得衣被之屬市騾乘之至符離始登官舟及泗上少憩宇文粹中童貫高俅之徒始至童

貫以勝捷兵三千扈從渡河以如維揚高俅以禁衛三千留泗上控扼淮津既抵維揚父老邀車駕不可渡江而道君決意南幸遂如鎮江道君太上皇后居維揚皇子帝姬皆流寓沿路州縣聞賊退多先歸者初恭謝行宮所以都城圍閉止絶東南遞角又止東南勤王之師又令綱運於所在卸納泗州官吏以聞朝廷不以爲然道路籍籍且言有他故而太學生陳東上書乞誅六賊謂蔡京蔡攸童貫朱勔高俅盧東原於是議遣聶山爲發運使密圖之山請詔書及開封府使臣數十人以行余因奏事福甯殿留身奏上

曰此數人者罪惡固不可恕然聶山之行恐朝廷不當如此措置昔肅宗欲發李林甫墓李泌諫謂其如明皇何肅宗抱泌頸泣曰思不及此使山之所圖果成驚動道君此憂在陛下使所圖不成爲數人所覺萬一挾道君於東南求劍南一道陛下何以處之上感悟曰奈何余對曰不若罷山之行顯謫童貫等乞道君去此數人者早回鑾輿可以不勞而事定上以爲然山乃不果行而童貫等相繼皆去道君還次南都徘徊不進欲詣亳州上淸宮燒香及取便道如西都上以爲憂又每有書至必及朝廷改革政事又批

道君太上皇后當居禁中出入正門於是喧傳且有垂簾之事又批吳敏李綱令一人來莫曉聖意皆言事且不測予奏上曰所以欲臣及吳敏來無他欲知朝廷事耳吳敏不可去陛下左右臣願前去奉迎如蒙道君賜對臣且條陳自圍城以來事宜以釋兩宮之疑決無他慮上初不許余力請之乃聽上令齎御前書達道君且賜行宮官屬茶藥銀合有差以十七日離國門十八日早次陳留縣秋口遇道君太上皇帝船余具榜子拜謁道左道君太上皇后艤舟令內侍楊修傳教旨勞問余附奏曰陛辭日有所得聖旨

合具奏知乞依趙野例幄前奏事復傳教旨允余遂登舟入幄中於簾前拜訖具道皇上聖孝思慕且欽致力艱危中蒙上擢任感激之意道君太上皇后親加獎諭余再拜謝訖道君太上皇后曰朝廷欲令於何處居止余對曰朝廷見以擷景園爲甯德宮奉道君太上皇后蓋遵稟道君太上皇帝十二月二十三日聖旨指揮道君太上皇后曰已得旨令居禁中予對曰以皇帝聖孝殿下聖慈母子之情豈復有間但稽之三從之義道君太上皇帝居甯德宮而殿下居禁中於典禮有所未安朝廷討論但欲合於典禮以

慰天下之望兩宮安則天下安矣道君太上皇后曰朝廷須是措置令是方得因泛語他事余拜辭登岸因呼內侍楊修李倈等三人坐幄次與再道前語三人者皆巨璫也以余言爲然因入白之復傳教旨曰相公所論甚有理但既居甯德宮後欲一到禁中神御前燒香可乎余對曰道君太上皇后既居甯德宮皇帝自當時詣省問萬一欲暫到禁中豈有不可之理因遣使賜香茶酒食等錢五百貫給散隨行使臣從人余以前語具劄子奏知且云道君太上皇后已有許居甯德宮意願一切不須示以疑阻以昭聖孝

而道君太上皇后入國門日聶山請以禁衛護宣德門道路喧然識者笑之二十日抵南都得旨二十一日引對是日道君御幄殿余起居訖升殿奏事具道上聖孝思慕欲以天下養之意道君泣數行下曰皇帝仁孝天下所知且獎諭曰都城守禦宗社再安相公之力爲多予再拜謝訖因出劄子二紙進呈其一乞道君早回鑾輿不須詣亳社西都以慰天下之望其一自敘素蒙道君教育擢用於國家艱危之中得効犬馬之力欲乞身歸田廬之意道君慰勞再四因曰相公頃爲史官緣何事去余對曰臣昨任左史得

侍清光者幾一年以狂妄論列都城水災伏蒙聖恩寬斧鉞之誅迄今感戴道君曰當時宰執中有不喜公者余愧謝因奏曰臣昨論水災實偶有所見自古雖無道之國水猶不冒其城郭天地之變各以類應正爲今日兵革攻圍之兆大抵災異變故譬猶一人之身病在五臟則發於聲色形于脈息善醫者能知之非有物使之然氣之先至者耳所以聖人觀變於天地而修其在我者故能制治保邦而無危亂之憂也道君以爲然因詢虜騎攻圍都城守禦次第余具以實對復曰賊既退師方渡河時何不邀擊余曰朝

廷以肅邸在金人軍中故不許道君曰爲宗社計豈可復論此余於是竊嘆道君天度之不可及也語既浹洽道君因宣諭行宮止遞角等三事只緣都城已受圍恐爲人得知行宮所在非有他也余對曰方艱危時兩宮隔絕彼此不相知雖朝廷應副行宮事亦不容無不至者在聖度照之而已道君因詢朝廷近事如追贈司馬光及毀拆夾城等凡三十餘事余逐一解釋謂追贈司馬光止欲得民心毀拆夾城止欲防奸細之類因奏曰皇帝仁孝小心惟恐一有不當道君意者每得御批詰問輒憂懼不進膳臣竊譬之

人家尊長出而以家事付之子弟偶遇強盜劫掠須當隨宜措置及尊長將歸子弟不得不恐然爲尊長者正當以其能保田園大計慰勞之不當問其細故今皇帝傳位之初陛下巡幸適當大敵入寇爲宗社計政事不得不小有變革今宗社無虞四方以甯陛下回鑾臣以謂宜有以大慰安皇帝之心者其他細故一切勿問可也道君感悟曰公言極是朕只緣性快問後即便無事因內出玉帶金魚袋古象笏賜余曰行宮人得公來皆喜以此慰其意便可佩服予固辭不允因服之以謝而退二十二日扈從道君詣鴻

慶宮燒香初余次拱州見奉迎道君禁衛寶輦儀物等留不進因以便宜作奉聖旨令趨南都至是道君燒香禁衛寶輦儀物等適至南都士女民庶夾道聳觀得旨來早辭訖先還闕賜酒食香茶等二十三日辭再對於幄殿道君出青詞稿一紙俾宣示宰執百官乃道君初傳位奏天所作者道君宣諭曰本欲往亳州太清宮以道路阻水不果又欲居西洛以皇帝懇請之勤已更指揮更不戒行公先歸達此意慰安皇帝因袖中出書付余仍宣諭曰公輔助皇帝捍賊守宗社有大功若能調和父子間使無疑阻當書青

史垂名萬世予感泣再拜受命辭訖卽先具劄子以所得道君聖語奏知上批答曰覽卿來奏知奏對之語忠義煥然朕甚嘉之二十五日還抵闕下對于垂拱殿進呈道君御書具道所以問答語上嘉勞久之以道君太上皇帝所賜玉帶牙簡銀絹等具劄子進納有旨不允

靖康傳信錄卷中畢

靖康傳信錄下

宋 李綱 撰　綿州 李調元 校

二十七日宰執奏事延和殿進呈車駕出郊詣資福寺迎奉道君儀注耿南仲建議欲盡屏道君左右內侍出榜行宮門敢留者斬先遣人搜索然後車駕進見余以謂不若止依常法不必如此示之以疑必欲過爲之防恐卻有不可防者南仲曰易曰或之者疑之也古人於疑有所不免余曰古人雖不免於疑然貴於有所決斷故書有稽疑易曰以斷天下之疑倘疑情不解如所謂竊鈇者則爲患不細南仲紛紛不已余奏曰天下之理誠與疑明與闇而已誠則明明則愈誠自誠與明推之可以至於堯舜疑則闇闇則愈疑自疑與闇推之其患至於有不可勝言者耿南仲當以堯舜之道輔陛下而其人闇而多疑所言不足深採上笑之而南仲怫然怒甚旣退再召對守睿思殿賜茶訖南仲忽起奏曰臣適遇左司諫陳公輔於對班中公輔乃二月五日爲李綱結搆士民伏闕者豈可處諫職乞送御史臺根治上及宰相皆愕然余奏曰臣適與南仲辨論于延和殿實爲國事非有私意而南仲銜臣之言故有此奏伏闕之事陛下素

所鑒察臣不敢復有所辯但臣以非材冒處樞輔仰荷特達之知未能有所補報區區素志欲俟賊騎出疆道君鑾輿還朝然後求歸田廬臣之願也今南仲之言若此臣豈敢留願以公輔事送有司臣得乞身待罪上笑曰伏闕士庶以億萬計如何結搆朕所洞知卿不須如此南仲猶不已余再拜辭上而出居啟聖院不復歸府入劄子求去章凡十餘上上皆批答封還不允差御藥宣押造朝及押赴樞密院治事復即時上馬四月朔車駕詣寧德宮復遣御藥宣押扈從道君太上皇帝以三日入國門予以守禦使職事

迎拜於新東門內道君於輦上顧指翌日扈從朝于寧德宮訖復上章懇請求罷知樞密院事上降手詔數百言不允復令徐處仁吳敏諭旨又召至內殿面加慰諭且曰賊馬方退正賴卿協濟艱難今遽欲捨朕何之前事不足介懷宜爲朕少留辭意懇惻余不得已再拜受命就職他日留身奏上曰金人退師交割三鎮三鎮官吏軍民不肯陷沒夷狄其勢必爲朝廷堅守天氣浸熱而虜有輜重之累必不能久留當郎出疆臣恐秋高馬肥虜必再至以責前約及今宜飭武備修邊防勿恃其不來當恃吾有以待之於是

爲上條具所以備邊禦敵者凡八事其一謂唐之藩鎮所以拱衛京師故雖屢有變故卒賴其力而及其弊也有尾大不掉之患祖宗監之銷藩鎮之權罷世襲之制施於承平邊備無事則可在今日則手足不足以捍頭目爲今之計莫若以太原眞定中山河間建爲藩鎮擇帥付之許之世襲收租賦以養將士習戰陣相爲脣齒以捍金人可無深入之患又滄州與營平相直隔黃河下流及小海其勢易以侵犯宜分濱棣德博建橫海軍一道如諸鎮之制則帝都有藩籬之固矣其二謂自熙豐以來籍河北保甲凡五十

餘萬河東保甲凡二十餘萬比年以來不復閱習又經燕山雲中之役調發科率逃亡流移散爲盜賊今所存者猶及其半宜專遣使團結訓練令人置器甲官爲收掌用印給之蠲免租稅以償其直武藝精者次第遷補或命之官以激勸之彼既自保鄉里親戚墳墓必無逃遁又平時無養兵之費有時無調發之勞此最策之得者其三謂自祖宗以來養馬於監牧擇陝西河東河北美水草高涼之地處之凡三十六所比年廢罷殆盡而更爲給地牧馬民間雜養以充數官吏便文以塞責而馬無復有善者又驅之燕山

悉爲敵人所得今諸軍闕馬者大半宜復祖宗監牧之制權時之宜括天下馬量給其直則不旬月間數萬之馬可具也其四謂河北塘濼東距海西抵廣信安肅深不可涉淺不可以行舟所以限隔胡騎爲險固之地而比年以來淤泥乾涸不復開濬官司利於稻田往往洩去積水隄防弛壞又自安肅廣信以抵西山地形低下處可益增廣其高仰處即開乾濠及陷馬坑之類宜專遣使以督治之其五謂河北河東州縣城池類多隤圮堙塞宜徧行修治而近京四輔郡諸畿邑皆當築城創置樓櫓之屬使官吏兵民有

所恃而安萬一有賊騎深入擄掠無所得可以坐困其六謂河北河東州縣經賊馬殘破蹂踐去處宜優免租賦以賑恤之往年方臘擾浙東猶免三年今三鎮之民爲朝廷固守安可不議所以大慰其心者其七謂河北河東諸州最以儲峙糴買糧草爲急務宜復祖宗加擡糧草鈔法一切以見緡走商賈而實塞下使沿邊諸郡積蓄豐衍則虜不敢動矣其八謂陜西解鹽無煮海之勞而給邊費足民食其利不貲因行東南鹽法而解鹽地分益狹西邊益貧願復祖宗舊制以慰關陜兵民之心上俾宰執同議而其間所

論異同雖建橫海軍一道以安撫使總之而藩鎮之議寢雖委提舉官遵舊制教閱上戶保甲三分之一而遣使盡行團結訓練置器甲之議不行雖委沿邊增修塘濼城池而輔郡畿邑已降指揮旋即罷止雖委諸路相視監牧而不復括馬雖放河北河東租稅而止及一年雖行加擡糧草鈔而貼以四分香藥雖復解鹽而地分不如舊制余力爭之不能得大抵自賊馬旣退道君還宮之後朝廷恬然遂以爲無事方建議立東宮開講筵斥王安石置春秋博士而臺諫所論不過指摘京畿之黨行遣殆無虛日防邊禦寇

之策反置而不問予竊私憂之唯兵事樞密院可以專行乃與許翰條具調發防狄之兵大概有五一曰係將兵二曰不係將兵三曰土兵四曰民兵五曰保甲係將兵除已起發外見在者十將將以三千人爲率不過三萬人民兵弓箭社刀弩手之類是也不過一萬人保甲除河北河東外起於陜西不過三萬人并見在河北河東兵通爲二十萬以控制要害之地將上得旨須行然後關二省其間猶有以爲不須如此者又乞降旨在京許監察御史以上在外監司郡守帥臣各薦材武智畧大小使臣樞密院籍記姓名

量材録用上從之又建議以謂在京馬步軍十餘萬
隸於三衙近年不復教閲士卒驕惰緩急用之旋差
將佐統領兵將不相識難以責成功乞自樞密院選
差大小使臣分四壁教閲因勤成步伍以備緩急上
初可之已而殿帥王宗濋等以爲侵紊非祖宗制詔
罷之余然後竊歎知事之難成也少宰吴敏建議欲
置詳議司檢詳祖宗法制及近年弊政當改革者次
第施行詔以徐處仁吴敏及余爲提舉官命既行爲
南仲沮止敏丐去不果予奏上曰陛下即大位于國
家艱難之時宜一新政事以慰天下之望而朝廷玩

愓日復一日未聞有所變革近欲置司討論尋復罷
之今邊事方棘調度不給前日爵祿冒濫耗蠹邦財
者宜稍裁抑以足國用此政事所宜先者上以爲然
委余條具以聞余奏上三十餘事謂如節度使至遥
郡刺史祖宗本以待勲臣故俸給特厚當時員數絶
少今皆以戚里恩澤得之除邊功外宜悉換授環衛
官以抑其濫又三省堂吏祖宗時轉官止於正郎崇
觀間始許轉至中奉大夫今宜復祖宗之制餘皆類
此上深然之降付三省已而揭榜通衢曰知樞密院
事李綱陳請裁減下項又榜東華門曰守禦使司給

諸軍卸甲錢多寡不均御前特再行等第支給而守
禦使司初未嘗給卸甲錢也余聞之驚駭徐詢所以
乃執政間有密白上以余得都城軍民之心欲以此
離間之余始憂懼不知死所矣方欲復丐罷會守禦
使司補進武副尉二人具狀奏知上批出有惟辟作
福惟辟作威大臣專權浸不可長之語余惶懼於上
前辨明曰始親征行營及守禦使司得旨一切以便
宜行事給空名文武官告勅帖等三千餘道自置司
以來用過三十一道而已此二人者乃齎御前蠟書
至太原當時約以得回報即以補授故今以空名帖

補訖奏聞乃遵上旨非專權也且敘孤危之蹤爲人
所中傷者非一願罷職任乞骸骨歸田里上温顔慰
諭以爲偶批及此非有他意余退居定力院入劄子
待罪丐去章十餘上上悉批答不允遣使押入余不
得請即徑出通津門欲東下上遣中使宣押挽舟入
城絡繹於道既歸府復鎖府門余翌日見上曰人主
之用人疑則當勿任任則當勿疑而大臣以道事君
不可則止今陛下惑於人言於臣不能無疑又不令
臣得知不知此何也上安慰久之余自此多在告曰
欲去而未能會种師中沒于軍前种師道以病告歸

執政有密建議以余爲宣撫使代師道者初斡離不
之師還抵中山河間兩鎮兵民以死固守不肯下肅
王張邦昌及割地使等躬至城下説諭卽以矢石及
之乃退沿邊諸郡亦然而种師中進兵逼之金人出
境兩鎮無虞粘罕之師至太原城下太原亦堅壁固
守粘罕屯兵圍之悉破諸縣爲鏁城法以困太原鏁
城法者於城外矢石不及之地築壘環繞分人防守
使內外不相通而姚古進師復隆德府威勝軍扼南
北關累出兵互有勝負然不能解太原之圍於是詔
种師中率兵由井陘道與姚古犄角應援太原師中

進次平定軍乘勝復壽陽榆次諸縣不設備有輕金
人之意又輜重犒賞之物悉留眞定不以從行金人
乘間衝突諸軍以神臂弓射卻之欲賞射者而隨行
銀碗祇數十枚庫吏告不足而罷于是士皆憤怨相
與散去師中爲流矢所中死之其餘將士退保平定
軍而師道駐滑州復以老病丐罷上納建議者之説
決意用余宣撫兩路督將士解圍一日召對睿思殿
諭所以欲遣行者余再拜力辭自陳書生不知兵在
圍城中不得已爲陛下料理兵事實非所長今使爲
大帥恐不勝其任且誤國事死不足以塞責上不許

卽命尚書省出勅令面受余奏曰藉使臣不量力爲
陛下行亦須擇日受勅今拜大將如呼小兒可乎上
乃許別擇日受余退卽移疾在告入劄子乞致仕力
陳所以不可爲大帥且云此必有建議不容臣於朝
者章十餘上悉批答不允且督令受命於是臺臣余
應求諫官陳公輔相繼上言余不當去朝廷上皆以
爲大臣游説斥去之乃無敢言者或謂余曰公知上
所以遣行之意乎此非爲邊事乃欲緣此以去公則
都人無辭耳公堅卧不起讒者益得以行其説上且
怒將有杜郵之賜奈何余感其言起受命上録裴度

傳以賜余入劄子具道吳元濟以區區環蔡之地抗
唐室與金人强弱固不相侔而臣曾不足以望裴度
萬分之一以度况臣實爲非倫且言諸葛亮出師表
謂親賢臣遠小人此先漢之所以興隆也親小人遠
君子此後漢之所以傾頹也夫君子小人於用兵之
間若不相及而亮深以爲言者誠以寇攘外患有可
掃除之理而小人在朝蠧害本根浸長難去其患有
不可勝言者是以吉甫贊周王以北伐必有孝友之
張仲裴度相唐宗以東討必去奸邪之元稹用能成
功焜耀國史君子小人之不兩立從古已然臣竊觀

陛下嗣位之初適遭金人入寇宵旰憂勤勵精圖治思刷前恥雖古帝王勤儉之德無以遠過然君子小人尚猶混淆於朝翕訛成風殊未退聽謂宜留神照察在於攘逐戎狄之先朝廷既正君子道長則所以捍禦外患者有不難也今取裴度論元稹魏洪簡章疏節其要語輒塵天聽上優詔寵答宣撫司得兵二萬人而闕馬余白上曰戎事以馬爲先今乏馬如此無以奮張軍容昔天寶末封常清出師幽薊人觀之見其軍容不整皆叛去今臣出師安知無窺覘者所繫國體非細故也事迫矣請括都城馬給價償之可

得數千疋上以爲然令條具以聞既而榜於開封府曰宣撫司括馬事屬搔擾可更不施行其意與前所榜同余竊歎息而已以二萬人分爲五干時捷勝兵叛於河北遣左軍往招撫之又遣右軍屬劉韐時劉韐除宣撫副使乃唐恪所薦余初不知也又以解潛爲制置副使代姚古以折彥實爲河東勾當公事與潛治兵於隆德府宣撫司兵凡萬二千人余請銀絹錢于朝廷各百萬纔得二十萬人以六月二十二日啟行而庶事皆未辦集乞量展行期上批曰遷延不行豈非拒命余惶懼入劄子辨所以未可行者且曰

陛下前以臣爲專權今以臣爲拒命方遣大帥解重圍而以專權拒命之人爲之無乃不可乎願併罷樞筦之任擇信臣委之得乞骸骨因以尚書右丞知樞密院事宣撫使告勅繳納上封還遣使趣召數四余入見上具道所以爲人中傷致上聽不能無惑者止以二月五日士庶伏闕事今奉命出使無緣復望清光上驚曰卿只爲朕巡邊便可還闕余奏曰臣之行無有復還之理昔范仲淹自參知政事出安撫西邊過鄭州見呂夷簡語暫出之意夷簡曰參政豈可復還其後果然今臣以愚直不容於朝使臣既行之後

無沮難無謗讒無錢糧不足之患則進而死敵臣之願也萬一有朝廷執議不堅臣自度不能有所爲卽須告陛下求代罷去陛下亦宜察臣孤忠以全君臣之義上頗感動乃以二十五日戒行前期錫燕于紫宸殿又賜御筵于瓊林苑所以賜勞甚渥余觴軍訖號令將士斬裨將焦安節以徇初安節隸姚古帳下在威勝軍虛傳賊馬且至安節鼓煽衆情勸姚古退師至隆德又勸遁去於是兩郡之人皆驚擾走散而初無賊馬至是從姚古還闕余召斬之人皆以爲當翌日進師以七月初抵河陽入劄子以畿邑汜水關

西都河陽皆形勝之地城壁頹圮當亟修治今雖晚然併力爲之尚可及也又因望拜諸陵具奏曰臣總師道出鞏洛望拜陵寢潸然流涕恭惟祖宗創業守成垂二百年聖聖傳授以至陛下適丁艱難之秋戎狄內侵中國勢弱此誠陛下嘗膽思報勵精求治之日願深考祖宗之法一一推行之進君子退小人無以利口善諞言爲足信無以小有才未聞君子之大道爲足使益固邦本以圖中興上以慰安九廟之靈下以爲億兆蒼生之所依賴天下幸甚初余陛辭曰爲上道唐恪聶山之爲人陛下信任之篤且誤國故

於此申言之上批答有銘記于懷之語留河陽十餘日訓練士卒修整器甲之屬進次懷州自出師後禁士卒不得擾民有趕奪婦人釵子者立斬以徇拾遺棄物決脊黥配逃亡捕獲者皆斬以故軍律頗肅無敢犯者嘗以謂步不勝騎騎不勝車金人以鐵騎奔衝非車不能制之有張行中者獻戰車制度兩竿雙輪前施皮籬槍刃運轉輕捷每車用甲士二十五人執弓弩鎗牌之屬以輔翼之結陣以行鐵騎遇之皆退遁造千餘兩日肄習之俟防秋之兵集以謀大舉而朝廷降旨凡詔書所起之兵悉罷減之余上疏力

爭其大畧曰臣昨待罪樞府伏蒙陛下委令措置防秋人兵臣意以謂中國軍政不修幾三十年矣闕額不補者過半其見存者皆潰散之餘不習戰陣故令金人得以窺伺既陷燕山長驅中原遂犯畿甸來無藩籬之固去無邀擊之威廟堂失策使之割三鎮質親王劫取金帛以億萬計驅虜士女屠戮良民不可勝數誓書之言所不忍聞此誠宗社之羞而陛下嘗膽而思報者也今河北之寇雖退而中山河間之地不割賊馬出沒並邊諸郡寨柵相連兵不少休太原之圍未解而河東之勢危甚旁近縣鎮皆爲賊兵之

所占據秋高馬肥虜騎憑陵決須深入以責三鎮之約及金帛之餘數倘非起天下之兵聚天下之力解圍太原防禦河北則必復有今春之警宗社安危殆未可知故臣輒不自揆爲陛下措畫降詔書以團結諸路防秋之兵大約不過十餘萬人而欲分布南北沿邊雄霸等二十餘郡中山河間眞定大名橫海五帥府腹裏十餘州軍沿河一帶控扼地分翊衛王室隄防海道其甚急者解圍太原收復忻代以捍金人夏人連兵入寇不知此數十萬人之衆一一皆到果能足用而無賊馬渡河之警乎今臣被命出使去淸

光之日未幾朝廷已盡改前日詔書調兵防秋之計旣罷峒丁又罷弓箭手又罷土兵又罷四川福建廣南東路將兵又罷荆湖南北路係將不係將兵而京西州郡又皆特免起發是前日詔書所團結之兵罷去大半不知金人聚兵兩路入寇將何以支吾而朝廷何特不留意於此也臣竊思之以兵爲不須起者大概有五川廣福建荆湖之地遠一也錢糧犒賞之費多二也河北寇退天下已無事三也太原之圍賊馬不多不攻自解四也探報有林牙高麗之師金人牽制未必深入五也若以川廣福建荆湖之地遠則詔書之下以四月期天下兵以七月當時闗報三省何不卽止今已七月遠方之兵皆已在道始復約回是復蹈今春勤王之師約回之弊也一歲兩起天下之兵中道而兩止之天下謂何臣恐朝廷自此不復能取信四方而將士解體矣國之大事在戎宗社安危所係而且行且止有同兒戲臣竊痛之若以錢糧犒賞多則今春無兵捍寇致令誤國土地寶貨人民皆爲所取今惜小費而不爲之備臣恐後來所取又不止於前日也況元降指揮防秋人兵各令齎糧以行則錢糧犒賞之乏自非所患廟堂不深思宗社大計而惜小費臣竊所不取也若以河北寇退天下無事則邊郡日報金人聚兵聲言每月入寇當取某地强敵臨境非和非戰朝夕恐慄懼其復來天下果無事乎賈誼謂厝火積薪之下而坐其上火未及然因謂之安以今日觀之何止於火未及然殆處於烈焰之旁而言笑自若也若以謂太原之圍賊馬不多不攻自解則自春徂秋攻守半年曾不能得其實數姚种二帥以十萬之師一日皆潰彼未嘗有所傷衂不知何以必其兵之不多以爲可以不攻而自解者臣以謂非愚則誣至林牙高麗牽制之報理或有之然不可恃彼之不來當恃我之有備則屯兵聚糧正今日之先務不可忽也今河北河東州郡日告危急乞兵皆以三五萬爲言而半年以來未有一人一騎可以副其求者防秋之兵甫集又皆遣罷不知此何理也若必以謂不須動天下之兵而自可無事則臣誠不足以任此責陛下何不遣建議之人代臣坐致康平而重爲此擾擾也除范世雄所統河北兵聞已至襄唐閒臣已作奉聖旨令疾速發赴宣撫司外所有餘路乞依元降詔書起發庶幾不誤國事未報間再具奏曰近降指揮減罷防秋之兵臣所以深惜此事

者一則河北防秋闕人恐有疏虞二則一歲之間再令起兵又再止之恐無以示四方大信防秋之計臣前奏論之已詳請爲陛下更論不可失信之意昔周爲犬戎所侵嘗以烽火名諸侯兵恐諸侯之未必至也舉烽以試之諸侯之兵大集知其試已皆怒而歸其後眞舉烽無復至者去冬金人將犯闕詔起勤王之師遠方之兵踴躍赴難至中途而寇已和有詔止之皆憤惋而反今以防秋之故又起天下之兵艮非獲已遠方之兵率皆就道又復約回將士卒伍寧不解體夫以軍法勒諸路起兵而以寸紙罷之臣恐後

時有所號名無復應者矣竟不報上日以御批促解太原之圍於是宣撫副使劉韐制置副使解潛察訪使張灝勾當公事折彥實都統制王淵折可求等會議於隆德府期以七月二十七日諸路進兵平定軍遼州兩路劉韐王淵主之威勝軍路解潛折彥實主之汾州路張灝折可求主之而宣撫副使制置副使察訪使勾當公事皆承受御前處分事得專達進退自如宣撫司雖有節制之名特文具耳余奏上以節制不專恐誤國事雖降指揮約束而承受專達自若也至期出師解潛與賊相遇於南北關轉戰四日殺

傷相當金人增兵潛軍力不能勝而潰平定汾遼之師皆逗遛不進其後張灝又違節制用統制官張思正復文水縣已而復爲賊所奪余極爲上論節制不專之弊又分路進兵賊以全力制吾孤軍不若合大兵由一路進會范世雄以湖南兵至即薦爲宣撫判官方欲會合親率師以討賊而朝廷之議變矣初賊騎既出境即遣王雲曹曚使金人軍中議以三鎭兵民不肯割願以租賦代割地之約至是遣回有許意其實以欵我師非誠言也朝廷信之耿南仲唐恪尤主其議意謂非歸租賦則割地以賂之和議可以決

成乃詔宣撫司不得輕易進兵而議和之使紛然于道路矣既而徐處仁吳敏罷相而相唐恪許翰罷同知樞密院事而進用聶山陳過庭李回等吳敏復以內禪事言者謂承蔡攸密旨及初除門下侍郎亦蔡攸矯制爲之責授散官安置涪州余竊嘆曰事無可爲者矣因入表劄奏狀丐罷初唐恪謀出余於外則處仁敏翰可以計去之數人者去則余亦不能留也至是皆如其策章數上猶降詔批答不允余具奏力道所以材能不勝任者且得昏憒之疾不罷决誤國事幷敘曩日榻前之語於是上命种師道以同知樞

密院事巡邊交割宣撫司職事名余赴闕且俾沿河巡視防守之具余連上章乞罷知樞密院事守本官致仕行至封邱縣得上書省劄子有旨除觀文殿學士知揚州時九月初也余具奏辭免不敢當且上疏言所以力乞丐者非愛身怯敵之故特事有不可爲者難以虛受其責始宣撫司得兵若干并防秋兵若干今屯駐某處皆不曾用始朝廷應副銀絹錢若干又御前降到若干除支官兵食錢并犒賞外今皆椿留懷州及在京降賜庫具有籍可考按也臣既罷去恐不知者謂臣喪師費財惟陛下遣使覈實雖臣自

以不才可罷願益擇將帥撫馭士卒與之捍敵金人狡獪謀慮不淺和議未可專恃一失士卒心無與禦侮則天下之勢去矣臣自此不復與國論敢冒死以聞既而果有言予專主戰議喪師費財者又指言十罪於是自落職宮觀責授保甯軍節度副使建昌軍安置又以余上疏辨論謂退有後言以惑衆聽再謫甯江用舍進退者士之常此不足道但國家艱難宗社危急扶持天下之勢轉危爲安幾成而爲庸儒讒慝者壞之爲可惜也殆天未悔禍生靈未有休息之期命運之行自有數也不然何以若此余自建昌假道長沙以趨川峽適荆南爲寇賊所據道梗少留時都城復爲虜騎攻圍朝廷不通耗者累月端憂多暇探篋中取自上龍飛余遭遇以來被受御筆內批及表劄章奏等命筆吏編次之因敘其施設去就本末大概若此庶幾傳信於後世時靖康二年歲次丁未二月二十五日長沙漕廳翠藹堂錄

靖康傳信錄卷下畢

光緒七年[illegible]重鋟于廣漢

淳熙薦士錄

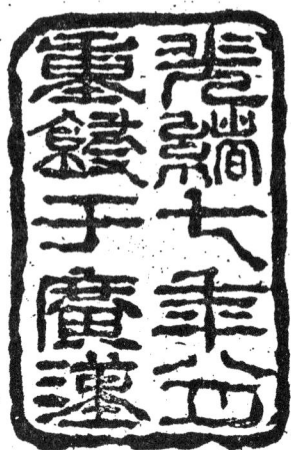

楊誠齋淳熙薦士錄一卷乃爲吏部郎中時上宰相王公冊子也首以朱子爲第一足見知人之明其餘諸公各有評論言皆簡而當此卽今之薦官考語之祖也山公啓事不可得見存此以爲持衡秉鑑之一法有薦人之責者其可忽乎噫拔茅連茹占之於易貴王賤珉見之於禮魚目不可以混珠駑駘不可以並驥知人何以明亦曰公生明而已羅江李調元序

淳熙薦士錄

宋　楊萬里　撰　綿州　李調元　校

淳熙乙巳　誠齋爲吏部郎中時王季海爲丞相一日丞相問　誠齋云宰相何最急先務　誠齋答薦士爲先因呈薦士錄

朱熹

學傳二程才雄一世雖賦性近于狷介臨事過于果鋭若處以儒學之官涵養成就必爲異才

袁樞

議論堅正風節峻整今知處州

石起

立朝敢言作郡有惠

祝檟

奇偉之節悟退之心士論所稱久置閑散

鄭僑

立朝甚勁正持論有風采

林折

外温中厲遇事敢爲

蔡戡

器度凝重學識該洽

馬大同

文學政事士林之英至于持節風采甚厲官吏皆肅

鞏相

今之儒先世之吏師

京鏜

性資靜愨文詞工緻

王回

俊辨而言敏手而裕

劉堯夫

嘗冠釋褐立朝敢言

蕭德藻

文學甚古氣節甚高其志常學有爲其進未嘗苟合老而不遇士者屈之今爲湖北參議官

章穎

儒而知兵長以論事至于兩淮利害尤其所諳

周必正

工于古文敏于吏事臨疑應變好謀而成

張貴謨

上庠名士有才有謀可懋時須

劉清之

得名士朱熹之學傳乃祖原夫之業

湯邦彥

學邃于易得先天之數才濟于用有經世之心

王公袞

儒者能斷吏事敢爲剸繁摧奸尤其所長

莫漳

長于吏學達于吏治

張默

魏公之姪能傳胡文定春秋之學所至作吏皆有

能聲

孫逢吉

學邃文工吏用明敏沈介德和黃鈞仲秉以國士

待之梁勝陞朝知袁州萍鄉縣

吳鑑

早以文辭受知名勝如張安國沈德和黃仲秉皆

以國士待之京官皆知郴州郴縣

王謙

風力振聲勇于摧奸立朝蹇蹇士論歸重

譚惟寅

文辭甚古志操甚堅嘗除大學博士今知　州

祖中庸

有學有文操守堅正物節布憲風采甚厲

韓璧

直諒修潔人稱其賢

李誦

恬退難進廉吏之表陞朝今爲江州德安知縣

余紹祖

德勝于才廉而惠新江陵府通判

葉元濬

和而有力早有奇節故相葉顒子昂之姪今爲江

西提舉司幹官待次

廖德明

所學甚正遇事能斷選入前韶州教授

趙克夫

廉明疆濟治行甚高陞朝今知臨江軍新喻縣

左昌時

吏能精密所至有聲新知眞州

胡思成

和粹而賢敏達于政常知安豐

趙像之

能文練事淡如寒畯今爲隨州通判

孫逢辰

儒術飭吏廉操踰人

劉德秀

議論古今切近于世用鄭榜京官今知湘潭縣

施淵然

上古于文恬于仕進前任監和劑局今仕祠祿陞

朝

祝禹圭

氣節正方議論鯁挺

張泌

器宇粹和文辭工致與其弟濤俱有令名前輩稱

吳中二陸

李大性

四六詩句甚有律令

李大異

嘗冠別頭仕優進學作文下語準柳儀曹

李大理

學問彌治吏事通朗

曾三復

以文策第以廉褆身作邑有聲盡籠橫斂榜梁

曾三聘

刻意文詞雅善論事蕭榜選人前西外宗學教授

徐徹

詩句明爽戢奏典重作邑愛民辨而不擾鄭榜陞

朝今知臨江軍清江縣

趙彥恂

吏能精敏不擇劇易戊辰王榜前知衡州今任宮

觀

王澮

治郡有聞惠而能辨前知志州正堂奈冠之鋒修

池治兵寇不敢近今任宮觀

虞公亮

力學有文子弟之秀雍公之子尚淹下僚

陳謙

學問深醇文辭雄俊聲冠兩學陸陳下僚

李沐

大臣之子而綽有寒畯之操用[illegible]之雋而益勵文

辭之丁

李耆俊

其進雖非科級其文尤工四六今知郴州

嚴昌裔

學甚正守甚堅嗇嘗師張魏公而友欽夫

陳宇

事母至孝作郡甚辨臨事應變事集而民不擾

盧宜之

作文有古人關健日進未已至於吏能乃其餘事

蘇渭

通敏吏事最善四六任子之流所不易得

鄭郎

持身甚廉愛民甚力嘗知南雄州保昌縣殊有治

行太守虐政一切之民情翕然去思

趙善佐

爲政和而有威治賦緩而有辨章貢吏民無不安

之

胡澥

名臣之子修潔博習州里有開能世其家今爲撫

州宜黄函其父字邦衡

右凡六十人

淳熙薦士錄畢

江南餘載

光緒七年辛巳重鋟于廣漢

江南餘載二卷不著姓氏陳振孫直齋書錄解題引序言徐鉉始奉詔爲江南錄其後王舉路振陳彭年楊億龍衮皆有書大概六家皆不足以史稱而龍衮爲尤甚熙甯八年得鄭君所述于楚比其事蹟有六家所遺或小異者删落是正取百九十五段以類相從鄭君者莫知何人豈即文寶耶按文寶江南人宋開寶年中爲工部郎所著南唐近事二卷自序三世四十年起天福丁酉終開寶乙亥據此則此書爲文寶作可知振孫宋人必不誤也蓋前書所未備續爲此書故曰餘載皆托記雜事實小說傳記之類均未可以史目之也然以備史採則較諸書爲典而覈云

羅江李調元鶴洲識

江南餘載卷上

宋　鄭文寶　撰　綿州　李調元　校定

昇元初烈祖南郊是日司天奏日延三刻（按江南野史作月延三刻此作日未識孰是）天官書太一紫宮尚紫故南郊壇墠皆取其色江南用五色此五帝壇耳禮官失之

江南文臣烈祖時唯稱楊彥伯高弼孫晟李匡明龔澶蕭儼成幼文賈潭（潭及事元宗）元宗時江文蔚王仲連李貽業游簡言湯悅高越（越及事後主）張義方張緯鍾謨李克明張易趙宣輔（宣輔及事後主）陳繼善後主時徐鉉徐

鍇韓熙載王克貞張洎張頡張佖楊澤朱銑喬舜潘文祐湯瀞楊滂郭昭度孫舉伍喬孟拱辰馮謐李平張紹賈球顧彝烈祖召坐南薰閣召見道士王栖霞問何述可致太平栖霞對曰治身治心乃治家國之本今陛下飢嗔飽喜尚不能節何以福及蒼生是時元宗母宋后在簾中聽之歎爲至語賜以金帛栖霞皆不受所居元眞觀西北陂澤中有高樹栖霞嘗于其上焚拜奏烈祖欲爲之建壇栖霞曰建國之初經用不足不宜營此閑務

烈祖嘗以中秋夜翫月延賓亭宋齊邱等皆會時御史大夫李主明面東而坐烈祖戲之曰偏照隴西主明應聲對曰出自東皆以帝之姓爲諷也

烈祖爲政事僕射時遣人聘越問識羅給事否曰不識亦未聞名越人曰四海知有羅江東爾獨拙於用乎對曰金榜上無名所以不知也

王慎辭北使時烈祖授以論答事語百餘條皆機務之要嚴可求覽之請益一事曰若問黑雲長劍多少卽對以來時五十指揮皆在都下柴再用不得赴鎭也愼辭至汴京果首問是時方議南征聞愼辭所對遂罷兵

元宗初馮延魯自水部員外郎爲中書舍人李建勳歎曰爵祿所以馭士今四郊未靖而延魯以一言稱旨輒驟遷之若後有立大功者當以何官賞之（按陸游南唐書延魯本傳亦載此乃江州觀察使杜昌業之言此作李建勳疑誤）

元宗嘗語散騎常侍王仲連云自古江北文士不及江南衆多仲連對曰老子出亳州眞源仲尼出兗州曲阜然則亦不少矣上有愧色

後主末年洪州有婦人萬氏善言禍福遠近謂之萬仙童江正臣謂時人曰此所謂國將亡聽於神者也未幾而曹渡江

張憲爲監察御史後主既納周后頗留心於聲樂憲上疏言聞有詔以戶部侍郎孟拱辰宅與教坊使袁承進居止昔高祖欲以舞人爲散騎常侍舉朝非笑今承進教坊使耳以侍郎居之亦近之矣後主批答賜帛三十段以旌敢言

開寶中鄂國公從謙使梁以水部員外郎查元方副之既至而盧多遜爲館伴使與元方對奕忽謂元方曰江南畢竟如何元方斂衽對曰江南事天朝二十餘年君臣禮分極矣復以如何爲問耶多遜爲之愧謝因曰勿謂江南無人

曹翰屠江州噍類無所縱而義門陳氏昆弟七人散處城中事定皆還無所損人以爲孝義之感

建州既平俘虜人口稍多宰相李建勳請官出錢贖之還本土東閭賴之

徐鉉在徐州治官舍得宿藏錢數百千鉉恥而不取乃復瘞之後鉉家老奴潛往發之聞無所覩

保大中太平府聶氏女年十三歲母爲虎攫去女持刀跳登虎背連斫其頸虎奮跳不脫遂斫虎死乃還家葬母屍

嚴續在江州有奴忤意續策逐之州有栖林多虎奴請殺之輙持梃往擊虎母并數子皆殲焉或言潭有蛟奴解衣下浴蛟來繞之乃急拽登岸烹而食之謂人曰吾勇無敵恨不見用於時耳

徐鉉言銅陵縣尉某懦不能事嗜酒善狂嘗與同官會飲江上忽見賊艘鳴鼓弄兵沿流而下尉乘醉仗劍驅市人而襲之賊皆就縛焉事聞後主嘉之賜以章服除本縣令此因酒而倖成也

錢氏科斂苛慘民欠升斗必至徒刑湯悅徐鉉嘗使焉云夜半聞聲若麏鹿號叫及曉問之乃縣司催科耳其民多躶行或以篾竹繫腰

徐知訓在宣州聚斂苛暴百姓苦之入覲侍宴伶人戲作綠衣大面若鬼神者傍一人問誰何對曰我宣州土地神也吾主入覲和地皮掘來故得至此

張崇帥廬州人苦其不法因其入覲相謂曰渠伊必不復來矣崇聞之計口徵渠伊錢明年又入覲州人不敢交語唯道路相目捋鬚爲慶而已崇歸又徵捋鬚錢其在建康伶人戲爲死獲譴者云當作水族去陰司遂判曰焦湖百里一任作獺

姚鳳爲內轄使奢僭嘗因病思鹿血羹輙殺此苑長生鹿食之

宋齊邱好交術士得罪之日出入其門者蓋八百人

翰林學士江文蔚侍宴醉而無禮明日拜表謝罪上命賜衣一襲以慰之

元宗宴於別殿宋齊邱以下皆會酒酣出內宮聲樂以佐歡齊邱醉狂手撫內人於上前衆爲之悚慄而上殊不介意盡興而罷明日上於臥帷中索紙筆賜慰齊邱乃自安

游簡言爲中書侍郎兼領銓選差擇清峭有邵唐者試判不入等上疏言簡言父恭嘗爲鄂帥杜洪記室洪與朱梁結連恭預其謀簡言乃逆臣之子不宜列

於清近上怒其誹謗詔決杖配流饒州

馮延己自元帥府掌書記爲中書侍郎登相位時論少之延魯之敗御史中丞江文蔚上疏請黜延己上曰相從二十年賓客故寮獨此人在中書亦何足怪雲龍風虎自古有之且厚於舊人則於斯人亦不得薄矣

楊守忠授武昌節度使宣麻日有禿鶖當正衙立班退乃去未幾而守忠卒

開寶中當一夕有禿鶖自西北來成羣翳天自初更至中夜方盡

趙宣輔者中原人仕於江南官省郎頗有詩名重九日與兩浙諸公登高於北山誦杜甫詩以勸酒至明年此會知誰健醉把茱萸仔細看潸然淚下坐客異之未幾宣輔卒

劉奐自言生時五星雖在吉地然俱隱不見吾必不得爲權勢官矣後奐官終起居舍人

姚端年十八狀元及第宰相游簡言以女妻之未幾疾終時人謂之女殺狀元

高越爲書生游河朔有牧伯欲妻之爲鴿子詩而去詩曰毛骨英靈志性奇摩雲專待整毛衣虞人莫便

施羅網未肯平原淺草飛越後爲查氏壻

江夢孫夜夢直木生于庭詰朝其妻產男遂名直木幼聰穎後官至刑部

張洎云嘗至信州龍鳳山値鄉民產子者手執金如意一枝而生此子後爲道士不知所之

張洎與錢若水夜直太宗開滋福殿召二人草制詞加李昉左僕射班洎輒前數唐以來十餘名相皆有望鎮服天下故自右加左今以此待昉非公議所允若水欲解之洎當帝前以笏排若水曰陛下熟知矣明日洎進制草有云黃樞重地難委於具臣蒼昊景

靈懼羅於大譴太宗竟從洎意昉止右僕射歸班按此條載李昉加左僕射係宋太宗太平興國時事與江南無涉或因張洎而及之洎仕南唐爲清輝殿學士江南平歸宋拜太子中允

保大末太弟懇乞就藩燕王宏冀爲皇太子以令旨榜逼逐昭慶宮僚太弟始自鎭國門上馬登舟論者知太子之不永焉按元宗十六年三月改元交泰立宏冀爲太子是年五月即奉周顯德年號明年九月太子宏冀卒

徐鍇以屯田郎中知制誥久次當遷中書舍人而宰相游簡言每抑之鍇遂詣簡言簡言從容曰以君之才地何止舍人但兄弟並舉清要物忌太盛請少緩

之使衆稱淹恤進固未晩鍇頗怏怏簡言徐出妓佐酒疊唱歌辭皆鍇所製鍇乃大喜起謝歸以告兄鉉鉉曰汝乃爲數闋歌換中書舍人耶

趙叟者自保大之初至於開寶之季嘗爲貢院門子每歲放榜之後或去或留率慶慰之若出於叟手然進士何蒙贈叟詩曰桂枝輸却正悽然又被鸎聲聒晝眠唯有趙翁知仔細相傳好語待來年

開寶初舉子齊愈及第綴行至白門忽於馬上大笑不已遂墜馭者扶策良久乃蘇蓋其喜成名如此

趙綺困于場屋將自三山北渡以歸梁京爲邏者所得遂下延尉從獄中上書曰初至江干覺天網之難漏及歸棘寺知獄吏之可尊後主覽之批其末曰陵孤思漢亦負德乃釋其罪明年綺狀元及第

賈覃自言應舉時從禽於鄠杜忽於村店遇大僚避雨者竊訪之乃主司侍郎楊涉當時匆遽不暇脫韋袴衣襴袖卷投贄楊公稱歎再三覃自以爲必入等矣及榜出則無名有私於楊公者公曰覃好事業但不脫衣袴故累耳

國中有街冤者多立於御橋謂之拜橋甚者操長釘携鉅斧而釘腳又有闖入於殿庭者謂之拜殿後主

時進士曾顗謝泌皆南省下第而顗釘腳泌拜殿以稱冤士風于此掃地

陳致堯雍熟於開元禮官太常博士國之大禮皆折衷焉與韓熙載最善家無擔石之儲然妾妓至數百暇奏霓裳羽衣之聲頗以帷薄取譏於時二人左降者數矣熙載詩陳郎不着世儒衫也好嬉遊日笑談幸有葛巾與藜杖從呼宮觀老都監其廳中置大鈴大署其旁曰無錢僱僕客至請挽之

高鎬有通天犀帶業穀有歌人皆當時無比者嘗請博戲之滿坐屏氣鎬擲大勝鎬命歌人引滿一曲以

辭舊主歌罷遂携以歸

柴再用按家樂於後園有從人竊窺於門隙者再用遇之召至園中使觀焉曰恐隙風傷爾眸子

孫晟初事秦王從榮從榮敗晟漁服亡命至正陽未及渡追騎奄至晟不顧坐淮岸捫㡔衣齧蝨追者捨去乃渡淮至壽春節度使劉金延與語晟陽瘖不對授館累日忽謁漢淮南王廟金先使人伏神座下伺之悉聞其所禱乃送詣金陵時烈祖輔吳喜其文辭遂與禪代秘計

卷上畢

江南餘載卷下

宋 鄭文寶 撰 綿州 李調元 校定

德明宮本南唐烈祖之舊宅在後園之北卽景陽臺之故址有太湖石特奇異非數十人不能運致卽陳後主之假山遺址其下有井石欄有銘字跡隱隱猶在

後苑有宮髻石世傳張祜舊物上有杜紫薇杭州刻字相寄之跡祜以其形若髻故名之云祜平生癖好太湖石故三吳牧伯多以爲贈焉

元宗罷朝多御延英殿聽公卿奏事因卽其處爲閤

甚壯有司請置額名上以生月在孟春御題爲千春閤朝元門三橋龍躍鎭國天津二曲尺跨水覆舊制文武大臣帶平章事者許乘馬行過鎭國天津二橋百官皆就二曲尺下馬

元宗遷都洪州過蕪湖江口永壽禪院親射偃蓋松東南枝遂枯死至今御箭仍在按南唐書申漸高傳載元宗遷豫章龍舟至趙屯舉酒望皖公山曰好青峭數峰不知何名優人李家明對曰此皖公山也因獻詩曰皖公山色好不落御觴中元宗太息罷酒去附錄於此

讓皇在泰州賦語曰江南江北舊家鄉二十年前夢一場吳苑宮闈今冷落廣陵臺榭亦荒涼烟凝遠岫

愁千疊雨滴孤舟淚萬行兄弟四人三百口不堪回首細思量

烈祖爲尚書左僕射年甫三十自以居揖讓之際非老舊無以臨衆乃服白髮藥一夕皓然

讓皇在泰州數年每有嗣息及五歲必有中使至賜品官章服然卽日告殂

蘇洪規築揚州城古塚中得石銘其文曰日爲箭兮月爲弓射四時兮何曾窮但見天將明月在不覺人隨流水空南山石兮高穹窿夫人墓兮在其中猿啼烏叫烟濛濛千年萬年松柏風

進士舒雅嘗從鄭元素學元素爲雅言温韜亂時元素隨之多發關中陵墓嘗入昭陵見太宗散髮以玉架衛之兩廂皆置石榻有金匣五藏鍾王墨跡蘭亭亦在其中嗣是散落人間不知歸於何所

宋齊邱出鎭洪州詔賜錦袍烈祖親爲衣之李建勳贈詩有一人看上馬雙節引還鄉之句時論榮之

馮延巳李建勳拜相張義方獻詩曰兩處沙堤同日築與如啟沃藉良謀民間有病誰開口府下無人只點頭

莊布訪皮日休不遇因以書疏其短失世頗傳其文日休子光鄴嘗爲吳越王使江南輒問江表何人近文最高或對曰近世無聞唯莊布贈皮日休書家藏一本光鄴大慙

保大五年元日大雪詔太弟以下會宴登樓賦詩遣中使就李建勳第示之建勳與中書舍人徐鉉勤政殿學士張義方皆和進呈復詔建勳義方鉉入夜艾乃散鉉爲之叙太弟使名士畫爲圖障按元宗元日大雪登樓詩曰珠簾高捲莫輕遮往往相逢隔歲華春氣昨宵飄律管東風今日放梅花素姿好把芳姿掩落勢還同舞勢斜坐有賓朋尊有酒可憐清味屬儂家

李夷鄴者前唐諸孫嗜酒不羈保大初以宗室賢才

拜正卿累經左降逾年輒復舊官元宗上巳開宴夷鄴不在召中乃獻詩曰偶憶昔年逢上巳輕舟㮕岸宴君臣人間蹇薄時時嘆天上風光日日新玉帛已來諸國瑞瑤池固有萬年春賦詩飲酒平生事腸斷金門願再親上賜御禮曰我家有此狂宗正快哉

徐鉉爲人忠厚不以位貌驕人在海州時蒯亮爲錄事參軍鉉與往還如僚友亮授代鉉以詩送之曰昔時聞有蒯先生二十年來道不行抵掌會談天下事折腰猶忤俗人情老還上國風光好貧裏歸裝結束輕還客臨流倍惆悵晚風黃葉滿孤城有印絫者獻

詩曰不將才氣暫時誇人仰聲名遍海涯月滿朝衣聽禁漏更闌分直掃宮花課書未上先焚藁銜筆曾傳立草麻見說下朝無一事小池栽葦學僧家

徐鍇撰義門陳氏書堂記有男女長幼以屬食之辭既已授之又寄令寫碑人自於末添一食字或問其故鍇曰非食無以義聚欲以此一字爲陳氏子孫之誡耳

李建勳致仕自稱鍾山公詔授司徒不起學士湯悅致狀賀之建勳以詩答曰司空猶不作那敢作司徒幸有山公號如何不見呼

李建勳罷相元宗於西苑天全閣別置廐院待之命右僕射孫晟同寓直焉建勳進詩曰御苑賜居令待詔此身殊勝到蓬瀛禁中仙樂無時過階下常人不敢行疊頴弄芳秋氣落叢柯聳翠露華清天廚送食何功享空詠康哉贊盛明

張洎潘祐俱爲忘形之交其後俱爲中書舍人乃相持祐之死也洎蓋有力

韓熙載南遷上表畧曰無横草之功可補於國有滔天之過自累其身老妻伏枕以呻唫稚子還床而坐泣三千里路送孤客以何之一葉扁舟乘病身而前去上憫之遂留不遣

開寶中張昭通判建州奉勑至武夷山清秋雨歇聞雲中仙樂自辰及酉不絕大抵多竹聲昭故曉音律審其曲有人間迎仙客云

開寶末長老法倫夢金陵兵火四起有書生郎吟曰東上波流西上船桃源未必有眞仙干戈滿目家何在寂寞空山聞杜鵑

秘書郎刁侃文安郡公（按文安郡公徐遊知誨子也初名景遊避元宗諱去景字）之愛壻姻連戚里第宅瀟灑一日侃弟妹於庭下忽見兩人沿古槐而上以瓦擊中之應手墮地四體雖

具長纔二寸許狀如世所畫夜叉然瘞之是夕侃家堂室之間鬼怪無數或見大手或呈巨額如是者三夕餘設醮謝之猶不已也是時周惟簡講易於侃別院獨無變怪于是盡徙焉惟簡方說泰卦倦而假寐恍惚中見冠裳者數百人前揖自言昔自南岳來寄居古槐歲月已久今刁侃弟妹皆無道橫害二子悲歎不堪適當索償既匿先生之舍且先生方講聖經非某措手之時願聞談義容解脫之矣惟簡驚覺爲之齋沐旬日終篇鬼怪乃絕

安陸人毛生善食毒蛇以酒吞之嘗至洪州以弄蛇

取食積十餘年有賣薪者自鄱陽來夜夢老父云爲我寄一蛇與毛生可乎賣薪者許之至洪州運薪將盡有蛇蟠舡中棖觸不動因悟其夢攜以訪毛生毛生撥之忽嚙其乳生大呌仆地食頃已爛亦不知蛇所在金穀爲御史判官逮御史臺主簿判覆刑司歲餘染疫言見三四荷校自陳罪不至死而君誤寘於法今得請於上帝君本猶有三十餘年在世三人各折君十年宜知之明日穀卒

秘書監歐陽遇判大理寺曰奏當潭陽縣令余紹卿死罪時論冤之既而紹卿嘗見形相隨遇惡之乃請

告至廬山九天使者廟下設黃籙齋醮以靜陰冥然紹卿亦至席間其夕遇爲鬼神推擲殿下而斃

宋齊邱至青陽初命穴墻給食俄又絕之餓者數日中使謂齊邱曰俟令公捐館方供食耳以絮塞其口遂卒卒時有黑氣起直貫九華山元宗暮年禁中往往見齊邱陳學李徵古如生時禳之不去甚惡之因議南幸太子宏冀病亦數見太弟爲祟云

楊懷義爲侍衛時方在圍中鐺鼎忽自厨中成行而出列於庭下又半夜戈戟忽有聲火出炎炎者數夕俄而兵敗下獄

賈誥善望氣罷節鎮歸闕時艤舟江上忽見晚天氣如鸞鳳須臾羽翼零落色變爲耆誥嘆曰此爲我耳自是慘然不樂及召對界以忤旨謫授諸衛將軍

湯文圭爲舉子時嘗經大澤中遇大雨震電僕乘皆踣文圭安詳如不聞及至逆旅從者怪之試視文圭兩耳皆有泥封塞云後翰林學士

魏羽肄業於白鹿洞臨赴舉大醉臥百花峯下稍醒忽有鬼物十數輩環侍其側羽驚問之對曰以公貴人故奉守耳其後羽以昭文館校書起家過江至三司使工部侍郎

開寶中吉州城頭有人面方三尺許睆目多鬚自旦至西乃沒

開寶中宋帥至金陵詔鄭彥華以水軍迎戰于慈湖峽是日重霧不解八月十一日白虹貫日咫尺不分

范陽盧文進自云嘗偕契丹入絕塞射獵以給軍食一日晝晦星象粲然衆皆懼捕得番人曰吾國以爲常也頃之景復開朗

江州有田婦採拾於野忽爲虎攫而踞之婦向天大呼虎舉其掌婦視其中有刺因爲拔之虎乃捨婦而去

元宗時海國進象數頭皆拜舞山呼
靈芝之圖言千歲蝙蝠色如雪目如硃集則倒懸以其腦重故也服此可以長生後主時有人獲之進上上方事佛禁戮而不用後不知所之

唐末有御厨庖人隨中使至江表聞崔允誅北歸遂漂浮不歸留事吳至烈祖受禪御膳宴飲皆賴之有中朝之遺風其食味有鷺鷥餅天喜餅駝蹄餤雲霧餅按陸游南唐書雜藝列傳所載尚有春分餤密雲餅鐺糟炙瓏璁餤紅頭簽五色餛飩子母饅頭而無雲霧餅三載於此後主篤信佛法於宮中建永恭宮又於苑中建靜德僧寺鍾山亦建舍御筆題為報慈道場日供千僧所費皆二宮玩用

鄭元素者溫韜之甥隱居廬山靑牛谷不交人事元宗召至都下館於徐鉉家及卒鉉令元素鄉人龍敏瘗其屍於石子崗臨穴之際有七鶴盤旋空中斂輀禱之一一下拂棺蓋

許堅往來句缺曲阜之間草裝布囊或臥于野或和衣浴澗中蕭然不接人事獨笑獨吟而已其詩有云祇應天上路不為下方開道既學不得仙從何處來又題簡寂觀云常恨眞風千載隱洞天還得恣遊遨松楸古跡一壇靜鸞鶴不來靑漢高茅氏井寒丹亦化元宗碑斷夢曾勞分明有箇長生路不向紅塵白二毛堅詩頗多其語意類此景德中無疾卒於金陵歲餘忽於洪州謁見兵部員外郎陳靖靖至建康言之王化基發其墓已尸解去

魏進忠不知何許人徐玠稱其有飛鍊之術上聞於烈祖俄擢為延英殿使寵錫甚厚詔以延英殿為飛鍊所進忠造宅於皇城之東廣致妓樂託結貴近出導從擬於王者或贈人金帛動盈千百士人多附之經數年竟無狀遂配東海縣

周繼諸者鄱陽人詣闕上書累官至省告免歸鄉與

名僧道士為雲泉之交元宗召之授以美官堅辭不就上嘉之賜粟帛又賜金鉏一柄勅曰是朕苑中自種藥者今以賜卿高尚之節

蜀人陳曙者王氏末年避地淮南隱於蘄州山中鄉人祀神曙不召亦必至必醉飽而後去雖百神祠曙能徧往也其所居屋一間道書數卷而已與蛇虎雜處而泰然無所忌元宗遣中書舍人高越賫束帛徵之三往不應後移居鄂州不知所終越贈曙次韻答之云罷修儒業學修眞養拙藏愚四十春致老不疎林裏鹿平生未識日邊人澗花發處千堆錦巖雪鋪

時萬樹銀多謝朝賢遠相問未聞雞得鳳爲隣

僧謙明嗜酒好爲詩獨居一室每日鐺中煑肉數斤醅酒一壺不俟爛熟旋割旋飲以此爲常嘗中秋詠月云迢迢東海出漸漸入雲衢此夜一輪滿清光何處無乘輿遂子夜撞鐘烈祖聞之不罪也召問其所求對曰唯願鵝生四脚鱉著兩裙

卷下畢

第八函

江淮異人錄

光緒七年冬
重鋟于寶蓮

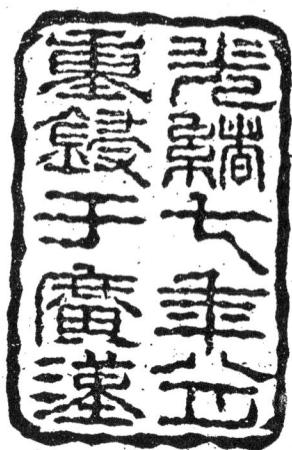

錄中載道流俠客術士之類凡二十五人與陳振孫書錄解題所紀無小異雖其跡涉不經儒者或不之道而理之所無事或有之且其紀載質直能以文言道俗事亦足以窺作者一斑云雨村李調元識

江淮異人録目録

江淮異人録目録畢

江淮異人錄卷上

宋 吳淑 撰　羅江 李調元 校

唐甯王

甯王善畫馬花萼樓壁畫六馬滚塵圖明皇最愛玉面花驄後失之止存五馬

花姑

宋單父有種藝術牡丹變易千種明皇召至驪山種花萬本色樣不同呼爲花姑（按是書所載皆南唐人事獨此二條爲唐明皇時考之宋元以後諸書所引用皆同今仍其舊列於卷首）

沈汾

唐末沈汾侍御退居樂道家有二妾一日謂之曰我死爾能哭我乎妾甚愕然曰安得不祥之言固問之對曰苟若此安得不哭汾曰汝今試哭吾欲觀之妾初不從彊之不已妾走避之汾執而扶之妾不得已乃曰君但升榻而坐汾如言妾左右擁袂而哭哭畢視之汾已卒矣

聶師道（聶紹元附）

聶師道歙人少好道唐末于濤爲歙州刺史其兄方外爲道士居於南山中師道往事之濤時詣方外至於郡政咸以咨之乃名其山爲問政山吳朝以師道

久居是山因號爲問政先生焉初方外在山中郡人少信奉者及師道至贍信日衆師道與友人同行至一逆旅友人苦熱疾村中無復醫藥或教病者曰能食少不潔可以解及疾危困復勸之病人有難色師道諭之曰事急矣何難於此吾爲汝先嘗之乃取啗之人感其意乃食而病果立愈後給事中裴樞爲歙州刺史當唐祚之季詔令不行宣州田頵池州陶雅舉兵圍之累月歙州頻破之後食盡援絶議以城降而城中殺外軍已多無敢將命出者師道自請行樞曰君乃道士豈可游兵革中邪請易服以往師道曰吾已受道法科教不容易服乃縋之出城二將初甚怪及與之語乃大喜曰眞道士也誓約已定復遣還城中及期樞適有未盡復欲延期更令師道出諭之人謂其二三咸爲危之師道亦無難色及復見二將皆曰無不可唯給事命時城中人獲全師道之力也吳太祖聞其名召之廣陵建紫極宮以居之一夜有羣盜入其所止至於什器皆盡取之師道謂之曰汝爲盜取吾財以救飢寒也持此將安用邪乃引於曲室盡取金帛與之仍謂曰爾當從某處出此無巡人可以無患盜如所教竟以不敗後吳朝遣師道往龍

虎山設醮道遇羣賊刼之將加害其中一人熟視師道謂同黨曰勿犯先生令盡取所得還之羣盜亦皆從其言因謂師道某卽昔年揚州紫極宮中爲盜者感先生至仁之心今以奉報後卒於廣陵時方遣使於湖湘使還至某見師道問之曰何以至此師道曰朝廷遣我醮南岳使者以爲然及入吳境方知師道卒矣聶師道姪孫紹元少入道風貌和雅善屬文年二十餘卒初紹元旣病劇有四鶴集於紹元所處屋上及其卒人咸見五鶴冲天而去

李夢符

李夢符者常遊洪州市井中年方二十餘短小而潔白美秀如玉人以放蕩自恣四時常插花遍歷城中酒肆高歌大醉好事者多召之與飲或令爲歌詞應聲爲之初不經心而各有意趣鍾傳之鎭洪州也以其狂妄惑衆將罪之夢符於獄中獻詞十餘首其畧曰插花飲酒無妨事樵唱漁歌不礙時鍾竟不之罪後桂州刺史李瓊遣使至洪州言夢符乃其弟也請遣之鍾令求於市中旅舍其人曰昨夜不歸因爾不知所終案郡閣雅言云李夢符不知何許人梁開平初鍾傳鎭洪州日與布衣飲酒狂吟放逸嘗以釣竿懸一魚向市肆踏漁父引賣其詞好事者爭買得錢便入酒家其詞有千餘首傳于江表畧其一兩首云村寺鐘聲渡遠灘半輪殘月落前山徐徐撥棹却歸灣浪疊朝霞錦繡翻又曰漁弟漁兄喜到來婆官賽了坐江隈椰榆杓子木瘤盃爛煮鱸魚滿案堆每把冰入水及出身上氣如蒸鍾氏亡亦不知所在附錄於此

李勝

書生李勝嘗遊洪州西山中與處士盧齊及同人五六輩雪夜共飲座中一人偶言曰雪勢若此固不可出門也勝曰欲何所詣吾能往之人因曰吾有書籍在星子君能爲我取之乎勝曰可乃出門去飲未散攜書而至星子距西山凡三百餘里也遊帷觀中有道士嘗不禮勝勝曰吾不能殺之聊使其懼一日道

士閉戶寢於室勝令童子叩戶取李秀才匕首道士起見所臥枕前插一匕首勁勢猶動自是畏懼改心禮勝

潘扆

潘扆者大理評事潘鵬之子也少居於和州樵採雞籠山以供養其親嘗過江至金陵泊舟秦淮口有一老父求同載過江扆敬其老許之時大雪扆市酒與同載者飲及江中流酒已盡扆甚恨其少不得醉老父曰吾亦有酒乃解巾於髻中取一小葫蘆子傾之極飲不竭及岸謂扆曰子事親孝復有道氣可教也

乃授以道術扆自是所爲絕異世號曰潘仙人嘗至人家見池沼中落葉甚多謂主人曰此可以爲戲令以物漉之取置之於地隨葉大小皆爲魚更棄於水葉復如故有剃毫者請扆爲術以娛坐賓扆顧見門前有鐵店請其礁以爲戲既至扆乃出一小刀子細細切之至盡坐賓驚愕既而曰假人物不可壞也乃合聚之礁復如故又嘗於袖中出一幅舊方巾謂人曰勿輕此非人有急不可從余假之他人固不能得也乃舉以蔽而退行數步則不復見能背本誦所未嘗見書或卷而封之置之於前首舉一字則誦之終卷其間點注塗乙悉能知之所爲此類亦不復盡紀後亦以病卒案馬令陸游南唐書俱有扆傳載其往來江淮間自稱野客嘗依海州刺史鄭匡國不甚見禮行營中有二鍋光如白虹入觸之身首異處其所爲類劍客事後匡國知其術表薦於烈祖召居紫極宮數年卒同時又有一潘扆曾獻神丹方於烈祖者俱與此所載絕異今附錄於此

陳允升

陳允升饒州人也人謂之陳百年少而默靜好道家世弋獵允升獨不食其肉亦不與人交言十歲詣龍虎山入道栖隱深邃人鮮得見之者或家人見之者則奔走不顧天祐中人見於撫州麻姑山計其去家七十年矣而顏貌如初昇元刺史危全諷早知其異迎置郡中獨處一室時或失之嘗夜坐危謂之曰豐城橘美頗思之允升曰方有一船橘泊牢港案牢港一作豐城港見大典二萬一千一百二十九卷今去爲取之港去城十五里少選便還攜一布囊可數百顆因供食之危嘗有姻禮市黃金郡中少不足用頗呵責其下允升曰無怒吾能爲之乃取厚紙以藥塗之投於火中皆成金因以足用後危與吳師戰允升告之曰愼勿入口中全諷不之悟果敗於象牙潭

陳曙

陳曙蘄州善壇觀道士也謂爲百歲賓亦不知其數步行日數百里郡人有宴席嘗虛一位以待之遠近必至烈祖聞而召之使者未至忽歎息曰吾老矣何益於國而往見召後數日而使者至再召竟不行保大中嘗至夜獨焚香於庭仰天拜祝退而慟哭俄而淮上兵革人以爲預知也後遇見居永興景星巖觀結廬獨居常有虎豹隨之亦罕有見者及卒數日方棺斂而遍發汗焉

司馬郊

司馬郊一名凝正一名守中遊於江表常被冠褐躡履而行日可千百里每往來上江諸州至一旅舍宍

泊久之將去告其主曰我所有竹器不能將行取火焚之主人曰方風高且竹屋低隘不可舉火郊不從俄而火盛焰出於竹死之隙人皆驚駭既而火滅郊所有什器皆盡卧牀亦熏灼而薦席無有焦者至洪州市中探鮓食之市中小兒呼曰道士喫鮓郊怒以物擊小兒中額流血巡人執郊送於虞候素知其名善勸說之郊乃極口惡罵虞候者不勝其怒杖之至十郊謂人曰彼杖我十五可得十五日活杖我十十日死矣既而果然嘗於歙之某觀病痢困劇觀主乃口白縣令姚蘊使人候之郊曰姚長官何故知吾病

也來者以告郊怒忽起結束逕入某山中甚惡人言後十餘日持一大杖求觀主將扶之觀中道士共禮拜求救乃免又能詐死以至青腫臭腐俄而復活後入廬山居簡寂觀因醉卧數日而卒臨終命置一杖於棺中及葬棺空發之唯杖在焉

劉同圭

余外祖艾氏其先居於洪州有劉同圭者賃其屋而居家唯翁媼而已持一筐藁賣之夕醉而歸積久隣人怪之夜穴壁窺之見出一土缶以水與之須臾藁生及曉刈之及病謂媼曰我死必置一杖於棺中及卒如其言初舉棺以出人覺甚重及至半路漸輕如無屍蕩其棺唯覺杖在其中發之獨得杖耳

史公鎬

兵部尚書張翰典銓有史公鎬者江南大將史公銖弟也性冲澹樂道嘗求爲揚子令會已除官不果翰見其曠達多奇試謂之曰且爲揚子尉可乎公鎬亦欣然從之後爲端昌令卒於官時方晴霽而所居宅上獨雲雨時有望見雲氣上有一人緋衣乘馬冉冉而上極高而沒

董紹顏

天祐時董紹顏者能知人何敬洙侍李簡側紹顏目之曰此非常人後敬洙累授節鎮爲時名將初義祖之鎮潤也紹顏在焉常閲衙中諸將校而品第之有藍彦思者謂紹顏曰爾多言或中也紹顏曰君勿言即非善終者彦思曰吾軍校死於鋒刃是吾事也何足言哉紹顏曰汝當得好鋒刃之下而死乎後郡郭屢災衙中亦爲之備或造桶以貯水而軍人因是持桶刀爲亂彦思死於難焉

江淮異人錄卷上

江淮異人錄卷下

宋 吳淑 撰　羅江 李調元 校

耿先生

耿先生者江表將校耿謙之女也少而明慧頗有姿色知書稍爲詩句往往有嘉旨而明於道術能拘制鬼魅通於黃白之術變怪之事奇偉恍惚莫知其從何得也保大中江淮富盛上好文雅悅異奇之事召之入宮欲觀其術不以貫魚之列待之處之別院號曰先生先生常被碧霞帔見上多持簡精彩卓逸言詞朗暢手如鳥爪不便於用飲食皆仰於人復不喜

行宮中常使人抱持之每爲詞句題於墻壁自稱北大先生亦莫知其旨也先生之術不常的然發揚於外遇事則應黙然而彰上益以此重之也始入宮問以黃白之事試之皆驗復廣爲之而簡易不煩上嘗因暇豫謂先生曰此皆因火成之苟不煩火其能就乎先生曰試爲之殆亦可耳上乃取水銀以磑紙重複裹之封題甚密先生納於懷中良久忽若裂帛聲先生笑曰陛下嘗不信下妾之術今日面覩可復不信耶持以與上上遍視題處如舊發之已爲銀矣又嘗大雪上戲之曰先生能以雪爲銀乎先生曰亦可乃取雪實之劍爲銀鋌狀先生自投於熾炭中炭埃坌起徐以炭周覆之過食頃曰可矣赫然銅赤置之於地及冷爛然爲銀鋌而刀迹俱在反視其下若垂酥滴乳之狀蓋爲火之所融釋也因是先生所作必銀甚多上誕日每作器用獻以爲壽又多巧思所作必出於人南海嘗貢奇物有薔薇水龍腦漿薔薇水清泚郁烈龍腦漿補益男子上嘗寶惜之每以龍腦漿調酒服之香氣連日不絶於口亦以賜近臣先生見之曰此未爲佳也上曰先生豈能爲之曰試爲之亦可就乃取龍腦以細絹袋之懸於瑠璃瓶中上親

封題之置酒於其側而觀之食頃先生曰龍腦已漿矣上自起附耳聽之果聞滴瀝聲且復飲少頃又視之見瑠璃瓶中湛然勺水矣明日發之已半瓶香氣酷烈逾於舊者遠矣先生後有孕一日謂上曰妾此夕當產神孫聖子誠在此耳請生產之所用物上悉爲設之益令宮人宿於室中夜半烈風震霆室中人皆震懼是夜不復產明旦先生腹已消矣上驚問之先生曰昨夜雷電中生子已爲神物持去不復得矣先生嗜酒至於男女大慾亦畧同於常人後亦竟以疾終古者神仙多晦迹混俗先生豈其人乎余頃在

江南常聞其事而宮掖秘奥說者多有異同及江表平今在京師嘗詣徐率更遊遊郎義祖孫也宮中之事悉能知之因就其事備爲余言耿先生者父雲軍大校耿少爲女道士玉貌鳥爪常著碧霞帔自稱北大先生始因宋齊邱進嘗見宮婢持糞掃謂元宗曰此物可惜勿令棄之取置鐺中烹煉良久皆成白金嘗遇雪擁爐索金盆貯雪令宮人握雪成鋌投火中徐舉出之皆成白金指痕猶在又能熁火乾也亦作炒聚來粒成圓珠光彩粲然奪目大食國進龍腦油元宗秘愛耿視之曰此未爲佳以夾縑囊貯白龍腦數斤懸

之有頃瀝掖如注香味逾於所進遂得幸於元宗有娠將產之夕雷雨震電及霽娠已失矣久之宮中忽失元敬宋太后所在耿亦隱去凡月餘中外大駭有告者云在都城外三十里方山寶華宮在城東南三十里外吳葛先生所居有丹井一名天印山有寶華宮碑宮基經火正當井處故老云當時即焚之也元宗亟命齊王景遂往迎太后見與數道士方酣飲乃迎還宮道士皆誅死耿亦不復得入宮中然猶往來江淮後不知所終金陵好事家至今猶有耿先生寫眞云

案此傳後半徐率更以下馬陸南唐書俱全用之惟北大先生作比邱先生未知孰是

張訓妻

張訓吳太祖之將校也口大時謂之張大口後立殊勳歷海客黃常四郡刺史楚州團練使淮南節度副使終贈太傅其妻每言事皆神異吳祖嘗賜訓鎧甲與馬皆不若諸將吳祖夢一婦人衣珠衣告曰公賜訓甲與馬非良當爲易之吳祖問訓爾事何神訓亦不能測也有衣箱嘗自啓閉訓未嘗見之一日妻出訓竊視之果見劒並珠衣一襲及妻歸謂訓曰君開我衣箱耶後與訓發惡勃然而去先是其妻產一子方在乳哺訓憐其絕母是夕撫惜逼身而臥及夜半其妻忽自外入其帳將乳其子訓因叱之曰旣去何

復來耶其妻不答俄然而去徐覺其茵褥間似有污濕起燭而視之厥子首已失矣竟莫知所之

張標

閩中處士張標者有道術能通於冥府或三日五日臥如死而體不冷旣蘇多說冥中事或先言未來一一皆驗郡中大信之王保宜者唐末爲閩帥持章赴朝廷道路不通乃没海因溺死其孫偘留居閩中因家人疾請標禱於冥府標從之因曰見君之先人在水府有冥職言其家事委曲一一皆是

干大

干大居洪州西山中四時常持花不欲近人嘗至應聖宮以花置道像前道士爲設茶置之食案須人退干乃取飲飲訖置茶盞於案長揖而去人或揖之亦復相揖但不與人語耳

江處士

歙州江處士性冲寂好道能制鬼魅鄉里中嘗有婦人爲鬼所附著家人或髣髴見之一夜其夫覺有人與婦共寢乃急起持之呼人取火共縛及火至止見捉巳所繫腰帶也廣求符禁終不能絕往詣江江曰雖能禦之然意不欲與鬼爲讐耳旣告我當爲善遣

之令歸家灑掃一室令童子一人烹茶待吾至無得令人輒窺如其言江尋至入室坐令童子迎客果見一綠衣少年貌甚端雅延之入室見江再拜江命坐乃坐啜茶不交一言再拜而去自是婦人復故又嘗有人入山伐木因爲鬼物所著自言曰樹乃我之所止汝今見伐吾將何依當假汝身爲我窟宅自是其人覺皮膚之內有物馳逐自首至足靡所不至人不勝其苦往詣江人未至鬼巳先往江所居有樓樓北有茂竹江方坐樓上覺神在竹林中呼問之鬼具以告且求赦過江曰吾巳知矣尋而人至謂之曰汝可於鄉里中覓尋空室人不居者復來告吾人往尋得之江以方寸紙署名與之戒之曰至空屋棄之如言而病者獲全又嘗有人爲蘷鬼所擾其家置圖畫於樓上皆爲穢物所汚以告江江曰但封閉樓門三日當使去之如言三日開之穢物盡去而圖畫如故余有所知世居歙州親見其事

錢處士

錢處士天祐末游於江淮嘗止於金陵楊某家初吳朝以金陵爲州築城西接江東至潮溝錢指城西荒穢之地勸楊買之楊從其言及建爲都邑而楊氏所買地正在繁會之地乃搆層樓爲酒肆焉處士常宿

於楊家中夜忽起謂人曰地下兵馬喧闐云接令公聒我不得眠人皆莫之測也明日義祖自京口至金陵時人無有預知者嘗見一人謂之曰爾天罰將及可急告謝自責人曰我未省有過錢曰爾深思之人良久乃曰昨日飲食不如意因怒其下棄食於溝中錢曰正是此爾可急取所棄食之人乃取之將以水汰去其穢俄而雷電大震錢曰急并穢食之如言而雷電果息嘗有人圖錢之狀錢見之曰吾反不若此常對聖人也人不悟後有僧取其圖置於誌公塔中

人以爲應後烈祖取之入宮陳之於內寢焉又每爲識語說東方事言李氏祚髣髴一倍楊氏吳奄有江淮之地凡四十六年而李氏三十九年或謂楊氏自稱尊號至禪代二十五年故髣髴倍之耳

潤州處士

潤州處士失姓名高尚有道術人皆敬信之安仁義之叛也郡人惶駭咸欲奔潰或曰處士恬然居此無恙也於是人稍安堵處士有所親挈家出郡境以避難有女已適人不克同往託於處士許之旣而圍城急處士謂女曰可持汝家一物來吾令汝免難女乃

取家中一刀以往處士持刀遍以手折按之復與之曰汝但持此若端簡然伺城中出兵隨之以出可以無患如教在萬衆中無有見之者至城外數十里村店見其兄前兄不之見也乃棄刀於水中復往兄乃見之驚曰安得至此女具以告兄復令取刀持之則不能蔽形矣後城陷處士不知所之

建康異人

建康關城之東郊壇門外嘗有一人不言姓名於北面野水構小屋而居纔可庇身屋中唯什器一兩事餘無他物日日入城云乞丐不歷街巷市井但諸寺

逍遥游觀而已人頗知之巡使以白上上令尋迹其出處而問其所欲及問之亦無所求時盛寒官方施貧者衲衣見其衣單以一衲衣與之辭之不受强與之乃轉與人人益怪之因逐之使移所居且覘其所向乃毁屋移於元武湖西南内臣張琪果園中多蕪穢亦有野水復於水際構屋居之時大雪數日園人不見其出入意其凍死觀之見屋已壞曰果死矣遂白官司旣而發屋視之則方熟寢於雪中驚起畧無寒色乃去後不知所之

洪州書生

成幼文爲洪州錄事叅軍所居臨通衢而有窓一日坐窓下時雨霽泥濘而微有路見一小兒賣鞋狀甚貧窶有一惡少年與兒相遇絓鞋墜泥中小兒哭求其價少年叱之不與兒曰吾家旦未有食待賣鞋營食而悉爲所汚有書生過而憫之爲償其值少年怒曰兒就我求錢汝何預焉因辱駡之書生甚有慍色成嘉其義召之與語大奇之因留之宿夜共話成暫入内反復出則失書生矣外戶皆閉求之不見少頃復至前曰旦來惡少年吾不能容斷其首來擲之於地成驚曰此人誠忤君子然斷人之首流血在地豈

不見果乎書生曰無苦乃出少藥傅於頭上捽其髮摩之皆化爲水因謂成曰無以奉報願以此術授君成曰某非方外之士不敢奉教書生於是長揖而去重門皆鎖閉而失所在

杭州野翁

鍾傅之鎮洪州也嘗遣衙中將校晏某使浙中晏至杭州時方寒食州人出城士女闐咽晏亦出見翁媼二人對飲於野中其翁忽爾乘雲而上萬衆喧呼媼仰望慟哭翁爲下十數丈以手慰止之俄而復上極高而没余外祖艾氏其先識晏親聞其説

繆潭漁父

吳太祖爲廬州八營匠廵警至繆潭憩於江岸有漁父鼓舟直至其前饋魚數頭曰此猶公子孫鱗次而霸也因四顧指曰此皆公之山川吳祖異之將遣以物不顧而去

宣州軍士

義祖子魏王知證鎮宣州有軍士失姓名家惟夫妻而已一日夫自外歸求水沐浴換新衣坐繩牀而終妻見之大驚曰君死矣於是不哭亦浴換衣與夫對坐而卒魏因並冢葬之

卷下終

光緒七年立
重鋟于賓蓬

青溪弄兵錄

青溪弄兵錄

青溪者今浙江淳安縣也宋屬睦州字當作青作淸者誤也書紀宣和中方臘冦睦州事爲宋王彌大所輯分前後二篇前篇採之方勻泊宅編後編採之續會要第二百五十三卷出師門中自識稱嘉泰元年夏在金陵時命表姪陳知新摘錄以備參考蓋裒合舊文非自撰也彌大字約父爵里未詳曹溶學海類編又摘勻宅編方臘事改題青溪冦軌則踵彌大之故智不足觀矣羅江李調元

青溪弄兵錄

宋　王　弼　大　撰

宣和二年十月睦州青溪縣石堨村居人方臘託左道以惑衆縣官不卽鉏治臘自號聖公改元永樂置偏裨將以巾飾爲別自紅巾而上凡六等無甲胄唯以鬼神詭秘事相扇訹數日聚惡少千餘居民掠金帛子女脅虜良民爲兵旬日有衆數萬十一月二十九日將領蔡遵等與賊戰於息坑死之遂陷青溪縣十二月四日陷睦州初七日欲守天章閣待制曾孝蘊以京東賊宋江等出入青齊單濮間有旨移知青社一宗室通判州事守御無策十三日又陷歙州自青溪界至歙州路皆鳥道縈紆兩傍峭壁僅通單車方臘之亂待制出守但於兩崖上駐兵防過不敢來路雖蚍蜉之微皆可數賊亦不可犯境會宋江擾京東曾公移守青社掌兵者以霧毒爲解移屯山谷間州遂陷賊乘勢取桐廬新城富陽等縣二十九日進逼杭州郡守棄城走州卽陷節制直龍圖閣陳建廉訪使者趙約被害賊縱火六日官吏居民死者十二三朝廷遣領樞密院事童貫常德軍節度使譚稹二中貴率禁旅及京畿關右河東蕃漢兵制置江浙明

年正月二十四日賊將方七佛引衆六萬攻秀州統軍王子武聚兵與州民登城固守屬大兵至開門表裡合擊斬首九千築京觀五賊退據杭州二月初七日前鋒至青河堰賊列陣以待王師水陸並進戰六日斬首二萬十八日再火官舍學宮府庫與僧民之居經夕不絕翌日宵遁火兵入城當是時少保劉延慶等由江東入至宣州涇縣遇賊僞八大王斬五千級復歙州出賊背統制王稟王渙楊惟忠辛興宗自杭趨睦取睦州與江東兵合斬獲百七十里生擒方臘及僞將相方肥等妻邵子亳二太子凡五十二人（亳二太子其子之號）於桐梓石穴中殺賊七萬招徠老幼四十餘萬復使歸業四月二十六日也餘黨走衢婺而蘭溪縣靈山賊朱言吳邦起應之據處州剡州剡縣魔賊仇道人台州仙居人呂師囊方嵒山賊陳十四公等皆起兵畧溫台諸縣四年三月討平之是役也用兵十五萬斬賊百餘萬自出至凱旋凡四百五十日收杭睦歙處衢婺六州與五十二縣賊所殺平民不下二百萬始唐永徽四年睦州女子陳碩貞反自稱文佳皇帝刺史崔義元平之故梓桐相傳有天子基萬年樓方臘因得憑藉以起又以沙門寶誌讖記誘

惑愚民而貧乏之游手之徒相乘爲亂青溪爲睦大邑梓桐幫源等號山谷幽僻處東南趨睦而近歙民物繁盛有漆楮材木之饒富商巨賈多往來江浙地勢迂險一旦賊發焚蕩無一存者羣黨據險以守因謂之洞而浙人安習太平不識兵革一聞金鼓聲即斂手聽命不遑小民往往反爲賊鄉導刼富室殺官吏士人以徼貨利渠魁未授首間所掠婦人自洞中逃出保而雉經於林中者由湯岩榴樹嶺一帶凡八十五里九村山谷相望不知幾人會稽進士沈傑嘗部民兵深入賊境親覩其事爲予言賊之始末因稽合衆論撫其實著於篇

方勺仁聲作泊宅編此事載在第五卷嘉泰元年四月十日王彌大約父命表姪陳知新錄出

時在金陵

宣和二年十一月睦州青溪縣妖賊方臘據幫源洞僭改元永樂仍妄稱妖幻招聚兇黨分道飄刼路將蔡遵顏坦以兵五千死之勢愈猖獗二十一日陷青溪縣十二月一日陷睦州殺官兵幾千人又陷歙州州東南將郭師中戰死又陷杭州帥臣趙霆棄城遁二十一日詔童貫爲江淮荊浙等路宣撫使譚稹爲制置使王稟爲統制將兵討之同日令樞密院起東南兩將（第一將第七將）京畿一將（第四將）前去投殺內將副如不係曾經戰陣人日下差人抵替其軍兵仍差曾經陝西出戍人於是陝西六路漢蕃精兵同時俱南下辛興宗楊惟忠統熙河兵劉鎮統涇原兵楊可世趙明統環慶兵黃迪統鄜延兵馬公直統秦鳳兵冀景統河東兵劉延慶都統制諸路軍馬二十四日詔二浙安於承平不見兵革垂二百年屬有狂寇竊發恃山險然念無知之人或被脅從兩州吏民或爲詿誤或因逃亡敗衄軍卒情有可憐困於無告仰譚稹量

度事機曉諭德意應於前項人及兇賊眷屬并見在賊中徒伴如能束身自歸或告動息捕致賊黨並特與免罪一切不問內稍功績即優與推賞招攜止殺以靖南土三年正月十一日詔貫稟先據潤州十九日詔金陵乃喉襟之要當上據江寧府把鎮江次議討賊此其上策時王稟已守揚子江口劉鎮守金陵童貫次鎮江賊已陷崇德縣方圍秀州二十八日王稟辛興宗楊惟忠夾擊之秀州平稟乘勝至錢塘二月賊陷寧國旌德縣劉延慶却守金陵劉鎮移廣德軍楊可世赴宣州合兵討擊十八日王稟統中軍辛

興宗統前軍楊惟忠何灌統後軍自江漲橋與賊接戰屢捷克復杭州二十七日楊可世由涇縣過石壁隘斬首幾三千級復旌德縣二十九日劉鎮敗賊於烏村灣復甯國縣是月福建將韓起棄衢州賊縱火屠其城餘黨逼信州又陷處州而霍城富裘道人等用賊年號肆行剽刼東陽義烏武義浦江金華及新昌仙居剡諸縣悉爲賊占三月十日楊可世劉鎮等克復歙州王禀等進兵離杭州復富陽新城桐廬縣二十七日克復睦州時上又遣梁𥙿押劉光世統領鄜延兵一千八百餘人至分討衢信賊遣史珪押張

思正統制河東兵二千六百餘人至分討台越賊續又遣關弼押姚平仲等統涇原兵三千九百餘人至分討浙東餘黨四月一日劉光世兵到衢州賊出城迎擊斬獲二千二百五十六級生擒賊首鄭魔王又戰於石塘斬首七百餘級生擒五百餘人凡三日復衢州乘勢進兵復龍游蘭溪縣十七日光世薄婺州城下斬獲四千餘級復婺州十九日王禀復青溪縣二十三日姚平仲復浦江縣初王禀劉鎮兩路軍預約會於睦歙間包圍幫源洞表裡夾攻至是劉鎮楊可世王渙馬公率勁兵從間道奪賊門嶺二十四日

平旦入洞縱火爲號王禀辛興宗楊惟忠黄廸塹燎烟而進與劉鎮兵合賊腹背受敵凡斬萬餘級二十六日生擒臘於東北隅石澗中并其妻孥兄弟僞將相等三十九人其餘黨散據皆以次平蕩時江南東道轉運副使曾昇奏訪聞賊徒雖多全少器械惟以人衆爲技本路所遣官兵各持器械而賊徒獨以數百人前後奮拳輒困官兵童子婦人在前飾以丹黛假爲妖怪以驚我師復在巢穴四向設險陰爲陷穽又爲長人服大衣作關機以動上執矛戟旗幟飾以丹黛爲鬼神之貌以惑官兵皆不足畏必得熟知道

路之人即可進入詔劄與童貫譚稹自此賊情漸虛官兵始知所向以至擒殄閏五月十四日詔兩浙江東路被賊去處州縣新復事合防遏撫定者非一兼處州等處餘黨亦未盡平深慮宣撫制置司今同赴闕賊黨妄有窺度或致嘯聚唐平淮西以馬總治留務國朝誅儂智高留余靖知廣州若宣撫司赴闕尚有殘寇譚正即當留彼三兩月措置庶得保其成功

八月一十四日方臘伏誅

青溪方臘事迹余既於方勺泊宅編錄出今觀國朝續會要二百五十三卷出師門專載方臘

事則又録出以參考前書嘉泰改元夏至日王
彌大約父書

青溪弄兵録畢

張氏可書

光緒七年辛巳
重鐫于廣漢

張氏可書序

張氏可書一卷宋史藝文志陳振孫解題晁公武讀書志俱不載祗文淵閣書目載有一冊而不著其名惟愛日齋叢抄引其中司馬光文彥博論僧道一事稱爲張知甫可書亦不知何許人也今考所記有僕頃在京師因幹出南薰門事又有見海賈鬻龍涎香于明節皇后閤事是在宣和之初嘗官汴京復有紹興丁巳戊午紀年及劉豫僭號事則由中原入南渡二十年矣蓋其人生于北京末年猶及見汴梁全盛之日故都遺事目擊頗詳迨其晚歲追述爲書不無

滄桑今昔之感故于徽宗時朝廷故實紀錄尤多往往意在鑑戒其餘瑣聞軼事多他書所未見足備考覈葢亦孟元老東京夢華之流也羅江李調元

張氏可書卷一 全

宋 張知甫

司馬温公在政府每過潞公第時潞公有門僧令抃道流因緣頗言之温公愕然曰吾輩國之大臣一言一行四方風俗所繫此僧既不能終於釋豈能終於道來卽誅之僧聞而遁

章惇方柄任用都提舉汴河提岸司賈種民議起汴橋二樓又依橋作石岸以錫鐵灌其縫宋用臣過之大笑而去種民疑之遂謁用臣訪以致笑之端用臣云石岸固奇絕但上闊下狹若甕爾種民始悟愧以

更製用臣曰請作海馬雲氣以闌其下卒如之而成

潁昌府陽翟縣有富民孟三郎元祐間至洛中飲水山澗見一婦人甚麗孟往追之則失所在因窮極幽遠得牡丹一品紅灑金其葉千疊遂移至洛陽文潞公愛之目曰澗仙紅

王初寮安中自翰林學士承旨遷右丞值元宵從宴宣德門徽宗命以五門端闕爲題令賦詩安中卽席應制曰斗城雲接始青天汴水浮春放洛川鰲岫千峯連璧月珠簾十里晃燈蓮五門端闕初元夕萬歷宣和第二年盛世親逢叨四近頒觴連日綴羣賢上嘉之移宴景龍門上自調黄芽羹以賜

米元章作吏部郎中徽宗召至便殿令書屏風四扇後數日遣中使押賜銀十八笏元章對中使言曰且告奏知知臣莫若君臣自知甚明如此者再四中使歸奏上大笑蓋十八笏九百兩也

米元章有潔癖屋宇器具時時滌之以銀爲斗置長柄俾奴僕執以灌手呼爲水斗居常巾帽少有塵則浣之後加於頂客去必濯其坐榻

宣和天駟中有一馬名烏護蘭艱於銜勒徽宗每乘以幸金明池賜名龍驤將軍

宣和間置教樂所行幸局採石所應奉司皆以執政內侍主之至靖康初道君降詔悉罷

宣和末都城起建園囿有擷芳園檀欒館鹿寨山莊錦莊筠莊窮極奢侈爲一時之壯觀案原本凡園館等皆以韻分載凡六條今併

宣和預賞每擲金錢於樓上以爲戲笑有獻口號云十不羨者皆譏切之言卽捕之而不獲

宣和間睦州布衣朱夢說上書極言當時之失有三太入仕之源太濁不急之務太煩宦寺之職太盛

宣和末博州富人治張家田內忽雨血數頃其腥氣

不可近後金人至博盡驅市民殺於彼

明達皇后乃紫虛元君明節皇后乃九華安妃稱大劉小劉案宋史徽宗劉貴妃冊贈爲后謚明節時林靈素以拔進目爲九華玉真安妃明達皇后亦劉姓冊贈賜謚而史不載紫虛元君之號然林靈素之妄自道君以下皆爲荒誕之稱此必亦林靈素語而史文遺之也

僕見一海賈鬻眞龍涎香二錢云三十萬緡可售鬻時明節皇后閤酬以二十萬緡不售遂命開封府驗其眞假吏問何以爲別賈曰浮於水則魚集熏於衣則不竭果如所言

徽宗幸迎祥池見欄檻間醜石顧問內侍楊戩曰何處得之戩云價錢三百萬是戩買來伶人焦德進曰

猶自似戩也上大笑

徽宗幸端門觀燈御西樓下覷蔡魯公幕次以金橘戲彈至數百丸

童貫以燕山功遂封同安郡王有改晉公平淮西詩以譏曰長樂坡頭十萬戈碧遊幢下一娑婆今朝始覺爲奴貴夜聽元戎報也囉

太史楊欽時見靖康改元卽密語人曰後十二箇月康王立蓋靖字是從十二月立又有康字也後如其言宗澤知其術數之精薦之於朝遂在塗而卒

道君旣遜位乘輕輿出東水門自稅舟得一草龍回脚糧船與舟人約價登舟見賣餌餅者於篋中取金錢十文市一枚以食少頃童貫蔡攸等數人者單騎俱至道君曰卿等尙未相逐何耶攸等奏云臣等受陛下重恩死亦不離陛下道君因上岸側一寺寺僧披衣以迎輒居主位問官員是現任是罷任道君曰皆罷任又問莫別有子弟在城中作官否道君曰二十七人兒子長子乃今皇帝僧惻惶之餘道君遂出則侍衞等已至卽東下

道君遜位東幸梁師成以扁舟出淮李邦彥爲相都人欲擊之馳入西府已失一履時人語曰太傅扁舟

東下丞相隻履西歸

金人用兵所至每以敲棒擊人腦而斃紹興間有伶人作雜戲云若要勝其金人須是我中國一件件相敵乃可如金國有粘罕我國有韓少保金國有柳葉槍我國有鳳凰弓金國有鑿子箭我國有鑠子甲金國有敲棒我國有天靈蓋人皆笑之

范致虛帥北京値靖康之變飛檄邊帥出關勤王時謠曰草青青水滌滌屈曲蛇兒破敵國蓋謂范字也

廉正臣爲司農卿至炭場見監官擁爐遂責曰監臨自盜如何其監官答曰此炭乃俸銀所置卽非盜取

若監炭場官不許用炭不知監倉官許吃飯否正臣無以爲對皆以爲名言

李鼎爲陽翟令聽訟明敏士民稱之有瞽姥訴婦不孝議者二三鼎卽善詞勉之俾各飲茶而去婦卽毆之姥捫於地而婦不顧遂正其婦罪又尉司誣一童子盜隣田草其子方十餘歲所盜草重鼎疑而釋之令童負草以歸竟莫能舉遂正捕者之罪

劉平叔爲浙江安撫大使乞與石惲改秩添差鎭江倅未有成命間石投曾公衮書題云南徐貳石惲公衮戲以北固三曾行答之皆謂名對公衮行第三故

也

劉平叔在京口幕客獻趙昌牡丹圖乃孟蜀宮中物也平叔怒曰速持去我平生不愛牡丹況是單葉時人無不爲笑

李宗伯爲司農卿居第之側有豐濟廣盈二倉每出按則止此二處取其近也又詞狀申陳之類必判司呈時爲之歌曰大卿做事輕文字送司呈每日去巡倉豐濟與廣盈後坐此罷

張鼎爲太常博士用雞肋爲雞肘時輩譏曰雞肘博士

河中府治有古莎廳甚茂府醞因名碧莎天祿

浙人以白露節前後旱晚得雨見秋成之厚薄如雨在白露前一日得稻一分前十日得十分白露後得之則無及矣

王綯建炎初爲御史中丞時四方多事而緘默不言又以老病艱於乘騎每跨款段坐一手退舊絨出入台中號退毛中丞

建炎初穎昌府陽翟縣主簿馮善時乃一謬儒不曉仕宦因有所轄文史犯罪遂於縣借杖而偶無大杖命以小杖決三四十下云用兩杖折一大杖聞者莫

不笑之

蘇庠隱居後湖紹興中累詔不出僮僕見使者沓至輒相語曰官中來勾我秀才須要正身

紹興間盜賊充斥無招致必以厚爵又行朝士子多鬻酒醋爲生故諺云若要富守定行在賣酒醋若要官殺人放火受招安

紹興丁巳江東太平州有回祿之患燔燒殆盡死於火者數千人越數日池之銅陵夜聞車馬人足之聲或啼或笑自空而下盤礴於邑市人於門隙竊窺之有聞索虀醋者有與泣訴回祿之苦者久之冉冉從

西北而去張紘爲令詳覩其事

紹興戊午季冬十二月日欲暮天作風雨聲自西南起久之如磨礱至二更盡方止庚申辛酉歲皆熟

劉豫僭號中原不喜浮屠僧徒莫不惶恐忽西天三藏來豫異待之僧徒私自喜曰必能與我輩主張教門旣引見三藏拜於庭贊者止曰僧不拜三藏答曰旣見真佛豈可不拜豫大喜賜與甚厚

張紘長於數頗於日者事體洞曉之嘗云術人相見必互錄州縣等處士人豪之命以相易庶易爲號應曰參又看命必先談不好處使人駭動謂之插却復

以好語許之謂之牢籠

胡紡能以符水濟人宜興有一士人遠官忽一日其妻爲祟所憑家人詢其所以輒云某乃官人任內打拷致死故來求功德追荐其家遂作書問遠官之士報云不曾有之胡聞其事取書以示祟祟但舉號三聲慚惶而退

路時中字可當京師人也行正一籙能致已焚之詞役使鬼神呼吸風雨駭人耳目又以吹餅布氣而圓其紅如丹砂謂之三光丹

住持常州報恩寺僧普堅嘗語余曰世間萬事前定非力可致及其處於窮通何必休戚因言無錫大姓戴念二郎政和間在邑中最爲貲雄起大第極於侈麗同村野老夢神告曰戴念二郎與李譲秀才起宅野老以夢諭戴卽紀於壁後不十年李譲登科選爲壻又十年宅成而戴氏俱絶遂歸於譲

陸海天慶觀有一羽客年七十二每臨醮宜科先祝曰臣今老矣七十有餘無齒可叩以唇代之

丹陽妙明真人吳元淨居常州横山命其弟襄尋一大楓木有三癭令取其二夢老人植杖而來責襄曰吾三子汝遽殺之二何也襄惶懼答以真人之命老

人曰若非真人吾不赦汝以杖擊其鼻曰可出血一升來旦鼻衄及一升而止

南恩州州衙後廳有鬼雖太守亦避之夜則二丈夫相撃不已又婦人間出不可居忽一日妙明真人吳元淨過之視廳側有三小廟指令開撅其下卽有二丈夫二婦人二女子堅尸如石二女子執一菊花樣杯一執白璧遂令致之野外焚之乃絶

天寶山有三道人採葯忽得瘞錢而日已晚三人者議先取一二千沽酒市脯待旦而發遂令一道人往二人潛謀俟沽酒歸殺之庶只作兩分沽酒者又有

心置毒酒食中誅二道人而獨取之既攜酒食示二人二人忽舉斧殺之投於絕澗二人喜而酌以食遂中毒葯而俱死此得之於張道人

京師一富人質得金帶一條常常繫之每送迎賓客輒止中門而返必曰腰帶有碍不敢出門且告不罪也

張芸叟居長安白雲寺作霸王別虞姬虞姬答霸王二歌題於僧舍壁間僕因過錄之後自關中回則壁已頹矣霸王別虞姬曰垓下將軍夜枕戈半夜忽然聞楚歌詞酸調苦不可聽拔山力盡將如何將軍夜

起帳前舞八千兒郎淚如雨臨行馬上復何言虞兮虞兮奈何汝虞姬答曰妾向道妾向道將軍不要爲人患坑却降兵二十萬懷王子孫皆被誅天地神人共成怨妾向道妾向道將軍莫如敬賢能將軍一心疑范增當時若信范增計將軍早已安天下天下安定在一人將軍左右多奸臣受却漢王金四萬賣却君身與妾身妾向道妾向道將軍不肯聽將軍莫把漢王輕漢王聰明有大度天下英雄同駕馭將軍惟恃拔山力卽此悲歌猶不悟將軍不悟兮無如何將軍雖悟兮爭奈何賤妾須臾爲君死將軍努力渡江波

僕頃在京師因幹出南薰門見一村夫醉墜護龍濠池水亟拯之則已斃其背上有一物極類荷葉緊覆之以劍方可取有百餘口咀其背肉已盡竟不識是何物也

廣州一海船附帶一人欲到明州一老兵同在船上將發廣州遇風飄至一山下兩人上岸行三四里見二長人荷鋤各長三丈餘兩人前往問路二長人倚鋤相視而笑久之遂以手拈兩人在掌中戲玩兩人惶恐再拜皆笑語不可曉一長人以手拾兩人置山

穴中用一大石塞口而去少頃攜一大瓢貯酒來二長人對酌兩人於竇中覘之惟深惶恐二長人盡欲醉一長人起取塞石拈一人出兩手捉兩腳劈作兩片各餌其一遂醉臥老兵匿石穴中伺其睡奔出竄伏田野中望見有海舶過哀鳴求救船上以小舟濟之得至明州

張氏可書畢

光緒七年立
重鋟于廣漢

珍席放談

珍席放談序

凡小說家之書之足補史文之闕者如宋高晦叟珍席放談是也晦叟名貫無所考然所記上自太祖下止哲宗則崇甯以後人也此書宋史藝文志不載惟文淵閣書目有一冊世無傳本閒嘗讀之於朝廷典章制度沿革損益及士大夫言行可爲法鑒者隨所聞見分條載錄如王旦之友悌呂夷簡之識度富弼之避嫌皆本傳所未詳雖于安石多爲回護是非軒輊往往不能持平然一代掌故藉以考核固史家之日用勃闕也故曰足補史文之闕羅江李調元

珍席放談卷上

宋　高晦叟　撰　綿州　李調元雨村　校

宋初循舊制節度使班綴在卿監之下太祖命升于龍墀內今官至觀察使則禮秩與待制等而元戎位列六曹尚書之次居翰林學士之上得其宜矣唐制文武雜任作節度使還朝爲省監長貳者間有如顏魯公自江西回充刑部侍郎段成公涇原還領司農卿之類是已亦一時之良矩也初外戚罕有建節者太祖時杜審進以元舅之尊窮老纔得節度使宋朝之制節度州爲三品刺史州爲五品蓋五品州則軍

事也而命官乃爲防禦使則以防禦團練使領刺史州葢本唐制至節度州則非賜旌鉞不以命之若觀察使蓋與節度使相須觀察繫州節度繫軍節度可以兼觀察觀察視節度則降殺矣

神宗鼎新官制建尚書分六曹以蒞事制落成之日命左右僕射赴都省禮上依唐制百官致恭以見王禹玉蔡持正爲二揆尚書拜于副階之上而答拜御史中丞諸行侍郎以下拜於庭中而跪於堂上以受其參上即聞之翌日登對語及訝不如儀也厥後登庸者亦不復沿襲矣

故事知制誥待制權發遣三司使事賜金帶韓玉汝以侍制分畫河東地界事畢陳陸以校理使高麗還進職修撰亦各被賜近時梁材叔胡師文黃師是之徒皆待制並賜雜學士帶亦優禮也

舊制公卿士大夫引年者隨其品秩高下例進散官致仕內外制雜學士前執政官帶職名前宰相帶使粥致仕自熙甯元豐始也

石表之以前參知政事自資政殿大學士吏部侍郎太子少傅致仕田宣簡後以樞使罷事觀文殿學士尚書左丞乞致仕亦除太子少傅職仕雖殊而恩秩

一等前後失于比擬耶輕重繫于當時耶

神宗朝王公帶觀文殿大學士在金陵府及生日有旨契勘有無所賜禮物樞密院具到宰臣樞密使帶平章事并使相生日則賜進呈特令依在外使相例賜昔趙獻拜守太師西京養疾國朝故事非帶同平章事無生辰賜物例太宗以普故相特示異數遣使就賜是時自當舉此以聞不知何以遺忘之也本朝舊相不帶平章事生日錫之以禮物唯二公爾本朝小使臣供奉官而下皆隸宣徽院院使之禮遂同二府而班在樞密副使之上至雍熙中置三班院專領

小使臣授任而宣徽使如舊其後班綴下樞副矣爲使者不勝計賜重金笏帶唯王君貺爾

舊令郡守監司通判隨其服色借紫或緋而不垂魚按唐制借緋即佩銀魚借紫即佩金魚亦入銜位書之其法似可襲矣

哲宗未親政日宰相呂大防委吏先朝官制事極不經以左右字分有無出身人則右職者分當贓污而不足怪責矣何其不思之甚也朝廷之士弗聞一言論其疏舛出於畏附而然耶果以爲中理而無說耶至上獨攬權綱方命有司復行故典而斥去謬舉天下韙之班固謂霍光曰不學無術大防豈非其儔乎

凡詔書德音立后建儲行大誅討拜免三公宰相樞密使命將曰制並用白麻紙不使印百官立班宣讀故謂之白麻亦曰宣麻杜子美有詩云紫誥追三代黄麻似六經（按杜甫贈張垍詩紫誥仍兼綰黄麻似六經此作追三代未詳所本）黄麻不視所出蓋唐貞觀以詔勅多蠹始用黄麻紙書寫爾名與白麻相類而事則殊矣

公式舊唯中書門下今唯尚書省發勅書曰故牒諸州出補牒亦稱故牒自餘省臺寺監文移皆云謹牒不易之制也獨夔州路轉運司公牒輒書故字諸道監司文檄未嘗有類是者也前後主者但相承行無顧條理而更革者

近時上官復謁屬僚刺字多云起居某官避參之卑也夫參辭上下通行之制所爲起居者其禮至重嫌輕而增重誠爲倒置得非循襲其常弗之思乎

唐京師錢陌八十五自河而南八十五燕代皆以八十爲陌漢王章建言官司出錢陌減其三今則凡官私出入悉用七十七陌謂之省陌者是已獨封贈錢輸官帑陌猶用八十乃唐時餘制也

太祖召陳圖南對便殿恩禮甚渥問曰昔堯舜之爲天下今可至否對曰堯舜土階三尺茅茨不剪其迹似不可及然能以清淨爲治則今之堯舜也上善其對清淨之言起於老莊世多以爲道家虛元之說其源蓋出於乾坤易簡之道堯舜繇之修己以安百姓者也希夷舉之以答睿問可爲仁人之言其利溥也豈高引遠遯方外泛泛之流可攀企哉太祖嘉納帝道日隆聖政日躋偃武修文函夏奠枕視唐虞無間然矣

太祖嘗下詔吏員繁而求事之治俸祿薄而責人以廉甚無謂也與其冗員而重費不若省官以益俸非

獨垂一時之訓足以爲萬世之制

仁宗臨軒淸問賢良之士蘇轍策略曰陛下近歲以來宮中貴妃已至千數歌舞飲酒歡樂失節坐朝不聞諮議便殿無所顧問從官奏曰陛下恭儉未嘗若是轍言狂誕恐累盛德乞行黜落帝曰設制科本求直言蘇轍小官敢言特命收選夫人主言動轍雖妄說果能誣天下之人哉置而不論仍嘉其能質以恩寵容諫納善堯舜禹湯無以過也

章聖嘗謂輔弼曰諸州長吏或廉而肆虐或察而滋擾或掊斂以爲公或曠職以爲恕此何由致治四者

世人不獨不非而反獲休譽多矣安得廉而弗厲察而弗擾公而弗優恕而弗廢之士與上共理邪

田宣簡昔有言士君子修身起家易始終盡善難始終盡善易世德相繼難噫士當窮時艱勤自奮往往能之暨其志得欲充喪其素操蓋亦弗稀或已克終而子孫殞家聲者多是公語足以爲士大夫之良規也

楊文公嘗云人之操履無若誠實此曾子平日三省其身之道而孟子所謂仰不愧於天俯不怍於人者也君子允蹈其可後乎

王沂公嘗云是非曲直在聽斷之審請以藥物喩之醫方謂藥物有相使相反者如甘草爲國老以性能和衆藥故湯齊中不論寒溫多用之而斑猫有毒相反若用之則致害人特以爲名論噫攻疾者投藥相反患止一身經國者用人相反弊及天下弗可忽也

李穀有言壯年仕宦忌於太速肌體患於太豐早速早豐莫能致遠物禮自然也而斯乃分定匪繫乎人雖不速不豐有可得耶若謂爵祿用巧心强力必能馳取則誤矣蓋有經營而即如其意者是亦命也適與幸會焉

蘇文忠有言人之仕宦但只作郎官典郡自無患害也蓋位高貴重常近顛躓理自然耳正人居要路則忘身許國知其必爲羣小側目乘伺間隙邪人知重權則營私罔上言者抵罪貫盈難掩終致發揚邪正不類皆所以貽禍也公言約而旨深矣

龐穎公常云大臣尤當祗畏繩墨豈可自恃貴重亂天子法此談足以爲鉅人藥石也嘗思法非爲君子設世之君子冒而弗憚將何以禦中人之下者哉士大夫有審顧憲章不少踰閑者人或嗤以爲拘出矩度以肆放而無所恤者或推以爲才果其然乎若人

知法之可虞則世無招尤速累者矣若舉皆勿避於法則世無能保厥躬者矣繫所自處也先賢云上順公法下順人情故稱循吏可不謂之才乎

趙中令舉官詞人有見其故藁但云某當公事如私事愛惜官物如己物誠簡切也世之從仕者多汲汲然營私謀己心惟恐後治公事豈嬰思慮主官物弗入顧盼第務因循苟且以度歲時而傚倖襲以成風恬莫怪也能如公所舉則州邑必無稽違帑廩甯有侵蠹矣推士者往往為過情溢美之談曲相藻飾是非可否未免失眞視中令得無愧乎

孫宣公一代之名儒也久在經筵嘗取無逸篇繪圖以進德廟援唐明皇時故事爾夫無逸周公所以戒成王欲知先業之艱難而罔可怠豫王道之持盈守成而致長久安甯之道也宜其常置左右起居出入觀瞻念慮焉寇萊公以將相寵崇歷鎮方面諭擯紹者遇有過客造請常以同年小錄與參狀具呈若其人聯牓而年在己上者雖州縣小官亦展茵席以叙拜禮悁舊如此近時同年事分一空得公之彷彿者可以厚滓俗而為佳語矣寇萊公當國契丹入境河朔戒嚴朝論二三未知適從獨公勸上親幸澶淵得以振士氣章聖面諭邊事及駕起與不起至何處者準條四事以對曲盡機要其狀右語奏云陛下睿智淵深聖猷宏遠固以坐籌而決勝尚猶虛己以詢謀兼彼契丹頗乏糧糗雖恃甲兵之衆必懷首尾之憂豈敢不顧大軍乃圖深入然亦慮其兇狡須至過有防虞由是宸衷決從其策不惑讒與順動敵兵北歸議者以寇公之公烈巍然第一信不誣矣

寇公性尚華侈夏英公亦然夏嘗語閤下客曰萊公自奏豪奢而世弗非者至某則云云者多何也客對曰舊傳寇公在鎮暇日與僚屬出郊圍坐席上聞馱

鐸聲遣介問之乃一縣令代還行李經由公即召同席從容宴賞侍中今待入京士大夫與出都之人禮數已自加損況其他歟宜乎物論之不同矣竦默然久之夫虛心下士弗論高卑疎昵者無賢不肖悉皆推向曲意輕重欲收人情者譽未必至而毀亦莫可逃也

李文定年四十方登第陳康肅守鄆時猶在場屋多與之遊每題壁則書布衣李迪捧硯其後李相國而陳方建節升沉淹滯蓋叵測也

劉溫叟岳之子也以父名岳終身不聽樂李文正一

代之賢人也嘗云禮不諱嫌名二名不偏諱劉不登嵩華諸岳則可矣而諱岳不聽樂無乃過矣夫岳與樂比其他嫌名異矣耳聞管絃愉樂之音冒父之嫌名而弗顧人子安乎禮以義起豈必須典制顯禁然後避也緣人情論之未爲過爾

楊文公在翰林毋處外被疾請告不待報即去上遣中使賜御封藥洎金帛以賜謂輔臣曰億侍從官安得如此自便王文正對曰億本寒士先帝賞其詞學寘在館殿陛下矜容不然顛躓久矣然近職不當居外地遂除太常少卿分司夫近侍輕事而聖君優假

大臣又善爲之地眞幸遇矣

王文正公宇量鴻曠絕倫在相府日未還等問上遣中使錫御酒十器方踰閫內厥兄亟令人詣國封首取二壺其婦云此上賜也俟相公歸視即持去兄怒挈挺擊壺皆碎醞流盈地夫人惡之不令却掃公歸見之問其故左右具道所以然徐語國封曰人生光景幾許時其間何用校計餘無他言兄與國封默愧也

張文定守江陵歲大旱田稼將敗民憂艱食公自府宇率僚佐炎日中拖紳端笏徹蓋徒步至承天寺弗舍句雨升殿焚香祀拜才終甘澤飄零霈然霑足邦人舞詠遂獲有秋故老尚能傳道其事以相語至誠感格如是之駃也

王沂公罷政柄以相節守西都屬縣兩簿尉同詣府參公見之將命者喝放參訖請升階啜茶二人皆新第經生不閑儀遂拜於堂上旣去左右申舉非儀公卷其狀語之曰人拜有甚惡噫大臣包荒固非淺丈夫之可望也

呂文靖當國一日歸自中書欲發奏牘令子弟開堂印莫知所在家人駭顧公默然但命緘扃如故而已翌日至政事堂用印印在如故蓋主吏時或竊用自見防察謹嚴奸勿能

措著即暴揚窮治則非惟貽中外訊笑而牽連抵罪者亦多矣世皆服公之識度絕人遠甚也

呂文靖慶歷在相府久病昭陵手詔云古人言髭可療疾雖無瘥驗今朕剪髭與夷簡合湯藥表予意也昔白傳詠唐太宗剪髭燒藥賜功臣李勣嗚咽思殺身其渥儷矣君臣之間至恩如此雖殺身詎足以報況勣之阿諛但爲謀身之地哉白傳之言不亦過歟

范文正公賢高一代踐更貴仕致登政府常務賙賑宗族以逮孤遠薨之日家無餘貲窀穸有期素相厚善者韓富田裴諸公各出金帛之助狄武襄常在麾

下早被知鑒時位樞席賻贈倍腆於諸公夐然有古風槩悠悠之交非其比也

范文正公王佐才世所高仰弗踰大用未究所蘊而亡時論悵惜後三十餘年子純仁自同知樞密院事拜相搢紳多以為宜非如前輩英聲茂實實在人耳目中屬望以相天下者也葢文正位弗稱才公議未契一旦嗣續登庸輿情慰厭爾與魯人欲臧孫達之有後幾矣

珍席放談卷上畢

珍席放談卷下

宋 高晦叟 撰 綿州 李調元 雨村 校

哲宗嗣統宣仁權同聽斷蔡持正以故相典安陸暇日偶作小詩數篇朝散郎吳處厚守漢陽鄰封也平日深嫌蔡秉政時不相推引購得詩本輒以己意曲加注釋以為意在怨訕如其私說飛驛上聞禍起不測遂竄嶺外時上相呂大防等居輔弼之地皆緘默顧忌無所論辯奉行而已惟右揆范堯夫奏疏理列又與王正仲籥前再三為之辯解不克回已行之制而二公亦各罷去天下士論靡不賢其人也噫人臣効情與夫媮合者臨事則可見矣可弗察哉

范文正殿餘杭時有一近臣同路宴公于堂以其家聲樂相娛繼出俳優男女紛揉褻語交至恠而問其男女誰何主人答云兒曹爾公不懌避席即去王荆公具書其事于策眞可謂直筆矣

富文忠楊隱甫皆晏元獻公壻也公在二府日二人已升貴仕富每詣謁則書室中會話竟日家膳而去楊或來見坐堂上置酒從容出姬侍奏管絃按歌舞以相娛樂人以是知公待二壻之重輕也二壻之功名年位亦自不相倫矣

富文忠公以眾朝舊相出鎮河陽龍圖韓贄自西京被召孟洛相去不及百里雖非入都正驛而迂行止一舍爾韓未戒行馳書于公欲因而假道三城以通典謁公報拒之意謂侍從被召不當曲程先展私覿慮招物議大臣于事避慎如此飛謗其能及乎

富文忠卜宅洛陽勝偉寇于西都王君貺相繼起第又復過之也然而富公年七十即上印綬乞骸致政優佚自善家居十朞太原公雖嘗暫止其間老猶任事擁節旄殿方面亟匄歸甚切未俞而終于鎮名圃廣廈虛設爾有而不知足失其所以有者也

韓忠獻富文忠立朝傑然無出其右眞社稷之衞邦家之光也仁宗雖任之政府未幾皆出入流於外四海士民係望以為相者久矣上亦終諒其賢嘉祐間相繼秉鈞軸簪綏列辟林麓潛夫拭目延頸競欲觀聽弛張遲遲未有聞見或切語而私恠踰年行祫享大禮於赦文中列廢置者數十事皆興利蠲害之端人同慶幸覩其措畫可知其故也世方知二公不即變更蓋有待焉因肆赦而推惠者非獨使編氓比戶曉然歸恩於上又免郡縣數數遵承之煩莫不歎誦其德業不孳也豈非君子之道昭然日彰而宰相自有體者乎

韓魏公未相時自政府出更歷方面久之建節判相州鄴臺公松楸所在也上謝表云鋪排牛酒燕故老於里中羅列旌幢拜先臣於墓下一時之盛事也人子致位若斯來臨鄉社所謂以顯父母者也

韓魏公在相府嘉祐中畿邑多蝗朝廷遣使分行督捕時一朝士還闕見公面白縣雖有蝗全不食稼公識其言之佞也遂問有遺種否佞者不期問此遽對遺種不無公曰但恐來年令嗣不及尊君其人慚而退

韓魏公秉鈞時王陶游其門公亦素器之累歷從官及為中丞未登二府怏怏有望於公因摭細故奏疏詆公由此出守轉郡謝上表尤肆狂訐詞皆浮實至舉丁朱崖以況公悖妄弗顧於理甚矣忿欲攻人失其所御一旦至於是也由此大失望公後雖復用於朝為計相竟不躋丞弼之列足為躁人鑑矣

潞公嘉祐中為元台時上偶違豫二府同宿於內一夕有人欵禁闥告變公即命甕墨於盎呼其人至前濃塗面目驅出斬東華門外翌日都下帖然雖左右亦莫知其上變者誰何也倉卒之間處非常之事如

是足鎭服中外絕人遠甚誠社稷之衛也
程康穆帥高陽北使過部稱疾遣人白公欲著帽以見公拒之報曰疾則可無相見見當如禮使人沮伏莫能爲辭深得鎭御之方也
范蜀公皇祐中知諫院陳恭公爲相嬖妾笞殺一婢御史奏論排斥不知所謂遂誣公私其女景仁上言朝廷設臺諫官使除讒慝非使爲讒果如其言執中可斬不然則言者亦可斬御史怒共劾其阿宰相范弗顧力論其不然熙甯初歐文忠在政府言官亦誣其私子婦吳氏惟沖卿以己女嘗辨於文疏餘無一

言爲明其罔蠛景仁之心豈持私於相國葢欲爲朝廷別枉直惜事體爾何其似之者鮮焉
蘇子美年二十一上疏極爲切至後以祠會棄蹟不振未五十淪亡良可歎惋然而是亦韓文公所謂柳子厚少時不自貴重顧惜者也
侍郎郎廉叔清風峻節聞於一代嘗師朱頔沈天錫旣顯皆均俸及之每置書不稱官上云門生二人旣沒又賙其子爲畢婚嫁告老還鄉未有居第漸治園廬號武林居士其賢高矣
宋莒公再入政府景文時以端明殿學士守成都輒繫金方團銙頭帶言者上聞朝論欲究然否公白上云臣久備位二府累蒙賜帶曾寄遺祁兄弟之心覬其早被進用不期遂佩服爾事卽中寢可謂善爲辭也
宋莒公晚年景文奄謝諸姪成服公惡其縗縷太纖命易去有一門客自言素辱恩遇願請以衣當日都下人多傳笑近時有相國誕辰馳至賓次薦紳跪籠放生祝壽之人相埒矣噫士迷深利喪失廉恥莫知自賤者何獨斯焉古傳爲要人或持溺器或驗便液葢不誣矣

夏文莊豪傑之流也然操行多疵清論寡與慶歷中自前執政拜樞密使言者排之不已卽罷時石守道進德頌其序云皇帝命得象殊爲丞相竦樞密使衍云用御史諫官十一疏追竦白麻又除襄爲諫官天地人神昆蟲草木無不喜躍皇帝退奸進賢發於至誠奮於睿斷見於剛克公怏怏銜之深歲設水陸齋常旁設一位立牌書曰夙世冤家石介人以謂益彰石之讜言勁節而重自暴其醜也豈非忿懥內懷勿能制而未之思乎
神宗在御李端愿納節以少師致仕特給節度使俸

之半曹佾拜中書令特贈公使錢一萬貫朱衣雙引皆近朝待戚里之殊禮也

曾子宣李吉甫同爲內相與客啜茶注湯者頗數客云爾爲翰林司何故不解點茶吉甫即云翰林司若盡會點茶則翰林學士須盡工文章也意譏子宣緣此遂相失矣與武元衡在院中食瓜驅蠅事頗不遠焉哲守紹隆丕搆拓大提封劉舜卿帥熙河出兵塞外破戎壘擒囚領鬼章至庭下倨悍不拜竟弗能屈反善過之識者以謂若因其慢即時出於不測斬首以狥楊威示武則類必沮勢喪氣乘機足以掃蕩也

此正閫外之事專之可也雖罪擅誅何避焉舜卿庸才不能建偉然之事區區畏首畏尾圖全之策孰俘以煩朝廷謬矣人君何賴焉魏文帝云文人相輕自古而然翰墨之流貴已忽人其源久矣無深恠惟自視有餘裕者不然如韓退之未嘗弗推子厚杜子美未嘗弗稱太白豈區區務取勝也

江南李後主善詞章能書畫皆臻妙絕是時紙筆之類亦極精緻世傳尤好玉屑牋於蜀主求牋匠造之唯六合水最宜於用即其地製作今本土所出麻紙無異玉屑蓋所造遺範也

王元之詞學器識度越當代太宗深所器異而天資忠勁知無不言言無所狥始以知制誥坐事貶商州團練副使還朝上曰王文章儁穎人罕偕者但性剛直不甚容物命宰相召戒之後又繼被貶斥皆以論議也嘗爲三黜賦云一生幾日八年三黜始貶商於親老且疾兒未免乳呱呱擁樹六百里之窮山唯毒蛇與貙虎歷二稔而生還幸舉族而無苦再謫滁上吾親已喪几筵未收旅櫬未葬泣血就路痛彼蒼穹安仰移郡印於淮海信靡鹽而鞅掌旋號赴於國哀亦事居而送往叨四人於掖垣何寵祿之便蕃今去

齊安髮白目昏吾子有孫始笑未言去無騎乘留無田園羝羊獨藩老鶴乘軒不我知者猶謂乎郎官貴而郡守尊也於戲令尹無慍吾之所師下惠不恥吾其庶幾卞和之刖吾乃完幾曹沬之敗吾非輿尸緘金人之口復白圭之詩細不宥兮過可補思而行兮悔可追慕康侯之晝接兮苟無所施徒錫馬而胡爲効仲尼之日省兮苟無所爲雖嶽鳳而奚悲夫如是屈於身兮不屈其道任百謫而何虧吾當守正直兮佩仁義期終身以行之公之志斯可識矣然而直之爲行而悔而弗可恃皐陶所謂直而溫叔向以直及

難是已

元之表啟精緻如諸縣豐登全無公事一家飽暖盡荷君恩三神山上曾陪鶴駕之游六學士中獨有漁父之歎人多傳誦知制誥被謫未幾復職謝讀階前藥樹重吟謝客之詩觀裏桃花免動劉郎之歎比旬尤微婉也田宣簡公天資寬明忠厚海缺帥平涼日置酒與僚屬相集路分都監雍元規者酌飲踰常言色失度曳裾離席而遊詰旦方悟愧畏不勝即馳詣公深自咎謝公溫然軟語以存慰之既去俞慮其內弗安也後數日諭副帥范恪宴兵官于西池席

半贈以詩曰醒時莫憶醉時事今日休言昨日非池上風光宜共醻勸君不要半酣歸元規幾于感泣方甯處矣論者莫不歎公之德量足以容物大過人也

宣簡嘗過箕山望潁水有詩云先生嘗比傲明時緣岫清波萬古奇應有好名心未息灘頭洗耳欲人知帝以天下讓若自得而無待於外則遜避而已烏用洗耳哉洗耳乃欲暴揚其高風於四方萬世也公能探其情矣

宣簡初登大科通守金陵日有李琵琶者本建康伶人國除時十餘歲逮茲近八十因宴席呼出猶能飲巨觥陳叙平昔歷歷可聽辭容不甚追愴若無情人又云後主喜音藝選教坊之尤者號別勅都知日夕侍宴自稱父喜琵琶名冠別選王師圍城未陷間後主猶未輟樂但云甚迷公有詩卒章曰曲終甚喜詢前事自言本是都知子當時此地最繁華酒酣不覺恣矜誇若使斯人解感傷豈能終老愛琵琶誠如所謂矣以其無情所以道往事奏舊曲而不悲淪落泥塗而長年也古詩云寡欲罕所闕味薄眞自幸又曰多情眞薄命容易即迴腸噫於物未濃而情勿遷者未嘗不爲身之累焉亦賤分致然已莫能而取舍爾

若李琵琶在人間幸未必不多而命未必不厚也

楊文公入省校試天下士既出眞廟問云聞卿都堂簾中鬨笑何故對曰有舉人上請堯舜是幾事臣答以有疑時不要使因此同僚皆以爲笑上爲之動容范蜀公嘗書于簡在南唐時已著斯事矣侍郎楊鑾乃國相湯悅之妹壻問悅曰堯舜不知幾件事答云如此疑事不要使噫荒唐之流多矣何獨子耶

富文忠當軸殿帥闕進擬除授上謂公曰張茂實入次何不與選對曰茂實雖可任曾同臣北使恐致物議故不敢引用上曰朝廷公舉何恤人言遂被擢御

史中丞韓絳不知所以奏論其事果如文忠之說彈其非公丞相卽日家居拜章引咎云觀絳所言皆中臣病無路可逃於斧鉞胡顏再覲於宸旒蓋上自知本末不假剖析爾絳由是請去猶堅乞出又歐陽永叔時爲內制批答云事緣曖昧語涉中傷遽罷憲司以釋郡惑雖朕之不明不敏能爲卿而辨之而卿亦何嫌何疑遂將去朕而不顧避辭已確敦喻亦勤其體予于懷復安厥位使天下曉然知朕任賢而無貳也君臣相與至矣然而非歐之筆亦莫能發揮人主之誠意如此之著切而使大臣釋然感通也

韓富二公功與夫當世人望不啻古之王佐也天下無賢不肖稱韓富二公亦素相厚韓嘗寄詩文忠云二州連結子孫契十載同馳忠義名治平間韓位元台富爲樞相舉錯之間事有矛盾由是失歡而弗顧相繼而去位音問慶弔亦皆闊略所謂勢疑則倩生力侔則亂起豈虛言乎名賢尚爾况庸人哉

馮當時爲舉子時卷中詠温泉云他如冰雪爾如湯他學安流爾沸揚人事如今貴和合莫將寒暑苦參商平生多可少怪于物無忤志見於此篇矣

文潞公守成都獻燈籠錦於温成宮中都下傳其新異代還輔政繼而宰國唐子方爲言官舉貢錦事廷斥其奸詞甚鯁忤天子震怒而不懾左右之人靡不爲之惴惴坐是竄逐嶺外李師中有詩送行云眞誠自許時不與獨立敢言人所難去國一身輕似葉高名千載重如山並游英俊顏何厚未死奸諛骨已寒天意若思安社稷肯教夫子不生還人有易未字作尙者蓋有所謂爾當時義夫志士非獨欽唐之孤節勁氣而亦重李之銳然樂善成美矣且後子方聲問寖揚祿位益顯爲御史中丞俛默以養譽望而無所建明不若前時之國爾忘家也李遂貽書誚其故索

取昔年所送之詩可謂直諒之友焉噫士之微時以忠義自處奮振身名一旦踐更要地冒榮固寵爲私已之謀匆變其操者尠可責止於唐歟王荆公登庸謝表云念善俗之方姑務徐徐而改革思愛日之義又將汲汲以施爲公之志於是可見矣世之言者謂公得君專天下之政施張庶務峻切而弗以漸致異論蠭起果知公乎

荆公在政府鼎新百度眞大有爲也有小詩云金明池道柳參天投老歸來聽管絃飽食大官猶昔日夕陽流水思茫然此乃失意無聊者語也公方君臣相

遇謀合計從不應有此句識者頗恠之也其後去國久居閑地遂如所詠爾荆公深知呂吉甫力薦於上遽位要津不數年同在政府勢焰相軋遂致嫌隙呂並不安謂人曰惠卿讀儒書只知仲尼之可尊看外典只知佛之可貴今之世只知介甫之可師不意爲人讒失平日之歡且容惠卿善去人有達其言於公者公聞之語其子元澤曰呂六刼如此使人不忍其子答云公雖不忍人將忍公矣公默然夫父子天資厚薄相倐宜其道之至妙莫能相傳授也

五代僭亂之國十竊帝號而不奉正朔者七江南楊溥李昪蜀王建孟知祥南漢劉陟閩中王延鈞河東劉崇耳宋元憲歐文忠皆言得錢鏐時封落星石爲寶應山制稱寶正六年疑錢氏亦嘗改元稱帝而後諱之也歐公又云閱吴越與諸國往來書多皆無稱帝事切意當時稱帝改元獨施於境內不見於四方焉不然則安得全無旁見之迹也

太原劉氏舊城雖已殘廢而餘址巋然形勢山聳當時匝合及四十里氣槩雄壯可想也周世宗征之不克祖宗相繼親御六師方䕶頑童以區區一隅之力抗中原全盛之鋒非恃金湯雄壯安能遷延歲月耶

四隘要地今雖壁壘整固或寖增大能與彼相類則非惟足以待寇之來寇亦自潛戢矣

章聖卜地建玉清昭應宮望氣者密以語人其地當出二天子人未然之不久宮災鞠爲殘燼即其廢址作睦親宅以居宗室永厚永裕二帝降生邸中相繼潛躍以福蒼生術士往日所占果不妄矣

文靖長於知人世能道其事者王仲儀故相子待制年未四十一日謁公簪紳騎從華奕公二子窺之相與羨慕公知而語曰汝輩何愛王某對云以其少年榮達耳又告之曰爾曹皆當遠過斯人二子者晦叔寶臣一宰相一樞密使鑒裁之精如此

丁晉公竄朱崖到海上遇異人頗道平生休咎有驗又云公但無慮非久當復北歸以壽終公叩其出答曰公食料中尚有羊數口食之未旣爾後果來旋以正卿分司然後逝人之飲啄可肆心而越分乎

王逵爲湖南轉運使永州何僊姑者曾遇異人得道術跡甚奇怪士大夫多訪其居王行部至永要詣舟中留宿數夕魏瓘帥長沙與之不協遂聞諸朝云逵取無夫婦人宿於船由是罷魏所言雖險妄而逵爲使者舉措殊弗遠嫌取人指目亦未得無罪焉古人

於寡婦之子非見焉不與之友可弗念哉
賈文元未及誕彌之月母夢人遺之一冠既寤猶記其形制繪以示人乃貂蟬冠也後公位躋侍中告薨王荆公作輓詞云天上貂蟬曾夢賜歸魂應侍紫陽宮述其事也
張鄧公在相位喪閨女几上書薄福字趙悅道止一子守成都日化去得許寫寃家字于書背制服哀慟已而無復悲思茲亦近時宗工中之達者也
王元之湻化中在禁從八月晦日夢賦詩上前既悟惟記一句云九日山中見菊花莫驗其然也翌日授

商州團練副使孟冬之初抵官所菊紛盈於目神先告乎竟淹徊於翰林坎坷於外弗踰大用而亡亦詩讖爾豈偶然哉
富文忠甲辰年丙寅月丙午日癸巳時生韓忠獻戊申年庚申月庚申日庚辰時生昔有善術者云富命可及九分韓不及一二分功名祿位弗相上下論者莫以爲然厥後忠獻薨時才年六十文忠還政優游自適十年方捐館壽八十始信術之精微也

珍席放談卷下畢

光緒七年孟夏錢子賓篆

鶴山筆錄

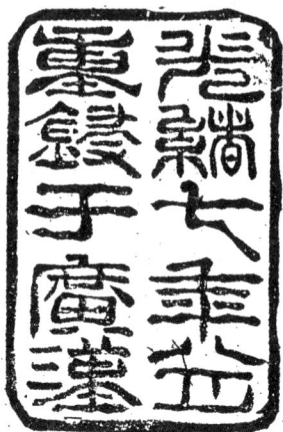

按唐宋叢書曾刻了翁經外雜抄二卷此纔及十分之三大段相類而互有異同古人於說部往往歷年成書各種而後併歸一此當是初本也雨村李調元序

鶴山筆錄

宋　魏了翁華父撰　綿州　李調元雨村定

蕭望之傳弘恭石顯等建白望之前將軍輔政欲排退許史專權擅朝幸得不坐復賜爵邑與聞政事不悔過服罪深懷怨望教子上書歸非於上師古曰言歸惡於天子也師丹傳歸非於朕朕隱君不宜爲君受愆又云獲虛采名謗譏匈匈愚按歸非歸惡等此已有之

至道初呂蒙正罷相以僕射奉朝請上曰蒙正今退在班列寂寞想其目穿望復位矣劉昌言曰僕射

非寂寞之地且亦不聞蒙正鬱悒及劉昌言罷上問趙鎔等曰頻見昌言否涕泣否曰與臣等談多至流涕錢若水曰實未嘗涕泣鎔等迎合上意若水因自念上待輔臣若此蓋未嘗有秉節高邁不貪名勢能全進退之道以感動人主遂貽上之輕鄙將以滿歲移疾遂草章求解職會宴駕不果上及今上之初年再表遜位乃得請至道元年趙鎔劉昌言向敏中俱爲同知密院正月昌言罷若水代之愚謂若水既知爲上所鄙而不卽去乃謂將以滿歲移疾遂草章求解政會宴駕不果上然則是終太宗之世無一人引去者宜爲人主所薄也且劉昌言能明呂公未嘗鬱悒則必不以己之罷政對人流涕小人鄙淺逢迎以壞人主心術大抵若此

至道元年正月呂端寇準爲參政鎔若水與敏中俱爲同樞然則若問西府敏中亦聞上語也而獨無一言何哉

晉郭奕字大業爲野王令羊祜嘗過之奕歎曰羊叔子何必減郭大業少選復往又歎曰羊叔子去人遠矣遂送祜出界數百里坐此免官　陳后山爲

徐州教授東坡知杭州道由南京陳告守孫覺願往見而覺不許乃托病謁告來南京送別同舟東下至宿而歸爲劉安世所彈所賦平生羊荆州遠送不作遠詩以此　唐楊憑貶臨賀尉姻友憚累無往候者善客徐晦獨至藍田慰餞呂夷簡遽表爲監察御史曰君不負楊臨賀肯負國乎　太學生薛約師事陽城坐言事徙連州城送之郊上以爲黨出城道州刺史　四事相類而得失不同

陸機漢高功臣贊茫茫宇宙上墋下黷墋楚錦反黷濁也

甘延壽傳試弁爲期門　哀帝贊卞射　並以爲卞爲手搏

何武等贊故曰依世則廢道違俗則危殆此古人所以難於受爵位也上文云武嘉區區以一簣障江河用沒其身丹與董宏更受賞罰言宏用則丹免丹黜則宏封最後宏爲庶人丹受國邑故曰者必古有是語註不及

蘇文忠嘗云圖王不成其弊猶可以霸石徂徠詩勉師愚等汝不聞圖王不成猶可霸舜與我俱人學之則舜也蘇以前固有此語

呂東萊策問諸生云夫子祖述堯舜憲章文武萃百王致治之法而著之六經成而不試付其責於後人以俟其驗至於今千有餘年矣云云自六經旣成之後尚爲未試之書也

前輩云相見又無事不來還憶君后山亦云每逢無可語暫阻卽相求此用阮脩語意有所思牽爾褰裳不避晨夕至或無言但忻然相對

黃太史跋送窮文擬揚子雲逐貧賦語稍莊文采過之如子雲解嘲擬宋玉答客難退之進學解擬子雲解嘲柳子厚晉問擬梅乘七發皆文采之美也至於追琢前人如班孟堅之賓戲崔伯廷之達旨蔡伯喈之釋誨僅可觀焉況其下者乎

宋玉招魂像設君室靜閒安些按此則人死而設形貌於室以事之乃楚俗也

按經傳所說終南山一名太一亦名終南據張衡西京賦云終南太一隆崛崔崒潘岳西征賦云九嵕巀嶭太一巃嵸面終南而背雲陽跨平原而連嶓冢然則終南太一非一山也

按周禮玉之美者曰球其次爲藍蓋以縣出美玉故曰藍田苦泉在朝邑縣西北三十里其水鹹苦羊飲之肥而美今於泉側置羊牧故俗諺云苦泉羊

酪水漿

石鼓文在天興縣南二十許里石形如鼓其數有十蓋紀周宣王畋獵之事其文卽史籀之迹也正觀中吏部侍郎蘇勗紀其事云虞褚歐陽共稱古妙雖歲久訛闕遺跡尚有可觀而歷代紀地理者不存記錄尤可歎息

後魏孝文帝神龜元年置大斌縣屬上郡周隋不改大斌者取稽奴懷化文武雜半之義

張仁愿築三受降城不置壅門及却敵戰具或問曰

邊城禦戰之所不爲守備何也仁愿曰寇若至此當併力出戰回顧望城猶須斬之何用守備生其退恧之心其後常元楷爲總管始築壅門議者劣之

蘇秦說韓王曰韓有劍戟出於棠溪蔡州西平縣西界棠溪村是也縣又有龍泉可以淬刀劍

肅宗白亭海方俗之間河北得水便名爲河塞外有水便名爲海李吉甫元和郡縣志中錄此書比其他地志頗爲有益於學者上焉紀三國南北朝遷改稍詳下焉接乎本朝郡縣之制不甚相遠而又

記載阨塞貢賦得書事之實吉甫在唐不得爲賢宰相然體國經野於此尚可考不可以人廢言也

東漢公孫瓚記過忘善睚眦必報州里善士名在其右瓚必以法害之常言衣冠皆自有職分富貴不謝人惠故所寵愛類多商販庸兒所在侵暴百姓怨之按此病自王蔡秦史以來多有之

景祐中賈文元言諸道州有合避親三等舉人乞詔漕臣彙聚更命官較試十取三焉今運司貢事昉於此記得唐人有別頭試

洪範五行傳曰田獵不宿飲食不享出入不節奪民農時及有姦謀則木不曲直說曰木東方也於易地上之木爲觀其於王事威儀容貌亦可觀者也弃法律逐功臣殺太子以妾爲妻則火不炎上說曰火南方揚光輝爲明者也其於王者南面向明而治治宮室飾臺榭內淫寵犯親戚侮父兄則稼穡不成說曰土中央生萬物者也其於王者爲內事宮室夫婦親屬亦相生者也好攻戰輕百姓飾城郭侵邊界則金不從革說曰金西方萬物既成殺氣之始也故立秋而鷹隼擊秋分而微霜降其於王事出軍行師把旄杖鉞誓士衆抗威武所以

征畔逆止暴亂也簡宗廟不祈祠廢祭祀逆天時則水不潤下說曰水北方終臧萬物者也其於人道終而形滅精神放越聖人爲宗廟以收魂氣春秋祭祀以終孝道右漢書五行志云董仲舒治公羊春秋始推陰陽爲儒者宗宣元之後劉向治穀梁春秋數其禍福傳（或作傳）以洪範與仲舒錯（錯互不同）至向子歆治左氏傳其春秋意亦已乖矣言五行傳又頗不同是以攬仲舒劉向歆傳載眭孟夏侯勝京房谷永李尋之徒所陳行事訖於王莽舉十二世以傳春秋著於篇按此其說亦不可廢故記

於此以俟摭討

通鑑宋文帝十七年上以司徒義康嫌隙已著將成禍亂誅其黨劉湛等出義康鎮豫章史載江州刺史殷景仁臥疾五年雖不見上而密函往來日以十數影迹周密莫有知者收湛之日上忽召景仁誅討處分一皆委之五年臥疾而人莫能知其爲人深險可見宋文與此等人謀國安得不虧君臣之義賊兄弟之恩乎

魏邢顒爲平原侯家丞防閑以禮由是不合庶子劉楨諫曰君侯採庶子之春華忘家丞之秋實虞喜

曰世人奇諸葛之英辯而哂呂岱之無對是樂春藻之繁華而忌秋實之甘口也春華秋實二事相似

詩墻有茨章史傳茨簷賤士本無官情茨亦草也史記茅茨不翦注屋蓋曰茅茨以茅覆屋則茨又爲屋蓋

王介甫元豐七年罷相居鍾山作兩元豐行元豐聖人與天通十月五日一雨風或謂儆倖再相

王介甫千枝孫嶧陽萬本毋淇奧孫枝取杜子美賦桐華未吐孫枝之鸞鳳相鮮此未害如毋淇奧稍牽强李注云世俗謂慈竹爲子母竹

爾雅科斗一名活東　異苑龜字元緒桑字子明

蔡卞本末詳見介甫示元度詩注

哀公四年爲一昔之期注夜結期也

吳中書令賀卲曰比年以來朝列紛雜眞僞相貿人執反理之評士持詭道之論遂使淸議變濁忠臣結舌按反理詭道蓋君子小人陰陽之性相反如君子好遜小人否小人用壯君子罔

胡明仲評諸葛亮當此之時蜀喪元帥慘戚而歸魏師歡忭奏凱振旅一榮一悴存亡關焉時運不留

世代遷改向之成敗利鈍皆爲陳迹而靑史所載赫赫若前日事孔明忠義之行節制之兵皆可詳細思惟反覆參攷使人慨氣激昂因以興起而曹操司馬懿欺人孤兒寡婦狐媚以取天下羯奴猶羞而不取然則猶夸奪雄伯於俄頃間何足道哉以是知今古一心理無間斷又評唐太宗功業者應時而造時運旣往特陳迹耳而行事是非出於人心有不可泯沒者後世將於是焉以爲師資可不辨乎樓再思甕再思貴爲宰相一善無聞而有兩足狐之號自無知者觀之必以謂賢於張柬之

崔元暉之徒矣使其自處亦必曰白璧不可爲吾甯以偷合而全身也嗚呼天地久遠人以一身生死其間何啻白駒之過隙君子所以異乎小人者勉勉於爲善不與草木俱腐耳使柬之元暉之徒無善可稱而又罹冤横是誠再思之不若也故君子不較榮辱成敗於一日以千載自期而已矣高駢被囚君子之事其心不以一物自累衣服飲食不得則不生猶直寄焉餘可知矣虛明正靜可以監天地照萬物何往而不適此等語皆有益世教

兩龔傳龔勝曰竊見國家徵醫常爲駕徵賢者宜駕上曰大夫乘私車來耶宜爲駕漢時招賢已乘私車

韓福歸詔行道舍傳舍縣次具酒肉食從者及馬邴漢龔勝歸亦詔行道舍宿歲時羊酒衣衾皆如韓福故事師古曰于傳舍上若今官人行道過驛也

按此時有詔不舍宿

李林甫身未及寒剖棺抉口夷諸庶人以葬十九年所積悖入之貨還歸於官子孫竄流親黨取敗前日之威勢富貴一旦如飛煙浮塵不可搏玩未用遠引前古與之同朝者裴耀卿張九齡嚴挺之盧

絢諸人生榮死哀曾無此患而國忠終不監戒隨以族滅

王介甫宰嚭詩相臣本自繫安危賤妾何能作禍基但願君王誅宰嚭不愁宮裏有西施李泰伯詩若教管仲身長在宮內何妨有六人程正叔云管仲時威公之心未蠱也若已蠱雖管仲奈何未有心蠱尚能用管仲之理程說知本王李何其謬也

竹垞自粵遊回鈔鶴山筆錄一卷見貽予意必陳腐滿紙漫不省也近因箋注蘇詩試取檢閱則見辨核紀錄皆有眞趣卓乎小說名家毛氏津逮既鐫其題跋而不及此想汲古閣中亦無此藏本也爰校正一二譌字命兒子承加意精抄儲之說類悔餘老書

建炎筆錄

光緒壬午年
鐫於樂道齋

朱勝非秀水閒居錄云趙鼎起於白屋有鄙樸之狀一旦得志驟爲驕侈以臨安相府爲不可居别置大堂環植花竹日爇爐香數十斤使煙篆四合謂之香雲李心傳引之舊聞證誤中不一置辨固疑其有微詞是以不旋踵而怨誹叢集幸以身免排誣之錄邉足恤乎然考史鼎嘗與修哲宗實錄其開辨宣仁之寃誣正裕陵之配享忠心直筆識者韙之且即是編所紀當乘輿播遷之餘諸所疏議動合事機其奏釋張浚等事委曲開導有古大臣風烈正未可以勝非一人之議而少之也童山李調元雨村識

建炎筆錄序畢

建炎筆錄卷上 本集名己酉筆錄

宋 趙 鼎 撰 綿州 李調元雨村 校定

建炎三年己酉歲

正月車駕在維揚是月末金人侵宿泗前一月已有南侵之報遣苗傅以所部兵扈衞隆祐太后往杭州

二月車駕在維揚　初一日急奏至朝廷不以爲然上獨憂之是日遣劉正彥以所部兵從皇子六宮往杭州是晚出門　初二日皇子六宮渡江　初三日上御殿執政奏事未退御前所遣探事小黃門馳騎告急上卽日出門渡江幸浙西　十二日車駕至杭

二十二日某買舟泛錢塘江之衢是月中書侍郎朱勝非拜右僕射翰林學士葉夢得除尚書左丞御史中丞張徵除尚書右丞宰相黃潛善汪伯彥並罷

三月車駕在杭是月初葉夢得罷　初五日苗傅劉正彥殺簽書樞密院王淵誅宦者遂成明受之禍是日某至衢泊舟門外浮石渡　初七日是夜明受赦過　初十日準尚書省劄子二月某日奉聖旨趙某名赴都堂審察仍令閤門引見上殿初車駕至杭百官至者十無一二有旨都司侍從各薦二人右司員外郎黃槩以某應詔　十一日準尚書省劄子催赴行在所　二十八日發衢州趨行在所

四月車駕在杭州　初二日上復辟隆祐太后垂簾同聽政苗傅劉正彥皆建節賜誓書鐵劵充京西制置使俾提兵而去是日某至杭州門外且聞勤王兵至乃入門　初三日苗傅劉正彥引兵拒韓世忠於臨平山下世忠死戰二賊大敗是晚拔寨而遁　初四日韓世忠劉光世張俊出見是日隆祐太后卷簾

初五日知樞密院事張俊簽書樞密院事呂頤浩至　初六日宣制呂頤浩拜右僕射初車駕渡江命頤浩簽書密院充沿江制置使控扼大江又命中書

侍郎朱勝非禮部侍郎張浚留平江控扼海道勝非尋入相浚獨留泊明受之變浚與統制官張俊密計勤王議既定以書招頤浩劉光世既而韓世忠自淮揚至遂舉勤王之師先是浚遣進士馮轓間道入杭貽書執政且詰二賊以明受之事請以上爲皇太弟總兵北伐皇子爲皇太姪監國二賊始懼乃命浚知樞密院事趣令還闕供職浚不知二賊請以兵誅浚隆祐難之遂謫浚散官安置浚不奉命至是乃命頤浩作相浚仍舊知樞密院尋以翰林學士李邴參知政事御史中丞鄭瑴簽書樞密院馮轓者前此既預

返正之議自白衣一命奉議郎工部員外郎仍賜緋魚　十三日某奉恩除司勳員外郎　十九日車駕幸建康發杭州百司扈從齊發遂遣韓世忠追捕苗傅劉正彥是月末又以翰林學士滕康同簽書樞密院

五月初一日車駕至無錫　初三日車駕至鎮江某始供職百司水陸從便　初十日某至建康前一日車駕已至以保寧寺爲行宮　十五日眞州報知樞密事張浚爲高郵賊薛慶拘留浚自鎭江徑渡往彼撫諭慶欲邀厚賞故脅留之三日乃以兵衞之而出上初聞憂甚遣統制官王𤩽提兵往平其事𤩽始渡江浚已歸矣　十八日浚歸初得眞州報有旨罷知樞密院既仍舊

六月車駕在建康　初一日對先是以黃槩薦得旨上殿張浚至杭又薦對至是以郎官初除合是三者對于行宮　初三日有旨以久雨多寒召郎官以上赴都堂條具時政闕失可以弭天變收人心召和氣者是日韓世忠生致苗劉二賊獻於行在並伏法　十五日浚進呈入蜀官屬上獨留某欲除言事官是日有旨趙某令上殿奏事先是浚被命充川陝宣撫使議以某爲主管機宜文字卽始薦之意也　二十日某蒙恩除左司諫先有旨奏事未對間有是命

七月車駕在建康　初一日對自是以言事數對不復記　初七日某蒙恩除殿中侍御史是月皇子旉簽書樞密院鄭瑴罷於位參知政事李邴罷資政殿學士王綯除參知政事兵部尚書周望同簽書樞密院

八月車駕在建康　十三日執政率百官辭太后於內東門先是有旨以百司閑慢細務常程注授之類並從太后之洪州謂之從衞三省樞密院簽書樞密院滕康除資政殿學士主行其事吏部尚書劉珏除資政殿學士副之恩數並同二府

閏八月車駕在建康　初一日有旨召百官赴都堂議巡幸岳鄂吳越利害始張浚入蜀議定幸岳鄂庶幾聲援相接至是議者多以吳越爲便遂改前議　十三日宣制右僕射呂頤浩遷左僕射知樞密院事杜充拜右僕射充自在京留守除知樞密院召還上以委寄之重恐其意未滿遂拜相　十四日執政率百官迎太廟神主於清涼寺　十六日天寧觀辭太廟神御是日有詔以二十六日幸浙西留右僕射充

鎮守建康劉光世屯大平州韓世忠屯鎮江王𤫊屯常州並聽充節制是時劉韓各提重兵畏充嚴峻論說紛紛而已光世移屯江州世忠移江陰常州境上由是充所統者王𤫊及其舊部曲陳淬岳飛數頭項而已　二十日御史中丞范宗尹到臺供職　二十一日降旨百司及六曹都司檢正以二十二日先發至平江侍從臺諫以二十三日先發至鎮江以俟　二十三日某登舟解纜是夜宿靖安港中　二十八日車駕至鎮江

九月車駕在鎮江　初一日上不御殿百司守局以

司天奏當日蝕也是日某先發宿冷口　初二日車駕發鎮江　初六日車駕至平江　十一日御殿百官始朝謁中司對因及某自司諫除殿中之誤上曰呂頤浩多歷外官不詳典故　十二日某蒙恩除侍御史　二十五日降旨幸越　二十八日有司侍從先發是月翰林學士張守除同簽書樞密院事

十月車駕在平江　初一日臺諫發大雨不可行次日出門　初四日車駕發平江以同簽書樞密院周望充浙西宣撫使置司平江留兵數項委以控制

初十日車駕至杭　十五日車駕渡錢塘江幸越

十七日某渡錢塘出陸宿西興待舟不至

十一月車駕在越　初三日冬至是日頒巡幸赦

初六日報潭州軍變　十四日報金人遊騎至和州又一項由陳蔡趨蘄黃　十六日報金人已渡大江至興國軍是日有旨召從官赴都堂議　十九日出城奉迎萬壽觀神御即眞宗皇帝章惠皇后及溫成皇后也步軍閻勍自京師奉迎至　二十一日對始至榻前上卽謂某曰隆祐太后此月初九日已離洪之虔州矣　二十二日給事中汪藻中書舍人李正民獻議請車駕幸平江迎敵緩急登海舟以避從之

二十三日黃牓幸浙西迎敵諭士民讀之有流涕者　二十五日車駕進發從官從後節次赴行在是夜四更得報金人犯廣德車駕復回又杜充奏二十日大戰江上王𤫊不策應是致軍敗　二十六日車駕還越是夜范宗尹除參知政事　二十八日有旨巡幸四明是日雨大作車駕出門駐城外某同臺諫泊曹娥堰下　二十九日御舟過曹娥堰舟船擁併留三日不能前遂出陸

十二月初一日車駕在餘姚路中　初四日車駕至明州　初九日參知至都堂問邊報淩晨聞衞士作

閘中軍統制辛永宗以兵入衛少頃即定先是遣監察御史林之平使閩廣發船運至是米舟百隻至岍朝廷以爲天賜此便兼聞敵騎已犯建昌且遣人傳檄邵武遂有乘桴之計即下令每舟一隻載衛士六十人人不得過兩口渠輩相謂曰我有父母或曰我有二子不知所以去留訴於皇城司內侍陳宥宥率衆人同稟於朝是日宰執入奏事至殿門宥迎諸公言之衛士立砌下人既衆陳訴紛紛稍出不遜語間有斥罵者殿帥李質挺身當立止遏之諸公趨入殿門遂止事出一時非本謀爲亂也　初十日某蒙恩

除御史中丞日下供職　十二日誅親從四人爲首者餘皆分隸諸軍明日又誅數人於是除衛門外衛士盡廢　十四日報杭州守貳而下皆遁敵騎至城下城中不知　十五日雨大作先是某上言車駕倉皇遷避至明已近旬日未嘗御殿何以慰安中外乞依常禮見百官衛士以解危疑之心有旨十五日御殿依例望拜二帝至是百官班未入聞杭州之報上擐甲坐小殿排辦出城士大夫去者有風濤之患留者有兵火之虞相別殿門外皆面無人色是日上登舟　十六日御舟乘早潮發至定海　十七日有旨

差某同汪藻留明州商量軍事前一日得報敵遣人使入明州界不欲令至行在遂遣宗尹復回四明應接之因令宗尹盡護諸將且應報諸路文字宗尹請某同行及欲汪掌制撰文字也　十八日回舟至明奉使盧伸來自金軍云七月同崔縱過河北縱被留伸隨軍前來初渡江杜充戰不利差人下劄子議事意欲投降者既至建康充領兵而遁所遣使即破和州所得歸朝官程暉非其國人也與宗尹商量既非專使恐不必見遂不復見之伸所携國書語極不遜

二十日聞郭仲荀退遁嵊縣先是車駕發越州以

仲荀充浙東宣撫副使張俊充浙東制置使俊既匃回罷制使復以李鄴爲之仲荀遂退師是日李迨奏仲荀所遣錢塘江把隘兵二千餘人焚刼蕭山而去又信州報敵破撫州擄知州王仲山歸洪州需金銀來贖乃以仲山之子爲撫倅使之桰取撫州之物杜充所遺屬官直徽猷閣陳起宗至云金人昨在太平州界夾沙渡對岸下寨我爲備甚嚴敵時以一二小舟渡江近岸即殺退之或沉其舟一日正晝對江拽陣而去五軍旗幟一一可數把隘兵相賀云敵退矣不知其給也是夜用數十舟載馬百餘匹橫江直渡

支備不及因致潰散其餘敵騎皆浮而濟以江水極淺故也充欲領衆歸行在今既路阻不能歸矣是晚頤浩與宗尹書云杜在眞州甚的又得信州報敵犯吉州境知州楊淵而下棄城而去　二十二日報敵騎於十八日巳時過錢塘江在魚浦至十九日騎渡絶不知其數是日得旨發回晚復登州　二十三日至定海大風鼓浪舟反側不定凡三日方止　二十六日出江口泛海洋趨昌國而去晚泊一山下得富直柔報云李鄴報賊使人招降越州恐直趨四明已定二十七日之天台矣　二十七日早至昌國同宗

尹入見舟中是日食時御舟發昌國先是告報每聞御舟笛響卽諸舟起碇而發御舟以紅絲纓爲號餘各以一字如參政卽以參字樞密卽以樞字之類書之黄旗之上插之舟尾　二十八日風不順舟人云每歲盡海上卽數日南風謂之送年風建炎四年庚戌歲

正月初一日車駕在海道　初二日御舟早發過石佛洋　初三日御舟入台州港口章安鎮　初四日同戶部侍郎葉份中書舍人李正民綦崈禮太常少卿陳戩及諫議大夫富直柔同對舟中問聖體是時扈從泛海者執政之外止此六人而已吏部侍郎鄭望之給事中汪藻皆未到　初六日台州報敵犯四明　初七日張俊人至云十二月二十日敵至明州十五里橋俊發兵拒之戰不利正月初五日遂至城下俊大開城門遣精兵用長鎗突出血戰殺近千人得帶鐶首領二級是夜賊焚寨而遁俊恐敵濟師乞退歸行在且以二級來獻　初十日聞俊已引軍趨台州是日聞越守李鄴投拜又聞韓世忠奏乞留青龍鎮以待邀擊　十三日有旨以知明州劉宏道充浙東安撫使張思正充招撫使欲其緩急得以自如

也是日聞周望劾奏秀州太守程俱擅離任所先是某上言俱文士恐不可當繁劇遂易處州既而有佑之者其事遂寢至敵犯餘杭朝廷乃令押米綱離州望劾之云朝廷私此一人遂失億兆之心士論是之　十五日張俊至於是扈衛軍稍振先是同宰執會食金鼇山寺宗尹私謂某曰近日諸將姚端等進見太數錫賚極厚國用窘甚見上幸一言也某歸草奏徐思之恐亦有説後乃聞上以明州衛士紛擾盡廢禁衛獨中軍辛永宗有兵數千而姚端卽御營使頤浩之親兵將其衆獨盛所以優其禮遇以明受爲戒

也　十六日報敵以十三日入四明又見茶司備到仲山公文稱金人已於十二月二十間離洪州殺城中老小七萬餘人出袁之潭矣　十七日報吉州太和縣村民收得嘉國惠淑朱夫人先是劉珏滕康有奏待罪云除太后賢妃周夫人莫夫人外其餘舟船並未到　十九日御舟發章安夜泊松門　二十一日御舟入溫州港　二十二日御舟泊管市　二十三日御舟在管頭中書舍人李正民充隆祐太后問安使兼兩浙等路撫諭洪州御史臺備申使臣尹希申初黃州關報金人侵犯從衛三省移赴虔州至吉

州太和縣統制楊惟忠後軍作亂次日前軍作亂一行老小并內人被敵殺害者甚眾臺吏藍衍等十餘人皆未到來人云兵亂時太后賢妃用村夫荷轎更無一人扈衛者及錄到虔州三省關牒探報撫州王仲山投拜用天會年號下屬邑取金銀牛馬等　二十五日對乞收海舟及諭韓世忠分兵應援因論及洪州之擾上曰太后僅以身免乘輿服御之物一皆棄盡宮人遺失一百六十餘人又曰已退黜滕康劉珏差李回盧益替此二人矣奏事畢將退上乃曰今日方欲召卿相見即今天下事有二敵退後如何萬一不退如何措置卿可條具奏來是日聞金人明州殺戮甚酷台州一空守臣遁入羅漢洞是日御舟移泊樂灣避管頭台州之路　二十六日駕幸水陸寺至是侍從省官稍集班列差盛

二月車駕在溫州港　初一日御舟移泊溫州江心寺下因賜名龍翔寺有小軒東向賜名浴月皆御書題額是日押米綱使臣蘇童至云過越時李鄴已拜金人以其家屬先過錢塘矣　初五日對於江心寺　初六日聞賊犯昌國敵舟欲相襲爲張公裕以大舶衝散復回明州矣公裕提領海舟者也　初九日

招懷忌行香罷遊天慶宮登融成洞天福地天慶即道士林靈素受業之地　初十日呂頤浩在假以熒惑犯紫微垣侵相位奏乞解機務　十二日宣押頤浩入奏事如故是日聞明州賊退　十七日車駕幸溫州城駐蹕州治某遷入州中陳氏之居　二十一日對再薦吳表臣初至溫對江心寺即薦溫人吳表臣林季仲以補察官之闕季仲奉其母避地山中未至表臣先對至是再言之上極喜曰自渡江閱三吳士大夫多矣未嘗見此人物如表臣於朝者卿可謂知人矣是日批出除監察御史日下供職前此知眞

州向子忞言昨離眞州盡載本州金帛過江遂爲韓世忠兵所刼且言杜充已降金人而去麾下官員多有走回者至是上謂某曰自聞杜充之執不食者累日非朝廷美事也上又曰非晚須赦因變某因論數赦之弊上曰以四方號令不通不得不爾　二十四日同直㬥對彈杜充且奏陳乞先罷相後得投降的耗當别議罪是日降德音返都吳會赦文之前題印標目云返都吳會之詔議者皆謂太遽以未知吳中消息也

三月車駕在溫州　初四日有旨以初十日車駕進

發某力言其未可　初六日有旨未行展至月半　初九日對論諸所獲生口內契丹并燕薊及諸路簽軍皆不可殺上曰正與吾意合　十二日浙西人皆至云平江失守一使臣即周望之部曲也言敵騎二月二十四日至城下周望湯東野即日引衆遁去三十五日金人突入更無一人拒捍者焚燒殺戮殆盡初蘇人恃宣司以爲安賊至欲遁而舟船悉爲軍兵擄去故無一人得脫又聞賊以十二月十六日破杭始入城殺人少頃而止子女玉帛取盡乃以二月初七日下令洗城自州門殺人而四隅發火十四日始離杭火十餘日方罷是日又聞知秀州程俱爲宣司所囚初杭州既破賊使人移檄俱降俱不能决曰小邦不敢專輙即解赴宣司又慮見襲即遁出州外村落間一職官權州遣吏追俱復回託以押米趨闕尋爲宣司勾捉而去幾爲所斬已而放出之乃劾於朝也　十四日降旨移蹕越州　十八日車駕詣天慶宫朝拜九廟執政從官扈從自渡江至是始有此禮駕回登舟　十九日御舟發溫州著淺行數里而止

二十日御舟至管頭　二十一日御舟至海門

二十二日海霧四合少進不行　二十三日風順諸

船直抵章安舟行前後不相見是夜御舟不至執政船入港復回而餘官皆不知但聞喝探人歌唱之聲謂御舟在前然喝探人亦復不知御舟之未至也翌日李臺諫倉皇回舟至港口迎見御舟之至即二十四日也云至松門著淺舟側幾覆泊章安三日　二十七日御舟發章安　二十八日御舟泊慈濟院下

二十九日御舟入明州港定海縣

四月初一日車駕在定海縣　初二日御舟至明州晩同直㬥對舟中以臺諫在章安入奏乞同對問聖體至是指揮始下殿中沈與求司諫黎確尋舟不見

初四日御舟至餘姚海舶不能進遂易小舟仍許侍從百司從便先發自入定海所過焚燒殆盡死屍相枕藉某至明論奏宜有以優䘏之上覽奏惻然動念故有免商稅及租役之詔仍支錢數萬以濟貧民留餘姚一日以諸司易舟也　十一日車駕至越是月左僕射呂頤浩罷後一月某蒙恩除端明殿學士簽書樞密院事是年十月初以議辛企宗建節不合眷意稍替由是間言得入初降出企宗論功劄子皆無實狀余請諸公曰企宗正任承宣不知何以酬之意在節旄乎范覺民歎曰此則不可當優與軍職耳

紹興二年壬子歲

十月除知平江時呂頤浩再相兩辭不獲道改知建康充江東安撫大使

十一月過行闕初對上玉色怡然顧勞甚至余進曰建康殘破之餘又宣督兩司屯註大軍皆招收羣寇上下憂疑在今最為艱難之地臣之此行或因廟堂進擬則臣斷不敢往敢以死請萬一出於宸斷臣亦不復辭也上曰江東闕帥朕曉夕思之無以過卿者實出朕意也卿到官有奏陳事朕當自主之余頓首謝

卷上終

建炎筆錄卷中 本集作丙辰筆錄

宋　趙　鼎　撰　綿州　李調元雨村　校定

紹興六年丙辰歲

八月某日下詔巡幸沿江先是諸路探報金與賊合謀今秋復有南侵之意且以調發大兵屯駐淮上上欲前期預動免緩急倉卒之患議以秦檜孟庾充留守尋除檜萬壽觀使充留守庾提舉醴泉觀同留守以知臨安府梁汝嘉充巡幸隨軍都轉運使百司並留臨安常程行遣聽留司與決所不可決者中行在所先差兵部尚書劉大中翰林學士朱震翰林侍讀學士范冲工部侍郎趙霈中書舍人陳與義董弅權戶部侍郎王俣起居郎張燾侍御史周祕左司諫陳公輔右司諫王縉左司郎中耿自求右司員外郎徐林檢詳王迪太常少卿林季仲吏部員外郎黃次山鄭士彥戶部員外郎周聿比部員外郎薛徽言太常博士黃積厚扈從祠部郎官熊彥詩司勳郎官王良存秘書省正字朱敦儒以督府屬官從行而解潛以馬軍司兼權殿前司公事劉錡權提舉宿衛親兵同總護衛之職行營中護右軍統制巨師古以所部充前軍趙密充中軍馬軍司兵馬原本闕名充後軍以侍御

史周秘御舟前彈壓監察御史趙渙御舟後彈壓
九月初一日車駕發臨安是日先詣上天竺燒香爲
二聖祈福執政從官扈從建國乘馬行於輦後回幸
下天竺進膳宰執賜素食駕至靈隱北山雲起雷震
微雨作少頃卽止薄晚還城登舟泊城外北郭稅亭
下迫暮雷電大作是日駕過中竺有卒執黃旗道左
卽岳侯破賊虢州寄治盧氏縣捷奏也至上竺黃旗
進入岳遣將王貴郝政董先引兵破之獲糧十五萬
斛　初二日發北郭亭晚泊臨平鎮奏事舟中方論
奏岳飛之捷上顧謂右揆浚曰岳捷固可喜但淮上

諸將各據要害雖爲必守之計然兵家不慮勝唯慮
敗耳萬一小有蹉跌不知後段如何復顧某曰卿等
更熟慮某等奉命而退是日微雨終日夜大風雨止
北風舟行稍緩　初三日發臨平晚過長安閘德遠
仲古見訪小飲閱王存吳進人馬存進沂中將部兵
二千還臨安聽留司使喚進勇於戰常對御騎射上
稱善曰一好漢進聞知刺好漢吳進四字作褶心每
閱兵卽披之示衆夜泊崇德縣令趙渙之對舟中上
巡幸所過必延見守令省風俗問民疾苦也　初四
日發崇德晚泊皂林風稍止雨浙漕臣張澄劄子以

御舟比舊稍高所過橋梁多礙時暫折去利害甚小
淮平江府水門亦當少拆駐蹕城闉所係恐不應輕
毀其劄子進入得旨水門外進輦入城更不拆門
初五日發皂林店晚泊秀州奏事河亭因及岳飛兩
捷俘獲之物上曰兵家不無緣飾此不足道卿等因
通書飛幕屬叩問子細非爲核實有客賞典但欲知
事宜形勢措畫之方耳浚奏曰飛之措置甚大今既
至伊洛間如何陽太行一帶山寨必有通耗者自梁
青之來常有往來之人其意甚堅確青懷衛間人嘗
聚衆依太行數出擾磁相間金人頗患之今年春併

兵力攻青以精騎數百突出渡河由襄漢來歸岳侯
兩河人呼爲梁小哥某奏曰河東山寨如韋詮忠輩
今雖屈力就招然未嘗下山隊伍器甲如舊據險自
保耕種自如唯不出兵耳金人亦無如之何但羈縻
之而已一旦王師渡河此曹必爲我用上曰斯民不
忘祖宗恩德如此吾料之非金人所能有某等同奏
曰願陛下進德修業孜孜經營此念常如今日臣等
願竭駑鈍裨佐萬一進呈周秘奏狀以解潛劉錡各
引無旗號舟船入禁圍且妄申朝廷去御舟五十里
遠得旨潛錡各罰銅八斤德遠仲古過舟中小飲得

洙輩書報初四日已發舟出門將往德淸也　初六日發秀州天色晴和晩泊平望進呈漕司按崇德令趙渙之罪狀先是言者論其排辦奉迎車駕事多騷擾下有司體訪雖不如言者之甚亦不爲無罪得旨先降一官令漕司取勘上曰渙之昨日奏對問以民間疾苦曰無問以戸口登耗租賦多寡亦不能對方今多事民間豈無疾苦可言而渙之乃云朝廷仁政寛恤民頗安業此諂諛之言也爲令若此將安用之夜得洙輩書　初七日登平望是日岳飛捷奏至遣偏將收復商州且乞催已差知商州邵隆速來之任

解隆安邑人敵犯河解隆與其兄糾率鄉民屢與敵戰兄爲敵獲大罵而死隆收殘衆轉戰入蜀隸吳玠麾下數立功且遣人赴闕陳奏商州要害之地不可不力取得商則可以經營關中尋命知商州俾與金守郭浩經營收復今則岳飛先得之矣浩成之子成關西之名將也頃歲夏人犯平夏城涇原帥章楶命成守之被圍半月餘攻之甚力卒不能破初急報至哲廟頗以爲憂而楶每奏平夏決保無虞乞少寛聖慮敵退楶遂召還哲宗問以城守方略楶曰初無他術但如郭成輩皆一路精選俾守一城知其可保也

楶浙人起諸生及作帥頗有可稱种師道師中皆出其幕府又嘗薦師道於哲宗云師道拙訥如不能言及與之從容論議動中機會他日必爲朝廷名將帥靖康初師道入樞府淵聖嘗問曰在小官時頗有見知者否師道以楶薦章進入淵聖歎楶知人以其二孫茂蓋並爲寺監丞晩泊吳江縣張俊遣其屬史愿韓世忠遣其屬張偁來稟議愿言俊營盱眙寨工料甚大今始及半月役戰士二萬俊時親負土以率將士且乞應副樓櫓并發江東西壯城兵以助役也

初八日發吳江午至平江府換小舟入門從梁汝嘉

所請也泊姑蘇館進輦入行宮駐蹕以府治爲行宮以提刑司爲三省密院以簽判廳爲左相府第以提舉茶司爲右相府第以檢法廳爲簽書府第晩得湖北提刑趙伯牛破雷德通寨捷報德通德進之弟德進據險久爲湖北之患自楊么之敗其勢稍弱遂爲部將所殺以其衆歸德通猶自保一寨不肯就招至是始破知鼎州張觷與伯牛同謀也　初九日後殿奏事上曰數日泊舟之後卿等或不奏事即與諸將理會軍器想不如法但爲美觀全不適用可進甲葉數百副當爲指教穿聯并其旗號等悉爲整頓別作

一隊卿等試觀或可用卽以此行之諸軍也及言韓世忠入覲犒設激賞之物宜依例備之恐不久留某進曰世忠來日恐到當便入對世忠必有所請如錢糧軍馬之類陛下但諭令與臣等商量惟是措置防托恐世忠向臣等不欲盡言如陛下曲折詢訪必自有說臣竊謂世忠既城楚與高郵地利甚便今張俊又屯盱眙控制天長揚州一帶敵決不敢犯則世忠一軍包裹在內最爲安穩但自濠以西並劉光世地分光世孤軍萬一重兵侵犯韓張兩人能爲出師牽制否不然徒爲自守之計朝廷何賴上以爲然是日

諸處探報皆云劉麟今往河北乞兵回比又遣官再往矣　初十日詣天寧寺開啟行香得收復順州捷奏順州昔之伊陽縣也縣有弓手翟興勇於捕寇弟進尤爲驍鋭邑人號爲小翟以獲寇補官後任熙河將會熙帥劉法出兵總安城深入敵境爲人所誤置寨不得地敵自四山下遍日且暮舉軍潰亂失法所在諸將逃死不暇而進獨策馬大呼衝犯敵圍來往再三求法不獲時法已墮崖死矣進由是知名靖康初金人犯伊洛進時爲京西將河南尹王襄遠遁進以洛兵保伊陽自固洛之士民避難者多依之進死

兄興代之兄弟相繼累歲一方寇盜爲之屏息固護陵寢爲有功焉劉豫僭逆數遣兵攻之興介處一隅與朝廷隔絶寡援糧乏退保太和鎭興死其子琮代之數遣人間道告於朝廷求兵糧爲助而地遠不能及也琮勢益弱遂以餘衆歸襄陽依李横由是伊陽太和一帶險要盡棄之賊境矣岳飛至襄陽遣將王貴直擣盧氏據之乃分兵西取商州東由欒川縣西碧潭太和鎭以取伊陽也伊陽去路才百餘里是日韓世忠入門晚赴内殿入見　十二日進呈江西安撫大使李綱奏以車駕時巡乞扈從降詔不允奏事

已上曰世忠之來當有錫賚上起離御座引宰執就觀所賜之物凡十合如繡珍珠鞶領綉戰袍馬價珠頭巾鐶玉腰條回紋刀皆奇物并紵絲樗蒲衣著數十匹金酒器四百餘兩名馬鞍轡等某等進曰陛下待遇諸將如此之厚聖意豈徒然哉上曰禁中所有物別無用處止備激賞將士耳晩世忠到堂謝賜物微有酒色云上以所賜金器酌之十餘盃不敢辭也并其隨行背嵬使臣等皆被酒上各賜束帶并十兩金盃一隻因賜之酒而世忠之姪秉義郎彥仰面授閤門祗候以其新自鄜延遠歸也世忠叙謝再三徐

曰世忠寒賤人也合受凍餓今乃蒙被厚恩如此自顧此身未知死所也　十二日後殿常朝自上即位以來止御後殿更不行前殿之禮以二聖未還意有所避也留身奏世忠之來計當奏陳邊事方畧上曰世忠無他語但云欲與宰執議定乞與宰執同對卿與更子細詰問如何也某曰世忠之意不欲張俊築城便欲令向前勾引金人近前我得地利合軍一擊便見得失今日得城明日得縣無益也竊恐勞役之久別有事生耳臣之愚見若初議遣俊等渡江徑之淮北或攻宿或取徐得則進否則退歸出入不常使

賊罔測是亦一策不如止屯淮上初云築山寨亦復不知修城工役如此之大臣深恐城未及就賊已有動息欲守則無地可歸欲戰則不保必勝臣已嘗與張浚等商量若只築一小堡可屯萬人選精銳守之劫寨腰截斷糧道等皆可爲之大軍依舊坐據長江之險賊既不能遠渡則不無回顧之慮如此似爲穩當上以爲然乃曰浚意如何某曰浚初有商量之意徐徐議論但以岳飛牽制於後賊若抽兵稍過山東空缺則世忠必再爲淮徐之舉賊且自救不暇安能窺吾淮甸使俊築一堅城泗屯軍淮上臨宿亳賊且疲於奔命此恢復之端也浚此策甚善但臣之所慮今冬防托數月之事俟來春更築一堡不失爲此計耳自古用兵變化不同初無定論然先議守而後論戰乃保萬全也上然之是晚同右揆西樞謁韓世忠之圃即章子厚園池昔蘇子美之滄浪亭也子厚在相位日營葺所費不貲罷相即遷責未嘗安居洎放還寄居嚴之烏龍山寺子弟輩悉遣歸鄉幹置生事死之日無一人在側羣妾方分爭金帛停尸數日無人顧藉鼠食其一指衢僧法空親見之坐間右揆屢叩世忠進取方畧世忠終不盡言但云與相公屢言

之而其意不過欲令張俊先爲一著渠欲乘隙而動即易爲功也但恐俊等揣知其意不肯合謀而金字遞備坐探報檄岳飛明遠斥堠擇利進退以世忠言近探者自河北回言龍虎軍由李固渡過河凡渡四晝夜精兵三萬餘人內分騎兵一萬之京西以應岳飛也　十三日進呈已降指揮依四年例燕犒諸軍將佐檢正張宗元上殿遣詣建康太平撫勞劉光世張俊兩軍老小仍將在寨人點檢整頓結成隊伍晚得岳飛收復西京長水縣捷報仍云已收兵復回鄂州以糧不繼也　十四日進呈右司諫王縉奏狀乞

罷平江府營造恐妨農時也從之批旨韓世忠非晚朝辭可特賜御筵差入內內侍省都知黃彥押伴令平江府排辦議十七日就韓後圃山堂隨行屬官總制提舉官預坐使臣等別坐酒五行西樞云种夷叔靖康初被旨巡河朝辭日賜宴所居蔡氏之第吏部侍郎王時雍押伴屬官預坐右相云諸處探報淮陽軍等處往往抽迴人馬歸京師以備岳兵韓侯亦云韓晚到堂因話及京城被圍之事當時南壁正金人所攻之處而以盧襄李擢當之韓亦慨然歎息也

十五日望拜二聖已奏事進呈信州奏以車駕巡幸

進銀萬兩上曰此物得之何處儻府庫有餘自當獻之朝廷或取於民則不可也更當詰問果取於民便當退還某等奏曰陛下卹民如此朝廷約束甚嚴方州必不敢爾韓世忠辭免賜御筵有旨不允降詔

十六日批旨諸軍押燕官楊沂中張俊軍差淮南提點張成憲韓世忠軍差楊州守臣李易劉光世軍差江東漕臣向子諲先是降旨宴犒諸軍並依紹興四年例晚中使賜除濕丸數十斤付密院以備給賜士卒先是趙密巨師古兩軍自杭護衛至此多病重腿之疾一日宰執奏知上出禁中方命御藥院修合且遣中使押御醫親至軍營人人看候分給之服之皆效此其餘者也又以其方賜某云　十七日進呈岳飛乞終制某等先議定奏稟以岳累有陳請亦屢降指揮而其請不已欲上親筆批回劄子上曰惟宰執有此禮他人不可卿等可作書但云得旨封回可也退而右揆以書封去是日劉光世奏敵添兵戍陳蔡間而劉豫亦於潁昌積穀甚富恐有侵犯之意密院刻擇官申中和言太白已過左執法以陰晦不見先是占星者言九月初三夜太白由黃道微高入太微垣犯右執法

建炎筆錄卷中終

建炎筆録卷下 本集作丁巳筆録

宋 趙 鼎 撰　綿州 李調元雨村 校定

紹興七年丁巳歲

九月自紹興被召是月十六日入建康對於便殿敘志已上曰卿人望所歸豈應久外某辭以今日規模與臣所見不同上曰將來别作措置　十七日宣制授左僕射　十八日留身奏事上問防秋大計某曰淮西雖空缺當以壯根本爲先務又問去留如何某曰其來太遠既已失之其去不可復爾也臣前日奏陳固已悉之今國威少挫兵勢亦弱若遽自退縮即

益弱矣卻須勉自振勵爲不可動搖之勢尚少堅士心不至委靡上深以爲然且曰初聞淮西之報未嘗輒動執政奏事皆惶恐失措反爲安慰之某曰正須如此見諸將尤須安靖使之罔測不然益增其驕蹇之心謂朝廷莫敢誰何矣仍以控制之事專責之二將曰光世之兵不爲用我之所賴唯汝二人彼必感陛下倚任之重且不敢以朝廷爲弱也前此大臣嘗以此啓沃否上曰彼皆倉皇無地措足何暇及此自入見每留身奏事上必盛怒言德遠之過余每隨事開解

十月初余因奏曰自淮西之變軍民不見朝廷有所措置欲降一手詔慰安之上曰朕思之久矣當以罪已之意播告天下以朕任用之非其人也俟行遣張浚了降詔余曰浚已落職上曰浚誤朕極多理宜遠竄余又曰浚母老且有勤王大功陛下安忍使之母子不相保上曰勤王固已賞之爲宰相矣功自功過自過不相掩也　初七日夜内降周祕石公揆李誼彈章後批張浚謫授散官安置嶺表中書舊例凡御書批出文字多在暮夜不問早晚即時行出至是余封起未即施行明日榻前解救開陳再三上意終不

解余乃曰浚所犯不過公罪上曰是何公罪誤國如此私罪有餘又奏曰前日趙令衿之言外頗傳播謂浚之出皆諸將之意今又行遣如此之重外間益疑矣上曰安有此理若宰相出入出於諸將即唐末五代衰亂之風今幸未至於此余又曰雖非諸將之言今謫浚如此亦足少快諸將之意上曰此不卹也余又曰向來浚母未出蜀時陛下特遣中使宣諭勿遣今乃使之爲萬里之别生死固未可知豈不傷陛下孝治之意上意少解乃曰與嶺外善地可也余曰湖南永州等處與嶺外何異但且名目不謂之過嶺也

上曰可散官安置永州余又曰若令分司便是致仕

上曰且更商量來日再將上余又留身再三懇奏拜於榻前上曰浚平日兄事卿卿一旦去國浚所以擠陷卿者無所不至今浚得罪天下卿乃極力營救卿賢於浚遠矣然今日作壞得如此使朕極難處置卿亦難做余曰此則天下共知雖爲國家無窮之患原其初不過措置失當而已偶因措置失當遂投嶺嶠之外臣恐後來者以浚爲戒不復以身任責矣上意乃解於是分司之議始定　初九日降旨張浚責授左朝請郎秘書少監分司南京永州居住　二十五

日謝大禮加恩不奏事退答衢州諸書先是士大夫相知者責余作相踰月未見有所施設余答之云今日之事有如至虛極弱久病之人再有所傷元氣大見自非緩緩溫養之必致顛覆方此危殆之際唯有安靖不生事坐以鎭之若欲大作措置煥然一新此起死之術也非老拙所能且張德遠非不欲有爲而其效如此不量力之過亦足爲戒矣一日上曰令張俊盡以舟師分布控扼然後引兵渡江余曰淮西寂然無事不須勞擾但外間議論便謂朝廷棄却淮西以兵家舉措言之一軍潰散却補一軍分明是怕也却當一向勿顧不發一兵看彼如何未必敢動上以爲然是月董弅徽猷待制知嚴州先是弅任中書舍人余罷政之十餘日諫官陳公輔論二程之學恐惑亂天下於是下詔曉諭董權禮侍錄黃下部吏部錢板董曰少俟他無所云也郎官黃次山白臺諫謂弅沮格詔令侍御史周秘彈之弅以殿撰出知衢州其後給事中胡世將舉次山自代朝廷遂進擬修注上曰非告訐董弅者邪此風不可長可與在外差遣當國意甚沮由是善類稍安次山遂除湖海措刑弅至是始除次對一日奏稟來春去留之計請陛下更留

聖慮將來回蹕之後中外便謂朝廷無復恢復之意

上曰張浚措置三年竭民力殫耗國用何嘗得尺寸之地而壞却許多事功此等議論不足卹也余又曰昨日進呈劉麟以鄺瓊書送岳飛瓊書云昨在合淝已聞大齊政事修明奉法向公人民安業今既到此目自見之投身効命合得其所賊爲夸大之言不無緣飾然聞刑法極嚴整人亦畏憚官吏上下委無毫髮之擾上曰也是嗔他如此不得余乃曰陛下承二百年太平之後州縣玩習相師成風吏强官弱民無赴訴若非嚴加刑法無由整肅又念祖宗以來純

以仁恕得天下所以享國長久欲絕復興雖朝廷法令時有更張至於祖宗仁恕之心則列聖相承未嘗少變此乃陛下之家法也必不肯如彼所爲加酷於天下爲今日計欲富國唯有屯田欲息民唯有擇郡守縣令眾多不能擇監司則力有所不能及唯守臣得人則民自受賜上深以爲然一日泛論時事因及國史上曰前日觀朱墨本內用朱勾去者也是大冗余奏曰朱勾者最係美事皆蔡卞輩不喜之語亦以其不學故不知去取耳且如吳奎傳載上神宗疏曰臣願陛下爲堯舜主不願陛下爲唐德宗猜忌之主

卞等簽則云所引狂悖今刪去臣謂載之乃見神宗之聖蓋主聖然後臣直也使唐魏徵王珪輩傳中不載當時獻替之言則後世亦安知太宗爲納諫之君上深以爲然余又進曰使一部盡作諛詞此豈美事古謂之不諱之朝者蓋屢聞直聲必甚盛故也帝王一代之典是非褒貶非子孫所敢爲者所以使後代人君常懷儆懼之心不敢爲非也此孔子作春秋之意也姦人常以春秋爲魯諱者大惡諱小惡必謹而書之不隱也所載吳奎之疏皆讜言正論人所難堪者神宗能容之是乃盛德事謂之大惡可乎何諱之

有上曰卿所論甚正非他人可及也余又進曰臣去國半年餘今者再見清光竊觀聖意稍異於前日上曰不得不然尋常造膝之言每以孝悌之說相搖撼其實紹述之謀也又同事者和之一詞朝夕浸淫罔覺也如程頤之學每貶斥之以爲不可用余曰秦檜莫爲陛下說些正論上曰並無一言自卿去國在庭之臣不減其舊者唯朱震一人而已余又曰臣觀爲此謀者不過持中論以眩惑聖聽以謂不可太分別當兼收並用庶幾得人之路廣大無遺臣竊以爲不然取人之路雖廣使君子小人並進亦何爲治與其

多得小人不若少得君子之爲愈也大抵持中論者便是沮遏善類之術分別善惡唯恐不嚴稍似寬容則乘間透漏落其姦計使君子不容措足矣君子之於小人常存恕心小人之於君子不少恕也自古及今君子常屏棄小人常得志以此故也上又以爲然進呈高世則乞不收使元帥府結局轉兩官恩例得旨依奏執政奏曰莫却別與些恩數否上曰只問他宣仁族屬比之諸后家所得恩數如何可取會也次日降指揮令吏部檢會宣仁后族屬未推恩數叩上意以宣仁之族惟世則近族宣仁升遐時恩數甚薄

其家並無作使相者欲以此寵世則是日余留身奏曰世則恩數已降指揮令吏部檢會此乃他日題目庶使人曉然知其本末不駭聽聞然今年一年之間三除使相韋淵士㒟錢忱也方今天下事殊未濟而戚里相繼作使相公議謂何臣欲將世則除命少待來春上曰卿所慮極是非晚令世則辭去直待來夏未晚也　二十九日進呈已余因奏曰臣比自外郡被召廹於威命不敢固辭然區區之誠已嘗縷縷陳奏今已冬深雖别無警報獨不知來歲動靜如何要自今日議定去留或可留卽但當措置防守或以爲

不可留卽宜從今徐作動計亦恐一兩月間别有不測驚擾庶免緩急倉卒之患上曰來春去留未議但論來秋之計當如何余曰若車駕留此則來秋防守猶如今日或玆暫回臨安卽俟有警進臨平江或復幸此亦可惟此兩途别無他說大計既定其他瑣細措置當欵曲商量進呈秦曰車駕稍移近裏似爲安穩須使淮上畧有措置及使諸將各思向前無退避之意則車駕庶幾少安余曰臣在平江府時每與張浚議此亦屢奏聞止令諸軍各分一萬精兵控制淮上作一小堡爲堅守之計萬一寇至得則進攻否則

退守或牽制或尾襲刼寨抄掠晝夜擾之而我之大軍悉屯江上彼雖甚銳安敢遽前此臣之鄙見也近自紹興嘗被收召再嘗以數奏恐士大夫謂臣刱爲此說欲符合諸將之意不知陛下尚能記此否上曰卿固嘗言之奏章現在當付中書卿與執政一觀可也余又曰若陛下果欲暫回臨安卽復以建康爲行宮守臣兼留守差內侍主管匙鑰留親事官備灑掃百司官府並付留司看管以備時巡一如兩都故事爲往來之計若金人舉國來寇卽舉行甲寅年捍禦之策此又臣之鄙見也願更詢問參政張守而下當

各盡已見子細商量張曰不過如趙某所論無可疑者但願不輕動爾余進曰臣昨來所論正不欲輕動奏劄亦已具之矣臣初至此時人情極不安議論洶洶臣一切不顧堅忍靜坐以待之今幸無事却須議定來春大計也諸人各有進說朕不敢專主不動之議余又進曰臣之所說自去歲迄今止是如此更無枝蔓亦無改易上曰朕固知之莫暫回爲便否顧諸人曰卿等以爲何如議論定否諸人曰如此甚便上曰其餘合措置事卿節次理會余曰今所先者諸軍營寨便令計置及於鎮江多備舟楫亦恐緩急放散

百司要用也上曰此等事正宜辦也議既定余又曰來春之計既定止是防秋萬一有警報須是車駕前進一步庶幾鼓作將士萬一少退則崩解不復支持便以今日之退爲失策矣上曰自當如此上曰兩河故地朕豈敢爲意但使朕父子團集及得一朝陵寢朕之志願足矣某奏曰陛下如常存此念上天眷祐必有悔禍之意上曰朕之此念寢食不忘也某又曰人君與臣庶不同苟一念志誠上天必須感格語及此聖懷感動惻然久之某又與西樞亦不任悽感也

十一月初四日宣麻右相轉左光祿大夫以進書也

進呈呂本中乞宮觀上曰本中詩極佳不減徐俯少時所作俯晚年學李白稍放肆矣胡紡報淮陽舟愈遠向上往徐州去光世使臣下書言合淝之役麟既退走光世追之道遇伏兵發光世幾爲所得賴諸將力戰王德之弟某人者死之夜二鼓收兵光世負交椅者亦戰死傷折亦衆但未見其數右相奏光世得四百舟準備朝廷使用又奏須俟張浚軍回乃往鎮江措置某留身奏曰數日來外間傳言日中有黑子司天臺曾奏否上曰有之前月二十九日見如一李子大兩頭尖今消欲盡矣其占陰干陽某奏曰臣徧閱諸家占書其說不一或云臣蔽君之明或云臣不掩君之惡令不見百姓惡君使有此變其餘占候不一俱非吉兆日者人君之象恐非尋常災變願陛下更加明察恐皆臣等之罪無惜黜責以答天戒上曰干卿何事某奏曰恐懼修省更乞陛下留意　初五日進呈右相奏擬韓世忠與金帥并其屬將書先是秦相奏言金屬將乃主帥之壻今聞統兵在山東宜作書與金屬將俾達於主帥責助賊豫爲背天逆理之事何以爲臣子之戒冀其休兵息民也上曰賊兵既退何用此爲且留俟浚歸議之某曰淮西既定士氣方盛之時浚乃有息兵之意生民之幸也上曰如

此則留下劄子當批付浚施行也某奏曰昨日得浚書云建康府入納鹽鐵甚盛用兵之効不可不勉也上曰沿路既安商賈放心來往某曰亦緣久不變法上曰法既可信自然悠久蓋自渡江後來鹽法歲變或至再變自紹興四年冬立爲對帶法明年秋加以出剩立爲分數許入納不對帶二法兼行二年不變入納甚勻比之常行亦自增羨　二十一日右相西樞見訪會食早晚余自淮西奏捷即累求去右相既歸日治行計初議正初曲赦廬壽光濠四州才冬節

開假便作禮數後商量止俟十二月初一日以日期旣近俟頒赦巳然後爲之亦是防秋結局也蓋十一月初上旣見許故凡所入文字等悉已草下

十二月初一日本留身告上隅右相以密賜乞留身謝之余展作初二日是日留身懇告求去上語雖未允意亦許矣下殿更不批旨歸私第食後入文字訖乃登舟少頃押入都堂治事復歸舟中來旦再押同班及堂治事初三日也上曰朕於君臣之間無毫髮不足細察之卿與張浚終難同立朝也朕當全盡進退禮數煩卿一往紹興也某懇求宮觀上不允旣退

押到堂放散人從依時上馬不得般出　初四日同奏事留身面投劄子乞出再押到堂復歸私第晩歸舟中　初五日宣押同奏事至漏舍再入文字以脚疾有妨拜跪遂免起居再押到堂復歸舟中右相西樞見過　初六日降詔不允　初七日忌例不鎖

初八日鎖院　初九日降制朱子發行詞是日宣麻

初十日受告閤門是晩批出趙某令朝辭上殿并正謝　十一日正謝　十二日朝辭上殿

建炎筆錄卷下畢